中国科学院规划教材

现代质量工程

马义中　欧阳林寒　编著

科学出版社

北　京

内 容 简 介

产品和服务质量是企业获得市场竞争优势的核心要素之一。无论是美国的"工业互联网"、德国的"工业 4.0"还是中国的"中国制造 2025"，其核心都是提高产品和服务质量，所有这些不仅需要质量管理理念、方法的支撑，更需要质量工程技术的支撑。本书以波动理论为基础，系统介绍质量技术的理论和方法，主要内容包括：质量、质量管理、质量工程的发展，以及质量改进中的基本统计知识、测量系统分析、试验设计、统计过程控制、变动源分析、工程过程控制与统计过程的整合等。

本书可作为普通高等学校管理类、工程类高年级本科生和硕士研究生的教材，也可供企事业单位的工程技术人员、质量管理人员、生产管理人员，以及企业各级领导参考和自学。

图书在版编目（CIP）数据

现代质量工程 / 马义中，欧阳林寒编著. —北京：科学出版社，2018.9
中国科学院规划教材
ISBN 978-7-03-057669-9

Ⅰ. ①现⋯ Ⅱ. ①马⋯ ②欧阳⋯ Ⅲ. ①质量管理–高等学校–教材
Ⅳ. ①F273.2

中国版本图书馆 CIP 数据核字（2018）第 121622 号

责任编辑：方小丽 / 责任校对：王晓茜 严娜
责任印制：吴兆东 / 封面设计：蓝正设计

科 学 出 版 社 出版
北京东黄城根北街 16 号
邮政编码：100717
http://www.sciencep.com

北京九州迅驰传媒文化有限公司 印刷
科学出版社发行 各地新华书店经销
*
2018 年 9 月第 一 版 开本：787×1092 1/16
2018 年 11 月第二次印刷 印张：27 3/8
字数：649 000

定价：98.00 元
（如有印装质量问题，我社负责调换）

前　言

　　随着经济的发展和科学技术的进步，组织间的竞争日趋激烈，特别是在中国制造向中国创造、中国速度向中国质量、制造大国向制造强国转变的过程中，制造业如何加强科学管理、为顾客创造价值、为组织发展自身，是制造业必须面对和需要解决的重要挑战之一。本书在论述质量、质量管理、质量工程的基础上，结合国内外质量工程的研究成果，以减小和控制波动为主线，系统介绍质量工程的基本理论、方法和实现技术。

　　本书共分 14 章，其中第 1 章的主要内容是质量、质量管理和质量工程；第 2 章的主要内容是质量改进的基础知识，如统计估计和假设检验；第 3 章和第 4 章的主要内容是方差分析、相关分析与回归分析；第 5 章的主要内容是测量系统分析；第 6 章的主要内容是经典的试验设计与分析；第 7 章和第 8 章的主要内容是响应曲面试验设计与分析和田口方法；第 9 章的主要内容是基于广义线性模型的稳健参数设计；第 10 章和第 11 章的主要内容是过程能力分析和统计过程控制；第 12 章的主要内容是多变量过程控制技术；第 13 章的主要内容是波动源的探测、分离和诊断；第 14 章的主要内容包括工程过程控制的简介、原理及工程过程控制与统计过程控制的整合。

　　本书由马义中组织策划，并撰写了第 1~8 章和第 10~11 章；欧阳林寒撰写了第 9 章和第 12~14 章。本书能够与读者见面，离不开那些为之提供无私帮助和热情支持的组织和个人。首先，感谢南京理工大学研究生院对本书的资助；其次，感谢研究生唐丽娜、韩云霞、王娟、张凤霞、谢恩、曹程明等绘制了各章图形，并编写了思考与练习模块。

　　尽管编者尽了最大努力，但质量学科是在不断地发展和变化的，因此，本书难以包含与质量相关的全部内容，竭诚期望读者批评、斧正，以利本书质量的提高和改进。

马义中

2018 年 5 月 25 日

目　录

第1章

质量、质量管理和质量工程

伴随着全球经济一体化的发展和科学技术的进步，国内外市场中企业和产品的竞争日趋激烈，企业和产品竞争的焦点是质量（quality）、成本/价格（cost/price）、上市时间和产量（marketing time and yield）。任何组织要想在激烈的竞争中求得生存和发展，必须连续不断地提高质量，同时降低成本和提高效率，以满足顾客的需求，这就是西方人所说的全面质量（total quality）。要达到全面质量，不仅需要质量管理的思想、方法和手段，而且需要质量工程技术（quality engineering）的持续支持。如何利用质量管理和质量工程技术，设计并制造出高质量、高可靠性（reliability）、低成本、短周期的产品，由此获得竞争优势，已成为国内外管理和工程领域理论研究和实践工作者极为关注的问题。

质量也称品质，它与人们的生活息息相关，本章主要介绍质量概念的演化和质量管理的发展历程；在此基础上，还将介绍质量工程的主要内容，分析产生质量问题的根本原因，阐释新的质量损失原理。

■ 1.1 质量概念的演化和质量管理的发展

1.1.1 质量概念的演化

随着工业的发展和质量管理实践的不断深入，人们对质量的认识在不断地变化和深入，质量的概念也在不断地发展、丰富和完善。大体上讲，人们对质量的认识经历了以下几个不同阶段。

1. 客观质量

人们最早使用的质量概念是通过设计规格（specification）来定义的，即"满足规格（落入设计公差内）要求的产品为合格/质量产品，不满足规格要求的产品为不合格品"。实际上，该定义来源于工程背景，通常称之为客观质量（objective quality）。这是从生产者角度来定义的产品质量，此外"规格"也有先进和落后之分，对于落后的规格，即使产品满足其要求，也不能被认为是质量好的产品。而如何确定规格，往往是由生产者决定的，因此，最初的"规格要求"并不能反映顾客的各种需求和期望。

2. 主观质量

随着市场竞争的发展，顾客已逐渐成为市场的主体，而上述客观质量没有把经营中的市场因素联系起来，由此，产生了主观质量（subjective quality）的概念，即质量就是要满足顾客的需求。20 世纪 50 年代初期，美国著名质量专家戴明（W. E. Deming）在日本进行质量教育和培训时，根据市场竞争的需要，提出了主观质量这一概念，指导日本企业从管理到工程的每个细节着手为顾客考虑，实现了企业真正地为顾客而存在。这正是 20 世纪 80 年代初期日本产品在国际市场上取得主导地位的主要原因之一。

3. 动态质量

随着科学技术快速发展，市场竞争日趋激烈，人类的期望不断提高。今天顾客满意的产品，明天或许就会被顾客遗忘，于是动态质量（dynamic quality）的概念应运而生，即质量要连续不断地满足顾客需求。这一动态质量概念，正是近年来许多世界级公司所推崇的连续质量改进的企业文化的源泉。从狩野纪昭（Noriaki Kano）提出的顾客需求模型（Kano 模型）中，可以清楚地看到这一点，见图 1.1。

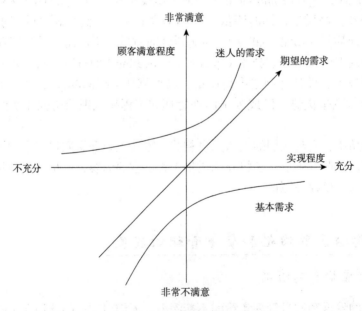

图 1.1   Kano 模型

Kano 把顾客需求划分为三个层次：基本需求、期望的需求和令人愉悦的需求（迷人的需求）。基本需求是顾客潜意识的期望，它是明显的，无须表述的需求，如果不能满足这些需求，必然导致顾客的不满意；期望的需求是指顾客意识到的和期望的需求，满足顾客的期望需求，必将极大地提高顾客的满意度；令人愉悦的需求是指超越顾客期望的需求，往往能够给顾客带来意外的惊喜。我们应充分注意到模型中三要素的动态特性，今天是令人愉悦的质量，明天也许变成期望的质量，后天也许成为最基本的质量。同时我们也应该看到：任何一种产品在投放市场初期，不管多么令人惊喜，最终都将会成为一种基本需求。

4. 全面质量

要真正做到连续不断地满足顾客的需求，仅仅要求质量是不够的，只有实现高质量和合理价格的"两位一体"才能真正使顾客满意。在合理的价格下要保证企业的利润、生存和发展，必须最大限度地降低成本，减少质量损失，因而西方质量专家把这种"低投入下获得的高质量"称为全面质量。值得注意的是不能把全面质量误解为产品实现全过程的质量总和，即产品开发、设计、制造、检验、售后服务等阶段的全部质量。全面质量是从质量到价格全面竞争的产物，它强调了经济的含义，反映了当代质量管理哲学。现在所进行的连续质量改进工作，实际上正是朝着全面质量的目标进行的，也就是连续全面质量改进。

5. 多维度质量观

哈佛商学院的戴维·加文认为，质量的定义是难以形容的，有的基于产品，有的基于用户，有的基于制造，有的基于价值。产品质量应从 8 个维度来描述：①性能（performance），指产品应达到的预期功能目标；②特征（features），指增加产品基本功能的产品属性，以区别于其他产品；③可靠性，指产品在设计的使用寿命周期内一致地完成规定功能的能力；④符合性（conformance），指产品设计时的规格，如果一个产品的某一维度在规格允许的容差范围之内，则它具有符合性；⑤耐用性（durability），指产品在忍受压力或撞击时不会出现故障的程度；⑥可服务性（serviceability），指产品易于修复，如果一个产品可以很容易地被修复，则该产品具有很好的可服务性；⑦美感（aesthetics），指一种主观感觉特征，反映的是顾客的主观偏好；⑧感知质量（perceived quality），是以顾客的感知为准的。尽管加文的多维度质量观被广泛引用，但它也不是没有遗漏的，有学者认为质量概念还应该包括其他质量维度，如安全性。

6. 国际标准化组织的质量观

为了给质量一个明确而又可操作的定义，国际标准化组织（International Organization for Standardization，ISO）在 ISO 9000：2015《质量管理体系　基础和术语》标准中，把质量定义为："客体的一组固有特性满足要求的程度"，并对定义进行详细的解释。这一定义虽然看上去高度抽象而概括，但只要把握了"特性"和"要求"这两个关键词就很容易理解。它从"特性"和"要求"二者之间的关系来描述质量，即某种事物的"特性"满足某个群体"要求"的程度，满足的程度越高，质量也就越好。

固有的：其反义是"赋予的"，是指在某事或某物中本来就有的，尤其是那种永久的特性。它是产品、过程或体系的一部分，而人为赋予的特性（如产品的价格）不是固有特性，不反映在产品的质量范畴中。

特性：是指"可区分的特征"，它可以是固有的或赋予的，定性的或定量的。固有特性的类型包括技术性或理化性的特性（这些特性可以用理化检测仪器精确测定）、心理方面的特性、时间方面的特性、社会方面的特性、安全方面的特性等。

要求：是指"明示的、通常隐含的或必须履行的需求或期望"。"明示的"可以理解为规定的要求，是供需双方在业务洽谈和签订合同过程中，用技术规范、质量标准、产品图样、技术要求加以明确规定的内容，在文件中予以阐明。而"通常隐含的"则是指组织、顾客或其他相关方的惯例或一般做法，所考虑的需求是不言而喻的。"要求"可由不同的相关方提出，可以是多方面的，特定要求可使用修饰词表示，如产品要求、质量管理要求、顾客要求等。

在理解"质量"术语时，还要注意以下几点内涵。

（1）质量的广义性：质量的载体是实体，实体是"可单独描述和研究的事物"。实体可以是产品（硬件和软件），也可以是组织、体系或人，以及以上各项的任意组合。质量不仅指产品质量，也可以指某项活动或过程的工作质量，还可以指涉及人的素质、设备的能力、管理体系运行的质量。

（2）质量的时效性：组织的顾客及其他相关方对组织的产品、过程和体系的需求和期望是不断变化的，组织应根据顾客和相关方需求和期望的变化，不断调整对质量的要求，并争取超越他们的期望。

（3）质量的相对性：组织的顾客和相关方可能对同一产品的功能提出不同的需求；也可能对同一产品的同一功能提出不同的需求；需求不同，质量要求也就不同，但只要满足需求，就应该认为质量是好的。

（4）质量的动态性：随着科学技术的发展和生活水平的提高，人们对产品、过程或质量体系会提出新的质量要求。因此，应定期评价质量要求，修订规范。不同顾客、不同地区，因自然环境条件的不同、技术水平的不同、消费水平的差异，也会对产品提出不同的要求。产品应具有这种环境的适应性，以满足顾客"明示或隐含"的需求。尽管不同的组织和个人，对质量的理解和认识有所不同，但在一个组织内部对质量的认识必须统一以形成共同的语言，这是进行交流、沟通和改进的基础。

随着人类社会的进步，人们对质量的认知在不断变化，也越来越接近事物的本质，并逐步被企业、社会所理解和接受。因此，人们对质量的认知过程是永无止境的。

1.1.2　质量管理的发展过程

随着质量概念的不断演化，质量管理也在不断地发展。根据对质量认识和质量管理主要方法的不同，质量管理经历了产品质量检验阶段、统计过程控制（statistical process control，SPC）阶段和全面质量管理（total quality control，TQC）阶段三大历史阶段。20世纪 30 年代前，质量保证是通过检验来把关的，这一阶段通常称为质量检验阶段；20世纪 30 年代休哈特（W.A. Shewhart）提出控制图，质量管理的重心从产品的事后检验转向对生产过程的监测控制，这一阶段通常称为 SPC 阶段；20 世纪 60 年代费根堡姆（A.V. Feigenbaum）提出全面质量管理，质量管理进入了全面质量管理阶段。质量管理发展的路线图如图 1.2 所示。

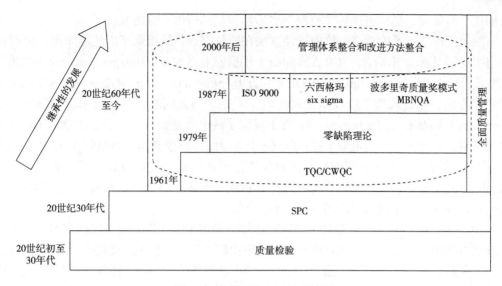

图 1.2　质量管理发展的路线图

1. 质量检验阶段

人类历史上自有商品产生以来，就形成了以商品的成品检验为主的质量管理方法。在家庭作坊制生产条件下，产品质量主要依靠操作者的技艺和经验来保证，因此有人称之为"操作者的质量管理"。

在 20 世纪初期，随着机器工业大生产的出现，"科学管理运动"的奠基人——美国的泰勒（F. W. Taylor）提出了科学管理的理论，要求按照职能的不同进行合理的分工，首次将质量检验作为一种管理职能从生产过程中分离出来，建立了专职检验的部门，并形成了严格的产品质量检验制度。同时，随着企业生产规模的扩大，基于大批量生产的产品技术标准也逐步建立起来，为质量检验奠定了基础，在这一阶段，执行质量管理的责任逐步由操作者转移到工长，然后由工长转移到专职的检验员。大多数企业都设置了专职的检验部门并直属厂长经理，负责企业各生产单位的产品检验工作，因此有人称之为"检验员的质量管理"。质量检验人员根据预先制定的产品技术和加工精度的要求，利用各种测试手段对零部件或成品进行检验，做出合格与不合格的判断，不允许不合格产品进入下一道工序或者出厂。

质量检验属于事后把关，在防止不合格品出厂、维护消费者的利益与保证产品质量方面起到了重要的作用，但是这种事后检验方法存在一些主要的弱点，在产品生产过程中很难起到预防与控制的作用。其一，属于"事后检验"，无法在生产过程中进行预防和控制。一旦发现废品，往往无法挽救。其二，要求对成品进行百分之百的检验。这样做有时在经济上并不合理，造成检验成本太高；有时从技术上（如破坏性检验）也无法实现。特别是在大批量生产的情况下，这种检验方法的管理效能很低。

2. 统计过程控制阶段

SPC 起源于 20 世纪 30 年代。这一阶段主要特征是强调数理统计方法与质量管理方法相结合，从单纯依靠产品检验发展到过程控制（process control），通过控制过程质量来保证产品质量，形成了预防性控制与事后检验相结合的管理方式。

随着生产力水平的提高，数理统计方法在质量管理领域得到了广泛的应用。20 世纪 20 年代，英国数学家费舍尔（R.A. Fisher）根据农业试验（trial/experiment run）提出了试验设计（design of experiment，DOE）和方差分析（analysis of variance，ANOVA）等理论和方法，为近代数理统计学发展奠定了基础。与此同时，美国贝尔实验室（原属 American Telephone & Telegraph，AT&T）成立了两个课题组，一个是由休哈特领导的过程控制组；另外一个是由道奇（H.F. Dodge）领导的产品控制组。休哈特在 30 年代初创建了 SPC 理论，实现了应用统计技术对生产过程的监控。道奇与其同事罗米格（H. G. Roming）在 30 年代提出了抽样检验理论，解决了全数检验和破坏性检验在具体应用中的困难，构成了质量检验理论的重要内容。

20 世纪 30 年代提出过程控制理论和抽样检验理论时，恰逢西方发达资本主义国家经济衰退时期，因此这些新理论的推广和应用受到了一定的影响。直到第二次世界大战，国防工业急需生产大量的军需品，为了保证军用品的质量，迫切需要进行质量控制，因此这些理论才得到了广泛的应用。由于上述理论的实际应用效果显著，因此，战争结束后便风行全世界。

统计质量控制的方法有效地减少了不合格品，降低了生产费用。但统计质量控制过分强调数理统计方法，忽视了组织管理工作，使人们误以为质量管理就是数理统计方法。对多数人来说，数理统计方法过于深奥，往往只有少数质量管理专家才能掌握，这在一定程度上影响了统计质量控制方法的普及、推广和应用。随着科学技术的发展，生产规模日益扩大，产品结构也日趋复杂，产品品种日益增多，影响产品质量的因素也越来越多，单纯依靠数理统计方法无法解决一切质量管理问题。随着大规模系统的涌现与系统科学的发展，质量管理走上了系统工程的道路。

3. 全面质量管理阶段

20 世纪 60 年代以来，随着科学技术和工业生产的飞速发展，人们对产品质量的要求从注重产品的一般性能发展为对可靠性、安全性、美观性、维护性、经济性等的全面关注。管理的科学理论，特别是行为科学的理论在这一时期有了很大的发展，开始重视人的积极因素，强调以人为本的观念，充分调动了企业全体人员在提高产品质量方面的积极性和创造性。在 20 世纪 60 年代初，低劣商品充斥市场，严重损害了消费者的权益，许多国家相继发起了"保护消费者权益"的运动，出现了产品质量责任制度，迫使企业强化质量管理，从而推动了质量管理理论和实践的进一步发展。随着国际贸易的发展，国际市场竞争也越来越激烈，质量已成为争夺市场、开拓市场和占领市场的关键因素。与此同时，系统分析的观念和方法日趋成熟，并被广泛地应用到生产和管理之中。人们意识到应将质量问题作为一个有机的整体加以综合分析研究，实施全员、全过程、全企业的管理。在上述背景下，全面质量管理的理论应运而生。1961 年，美国通用电气公司的质量总经理费根堡姆首先在《全面质量管理》一书中提出全面质量管理的概念。他指出："全面质量管理是为了能够以最经济的方式，在充分满足顾客需求的条件下进行市场研究、设计、生产和服务，把企业各部门的研制质量、维持质量和提高质量的活动构成一体的有效体系"。

全面质量管理的理论起源于美国，但首先取得卓越绩效的却是日本。日本在20世纪50年代引进美国的质量管理方法后，结合日本的国情进行了创新性的探索，提出了全公司质量管理（company-wide quality control，CWQC），开展了质量管理小组（QC小组）的活动，将质量管理工作扎根到企业员工之中，使其具有广泛的群众基础。在全面质量管理的实践活动中，日本质量管理专家先后提出一系列的质量管理方法与技术，如田口方法（Taguchi method）、质量功能展开（quality function deployment，QFD）、全面生产维护（total productive maintenance，TPM）和丰田生产方式（Toyota production system，TPS）等，归纳了质量管理的"老七种工具"和"新七种工具"，并普遍应用在质量改进与质量控制中，丰富和发展了全面质量管理。日本企业应用全面质量管理获得了极大的成功，这引起了世界各国的广泛关注。这些思想和方法在全球范围内得到了广泛的传播和推广，各国结合各自的国情和实践进行了进一步的创新和发展。

日本企业通过推行全面质量管理，极大地提高了产品质量的国际竞争力。20世纪80年代初，面对国际竞争的不利局面，美国人反思其在质量管理方面存在的问题，将质量管理置于企业管理的核心地位，并努力付诸实践，提出了"第二次质量革命"。在1979年，美国著名质量专家克劳斯比（Philip B. Crosby）出版了重要作品《质量免费——确定质量的艺术》，提出了绝对质量和"零缺陷"理论；1987年美国国会通过了马尔科姆·波多里奇国家质量提高法——《公共法案100-107》，决定启动波多里奇国家质量奖评审，这是美国重新审视和借鉴日本全面质量管理发展的一个里程碑，为全面质量管理建立了一个从过程到结果的卓越绩效评价框架，既是对全面质量管理的标准化、具体化和条理化，也是实施全面质量管理的具体细则。摩托罗拉（Motorola）公司在总结20世纪70年代竞争失利的基础上，在1986年提出在全公司正式实施六西格玛管理，并于1988年首次获得波多里奇国家质量奖。经过不懈地努力，到20世纪90年代，美国生产的汽车等产品质量又超过了日本，极大地提高了美国产品的国际竞争力，并对美国的国家竞争力产生了深远的影响。

为了适应全球化贸易的需要，国际标准化组织在1987年发布了第一套管理标准——ISO 9000系列标准，由此拉开了国际质量体系认证的序幕。随后ISO 9000系列标准得到大多数工业发达国家的认可，在国际贸易中发挥了重要的作用。

进入2000年后，无论是质量管理体系，还是质量技术、方法，都出现了逐步交叉、整合的趋势。例如，ISO 9000系列标准与ISO 14000和ISO 28000的整合；六西格玛管理与精益生产的整合；SPC与工程过程控制（engineering process control，EPC）的整合；等等。

总之，全面质量管理的观念已逐步被世界各国所接受，并在实践中被加以创新。各国质量管理专家广泛地吸收各种现代学科理论，将技术管理、经营管理及标准化管理等方法综合起来，形成了一整套全面质量管理的理论和方法，使质量管理发展到一个新的阶段，即全面质量管理阶段。质量管理的观念总是伴随着科学技术的进步与社会的变革产生新的飞跃。21世纪以来，随着人类进入全球化与信息化的时代，质量管理也将会向供应链质量管理（supply chain quality management）、全球质量管理（global quality management，GQM）

和社会化质量管理（social quality management，SQM）的新阶段迈进。

1.2　质量工程及其发展

1.2.1　质量工程的概念

质量工程一词最初由日本工程师田口（G. Taguchi）博士提出。20 世纪 80 年代初，田口在美国新泽西州的贝尔实验室展示了如何应用统计试验提高工业研究和开发产品的效率、提高产品的质量和可靠性。紧接着，在田口方法的名义下，一系列思想、方法和技术开始在美国传播。当时，一些田口方法的追随者将其作为医治美国制造业逐步失去竞争优势和产品质量不如日本的问题的灵丹妙药，但很快田口方法就受到美国质量界的尖锐批评和挑战，特别是应用统计学家，他们发现田口方法缺乏坚实的理论基础，并找出了大量的反例，指出了田口方法在实现过程中的严重缺陷，并由此展开了一场长达十多年的大讨论。尽管不同的学术观点出现在学术会议、期刊和专著中，但形成共识的是：引起产品缺陷的真正原因是波动（variation）；质量工程的核心是减小、控制和抑制产品实现过程中出现的波动；为了改进和提高产品质量、降低成本，就必须最大限度地减小和控制围绕设计目标值的波动。

田口在其专著《开发、设计阶段的质量管理学》中提出："质量工程大体上可分为以下两部分：①质量，特别是功能质量的评价方法；②质量的改进方法"。田口提出的质量工程实质上是指他提出的三次设计，即系统设计（system design）、参数设计（parameter design）和容差设计（tolerance design）。

系统设计就是功能设计，也称概念设计（concept design），主要是运用专业技术知识和经验，确定系统（产品或工艺项目）的功能、结构用户需求的一般方法，通常指原型样机之前的设计工作，样机设计结束，系统设计即完成。

参数设计，也称稳健设计（robust design），主要是调整可控参数水平的搭配，使系统对各种噪声因素（noise factor）（不可控因素）的干扰不敏感。

容差设计，是指在参数设计给出最佳参数水平搭配的基础上，从质量成本的角度，权衡确定合适的容差，使质量和成本得到最佳的协调。

因此，在田口的三次设计中，系统设计是基础，参数设计是核心，容差设计是保障。

在 20 世纪 80 年代中期，由于受美国和欧洲质量学科发展的影响，质量工程的概念已大为拓广。例如，美国国家标准与技术研究院（National Institute of Standards and Technology，NIST）和美国质量学会（American Society of Quality，ASQ）联合提出了质量工程的定义："质量工程是有关产品的质量保证和质量控制的原理及其实践的一个工程分支"。并附说明，虽然并不要求每个工程师对以下各方面都能胜任，但该工程师的知识及应用技术包括（并不限于）：

（1）质量体系的开发和运行；

（2）质量保证和质量控制技术的开发和运用；

（3）以控制及改进为目的进行质量参数分析所应用的统计方法和计量方法；

（4）试验、检验和抽样程序的开发和分析；

（5）对人的因素和积极性与质量关系的理解；

（6）质量成本概念和分析技术的掌握；

（7）开发和支配管理信息的知识和能力，包括审核质量大纲以便确定和纠正缺陷；

（8）开发和实施产品、过程和服务的设计评审的知识和能力；

（9）安排恰当的分析，以便确定哪些操作需要采取纠正措施的能力。

该定义不仅确定了质量工程的本质，而且指出了质量工程的基本内容和范畴。

1988 年，美国质量学会主办了《质量工程》（*Quality Engineering*）杂志，该杂志对 1988~2005 年发表的 800 多篇文章进行了分类，其内容主要包括：定量的方法（占 56.70%），如质量功能展开、统计质量控制、田口方法、质量设计、试验设计等；产品和过程质量的策划、控制和保障（占 17.60%），如老七种工具、全面质量管理、质量成本分析、案例分析、测量系统分析（measurement system analysis，MSA）等；质量工程中的管理和领导力（占 14.80%），如企业领导如何规划质量蓝图、提升质量意识、开展质量审核、加强产品控制、加强售后服务等；可靠性和风险管理（占 4.60%），包括产品可靠性分析与评估、试验、检验等；问题解决和质量改进（占 4.60%），包括质量改进计划、质量信息系统（quality information system，QIS）、供应商质量管理等；质量体系开发、实施和认证（占 1.70%），包括质量管理体系等。图 1.3 给出了 1988~2005 年《质量工程》杂志研究内容及其比例图。

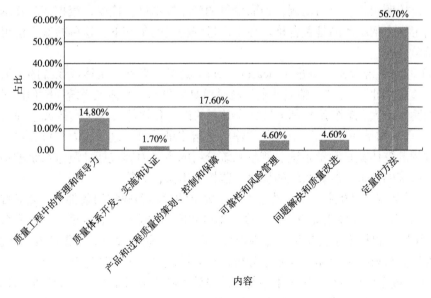

图 1.3　1988~2005 年《质量工程》杂志研究内容及其比例

资料来源：Booker B W，Lyth D M. Quality Engineering from 1988 through 2005：lessons from the past and trends for the future[J]. Quality Engineering，2006，18（1）：1-4

英国标准 BS 4778《质量词汇》把质量工程定义为"质量工程是在达到所需要的质量的过程中，适当的技术和技能的应用"。它认为质量工程是指产品研发、生产制造、售后服务全过程质量控制中所应用的技术和方法。

直到今天，无论是在学术界，还是工程界，关于质量工程的概念仍存在不同的解释。但从其内容上看，主要包括：

（1）质量设计与优化。质量设计与优化的主要内容是试验设计，试验设计是用于确定质量问题，改进产品和工艺设计的离线质量改进技术，通过应用试验设计，可以减小重要变量的波动，以确定过程变量的最优值，达到减小波动的目的；它包括经典的试验设计方法、田口方法、回归分析、响应（responses）曲面、广义线性模型（generalized linear model，GLM）和其他统计方法等。

（2）过程控制与诊断。过程控制的主要目的是维护过程的正常运行，保持原来的设计水平，并提供减小波动所需要的信息，它主要包括过程能力分析（process capability analysis）、过程控制技术，如 SPC、EPC 及由二者整合的统计调整控制（statistical adjust control）等。

（3）质量检验技术。质量检验的核心是对已生产出来的产品，通过检验的方式，分离出不合格产品。其主要做法是，预先制定产品的技术要求和加工精度要求，检验人员按要求利用各种测试手段对零部件和成品进行检验，做出合格或不合格的判断，不允许不合格产品进入下道工序或出厂。质量检验中所采用的检验技术依附于各质量特性的专业基础。例如，对机械性能的检验要用到机械工程技术，对电气性能的检验要用到电气工程技术。质量检验通常采用道奇提出的《抽样检验技术》，其基本原理就是，对同一批次的产品，按照预先设定的比例，抽取少量的产品样本进行检验，根据产品样本的检验结果，判定整个批次产品是否合格。在生产过程稳定的条件下，这种检验方法可以极大地提高检验效率。

（4）测量系统分析。测量（measurement）是指"以确定实体或系统的量值大小为目标的一整套作业"。这"一整套作业"就是给具体事物（实体或系统）赋值的过程。这个过程的输入有人（操作者）、机（量具及必要的设备和软件）、料（实体或系统）、法（测量方法）、环（测量环境），这个过程的输出是指测量结果。这个由人、机、料、法、环构成的过程的整体就是测量系统。测量系统分析的主要内容包括：测量系统波动源的分析，测量系统的评价，测量系统的优化、监控、维修，等等。

（5）可靠性工程技术。可靠性是指"在规定的时间和规定的条件下，完成规定功能的能力"。常用的可靠性指标有：可靠度、不可靠度、故障率、有效度、平均寿命及可靠寿命。可靠性工程技术主要是指可靠性模型，可靠性分析与设计，可靠性寿命数据分析，它包括故障数分析、失效模式和效果分析，可靠性试验，可靠性管理，等等。

（6）质量策划与审核。质量策划与产品设计和制造密切相关，它包括质量计划工具，如质量功能展开、质量成本与分析等。质量审核，它包括符合性审核和评价审核。

（7）质量信息系统。质量信息系统用于收集、存贮分析和报告质量信息，以帮助各层次上的管理者进行决策。质量信息系统主要包括供应商绩效评价子系统；质量缺陷报告子系统（包括报废、返工、退货）；纠正措施子系统；顾客信息子系统（包括市场调查、顾客需求、顾客满意度分析及竞争对手的情况）；等等。

（8）其他与质量提升相关的技术与方法。包括：面向 X（如可靠性、成本）的设计，服务质量管理与设计，顾客满意度指数；等等。

当代质量工程的主流是减少、抑制和控制产品实现过程中出现的波动。下面我们将从产品的实现过程中，了解主要的质量工程技术及其作用。任何产品的开发，首先来自顾客的需求，如何把顾客的需求转化为新的产品概念，转化为工程要求，这就需要相应的技术，如质量功能展开。在产品的概念和系统设计中，可能需要新的技术和方法，一旦评价了这些概念和新技术、新方法的可行性，就进入了详细的设计阶段。在这一阶段，质量设计及优化技术往往应用于某些关键部件的设计当中；同时，在设计阶段还要对照企业标准、行业标准和国家标准与规则。为了确保所用的设计满足所有的标准和规则，还要进行一些模型和样机试验及可靠性分析等。在交付生产与制造阶段，首先要进行工艺的设计与调整；其次要进行生产过程能力的分析，这是评价制造过程是否达到能力要求的基础；还要进行测量系统的分析，这是保证测量数据是否真实反映生产过程的先决条件，以及实施对生产过程的监控、产品质量的检验等。最后产品要回到市场中，接受顾客的检验。图 1.4 展示了产品形成过程及相应的主要质量工程技术。

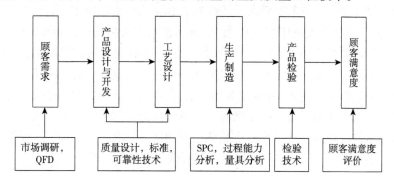

图 1.4 产品形成过程及相应的主要质量工程技术

1.2.2 质量工程的发展

从质量工程的主要内容及产品形成的过程来看，要最大限度地减少、控制和抑制产品实现过程中出现的波动，关键是统计技术的正确、有效应用。统计技术是质量工程的基础。

按照时间顺序，统计技术在制造业中的应用大体上经历了三个阶段。

第一个阶段，产品检验阶段。统计抽样技术帮助确定产品抽样样本的大小和抽样规则（如产品接收数）。它兴盛于第二次世界大战期间，当时人们认为"产品质量是检验出来的"。严格地讲，抽样检验并不能提高产品质量，在产品检验过程中，检验所做的工作只是判定产品是否满足规格要求，换句话说，抽样检验只是把产品分类而已，其效果可以通过抽样的操作特性曲线（operating characteristic curves，OC curves）反映出来。这里需要说明的是，虽然一些企业已经取消了事后检验，而且美国质量学会主办的刊物 *Journal of Quality Technology* 已在 1986 年决定不再刊登关于抽样检验方面的论文，但对于要求高可靠性、高安全性的产品实施检验，甚至百分之百的检验，仍是必需的。此外，对于多数发展中国家的一些中、小企业，由于制造过程能力偏低，进行事后检验，以保证产品质量也是必不可少的。

第二个阶段，统计过程控制阶段。SPC 的基本理论和控制图技术是由休哈特于 1924 年首次提出的。SPC 主要用于监控生产过程是否正常运行，若发现异常现象，及时采取纠正措施。有关 SPC 的发展在美国历经曲折。自 20 世纪 80 年代以来，SPC 的研究和应用得到了长足的发展，一方面，由于美国的第二次质量革命，重新唤起了人们对质量控制重要性的认识；另一方面，今天应用 SPC 的环境也极大地不同了，如在线测量技术、数据获取，以及分布式计算机系统的广泛应用，这些都极大地改变了过程监测和控制所需数据的本质特性。

第三个阶段，质量设计阶段。要从根本上消除产品缺陷，达到产品的最佳性能，必须探索产品/过程输入与输出变量之间的关系。由于存在着大量的输入变量，以及真实过程/产品的复杂性，从理论上获得输入与输出之间的函数关系是相当困难，甚至是不可能的。为解决这一问题，质量工程人员通过统计试验设计的方法，使得了解复杂的输入与输出关系成为可能。试验设计最早由 Fisher 提出，用于农业生产，直到第二次世界大战后，试验设计的潜力才被工业界所认知。后来，以 G. E. P. Box 为代表的应用统计学家，为了质量改进，不仅开始向工程技术人员传授 SPC 技术，而且进行了大量统计试验设计的教育和培训。由此，统计在工业界的应用进入第三个阶段。其目的不仅是发现产品缺陷，还在于主动预防缺陷产品的出现。它是一种主动的管理方法，采用试验设计、响应曲面、广义线性模型等技术优化过程的性能。直到 20 世纪 80 年代，在西方工业界，除一些大的化工公司外，并没有大规模地采用试验设计。由于当时田口方法在美国的传播，工业试验设计重新焕发了生机，利用试验设计的方法，改进产品和过程的设计，现已成为质量工程领域的重要研究内容之一。表 1.1 给出了统计技术应用于过程改进的 3 个阶段的比较。

表 1.1　统计技术应用于过程改进的 3 个阶段的比较

项目	产品检验阶段	统计过程控制阶段	质量设计阶段
思想	质量检验	质量控制	质量设计
策略	被动	预防	主动
方法	探测缺陷	预防缺陷	消除缺陷
目标	控制废品	维护现状	优化
技术	抽样检验	过程控制	稳健设计
工具	抽样计划	能力指数和控制图	试验设计
基础	以数据为基础	以信息为基础	以知识为基础
位置	检查点	在线	离线
应用	产品	过程	产品和过程
传播期	20 世纪 40 年代	20 世纪 60 年代	20 世纪 80 年代
方式	一批批产品	一条条生产线	一个个项目

统计技术的应用逐渐趋于产品形成的上游，乃至源头阶段，这就使得最初"产品质量是检验出来的"转换到"产品质量是制造出来的"，进而到"产品质量是设计和制造出来的"。在英国标准 BS 7000《产品设计管理指南》中，曾指出"产品质量是设计质量与制造质量之和"。从以上内容我们也可以清楚地看到：过程控制和质量设计技术是质量工程的核心内容。

1.3　产生质量问题的根本原因

1.3.1　波动的概念

SPC 的创始人休哈特认为,在相同的生产条件下,不同产品之间的差异,就是抽样波动,而且不同产品之间的质量是不同的。朱兰(Juran)和戈瑞纳(Gryna)不仅认同休哈特的波动概念,并且认为波动是生活中的一部分。Kane 利用统计学的术语,把波动定义为"过程测量值的离差"。泰勒则把统计波动定义为"相同单位产品之间的差异"。而 Barke 则认为,这种差异(波动)丰富了人们的生活,但波动却是质量的大敌。

从波动的定义我们可以看到:波动就是变化的、差异的、不一致的,波动丰富了人们的生活,不断的波动和变化给万物带来了生机和活力,正是这种不断的变化,波动和更新推动着自然界和人类社会持续向前发展。然而,当"波动"渗透到产品的形成过程中,它将成为影响产品质量的大敌。因此,在产品的设计和制造过程中,不断识别波动的根源,进而将其减小、控制到最小限度就成了理论研究和实践工作者所面临的重要任务。

1.3.2　波动引起产品缺陷

在产品设计和制造过程中,形成的产品往往存在着缺陷。即使是合格品亦常常由于不同程度的缺陷而被划分为不同的等级。产品出现缺陷是其形成过程中一个极为普遍的现象。波音公司 *Advanced Quality System* 文件中表明,如果假定每架飞机需要 200 万个零件,根据当前制造工业过程能力数据资料计算,在这 200 万个生产的零件中,将有 14 万个零件存在不同程度的缺陷。这将导致资源的极大浪费和巨大的质量损失。自然我们迫切期望在产品的形成过程中,这些缺陷能够被及时消除或减少到最小限度,进而提高产品质量,降低成本,提高企业的经济效益。要消除或减少缺陷,首先需要弄清楚引起产品缺陷的原因。为此,让我们考虑一个大胆的设想:如果产品的设计是好的,产品每个零件的尺寸与设计目标值全部吻合,每个零件的材料亦是一致均匀地符合要求,装配过程始终稳定于一个最优状态。那么,在这种理想的环境中形成的产品一定是完美无缺的。然而,在实际中这种理想的状态是难以达到的。即使在设计完好的情况下,每个零件的尺寸也常常围绕设计目标值产生不同程度的偏差,每个零件所使用的原材料(material)也常常具有差异,各个装配环节的水平也存在偏差。

正是在产品的形成过程中,各个阶段存在的这种差异、波动,导致最终产品的缺陷。要提高产品质量,减少产品的缺陷,就必须在产品形成的各个阶段,最大限度地减小、控制和抑制波动。

1.3.3　波动产生的原因

我们知道,正是在产品形成的过程中,各个阶段波动的叠加,导致最终产品的缺陷,那么波动又是由什么引起的呢?事实上,波动无处不在,它是客观存在的。波动产生的原因主要有以下几种:

（1）操作人员的差异。不同的操作人员具有不同的阅历、知识结构、天赋、心理特征及在专业技术训练中获得的不同技能，这些将导致不同的操作人员在工作过程中操作技术水平的差异。此外，即使是同一个人，在不同的时间内，由于心理因素的差异，操作水平也会有差异。

（2）原材料的差异。无论对购进的原材料有多么严格的要求，原材料在厚度、长度、密度、颜色、硬度等方面往往存在着微小差异；即使同一规格、同一型号的材料，从微观结构上看，也会存在差异。

（3）机器设备的差异。任何机械设备都不可能是完全一样的。例如，轴承的轻微磨损、钻头的磨钝、调整机器出现的偏差、机器运转速度和进刀速度的变化等，都会具有微小的差异。

（4）方法的差异。在工作过程中，不同的人，可能采用不同的工作方法，即使同一个人，在不同的时间内，所有的工作程序，也不可能完全一致。

（5）测量的差异。在测量过程中，由于量具、操作者、测量方法等方面的差异，测量系统的波动始终存在。

（6）环境的差异。不同的季节温度、湿度等各不相同，即使同一季节、同一天，也同样存在差异，因此，生产过程中温度、湿度、气压等变化是始终存在的。

上述种种无法穷尽的、潜在的波动相互作用，注定了生产的产品与设计目标值之间要存在差异。日本工程师田口博士把导致产品功能波动的原因进一步划分为三类：

（1）外部噪声，产品使用过程中，外部环境变化引起的噪声。

（2）老化或内部噪声，随着产品的储存或使用，逐渐不能达到其预先设计的功能。

（3）产品间的噪声，由于制造过程之间存在波动，每个产品之间都存在差异。

随着科学技术的不断进步，我们可以通过某些技术减小上述种种波动的幅度，从而达到减小、控制和抑制波动的目的。但试图完全消除上述波动，最终使波动为零是永远办不到的。这是因为，首先，我们无法穷尽影响整个产品形成过程中的波动源；其次，即使从宏观上能够消除这些差异，但微观结构上的差异是难以消除和控制的。所以，我们必须承认波动是客观存在的。既然波动是客观存在的，那么我们只有尊重这种客观事实，在认识这种规律的基础上，利用这种规律。

1.3.4　过程输出的统计规律性

如果一个过程中，系统因素相对稳定，只有随机因素发生作用，那么过程输出通常服从正态分布。假设过程输出的质量特性是 Y，则通常记为 $Y \sim N(\mu, \sigma^2)$，其中 μ 是过程输出的均值，表示过程输出的平均水平；σ^2 是过程输出的方差，表示过程输出围绕中心波动的大小。当 Y 服从正态分布时，很容易计算 Y 分别落在 $[\mu - i\sigma, \mu + i\sigma] (i = 1, 2, 3)$ 的概率，即

$$P(\mu - \sigma < Y < \mu + \sigma) = 68.26\%$$

$$P(\mu - 2\sigma < Y < \mu + 2\sigma) = 95.45\%$$

$$P(\mu - 3\sigma < Y < \mu + 3\sigma) = 99.73\%$$

正态分布和落入 $[\mu - i\sigma, \mu + i\sigma]\,(i = 1,2,3)$ 的概率，如图 1.5 所示。也就是说，当随机抽查过程输出的 100 个结果时，在概率的意义下，有 68.26 个落在以 μ 为中心，σ 为半径的区间内；对于相同的中心 μ，若半径为 2σ，则落入该区间的个数为 95.45；若以 μ 为中心，半径长度增至 3σ 时，则落入区间 $[\mu - 3\sigma, \mu + 3\sigma]$ 内的个数为 99.73，仅有 0.27 个落在该区间之外。

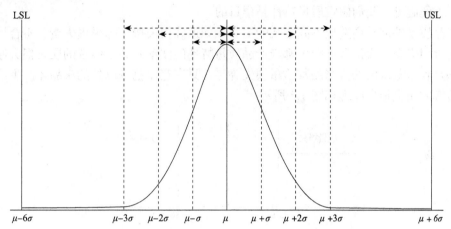

图 1.5　正态分布和落入 $[\mu - i\sigma, \mu + i\sigma]\,(i = 1,2,3)$ 的概率

图 1.6 展示了在正态分布下，均值 μ 和标准差 σ 对分布形状的影响。

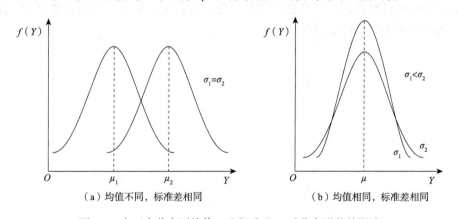

（a）均值不同，标准差相同　　　　　　　（b）均值相同，标准差相同

图 1.6　在正态分布下均值 μ 和标准差 σ 对分布形状的影响

■ 1.4　新的质量损失原理

田口把质量特性分为三大类，即望目特性（nominal the best），简称 N 型；望大特性（the larger the better），简称 L 型；望小特性（the smaller the better），简称 S 型。

望目特性是指，若质量特性 Y 具有目标值/名义值 T，Y 围绕目标值 T 变化，期望 Y 的均值落在目标值上，波动尽可能地小，则称质量特性 Y 为望目特性。例如，加工某一轴件，图纸规定 $\Phi 10 \pm 0.05$ 毫米，加工轴件的实际尺寸就是望目质量特性 Y，目标值 $T = 10$

毫米，上规格限为 10.05 毫米，下规格限为 9.95 毫米，公差为 0.1 毫米。

望小特性是指，若质量特性 Y 的理想值是零，不能为负，期望质量特性 Y 越小越好，波动越小越好，则称质量特性 Y 为望小特性。例如，测量误差，合金所含的杂质量。

望大特性是指，若质量特性 Y 是越大越好，波动越小越好，则称质量特性 Y 为望大特性。例如，钢筋的抗拉强度、灯泡的寿命。

为方便起见，我们假定质量特性是望目的。

产品质量的波动会造成不同形式的损失，如返修损失费、降级损失费、不合格损失费、折价损失费。无论哪种损失都与产品质量特性的波动有关。传统的质量损失原理认为：满足容差范围内的合格品其质量损失为零，只有容差范围以外的次品才产生质量损失。传统的质量损失原理如图 1.7 所示。

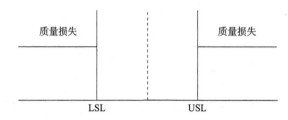

图 1.7　传统的质量损失原理

而新的质量损失原理认为：当产品的质量特性值落在设计目标值时，其质量损失为零，只要偏离设计目标值，就会造成质量损失，这种偏离越大，损失也就越大。图 1.8 给出了新的质量损失原理示意图。

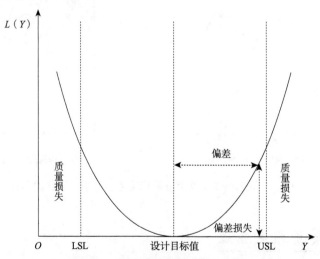

图 1.8　新的质量损失原理示意图

为了近似地描述这种质量损失，田口博士提出了"二次质量损失函数"，即

$$L(Y) = k(Y - T)^2 \tag{1.1}$$

其中，常数 k 是质量损失系数；T 是质量特性的设计目标值。

为了量化质量损失，田口提出了期望损失的概念，即用质量损失函数的期望来度量。

若质量特性 Y 的均值是 μ，标准差是 σ，则期望质量损失可以表示为

$$
\begin{aligned}
E\left[L(Y)\right] &= E\left[k(Y-T)^2\right] \\
&= kE(Y-\mu+\mu-T)^2 \\
&= k\left[\sigma^2+(\mu-T)^2\right]
\end{aligned}
\tag{1.2}
$$

从这两种质量损失函数曲线可以看到：传统的质量观念认为满足容差要求的合格品皆具有同等的优良水平，因此，仅仅要求过程的输出结果满足容差要求即可。只要生产过程达到一定的能力要求，生产出几乎百分之百的合格品，就无须对这样的过程实施进一步的改进。然而，新的质量损失观念不仅要求生产出满足容差要求的合格品，而且更重要的是只要有可能，就要在过程均值尽可能接近设计目标值的情况下，最大限度地减少过程输出产生的波动，使得过程的输出结果最大限度地聚集在设计目标值的附近。

不管科学技术多么发达，人们都无法彻底消除生产过程中随机因素的干扰。只要有干扰，生产过程输出结果的波动就永远不会消失。新的质量损失原理为理论研究和实践工作者提出了努力的方向：在过程输出均值落在设计目标值的情况下，最大限度地减少波动，并使之为零是努力奋斗的终点。但这个终点是永远不能达到的，我们的奋斗目标就是在向零逼近的过程中不断地进取。图 1.9 对这一奋斗目标进行了生动的图示说明。

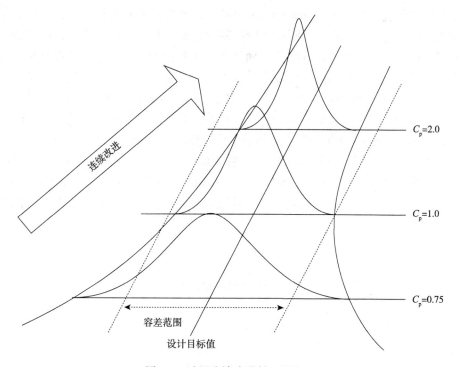

图 1.9　过程连续改进的工程含义

1.5　减小和控制波动的两种质量工程技术

根据新的质量损失原理，要降低质量损失，就必须在产品的实现过程中，最大限度地减小、控制和抑制波动。Ealantte 从六个方面指出了在生产过程中减小波动对企业提高质量和生产率的重要意义。如何有效地减小和控制波动呢？在质量工程领域，重要的两种实现技术就是质量设计和过程控制技术。

1.5.1　质量设计

质量设计技术，包括技术开发、产品和工艺设计、量具的优化等方面的内容。质量设计的主题就是把稳健性（robustness）设计应用到产品或工艺过程中，使在各种噪声的干扰下，质量特性值的波动尽可能地小。常用的实现技术有经典的试验设计、田口方法、响应曲面与双响应曲面、广义线性模型等。质量设计应用于产品形成的早期阶段，即在产品开发和工艺设计中，通过质量设计使产品或零部件的质量特性值波动尽可能小。在质量生成的先天阶段其波动设计得越小，在后天环境中产品的质量就越高，因此，质量设计是减小波动最有效的工具。

1.5.2　过程控制技术

过程控制最初来自英文 "process control"，就英文而言有多种含义，如自动化领域也常使用 "process control"。然而在质量控制的范畴，其意义比较明确，就是通过对过程的监测控制，维护过程的设计水平，使过程处于稳定的运行状态，并提供减小过程波动所需要的信息。过程控制技术可以分为两大类：一类是 SPC，另一类是自动过程控制（automatical process control，APC），也称 EPC。SPC 的基本原理是小概率事件原理，并连续地进行假设检验，其目的是维护过程的正常运行，一旦发现失控信号，及时查找失控原因，从而减小波动，维护过程正常运行。其内容包括过程能力评价、过程分析与诊断，以及各种控制图的应用，如常规的休哈特型控制图、累积和（cumulative sum，CUSUM）控制图以及指数加权移动平均（exponential weighted moving average，EWMA）控制图。EPC 则通过控制方程、自动监测调整、补偿输入，使其输出波动尽可能地小，控制方程通常采用时间序列模型。

思考与练习

1. 什么是质量？你认为应如何理解质量的概念？
2. 产品质量包括哪些特性？
3. 质量管理发展的各个阶段各有什么特点？
4. 现代质量工程包含哪些内容？
5. 产生质量问题的根本原因是什么？如何理解？
6. 引起质量问题的波动源具体包含哪些？你如何理解？
7. 作为引起质量问题的重要波动源——人的因素，在新的质量管理环境中如何处理？请谈谈你的看法。

8. 控制和减少波动的两种质量工程技术：质量设计和过程控制技术，二者之间有什么区别和联系？

9. 结合你的理解，阐述连续质量改进的含义。

10. 查阅最新文献，简述质量损失原理的发展历程。

第2章

质量改进的基础知识

本章的主要内容包括：过程输出的统计规律性，统计量与抽样分布，描述性统计方法，数据的图示方法，以及其他作为减小和控制波动的基础。

2.1 过程输出的统计规律性

2.1.1 过程

ISO 9000:2015《质量管理体系　基础和术语》中，把过程定义为"利用输入产生预期结果的相互作用或相互关联的一组活动"。图 2.1 给出了过程示意图。

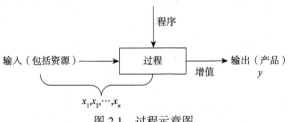

图 2.1　过程示意图

过程的任务在于将输入转化为输出，而输出是过程的产品，输入、输出及过程特性应该是可以测量的。输入和预期的输出可以是有形的（如设备、材料和元器件），也可以是无形的（如信息），输出也可能是非预期的（废料、污染）。对形成的产品不易或者不能经济地进行验证的过程，通常称为"特殊过程"。

过程应该是能够增值或者能够实现价值转移的，否则，就应该改进或删除过程。为了使过程增值，组织应对过程进行策划，即确定、识别过程及其过程要求，进行过程设计并形成程序，建立过程绩效测量和过程控制方法；过程程序的实施能够使过程受控、稳定地获得增值；为了使过程具有更强的增值能力，组织还应当对过程进行持续的改进和创新。

将输入转化为输出的动因是活动，而且是一组相互作用和相互关联的活动。过程具有伸展性，一个过程可以分解成若干个更小的过程，若干个小过程可以集成为一个较大的过程，如产品实现过程就是由若干个小过程组成的。

过程输入可以是人力、设备、设施和材料，也可以是信息、决策等。过程输入中既包括可控因素，也包括不可控因素，有时也称噪声因素。一个简单而实用的过程概念模型是：输出 Y 可以表示为 X 的函数，即

$$Y = f(X,U) = f(x_1,x_2,\cdots,x_n;u_1,u_2,\cdots,u_m) \tag{2.1}$$

其中，$X=(x_1,x_2,\cdots,x_n)$，$U=(u_1,u_2,\cdots u_m)$ 分别表示过程输入的可控因素和噪声因素，输出 Y 是结果变量，非独立变量。式（2.1）揭示：通过选取不同的输入 $X=(x_1,x_2,\cdots,x_n)$ 的值，可以改变过程的输出结果 Y 值。

2.1.2 过程输出结果的统计规律性

任何组织都可以看作由一系列相互关联的过程组成。在质量领域，过程的概念是明确的，它是指使用资源将输入转化为预期输出的活动。

休哈特认为：任何过程受到两类因素的制约，一类是无法控制、难以控制或者控制起来不经济的随机因素，有人也称为噪声因素；另一类是可以确定、调整或者可以识别的可控因素或系统因素。若过程输出的波动仅是随机因素引起的，则称过程处于统计控制状态（in state of statistical control）或受控状态。若过程输出的波动是系统因素的变异引起的，则称过程处于失控状态，此时，系统因素也称异常因素（special cause），而原因是需要查找出来的，因此也称之为可指出因素。一旦发生这种情况，就应该尽快查找产生问题的原因，采取措施加以消除，保证其不再出现。

任何过程或产品质量特性的数据值，由于受到随机因素的作用，不管是否对其进行测量，永远存在波动。当对其进行测量时，通常利用概率分布对质量特性的测量值进行统计分析。从理论上讲，质量特性的分布可以具有很多类型，但根据中心极限定理，在大多数情况下，质量特性的分布服从正态分布。不妨，记过程输出质量特性为 Y，则 $Y \sim N(\mu,\sigma^2)$。

■ 2.2 统计量与抽样分布

2.2.1 总体和样本

所要研究对象的全体元素组成的集合称为总体（population）（或母体），可用随机变量 X 表示。而构成总体的每个元素称为个体，构成总体的全部个体数量称为总体容量。例如，在考察某批灯泡的质量时，该批灯泡的全体就组成了一个总体，而每个灯泡就是个体。

在实际应用中，人们所关心的并不是总体中个体的各个方面，而是总体中个体的一项或者某几项数量指标。例如，在考察灯泡的质量时，人们并不关心灯泡的形状、样式等，而是关心灯泡的寿命、亮度等数量指标特征。在考察灯泡寿命这一项指标时，由于一批灯泡中每个灯泡都有一个确定的寿命值，自然把这批灯泡寿命值的全体视为总体，而其中每一个灯泡的寿命值就是个体。这批灯泡的寿命是一个随机变量，因此，可以用一个随机变量 X 来表示这批灯泡的寿命这个总体。

为了了解总体 X 的分布规律或某些特征,必须对总体进行抽样观察,即从总体 X 中,随机抽取 n 个个体 $X_1, X_2, \cdots, X_n$,记为 $(X_1, X_2, \cdots, X_n)^{\mathrm{T}}$,并称为来自总体 X 的容量为 n 的样本。由于每一个 X_i 都是从总体 X 中随机抽取的,自然每个 $X_1, X_2, \cdots, X_n$ 也是随机变量,从而样本 $(X_1, X_2, \cdots, X_n)^{\mathrm{T}}$ 是一个 n 维随机向量。在抽取观测后,它是 n 个数据 $(x_1, x_2, \cdots, x_n)^{\mathrm{T}}$,称为样本 $(X_1, X_2, \cdots, X_n)^{\mathrm{T}}$ 的一个观测值,简称样本值。样本 $(X_1, X_2, \cdots, X_n)$ 可能取值的全体称为样本空间。

我们的目的就是根据从总体 X 中抽取的一个样本值 $(x_1, x_2, \cdots, x_n)^{\mathrm{T}}$,对总体 X 的分布或某些特征进行分析、推断,因此,要求抽取的样本应该满足:

（1）代表性,即要求样本 $X_1, X_2, \cdots, X_n$ 同分布,而且每个 X_i 与总体 X 具有相同的分布。

（2）独立性,要求样本 $X_1, X_2, \cdots, X_n$ 是相互独立的随机变量。

满足这两个条件的样本称为简单随机样本。若无特别说明,今后提到的样本均指简单随机样本。

2.2.2　常用统计量与样本矩

样本是总体的代表和反映,但在抽取样本后,并不能直接利用样本进行推断,而需要对样本进行"加工、提炼",把样本中关于总体的信息集中起来,即针对不同的问题构造出样本的某种函数。

若 $X_1, X_2, \cdots, X_n$ 是来自总体 X 的一个样本, $g(X_1, X_2, \cdots, X_n)$ 是 $X_1, X_2, \cdots, X_n$ 的函数,若 g 中不含有未知参数,则称 $g(X_1, X_2, \cdots, X_n)$ 为统计量。

由于样本 $X_1, X_2, \cdots, X_n$ 是随机变量,统计量 $g(X_1, X_2, \cdots, X_n)$ 也是随机变量,它应有确定的分布,称其为抽样分布。

设 $(X_1, X_2, \cdots, X_n)^{\mathrm{T}}$ 是从总体 X 中抽取的样本,用于描述中心位置常用的统计量有以下几个。

（1）样本均值统计量: $\bar{X} = \sum_{i=1}^{n} X_i / n$。

（2）中位数统计量:记 $(X_{(1)}, X_{(2)}, \cdots, X_{(n)})^{\mathrm{T}}$ 是样本 $(X_1, X_2, \cdots, X_n)^{\mathrm{T}}$ 的次序统计量,则样本中位数定义为 $\tilde{X} = \begin{cases} X_{\frac{n+1}{2}}, & n\text{为奇数} \\ \frac{1}{2}\left[X_{\left(\frac{n}{2}\right)} + X_{\left(\frac{n}{2}+1\right)}\right], & n\text{为偶数} \end{cases}$。

用于描述波动大小常用的统计量有以下几个。

（1）样本极差: $R = \max X_i - \min X_i$,其中 $\max X_i, \min X_i$ 分别代表样本中的最大次序统计量和最小次序统计量,计算简单,但可利用信息少。

（2）样本方差: $S_n^2 = \frac{1}{n}\sum_{i=1}^{n}(X_i - \bar{X})^2 = \frac{1}{n}\sum_{i=1}^{n}X_i^2 - \bar{X}^2$。

（3）修正样本方差（简称样本方差）: $S_n^{*2} = \frac{1}{n-1}\sum_{i=1}^{n}(X_i - \bar{X})^2$。

（4）样本标准差：$S_n = \sqrt{\dfrac{1}{n}\sum\limits_{i=1}^{n}(X_i - X)^2}$。

（5）修正样本标准差（也称样本标准差）：$S_n^* = \sqrt{\dfrac{1}{n-1}\sum\limits_{i=1}^{n}(X_i - \overline{X})^2}$。

（6）变异系数：$CV = \dfrac{S_n}{\overline{X}}$，常用于不同数据的离散程度比较。

一般 k 阶原点矩、k 阶中心矩可表示为，

（1）样本 k 阶原点矩：$A_k = \dfrac{1}{n}\sum\limits_{i=1}^{n}X_i^k$，其中 $k = 1,2,\cdots$。

（2）样本 k 阶中心矩：$B_k = \dfrac{1}{n}\sum\limits_{i=1}^{n}(X_i - \overline{X})^k$，其中 $k = 1,2,\cdots$。

2.2.3　抽样分布

抽样分布是指样本统计量的分布，是区间估计、假设检验的理论基础。

1. 样本均值的分布

设 $X_1, X_2, \cdots, X_n$ 是来自正态总体 $N(\mu, \sigma^2)$ 的一个样本，则：①方差 σ^2 已知时，有 $\dfrac{\overline{X} - \mu}{\sigma/\sqrt{n}} \sim N(0,1)$；②方差 σ^2 未知时，有 $\dfrac{\overline{X} - \mu}{s/\sqrt{n}} \sim t(n-1)$，即服从自由度是 $n-1$ 的 t 分布。当 $n \geq 30$ 时，t 分布近似于标准正态分布。

t 分布的形状与正态分布很相像，其分布形状受自由度的影响，自由度越大，t 分布越接近标准正态分布。当自由度大于 30 时，二者差异不大，如图 2.2 所示。

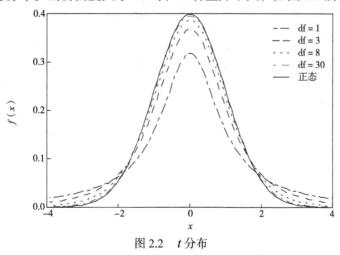

图 2.2　t 分布

2. 正态样本方差 s^2 的分布——χ^2 分布

设 $X_1, X_2, \cdots, X_n$ 是来自正态总体 $N(\mu, \sigma^2)$ 的一个样本，则：①当均值 μ 已知时，$\dfrac{1}{\sigma^2}\sum\limits_{i=1}^{n}(X_i - \mu)^2 \sim \chi^2(n)$，即服从自由度是 n 的 χ^2 分布；②当均值 μ 未知时，则 $(n-1)s^2/\sigma^2 =$

$\sum\limits_{i=1}^{n}(X_i-\bar{X})^2/\sigma^2 \sim \chi^2(n-1)$，即服从自由度是 $n-1$ 的 χ^2 分布，χ^2 分布的形状如图 2.3 所示。χ^2 分布的形状受自由度的影响，自由度越大，图形越向右移。

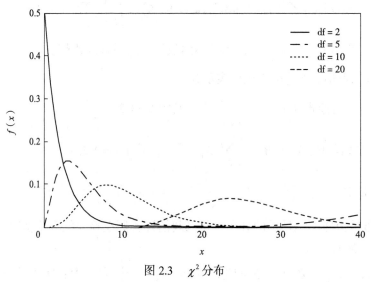

图 2.3 χ^2 分布

3. 两个独立的正态样本方差之比的分布——F 分布

设有两个独立的正态总体 $N(\mu_1,\sigma_1^2)$ 和 $N(\mu_2,\sigma_2^2)$，$X_1,X_2,\cdots,X_n$ 是来自 $N(\mu_1,\sigma_1^2)$ 的一个样本，$Y_1,Y_2,\cdots,Y_m$ 是来自 $N(\mu_2,\sigma_2^2)$ 的一个样本，而且这两个样本相互独立。则它们的样本方差之比为

$$\frac{s_1^2/\sigma_1^2}{s_2^2/\sigma_2^2} \sim F(n-1,m-1)$$

其中，$n-1$ 是分子自由度；$m-1$ 是分母自由度。F 分布的形状如图 2.4 所示。

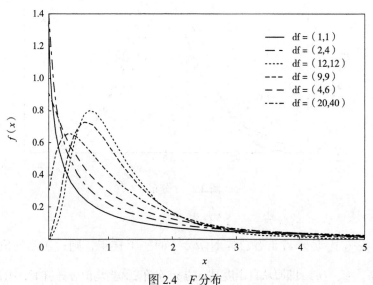

图 2.4 F 分布

2.3　点估计和区间估计

统计推断是指根据样本对总体的分布或分布的数字特征等做出合理的推断，统计推断的主要内容可以分为两大类：参数估计和假设检验。本节主要讨论估计问题中的点估计与区间估计。

2.3.1　点估计与优良性

在介绍点估计之前我们先明确一下估计量和估计值的概念。估计量是指用于估计相关的总体参数的统计量，所要估计的总体参数一般用 θ 表示，其估计量一般用 $\hat{\theta}$ 表示。估计值是指估计量的具体数值。点估计是根据样本数据计算的总体参数的一个估计值。

同一个参数的估计量可以有很多，并非所有的估计量都是优良的，因此选择估计量时一般有三个评选标准。

（1）无偏性。设 θ 为未知参数，$\hat{\theta} = \hat{\theta}(x_1, x_2, \cdots, x_n)$ 是 θ 的估计量，若 $E(\hat{\theta})$ 存在且 $E(\hat{\theta}) = \theta$，则称 $\hat{\theta}$ 是参数 θ 的无偏估计量。如果 $E(\hat{\theta}) = \theta$，那么 $E(\hat{\theta}) - \theta$ 称为估计量 $\hat{\theta}$ 的偏差，若 $\lim_{n \to \infty} E(\hat{\theta}) = \theta$，则称 $\hat{\theta}$ 是 θ 的渐进无偏估计。

（2）一致性。当样本容量 n 增大时，如果估计量越来越接近总体参数的真值，称该估计量为一致估计量或相合估计量。

（3）有效性。如果两个估计量都是无偏的，可认为其中方差小的估计量更有效。有效性主要用于度量估计量的离散程度。

常见的点估计量有以下几种。

（1）正态总体均值的无偏估计：样本均值 $\bar{X}$ 和样本中位数 $\tilde{X}$。当样本容量小于或等于 2 时，两者相同；当样本容量大于 2 时，$\bar{X}$ 优于 $\tilde{X}$，样本容量 n 越大，其一致性越好。

（2）总体方差的无偏估计：样本方差 $S^2 = \sum_{i=1}^{n}(X_i - \bar{X})^2 / (n-1)$。研究表明，它是 σ^2 的所有无偏估计中最好的。

（3）正态分布标准差 σ 的无偏估计并不是样本标准差 S，而是通过将其进行偏差修正得到的，或者将样本极差除以一个与 n 有关的常数而得到的：

$$\hat{\sigma}_s = S / c_4, S = \sqrt{S^2} \text{ 或者 } \hat{\sigma}_R = R / d_2, R = x_{(n)} - x_{(1)}$$

其中，修偏系数 c_4 与系数 d_2 是仅与样本容量 n 有关的常数，可通过查附表 5 获得。根据不同样本容量不同，可分为以下几种情况：①当 $n = 2$ 时，上述两个估计相同。②当 $n \geq 3$ 时，上述两个估计是不同的，理论研究表明，$\hat{\sigma}_s$ 优于 $\hat{\sigma}_R$，因为 $\hat{\sigma}_s$ 比 $\hat{\sigma}_R$ 波动较小，所以在实际中应该优先选用 $\hat{\sigma}_s$。③当 n 较大（如 $n > 30$）时，无须修正，可以将样本标准差 S 直接作为 σ 的估计。

下面给出一个简单例子说明其用法，在实际估计样本均值时样本容量应大于 15，估计方差和标准差时样本容量应大于 30。

例 2.1： 某产品直径服从正态分布 $N(\mu, \sigma^2)$ ，从一批产品中随机抽取 6 个测其直径，得到如下数据：14.8 厘米，15.3 厘米，15.1 厘米，15.0 厘米，14.7 厘米，15.1 厘米，给出产品 μ 、σ^2 、σ 的无偏估计。

解：我们用样本均值 $\bar{X}$ 估计 μ ，用 S^2 估计 σ^2 ：

$$\hat{\mu} = \bar{X} = (14.8 + 15.3 + 15.1 + 15.0 + 14.7 + 15.1)/6 = 15$$

$$\hat{\sigma}^2 = S^2 = \left(0.2^2 + 0.3^2 + 0.1^2 + 0.3^2 + 0.1^2\right)/(6-1) = 0.048$$

对 σ 采用对标准差进行修偏的方法进行估计，$n=6$ ，查得 $c_4 = 0.9515$ ：

$$\hat{\sigma}_s = S/c_4 = 0.219/0.9515 = 0.23016$$

对 σ 采用样本极差的方法进行估计，$n=6$ ，查得 $d_2 = 2.534$ ：

$$\hat{\sigma}_R = R/d_2 = (15.3 - 14.7)/2.534 = 0.2368$$

可见，$\hat{\sigma}_s$ 与 $\hat{\sigma}_R$ 非常接近。

利用 MINITAB 可以方便地计算出样本数据的各种统计量，操作如下，依次执行：统计→基本统计量→显示描述性统计量，得到对话框如图 2.5 所示。单击"统计量"按钮，打开统计量对话框，选择需要计算的统计量并进行相应的设置，如图 2.6 所示。

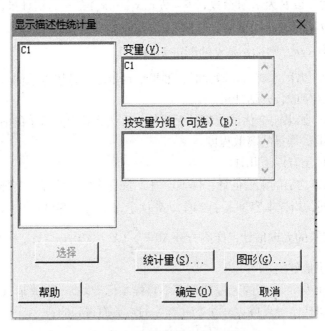

图 2.5　显示描述性统计量对话框

单击"确定"，回到显示描述性统计量对话框，单击"确定"，得到所求样本的均值、标准差、方差和极差。MINITAB 输出结果如下所示。

描述性统计：C1				
变量	均值	标准差	方差	极差
C1	15.000	0.219	0.0480	0.600

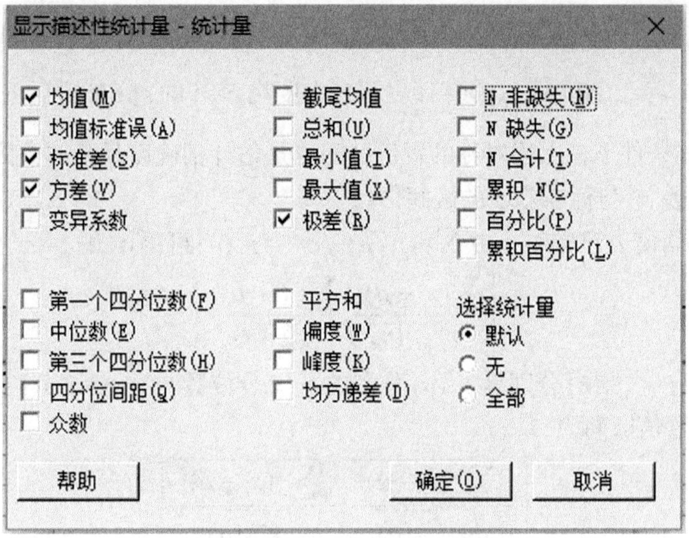

图 2.6　统计量对话框

2.3.2　区间估计

在参数的点估计中，点估计给出了参数一个具体的估计值。因为它只是一个近似值，无法确定它与真值的误差及近似值的精确度。为了弥补点估计在这方面的不足，可采用另一种估计方式——区间估计。

设 θ 是总体的一个待估参数，对于给定的 $\alpha(0 < \alpha < 1)$，若由样本确定的两个估计量 $\theta_L = \theta_L(x_1, x_2, \cdots, x_n)$ 和 $\theta_U = \theta_U(x_1, x_2, \cdots, x_n)$ 满足 $P(\theta_L \leqslant \theta \leqslant \theta_U) = 1 - \alpha$，则称随机区间 $[\theta_L, \theta_U]$ 是 θ 的置信水平为 $1 - \alpha$ 的置信区间，θ_L 与 θ_U 为 $1 - \alpha$ 的置信下限与置信上限。在区间估计中，对置信区间的上限和下限均加以限定的称为双侧区间估计，仅对其中的上限或者下限加以限定的称为单侧区间估计。置信水平 $1 - \alpha$ 表达了区间估计的可靠度，它是区间估计的可靠概率。在构造置信区间时，常用 90%、95%、99% 三个置信水平。

1. 单个正态总体参数的区间估计

设总体 X 服从正态分布 $N(\mu, \sigma^2)$，从总体中抽取的样本为 $x_1, x_2, \cdots, x_n$，样本均值为 $\bar{x}$，样本方差为 s^2，样本标准差为 s。

1）总体均值 μ 的区间估计

μ 的估计一般采用样本均值 $\bar{x}$，从 $\bar{x}$ 的分布来构造置信区间。

（1）总体标准差 σ 已知时，根据 $z = (\bar{x} - \mu)/(\sigma/\sqrt{n}) \sim N(0,1)$ 可得 $1 - \alpha$ 置信区间为 $\bar{x} - z_{1-\alpha/2}\, \sigma/\sqrt{n} \leqslant \mu \leqslant \bar{x} + z_{1-\alpha/2}\, \sigma/\sqrt{n}$，记为 $\bar{x} \pm z_{1-\alpha/2}\, \sigma/\sqrt{n}$，其中 $z_{1-\alpha/2}$ 是标准正态分布的 $1 - \alpha/2$ 分位数。

尽管在给定的置信水平 $1 - \alpha$ 下，置信区间不是唯一的，但标准正态分布密度函数是一单峰以纵坐标为对称轴的曲线，因此，对称区间 $(\bar{x} - z_{1-\alpha/2}\, \sigma/\sqrt{n}, \bar{x} + z_{1-\alpha/2}\, \sigma/\sqrt{n})$ 的长度最短，用它作置信区间估计精确度最高。

（2）总体标准差 σ 未知时，根据 $(\bar{x}-\mu)\big/(s\big/\sqrt{n}) \sim t(n-1)$ 可得 μ 的 $1-\alpha$ 置信区间为 $\bar{x} \pm t_{1-\alpha/2}(n-1)\dfrac{s}{\sqrt{n}}$，其中 $t_{1-\alpha/2}(n-1)$ 表示自由度是 $n-1$ 的 t 分布的 $1-\alpha/2$ 分位数。在给定置信水平的条件下，上述对称的置信区间也是估计精确度最高的置信区间。

2）总体方差 σ^2 与标准差 σ 的区间估计

（1）总体均值 μ 已知时，由 $\sum(x_i-\mu)^2\big/\sigma^2 \sim \chi^2(n)$ 可得 σ^2 的 $1-\alpha$ 置信区间为

$$\left[\frac{\sum(x_i-\mu)^2}{\chi^2_{1-\alpha/2}(n)},\frac{\sum(x_i-\mu)^2}{\chi^2_{\alpha/2}(n)}\right]$$

其中，$\chi^2_{\alpha/2}(n)$ 与 $\chi^2_{1-\alpha/2}(n)$ 分别是 $\chi^2(n)$ 分布的 $\alpha/2$ 分位数与 $1-\alpha/2$ 分位数。两边开方，可得 σ 的 $1-\alpha$ 置信区间为

$$\left[\frac{\sqrt{\sum(x_i-\mu)^2}}{\sqrt{\chi^2_{1-\alpha/2}(n)}},\frac{\sqrt{\sum(x_i-\mu)^2}}{\sqrt{\chi^2_{\alpha/2}(n)}}\right] \qquad (2.2)$$

（2）总体均值 μ 未知时，由 $(n-1)s^2\big/\sigma^2 = \sum(X_i-\bar{X})^2\big/\sigma^2 \sim \chi^2(n-1)$ 可得 σ^2 的 $1-\alpha$ 置信区间为

$$\left[\frac{(n-1)s^2}{\chi^2_{1-\alpha/2}(n-1)},\frac{(n-1)s^2}{\chi^2_{\alpha/2}(n-1)}\right]$$

其中，$\chi^2_{\alpha/2}(n-1)$ 与 $\chi^2_{1-\alpha/2}(n-1)$ 分别是 $\chi^2(n-1)$ 分布的 $\alpha/2$ 分位数与 $1-\alpha/2$ 分位数。同理，σ 的 $1-\alpha$ 置信区间为

$$\left[\frac{s\sqrt{n-1}}{\sqrt{\chi^2_{1-\alpha/2}(n-1)}},\frac{s\sqrt{n-1}}{\sqrt{\chi^2_{\alpha/2}(n-1)}}\right] \qquad (2.3)$$

例 2.2： 某种灯泡的寿命服从正态分布，现从一批灯泡中随机抽取 16 只，测得其使用寿命（单位：小时）如下：1 510，1 450，1 480，1 460，1 520，1 480，1 490，1 460，1 480，1 510，1 530，1 470，1 500，1 520，1 510，1 470。给出该批灯泡平均使用寿命 95%的置信区间。

解：运用 MINITAB 进行例 2.2 的计算，打开工作表"例 2.2"，依次进行下列操作：统计→基本统计量→单样本 t，得到 t 统计量对话框，对其进行相应的设置，如图 2.7 所示。单击图形按钮，对其进行设定，如图 2.8 所示。单击确定，回到 t 统计量对话框，再点击选项按钮，得到如图 2.9 所示对话框，图 2.10 是灯泡使用寿命的直方图和平均使用寿命的 95%的置信区间。

设定置信水平为 95%，并在备择中选择"不等于"对其进行相应设定，点击确定回到 t 统计量对话框，继续点击确定，MINITAB 输出结果如下。

单样本 T：使用寿命

变量	N	均值	标准差	均值标准误	95%置信区间
C1	16	1 490.00	24.77	6.19	（1 476.80，1 503.20）

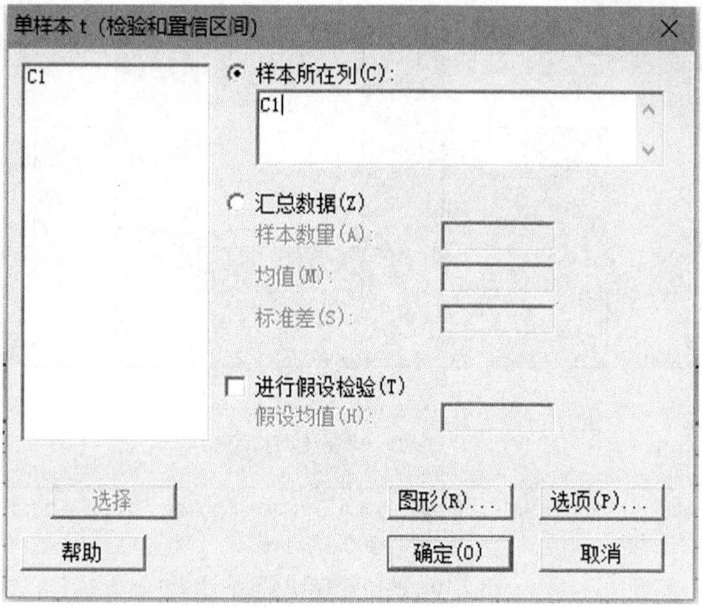

图 2.7　单样本 *t* 对话框

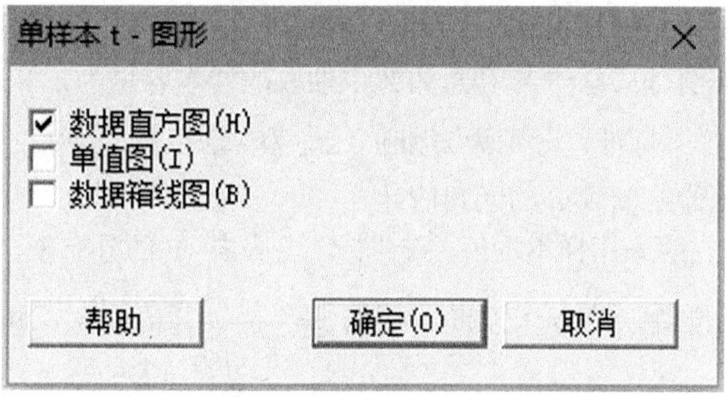

图 2.8　图形对话框

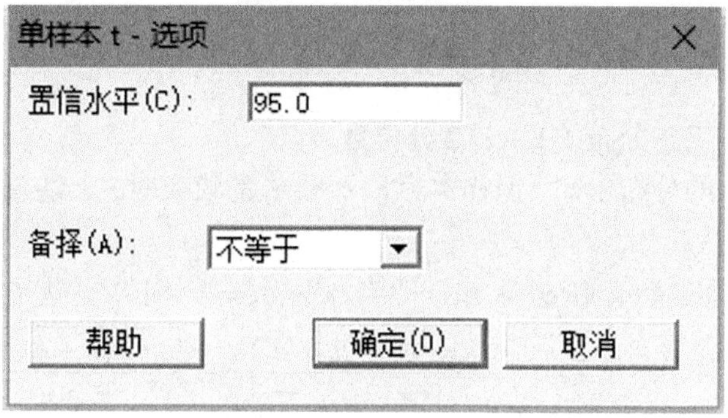

图 2.9　选项对话框

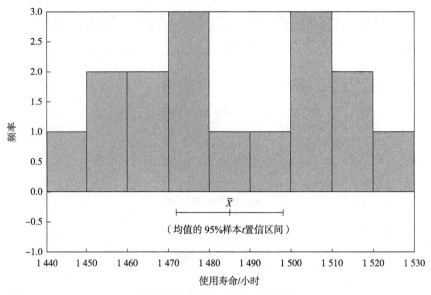

图 2.10　使用寿命的区间估计

2. 两个正态总体参数的区间估计

设有两个正态总体 $X \sim N\left(\mu_1, \sigma_1^2\right)$ 和 $Y \sim N\left(\mu_2, \sigma_2^2\right)$ ，X 与 Y 相互独立，$(x_1, x_2, \cdots, x_{n_1})^{\mathrm{T}}$ 和 $(y_1, y_2, \cdots, y_{n_2})^{\mathrm{T}}$ 分别是从总体 X 和总体 Y 中抽取的样本容量为 n_1 和 n_2 的样本，记样本均值、样本方差、样本标准差分别为 $\bar{x}$ 和 $\bar{y}$，$s_{1n_1}^2$ 和 $s_{2n_2}^2$ 以及 s_{1n_1} 和 s_{1n_2} 。

1）两个总体均值差 $\mu_1 - \mu_2$ 的区间估计

$\mu_1 - \mu_2$ 的估计一般采用样本均值差 $\bar{x} - \bar{y}$，现从 $\bar{x} - \bar{y}$ 的分布来构造置信区间。

（1）两总体标准差 σ_1 和 σ_2 已知时，根据 $z = \dfrac{\bar{x} - \bar{y} - (\mu_1 - \mu_2)}{\sqrt{\dfrac{\sigma_1^2}{n_1} + \dfrac{\sigma_2^2}{n_2}}} \sim N(0,1)$，可得 $1 - \alpha$ 置信区间

$$\left(\bar{x} - \bar{y} - z_{1-\frac{\alpha}{2}}\sqrt{\frac{\sigma_1^2}{n_1} + \frac{\sigma_2^2}{n_2}}, \bar{x} - \bar{y} + z_{1-\frac{\alpha}{2}}\sqrt{\frac{\sigma_1^2}{n_1} + \frac{\sigma_2^2}{n_2}}\right) \qquad （2.4）$$

其中，$z_{1-\alpha/2}$ 是标准正态分布的 $1 - \alpha/2$ 分位数。

当总体 X 和 Y 的分布未知，但样本容量 n_1 和 n_2 都较大时，上述置信区间中的方差可以用样本方差替代。

（2）两总体标准差 σ_1 和 σ_2 未知，但当 $\sigma_1^2 = \sigma_2^2 = \sigma^2$ 时，也就是说，两总体的方差未知，但要求相等时，由于 $T = \dfrac{(\bar{x} - \bar{y}) - (\mu_1 - \mu_2)}{\sqrt{(n_1 - 1)s_{1n_1}^2 + (n_2 - 1)s_{2n_2}^2}} \sqrt{\dfrac{n_1 n_2 (n_1 + n_2 - 2)}{n_1 + n_2}} \sim t(n_1 + n_2 - 2)$；从而可得 $\mu_1 - \mu_2$ 的置信度为 $1 - \alpha$ 的置信区间为

$$\left(\overline{x}-\overline{y}-t_{1-\frac{\alpha}{2}}(n_1+n_2-2)\sqrt{(n_1-1)s_{1n_1}^2+(n_2-1)s_{2n_2}^2}\sqrt{\frac{n_1+n_2}{n_1n_2(n_1+n_2-2)}},\right.$$

$$\left.\overline{x}-\overline{y}+t_{1-\frac{\alpha}{2}}(n_1+n_2-2)\sqrt{(n_1-1)s_{1n_1}^2+(n_2-1)s_{2n_2}^2}\sqrt{\frac{n_1+n_2}{n_1n_2(n_1+n_2-2)}}\right) \tag{2.5}$$

其中，$t_{1-\alpha/2}(n-1)$ 表示自由度是 $n-1$ 的 t 分布的 $1-\alpha/2$ 分位数。在给定置信水平的条件下，上述对称的置信区间也是估计精确度最高的置信区间。

2）两个正态总体方差比的区间估计

在对两个正态总体的方差之比 $\dfrac{\sigma_1^2}{\sigma_2^2}$ 做出区间估计时，自然用 $s_{1n_1}^2$ 和 $s_{1n_2}^2$ 分别作为 σ_1^2 和 σ_2^2 的估计值，由于 $F=\dfrac{s_{2n_2}^2/\sigma_2^2}{s_{1n_2}^2/\sigma_1^2}=\dfrac{s_{2n_2}^2}{s_{1n_1}^2}\dfrac{\sigma_1^2}{\sigma_2^2}\sim F(n_2-1,n_1-1)$，从而 $\dfrac{\sigma_1^2}{\sigma_2^2}$ 的置信度为 $1-\alpha$ 的置信区间为

$$\left[F_{1-\frac{\alpha}{2}}(n_2-1,n_1-1)\frac{s_{1n_1}^2}{s_{2n_2}^2},F_{\frac{\alpha}{2}}(n_2-1,n_1-1)\frac{s_{1n_1}^2}{s_{2n_2}^2}\right] \tag{2.6}$$

其中，$F_{\frac{\alpha}{2}}(n_1,n_2)$ 与 $F_{1-\frac{\alpha}{2}}(n_1,n_2)$ 分别是 $F(n_1,n_2)$ 分布的 $\alpha/2$ 分位数与 $1-\alpha/2$ 分位数。

例 2.3：为了考察温度对某物体断裂强力的影响，在 70°C 和 80°C 分别重复做了 8 次试验，测得断裂强力的数据如下（单位：帕）。

70°C：20.5，18.8，19.8，20.9，21.5，19.5，21.0，21.2；

80°C：17.7，20.3，20.0，18.8，19.0，20.1，20.2，19.1。

假设 70°C 下的断裂强力用 X 表示，且服从正态分布 $N(\mu_1,\sigma_1^2)$。80°C 下的断裂强力用 Y 表示，且服从正态分布 $N(\mu_2,\sigma_2^2)$，试求方差比 $\dfrac{\sigma_1^2}{\sigma_2^2}$ 的置信度为 90% 的置信区间。

解 1：根据样本值，计算得

$$\overline{x}=20.4，\quad s_{1n_1}^2=0.885\,7$$

$$\overline{y}=19.4，\quad s_{2n_2}^2=0.828\,6$$

又 $n_1=n_2=8,1-\alpha=0.90$，$\alpha=0.10$，$F_{0.05}(7,7)=3.79$，根据 F 分布分位数的性质

$$F_{0.95}(7,7)=\frac{1}{F_{0.05}(7,7)}=\frac{1}{3.79}=0.263\,9$$

根据以上计算结果，可得到 $\dfrac{\sigma_1^2}{\sigma_2^2}$ 的 90% 的置信区间为

$$\left(0.263\,9\frac{0.885\,7}{0.828\,6},3.79\frac{0.885\,7}{0.828\,6}\right)=(0.282\,1,4.051\,2)$$

解 2：运用 MINITAB 进行例 2.3 的计算，打开工作表"例 2.3"，依次进行下列操作：统计→基本统计量→双方差，得到对话框，对其进行相应的设置，如图 2.11 所示。单击选项按钮，得到如图 2.12 所示对话框，设定置信水平为 90%，并在备择中选择"不等于"

对其进行相应设定，单击"确定"。继续点击"确定"。

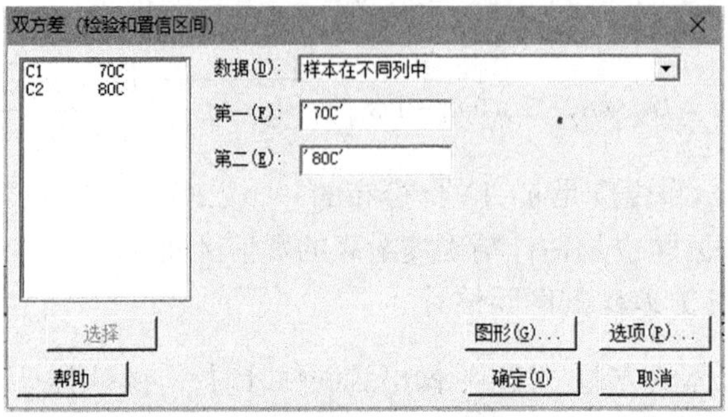

图 2.11 单样本 t 对话框

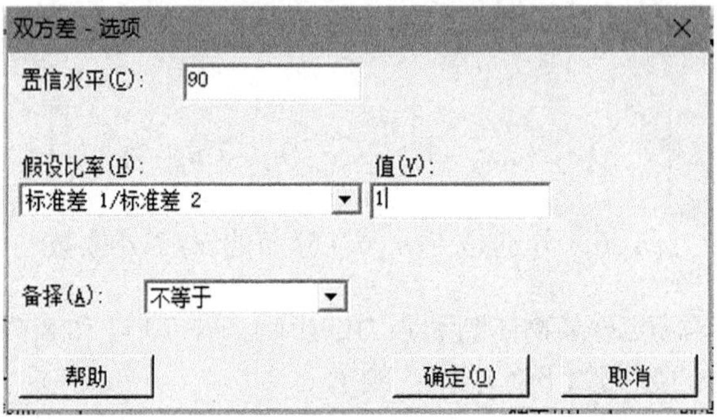

图 2.12 选项对话框

MINITAB 输出结果如下。

双方差检验和置信区间：70C，80C

方法

原假设	西格玛（70C）/ 西格玛（80C）= 1
备择假设	西格玛（70C）/ 西格玛（80C）≠ 1
显著性水平	Alpha = 0.01

统计量

变量	N	标准差	方差
70C	8	0.941	0.886
80C	8	0.910	0.829

标准差比 = 1.034

方差比 = 1.069

99% 置信区间

数据分布	标准差比置信区间	方差比置信区间
正态	（0.347，3.082）	（0.120，9.498）
连续	（0.168，3.259）	（0.028，10.621）

检验

方法	DF1	DF2	检验统计量	p 值
F 检验（正态）	7	7	1.07	0.932
Levene 检验（任何连续分布）	1	14	0.00	1.000

3. 总体比率 p 的区间估计

设总体 $X \sim b(1, p)$ ，所抽取的样本容量为 n ，抽取的样本比例为 $\tilde{p}$ ，当样本容量足够大（至少 $np \geqslant 5$ ）时，可认为样本比例 $\tilde{p}$ 的抽样分布服从于正态分布 $N(p, p(1-p)/n)$ 。因此 p 的 $1-\alpha$ 置信区间为

$$\tilde{p} \pm z_{1-\alpha/2} \sqrt{\tilde{p}(1-\tilde{p})/n} \qquad (2.7)$$

其中，$z_{1-\alpha/2}$ 是标准正态分布的 $1-\alpha/2$ 分位数。

例 2.4： 在一项家电市场调查中，随机抽取了 300 个居民户，调查他们是否拥有某一品牌的电视机。其中拥有该品牌电视机的家庭占 26%。求总体比例的置信区间，置信水平分别为 95%。

解：使用 MINITAB 对其进行求解，过程如下：统计→基本统计量→单比率，打开如图 2.13 所示的对话框，在本题中，事件数为总试验数乘以事件发生率，即 $300 \times 26\%$，然后点击 "选项" 命令，打开对话框，如图 2.14 所示，在本题中选择的置信水平为 95.0%，在备择中选择 "不等于"，并选择使用基于正态分布的检验和区间（注：选择这一项表示计算出的置信区间是根据正态分布估计的。若不选择此项，MINITAB 给出的是基于精确算法的置信区间），单击 "确定"，回到单比率置信区间对话框，再单击 "确定"，即得到我们所求的总体比率的置信区间。

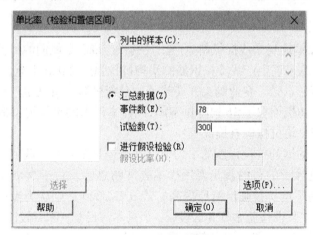

图 2.13　单比率置信区间对话框

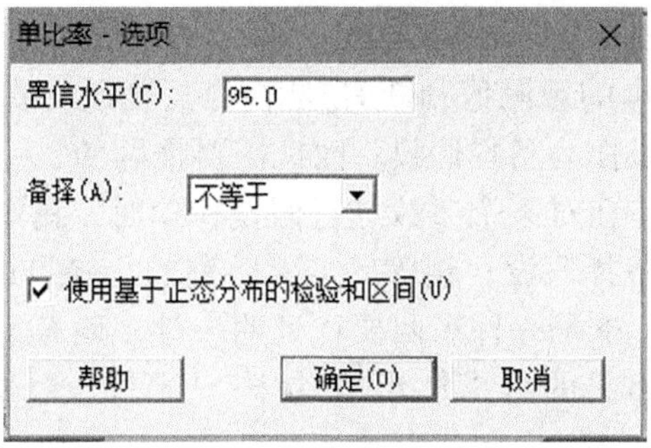

图 2.14　单比率选项对话框

MINITAB 输出结果如下。

单比率检验和置信区间				
样本	X	N	样本 p	95% 置信区间
1	78	300	0.260 000	（0.210 365，0.309 635）
使用正态近似。				

故在本题中，拥有该品牌电视机比率的 95% 的置信区间为（0.210 365，0.309 635）。

2.4 假设检验

在科学研究、工业生产中，常常要对一些问题做出肯定或否定的回答。如确定一批产品的合格率是否符合规定标准，此时常常需要做出适当的假设（hypothesis），然后再进行试验或观测，得到统计样本，最后根据样本，构造统计方法进行判断，决定是否接受这个假设。假设检验就是这样一种统计推断方法，包括参数的假设检验方法和非参数的检验方法。

2.4.1 假设检验的基本概念

1. 假设检验问题

例 2.5： 某冷拉钢筋生产线提供新生产工具的供应商称，他们的机器将提高冷拉钢筋的平均抗拉强度，原来该生产线冷拉钢筋的平均抗拉强度 2 000 千克，标准差 300 千克。为了检验该供应商的承诺，企业购买并安装了一台新机器，待试生产稳定后，指定工程师从一周的生产中随机抽取了 16 根冷拉钢筋，此样本得出的平均抗拉强度为 2 199 千克，试问能否断言钢筋平均抗拉确有提高吗？

用 μ 表示总体的钢筋抗拉强度的平均值，这个值是未知的。我们从抽样中得到的只是样本均值，而统计学的目的就是要用样本去推断总体。对于这个问题，若总体均值 $\mu > 2\,000$，则认为平均抗拉强度有所提高；若 $\mu \leq 2\,000$，则认为没有提高。为此，可以建立两个命题，在假设检验中称为假设，一个是零假设（或称原假设，null hypothesis），记为 H_0；另一个为对立假设（或称备择假设，alternative hypothesis），记为 H_1，即构成假设：

$$H_0 : \mu \leq 2\,000 , \quad H_1 : \mu > 2\,000$$

问题就是要根据样本的观测值判断 H_0 是否为真。通常我们总是把需要证明的命题，含有某一差异的假设作为备择假设；而把需要推翻的、一般无须证明而且是不证自明的命题作为原假设。在对某个参数进行假设检验时，我们把需要证明的、不相等的、有差别的结论作为备择假设；相等的、无差别的、等号成立的结论作为原假设。这是因为，从逻辑上讲，推翻一件东西要比证明一件东西容易。因此，在对于参数的检验问题中，备择假设常见的是"大于""小于""不等于"这三种情况之一。

2. 假设检验的基本步骤

假设检验的任务就是根据样本 $x_1, x_2, \cdots, x_n$，对问题做出肯定或否定的回答。针对提出的问题，可以把假设检验归纳为下列步骤。

（1）建立假设通常需要建立两个假设：原假设 H_0 和备择假设 H_1。

在对总体均值进行检验时，有三类假设：

$$H_0 : \mu = \mu_0, H_1 : \mu \neq \mu_0$$

$$H_0 : \mu = \mu_0 (或 \mu \leqslant \mu_0), H_1 : \mu > \mu_0$$

$$H_0 : \mu = \mu_0 (或 \mu \geqslant \mu_0), H_1 : \mu < \mu_0$$

前一个假设称为双边假设检验，后两个称为单边假设检验。例 2.5 的检验问题，就是用的单边检验。

（2）构造检验统计量，确定拒绝域的形式。

根据检验统计量的观测值，可以把整个样本空间分成两个部分，拒绝域 W 与非拒绝域 $\overline{W}$。当样本统计量的观测值落在拒绝域 W 中就拒绝原假设，否则，就无法拒绝原假设。因此，在假设检验中，必须找出拒绝域。

根据备择假设的不同，拒绝域可以是单边的，也可以是双边的。在确定了拒绝域的类型后，还要确定临界值 c，这是根据允许犯错误的概率确定的。

（3）给出检验中的显著性水平 α。

在对原假设是否成立进行判断时，由于样本的随机性，判断可能产生两类错误，第一类错误是指当原假设成立时，由于样本的随机性，样本观测值落在拒绝域 W 中，从而做出拒绝原假设的判断，这种以真为假的错误，称为第一类错误，其发生错误的概率也就是犯第一类错误的概率，记为 α，即 $p_{H_0}(W) = \alpha$。第二类错误是指当原假设不成立时，由于样本的随机性，样本观测值落在非拒绝域 $\overline{W}$ 中，从而做出无法拒绝原假设的判断，这种以假为真的错误，称为第二类错误，其发生错误的概率也就是犯第二类错误的概率，记为 β，即 $p_{H_1}(\overline{W}) = \beta$。关于假设检验中的两类错误见表 2.1。

表 2.1 假设检验中的两类错误

总体	H_0 为真	H_1 为真
接受 H_0	结论正确	第二类错误
拒绝 H_0	第一类错误	结论正确

若要求犯第一类错误的概率不超过 α，由此给出的检验称为水平为 α 的检验，称 α 为显著性水平，通常取 $\alpha = 0.05$。

（4）给出临界值，确定拒绝域。

有了显著性水平 α 后，可以根据给定的检验统计量的分布，查表得到临界值，从而确定具体的拒绝域。在不同的备择假设下，拒绝域、临界值与显著性水平 α 的关系是不同的，如图 2.15 所示。

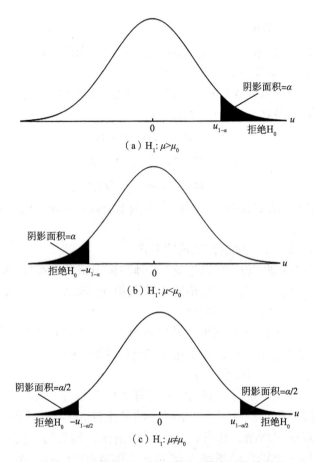

图 2.15   备择假设、拒绝域和显著水平的关系

（5）根据样本观测值，计算检验统计量的值。收集样本数据，计算检验统计量的观测值。

（6）根据检验统计量的值是否落在拒绝域中，做出拒绝或接受原假设的决策。

第一，将检验统计量的值与拒绝域的临界值相比较，当它落在拒绝域中，就得出拒绝原假设的结论，否则就得出接受原假设的结论。

第二，根据样本观测值可以得到总体参数的置信区间，如果原假设的参数值未落入此置信区间，就可做出拒绝原假设的结论，否则就做出接受原假设的结论。

第三，由检验统计量计算 p 值。所谓 p 值，就是当原假设成立时，出现目前状况的概率。当这个概率很小时，这个结果在原假设成立的条件下，就不应该在一次观测中出现，但它确实出现了，也就是小概率事件发生了，根据小概率事件原理："在一次观察中，小概率事件是不应该发生的"。因此，我们有理由认为，原假设成立这个前提是错误的，即应该拒绝原假设，接受备择假设。

一般规则：如果计算的 p 值小于 α，即 $p < \alpha$，就拒绝原假设。目前大多数统计软件都提供了与假设检验对应的 p 值。因此，可以根据 p 值直接进行判断。

续例 2.5：

解：建立原假设和备择假设

$$H_0: \mu \leqslant \mu_0 = 2\,000\,, \quad H_1: \mu > 2\,000$$

由于 $\sigma_0 = 300$ 已知，在原假设成立时，根据均值抽样分布定理，应该有

$$Z = \frac{\bar{X} - \mu_0}{\sigma_0 / \sqrt{n}} \sim N(0,1)$$

代入具体数值，得

$$Z = \frac{\bar{X} - \mu_0}{\sigma_0 / \sqrt{n}} = \frac{2\,199 - 2\,000}{300 / \sqrt{16}} = 2.65$$

根据 $P(Z > 2.65) = 0.004$，应该拒绝原假设。即因为 $p = 0.004 < 0.05$，拒绝原假设。

也可以根据：当取 $\alpha = 0.05$ 时，Z 的右侧 α 分位数，即 Z 的左侧 $1 - \alpha$ 分位数 $Z_{1-\alpha} = Z_{0.95} = 1.645$，即 $Z = 2.65 > Z_{1-\alpha} = 1.645$，拒绝原假设。

因为单侧假设检验可以导出单侧置信区间，例 2.5 中，当取显著性水平 $\alpha = 0.05$ 时，

$$\left(\bar{X} - 1.645\frac{\sigma_0}{\sqrt{n}}, +\infty\right) = \left(2\,199 - 1.645 \times \frac{300}{\sqrt{16}}, +\infty\right) = (2\,075.6, +\infty)\,,$$ 而原假设的均值为 2\,000，没有落在此区间内，因此，应该拒绝原假设。

用 MINITAB 软件，从统计→基本统计量→单样本 Z 入口，在汇总数据中，填入样本均值、样本数量、标准差、原假设值等，见图 2.16。

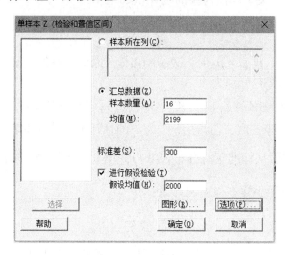

图 2.16　单样本 Z 对话框

注意在"选项"窗口，选择单侧结果大于零，按"确定"，则 MINITAB 输出结果如下所示。

单样本 Z					
mu = 2\,000 与 > 2\,000 的检验					
假定标准差 = 300					
N	均值	均值标准误	95%下限	Z	P
16	2\,199.0	75.0	2\,075.6	2.65	0.004

对于 MINITAB 输出的结果必须解释清楚，这里样本容量为 16，样本均值为 2 199，均值的标准差$\left(\text{即}\dfrac{\sigma_0}{\sqrt{n}}\right)$为 75。此外，这里还提供了三处可以直接判断原假设是否成立的计算结果：①由于 $p=0.004$ 小于给定的显著水平 $\alpha=0.05$，因此，应该拒绝原假设。②$Z=2.65>Z_{1-\alpha}=Z_{0.95}=1.645$，应拒绝原假设。③样本均值为 2 199，我们以 95%的把握断言，总体的均值应大于 2 075.6（95%置信下限），而原假设的均值 2 000 并没有落在此区间内，因此，应该拒绝原假设。

2.4.2　均值、方差的假设检验

1. 单个正态总体参数的检验

设总体分布为 $N(\mu,\sigma^2)$，现从总体中抽取容量为 n 的样本 $x_1,x_2,\cdots,x_n$，样本均值是 $\bar{x}$，样本方差是 s^2，样本标准差是 s。

1）关于均值 μ 的显著性水平为 α 的检验

（1）当 $\sigma=\sigma_0$ 已知时，关于均值的检验。常用的关于 μ 的三对假设为

$$H_0:\mu\leqslant\mu_0,H_1:\mu>\mu_0$$
$$H_0:\mu\geqslant\mu_0,H_1:\mu<\mu_0$$
$$H_0:\mu=\mu_0,H_1:\mu\neq\mu_0$$

由于 $\sigma=\sigma_0$ 已知，关于均值检验的统计量都采用：

$$Z=\frac{\bar{x}-\mu_0}{\sigma_0/\sqrt{n}} \tag{2.8}$$

在原假设 H_0 成立，即 $\mu=\mu_0$ 时，$Z\sim N(0,1)$，因此，在给定显著性水平 α 时，关于上述三对假设的拒绝域 W 分别为

$$W=\{Z\geqslant Z_{1-\alpha}\},\quad W=\{Z\leqslant Z_\alpha\},\quad W=\{|Z|>Z_{1-\alpha}\}$$

（2）当标准差 σ 未知时，通常用 s 作为 σ 的估计值。若样本容量 $n\geqslant30$，则检验均值统计量 $\dfrac{\bar{x}-\mu_0}{s/\sqrt{n}}$ 近似服从标准正态分布 $N(0,1)$，据此，可构造相应的拒绝域；当样本容量 $n\leqslant30$ 时，通常称为小样本检验统计量：

$$t=\frac{\bar{x}-\mu_0}{s/\sqrt{n}} \tag{2.9}$$

当原假设 H_0 成立时，$t\sim t(n-1)$，则上述三对检验问题的拒绝域分别为

$$W=\{t\geqslant t_{1-\alpha}(n-1)\},\quad W=\{t\leqslant t_\alpha(n-1)\},\quad W=\{|t|\geqslant t_{1-\alpha/2}(n-1)\}$$

其中，$t_\alpha(n)$ 是自由度为 n 的 t 分布的 α 分位数。

2）关于方差 σ^2 的显著性水平 α 的检验

关于对方差 σ^2 的检验，常用的三个假设为

$$H_0:\sigma^2\leqslant\sigma_0^2(\text{或}\sigma^2=\sigma_0^2),\quad H_1:\sigma^2>\sigma_0^2$$
$$H_0:\sigma^2\geqslant\sigma_0^2(\text{或}\sigma^2=\sigma_0^2),\quad H_1:\sigma^2<\sigma_0^2$$

$$H_0: \sigma^2 = \sigma_0^2, \quad H_1: \sigma^2 \neq \sigma_0^2$$

在 H_0 成立时，关于方差的检验统计量：

$$\chi^2 = \frac{(n-1)s^2}{\sigma_0^2} \sim \chi^2(n-1) \tag{2.10}$$

因此，针对三个不同的检验问题，其拒绝域分别为

$$W = \left\{ \chi^2 \geqslant \chi_{1-\alpha}^2(n-1) \right\}$$

$$W = \left\{ \chi^2 \leqslant \chi_{\alpha}^2(n-1) \right\}$$

$$W = \left\{ \chi^2 \leqslant \chi_{\alpha/2}^2(n-1) \right\} \text{或} \left\{ \chi^2 \geqslant \chi_{1-\alpha/2}^2(n-1) \right\}$$

其中，$\chi_{\alpha}^2(n)$ 是自由度是 n 的 χ^2 分布的 α 分位数。

关于正态总体均值、方差的检验，通常采用 Z, t, χ^2 检验统计量，也称 Z, t, χ^2 检验，相关结果总结在表 2.2 中。

表 2.2　单个正态总体均值、方差的显著性水平为 α 的检验

检验法	条件	H_0	H_1	检验统计量	拒绝域
Z 检验	σ 已知	$\mu \leqslant \mu_0$	$\mu > \mu_0$	$Z = \dfrac{\bar{x} - \mu_0}{\sigma/\sqrt{n}}$	$\{Z \geqslant Z_{1-\alpha}\}$
		$\mu \geqslant \mu_0$	$\mu < \mu_0$		$\{Z \leqslant Z_{\alpha}\}$
		$\mu = \mu_0$	$\mu \neq \mu_0$		$\{|Z| \geqslant Z_{1-\alpha/2}\}$
近似 Z 检验	σ 未知	$\mu \leqslant \mu_0$	$\mu > \mu_0$	$Z = \dfrac{\bar{x} - \mu_0}{s/\sqrt{n}}$	$\{Z \geqslant Z_{1-\alpha}\}$
	大样本	$\mu \geqslant \mu_0$	$\mu < \mu_0$		$\{Z \leqslant Z_{\alpha}\}$
	$n \geqslant 30$	$\mu = \mu_0$	$\mu \neq \mu_0$		$\{|Z| \geqslant Z_{1-\alpha/2}\}$
t 检验	σ 未知	$\mu \leqslant \mu_0$	$\mu > \mu_0$	$t = \dfrac{\bar{x} - \mu_0}{s/\sqrt{n}}$	$\{t \geqslant t_{1-\alpha}(n-1)\}$
	小样本	$\mu \geqslant \mu_0$	$\mu < \mu_0$		$\{t \leqslant t_{\alpha}(n-1)\}$
	$n < 30$	$\mu = \mu_0$	$\mu \neq \mu_0$		$\{|t| \geqslant t_{1-\alpha/2}(n-1)\}$
χ^2 检验	σ 未知	$\sigma^2 \leqslant \sigma_0^2$	$\sigma^2 > \sigma_0^2$	$\chi^2 = \dfrac{(n-1)s^2}{\sigma_0^2}$	$\{\chi^2 \geqslant \chi_{1-\alpha}^2(n-1)\}$
		$\sigma^2 \geqslant \sigma_0^2$	$\sigma^2 < \sigma_0^2$		$\{\chi^2 \leqslant \chi_{\alpha}^2(n-1)\}$
		$\sigma^2 = \sigma_0^2$	$\sigma^2 \neq \sigma_0^2$		$\{\chi^2 \leqslant \chi_{\alpha/2}^2(n-1)\}$ 或 $\{\chi^2 \geqslant \chi_{1-\alpha/2}^2(n-1)\}$

例 2.6：某切割机在正常工作时，切割每根金属棒的平均长度为 10.5 厘米，今从一批产品中随机抽取 15 根进行测量，其结果如下（单位：厘米）：

10.4，10.6，10.1，10.4，10.5，10.3，10.3，10.2，10.9，10.6，10.8，10.5，10.7，10.2，10.7

假设切割的金属棒的长度服从正态分布 $N(\mu, \sigma^2)$，在显著性水平 $\alpha = 0.05$ 下，试问该切割机工作是否正常？

解：根据样本观测值，估计得

$$\bar{x} = \frac{1}{15}(10.4 + 10.6 + \cdots + 10.7) = 10.48$$

$$s^2 = \frac{1}{14}\left(\sum_{i=1}^{15} x_i^2 - 15\bar{x}^2\right) = 0.056$$

（1）建立假设：$H_0:\mu=10.5$，$H_1:\mu\neq10.5$。

（2）由于 σ 未知，而且样本容量 $n=15<30$，属于小样本，因而采用 t 检验。

（3）对 $\alpha=0.05$，查附表2，$t_{1-0.025}(14)=2.145$。

（4）由样本观测值得

$$t=\frac{\overline{x}-10.5}{s}\sqrt{n}=\frac{10.48-10.5}{0.2366}\sqrt{15}\approx-0.3274$$

即 $|t|<t_{1-0.025}(14)$，也就是说，样本观测值没有落在拒绝域中，不能拒绝原假设，可以认为切割机工作正常。

在用 MINITAB 软件计算时，按以下步骤统计→基本统计量→t 检验进行计算。

2. 两个总体均值、方差的显著性水平为 α 的检验

设有两个正态总体，$X\sim N(\mu_1,\sigma_1^2)$，$Y\sim N(\mu_2,\sigma_2^2)$，从总体 X 中抽取容量为 n_1 的样本 $x_1,x_2,\cdots,x_{n_1}$，样本均值记为 $\overline{x}$，样本方差记为 s_1^2，样本标准差记为 s_1；从总体 Y 中抽取容量为 n_2 的样本 $y_1,y_2,\cdots,y_{n_2}$，样本均值记为 $\overline{y}$，样本方差记为 s_2^2，样本标准差记为 s_2。

1）关于两个正态总体均值的显著性水平为 α 的检验

（1）当方差 σ_1^2，σ_2^2 已知时，可以采用检验统计量：

$$Z=\frac{x-y}{\sqrt{\dfrac{\sigma_1^2}{n_1}+\dfrac{\sigma_2^2}{n_2}}} \tag{2.11}$$

对于检验问题 $H_0:\mu_1\leqslant\mu_2(或\mu_1=\mu_2)$，$H_1:\mu_1>\mu_2$，则拒绝域为 $Z\geqslant Z_{1-\alpha}$。

对于检验问题 $H_0:\mu_1\geqslant\mu_2(或\mu_1=\mu_2)$，$H_1:\mu_1<\mu_2$，则拒绝域为 $Z\leqslant Z_\alpha$。

对于检验问题 $H_0:\mu_1=\mu_2$，$H_1:\mu_1\neq\mu_2$，则拒绝域为 $|Z|\geqslant Z_{1-\alpha/2}$。

（2）当方差 σ_1^2，σ_2^2 未知，但二者相等，即 $\sigma_1^2=\sigma_2^2$ 时，可以采用检验统计量：

$$t=\frac{\overline{x}-\overline{y}}{s_w\sqrt{\dfrac{1}{n_1}+\dfrac{1}{n_2}}} \tag{2.12}$$

其中，$s_w^2=\dfrac{(n_1-1)s_1^2+(n_2-1)s_2^2}{n_1+n_2-2}$

针对（1）的三个检验问题，其拒绝域可以由 t 分布的分位数得到，它们分别为 $t\geqslant t_{1-\alpha}(n_1+n_2-2)$，$t\leqslant t_\alpha(n_1+n_2-2)$，$|t|\geqslant t_{1-\alpha/2}(n_1+n_2-2)$。

（3）当方差 σ_1^2，σ_2^2 未知，但 n_1 和 n_2 都较大时，可以采用检验统计量：

$$Z=\frac{\overline{x}-\overline{y}}{\sqrt{\dfrac{s_1^2}{n_1}+\dfrac{s_2^2}{n_2}}} \tag{2.13}$$

针对（1）的三个检验问题，其拒绝域可由近似正态分布 $N(0,1)$ 的分位数而得到。

2）关于两个正态总体，方差的显著性水平为 α 的检验

针对两个正态总体的方差检验，可以分为三个问题：①$H_0:\sigma_1^2=\sigma_2^2$，$H_1:\sigma_1^2\neq\sigma_2^2$。

② $H_0: \sigma_1^2 \leqslant \sigma_2^2 \left(\text{或} \sigma_1^2 = \sigma_2^2\right)$，$H_1: \sigma_1^2 > \sigma_2^2$。③ $H_0: \sigma_1^2 \geqslant \sigma_2^2 \left(\text{或} \sigma_1^2 = \sigma_2^2\right)$，$H_1: \sigma_1^2 < \sigma_2^2$。

因为 $E(s_1^2) = \sigma_1^2$，$E(s_2^2) = \sigma_2^2$，当 H_0 成立时，统计量 $F = \dfrac{s_1^2}{s_2^2}$ 服从自由度 $(n_1 - 1, n_2 - 1)$ 的 F 分布，因此，对于给定的显著性水平 α，上述三个问题的拒绝域分别是：$\{F \leqslant F_{\alpha/2}(n_1 - 1, n_2 - 1)\}$ 或 $\{F \geqslant F_{1-\alpha/2}(n_1 - 1, n_2 - 1)\}$，$\{F \geqslant F_{1-\alpha}(n_1 - 1, n_2 - 1)\}$，$\{F \leqslant F_{\alpha}(n_1 - 1, n_2 - 1)\}$。

关于两个正态总体均值、方差的显著性水平为 α 的检验如表 2.3 所示。

表 2.3　两个正态总体均值、方差的显著性水平为 α 的检验

检验法	条件	H_0	H_1	检验统计量	拒绝域
Z 检验	σ_1, σ_2 已知	$\mu \leqslant \mu_0$	$\mu > \mu_0$	$Z = \dfrac{\bar{x} - \bar{y}}{\sqrt{\dfrac{\sigma_1^2}{n_1} + \dfrac{\sigma_2^2}{n_2}}}$	$\{Z \geqslant Z_{1-\alpha}\}$
		$\mu \geqslant \mu_0$	$\mu < \mu_0$		$\{Z \leqslant Z_{\alpha}\}$
		$\mu = \mu_0$	$\mu \neq \mu_0$		$\{|Z| \geqslant Z_{1-\alpha/2}\}$
近似 Z 检验	σ_1, σ_2 未知	$\mu \leqslant \mu_0$	$\mu > \mu_0$	$Z = \dfrac{\bar{x} - \bar{y}}{\sqrt{\dfrac{\sigma_x^2}{n_1} + \dfrac{\sigma_y^2}{n_2}}}$	$\{Z \geqslant Z_{1-\alpha}\}$
	n_1, n_2 大样本	$\mu \geqslant \mu_0$	$\mu < \mu_0$		$\{Z \leqslant Z_{\alpha}\}$
		$\mu = \mu_0$	$\mu \neq \mu_0$		$\{|Z| \geqslant Z_{1-\alpha/2}\}$
t 检验	σ_1, σ_2 未知	$\mu \leqslant \mu_0$	$\mu > \mu_0$	$t = \dfrac{\bar{x} - \bar{y}}{s_w \sqrt{\dfrac{1}{n_1} + \dfrac{1}{n_2}}}$	$\{t \geqslant t_{1-\alpha}(n_1 + n_2 - 2)\}$
		$\mu \geqslant \mu_0$	$\mu < \mu_0$		$\{t \leqslant t_{\alpha}(n_1 + n_2 - 2)\}$
		$\mu = \mu_0$	$\mu \neq \mu_0$		$\{|t| \geqslant t_{1-\alpha/2}(n_1 + n_2 - 2)\}$
F 检验	μ_1, μ_2 未知	$\sigma^2 \leqslant \sigma_0^2$	$\sigma > \sigma_0$	$F = \dfrac{s_x^2}{s_y^2}$	$\{F^2 \geqslant F_{1-\alpha}^2(n_1 - 1, n_2 - 1)\}$
		$\sigma^2 \geqslant \sigma_0^2$	$\sigma < \sigma_0$		$\{F^2 \leqslant F_{\alpha}^2(n_1 - 1, n_2 - 1)\}$
		$\sigma^2 = \sigma_0^2$	$\sigma \neq \sigma_0$		$\{F^2 \leqslant F_{\alpha/2}^2(n_1 - 1, n_2 - 1)\}$ 或
					$\{F^2 \geqslant F_{1-\alpha/2}^2(n_1 - 1, n_2 - 1)\}$

例 2.7：为了考察温度对某物体断裂强度的影响，在 70℃ 与 80℃ 分别重复作了 8 次试验，测得断裂强力的数据如下（单位：帕）：

70℃：20.5，18.8，19.8，20.9，21.5，19.5，21.0，21.2

80℃：17.7，20.3，20.0，18.8，19.0，20.1，20.2，19.1

假设 70℃ 下的断裂强力用 x 表示，服从正态分布 $N(\mu_1, \sigma_1^2)$，在 80℃ 下的断裂强力用 y 表示，服从正态分布 $N(\mu_2, \sigma_2^2)$，若取 $\alpha = 0.05$，试问 x 与 y 的方差有无显著差异？

解：需检验原假设 $H_0: \sigma_1^2 = \sigma_2^2$，备择假设 $H_1: \sigma_1^2 \neq \sigma_2^2$

由所给数据计算得

$$n_1 = 8，\quad \bar{x} = 20.4，\quad s_{n_1}^2 = \frac{6.20}{7}$$

$$n_2 = 8，\quad \bar{y} = 19.4，\quad s_{n_2}^2 = \frac{5.80}{7}$$

因而计算得

$$F = \frac{s_{n_1}^2}{s_{n_2}^2} = \frac{6.20}{5.80} = 1.07$$

对于 $\alpha = 0.05$ 有 $F_{0.025}(7,7) = 4.99$ ，$F_{0.975}(7,7) = \dfrac{1}{F_{0.025}(7,7)} = \dfrac{1}{4.99}$ ，故接受原假设 H_0 ，即认为在 70℃ 与 80℃ 下物体的断裂强力的方差无显著差异。

用 MINITAB 软件，检验方差相等性，从统计→基本统计量→双方差入口，即可得到如下输出结果。

检验				
方法	DF1	DF2	检验统计量	p 值
F 检验（正态）	7	7	1.07	0.932
Levene 检验（任何连续分布）	1	14	0.00	1.000

F 检验的 p 值为 0.932，没有充足的证据判定两总体方差不等，因此可认为两总体方差相等。如果输出各自的箱线图（box-plot）（图 2.17），则可以直观地看出 80℃ 的波动比 70℃ 的波动小些，但两个总体的方差总的来说相差不大。

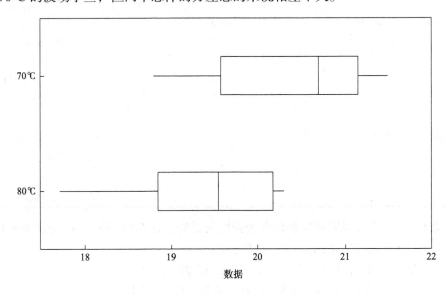

图 2.17　两总体方差相等检验的箱线图

2.4.3　配对数据检验

配对检验在实际工作中时常会遇到。例如，在考察某种减肥药品的药效时，若采用完全不同的两批人进行试验，则此类问题为两总体的均值检验问题，则容易得出"疗效不显著"的结论。因为不同人之间体重本身存在很大的差异，而这种误差并不是药物疗效所引起的。

解决此问题最好的办法是收集成对数据：对同一批人，先记录原始体重，再记录吃药后的体重，将每个人服用药物前后的体重进行比较，从而可以较准确地度量出药效在每个人身上所产生的作用。

设 x_i 和 y_i 分别为来自正态总体 $X \sim N(\mu_1, \sigma_1^2)$ 与 $Y \sim N(\mu_2, \sigma_2^2)$ 的样本观测值，需要检验这两个分布的均值是否相等，也即均值的差值是否为零，为了更好地区分两者之间的差异，我们可以用如下处理方法。

令 $d_i = x_i - y_i$（$i = 1, 2, \cdots, n$），由于 x_i 和 y_i 分别为来自正态总体的样本观测值，则

$$D = X - Y \sim N(\mu_1 - \mu_2, \sigma_1^2 + \sigma_2^2) = N(\mu, \sigma^2) \tag{2.14}$$

这样，检验 μ_1 与 μ_2 是否相等的问题，就转化为检验下面的假设：

$$H_0: \mu = 0, \quad H_1: \mu \neq 0$$

这是单个正态总体均值是否为零的检验问题。

由于 σ 未知，对此问题用 t 检验，检验统计量为

$$t = \frac{\bar{d}}{SD / \sqrt{n}} \tag{2.15}$$

其中，$\bar{d} = \dfrac{1}{n} \sum_{i=1}^{n} d_i$；$SD = \sqrt{\dfrac{1}{n-1} \sum_{i=1}^{n} (d_i - \bar{d})^2}$。

因此，在显著性水平 $\alpha = 0.05$ 的情况下，拒绝域为 $|t| \geq t_{1-\frac{\alpha}{2}}(n-1)$。

例 2.8：为了比较某一种减肥药物的疗效，特选定了 10 个人进行试验，收集了每个人服用减肥药前后的体重数据（单位：千克）：

服药前（X）：90，79，86，88，92，79，76，87，102，96

服用后（Y）：83，70，80，84，87，74，79，83，96，90

试问在 $\alpha = 0.05$ 的水平上，服用药物后体重是否有显著的降低？

解：设 $H_0: \mu = 0$，$H_1: \mu > 0$

由于 $n = 10$，在显著性水平 $\alpha = 0.05$ 时的拒绝域为

$$t \geq t_{1-\alpha}(n-1) = t_{0.95}(9) = 1.833$$

根据统计量计算 $t = \dfrac{\bar{d}}{SD / \sqrt{n}} = 4.93$，样本统计量落入拒绝域中，因此可以认为服用药物前后体重有显著的降低。

例 2.8 也可以利用 MINITAB 软件实现。

方法 1：运用单样本 t 检验。

选择统计→基本统计量→单样本 t 检验，对于差值进行单样本均值是否大于 0 的检验，MINITAB 输出结果如下。

单样本 t：$d=x-y$					
变量	N	均值	标准差	均值标准误	95%置信区间
$d=x-y$	10	4.900	3.143	0.994	(2.652, 7.148)

方法 2：运用配对 t 检验。

选择统计→基本统计量→配对 t 检验，在"列中的样本"栏输入数据所在列，点击"选项"后，在"置信水平"输入"95.0"，在"备择"选项中选择"大于"，见图 2.18 和图 2.19。

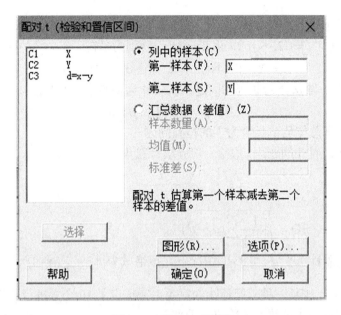

图 2.18　配对 t 对话框

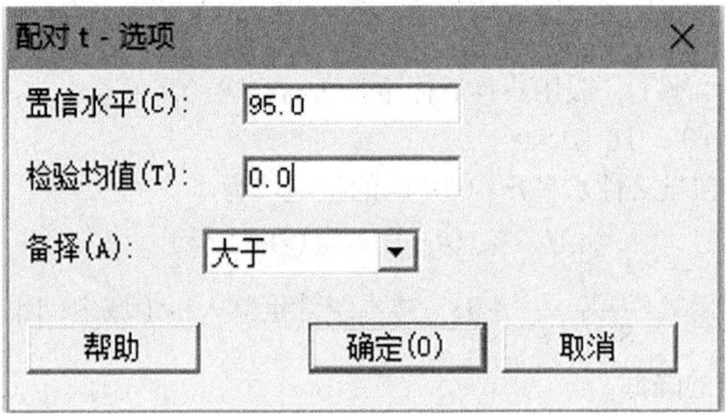

图 2.19　配对 t 选项对话框

MINITAB 输出结果如下。

配对 t 检验和置信区间: X, Y				
X–Y 的配对 t				
	N	均值	标准差	均值标准误
X	10	87.50	8.09	2.56
Y	10	82.60	7.52	2.38
差值	10	4.900	3.143	0.994
95% 平均差下限: 3.078				
平均差 = 0（与 > 0）的 t 检验: t 值 = 4.93　p 值 = 0.000				

这里 P 值为 0.000，拒绝原假设，可以认为这种减肥药是有效的。对比以上两种方法可知，对差值采用单样本 t 检验与对原始数据直接采用配对 t 检验结论是一致的。

讨论：上述问题是否可视为"普通的两样本均值检验"？

双样本 t 检验的对话框如图 2.20 和图 2.21 所示。

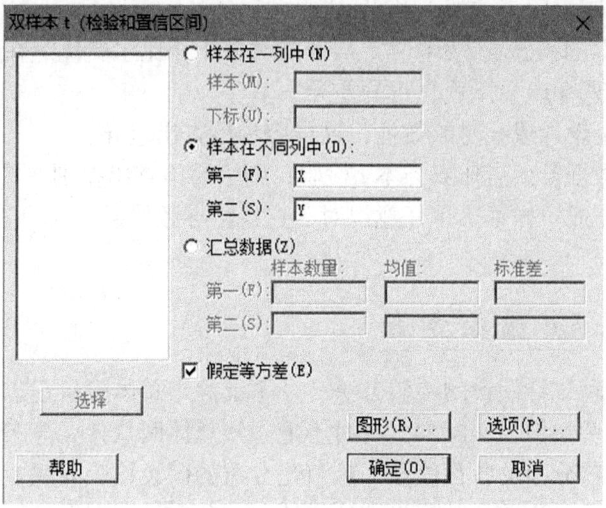

图 2.20 双样本 t 对话框

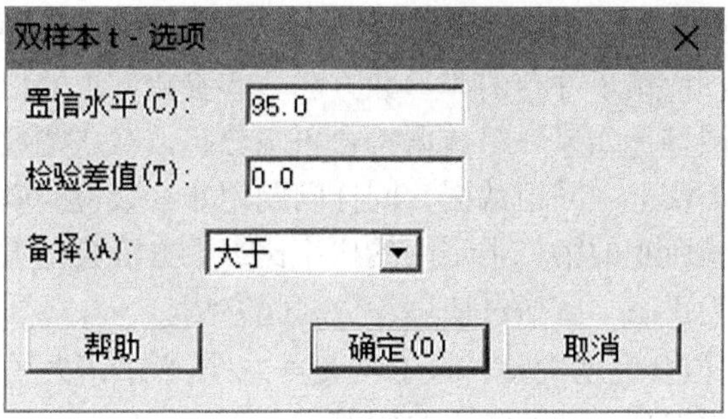

图 2.21 双样本 t-选项对话框

MINITAB 输出结果如下。

```
双样本 t 检验和置信区间：X, Y
X 与 Y 的双样本 t

          N      均值     标准差    均值标准误
X        10     87.50     8.09       2.6
Y        10     82.60     7.52       2.4
差值 ＝ mu (X) － mu (Y)
差值估计值：4.90
差值的 95% 置信下限：－1.15
差值 ＝ 0（与 ＞）的 t 检验：t 值 ＝ 1.40   p 值 ＝ 0.089   自由度 ＝ 18
两者都使用合并标准差 ＝ 7.806 3
```

在双样本 t 检验中，由于 p 值为 0.089，不在 $\alpha = 0.05$ 的拒绝域，因此，不能拒绝原假设，即不能认为减肥药在服用前和服用后有显著差异。由此可见对事先设计好的配对观测数据进行分析可以得到较为精确的结论。若误将此样本当作普通两样本数据来分析，则容易犯第二类错误而得不到正确的结论。

因此，在实际中，应注意如下几点：

（1）成对比较法以配对差为样本，与非配对分析相比主要优点在于减少了试验中的变异性或噪声，这些噪声会掩盖真正的差异。

（2）事先尽量设计成配对的数据，这样容易检查出差异。

（3）配对的数据若误当作双样本 t 检验，则不易检查出差别。

（4）本来是非成对样本不得任意组对，这也将导致错误。

2.5 非参数假设检验方法

前面介绍的各种统计假设的检验方法，几乎都假定总体服从正态分布，然后由样本对分布参数进行检验，但在实际中，有时不能预知总体服从什么分布，这里就需要根据样本来检验关于总体分布的各种假设，这就是分布的假设检验问题。统计学中把不依赖于分布的统计方法统称为非参数假设统计方法，如分布的正态性检验、数据的独立性检验、两总体分布是否相等的检验等均为非参数假设检验。

如果原始数据非正态，则原来使用的 Z，t，F 以及 χ^2 检验就不能使用了。为了获得检验结果，只能使用不依赖于分布的非参数方法。非参数方法的使用范围广泛、简便易行，但我们必须明确回答：如果一组数据符合正态分布，对这些数据使用非参数方法检验，其效果如何呢？事实上，同组数据、同样问题用非参数检验效果不如参数方法，更准确地说，非参数检验所犯的第二类错误的概率比参数方法会稍大。因此，在条件允许的情况下（确认分布为正态）应尽量使用参数检验方法。

本节主要介绍 χ^2 拟合优度检验、科尔莫戈罗夫–斯米尔诺夫（Kolmogrov-Smirnov）检验、独立性检验及数据独立性的游程检验等。

2.5.1 χ^2 拟合优度检验

1. 多项分布的 χ^2 检验

设总体是仅取 m 个可能值的离散型随机变量，不妨设 X 的可能值是 $1,2,\cdots,m$，记它取值为 i 的概率为 p_i，即

$$p(X=i)=p_i, \ i=1,2,\cdots,m，满足 \sum_{i=1}^{m} p_i = 1 \qquad (2.16)$$

设 $(X_1,X_2,\cdots,X_m)$ 是从总体 X 中抽取的简单随机样本，$(x_1,x_2,\cdots,x_m)$ 是样本观测值。用 N_i 表示样本 $(X_1,X_2,\cdots,X_m)$ 中取 i 的个数，即样本中出现事件 $\{X=i\}$ 的频数，则 N_i 是样本的函数，$(N_1,N_2,\cdots,N_m)$ 是随机向量，满足 $\sum_{i=1}^{m} N_i = n$。由此，$(N_1,N_2,\cdots,N_m)$ 多项分布，其概率分布为

$$p(N_1=n_1,N_2=n_2,\cdots,N_m=n_m)=\frac{n!}{n_1!n_2!\cdots n_m!} p_1^{n_1} p_2^{n_2} \cdots p_m^{n_m} \qquad (2.17)$$

需要检验假设 $H_0: p_i = p_{i0}$ ，$H_1: p_i \neq p_{i0}$ 至少有一项成立，$i = 1, 2, \cdots, m$ ，其中，p_{i0} 是已知数。

众所周知，频率是概率的反映，如果总体的概率分布的确是（$p_{10}, p_{20}, \cdots, p_{m0}$），那么，当观测个数 n 越大时，频数 $\dfrac{N_i}{n}$ 与 p_{i0} 之间的差异将越小，因此，频数 $\dfrac{N_i}{n}$ 与 p_{i0} 之间的差异程度可以反映出（$p_{10}, p_{20}, \cdots, p_{m0}$）是否为总体的真实分布。

卡尔·皮尔森首先提出运用统计量 $\chi^2 = \sum\limits_{i=1}^{m} \dfrac{(N_i - np_{i0})^2}{np_{i0}}$ 来衡量 $\dfrac{N_i}{n}$ 与 p_{i0} 之间的差异程度，这个统计量称为皮尔森统计量。

当观测样本足够多时，皮尔森统计量近似服从自由度为 $(m-1)$ 的 χ^2 分布，这里所指的观测样本足够多是指期望频数 np_{i0} 至少大于或者等于 5。很容易看出，实际观测数据与期望数据偏差较大时，检验统计量 χ^2 会变大，因此，当检验统计量超过 χ^2 分布上侧 α 分位数时，拒绝原假设。

当总体 X 不具有多项分布，但其分布函数 $F(x)$ 具有表达式，关于分布函数的检验问题可归结为多项式的 χ^2 检验。设 $(X_1, X_2, \cdots, X_n)$ 是来自 $F(x)$ 的样本，需要检验的问题是

$$H_0: F(x) = F_0(x) , \quad H_1: F(x) \neq F_0(x)$$

其中，$F_0(x)$ 是某个已知的分布。

若选取 $m-1$ 个实数 $-\infty < a_1 < a_2 < \cdots < a_{m-1} < +\infty$ ，将实数轴分为 m 个区间，即 $A_1 = (-\infty, a_1)$ ，$A_2 = [a_1, a_2), \cdots$ ，$A_m = [a_{m-1}, +\infty)$ ，记：

$$p_{10} = F_0(a_1)$$
$$p_{i0} = F_0(a_i) - F_0(a_{i-1}), \quad i = 2, 3, \cdots, m-1$$
$$p_{m0} = 1 - F_0(a_{m-1})$$

设 $(x_1, x_2, \cdots, x_n)$ 是容量为 n 的样本的一组值，n_i 为样本值落入 $A_i (i = 1, 2, \cdots, m)$ 的频数，$\sum\limits_{i=1}^{m} n_i = n$ ，则 $(N_1, N_2, \cdots, N_m)$ 服从多项式分布，因此，当 $H_0: F(x) = F_0(x)$ 成立时，统计量 $\chi^2 = \sum\limits_{i=1}^{n} \dfrac{(N_i - np_{i0})^2}{np_{i0}}$ 的分布渐近于自由度为 $m-1$ 的 χ^2 分布，这样关于分布函数的检验问题就可以归结为多项式分布的 χ^2 拟合优度检验问题。

例 2.9：在某盒子中装有白球和黑球，现做下面的试验：用返回抽取方式从此盒子中摸球，直到取到白球为止，如此重复地进行 100 次，其结果见表 2.4。

表 2.4　试验数据表

项目	抽取次数				
	1	2	3	4	≥5
频数	43	31	15	6	5

试问该盒子中的白球与黑球的个数是否相等（$\alpha = 0.05$）？

解：记总体 X 表示首次出现白球所需的摸球次数，则 X 服从几何分布

$$p(X=k)=(1-p)^{k-1}p, \quad k=1,2,\cdots$$

其中，p 表示从此盒子中任意摸一球为白球的概率。

如果盒子中白球与黑球的个数相等，此时，$p=\dfrac{1}{2}$，代入上式得到

$$p(X=1)=\frac{1}{2}, \quad p(X=2)=\frac{1}{4}, \quad p(X=3)=\frac{1}{8}, \quad p(X=4)=\frac{1}{16},$$

$$p(X\geqslant 5)=\sum_{k=5}^{\infty}2^{-k}=\frac{1}{16}$$

欲检验假设

$$H_0: p_1=\frac{1}{2}, \quad p_2=\frac{1}{4}, \quad p_3=\frac{1}{8}, \quad p_4=\frac{1}{16}, \quad p_5=\frac{1}{16}$$

将此式及试验数据代入 χ^2 统计量的观测值为

$$\hat{\chi}^2=\sum_{i=1}^{5}\frac{(n_i-np_{i0})^2}{np_{i0}}$$

$$=\frac{(43-50)^2}{50}+\frac{(31-25)^2}{25}+\frac{(15-12.5)^2}{12.5}+\frac{(6-6.25)^2}{6.25}+\frac{(5-6.25)^2}{6.25}$$

$$=3.18$$

对于 $\alpha=0.05$，由附表 3 查得 $\chi^2_{0.05}(4)=9.49$，由于 $\hat{\chi}^2<\chi^2_{0.05}(4)$，因此，接受原假设，即认为盒子中白球个数与黑球个数相等。

从 MINITAB 软件中统计→表格→卡方拟合优度检验（单变量）入口，可以得到如下结果。

单变量观测计数的卡方拟合优度检验：频数

类别	观测	检验比率	期望	对卡方的贡献
1	43	0.500 0	50.00	0.98
2	31	0.250 0	25.00	1.44
3	15	0.125 0	12.50	0.50
4	6	0.062 5	6.25	0.01
5	5	0.062 5	6.25	0.25
N	自由度	卡方	p 值	
100	4	3.18	0.528	

可以看出，最终得到检验统计量的值为 $\hat{\chi}^2=3.18$，其 p 值为 0.528，因此应该接受原假设。

2. 分布中含有未知参数的 χ^2 检验

上述讨论了多项式分布和分布形式完全确定情形下的 χ^2 分布检验方法。但在许多场合，H_0 只确定了总体分布的类型，而分布中仍含有未知参数，具体来说，即

$$H_0: p_i=p_{i0}, \quad H_1: p_i\neq p_{i0}, \quad i=1,2,\cdots,m$$

当 p_{i0} 并不是全部为已知数据时，这就需要由观测数据给出估计值，若记 r 为由观测

数据估计得出的参数总个数，则统计量：

$$\chi^2 = \sum_{i=1}^{m} \frac{(N_i - n\hat{p}_{i0})^2}{n\hat{p}_{i0}} \qquad (2.18)$$

渐近于服从自由度为 $(m-r-1)$ 的 χ^2 分布。由于该统计量可以用来检验包含有未知参数的分布假设，这种检验方法称为 χ^2 拟合优度检验法。

需要注意的是，在使用 χ^2 拟合优度检验法时，必须注意两个条件，一是样本容量 n 要足够大，一般要求 n 不小于 50；二是期望频数 np_i 不要太小，每一个 np_i 都不小于 5，而且最好在 10 以上，否则，应适当地合并区间，使 np_i 满足这个要求。

2.5.2　独立性检验

1. 列联表

我们先从一个例子，引出独立性检验的概念。

例 2.10：调查了 339 人，在 205 名吸烟者中，有 162 人未患慢性气管炎，有 43 人患有慢性气管炎；在 134 名不吸烟者中，有 121 人未患慢性气管炎，有 13 人患有慢性气管炎。将这些数据形成表格（表 2.5），我们来分析吸烟与患慢性气管炎是否有关？

表 2.5　吸烟与慢性气管炎 2×2 列联表

项目	B_1：不患慢性气管炎	B_2：患慢性气管炎	行和
A_1：吸烟	162	43	205
A_2：不吸烟	121	13	134
列和	283	56	339

这张表就称为列联表，表 2.5 中因子（factors）A 表示吸烟状况，因子 B 表示慢性气管炎状况。

一般情况下，假设对两个因子的状况进行了分类，其中因子 A 的取值有 m 类：A_1，$A_2,\cdots,A_m$，因子 B 的取值有 k 类：$B_1,B_2,\cdots,B_k$，从该总体中获得容量为 n 的样本，按两个变量分类的状况统计了各自的频数，将这些频数值排成一张 m 行 k 列的表，这就是一张二维 $m \times k$ 列联表，见表 2.6。

表 2.6　$m \times k$ 列联表

项目	B_1	B_2	$\cdots$	B_k	行和
A_1	n_{11}	n_{12}	$\cdots$	n_{1k}	$n_{1.}$
A_2	n_{21}	n_{22}	$\cdots$	n_{2k}	$n_{2.}$
$\cdots$	$\cdots$	$\cdots$	$\cdots$	$\cdots$	$\cdots$
A_m	n_{m1}	n_{m2}	$\cdots$	n_{mk}	$n_{m.}$
列和	$n_{.1}$	$n_{.2}$	$\cdots$	$n_{.k}$	总和 n

表 2.6 中 $n_{ij}(i=1,2,\cdots,m; j=1,2,\cdots,k)$ 表示是因子 A 取 A_i，同时因子 B 取 B_j 的样本数。行和与列和分别为

$$n_{i.} = \sum_{j=1}^{k} n_{ij}, \quad i = 1,2,\cdots,m$$

$$n_{.j} = \sum_{i=1}^{m} n_{ij}, \quad j = 1,2,\cdots,k$$

其中，行和 $n_{i.}$ 表示样本中 A 取 A_i 的样本数；列和 $n_{.j}$ 表示样本中 B 取 B_j 的样本数。

列联表中要研究的问题是这两个因子是否有关联，这种关联性的研究在统计学上可以描述为如下的假设检验问题：

　　H_0：因子 A 与因子 B 独立，H_1：因子 A 与因子 B 不独立

如果记 $p_{ij} = p(A_iB_j)$，$i = 1,2,\cdots,m;\ j = 1,2,\cdots k$

$$p_{i.} = p(A_i),\quad i = 1,2,\cdots,m$$
$$p_{.j} = p(B_j),\quad j = 1,2,\cdots,k$$

显然有

$$p_{i.} = \sum_{j=1}^{k} p_{ij},\quad p_{.j} = \sum_{i=1}^{m} p_{ij},\quad \sum_{i=1}^{m} p_{i.} = \sum_{j=1}^{k} p_{.j} = 1$$

如果 H_0 为真，则有 $p_{ij} = p_{i.}p_{.j}$（$i = 1,2,\cdots,m; j = 1,2,\cdots,k$），因此，列联表中的独立性检验就可以等价地转化为如下：

　　$H_0: p_{ij} = p_{i.}p_{.j}$，$i = 1,2,\cdots,m;\ j = 1,2,\cdots,k$

　　$H_1: p_{ij} \neq p_{i.}p_{.j}$，至少有一对 (i,j)

在实际问题中，由于 $p_{ij}, p_{i.}, p_{.j}$ 都是未知的，通常利用极大似然估计得

$$\hat{p}_{i.} = \frac{n_{i.}}{n},\quad i = 1,2,\cdots,m$$

$$\hat{p}_{.j} = \frac{n_{.j}}{n},\quad j = 1,2,\cdots,k$$

构造统计量：

$$\chi^2 = \sum_{i=1}^{m}\sum_{j=1}^{k} \frac{\left(n_{ij} - \dfrac{n_{i.}n_{.j}}{n}\right)^2}{\dfrac{n_{i.}n_{.j}}{n}} \tag{2.19}$$

又因样本中含有（$m+k-2$）个需要估计的参数，依据 2.4.2 小节所描述的分布中含有未知参数的 χ^2 检验，该统计量渐近服从自由度为 $n-(m+k-2)-1 = (m-1)(k-1)$ 的 χ^2 分布，它就是假设检验 H_0 所需要的统计量。当 $m = k = 2$ 时，列联表也称为四格表。

解：记因子 A 表示是否吸烟，其中 A_1 是吸烟，A_2 是不吸烟；因子 B 表示是否患慢性气管炎，B_1 为不患慢性气管炎，B_2 为患慢性气管炎，则 $m = k = 2$，依据估计表达式，得

$$\hat{p}_{1.} = \frac{205}{339},\quad \hat{p}_{2.} = \frac{134}{339},\quad \hat{p}_{.1} = \frac{283}{339},\quad \hat{p}_{.2} = \frac{56}{339}$$

将估计值代入 χ^2 统计量，得到相应的估计值：

$$\hat{\chi}^2 = \frac{\left(162 - \dfrac{205\times283}{339}\right)^2}{\dfrac{205\times283}{339}} + \frac{\left(43 - \dfrac{205\times56}{339}\right)^2}{\dfrac{205\times56}{339}} + \frac{\left(121 - \dfrac{134\times283}{339}\right)^2}{\dfrac{134\times283}{339}} + \frac{\left(13 - \dfrac{134\times56}{339}\right)^2}{\dfrac{134\times56}{339}}$$

$$= 7.48$$

对于 $\alpha = 0.05$，$\chi_{1-\alpha}[(m-1)(k-1)] = \chi_{0.95}(1) = 3.84$。因为 $\hat{\chi}^2 = 7.48 > \chi_{0.95}(1)$，故拒绝

原假设，即认为慢性气管炎的患病率与吸烟有关。

若采用 MINITAB 软件，可以从统计→表格→卡方检验（工作表中的双向表）入口，将列联表中的各列作为响应变量输入，则可直接得到计算结果。若 P 值小于 α，则拒绝原假设。MINITAB 输出结果如下。

	$B1$	$B2$	合计
1	162	43	205
	171.14	33.86	
	0.488	2.465	
2	121	13	134
	111.86	22.14	
	0.746	3.770	
合计	283	56	339

卡方检验：$B1$，$B2$
在实测计数下方给出的是期望计数
在期望计数下方给出的是卡方贡献

卡方 $= 7.469$，DF $= 1$，p 值 $= 0.006$

2. 数据独立性的游程检验

在实际工作中，常常需要检验观测数据是否独立。所谓数据间相互独立是指连续观测的数据之间，后面的数据不受前面数据的影响。对不能保证相互独立的数据进行统计分析是相当困难的，通常需要应用时间序列分析。如果数据间不相互独立，前面介绍的抽样理论、各种方法和结论都将失效。如何检验数据是否相互独立呢？本节仅介绍最基本游程（run test）检验法。

在一串字符组成的序列中，接连相同的符号组成一串相同字符被称为一个游程。例如，一串由正负号组成的序列是这样的：

++++--++--+----

可以看出在该序列中，正号共有 7 个，负号共有 9 个，而连在一起的正号序列有 3 个，称为有 3 个正号游程；连续连在一起的负号序列也有 3 个，称为有 3 个负号游程。这样，这个序列共有 6 个游程。

如果一个序列，由 n_1 个正号和 n_2 个负号组成，记 r 为游程的总个数，也称游程总个数，那么在正常情况下，应该有多少个游程呢？在本书附表 8 中，分别给出了游程的个数的上下界，附表 9 给出了游程的长度。

如果一个序列数据相互独立，它的游程的总个数不会太多也不会太少，最长的游程的长度也不应该太长。因此，对于游程的检验可以从游程的总个数和最长的游程长两个方面进行。

我们要检验的问题是

H_0：数据相互独立， H_1：数据不独立

检验可以分为以下两种情况：

（1）当样本量不超过 40 时，首先需要算出游程的总个数 r，查附表 8 确定上下临

界值 r_L , r_U , 当 $r \leqslant r_L$ 或 $r \geqslant r_U$ 时，拒绝原假设。

这里核心问题是求出游程的总个数 r ，事实上，常用的方法和工具是游程图（run chart），游程图也称趋势图，是一种特殊的散布图，它是可以显示任何测量特性随时间变化的图示方法。分析游程图的目的是确认所出现的波动模式是由随机因素引起的，还是由系统因素引起的。游程图可用于按时间序列组织的、以连续尺度测量的数据的图形分析。

游程图的绘制方法是：①找出数据的中位数，画出一条水平实线，并在这条直线上标记"$\tilde{X}$"或者"中位数"；②按照时间顺序，找到打点值，并用折线把打点值连接起来。

在 MINITAB 中，选择统计→质量工具→运行图入口。图 2.22 就是面粉重量的游程图。

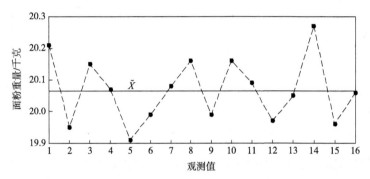

图 2.22　面粉重量的游程图

根据游程图，可以依据如下，进行判断：①游程最大长度检验。游程的长度是指位于中位数同一侧的连续点数目。由于个别数值和中位数相等，即如果有一点正好落在中位数线上，则可忽略这些点。例如，当有奇数个数据点时，通常至少有一个点落在中位数线上，若有多个点落在中位数线上，按照每侧各占 50% 把这些点分配到两侧。图 2.22 中，序列总长度 $N=16$ ，游程最大长度 $L=2$ ，查附表 9 中的下半部分（ $\alpha=0.05$ ），对应（8，8）的最大长度是 7，本例中最大游程长度 $L=2$ ，因此，不能拒绝原假设。②游程的数目检验。位于中位数同一侧的连续点的序列构成一个游程。从游程图上得到游程的数目比较容易，只要数一下就能得到，如图 2.22 中，共有 10 个游程。查附表 8，对应（8，8）的下界是 4，上界是 14；本例中游程为 10，因此，不能拒绝原假设。

（2）当样本容量超过 40 时，查附表 8 给不出临界值，这时可以使用近似正态的方法。先求出中位数，再以中位数为界，用"游程检验"求出游程总数，并用正态近似法计算出 p 值，当 p 值小于 α 时，拒绝原假设。

2.6　正态性检验与变换

尽管大多数分布服从正态分布，但正态分布并不能描述所有情况，如大量的几何质量特性并不满足正态性要求。对许多过程来说，总体分布呈现出不对称形态，这种不对称性无论表现为左偏，还是表现为右偏都是常见的，如图 2.23 所示。

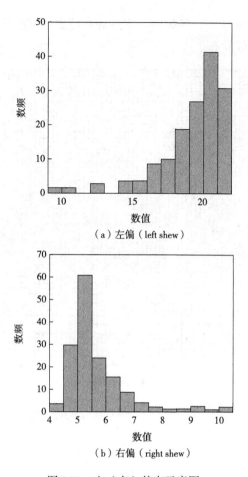

（a）左偏（left shew）

（b）右偏（right shew）

图 2.23　左（右）偏态示意图

出现偏态分布的原因很多。例如，自然界限（natural limits），很多过程中存在着自然限制（上界或下界）使得测量很难进行，如当测量垂直度时，常记为与 90° 的偏差，这样无论是 91° 还是 89°，都记为 1° 的偏差；人为界限（artificial limits），任何时候，产品的质量特性都要与公差限进行比较，然后对不满足公差要求的产品进行返工、调整或报废，这都会使数据转向偏态；等等。偏态分布的出现并非坏事，偏态分布往往比正态分布含有更多的信息。本节主要介绍正态性检验以及 Box-Cox 变换。

2.6.1　正态性检验

在处理高度偏态的数据时，要求样本量 $n \geqslant 30$，才能保证样本均值统计量在任何情况下近似服从正态分布，因此，当样本量小于 30 时，首先需要检验原始分布是否为正态分布，因此，该问题的假设就是

$$H_0: 数据呈现为正态分布，\quad H_1: 数据非正态分布$$

检验数据正态性常用的方法是应用正态概率纸。正态概率纸（图 2.24）是一种特殊的坐标纸，其横坐标是等间隔的，而纵坐标是按照标准正态分布的累积概率 $F(x) =$

$p(Z \leqslant x)$ 标出的。在这张纸上，任何一个正态分布的累积概率呈现直线状态，非正态分布则呈现其他形式的曲线状态。

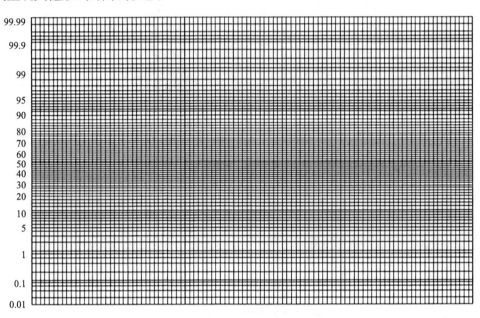

图 2.24　正态概率纸

现在计算机正态概率纸可用来检验一组数据 $x_1, x_2, \cdots, x_n$ 是否来自于正态分布。具体操作如下。

（1）将样本排序：$x_{(1)} \leqslant x_{(2)} \leqslant \cdots \leqslant x_{(n)}$。

（2）在点 $x_{(k)}$ 处的累积概率 $F\left(x_{(k)}\right) = p\left(Z \leqslant x_{(k)}\right)$ 用修正频率 $\dfrac{k-3/8}{n+1/4}\left(\text{或} \dfrac{k}{n+1}\right)$ 来估计，计算这些估计值。

（3）把 n 个点 $\left(x_{(1)}, \dfrac{1-0.375}{n+0.25}\right)$，$\left(x_{(2)}, \dfrac{2-0.375}{n+0.25}\right)$，$\cdots$，$\left(x_{(n)}, \dfrac{n-0.375}{n+0.25}\right)$ 标注在正态概率纸上。

（4）目测去判断：若 n 个点近似在一条直线上，则认为该样本来自某正态总体；若 n 个点明显有弯曲或呈现 S 形，则认为该样本来自非正态分布。

MINITAB 软件中，从统计→基本统计量→正态性检验入口，可直接进行正态性检验。

例 2.11：某面粉加工厂，从生产线上随机选取 16 袋面粉进行称重，结果分别为（单位：千克）：20.21；19.95；20.15；20.07；19.91；19.99；20.08；20.16；19.99；20.16；20.09；19.97；20.05；20.27；19.96；20.06。

请检验这组数据是否来自正态分布。

使用 MINITAB 软件，从统计→基本统计量→正态性检验入口，可以直接得到图 2.25。在图 2.25 的右下角有一项"p 值"，用于判定是否为正态分布。因为所要检验的原假设是"分布为正态"，因此，当 p 值小于 0.05 时，拒绝原假设。而例 2.11 中，p 值为 0.65 大于 0.05，无法拒绝原假设，即可以认为这组数据来自于同一正态总体。

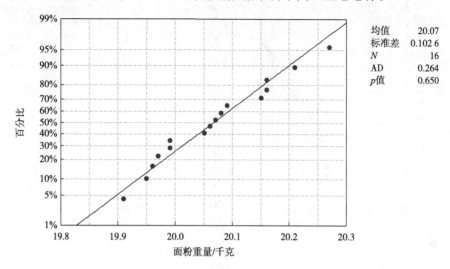

图 2.25　面粉重量的正态概率

2.6.2　Box-Cox 变换

在质量管理过程中，许多假设是在数据呈现正态分布的条件下给出的，如过程能力分析、SPC 等。当数据确实是非正态分布时，一种常用的方法是通过适当的变换，将非正态分布数据转化为正态分布数据。常用的变换有对数变换 $y^* = \ln y$，倒数变换 $y^* = \dfrac{1}{y}$，平方变换 $y^* = y^2$，开方变换 $y^* = \sqrt{y}$，等等。尽管转换为正态分布的变换方式很多，比较规范和常用的变换是 Box-Cox 变换。

Box-Cox 变换的主要思路就是首先选择一个合适的 λ 值，然后代入式（2.20），将原来的随机变量 y 变换成新的随机变量 y^*，即

$$y^* = \begin{cases} y^\lambda, \lambda \neq 0 \\ \ln y, \lambda = 0 \end{cases} \tag{2.20}$$

通过上述变换，可以得到服从正态或近似正态分布的随机变量 y^*。

下面通过一个实例，说明在 MINITAB 环境下的实施过程。

例 2.12：某生产过程中，要求被测质量特性的公差上限为 100，先从中抽取了 50 个样本，判断数据分布的正态性。若不满足正态性假设，如何通过 Box-Cox 变换，将数据转换为正态分布？数据：18，1，19，32，28，8，4，27，72，8，41，75，29，4，11，30，32，15，29，10，25，4，10，20，19，13，4，54，11，12，2，32，34，15，19，10，5，7，107，29，4，35，1，20，23，28，24，55，7，3。

利用 MINITAB 软件的实施过程如下。

（1）首先检验数据的正态性。从统计→基本统计量→正态性检验入口，指定"变量"为测量值，运行后得到图 2.26。从图 2.26 可知 $p < 0.005$，确认数据分布为非正态分布。

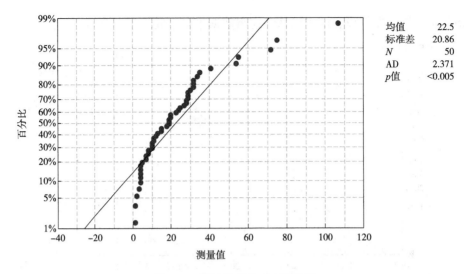

图 2.26 原始数据的正态性检验

（2）选定 Box-Cox 变换中的参数 λ 值。从统计→控制图→Box-Cox 变换入口，指定"图表的所有观测值均在一列中"为"测量值"，指定"子组大小"为"1"，确定后得到图 2.27。从图 2.27 可知，λ 的最佳估计值为 0.25。事实上，在 95%的置信区间[−0.01，0.54]之间就可以了，为了让变换更简单，可以将 λ 值取为 0.00。

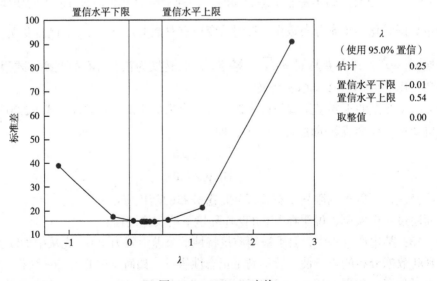

图 2.27 Box-Cox 变换

（3）将原始数据进行变换，并存储、确认。从统计→控制图→Box-Cox 变换入口，在"选项"中 λ 取 0.00，变换后的数据存储在"转换值"一列。再对变换后的数据进行正态性检验，见图 2.28。从图 2.28 可知 $p = 0.479$，不否定原假设，可以认为变换后的数据服从正态分布。

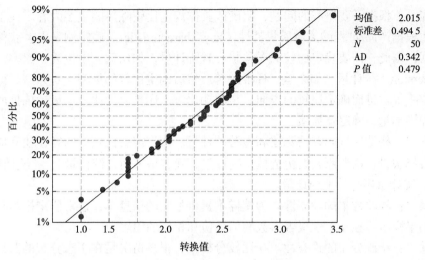

均值	2.015
标准差	0.494 5
N	50
AD	0.342
P 值	0.479

图 2.28　变换后数据的正态性检验

2.7　比较分析过程的实施步骤

在估计以及假设检验中，比较方法用得最多。为了对实际问题进行清晰、有效的比较和分析，本章最后给出比较分析过程的实施步骤，具体见图 2.29。

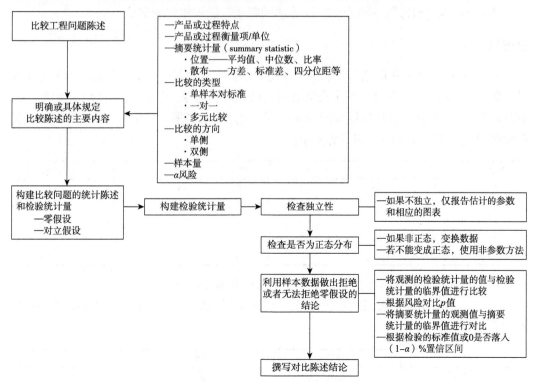

图 2.29　比较分析过程的实施步骤

步骤 1：根据需要研究的问题，明确或具体规定比较陈述的主要内容。在工程实践中，往往根据产品/过程的关键质量特性（key characteristics）确定测量点，获得相应的测量数据，据此，需要确定比较的对象是位置统计量，如均值、中位数、比率，还是散度（dispersion）统计量，如方差、标准差等。然后确定比较的类型，是方差、标准差还是四分位距等。进而确定比较的方向，是单侧比较，还是双侧比较。最后依据所能承受的风险和样本量，确定 α 风险。

步骤 2：构造比较问题的陈述和检验统计量。依据需要比较的内容，建立原假设和相应的备择假设，依据原假设构造检验统计量，确定是采用 Z 统计量、χ^2 统计量、t 统计量、F 统计量还是其他统计量。

步骤 3：检验样本的独立性。为使样本提供最大的信息量，通常假定样本是相互独立的。如果样本不独立，仅报告参数的估计值和相应的图表。

步骤 4：检验分布的正态性。在比较分析中，很多情况是在正态分布的假设下进行的，当数据呈现非正态分布时，可以通过变换，将原始数据变换为正态分布；若无法变为正态数据，可以采用非参数方法。

步骤 5：利用样本证据拒绝或无法拒绝原假设。可以依据下列三种方法之一进行决策判断：①将观测的检验统计量的值与检验统计量的临界值进行比较；②将计算的 p 值与风险 α 进行比较；③将摘要统计量的观测值与摘要统计量的临界值进行对比；④根据检验的标准值或零值，检查结果是否落在 $(1-\alpha)\%$ 的置信区间内。

步骤 6：撰写对比陈述结论。根据陈述的问题，给出相应的结论。

思考与练习

1. Gosset 在 1908 年以笔名"学生"发表的一篇论文中曾给出下列数据。为了比较两种安眠药 A 和 B 的疗效，以 10 个失眠患者为研究试验对象。以 X_1 表示使用 A 后延长的睡眠时间，X_2 表示使用 B 后延长的睡眠时间。每个患者各服 A，B 两种药一次，其延长的睡眠时间（单位：小时）如下表所示。

患者	X_1	X_2	$X = X_1 - X_2$	患者	X_1	X_2	$X = X_1 - X_2$
1	1.9	0.7	1.2	6	4.4	3.4	1
2	0.8	−1.6	2.4	7	5.5	3.7	1.8
3	1.1	−0.2	1.3	8	1.6	0.8	0.8
4	0.1	−1.2	1.3	9	4.6	0	4.6
5	−0.1	−0.1	0	10	3.4	2	1.4

请考察这两种药的药效有无显著差异（水平取为 $\alpha=0.01$）？

2. 为了研究赌博与吸烟之间的关系，美国某地调查了 1 000 个人，他们赌博与吸烟的关系如下表所示。

项目	吸烟	不吸烟	合计
赌博者	120	30	150
非赌博者	479	371	850
合计	599	401	1 000

试问：赌博与吸烟是否有关（取 $\alpha=0.01$）？

3. 某医院测量了 16 名正常成年男性的胆固醇指标，其数据如下（单位：毫摩尔每升）：2.07，4.46，3.06，3.94，4.35，4.72，3.68，2.77，3.21，5.02，3.95，4.94，2.69，2.43，3.42，3.63，试问：正常成年人胆固醇指标是否服从正态分布？

4. 有 I 型和 II 型两种型号充电式剃须刀。先随机取出 9 个 I 型剃须刀和 10 个 II 型剃须刀，测量他们充电后能使用的时间，其数据如下。

型号 I：4.90，5.50，4.65，6.20，5.85，5.90，5.15，5.30，4.60；

型号 II：4.35，5.60，5.25，5.05，4.25，5.20，4.55，4.80，6.30，5.55。

试问：在 $\alpha=0.025$ 下，能否认为这两种型号的剃须刀充电后能使用的时间具有相同的分布？

5. 某成人高校在某门基础课考试后，任意抽取了 9 名未婚女士和 9 名已婚女士的考卷，她们的成绩如下。

未婚女士：85，65，74，79，60，77，75，68，69；

已婚女士：72，76，66，73，73，63，70，70，71。

假定上述两样本独立，且样本来自的两个总体其分布函数至多相差一个位置参数，问：该高校的未婚女士与已婚女士该门课程考试成绩有无显著差异（$\alpha=0.05$）？

6. 如果并不知道上题中"两个总体其分布函数至多相差一个位置参数"，试用游程总数检验法，根据上题提供的数据，检验该高校未婚女士与已婚女士该门课程考试成绩有无显著差异（$\alpha=0.05$）？

第3章

方 差 分 析

方差分析的目的是通过数据分析找出对该事物有显著影响的因素，各因素之间的交互作用，以及显著影响因素的最佳水平，等等。方差分析是在可比较的数组中，把数据间总的"变差"按各指定的变差来源进行分解的一种技术。方差分析采用离差平方和对变差进行度量，从总离差平方和分解出可追溯到指定来源的部分离差平方和。本章我们主要讨论单因子方差分析、两因子非重复试验的方差分析及两因子等重复试验的方差分析。

■ 3.1 单因子方差分析

在生产过程中，有时需要比较多个总体的均值问题，请看下面的例子。

例 3.1： 有 5 种油菜品种，分别在 4 块试验田上种植，所得亩产量如表 3.1 所示（单位：千克），那么不同油菜品种对平均亩产影响是否显著？

表 3.1 5 种油菜品种在 4 块试验田中的产量

因子	田块 1	田块 2	田块 3	田块 4
A_1	256	222	280	298
A_2	244	300	290	275
A_3	250	277	230	322
A_4	288	280	315	259
A_5	206	212	220	212

在这种情况下，需要比较 5 个总体的均值是否相等。为方便起见，这里先介绍几个常用的基本概念。指标是指过程输出的结果。例如，例 3.1 农田试验中所关心的亩产，通常用随机变量 y 表示。因子是指对指标有影响的因素，常用大写字母 A, B, C 等表示，如例 3.1 中的油菜品种用字母 A 表示。水平是指试验中因子所处的状态，用因子的字母加下标来表示，如因子 A 的水平用 A_1, A_2 等表示。例 3.1 中油菜有 5 个品种，该因子有 5 个水平，分别记为：A_1, A_2, A_3, A_4, A_5。处理（也称试验条件）是指在一次试验中，每个

因子取一个特定的水平，若干个因子各取一个特定的水平构成的组合。例 3.1 中，只有一个因子，因此，每一个水平就是一个处理。

3.1.1　单因子方差分析的数学模型

设在一个试验中，只考察一个因子 A，它有 r 个水平，在每个水平 A_i（$i = 1, 2, \cdots, r$）下进行 n_i 次重复试验，其结果用 $y_{i1}, y_{i2}, \cdots, y_{in_i}$ 表示。记在第 i 个水平下，数据的均值是 $\bar{y}_i$，此时有 $n = \sum_{i=1}^{r} n_i$。通常把数据写成表格的形式，如表 3.2 所示。

表 3.2　单因子试验数据表

项目	试验数据	和	均值
A_1	$y_{11}, y_{12}, \cdots, y_{1n_1}$	T_1	$\bar{y}_1$
A_2	$y_{21}, y_{22}, \cdots, y_{2n_2}$	T_2	$\bar{y}_2$
$\cdots$	$\cdots$	$\cdots$	$\cdots$
A_r	$y_{r1}, y_{r2}, \cdots, y_{rn_r}$	T_r	$\bar{y}_r$

为了便于对这些数据进行统计分析，需要对数据做出如下假设。

（1）在水平 A_i 下 $y_{i1}, y_{i2}, \cdots, y_{in_i}$ 是来自正态总体 $N(\mu_i, \sigma_i^2)$ 的一个样本，其中，$\mu_i (i = 1, 2, \cdots, r)$ 就是要比较的对象。

（2）在不同水平下的方差相等，即 $\sigma_1^2 = \sigma_2^2 = \cdots = \sigma_r^2 = \sigma^2$，只要各试验在相同条件下进行，等方差的要求就可以满足。

（3）各数据 y_{ij}（$i = 1, 2, \cdots, r; j = 1, 2, \cdots, n_i$）相互独立，通常在试验中，把试验次序随机化即可满足此假设。

由于 $y_{ij} \sim N(\mu_i, \sigma^2)$，$y_{ij}$ 与 $\mu_i (i = 1, 2, \cdots, r)$ 的差可以看成一个随机误差，于是单因子方差分析的数学模型可以表示为

$$y_{ij} = \mu_i + \varepsilon_{ij} \tag{3.1}$$

其中，$\varepsilon_{ij} \sim N(0, \sigma^2)$（$i = 1, 2, \cdots, r; j = 1, 2, \cdots, n_i$），且 ε_{ij} 相互独立。这样，检验各总体均值是否相等的问题就归结为一个假设检验问题，其原假设与备择假设分别为

$$H_0 : \mu_1 = \mu_2 = \cdots = \mu_r，\quad H_1 : \mu_1, \mu_2, \cdots, \mu_r \text{ 至少有两个不相等}$$

若记 $\mu = \dfrac{1}{n} \sum_{i=1}^{r} n_i \mu_i, (n = \sum_{i=1}^{r} n_i)$，$\alpha_i = \mu_i - \mu$ 表示因子 A 在第 i 个水平的效应（effect）（$i = 1, 2, \cdots, r$），则试验数据的数学模型也可以表示为

$$y_{ij} = \mu + \alpha_i + \varepsilon_{ij} \tag{3.2}$$

其中，$\varepsilon_{ij} \sim N(0, \sigma^2)$（$i = 1, 2, \cdots, r; j = 1, 2, \cdots, n_i$）

这时的假设检验问题，转变成：

$$H_0 : \alpha_1 = \alpha_2 = \cdots = \alpha_r = 0，\quad H_1 : \text{至少有一个 } \alpha_i \neq 0（i = 1, 2, \cdots, r）$$

检验这一对假设的统计方法，称为方差分析。当 H_0 被否定时，表明不同水平指标的均值有显著差异，此时称因子 A 显著；否则称因子 A 不显著。

3.1.2　离差平方和分解与显著性检验

记：

$$\bar{y}_i = \frac{1}{n_i}\sum_{j=1}^{n_i} y_{ij}, i = 1, 2, \cdots, r \tag{3.3}$$

$$\bar{y} = \frac{1}{n}\sum_{i=1}^{r}\sum_{j=1}^{n_i} y_{ij} \tag{3.4}$$

其中，$n = \sum_{i=1}^{r} n_i$；$\bar{y}_i$ 是从第 i 个总体中抽取的样本均值，称为组内平均；$\bar{y}$ 称为总平均。

由此得到，总的离差平方和为

$$SS_T = \sum_{i=1}^{r}\sum_{j=1}^{n_i}(y_{ij} - \bar{y})^2 = \sum_{i=1}^{r}\sum_{j=1}^{n_i}(y_{ij} - \bar{y}_i)^2 + \sum_{i=1}^{r} n_i(\bar{y}_i - \bar{y})^2 \tag{3.5}$$

令 $SS_A = \sum_{i=1}^{r} n_i(\bar{y}_i - \bar{y})^2$，$SS_E = \sum_{i=1}^{r}\sum_{j=1}^{n_i}(y_{ij} - \bar{y}_i)^2$。称 SS_A、SS_E 分别为组间离差平方和、组内离差平方和。SS_E 表示 y_{ij} 与其组内平均值 $\bar{y}_i$ 的离差平方和，它反映了试验误差引起的数据波动；而 SS_A 是组内平均与总平均的离差平方和，它在一定程度上反映了因素水平的改变引起的数据波动，从而有

$$SS_T = SS_A + SS_E \tag{3.6}$$

这就是总离差平方和分解公式。

若记：

$$\bar{\varepsilon}_i = \frac{1}{n_i}\sum_{j=1}^{n_i}\varepsilon_{ij} \tag{3.7}$$

$$\bar{\varepsilon} = \frac{1}{n}\sum_{i=1}^{r}\sum_{j=1}^{n_i}\varepsilon_{ij} \tag{3.8}$$

则

$$SS_E = \sum_{i=1}^{r}\sum_{j=1}^{n_i}(\varepsilon_{ij} - \bar{\varepsilon}_i)^2 \tag{3.9}$$

$$SS_A = \sum_{i=1}^{r} n_i\alpha_i^2 + \sum_{i=1}^{r} n_i(\bar{\varepsilon}_i - \bar{\varepsilon})^2 + 2\sum_{i=1}^{r} n_i\alpha_i(\bar{\varepsilon}_i - \bar{\varepsilon}) \tag{3.10}$$

又由于 $\varepsilon_{ij} \sim N(0, \sigma^2)$，$\varepsilon_i \sim N\left(0, \dfrac{\sigma^2}{n_i}\right)$，$\bar{\varepsilon} \sim N\left(0, \dfrac{\sigma^2}{n}\right)(i = 1, 2, \cdots, r; j = 1, 2, \cdots, n_i)$，从而 $E(SS_E) = (n-r)\sigma^2$，$E(SS_A) = \sum_{i=1}^{r} n_i\alpha_i^2 + (r-1)\sigma^2$。因此，有

$$E\left(\frac{SS_E}{n-r}\right) = \sigma^2 \tag{3.11}$$

$$E\left(\frac{SS_A}{r-1}\right) = \sigma^2 + \frac{1}{r-1}\sum_{i=1}^{r} n_i\alpha_i^2 \tag{3.12}$$

当 H_0 成立，即 $\alpha_1 = \alpha_2 = \cdots = \alpha_r = 0$ 时，$E\left(\dfrac{SS_A}{r-1}\right) = E\left(\dfrac{SS_E}{n-r}\right) = \sigma^2$。计算 F 统计量：

$$F = \frac{SS_A/(r-1)}{SS_E/(n-r)} \tag{3.13}$$

下面将给出在 H_0 成立时，上述 F 统计量的概率分布。事实上，当 H_0 成立时，所有的 $\alpha_i (i = 1, 2, \cdots, r)$ 等于 0，则试验数据的数学模型为

$$y_{ij} = \mu + \varepsilon_{ij} \tag{3.14}$$

则 $\dfrac{SS_E}{\sigma^2} = \dfrac{1}{\sigma^2} \sum\limits_{i=1}^{r} \sum\limits_{j=1}^{n_i} (\varepsilon_{ij} - \bar{\varepsilon}_i)^2$，有 r 个约束条件 $\sum\limits_{j=1}^{n_i} (\varepsilon_{ij} - \bar{\varepsilon}_i) = 0 \, (i = 1, 2, \cdots, r)$，自由度是

$df_E = n - r$。$\dfrac{SS_A}{\sigma^2} = \dfrac{1}{\sigma^2} \sum\limits_{i=1}^{r} n_i (\bar{\varepsilon}_i - \bar{\varepsilon})^2$，有一个约束条件 $\sum\limits_{i=1}^{r} n_i (\bar{\varepsilon}_i - \bar{\varepsilon}) = 0$，自由度是 $df_A = r - 1$。

而总离差平方和 SS_T，有一个约束条件 $\sum\limits_{i=1}^{r} \sum\limits_{j=1}^{n_i} (\varepsilon_{ij} - \bar{\varepsilon}) = 0$，则其自由度为 $df_T = n - 1$。由于 $\dfrac{SS_T}{\sigma^2} = \dfrac{SS_A}{\sigma^2} + \dfrac{SS_E}{\sigma^2}$，且相应的自由度满足 $df_T = df_A + df_E$，可以得到：$\dfrac{SS_A}{\sigma^2}$ 服从自由度是 $df_A = r - 1$ 的 χ^2 分布；$\dfrac{SS_E}{\sigma^2}$ 服从自由度 $df_E = n - r$ 的 χ^2 分布，且二者相互独立。因此，当 H_0 成立时，$F = \dfrac{\dfrac{SS_A}{\sigma^2/r-1}}{\dfrac{SS_E}{\sigma^2/n-r}} = \dfrac{SS_A/r-1}{SS_E/n-r} = \dfrac{MS_A}{MS_E}$ 服从自由度为（$r-1, n-r$）的 F 分布，其中，

$MS_A = \dfrac{SS_A}{df_A}$；$MS_E = \dfrac{SS_E}{df_E}$ 分别是因子 A 的均方和以及误差的均方和。

对于给定的显著性水平 α，当 H_0 成立时，各 μ_i 间无差异，从而 MS_A 与 MS_E 相差不大；因此，当 $F > F_\alpha(r-1, n-r)$ 时，拒绝原假设，认为因子 A 是显著的；否则，当 $F < F_\alpha(r-1, n-r)$ 时，认为因子 A 是不显著的。

将以上分析列成单因素方差分析表，见表 3.3。

表 3.3　单因素方差分析表

方差来源	离差平方和	自由度	均方误差	F 值
因子 A	SS_A	$df_A = r - 1$	MS_A	$F = MS_A/MS_E$
误差 E	SS_E	$df_E = n - r$	MS_E	
总和	SS_T	$df_T = n - 1$		

在以上的计算中，关键是计算各个离差平方和，即

$$SS_T = \sum_{i=1}^{r} \sum_{j=1}^{n_i} (y_{ij} - \bar{y})^2 = \sum_{i=1}^{r} \sum_{j=1}^{n_i} y_{ij}^2 - \frac{T^2}{n}, \quad df_T = n - 1 \tag{3.15}$$

$$SS_A = \sum_{i=1}^{r} n_i (\bar{y}_i - \bar{y})^2 = \sum_{i=1}^{r} \frac{T_i^2}{n_i} - \frac{T^2}{n}, \quad df_A = r - 1 \tag{3.16}$$

$$SS_E = SS_T - SS_A, \quad df_E = n - r \tag{3.17}$$

其中，T_i 是第 i 个水平数据的和，T 是 $n = \sum_{i=1}^{r} n_i$ 个数据的总和。

续例 3.1：已知例 3.1 中的数据，试分析不同品种对亩产量有无显著影响。

解：令 y_{ij} 表示第 i 个品种在 j 块试验田的亩产量，$i = 1,2,3,4,5$；$n_1 = n_2 = \cdots = n_5 = 4$，$n = 20$，根据 $\mathrm{SS_T}$，$\mathrm{SS_A}$，$\mathrm{SS_E}$ 的表达式，可以得

$$\mathrm{SS_T} = 24\,687.2，\quad \mathrm{SS_A} = 13\,195.7，\quad \mathrm{SS_E} = 11\,491.5$$

根据以上数据列出方差分析表 3.4。

表 3.4　方差分析表

方差来源	离差平方和	自由度	均方误差	F 值
因子 A（组间）	13 195.7	4	3 298.9	4.31
误差 E（组内）	11 491.5	15	766.1	
总和	24 687.2	19		

对于给定的显著性水平 $\alpha = 0.05$，查附表 4 得，$F_{0.05}(4,15) = 3.06$，由于 $F = 4.31 > 3.06$，因而，因子 A 在不同水平下存在差异，即不同品种对平均亩产量具有显著差异。

利用 MINITAB 对表 3.1 的数据进行方差分析，从统计→方差分析→单因子入口。MINITAB 输出结果如下。

```
单因子方差分析: 产量 与 品种

来源      自由度    SS      MS      F      p
品种       4     13 196   3 299   4.31   0.016
误差      15     11 492    766
合计      19     24 687
S = 27.68    R² = 53.45%    R²（调整）= 41.04%
```

```
                   均值（基于合并标准差）的单组 95% 置信区间
水平  N    均值    标准差   --------+---------+---------+---------+-
A₁    4   264.00   32.86            (-------*-------)
A₂    4   277.25   24.43                (-------*-------)
A₃    4   269.75   39.80             (-------*-------)
A₄    4   285.50   23.16                 (-------*-------)
A₅    4   212.50    5.74   (-------*-------)
                           --------+---------+---------+---------+-
                              210       245       280       315
合并标准差 = 27.68
```

p 值为 0.016，小于 0.05，因此，在显著性水平 $\alpha = 0.05$ 上，可以判断：因子 A 是显著的。当因子 A 显著时，可以估计出每个水平下亩产量的均值、标准差，以及置信区间。例 3.1 中，5 种种子的平均亩产量的估计值分别为

$$\hat{\mu}_1 = 264.00，\quad \hat{\mu}_2 = 277.25，\quad \hat{\mu}_3 = 269.75，\quad \hat{\mu}_4 = 285.50，\quad \hat{\mu}_5 = 212.50$$

由此可见，第 4 种油菜品种的平均亩产量最高。这里，也给出了合并标准差的估计值 $\hat{\sigma}$，$\hat{\sigma} = 27.68$。

3.2 两因子方差分析

两因子方差分析是讨论两因子试验的统计推断问题，本小节分别讨论非重复试验和重复试验两种情形。

3.2.1 两因子非重复试验的方差分析

假设在一个试验中，需要同时考虑两个因子 A 与 B ，因子 A 有 r 个水平： $A_1, A_2, \cdots, A_r$ ；因子 B 有 s 个水平： $B_1, B_2, \cdots, B_s$ ，在 A 与 B 的每一种组合水平 (A_i, B_j) 下做一次试验，试验结果为 y_{ij} （ $i = 1, 2, \cdots, r; j = 1, 2, \cdots, s$ ），若所有 y_{ij} 相互独立，这样共有 $n = r \times s$ 试验结果，见表 3.5。

表 3.5 两因子试验数据（每个条件下进行一次试验）

项目	B_1	B_2	$\cdots$	B_s	行和 $T_{i\cdot}$	行平均 $\bar{y}_{i\cdot}$
A_1	y_{11}	y_{12}	$\cdots$	y_{1s}	$T_{1\cdot}$	$\bar{y}_{1\cdot}$
A_2	y_{21}	y_{22}	$\cdots$	y_{2s}	$T_{2\cdot}$	$\bar{y}_{2\cdot}$
$\cdots$	$\cdots$	$\cdots$	$\cdots$	$\cdots$	$\cdots$	$\cdots$
A_r	y_{r1}	y_{r2}	$\cdots$	y_{rs}	$T_{r\cdot}$	$\bar{y}_{r\cdot}$
列和 $T_{\cdot j}$	$T_{\cdot 1}$	$T_{\cdot 2}$		$T_{\cdot s}$	总和 T	
列平均 $\bar{y}_{\cdot j}$	$\bar{y}_{\cdot 1}$	$\bar{y}_{\cdot 2}$		$\bar{y}_{\cdot s}$		总平均 $\bar{y}$

这种对每个组合水平 (A_i, B_j) （ $i = 1, 2, \cdots, r; j = 1, 2, \cdots, s$ ）各做一次试验的情形称为两因子非重复试验。

假定总体 y_{ij} 服从正态分布 $\mathrm{N}(\mu_{ij}, \sigma^2)$ ：

$$\mu_{ij} = \mu + \alpha_i + \beta_j, \quad i = 1, 2, \cdots, r; j = 1, 2, \cdots, s \tag{3.18}$$

其中， $\sum_{i=1}^{r} \alpha_i = 0$ ， $\sum_{j=1}^{s} \beta_j = 0$ 。

于是 y_{ij} 可以表示为

$$\begin{cases} y_{ij} = \mu + \alpha_i + \beta_j + \varepsilon_{ij} \\ \varepsilon_{ij} \sim \mathrm{N}\left(0, \sigma^2\right) \end{cases}, \quad i = 1, 2, \cdots, r; j = 1, 2, \cdots, s \tag{3.19}$$

其中， ε_{ij} 相互独立， α_i （ $i = 1, 2, \cdots, r$ ）称为因子 A 在水平 A_i 引起的效应，它表示水平 A_i 在总体平均数上引起的偏差；同样， β_j （ $j = 1, 2, \cdots, s$ ）称为因子 B 在水平 B_j 引起的效应，它表示水平 B_j 在总体平均数上引起的偏差。因此，欲想推断因子 A 的影响是否显著，就等价于检验假设：

$\mathrm{H}_{01}: \alpha_1 = \alpha_2 = \cdots = \alpha_r = 0$ ， H_{11} ：至少有一个 $\alpha_i \neq 0 (i = 1, 2, \cdots, r)$

当 H_{01} 成立时，均值 μ_{ij} 与 α_i 无关，这表明因子 A 对试验结果无显著影响；同样地，想要推断因子 B 的影响是否显著，就等价于检验假设：

$H_{02}: \beta_1 = \beta_2 = \cdots = \beta_s = 0$ ， $H_{12}:$ 至少有一个 $\beta_j \neq 0 (j = 1, 2, \cdots, s)$

当 H_{02} 成立时，均值 μ_{ij} 与 β_j 无关，这表明因子 B 对试验结果无显著影响；当 H_{01}，H_{02} 都成立时， $\mu_{ij} = \mu$ ，因子 A 和 B 对结果的影响均不显著， y_{ij} 的波动主要是由随机因素引起的。下面利用离差平方和分解的方法，导出检验 H_{01} 和 H_{02} 的统计量。

记：

$$\bar{y}_{i.} = \frac{1}{s} \sum_{j=1}^{s} y_{ij}, \quad i = 1, 2, \cdots, r \tag{3.20}$$

$$\bar{y}_{.j} = \frac{1}{r} \sum_{i=1}^{r} y_{ij}, \quad j = 1, 2, \cdots, s \tag{3.21}$$

$$\bar{y} = \frac{1}{rs} \sum_{i=1}^{r} \sum_{j=1}^{s} y_{ij} = \frac{1}{r} \sum_{i=1}^{r} \bar{y}_{i.} = \frac{1}{s} \sum_{j=1}^{s} \bar{y}_{.j} \tag{3.22}$$

于是，总离差平方和：

$$\begin{aligned}
SS_T &= \sum_{i=1}^{r} \sum_{j=1}^{s} (y_{ij} - \bar{y})^2 \\
&= s \sum_{i=1}^{r} (\bar{y}_{i.} - \bar{y})^2 + r \sum_{j=1}^{s} (\bar{y}_{.j} - \bar{y})^2 + \sum_{i=1}^{r} \sum_{j=1}^{s} (y_{ij} - \bar{y}_{i.} - \bar{y}_{.j} + \bar{y})^2
\end{aligned} \tag{3.23}$$

若令 $SS_A = s \sum_{i=1}^{r} (\bar{y}_{i.} - \bar{y})^2$ ， $SS_B = r \sum_{j=1}^{s} (\bar{y}_{.j} - \bar{y})^2$ ， $SS_E = \sum_{i=1}^{r} \sum_{j=1}^{s} (y_{ij} - \bar{y}_{i.} - \bar{y}_{.j} + \bar{y})^2$ ，则有 $SS_T = SS_A + SS_B + SS_E$ 。又因为 SS_T 有一个约束条件，其自由度为 $df_T = rs - 1$ ； SS_A 有一个约束条件，其自由度为 $df_A = r - 1$ ； SS_B 有一个约束条件，其自由度为 $df_B = s - 1$ ； SS_E 有 $(r + s - 1)$ 个约束条件，其自由度为 $df_E = rs - (r + s - 1) = (r - 1)(s - 1)$ ；所以满足 $df_T = df_A + df_B + df_E$ 。根据柯赫伦因子分解定理知： SS_A / σ^2 服从自由度为 $(r - 1)$ 的 χ^2 分布； SS_B / σ^2 服从自由度为 $(s - 1)$ 的 χ^2 分布； SS_E / σ^2 服从自由度为 $(r - 1)(s - 1)$ 的 χ^2 分布；而且 SS_A ， SS_B 和 SS_E 相互独立。

由 F 分布的定义可以证明，当 H_{01} 成立时， $F_A = \dfrac{SS_A / \sigma^2 (r - 1)}{SS_E / \sigma^2 (r - 1)(s - 1)} = \dfrac{MS_A}{MS_E}$ 服从第一自由度为 $(r - 1)$ ，第二自由度为 $(r - 1)(s - 1)$ 的 F 分布，即 $F[r - 1, (r - 1)(s - 1)]$ 。当 H_{02} 成立时， $F_B = \dfrac{SS_B / \sigma^2 (s - 1)}{SS_E / \sigma^2 (r - 1)(s - 1)} = \dfrac{MS_B}{MS_E}$ 服从 $F[s - 1, (r - 1)(s - 1)]$ 。

对于给定的显著性水平 α ，查附表 4，找出分位数 $F_\alpha[r - 1, (r - 1)(s - 1)]$ ，若 $F_A \geqslant F_\alpha[r - 1, (r - 1)(s - 1)]$ ，则拒绝 H_{01} ，即认为因子 A 对试验结果有显著影响；否则，应接受 H_{01} ，即认为因子 A 对试验结果无显著影响。同样，对于给定的显著性水平 α ，查附表 4，找出分位数 $F_\alpha[s - 1, (r - 1)(s - 1)]$ ，若 $F_B \geqslant F_\alpha[s - 1, (r - 1)(s - 1)]$ ，则拒绝 H_{02} ，即认为因子 B 对试验结果有显著影响；否则，应接受 H_{02} ，即认为因子 B 对试验结果无显著影响。将整个分析过程列在两因子方差分析表中，见表 3.6。

表 3.6　两因子方差分析表（非重复）

方差来源	离差平方和	自由度	均方误差	F 值
因子 A	$\mathrm{SS_A} = s\sum_{i=1}^{r}(\bar{y}_{i.} - \bar{y})^2$	$\mathrm{df_A} = r-1$	$\mathrm{MS_A} = \dfrac{\mathrm{SS_A}}{r-1}$	$F_\mathrm{A} = \dfrac{\mathrm{MS_A}}{\mathrm{MS_E}}$
因子 B	$\mathrm{SS_B} = r\sum_{j=1}^{s}(\bar{y}_{.j} - \bar{y})^2$	$\mathrm{df_B} = s-1$	$\mathrm{MS_B} = \dfrac{\mathrm{SS_B}}{s-1}$	$F_\mathrm{B} = \dfrac{\mathrm{MS_B}}{\mathrm{MS_E}}$
误差 E	$\mathrm{SS_E} = \sum_{i=1}^{r}\sum_{j=1}^{s}(y_{ij} - \bar{y}_{i.} - \bar{y}_{.j} + \bar{y})^2$	$\mathrm{df_E} = (r-1)(s-1)$	$\mathrm{MS_E} = \dfrac{\mathrm{SS_E}}{(r-1)(s-1)}$	
总和	$\mathrm{SS_T} = \sum_{i=1}^{r}\sum_{j=1}^{s}(y_{ij} - \bar{y})^2$	$\mathrm{df_T} = rs-1$		

　　例 3.2：在一冶炼过程中，为提高合金钢的强度，需要同时考察碳（C）和钛（Ti）的含量对强度的影响，以探求合理的成分组合使得强度最大。在试验中，因子 A（碳含量：%）取 3 个水平，分别是 0.03，0.04，0.05；因子 B（钛含量：%）取 4 个水平，分别是 3.3，3.4，3.5，3.6；在组合水平 (A_i, B_j)（$i=1,2,3; j=1,2,3,4$）条件下各炼一炉钢，测得其强度数据见表 3.7。试问：碳和钛的含量对合金钢的强度是否有显著影响（$\alpha = 0.05$）？

表 3.7　合金钢强度测量数据（单位：兆帕）

项目	B_1	B_2	B_3	B_4
A_1	63.1	63.9	65.6	66.8
A_2	65.1	66.4	67.8	69.0
A_3	67.2	71.0	71.9	73.5

　　解：例 3.2 中 $r=3$，$s=4$，$n=rs=12$，记 y_{ij} 为 A 与 B 的组合水平 (A_i, B_j)（$i=1,2,3$；$j=1,2,3,4$）的试验结果，则

$$\mathrm{SS_T} = \sum_{i=1}^{3}\sum_{j=1}^{4}(y_{ij} - \bar{y})^2 = 113.29, \quad \mathrm{SS_A} = 4\sum_{i=1}^{3}(\bar{y}_{i.} - \bar{y})^2 = 74.91$$

$$\mathrm{SS_B} = 3\sum_{j=1}^{4}(\bar{y}_{.j} - \bar{y})^2 = 35.17, \quad \mathrm{SS_E} = \mathrm{SS_T} - \mathrm{SS_A} - \mathrm{SS_B} = 3.21$$

由此，方差分析表见表 3.8。

表 3.8　方差分析表

方差来源	离差平方和	自由度	均方误差	F 值
因子 A	74.91	2	37.14	70.02
因子 B	35.17	3	11.72	21.91
误差 E	3.21	6	0.535	
总和	113.29	11		

　　查 F 分布表得，$F_{0.05}(2,6) = 5.14$，$F_{0.05}(3,6) = 4.76$。由于 $F_\mathrm{A} = 70.02 > 5.14$，$F_\mathrm{B} = 21.91 > 4.76$，从而可知，碳的不同含量和钛的不同含量对合金钢强度均有显著影响。

　　利用 MINITAB 对表 3.7 的数据进行方差分析，从统计→方差分析→双因子入口。

MINITAB 输出结果如下。

双因子方差分析：强度 与 因子 A，因子 B					
来源	自由度	SS	MS	F	p
因子 A	2	74.912	37.455 8	70.05	0.000
因子 B	3	35.169	11.723 1	21.92	0.001
误差	6	3.208	0.534 7		
合计	11	113.289			
$S = 0.731\,2$ $R^2 = 97.17\%$ R^2（调整）$= 94.81\%$					

得出主要结论如下。

（1）因子 A 的 $p = 0.000 < 0.05$，在显著性水平 $\alpha = 0.05$ 上碳含量对合金钢的强度具有显著影响；因子 B 的 $p = 0.001 < 0.05$，同样，在显著性水平 $\alpha = 0.05$ 上钛含量对合金钢的强度也具有显著影响。

（2）给出了误差方差 σ^2 的估计值 $\hat{\sigma}^2 = 0.534\,7$，标准差的估计值 $\hat{\sigma} = S = 0.731\,2$。

3.2.2   两因素等重复试验的方差分析

在上面的讨论中，由于只对因子 A，B 的每一种组合水平进行了一次试验，不能分析 A，B 两因子之间是否存在交互作用。为了分析因子 A 与 B 之间的交互作用，重复试验是不可少的，下面将分析在每一种组合 (A_i, B_j) 下重复试验 m 次情况下的方差分析问题。

设有两个因子 A 与 B，因子 A 有 r 个不同水平：$A_1, A_2, \cdots, A_r$；因子 B 有 s 个水平：$B_1, B_2, \cdots, B_s$，在每一种组合水平 (A_i, B_j) 下做 m 次试验，试验结果为 y_{ijk}（$i = 1, 2, \cdots, r$; $j = 1, 2, \cdots, s; k = 1, 2, \cdots, m$），数据的一般表达式如表 3.9 所示。表 3.9 中 (A_i, B_j) 条件下的数据均值用 $\bar{y}_{ij\cdot}$ 表示，A_i 水平下的均值用 $\bar{y}_{i\cdot\cdot}$ 表示，B_j 水平下的均值用 $\bar{y}_{\cdot j\cdot}$ 表示，总均值用 $\bar{y}$ 表示。

表 3.9   两因子试验数据表（每个条件下重复 m 次）

项目	B_1	$\cdots$	B_s	行和 $T_{i\cdot}$	行平均 $\bar{y}_{i\cdot}$
A_1	$y_{111}, \cdots, y_{11m}$	$\cdots$	$y_{1s1}, \cdots, y_{1sm}$	$T_{1\cdot}$	$\bar{y}_{1\cdot\cdot}$
	(T_{11})		(T_{1s})		
$\cdots$	$\cdots$		$\cdots$	$\cdots$	$\cdots$
A_r	$y_{r11}, \cdots, y_{r1m}$	$\cdots$	$y_{rs1}, \cdots, y_{rsm}$	$T_{r\cdot}$	$\bar{y}_{r\cdot\cdot}$
	(T_{r1})		(T_{rs})		
列和 $T_{\cdot j}$	$T_{\cdot1}$	$\cdots$	$T_{\cdot s}$	总和 T	
列平均 $\bar{y}_{\cdot j\cdot}$	$\bar{y}_{\cdot1\cdot}$	$\cdots$	$\bar{y}_{\cdot s\cdot}$		总平均 $\bar{y}$

假设 y_{ijk} 服从正态分布 $N(\mu_{ij}, \sigma^2)$（$i = 1, 2, \cdots, r; j = 1, 2, \cdots, s; k = 1, 2, \cdots, m$），且所有 y_{ijk} 相互独立，μ_{ij} 可以表示为

$$\mu_{ij} = \mu + \alpha_i + \beta_j + \delta_{ij}, \quad i = 1, 2, \cdots, r; j = 1, 2, \cdots, s \tag{3.24}$$

其中，$\mu = \dfrac{1}{rs} \sum\limits_{i=1}^{r} \sum\limits_{j=1}^{s} \mu_{ij}$；$\alpha_i = \dfrac{1}{s} \sum\limits_{j=1}^{s} (\mu_{ij} - \mu)$；$\beta_j = \dfrac{1}{r} \sum\limits_{i=1}^{r} (\mu_{ij} - \mu)$；$\delta_{ij} = \mu_{ij} - \mu - \alpha_i - \beta_j$。

易证下列各式成立：$\displaystyle\sum_{i=1}^{r}\alpha_i=0$，$\displaystyle\sum_{j=1}^{s}\beta_j=0$，$\displaystyle\sum_{i=1}^{r}\delta_{ij}=0$，$\displaystyle\sum_{j=1}^{s}\delta_{ij}=0$，从而得到两因子等重复试验方差分析的数学模型为

$$y_{ijk}=\mu+\alpha_i+\beta_j+\delta_{ij}+\varepsilon_{ijk}, \quad \varepsilon_{ijk}\sim\mathrm{N}(0,\sigma^2), \quad i=1,2,\cdots,r;j=1,2,\cdots,s;k=1,2,\cdots,m$$

其中，各 ε_{ijk} 相互独立，α_i 为因子 A 在水平 A_i 的效应；β_j 为因子 B 在水平 B_j 的效应；δ_{ij} 为因子 A 与 B 在组合水平 (A_i,B_j) 的交互作用效应。因此，要判断因子 A，B 以及 A 与 B 的交互效应 $A\times B$ 的影响是否显著，分别等价于假设检验：

$\mathrm{H}_{01}:\alpha_1=\alpha_2=\cdots=\alpha_r=0$，　$\mathrm{H}_{11}:\alpha_1,\alpha_2,\cdots,\alpha_r$ 中至少有一个不为 0。

$\mathrm{H}_{02}:\beta_1=\beta_2=\cdots=\beta_s=0$，　$\mathrm{H}_{12}:\beta_1,\beta_2,\cdots,\beta_s$ 中至少有一个不为 0。

$\mathrm{H}_{03}:\delta_{ij}=0$（$i=1,2,\cdots,r;j=1,2,\cdots,s$），　$\mathrm{H}_{13}:\delta_{11},\cdots,\delta_{rs}$ 中至少有一个不为 0。

记：

$$\mathrm{SS}_{\mathrm{T}}=\sum_{i=1}^{r}\sum_{j=1}^{s}\sum_{k=1}^{m}(y_{ijk}-\overline{y})^2$$

$$\mathrm{SS}_{\mathrm{A}}=\sum_{i=1}^{r}\sum_{j=1}^{s}\sum_{k=1}^{m}(\overline{y}_{i..}-\overline{y})^2=sm\sum_{i=1}^{r}(\overline{y}_{i..}-\overline{y})^2$$

$$\mathrm{SS}_{\mathrm{B}}=\sum_{i=1}^{r}\sum_{j=1}^{s}\sum_{k=1}^{m}(\overline{y}_{.j.}-\overline{y})^2=rm\sum_{j=1}^{s}(\overline{y}_{.j.}-\overline{y})^2$$

$$\mathrm{SS}_{\mathrm{A\times B}}=\sum_{i=1}^{r}\sum_{j=1}^{s}\sum_{k=1}^{m}(\overline{y}_{ij.}-\overline{y}_{i..}-\overline{y}_{.j.}+\overline{y})^2=m\sum_{i=1}^{r}\sum_{j=1}^{s}(\overline{y}_{ij.}-\overline{y}_{i..}-\overline{y}_{.j.}+\overline{y})^2$$

$$\mathrm{SS}_{\mathrm{E}}=\sum_{i=1}^{r}\sum_{j=1}^{s}\sum_{k=1}^{m}(y_{ijk}-\overline{y}_{ij.})^2$$

根据平方和分解公式，数据的总离差平方和 SS_{T} 可以分解为四项：

$$\mathrm{SS}_{\mathrm{T}}=\mathrm{SS}_{\mathrm{A}}+\mathrm{SS}_{\mathrm{B}}+\mathrm{SS}_{\mathrm{A\times B}}+\mathrm{SS}_{\mathrm{E}} \qquad (3.25)$$

$$\mathrm{df}_{\mathrm{T}}=\mathrm{df}_{\mathrm{A}}+\mathrm{df}_{\mathrm{B}}+\mathrm{df}_{\mathrm{A\times B}}+\mathrm{df}_{\mathrm{E}} \qquad (3.26)$$

其中，SS_{A}，SS_{B}，$\mathrm{SS}_{\mathrm{A\times B}}$ 及 SS_{E} 分别为因子 A，因子 B，交互作用 $A\times B$ 及误差的离差平方和；df_{A}，df_{B}，$\mathrm{df}_{\mathrm{A\times B}}$ 及 df_{E} 分别为其自由度，而且 $\mathrm{df}_{\mathrm{T}}=n-1=rsm-1$，$\mathrm{df}_{\mathrm{A}}=r-1$，$\mathrm{df}_{\mathrm{B}}=s-1$，$\mathrm{df}_{\mathrm{A\times B}}=\mathrm{df}_{\mathrm{A}}\times\mathrm{df}_{\mathrm{B}}=(r-1)(s-1)$，$\mathrm{df}_{\mathrm{E}}=rs(m-1)$。

类似于两因子非重复试验的方差分析过程，可以得到重复试验条件下两因子方差分析表（表 3.10）。

表 3.10　重复试验条件下两因子方差分析表

方差来源	离差平方和	自由度	均方误差	F 值
因子 A	SS_{A}	$r-1$	MS_{A}	$F_{\mathrm{A}}=\dfrac{\mathrm{MS}_{\mathrm{A}}}{\mathrm{MS}_{\mathrm{E}}}$
因子 B	SS_{B}	$s-1$	MS_{B}	$F_{\mathrm{B}}=\dfrac{\mathrm{MS}_{\mathrm{B}}}{\mathrm{MS}_{\mathrm{E}}}$
交互作用 $A\times B$	$\mathrm{SS}_{\mathrm{A\times B}}$	$(r-1)(s-1)$	$\mathrm{MS}_{\mathrm{A\times B}}$	$F_{\mathrm{A\times B}}=\dfrac{\mathrm{MS}_{\mathrm{A\times B}}}{\mathrm{MS}_{\mathrm{E}}}$
误差 E	SS_{E}	$rs(m-1)$	MS_{E}	
总和	SS_{T}	$rsm-1$		

例 3.3： 为了考察三种不同品种的玉米和两种不同类型的爆米花机对爆米花产量的影响，把每种品种的玉米用每种类型的爆米花机爆三次，得到爆米花产量如表 3.11 所示。试分析玉米品种和爆米花机类型对爆米花产量的影响。

表 3.11　爆米花产量数据（单位：杯）

玉米品种	爆米花机型					
	爆米花机型 1			爆米花机型 2		
玉米品种 1	5.5	5.5	6	6.5	7	7
玉米品种 2	4.5	4.5	4	5	5.5	5
玉米品种 3	3.5	4	3	4	5	4.5

利用 MINITAB 对表 3.1 的数据进行方差分析，从统计→方差分析→双因子入口。MINITAB 的输出结果如下。

双因子方差分析：产量 与 爆米花机类型，品种

来源	自由度	SS	MS	F	p
爆米花机类型	1	4.500 0	4.500 00	32.40	0.000
品种	2	15.750 0	7.875 00	56.70	0.000
交互作用	2	0.083 3	0.041 67	0.30	0.746
误差	12	1.666 7	0.138 89		
合计	17	22.000 0			

$S = 0.372\,7$　$R^2 = 92.42\%$　R^2（调整）$= 89.27\%$

得出主要结论如下。

（1）因子爆米花机类型的 $p = 0.000 < 0.05$，在显著性水平 $\alpha = 0.05$ 上爆米花机类型对爆米花产量具有显著影响；因子品种的 $p = 0.000 < 0.05$，同样，在显著性水平 $\alpha = 0.05$ 上品种对爆米花产量也具有显著影响；但爆米花机类型和品种交互作用的 $p = 0.746 > 0.05$，在显著性水平 $\alpha = 0.05$ 上交互作用不显著。

（2）给出了误差方差 σ^2 的估计值 $\hat{\sigma}^2 = 0.138\,89$，标准差的估计值 $\hat{\sigma} = s = 0.372\,7$。

思考与练习

1. 某复合材料的抗拉强度是否受加入其中的纤维的百分比影响是有疑问的。现确定纤维百分比的 5 个水平：15%、20%、25%、30%、35%。每个水平中测得的 5 个抗拉强度的值列于下表，问：抗拉强度是否受加入纤维百分比的影响（$\alpha = 0.01$）？

纤维的百分比	抗拉强度观察值				
	1	2	3	4	5
15%	7	7	15	11	9
20%	12	17	12	18	18
25%	14	18	18	19	19
30%	19	25	22	23	23
35%	7	10	11	11	11

2. 用 4 种不同的工艺生产电灯泡。从各种工艺生产的电灯泡中分别抽取样品，并测得样品的寿命（单位：小时）如下表所示。试检验这四种工艺生产的电灯泡寿命是否有显著差异（$\alpha = 0.05$）？

项目	工艺 A1	工艺 A2	工艺 A3	工艺 A4
	1 620	1 580	1 460	1 500
	1 670	1 600	1 540	1 550
观测值/小时	1 700	1 640	1 620	1 610
	1 750	1 720		1 680
	1 800			

3. 有 4 个品牌的彩电在 5 个地区销售，为分析彩电的品牌（品牌因素）和销售地区（地区因素）对销售量是否有影响，对每种品牌在各地区的销售量取得以下数据。试分析品牌和销售地区对彩电的销售量是否有显著影响（$\alpha = 0.05$）？

品牌因素	地区因素				
	地区 1	地区 2	地区 3	地区 4	地区 5
品牌 1	365	350	343	340	323
品牌 2	345	368	363	330	333
品牌 3	358	323	353	343	308
品牌 4	288	280	298	260	298

4. 现有 4 条生产线生产同一种垫片，为了解不同生产线的垫片的断裂强度有无明显差异，现分别用 5 种不同的温度进行试验，测得数据如下表所示。假定不同温度下垫片的断裂强度分别服从等方差的正态分布，分别分析不同生产线及不同温度对垫片的断裂强度均值有无显著影响？

温度/℃	生产线 1	生产线 2	生产线 3	生产线 4
700	88.6	89.5	95.7	90.6
750	86	88	86.6	92.6
800	87	89.1	88.8	92.4
850	89.3	91.9	93.1	91.8
900	81.2	84	85.7	95.1

5. 城市道路交通管理部门为研究不同的路段和不同的时间段对行车时间的影响，让一名交通警察分别在两个路段和高峰期与非高峰期亲自驾车进行试验，通过试验共获得 20 个行车时间（分钟）的数据，见下表。试分析路段、时段以及路段和时段的交互作用对行车时间的影响？

时段	路段 1					路段 2				
高峰期	26	24	27	25	25	19	20	23	22	21
非高峰期	20	17	22	21	17	18	17	13	16	12

6. 下表记录了三位操作工分别在 4 台不同机器上操作三天的日产量。在显著性水平 $\alpha = 0.05$ 下检验操作工人之间的差异是否显著；机器之间差异是否显著；交互影响是否显著？

机器	操作工甲			操作工乙			操作工丙		
A1	15	15	17	19	19	16	16	18	21
A2	17	17	17	15	15	15	19	22	22
A3	15	17	16	18	17	16	18	18	18
A4	18	20	22	15	16	17	17	17	17

第 4 章

相关分析与回归分析

在许多实际问题中，经常需要寻找存在于两个（或多个）变量之间的关系。本章将首先介绍相关分析；其次介绍一元线性回归（regression）的主要内容和方法；最后，讨论多元线性回归。

■ 4.1 相关分析

在实际问题中，我们常常要研究两个变量的相关性。例如，儿童的身高随着年龄的增长而增长，但它们之间又不存在一种确定的函数关系，因此它们之间是一种不确定性的随机关系，即相关关系。更一般地，当我们观测多个变量时，要分析多个变量间的相关性。两个变量是最基础的情况，因此，我们首先对两个变量间的相关性进行讨论。

假设有两个随机变量 X 和 Y，其方差和协方差分别为

$$\mathrm{Var}(X) = \sigma_x^2 = E\left[X - E(X)\right]^2 \tag{4.1}$$

$$\mathrm{Var}(Y) = \sigma_y^2 = E\left[Y - E(Y)\right]^2 \tag{4.2}$$

$$\mathrm{cov}(X, Y) = \sigma_{xy} = E\left[X - E(X)\right]\left[Y - E(Y)\right] \tag{4.3}$$

如果观测到随机变量 X 和 Y 的数据对 $(x_1, y_1), (x_2, y_2), \cdots, (x_n, y_n)$，并用 X 和 Y 的样本均值 $\bar{x}$、$\bar{y}$ 分别代替期望 $E(X)$、$E(Y)$，则得到如下估计值：

$$\hat{\sigma}_x^2 = s_x^2 = \frac{1}{n-1}\sum_{i=1}^{n}(x_i - \bar{x})^2 \tag{4.4}$$

$$\hat{\sigma}_y^2 = s_y^2 = \frac{1}{n-1}\sum_{i=1}^{n}(y_i - \bar{y})^2 \tag{4.5}$$

$$\hat{\sigma}_{xy} = s_{xy} = \frac{1}{n-1}\sum_{i=1}^{n}(x_i - \bar{x})(y_i - \bar{y}) \tag{4.6}$$

散点图（图 4.1）形象地展示了变量之间的关系。图 4.1（a）表示随着 x 的增加，y 具有增加的趋势，由此，估计的协方差 $\hat{\sigma}_{xy}$ 是正值，表示正相关；图 4.1（b）表示随着 x

的增加，y 呈现递减的趋势，由此，估计的协方差 $\hat{\sigma}_{xy}$ 是负值，表示负相关；图 4.1（c）表示随着 x 的增加，y 不具有增加或递减的趋势，估计的协方差 $\hat{\sigma}_{xy}=0$，表示两者不相关或者非线性相关。

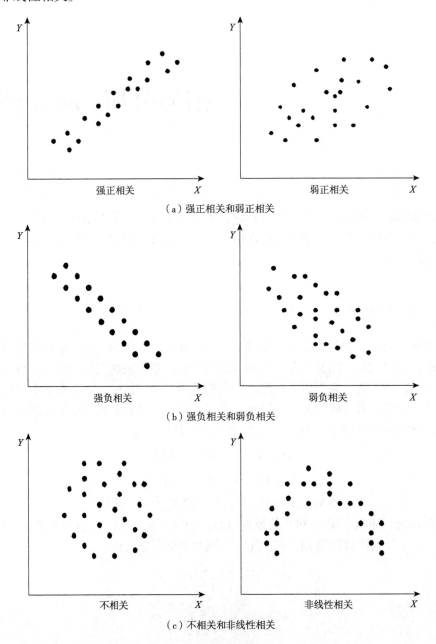

（a）强正相关和弱正相关

（b）强负相关和弱负相关

（c）不相关和非线性相关

图 4.1　散点图

因此，X 和 Y 的相关系数（correlation coefficient）定义为

$$\rho = \frac{\sigma_{xy}}{\sigma_x \sigma_y} \tag{4.7}$$

它反映的是两变量之间的线性相关程度，表现为一个常数。而它的估计值，定义为

$$r = \frac{\hat{\sigma}_{xy}}{\hat{\sigma}_x \hat{\sigma}_y} = \frac{\sum\limits_{i=1}^{n}(x_i - \bar{x})(y_i - \bar{y})}{\sqrt{\sum\limits_{i=1}^{n}(x_i - \bar{x})^2(y_i - \bar{y})^2}} \tag{4.8}$$

我们也称为样本相关系数。它是根据样本观测值计算的，抽取的样本不同，其具体的数值也会有所差异。容易证明，样本相关系数是 ρ 的一致估计量。

样本相关系数 r 与协方差 σ_{xy} 具有相同的符号，而且具有以下性质。

性质 4.1　r 的取值范围介于 -1~1，$r \in [-1, 1]$。

性质 4.2　在大多数情况下，$0 < |r| < 1$，即 X 与 Y 的样本观测值之间存在着一定的线性关系，当 $r > 0$ 时，X 与 Y 为正相关；当 $r < 0$ 时，X 与 Y 为负相关。$|r|$ 的数值越接近于 1，表示 X 与 Y 直线相关程度越高；反之，$|r|$ 的数值越接近于 0，表示 X 与 Y 直线相关程度越低。通常判断的标准是：$|r| < 0.3$ 称为微弱相关，$0.3 \leqslant |r| < 0.5$ 称为低度相关，$0.5 \leqslant |r| < 0.8$ 称为显著相关，$0.8 \leqslant |r| < 1$ 称为高度相关或强相关。

性质 4.3　如果 $|r| = 1$，则表明 X 与 Y 完全线性相关，当 $r = 1$ 时，称为完全正相关；而 $r = -1$ 时，称为完全负相关。

性质 4.4　r 是对变量之间线性相关关系的度量。$r = 0$ 只是表明两个变量之间不存在线性关系，它并不意味着 X 与 Y 之间不存在其他类型的关系。

性质 4.5　相关系数 r 是 X 与 Y 之间无量纲的度量。如果随机变量 X 和 Y 变换成 W 和 Z，即 $W = aX + b$，$Z = cY + d$，其中，a, b, c, d 是常数，a, c 具有相同的符号，则 X 和 Y 之间的相关系数等于 W 和 Z 之间的相关系数。

当 X 与 Y 之间不存在相关关系时，估计的 r 具有很小的绝对值。因此，我们通常根据 r 提供的信息，检验 X 与 Y 之间是否存在相关关系。由此，提出原假设 H_0 和备择假设 H_1，也就是

$$\mathrm{H}_0: \rho = 0；\quad \mathrm{H}_1: \rho \neq 0$$

构造的检验统计量为

$$t = \frac{r\sqrt{n-2}}{\sqrt{1-r^2}} \sim t(n-2) \tag{4.9}$$

这里，在 H_0 假设下，统计量 t 是服从自由度为 $(n-2)$ 的 t 分布。对于给定的显著性水平 α，当 $|t| < t_{1-\alpha/2}(n-2)$ 时，接受 H_0；当 $|t| \geqslant t_{1-\alpha/2}(n-2)$ 时，拒绝 H_0，我们可以说，X 与 Y 之间存在相关关系。

当 X 与 Y 之间存在相关关系时，也可以这样说，变量 X 可能是影响变量 Y 的一个因素。

在使用相关系数时应注意：

（1）X 和 Y 都是相互对称的随机变量。

（2）线性相关系数只反映变量间的线性相关程度，不能说明非线性相关关系。

（3）样本相关系数是总体相关系数的样本估计值，由于抽样波动，样本相关系数是

个随机变量，其统计显著性有待检验。

（4）相关系数只能反映线性相关程度，不能确定因果关系。

4.2 一元线性回归模型

当 X 和 Y 之间具有相关关系时，通常拟合为一条直线，也就是线性模型，

$$y = \alpha + \beta x + \varepsilon \tag{4.10}$$

记 (y_i, x_i)（$i = 1, 2, \cdots, n$）是 (y, x) 的 n 个观测值，则它们满足关系：

$$y_i = \alpha + \beta x_i + \varepsilon_i \tag{4.11}$$

假设 ε_i 相互独立，且 $\varepsilon_i \sim N(0, \sigma^2)$（$i = 1, 2, \cdots, n$），则称 y 与 x 服从一元线性回归模型，或一元线性正态回归模型。

这里，关于定义中的假设应注意：

（1）由于假设 ε_i 相互独立且服从 $N(0, \sigma^2)$，则 Y_i 也相互独立且服从 $N(\alpha + \beta x_i, \sigma^2)$。

（2）关于 y 与 x 的线性假设是为了数学上处理的方便，对于处理非线性模型要难得多；对于由式（4.10）和式（4.11）定义的一元线性回归模型，通常所考虑的统计推断问题是，在已知观测值 (y_i, x_i)（$i = 1, 2, \cdots, n$）的基础上，对未知参数 α, β 和 σ^2 进行估计，对 α, β 的某种假设进行检验，对 y 进行预测，等等。

4.2.1 未知参数的估计

对一组回归观测值 (y_i, x_i)（$i = 1, 2, \cdots, n$），它满足：

$$y_i = \alpha + \beta x_i + \varepsilon_i \tag{4.12}$$

最小二乘估计是寻找未知参数 (α, β) 的估计量 $(\hat{\alpha}, \hat{\beta})$ 的方法，满足式（4.13）的估计量 $(\hat{\alpha}, \hat{\beta})$ 称为 (α, β) 的最小二乘估计：

$$\sum_{i=1}^{n} (y_i - \hat{\alpha} - \hat{\beta} x_i)^2 = \min \sum_{i=1}^{n} (y_i - \alpha - \beta x_i)^2 \tag{4.13}$$

记：

$$Q(\alpha, \beta) = \sum_{i=1}^{n} (y_i - \alpha - \beta x_i)^2 \tag{4.14}$$

令

$$\frac{\partial Q}{\partial \alpha} = -2 \sum (y_i - \alpha - \beta x_i) = 0 \tag{4.15}$$

$$\frac{\partial Q}{\partial \beta} = -2 \sum (y_i - \alpha - \beta x_i) x_i = 0 \tag{4.16}$$

即：

$$n\alpha + n\bar{x}\beta = n\bar{y} \tag{4.17}$$

$$n\bar{x}\alpha + \beta \sum_{i=1}^{n} x_i^2 = \sum_{i=1}^{n} x_i y_i \tag{4.18}$$

其中，$\overline{x}=\dfrac{1}{n}\sum_{i=1}^{n}x_i$；$\overline{y}=\dfrac{1}{n}\sum_{i=1}^{n}y_i$。

解式（4.17）和式（4.18）组成的方程组，得到 α 和 β 的估计值：

$$\begin{cases} \hat{\alpha}=\overline{y}-\hat{\beta}\overline{x} \\[2ex] \hat{\beta}=\dfrac{\sum\limits_{i=1}^{n}(x_i-\overline{x})(y_i-\overline{y})}{\sum\limits_{i=1}^{n}(x_i-\overline{x})^2} \end{cases} \tag{4.19}$$

将 $\hat{\alpha},\hat{\beta}$ 代入 $E(y)=\alpha+\beta x$，得

$$\hat{y}=\hat{\alpha}+\hat{\beta}x \tag{4.20}$$

通常将式（4.20）称为 y 关于 x 的线性回归方程。

在式（4.10）中，由于 $\sigma^2=D(\varepsilon)=E(\varepsilon^2)$，可以用 $\dfrac{1}{n}\sum_{i=1}^{n}\varepsilon_i^2$ 作为 σ^2 的估计量，把 α,β 的估计值 $\hat{\alpha},\hat{\beta}$ 代入，可以得到

$$\begin{aligned} \hat{\sigma}^2 &=\frac{1}{n}\sum_{i=1}^{n}\varepsilon_i^2=\frac{1}{n}\sum_{i=1}^{n}\left(y_i-\hat{\alpha}-\hat{\beta}x_i\right)^2 \\ &=\frac{1}{n}\sum\left(y_i-\overline{y}-\hat{\beta}\overline{x}-\hat{\beta}x_i\right)^2 \\ &=\frac{1}{n}\sum_{i=1}^{n}\left(y_i-\overline{y}\right)^2-\hat{\beta}^2\left[\frac{1}{n}\sum_{i=1}^{n}\left(x_i-\overline{x}\right)^2\right] \end{aligned} \tag{4.21}$$

例 4.1： 表 4.1 给出了 12 对父子的身高的观测值，分别为 $(x_i,y_i)(i=1,2,\cdots,12)$。

（1）作 (x_i,y_i) 的散点图；

（2）求 Y 关于 X 的回归方程。

表 4.1　父、子身高数据表（单位：英寸）

序号	父亲的身高 x	儿子的身高 y
1	65	68
2	63	66
3	67	68
4	64	65
5	68	69
6	62	66
7	70	68
8	66	65
9	68	71
10	67	67
11	69	68
12	71	70

注：1 英寸=0.024 米

解：（1）图 4.2 给出了表 4.1 中数据的散点图。

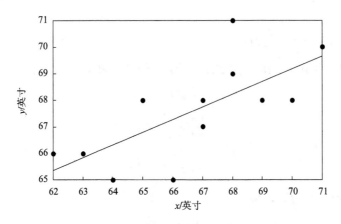

图 4.2　表 4.1 中数据的散点图

（2）把表 4.1 中的数据代入式（4.17）和式（4.18），得到

$$\begin{cases} 12\alpha + 800\beta = 811 \\ 800\alpha + 53\,418\beta = 54\,107 \end{cases} \tag{4.22}$$

解之，得到

$$\begin{cases} \hat{\alpha} = 35.8 \\ \hat{\beta} = 0.476 \end{cases} \tag{4.23}$$

由此，得到 y 关于 x 的线性回归方程：$\hat{y} = 35.8 + 0.476x$。

这个例子说明：尽管高个子的父代会有高个子的后代，但后代的增量并不与父代的增量相同。例如，若父亲身高超过祖父身高一个单位；则儿子身高超过父亲身高大约为 0.48 个单位，这一现象被称为向平常高度的回归，回归一词即源于此，最早由高登（Galton）提出。当时，高登和皮尔森研究了 1 078 个家庭，得到的线性回归方程为 $\hat{y} = 33.73 + 0.516x$，这种差异主要是样本容量造成的。

例 4.1 也可以应用 MINITAB 软件，由统计→回归→拟合线图入口，画出图 4.3，直接得到回归直线方程。

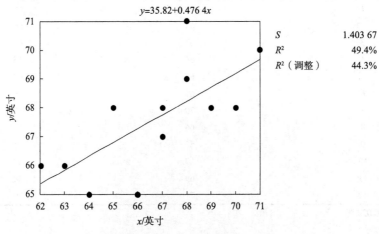

图 4.3　例 4.1 中数据的拟合线图

还可以由统计→回归→回归入口，得到的回归方程是一致的。除回归方程外，还输出了许多有用的信息，MINITAB 输出结果如下。

回归分析：y 与 x
回归方程为
$y = 35.8 + 0.476\,x$

自变量	系数	系数标准误	T	p
常量	35.82	10.18	3.52	0.006
x	0.476 4	0.152 5	3.12	0.011

$S = 1.403\,67$　　$R^2 = 49.4\%$　　R^2（调整）$= 44.3\%$

方差分析

来源	自由度	SS	MS	F	p
回归	1	19.214	19.214	9.75	0.011
残差误差	10	19.703	1.970		
合计	11	38.917			

4.2.2　回归方程中参数估计量的分布

根据式（4.19），$\hat{\beta}$ 可以化为

$$\hat{\beta} = \frac{\sum\limits_{i=1}^{n}(x_i - \bar{x})y_i}{\sum\limits_{i=1}^{n}(x_i - \bar{x})^2} = \sum\limits_{i=1}^{n}\lambda_i y_i \tag{4.24}$$

其中，$\lambda_i = \dfrac{(x_i - \bar{x})}{\sum\limits_{i=1}^{n}(x_i - \bar{x})^2}$。

由于 $y_i \sim \mathrm{N}(\alpha + \beta x_i, \sigma^2)$，$\hat{\beta}$ 服从正态分布，而且，$E(\hat{\beta}) = \sum\limits_{i=1}^{n}\lambda_i E(y_i) = \beta$，说明 $\hat{\beta}$ 是 β 的无偏估计。又因为 $\hat{\beta}$ 的方差为

$$D(\hat{\beta}) = \sum\limits_{i=1}^{n}\lambda_i^2 D(y_i) = \frac{\sigma^2}{\sum\limits_{i=1}^{n}(x_i - \bar{x})^2} \tag{4.25}$$

所以，可记为 $\hat{\beta} \sim \mathrm{N}\left(\beta, \dfrac{\sigma^2}{\sum\limits_{i=1}^{n}(x_i - \bar{x})^2}\right)$。

类似的还有：

（1）α 的估计量 $\hat{\alpha}$ 也服从正态分布，即 $\hat{\alpha} \sim \mathrm{N}\left[\alpha, \left(\dfrac{1}{n} + \dfrac{(\bar{x})^2}{\sum\limits_{i=1}^{n}(x_i - \bar{x})^2}\right)\sigma^2\right]$。

（2）当 $x = x_0$ 时，回归方程 $\hat{y}_0 = \hat{\alpha} + \hat{\beta}x_0$ 也服从正态分布，即

$$\hat{y}_0 \sim \mathrm{N}\left[\alpha + \beta x_0, \left(\frac{1}{n} + \frac{(x_0 - \overline{x})^2}{\sum\limits_{i=1}^{n}(x_i - \overline{x})^2}\right)\sigma^2\right] \quad (4.26)$$

（3）记 $(\hat{\sigma}^*)^2 = \dfrac{1}{n-2}\sum\limits_{i=1}^{n}(y_i - \hat{\alpha} - \hat{\beta}x_i)^2$，则有 $E(\hat{\sigma}^*)^2 = \sigma^2$，一般称 $(\hat{\sigma}^*)^2$ 为 σ^2 的修正估计，当 (y_i, x_i) 满足式（4.10）的假设时，则存在式（4.27），而且 $(\hat{\sigma}^*)^2$ 分别与 $\hat{\alpha}$，$\hat{\beta}$ 独立。

$$\frac{(n-2)}{\sigma^2}(\hat{\sigma}^*)^2 \sim \chi^2(n-2) \quad (4.27)$$

4.2.3 回归方程的显著性检验

对于给定的一组回归观测值，当它们之间存在线性关系时，可按照参数估计的方法，得到一元线性回归方程。需要说明的是，即使两者不具备这种关系，也能按照参数估计的方式，求出一个直线方程，因此，严格来讲，需要对有关假设进行检验。

检验一元线性回归模型是否成立，一般需要检验：

（1）在给定 x 的情况下，y 是否服从正态分布且方差相等；

（2）对于给定的范围，y 的期望 $E(y)$ 是否是 x 的线性函数；

（3）$y_1, y_2, \cdots, y_n$ 是否相互独立。

下面将利用方差分析的方法，检验两个变量间是否存在线性相关关系。假设对于给出的 n 个 y 的观测值，先求出其总的波动，用 $\mathrm{SS_T}$ 表示总偏差平方和：

$$\mathrm{SS_T} = \sum_{i=1}^{n}(y_i - \overline{y})^2 \quad (4.28)$$

其中，$\overline{y} = \dfrac{1}{n}\sum\limits_{i=1}^{n}y_i$。

造成这种波动的原因有两个方面：一是由于自变量 x 取值不同，当变量 y 与 x 线性相关时，x 的变化会引起 y 的变化，即回归分析的效应；另一个是各实测值 y 与预测值 $\hat{y}$ 之间的差别，即随机误差。我们可以用回归平方和 $\mathrm{SS_R}$ 与残差平方和 $\mathrm{SS_E}$ 分别表示由这两个原因引起的数据波动：

$$\mathrm{SS_R} = \sum_{i=1}^{n}(\hat{y}_i - \overline{y})^2 \quad (4.29)$$

$$\mathrm{SS_E} = \sum_{i=1}^{n}(y_i - \hat{y}_i)^2 \quad (4.30)$$

根据平方和分解公式，以及自由度分解公式：

$$\mathrm{SS_T} = \mathrm{SS_R} + \mathrm{SS_E} \quad (4.31)$$

$$\mathrm{df_T} = \mathrm{df_R} + \mathrm{df_E} \quad (4.32)$$

其中，$\mathrm{df_T} = n-1$；$\mathrm{df_R} = 1$（自变量个数）。

如同方差分析一样，计算 F 比：

$$F = (\mathrm{SS_R} / \mathrm{df_R}) / (\mathrm{SS_E} / \mathrm{df_E}) \qquad (4.33)$$

对于给定的显著性水平 α，当 $F > F_{1-\alpha}(\mathrm{df_R}, \mathrm{df_E})$ 时，认为回归方程是有意义的。

续例 4.1： 下面我们利用 MINITAB 软件对回归方程的显著性进行检验。这里，$p < 0.05$，因此，可以认为回归方程是有意义的。MINITAB 输出结果如下。

方差分析					
来源	自由度	SS	MS	F	p
回归	1	19.214	19.214	9.75	0.011
残差误差	10	19.703	1.970		
合计	11	38.917			

4.2.4　利用回归方程做预测

当求得了回归方程 $\hat{y} = \hat{\alpha} + \hat{\beta}x$，并经检验确认回归方程是显著的后，则可以用回归方程进行预测。

所谓预测是指当 $x = x_0$ 时，对相应的 y 的取值 y_0 所做的推断。由于 y 是随机变量，其实际取值是无法准确预测的，我们只能对其平均取值做出估计，这便称为 y 的预测值。显然，如果 $x = x_0$，那么 y 的预测值的估计值为

$$\hat{y}_0 = \hat{\alpha} + \hat{\beta}x_0 \qquad (4.34)$$

方程中的系数是由样本估计出来的，因此系数本身就有波动性，这导致估计值 $\hat{y}_0$ 也具有波动性，即 y_0 真正的理论上的预测值与 $\hat{y}_0$ 就可能有偏离，再加上模型中本来就假设 y 具有围绕其均值波动的随机性，为了得到 y_0 的预测值，我们要求这种绝对偏差 $|y_0 - \hat{y}_0|$ 不超过某个 δ 的概率为 $1-\alpha$，其中，α 是事先给定的一个比较小的数 $(0 < \alpha < 1)$，即

$$p\left(|y_0 - \hat{y}_0| \leqslant \delta\right) = 1 - \alpha \qquad (4.35)$$

或

$$p\left(\hat{y}_0 - \delta \leqslant y_0 \leqslant \hat{y}_0 + \delta\right) = 1 - \alpha \qquad (4.36)$$

$(\hat{y}_0 - \delta, \hat{y}_0 + \delta)$ 称为 y_0 的概率为 $1-\alpha$ 的置信区间。其中，δ 的表达式为

$$\delta = \delta(x_0) = t_{1-\frac{\alpha}{2}}(n-2)\hat{\sigma}\sqrt{1 + \frac{1}{n} + \frac{(x_0 - \bar{x})^2}{\sum_{i=1}^{n}(x_i - \bar{x})^2}} \qquad (4.37)$$

其中，$\hat{\sigma} = \sqrt{\mathrm{SS_E}/(n-2)}$；$\mathrm{SS_E} = \sum_{i=1}^{n}(y_i - \hat{y}_i)^2$。于是，在 $x = x_0$ 处，y_0 的置信下限、置信上限分别为 $y_1(x_0) = \hat{y}_0 - \delta(x_0)$，$y_2(x_0) = \hat{y}_0 + \delta(x_0)$。

预测区间的长度 2δ 与样本量 n、x 的偏差平方和以及 x_0 到 $\bar{x}$ 的距离 $|x_0 - \bar{x}|$ 有关，x_0 越远离 $\bar{x}$，预测精度就越差。当 x_0 位于所有自变量观测区间之外时，预测精度可能变得很差，这种情况下做外推需要特别小心。

图 4.4 给出在不同 x 值处预测区间的示意图：在 $x = \bar{x}$ 处预测区间最短，随着离 $\bar{x}$ 的距离越来越远，预测区间越来越宽，其图形呈喇叭状。

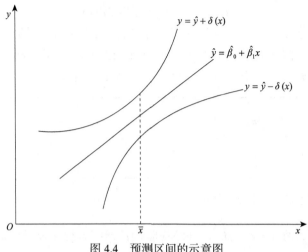

图 4.4　预测区间的示意图

当 n 较大时（如 $n > 30$），t 分布可以用正态分布来近似，若 x_0 与 $\bar{x}$ 相差不大，δ 可以近似取为

$$\delta \approx \hat{\sigma} Z_{1-\frac{\alpha}{2}} \qquad (4.38)$$

其中，$Z_{1-\frac{\alpha}{2}}$ 是标准正态分布的 $1-\dfrac{\alpha}{2}$ 分位数。

续例 4.1：用手工方法计算预测区间。如果取 $x_0 = 65.5$ 英寸，则得预测值为

$$\hat{y}_0 = 35.8 + 0.476 \times 65.5 = 66.98 \qquad (4.39)$$

求概率为 $1-\alpha$ 的预测区间：

（1）σ 的估计 $s = 1.40$。

（2）由给定的 α，查附表 2 的分位数 $t_{1-\frac{\alpha}{2}}$，如取 $\alpha = 0.05$，则 $t_{0.975} = 2.228$。

（3）按公式计算 δ 的值：

$$\delta(65.5) = 2.228 \times 1.40 \times \sqrt{1 + \frac{1}{12} + \frac{(65.5 - 800/12)^2}{84.67}} \approx 3.271$$

（4）写出预测区间 $(\hat{y}_0 - \delta, \hat{y}_0 + \delta)$，例 4.1 中为（63.71，70.25）。

如果希望计算预测区间，需要从统计 → 回归 → 回归入口。此窗口对于任意多个自变量都可以使用，输出的信息也更全面，缺点是没有图形的输出。为了对新自变量值进行预测，只要在"选项"窗口内填入自变量值 65.5，即可得到 MINITAB 输出结果，具体如下。

新观测值的预测值				
新观	拟合值			
测值 拟合值	标准误	95% 置信区间		95% 预测区间
1　67.028	0.443	（66.041，68.014）		（63.748，70.307）
新观测值的自变量值				
新观				
测值 x				
1　65.5				

在计算机显示的结果中单个观测值的置信区间用预测区间表示。另一个置信区间考虑的是，由于回归方程中的系数也是用样本观测值估计出来的，故系数是有波动的，因此在回归线上的点的值也会随之波动，预测的在该点处的理论均值也会有波动。

4.2.5　残差分析：证实模型假定

尽管通过回归方程的上述统计检验，可以获得有关 x 与 y 的信息，但仍然不能确定设定的回归模型是否与数据拟合得很好。为了确认拟合效果，必须采用残差分析法来进行诊断。定义在 x_i 处的残差 r_i 是因变量的观测值（y_i）与因变量的估计值（$\hat{y}_i$）之差，即 $r_i = y_i - \hat{y}_i$。也就是，x_i 处的残差是利用估计的回归方程去预测 y_i 而引起的误差。对例 4.1，残差的计算在表 4.2 中，因变量的观测值在第 2 列，利用估计的回归方程：$y = 35.8 + 0.476x$ 得到因变量的估计值在第 3 列，对应的残差在第 4 列。对这些残差进行分析将有助于确定回归模型做出的假定是否成立。

表 4.2　例 4.1 的残差（单位：英寸）

父亲的身高 x_i	儿子的身高 y_i	估计的儿子身高 $\hat{y}_i = 35.8 + 0.476x_i$	残差 $y_i - \hat{y}_i$
65	68	67	1
63	66	66	0
67	68	68	0
64	65	66	−1
68	69	68	1
62	66	65	1
70	68	69	−1
66	65	67	−2
68	71	68	3
67	67	68	−1
69	68	69	−1
71	70	70	0

现在让我们重温一下回归假定。假设简单线性回归模型为

$$y = \alpha + \beta x + \varepsilon \tag{4.40}$$

这个模型表示，我们假定儿子的身高 y 是父亲的身高 x 的一个线性函数加上一个随机误差项 ε。并对误差项 ε 做下列假设：

（1）ε 的均值为 0，即 $E(\varepsilon) = 0$。

（2）对所有的 x 值，ε 的方差 σ^2 恒定，即 $D(\varepsilon) = \sigma^2$。

（3）ε 的观测值是相互独立的。

（4）随机误差 ε 服从正态分布，即 $\varepsilon \sim N(0, \sigma^2)$。

我们之所以能够利用 t 检验和 F 检验去确定 x 与 y 之间的关系是否显著，并得出置

信区间估计和预测区间估计，其理论上的依据皆来源于上述关于随机误差 ε 的 4 项基本假定。如果关于误差 ε 的假定不成立，有关回归关系的显著性假设检验和区间估计的结果也会随之消失。

对于残差的诊断都可以通过对残差图的分析来进行。所谓残差图，其纵坐标总是残差，而横轴可能取不同的值，可以是观测时间，可以是响应变量预测值，也可以是自变量的取值。在对残差图的结果进行解释之前，我们首先考虑在任意一个残差图中可能观测到的正常形状。如果假定对所有的 x 值，ε 的方差都是相同的，并且假定描述变量 x 和 y 之间关系的回归模型是合理的，那么残差图给出的一个总印象就是，所有的散点都应随机地落在一条以 0 为中心的水平带中间。如果不是这样，就意味着有问题。学习的重点不是如何画这些图，而是如何分析这些图，下面详细介绍具体如何分析这些图。

（1）关于按观测顺序的残差图。这种残差图是用水平轴表示观测顺序，用纵轴表示对应的残差值。这些残差点应在横轴（即残差为 0）上下随机波动，不应有任何上升、下降、摆动、跳跃等趋势。如果有某种趋势存在，则说明数据观测过程中受到某个未知因素的强大影响，应该找出此因素并加以控制，如图 4.5（d）所示。

（2）关于因变量的预测值 $\hat{y}$ 的残差图。这种残差图是在水平轴上表示因变量的预测值 $\hat{y}$，在纵轴上表示残差值。每个残差用图上的一个点来表示。每个点的横坐标由 $\hat{y}_i$ 给出，纵坐标由对应的第 i 个残差值 $y_i - \hat{y}_i$ 给出。对于例 4.1，利用表 4.2 的数据，对应 $\hat{y}_1 = 67$ 和 $y_1 - \hat{y}_1 = 1$，第一个点的坐标是（67，1）；对应 $\hat{y}_2 = 66$ 和 $y_2 - \hat{y}_2 = 0$，第 2 个点的坐标是（66，0）；等等，同样计算可以得到整个残差图［图 4.5（b）］。我们假定残差的标准差是个常数，它不随预测值的变化而变化，因此这个残差图上的点应该分布在一条水平的带子中。如果在图中有明显的"喇叭口"形状，即表明残差的标准差不是常数，而是随预测值变化的，这提示我们原来的模型假定可能有问题。如果有"喇叭口"的形状，可以通过对 Y 做变换加以解决。在图 4.5（b）中没有发现任何不正常之处。

（3）残差的正态性检验。残差应该服从正态分布，我们对此可以加以检验。一方面我们可以画出残差的直方图［图 4.5（c）］，也可以将残差画在正态概率纸上［图 4.5（a）］。在图 4.5（c）中没有发现任何不正常之处。如果对正态性有怀疑，可以直接对残差数据进行正态性检验。

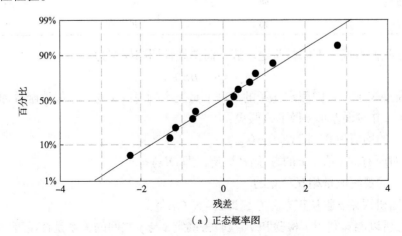

（a）正态概率图

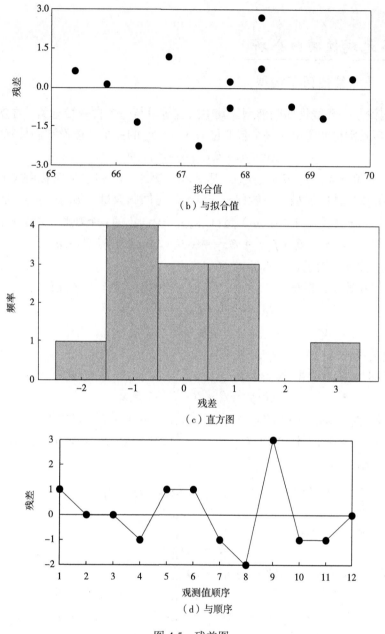

图 4.5 残差图

因此我们的结论是，残差图并没有提供足够的证据，使我们对例 4.1 的回归模型所做的假设表示怀疑。这使我们在最后能够确信，例 4.1 的简单线性回归模型是合理的。

4.3　多元线性回归分析

4.3.1　多元线性回归模型

4.2 节讨论了一元线性回归模型，其中因变量只与一个自变量有关。在实际问题中，遇到的问题多是随机变量 y 与多个自变量 $x_1, x_2, \cdots, x_m$ 的关系，假设它们具有线性关系：

$$y = \beta_0 + \beta_1 x_1 + \cdots + \beta_m x_m + \varepsilon \tag{4.41}$$

这里 $\varepsilon \sim N(0, \sigma^2)$，$\beta_0, \beta_1, \cdots, \beta_m, \sigma^2$ 都是未知参数，$m > 1$。通常称由式（4.41）定义的模型为多元线性回归模型，一般称 $x_1, x_2, \cdots, x_m$ 是回归变量，$\beta_0, \beta_1, \cdots, \beta_m$ 是回归系数，设 $(x_{i1}, x_{i2}, \cdots, x_{im}, y_i)^T$（$i = 1, 2, \cdots, n$）是 $(x_1, x_2, \cdots, x_m, y)^T$ 的 n 个观测，则它们满足关系：

$$y_i = \beta_0 + \beta_1 x_{i1} + \beta_2 x_{i2} + \cdots \beta_m x_{im} + \varepsilon_i, \quad i = 1, 2, \cdots, n \tag{4.42}$$

其中，ε_i 相互独立并满足 $\varepsilon_i \sim N(0, \sigma^2)$（$i = 1, 2, \cdots, n$）。

因为 ε_i 相互独立，根据式（4.41）可知，y_i 也相互独立，并且有

$$E(y_i) = \beta_0 + \beta_1 x_{i1} + \cdots + \beta_m x_{im} \tag{4.43}$$

$$D(y_i) = \sigma^2 \tag{4.44}$$

则有 $y_i \sim N(\beta_0 + \beta_1 x_{i1} + \cdots + \beta_m x_{im}, \sigma^2)$，$i = 1, 2, \cdots, n$。

对式（4.41）求数学期望，得到

$$E(y) = \beta_0 + \beta_1 x_1 + \cdots + \beta_m x_m \tag{4.45}$$

通常称 $\hat{y} = \beta_0 + \beta_1 x_1 + \cdots + \beta_m x_m$ 为 y 关于 $(x_1, x_2, \cdots, x_m)^T$ 的线性回归方程。为了讨论方便，我们引入向量、矩阵记号。令 $\boldsymbol{Y} = (y_1, y_2, \cdots, y_n)^T$，$\boldsymbol{\beta} = (\beta_0, \beta_1, \cdots, \beta_m)^T$，$\boldsymbol{\varepsilon} = (\varepsilon_1, \varepsilon_2, \cdots, \varepsilon_n)^T$，

$$\boldsymbol{X} = \begin{bmatrix} 1 & x_{11} & x_{12} & \cdots & x_{1m} \\ 1 & x_{21} & x_{22} & \cdots & x_{2m} \\ \vdots & \vdots & \vdots & & \vdots \\ 1 & x_{n1} & x_{n2} & \cdots & x_{nm} \end{bmatrix}$$。则式（4.42）的矩阵表达式为

$$\boldsymbol{Y} = \boldsymbol{X\beta} + \boldsymbol{\varepsilon} \tag{4.46}$$

且 $E[\boldsymbol{Y}] = \boldsymbol{X\beta}$，$\mathrm{cov}(\boldsymbol{Y}, \boldsymbol{Y}) = E(\boldsymbol{Y} - E\boldsymbol{Y})(\boldsymbol{Y} - E\boldsymbol{Y})^T = \sigma^2 \boldsymbol{I}_n$。

这里 $\boldsymbol{I}_n$ 表示 n 阶单位矩阵，对于式（4.41）给出的 m 元线性回归模型，通常需要考虑的问题是，给出未知参数 $\boldsymbol{\beta}$ 和 σ^2 的估计，对 $\boldsymbol{\beta}$ 的某种假设进行检验，对 $\boldsymbol{Y}$ 进行预测，等等，在后序的讨论中，总是假定 $n > m$，并且矩阵 $\boldsymbol{X}$ 的秩等于 $m + 1$。

4.3.2　参数的估计及其性质

对于式（4.42），通常采用最小二乘估计法寻求 $\boldsymbol{\beta}$ 的估计量 $\hat{\boldsymbol{\beta}}$，也就是使 $\boldsymbol{\beta}$ 的估计量 $\hat{\boldsymbol{\beta}}$ 满足下面的条件：

$$\sum_{i=1}^{n} \left(y_i - \sum_{j=0}^{m} x_{ij} \hat{\beta}_j \right)^2 = \min \sum_{i=1}^{n} \left(y_i - \sum_{j=0}^{m} x_{ij} \beta_j \right)^2$$

其中，$x_{i0}=1$（$i=1,2,\cdots,n$），或可写成矩阵形式$\left\|\boldsymbol{Y}-\boldsymbol{X}\hat{\boldsymbol{\beta}}\right\|^2=\min\left\|\boldsymbol{Y}-\boldsymbol{X}\boldsymbol{\beta}\right\|^2$，一般采用微分法，求得$\boldsymbol{\beta}$的估计量$\hat{\boldsymbol{\beta}}$，即

$$\sum_{i=1}^n\left(y_i-\sum_{j=0}^m x_{ij}\hat{\beta}_j\right)x_{ik}=0\quad（k=0,1,\cdots,m）$$

若用矩阵表示，上述方程组可表示为正则方程：

$$(\boldsymbol{X}^{\mathrm{T}}\boldsymbol{X})\hat{\boldsymbol{\beta}}=\boldsymbol{X}^{\mathrm{T}}\boldsymbol{Y} \tag{4.47}$$

由于假设了$\boldsymbol{X}$的秩为$m+1$，$\boldsymbol{X}^{\mathrm{T}}\boldsymbol{X}$是正定矩阵，得到

$$\hat{\boldsymbol{\beta}}=(\boldsymbol{X}^{\mathrm{T}}\boldsymbol{X})^{-1}\boldsymbol{X}^{\mathrm{T}}\boldsymbol{Y} \tag{4.48}$$

将$\hat{\boldsymbol{\beta}}$代入线性回归方程，则

$$\hat{y}=\hat{\beta}_0+\hat{\beta}_1 x_1+\cdots+\hat{\beta}_m x_m \tag{4.49}$$

式（4.49）亦称线性回归方程。以此为基础，可对y进行预测。

类似于一元线性回归模型对σ^2的讨论，可用统计量$\hat{\sigma}^2$作为σ^2的估计值。

$$\hat{\sigma}^2=\frac{1}{n-m-1}\sum_{i=1}^n\left(y_i-\sum_{j=0}^m x_{ij}\hat{\beta}_j\right)^2 \tag{4.50}$$

式（4.50）也可以用矩阵的形式表示，即

$$\begin{aligned}\hat{\sigma}^2&=\frac{1}{n-m-1}\left(\boldsymbol{Y}-\boldsymbol{X}\hat{\boldsymbol{\beta}}\right)^{\mathrm{T}}\left(\boldsymbol{Y}-\boldsymbol{X}\hat{\boldsymbol{\beta}}\right)\\&=\frac{1}{n-m-1}\left[\boldsymbol{Y}^{\mathrm{T}}\boldsymbol{Y}-\hat{\boldsymbol{\beta}}^{\mathrm{T}}\left(\boldsymbol{X}^{\mathrm{T}}\boldsymbol{Y}\right)\right]\end{aligned} \tag{4.51}$$

一般来说，对于给定的一组观测数据，代入$\hat{\boldsymbol{\beta}}=(\boldsymbol{X}^{\mathrm{T}}\boldsymbol{X})^{-1}\boldsymbol{X}^{\mathrm{T}}\boldsymbol{Y}$，就可得到线性回归方程$\hat{y}=\hat{\beta}_0+\hat{\beta}_1 x_1+\cdots+\hat{\beta}_m x_m$，即使$y$与回归变量$(x_1,x_2,\cdots,x_m)^{\mathrm{T}}$不具有线性关系，形式上也可以得到线性回归方程，因此，必须对回归系数做类似于一元情形的假设检验。下面首先介绍估计量的有关性质：

性质 4.6：$\hat{\boldsymbol{\beta}}$是$\boldsymbol{Y}$的线性函数，服从$m+1$维正态分布，其均值$E\left[\hat{\boldsymbol{\beta}}\right]=\boldsymbol{\beta}$，协方差矩阵为$\sigma^2(\boldsymbol{X}^{\mathrm{T}}\boldsymbol{X})^{-1}$。

性质 4.7　$\hat{\boldsymbol{\beta}}$是$\boldsymbol{\beta}$的最小方差线性无偏估计。

性质 4.8　记残差向量$\tilde{\boldsymbol{Y}}=\boldsymbol{Y}-\boldsymbol{X}\hat{\boldsymbol{\beta}}$，则$\tilde{\boldsymbol{Y}}$与$\hat{\boldsymbol{\beta}}$互不相关。

性质 4.9　对于残差向量$\tilde{\boldsymbol{Y}}$，满足$E[\tilde{\boldsymbol{Y}}]=\boldsymbol{0}$，$\mathrm{cov}(\tilde{\boldsymbol{Y}},\tilde{\boldsymbol{Y}})=\sigma^2\left[\boldsymbol{I}_n-\boldsymbol{X}(\boldsymbol{X}^{\mathrm{T}}\boldsymbol{X})^{-1}\boldsymbol{X}^{\mathrm{T}}\right]$。

性质 4.10　若$(x_{i1},x_{i2},\cdots,x_{im},y_i)^{\mathrm{T}}$$(i=1,2,\cdots,n)$满足式（4.42）关系，则有$\boldsymbol{\beta}$与$\tilde{\boldsymbol{Y}}$相互独立，且服从正态分布；估计量$\hat{\boldsymbol{\beta}}$和$\hat{\sigma}^2$相互独立；$(n-m-1)\hat{\sigma}^2/\sigma^2\sim\chi^2(n-m-1)$。特别地，若记$\boldsymbol{Q}=\boldsymbol{Y}^{\mathrm{T}}\left[\boldsymbol{I}_n-\boldsymbol{X}(\boldsymbol{X}^{\mathrm{T}}\boldsymbol{X})^{-1}\boldsymbol{X}^{\mathrm{T}}\right]\boldsymbol{Y}$，则$\boldsymbol{Q}/\sigma^2$与$\left\|\boldsymbol{X}\hat{\boldsymbol{\beta}}-\boldsymbol{X}\boldsymbol{\beta}\right\|^2\!\Big/\sigma^2$相互独立，而且满足$\left\|\boldsymbol{X}\hat{\boldsymbol{\beta}}-\boldsymbol{X}\boldsymbol{\beta}\right\|^2\!\Big/\sigma^2\sim\chi^2(m+1)$。

4.3.3 回归系数及回归方程的显著性检验

所谓回归系数的显著性检验，就是检验假设 $H_0 : \beta_j = 0$，$H_1 : \beta_j \neq 0$（$j = 1, 2, \cdots, m$）是否成立。

若某一系数（如 β_j）等于零，则变量 x_j 对 y 就没有显著的线性关系，一般在拟合回归方程中可暂时将其去掉。由于 $\hat{\beta}_j$ 是 β_j 的无偏估计，$D(\hat{\beta}_j) = c_{jj}\sigma^2$，这里 c_{jj} 是 $C = (X^T X)^{-1}$ 的主对角线上的第 $j+1$ 个元素，即 $\hat{\beta}_j \sim N(\beta_j, c_{jj}\sigma^2)$，也就是

$$\frac{\hat{\beta}_j - \beta_j}{\sqrt{c_{jj}}\sigma} \sim N(0,1) \tag{4.52}$$

而 $Q/\sigma^2 \sim \chi^2(n-m-1)$，且 Q 与 $\hat{\beta}_j$ 相互独立，因此，在 H_0 成立的条件下，有 $T_j = \dfrac{\hat{\beta}_j}{\sqrt{c_{jj}Q/(n-m-1)}} \sim t(n-m-1)$。据此，可对回归系数的显著性进行检验。同样的，对于回归方程的显著性，也可以进行检验：

$$H_1 : \text{至少有一个 } \beta_j \neq 0 \,(j = 0, 1, \cdots, m)$$

令 $\bar{y} = \dfrac{1}{n}\sum_{i=1}^{n} y_i$，$Q_A = \sum_{i=1}^{n}(y_i - \hat{y}_i)^2$，$Q_B = \sum_{i=1}^{n}(\hat{y}_i - \bar{y})^2$，$Q_T = \sum_{i=1}^{n}(y_i - \bar{y})^2$，可以得到

$$Q_T = Q_A + Q_B \tag{4.53}$$

在 H_0 成立的条件下，$Q_A/\sigma^2 \sim \chi^2(n-m-1)$，$Q_B/\sigma^2 \sim \chi^2(m)$，而且 Q_A 与 Q_B 相互独立，这样就可以得到检验多元回归方程显著性的检验统计量：

$$F = \frac{Q_B/\sigma^2 m}{Q_A/\sigma^2 (n-m-1)} = \frac{Q_A(n-m-1)}{Q_B m} \sim F(m, n-m-1) \tag{4.54}$$

对于给定的显著性水平 α，可查附表 4 $F_\alpha(m, n-m-1)$，进而做出接受或者拒绝 H_0 的决定。

例 4.2： 某工厂研究如何提高焊接过程的拉拔力问题。根据过去的经验知道，拉拔力可能与烘烤温度、烘烤时间和涂抹的焊膏量有关，先从过程中收集 20 批数据，列入表 4.3。试建立拉拔力与各因素的回归模型，并检验回归模型的显著性。

表 4.3 拉拔力数据记录

编号	常数	温度 x_1	时间 x_2	焊膏量 x_3	拉拔力 y
1	1	120	5	5.6	64.7
2	1	120	4	4.9	61.0
3	1	122	5	4.5	59.8
4	1	122	5	4.5	58.3
5	1	124	3	3.8	57.6
6	1	124	3	5.8	66.7
7	1	126	4	5.8	67.6
8	1	126	5	4.0	58.0
9	1	128	3	5.1	66.3
10	1	128	3	4.1	60.0
11	1	130	5	5.2	66.8

续表

编号	常数	温度 x_1	时间 x_2	焊膏量 x_3	拉拔力 y
12	1	130	4	4.2	62.2
13	1	132	3	4.4	61.7
14	1	132	4	6.6	70.1
15	1	134	4	4.6	62.8
16	1	134	3	5.5	67.5
17	1	136	4	6.1	72.2
18	1	136	5	4.5	62.8
19	1	138	4	5.0	66.1
20	1	138	3	6.7	72.8

这里存在三个自变量,因此这是一个多元回归问题,应首先建立多元线性回归模型。

使用 MINITAB 软件:从统计→回归→回归入口,可得到拉拔力 y 对于 x_1,x_2 和 x_3 三个自变量的回归方程。其结果汇总如下:

$$拉拔力\ y = 12.2 + 0.238x_1 - 0.262x_2 + 4.42x_3$$

从回归系数的检验中可以看出,温度和焊膏量的效应是显著的(p 值为 0.000),而时间的效应是不显著的(p 值为 0.440)。

从方差分析表中的 p 值来看,它几乎为 0,应拒绝原假设,即认为回归的总效果是显著的。回归模型显著性的度量指标:从 R^2 =94.7%, R^2 (调整)=93.7%来看,二者很接近,模型可以接受。

MINITAB 输出结果如下所示。

```
回归分析:拉拔力与温度,时间,焊膏量
回归方程为
拉拔力 = 12.2 + 0.238 温度 − 0.262 时间 + 4.42 焊膏量
```

自变量	系数	系数标准误	T	p
常量	12.239	6.396	1.91	0.074
温度	0.238 40	0.047 85	4.98	0.000
时间	−0.261 6	0.330 1	−0.79	0.440
焊膏量	4.418 3	0.325 2	13.59	0.000

$S = 1.146\ 18$ R^2 = 94.7% R^2 (调整) = 93.7%

方差分析

来源	自由度	SS	MS	F	p
回归	3	373.65	124.55	94.81	0.000
残差误差	16	21.02	1.31		
合计	19	394.67			

来源	自由度	Seq SS
温度	1	126.02
时间	1	5.14
焊膏量	1	242.49

从残差的四合一图(图 4.6)中,可以粗略地得出:残差的正态概率图上,数据点基本在一条直线上,即可以认为残差服从正态分布;残差与拟合值图中,未看见《喇叭口》形状分布,说明线性模型是可以接受的;残差的直方图也显示了残差的正态性;残差与数据顺序图也呈现出随机分布。

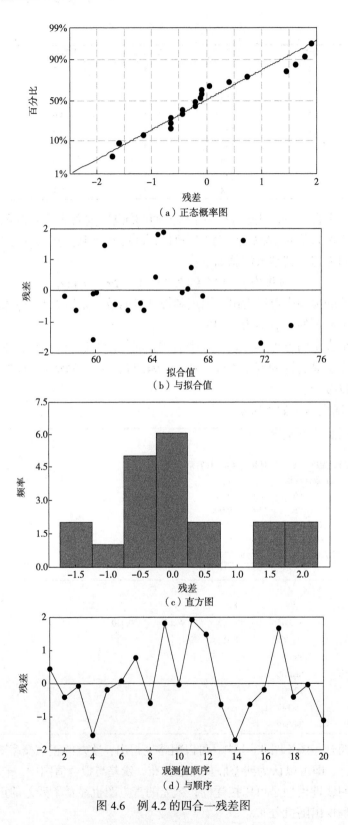

（a）正态概率图

（b）与拟合值

（c）直方图

（d）与顺序

图 4.6 例 4.2 的四合一残差图

图 4.7~图 4.9 分别展示了残差对温度、时间和焊膏量的散点图。

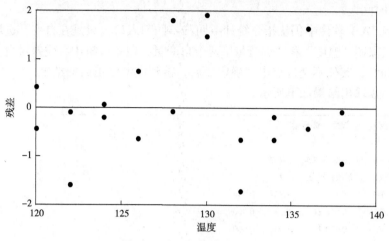

图 4.7　残差对温度的散点图

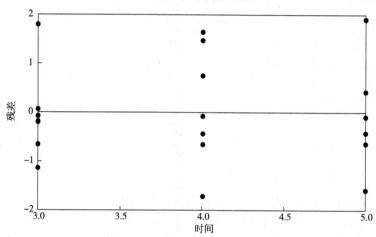

图 4.8　残差对时间的散点图

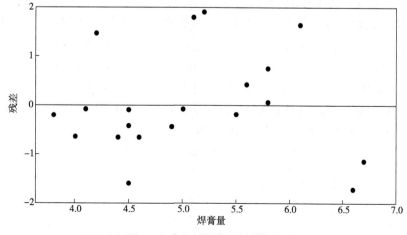

图 4.9　残差对焊膏量的散点图

经过上述分析可以认为，设定的线性模型是可以接受的，只是应该从方程中删除不显著变量"时间"。

在 MINITAB 软件中仍从指令统计→回归→回归入口，只是在自变量选取时，删去"时间"，只保留"温度"和"焊膏量"两个自变量，残差分析中，残差对自变量的图中也删去"时间"，其他不变。点击"确定"后，得到模型修正后的结果。

MINITAB 输出结果如下所示。

回归分析：拉拔力 与 温度，焊膏量

回归方程为

拉拔力 $= 10.0 + 0.247$ 温度 $+ 4.44$ 焊膏量

自变量	系数	系数标准误	T	p
常量	10.041	5.700	1.76	0.096
温度	0.246 56	0.046 21	5.34	0.000
焊膏量	4.440 6	0.320 4	13.86	0.000

$S = 1.133\,57$ $R^2 = 94.5\%$ R^2（调整）$= 93.8\%$

方差分析

来源	自由度	SS	MS	F	p
回归	2	372.83	186.41	145.07	0.000
残差误差	17	21.84	1.28		
合计	19	394.67			

来源	自由度	Seq SS
温度	1	126.02
焊膏量	1	246.80

对模型修正后输出结果的解释：

（1）由回归方程显著性检验结果（方差分析输出表）可知，p 值 $= 0 < \alpha = 0.05$，说明在显著性水平 $\alpha = 0.05$ 下，回归方程总效应是显著的。

（2）从回归系数检验输出来看，自变量"温度""焊膏量"的 p 值都小于 $\alpha = 0.05$，说明这两个因子均为显著因子。

（3）决定系数 R^2 为 94.5%，说明自变量可以解释响应变量即拉拔力 y 中 94.5%的变异，而修正的 R^2（调整）为 93.8%，与 R^2 更接近 [原来是 $R^2 = 94.7\%$，R^2（调整）$= 93.7\%$]，这是淘汰"时间"之后的结果（虽然 R^2 值稍有降低）。特别是由原来的 $S = 1.141\,618$ 降到 $S = 1.133\,57$，说明选取两个变量比保留全部三个自变量效果更好。

（4）对模型修正后输出残差图的解释与原来一样，所有图都是正常的（这里从略）。

综上所述，我们可以得到修正后的模型为

$$\text{拉拔力} = 10.0 + 0.247\,\text{温度} + 4.44\,\text{焊膏量}$$

4.3.4 多元线性回归方程的选择

1. 一般的多元线性回归

这里主要是考虑自变量之间可能存在相关性的情况下可能出现的问题。下面这组数据是著名统计学家 Hald 于 1952 年给出的。

例 4.3：某种水泥在凝固时释放出的热量 y（卡/克）与水泥中四种化学成分物质 x_1, x_2, x_3, x_4 的含量有关。现记录了 13 组数据，列入表 4.4 中，试建立热量 y 与化学成分之间的回归模型。

表 4.4 不同成分组合水泥凝固时散热量数据记录

编号	常数	x_1	x_2	x_3	x_4	散热量 y
1	1	7	26	6	60	78.5
2	1	1	29	15	52	74.3
3	1	11	56	8	20	104.3
4	1	11	31	8	47	87.6
5	1	7	52	6	33	95.9
6	1	11	55	9	22	109.2
7	1	3	71	17	6	102.7
8	1	1	31	22	44	72.5
9	1	2	54	18	22	93.1
10	1	21	47	4	26	115.9
11	1	1	40	23	34	83.8
12	1	11	66	9	12	113.3
13	1	10	68	8	12	109.4

若采用一般的多元回归分析，可使用 MINITAB 建立模型。从统计→回归→回归入口，MINITAB 输出结果如下所示。

回归分析：散热量与 x_1, x_2, x_3, x_4
回归方程为
散热量 $= 62.4 + 1.55\,x_1 + 0.510\,x_2 + 0.102\,x_3 - 0.144\,x_4$

自变量	系数	系数标准误	T	p
常量	62.41	70.07	0.89	0.399
x_1	1.551 1	0.744 8	2.08	0.071
x_2	0.510 2	0.723 8	0.70	0.501
x_3	0.101 9	0.754 7	0.14	0.896
x_4	$-0.144\,1$	0.709 1	-0.20	0.844

$S = 2.446\,01$ $R^2 = 98.2\%$ R^2（调整）$= 97.4\%$

方差分析

来源	自由度	SS	MS	F	p
回归	4	2 667.90	666.97	111.48	0.000
残差误差	8	47.86	5.98		
合计	12	2 715.76			

来源	自由度	Seq SS
x_1	1	1 450.08
x_2	1	1 207.78
x_3	1	9.79
x_4	1	0.25

从回归方程显著性检验结果（方差分析表）来看，$p=0<\alpha=0.05$，说明在显著性水平 $\alpha=0.05$ 下，回归方程总效果是显著的。但在例 4.3 中，从回归系数检验输出来看，自变量 x_1,x_2,x_3,x_4 的 p 值都大于 $\alpha=0.05$，都不显著，结果是让人吃惊的。

如何解释回归总效果显著，而四个自变量没有一个是显著的这种情况呢？这牵涉到如何分析各回归变量系数检验结果的问题。在检验回归变量系数时，粗略地说就是"分辨出每个自变量对 y 是否有显著影响"；其实更准确地说是，"删除了此变量之后对于回归方程是否有重要影响"。这一点补充非常重要，当自变量间相互无关时，这两种说法几乎相同。但当自变量间密切相关时，由于某个自变量与其他几个自变量密切相关，此变量的效果可以用其他变量的效果来代替，所以删除此变量不会使方程受到多少影响，因此此变量回归系数检验相应的 p 值会较大。但删除一个自变量后，原来的各自变量回归系数检验结果会发生很大的变化，因此，不要以为凡是回归系数检验相应的 p 值较大者就一定不重要。我们不能看见 p 值大者就一起全部删除，删除一个自变量后很可能使留下的自变量的 p 值发生变化。最后的结论是，由于各自变量间可能存在相关，故对于多元回归方程，删除不显著变量时必须逐个进行。例 4.3 中的所有残差诊断分析都是正常的，这里不再全部列出。

再回顾一下对各回归系数的检验，其中最大的 p 值出现在自变量 x_3 上，修正模型时应先删去 x_3，MINITAB 输出结果如下所示。

回归分析：散热量与 x_1，x_2，x_4
回归方程为
散热量 $=71.6+1.45x_1+0.416x_2-0.237x_4$

自变量	系数	系数标准误	T	p
常量	71.65	14.14	5.07	0.001
x_1	1.4519	0.1170	12.41	0.000
x_2	0.4161	0.1856	2.24	0.052
x_4	-0.2365	0.1733	-1.37	0.205

$S=2.30874$　$R^2=98.2\%$　R^2（调整）$=97.6\%$

方差分析

来源	自由度	SS	MS	F	p
回归	3	2667.79	889.26	166.83	0.000
残差误差	9	47.97	5.33		
合计	12	2715.76			

来源	自由度	Seq SS
x_1	1	1450.08
x_2	1	1207.78
x_4	1	9.93

删去 x_3 后，x_1 的 p 值由原来的不显著（$p=0.071$）变为显著（$p=0.000$）。为什么会这样呢？原因就是自变量间是相关的，MINITAB 输出结果如下所示。

相关: x_1, x_2, x_3, x_4

	x_1	x_2	x_3
x_2	0.229		
	0.453		
x_3	−0.824	−0.139	
	0.001	0.650	
x_4	−0.245	−0.973	0.030
	0.419	0.000	0.924

以上相关分析结果说明：x_1 与 x_3，x_2 与 x_4 都高度负相关。原本 4 个变量都包含在方程中时，删除任何一个变量对整个方程影响都不大，但删除 x_3 之后，x_1 就是显著的了；同理，删去 x_4 后，x_2 就是显著的了。

在上述含 3 个自变量的方程中，总效果仍然显著，由于 x_4 的 p 值为 0.205 大于 0.05，所以应继续修正模型，删去 x_4，重复上述过程，MINITAB 输出结果如下所示。

回归分析：散热量与 x_1，x_2

回归方程为

散热量 $= 52.6 + 1.47\,x_1 + 0.662\,x_2$

自变量	系数	系数标准误	T	p
常量	52.577	2.286	23.00	0.000
x_1	1.468 3	0.121 3	12.10	0.000
x_2	0.662 25	0.045 85	14.44	0.000

$S = 2.406\ 34$　　$R^2 = 97.9\%$　　R^2（调整）$= 97.4\%$

方差分析

来源	自由度	SS	MS	F	p
回归	2	2 657.9	1 328.9	229.50	0.000
残差误差	10	57.9	5.8		
合计	12	2 715.8			

来源	自由度	Seq SS			
x_1	1	1 450.1			
x_2	1	1 207.8			

修正后的模型为

$$散热量 = 52.6 + 1.47x_1 + 0.662x_2$$

这样逐项删除的方法是人们手工进行多元回归分析必须照办的，但这样做太麻烦了。当自变量个数达到成百上千时，这几乎是无法实现的。因此就有了计算机自动筛选的逐步回归法。

2. 逐步回归法

逐步回归法的思想就是让计算机自动进行多元回归分析中的自变量筛选，逐步回归分析现在越来越广泛地被应用于各个领域。按怎样的原则和办法来实现筛选的目标呢？通常进行筛选的方法有三种。

（1）向前选择（forward selection）。这种"前进法"是逐个引入自变量。先选入对 y 影响最大者（p 值最小者），再从其余自变量中寻找影响次最大者（p 值次最小者），直到无任何变量（p 值小于指定的"选入 α 值"）可以被引入为止。在向前选择法中，自变量一旦被加入，回归模型就不再被删除。也称"只进不出"法，其优点是计算量小，缺点是可能将最优方程遗漏。

（2）向后消除（backward elimination）。这种"后退法"是一开始引入全部自变量，对于 p 值大于指定的"删除 α 值"者逐个删除，直至不能再删除为止。也称"只出不进"法，这种方法的优缺点同向前选择法。

（3）逐步（向前和向后）[stepwise（forward and backward）]。这种"逐步法"是自变量逐个引入，每引入一个自变量后，就对回归系数进行检查，一旦发现回归变量不显著，就从模型中加以删除。如此往复，直到无法进入新自变量为止。

经过统计学家多年来的证明，这几种方法最终结果可能略有不同，以"逐步法"为最优。MINITAB 软件相应的"逐步回归"也只是负责讨论筛选与比较。

下面仍以例 4.3 为例，说明如何应用逐步回归。从统计→回归→逐步回归入口，MINITAB 输出结果如下所示。

逐步回归：散热量与 x_1, x_2, x_3, x_4
入选用 Alpha：0.15　删除用 Alpha：0.15
响应为 4 个自变量上的 散热量，$N = 13$

步骤	1	2	3	4
常量	117.57	103.10	71.65	52.58
x_4		−0.738	−0.614	−0.237
T 值		−4.77	−12.62	−1.37
p 值		0.001	0.000	0.205
x_1		1.44	1.45	1.47
T 值		10.40	12.41	12.10
p 值		0.000	0.000	0.000
x_2			0.416	0.662
T 值			2.24	14.44
p 值			0.052	0.000
S	8.96	2.73	2.31	2.41
R^2	67.45	97.25	98.23	97.87
R^2（调整）	64.50	96.70	97.64	97.44
Mallows C_p	138.7	5.5	3.0	2.7

采用这种方法得到的结果：先选入 x_4，再选入 x_1，再选入 x_2，当选入 x_1 和 x_2 后，发现这时 x_4 已经意义不大而予以删除，因此最后得到的方程中只含 x_1 和 x_2。

3. 最佳子集法

对于一个实际问题，通常并不能得到一个公认的"最好"的回归方程，采用逐步回归的不同方法也会有不同的结论。为了不漏掉任何一种可能的好结果，我们还可以使用"最佳子集"回归方法，把所有可能的自变量的子集进行回归的结果都列出来，以便使用者综合考虑，从中选出一个最满意的结果。对于究竟在方程内包含多少个自变量，使用者可以任意选定；对于指定的包含于方程内的自变量个数，可以选定输出最佳的多个方程，选多少个也可以指定。当然，最佳子集回归与逐步回归的作用相同。这里也只提供选择与比较结果，详细的计算还要用多元回归进行，仍以例 4.3 为例加以说明。

使用 MINITAB，进行统计→回归→最佳子集回归，我们只希望得到含 2~3 个自变量的（我们已知只含单个自变量结果很差，含 4 个自变量结果也不会好）回归方程，对每种自变量个数都列出 4 个最佳方程；同时让自变量全部"自由竞争"，不人为规定哪个变量"必须进入"。输入变量后（设置自由预测变量的最小值为 2，最大值为 3，每种模型要输出的方程个数为 4），MINITAB 输出结果如下所示。

最佳子集回归：散热量 与 x_1, x_2, x_3, x_4								
响应为 散热量								
变量	R^2	R^2（调整）	Mallows C_p	S	x_1	x_2	x_3	x_4
2	97.9	97.4	2.7	2.406 3	X	X		
2	97.2	96.7	5.5	2.734 3	X			X
2	93.5	92.2	22.4	4.192 1			X	X
2	84.7	81.6	62.4	6.445 5		X	X	
3	98.2	97.6	3.0	2.308 7	X	X		X
3	98.2	97.6	3.0	2.312 1	X	X	X	
3	98.1	97.5	3.5	2.376 6	X		X	X
3	97.3	96.4	7.3	2.863 8		X	X	X

输出结果分析：

我们需要参考 R^2，R^2（调整）（越大且与 R^2 越接近越好），C_p（越接近参数个数越好，包括常数项），S 值（越小越好）这几项指标来选取自变量。

例 4.3 中，如果决定选 2 个自变量，则选 x_1、x_2 最好；如果决定选 3 个自变量，则选 x_1、x_2、x_4 最好。究竟选几个自变量好，可以根据实际需要（考虑精度、计算的方便）来选，并没有绝对好的结果。由于选 2 个及选 3 个自变量的标准差相差并不大（选 x_1、x_2、x_4 时，S=2.308 7，因此只比选 x_1、x_2 时，s=2.406 3 结果好一点），所以我们最后可以选取 x_1、x_2 2 个变量。

总之，用最佳子集回归和用逐步回归都可以协助使用者选定较好的回归方程。逐步回归方法提供了详细的筛选过程，可以看见各自变量重要性的比较，其中以逐步法最好；最佳子集回归只提供了最后结果，它与逐步回归法相比的优势是可以提供全部可能的选择，不会漏掉好的结果。两种方法各有优缺点，都可以采用。

思考与练习

1. 某市场分析员进行了一项研究，分析某地区居民的每月家庭消费支出 y 与每月家庭收入 x 之间的关系。现从该地区随机抽取了 16 个家庭组成一个样本，数据见下表。试判断：该地区居民的每月家庭消费支出 y 与每月家庭收入 x 是否相关。如果相关，那么相关是否密切。在显著性水平 $\alpha = 0.05$ 时，给出 y 与 x 的一元线性回归方程，判断方程是否有效。当家庭收入为 8 000 元时，预测消费支出 y 的大致范围。

样本序号	收入 x	消费支出 y
1	45	25
2	59	36
3	33	19
4	81	45
5	77	42
6	26	23
7	19	16
8	55	38
9	50	32
10	34	22
11	99	48
12	61	42
13	38	29
14	72	36
15	59	29
16	25	17

2. 下表列出了 18 名 5~8 岁儿童的体重(这是容易测得的)和体积(这是难以测量的)。

编号	体重 x /千克	体积 y /分米^3
1	17.1	16.7
2	10.5	10.4
3	13.8	13.5
4	15.7	15.7
5	11.9	11.6
6	10.4	10.2
7	15.0	14.5
8	16.0	15.8
9	17.8	17.6
10	15.8	15.2
11	15.1	14.8
12	12.1	11.9
13	18.4	18.3
14	17.1	16.7
15	16.7	16.6
16	16.5	15.9
17	15.1	15.1
18	15.1	14.5

（1）画出散点图。

（2）求 y 关于 x 的线性回归方程。

（3）求 $x = 14$ 时 y 的置信水平为 0.95 的预测区间。

3. 为了估计森林中仍存活的树木的体积，对于随机挑选的 28 棵树，先在高度为 1.5 米处测量其胸径 C（单位：米），再用测高仪测出树干高度 H（单位：米），伐木后加工为成材原木，测量出其体积 V（单位：米^3）。希望建立 V 依赖于 C，H 的回归方程。数据列在下表中。

编号	常数	C	H	V
1	1	1.72	7.88	1.941
2	1	1.34	6.01	1.393
3	1	1.10	4.97	1.136
4	1	1.90	8.18	2.029
5	1	1.43	5.03	1.306
6	1	1.21	5.06	1.282
7	1	2.16	8.21	2.216
8	1	2.16	7.36	2.129
9	1	0.82	3.73	0.978
10	1	1.42	5.98	1.415
11	1	1.80	8.22	1.937
12	1	0.86	4.51	1.010
13	1	2.06	8.71	2.204
14	1	1.46	6.86	1.586
15	1	2.14	6.24	1.976
16	1	2.35	7.23	2.266
17	1	2.08	5.62	1.844
18	1	1.99	7.88	2.123
19	1	0.82	3.88	0.986
20	1	1.66	5.77	1.556
21	1	2.07	8.43	2.223
22	1	1.11	4.04	1.035
23	1	0.67	4.26	0.953
24	1	1.68	6.63	1.737
25	1	2.06	8.27	2.186
26	1	2.37	9.59	2.631
27	1	1.38	7.26	1.618
28	1	1.09	4.67	1.138

4. 在制冷过程中，氨气量非常重要。历史经验表明，氨气的损失量可能与反应过程中的气流、水温及酸浓度相关。现希望求得氨损失量对于气流、水温及酸浓度间的回归

方程。数据列于下表中。

编号	常数	气流	水温	酸浓度	氨损失量
1	1	80	11.9	85	42
2	1	80	11.7	88	35
3	1	75	9.2	90	34
4	1	62	8.5	87	22
5	1	62	6.9	87	18
6	1	62	7.9	87	18
7	1	62	8.6	93	19
8	1	62	8.5	93	20
9	1	58	7.4	87	15
10	1	58	2.6	80	14
11	1	58	2.5	89	14
12	1	58	1.9	88	13
13	1	58	2.7	82	11
14	1	58	3.6	93	12
15	1	50	2.3	89	6
16	1	50	2.8	86	7
17	1	50	3.6	72	9
18	1	50	3.6	79	8
19	1	50	4.9	80	9
20	1	56	4.4	82	15
21	1	70	5.1	91	20

　　5. 某农场通过试验取得早稻收获量与春季降雨量和春季温度的数据如下表所示。试建立收获量对于降雨量以及温度的回归方程。

收获量 y /（千克/毫米^2）	降雨量 x_1 /毫米	温度 x_2 /℃
2 250	25	6
3 450	33	8
4 500	45	10
6 750	105	13
7 200	110	14
7 500	115	16
8 250	120	17

　　6. 下表列出了4组自变量及其响应变量的数据，试对每组数据：①画出散点图；②建立回归方程；③进行残差分析。通过对4个模型的分析，你对回归方程一般统计分析（显著性检验、回归系数显著性检验）以及残差分析有哪些认识？

X_1	Y_1	X_2	Y_2	X_3	Y_3	X_4	Y_4
10	8.04	10	9.14	10	7.46	8	6.58
8	6.95	8	8.14	8	6.77	8	5.76
13	7.58	13	8.74	13	12.74	8	7.71
9	8.81	9	8.77	9	7.11	8	8.84
11	8.33	11	9.26	11	7.81	8	8.47
14	9.96	14	8.10	14	8.84	8	7.04
6	7.24	6	6.13	6	6.08	8	5.25
4	4.26	4	3.10	4	5.39	19	12.50
12	10.84	12	9.13	12	8.15	8	5.56
7	4.82	7	7.26	7	6.42	8	7.91
5	5.68	5	4.74	5	5.73	8	6.89

第5章

测量系统分析

没有测量，也就没有改进。测量有两个目的：一是收集过程输入与输出的测量数据，确认并量化问题和机会，通过分析过程数据，确定输出的波动规律，为查找原因提供线索，识别实现目标可能的途径和改进的方向；二是保证测量数据准确可靠，对测量系统的能力进行评估。

测量系统能力分析的目标是掌握和量化测量过程中的波动源，这种量化不仅提供了测量过程改进和控制的基础，而且为整个制造过程的性能评价、控制、识别和分离缺陷等提供了条件。

本章的主要内容包括：过程分析和文档的相关知识；数据的收集与整理；测量系统分析的基本概念；测量系统的模型及 R&R 估计；测量系统能力的评价准则及其应用。

5.1 过程分析与文档

过程是"一组将输入转化为输出的相互关联或相互作用的活动"。图 2.1 提供了过程示意图。任何的生产、服务、管理活动均可看作是由一系列过程组成的。过程输出的类型很多，可以是实物产品、生产效率，也可以是无形服务等。过程分析是对过程中影响过程输出的各类输入因素进行分析，找出具有重要影响的因素，调查确认这些因素与过程输出之间的关系，进而对过程输出进行改进。对需要改进的过程进行分析，就需要考察这些过程的构成与步骤，其目的是：对该过程改进达成统一认识；对产生问题或缺陷的区域进行定位；识别与改进过程中的非增值步骤；形成过程步骤的记录文档，以便与改进后的过程进行对比分析。下面将介绍一些过程分析的基本工具及常用文档。

5.1.1 流程图

流程图（flow chart/flow diagram）是描述过程各项活动所遵循顺序的图形文档，它将整个过程的各个步骤用图的形式表示出来。绘制流程图有助于加深对过程的理解，对于流程图的分析可以发现过程中潜在的问题，定位产生问题和缺陷的重点区域，如系统的瓶颈、非必需步骤、非增值步骤等。流程图由一系列容易识别的标志构成，绘制流程图应使用规范符号，常用符号见表 5.1。一般来说，绘制流程图应按照以下步骤进行：

（1）判定过程的开始点和结束点；

（2）观察从开始到结束的整个过程；

（3）识别过程中的步骤（包括主要活动、判断和决策点）及各个步骤的流向和相互关系；

（4）按过程步骤绘制，形成流程图草图；

（5）项目成员对该草图进行交流沟通达成共识；

（6）形成正式文档。

表 5.1 绘制流程图的常用符号

符号名称	符号形状	符号的意义
操作、阶段或步骤	矩形 ▭	显示各步骤采取的活动或描述各阶段的活动或事件
决策点	菱形 ◇	显示可能的分支途径
端点	椭圆 ⬭	指示阅读者进入或退出流程
流程线	带箭头线条 →	显示阅读流程图的方向
连接点	小圆 ○	显示流程线的转换

图 5.1 给出了一个文件打印的流程图。

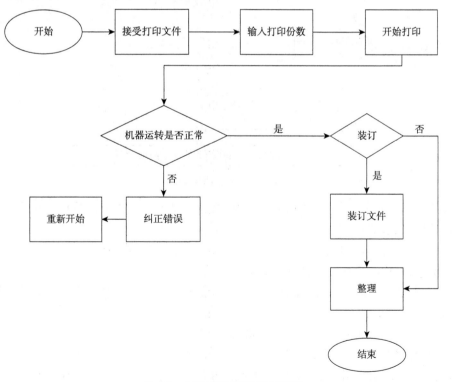

图 5.1 打印文件的流程图示例

如果过程涉及的活动和参与的单位非常多，或者为了进一步明确不同部门职责，还可以在流程图中附加周期或者责任者等信息，我们将此类流程图称为跨职能流程图。图 5.2 是将过程中所涉及的职能部门加以标注的跨职能流程图，它可以对涉及不同部门的比较复杂的过程进行说明。此外，还有一些其他的流程图方式，如宏观流程图（supplier input process output client，SIPOC），详细流程图等。

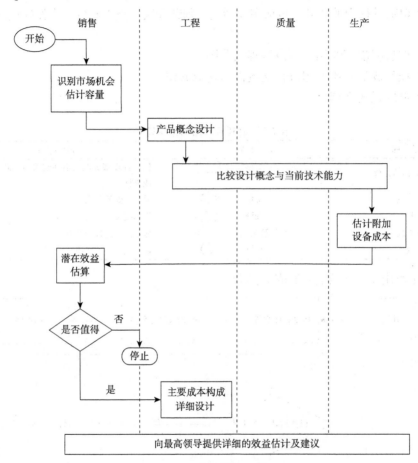

图 5.2   跨职能流程图

绘制流程图是一个很好的开端，要达成共识，就要进行充分的分析。在绘制完流程图后，还要关注以下几个方面：

（1）产生过程输出缺陷或问题的重点关注区域在哪些环节或步骤上；

（2）流程中非增值步骤或环节在何处；

（3）流程中是否存在瓶颈，这里的瓶颈是指某点的工作负荷大大超过此处的处理能力，从而延缓了整个工作进度；

（4）流程中是否有缺失、冗余、错误的步骤等。

在绘制流程图的过程中，应当集思广益，按照过程的实际情况进行绘制，切忌凭空捏造，否则绘制的流程图无法识别问题和关键影响因素产生的区域，对问题的测量、分析、改进也没有实际价值。很多情况下无法找到问题产生的原因，就是因为不能对过程的实际流程达成共识，后续工作丧失了重要的基础。

5.1.2　因果图和因果矩阵

因果图（cause and effect diagram），也称鱼刺图（fishbone chart），它是由日本著名质量管理专家石川馨先生于 1953 年提出的，因此也称石川图（Ishikawa chart）。它是揭示过程输出缺陷或问题与其潜在原因之间关系的图表，也是表达和分析因果关系的重要工具。因果图就是要查找产生问题的多种影响因素，加以分类和分析，在同一张图上以箭头的方式，系统地把各种影响因素的因果关系呈现出来，对因果进行明确系统的表现。因果图的主要作用是：分析质量特性与影响质量特性的可能原因之间的因果关系，通过把握现状、分析原因、寻找措施来促进问题的解决。

在实际应用中，大部分问题的原因可归结为六大类，即人、机、料、法、环、测，简称 5M1E。图 5.3 提供了某企业生产的电动机存在间隙不稳问题的因果图。

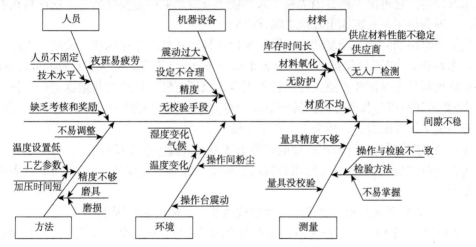

图 5.3　某企业生产的电动机存在间隙不稳问题的因果图

1. 因果图的做法

在绘制因果图时，通常遵循以下步骤：

（1）明确质量问题（结果），应召集有关对该问题有丰富经验和知识人员的讨论，在确定成为影响因素的结果时，可以利用排列图。

（2）画出问题与主干，分析并选取影响结果的原因。一般而言，探讨问题产生的原因要从大到小、从粗到细，即先按 5M1E 画出大枝，再对大枝进一步分类画出中枝和细枝，直至能采取措施处理原因为止。

（3）对特别重要的原因附以标记，以示醒目，一般标记的原因不能太多，最多不超过 4 个。

（4）记录因果图标记及有关事项，如产品名称、生产数量、参加人员、单位、日期及制图者。

2. 绘制因果图应注意的事项

（1）问题要提得具体。例如，"零件不合格"就不具体，应指出是尺寸不合格还是其他缺陷导致的不合格，若尺寸不合格就要指明是哪个尺寸不合格，这样因果关系才明确。

（2）应明确是为了改变还是为了改进。改变就要变动均值，改进就要减小波动，寻找原因的着眼点不同。

（3）集思广益，充分发表意见。防止对问题产生主观固定的看法，重视现场人员的意见，提高客观性。

（4）在对问题的原因难以提出时，改变思路常常可以收到很好的效果。

（5）一个问题做一个因果图，不能几个问题用一张因果图。

在因果图的实际应用中，日本电子公司对其进行了扩展，称为带有附加卡的因果图。在带有附加卡的因果图上，卡片被标上箭头，作为识别问题处理结果的标记，在卡片上以简单的语言描述用于控制问题原因的预防方法。带有附加卡的因果图完成后，被挂到工作现场，作为日常工作的提示牌，告示人们去注意它。如果遇到问题，就按卡片上的提示采取预防。这种图方便，因为每个人都能十分清楚如何去控制质量。这比写在手册上要好，因为员工不一定能很好地去阅读手册。

当需要解决的问题比较复杂，问题呈现出多种形式且产生原因相互关联，无法将其分开来考察和解决时，因果矩阵（cause and effect matrix）为我们提供了有效的分析方法。因果矩阵可帮助选择需要重点关注的输入因素，以便有针对性地收集数据进行分析。此外，因果矩阵还可以与其他分析工具相结合，对具有多个质量特性的过程进行分析和改进。

绘制因果矩阵图时，一般应遵循如下步骤：

（1）在矩阵图的上方填入问题的各种形式或关键过程输出特性；

（2）确定每种问题和过程输出特性的重要度，并给定其权重（1~10，10 代表的重要度最高）；

（3）在矩阵图的左侧，列出输入变量或者所有可能的影响因素；

（4）评价每个输入变量或影响因素对各个问题和输出变量的相关关系，矩阵图中的单元格用于标明该行对应的输入变量与该列对应问题的相关程度。一般这种相关程度分为四类，并分别赋予 0，1，3，9 或者 0，1，3，5 的分值，标明其不同的相关程度；

（5）评价过程输入变量或影响因素的重要程度。将每一输入变量对各个问题的相关程度乘以相应的权重数求和，该结果代表该过程输入的权重；

（6）考察每个输入变量的权重数，权重较高的将是项目重点关注的对象。

表 5.2 提供了因果矩阵的示例，从表中可以看出：定子性能，转子缺陷是重要的输入因素。

表 5.2　因果矩阵的示例

重要度	5	8	10	5	3	输入重要度排序
输入	输出					
	绝缘强度低	耐压击穿	功率大	转速低	启动性能差	
绝缘漆浓度低	◎	○				69
预供时间段		○	○			54
定子性能			◎	◎	◎	162
转子缺陷	○		◎	◎		150
风叶不配套			○		○	39
风叶角度与电机不配套			◎		△	93

续表

重要度	5	8	10	5	3	输入重要度排序
输入	输出					
	绝缘强度低	耐压击穿	功率大	转速低	启动性能差	
轴承不合格		△	△	○	△	36
精加工精度差	◎	△			○	68

注：◎为9分，○为3分，△为1分，空格为0分

5.1.3　PFMEA

过程失效模式与影响分析（process failure mode and effect analysis，PFMEA）是关于产品或过程的一种风险分析工具和文档，最初用于对方案的风险评估。在对过程的输入和影响因素进行评估时，常常使用 PFMEA 寻找对过程输出影响较大的输入或影响因素，作为测量和分析的重点。

简言之，在进行 PFMEA 时，应完成下列工作：

（1）识别过程的功能和要求；

（2）使用头脑风暴法分析潜在故障模式及其后果；

（3）评定每一后果的严重程度（S）；

（4）分析故障潜在的原因，即过程的故障原因/故障机理；

（5）评定每个原因发生的频度（O）；

（6）识别当前的过程控制方法；

（7）评定不可探测度等级（D）（检测难度，是指在现行的控制下无法发现问题的可能性）；

（8）针对每项输入因素计算风险度（risk priority number，RPN）（它等于严重度、频度、不可探测度三者的乘积）；

（9）具有高风险等级的项将是收集数据进行分析和改进的重点。

表 5.3 提供了一个向顾客发送备件过程的一个 FMEA 工作单。从该工作单中，可以看出顾客地址不准确和发票数据有错是问题的主要潜在因素。

表 5.3　向顾客发送备件过程的 FMEA 工作单

过程功能和要求	潜在失效模式	潜在失效后果	严重度等级 S	潜在失效原因	原因的频数等级 O	当前的过程控制方法	不可探测度 D	风险等级 RPN	改进措施	责任人/完成日期	措施结果
向顾客发送备件	发送错误	顾客不满意，增加成本，赔偿顾客损失	8	订单上备件的信息不详	2	订货部核对信息	4	64			
				顾客地址不准确	6	无	9	432			
				发货票据有错	4	无	9	288			
				备件编码（code）信息不准	2	无	9	144			

5.1.4 过程输入与输出

根据过程的定义我们可以看出，过程的任务在于将输入转化为输出。过程存在的前提是有过程输入，即输入是施加给过程的条件；过程的结果是产生有价值的过程输出，即输出是过程对外界产生的影响。要进行过程分析，深入了解过程输入与输出之间的关系，必须能够清楚地识别过程输入与输出。

过程输入可以是人力、设备、设施和材料，或者是决策和信息等。输入包括可控因素，也包括噪声因素，即那些认为不可控制、难以控制或控制费用昂贵的因素。输出的形态可能是有形的，也可能是无形的，不同的过程会有不同的输出。过程的输入与输出之间必然存在一种转化关系，输出对输入而言发生了质的变化。例如，原材料进入产品实现过程后，其形态、物理或化学特性就会改变。对过程而言，有输入就一定有输出，但如果输出没有发生特性的变化就不是"转化关系"而是"导出关系"。

在测量过程中，需要明确关键输出变量（key process output variable，KPOV）和关键输入变量（key process input variable，KPIV）。对于每一个 KPOV/KPIV，需要回答下列问题：

（1）为什么测量这个指标？

（2）指标的定义是什么？

（3）如何测量？

（4）采用什么测量设备？

（5）测量结果是否可靠？

（6）有无更好的测量方法？

从统计学上讲，测量的指标是一个随机变量，如何将测量的数据转化为对分析和决策有用的信息，需要对数据进行收集和整理。

■ 5.2 数据的搜集和整理

5.2.1 测量尺度与数据类型

1. 测量尺度

测量是指测量者采用一定的测量方法或借用一定的测量工具，对观测对象的某个质量特性进行赋值的过程，即对测量对象进行量化的过程。由于客观事物及其现象具体特征不同，进行数据搜集时采用的测量尺度也不同，因此得到的数据精确程度也不同。按照由粗略到精细，由初级到高级，可将数据的测量尺度分为定类测量尺度（nominal measurement scale）、定序测量尺度（ordinal measurement scale）、定距测量尺度（interval measurement scale）和定比测量尺度（ratio measurement scale）四个层次。

（1）定类（名义）测量尺度。定类测量尺度只能表明个体所属的类别，而不能体现数量大小、多少或者先后顺序，一般用于对测量对象进行平行的分类或分组。例如，0=男人，1=非男人，可以是两类，也可以是多类。以定类测量尺度收集的数据被称为属性数据。使用定类测量尺度进行分类必须保证每个个体或单位都能够归属于某一类别，并且只能属于某一个类别，即"="（属于）或"≠"（不属于）。

（2）定序测量尺度。定序测量尺度是对事物之间等级或顺序的一种测度。例如，产品按其质量高低列为一等品、二等品、三等品等。它不仅可以测度类别差，还可以测度次序差，并可比较大小，但其序号仍不能进行加减乘除等数学运算。有时在质量管理中也把定序数据转化为定类数据，然后用二项分布或泊松分布进行分析。

（3）定距测量尺度。定距测量尺度是以数值来表示个体的特征并且能测定个体之间数据差距的尺度。定距测量尺度不仅能区分事物的类别、进行排序、比较大小，而且还可以精确地计量大小的差异，即可以进行加减运算，但不能进行乘除运算。例如，温度 200℃与 100℃的差距与 100℃与 0℃的差距相等，但定距数据中"0"是没有意义的，所以没有倍数的概念，因此不能说 200℃比 100℃度热一倍。

（4）定比测量尺度。定比测量尺度是对事物之间比值的一种测定。例如，人的年龄、身高、体重，物体的长度、面积、体积等数量标志。除了具有以上三种尺度的全部特性外，还具有一个特性，那就是可以计算出两个测度之间的比值，即能够进行乘除运算。这种数据中，"0"是有意义的，所以有倍数的概念，因此我们可以说 20 厘米是 10 厘米的两倍。只要使用适当的转换方法，不管采用何种定比尺度，基于数据的统计分析结果都是一样的。

2. 数据类型

数据分类的方法很多，按照不同的方法或不同数据特性分类的类别不同。

（1）从计量尺度来说，分为定性数据与定量数据。定性数据是指只能用文字或数字代码来表现事物的本质特征或属性特征的数据，如人口按性别分为男与女两种类别，或者用 1、0 分别表示男性与女性。定量数据是指用数值来表现事物数量特征的数据，如两位学生的考试成绩为 85 分与 80 分。

（2）按统计角度，可分为连续型数据与离散型数据（或称属性值数据）。用量具进行测量得出的可连续取值的数据是连续型数据，也称计量数据，如长度、重量、温度等。它可以比较敏感地反映过程变化，包含的信息丰富。离散型数据也称非连续型数据、计数数据，它反映过程变化不如连续型数据敏感。例如，合格/不合格，成功/失败，是/否，接受/拒绝，好/坏，等等。离散型数据又分为计件值数据和计点值数据，计件值数据是指按件计数的数据，如不合格品数、彩色电视机台数等；计点值数据是指按缺陷点计数的数据，如疵点数、砂眼数、气泡数等。

（3）按数据来源，可分为观测数据与试验数据。观测数据是指在没有对现象进行人为控制的条件下，通过统计调查或观察而得到的数据。试验数据是在人为控制条件下，通过试验方式获取的关于试验对象的数据。

（4）按加工程度，可分为原始数据与次级数据。原始数据是研究者直接对研究对象进行调查、观测和试验所获得的反映个体特征的数据，也称为直接数据。次级数据也称为加工数据或二手数据，是指已经经过加工整理能反映总体数量特征的各种非原始数据。

5.2.2　数据收集方法

数据搜集的方法有很多，包括观察法、试验法、报告法与询问法等，其中询问法又包括访问调查、电话调查、座谈会等。在这里我们主要介绍检查表，检查表是过程数据收集时最常用的工具，针对不同的测量过程，不同测量对象需要使用不同的测量表，因此要有针对性地设计检查表。通常在检查表上要注明被测变量，同时还应注明由谁来收集数据，以及采用的测量间隔。表 5.4 是一个检查表的示例，该检查表既记录了抽样数量和检测到的不合格品的数量，又记录了各种缺陷发生的频次。

表 5.4　某成品抽样检验及外观不合格品项目检查表

批次	产品号	成品量/箱	抽样数/支	不合格品数/支	批不合格率/%	外观不合格项目								
						切口	贴口	空松	短烟	过紧	钢印	油点	软腰	表面
1	烤烟型	10	500	3	0.6	1					1			1
2	烤烟型	10	500	8	1.6	1	2	2	1					
3	烤烟型	10	500	4	0.8		1	2					1	
4	烤烟型	10	500	3	0.6			2		1				
5	烤烟型	10	500	5	1.0									1
⋮	⋮	⋮	⋮	⋮	⋮	⋮	⋮	⋮	⋮	⋮	⋮	⋮	⋮	⋮
250	烤烟型	10	500	6	1.2	1	2	2		1				1
合计		2 500	125 000	990	0.8	80	297	458	35	28	10	15	12	55

5.2.3　抽样方法

抽样时我们需要考虑的重点是抽取样本对总体的代表性和准确性（accuracy），采用不同的抽样方法，样本代表性和准确性不同，因此必须采用合适的抽样方法，常用的抽样方法有简单随机抽样、分层抽样等。

1. 简单随机抽样

简单随机抽样也叫纯随机抽样，指直接从抽样总体中随机地抽取样本，并以该样本的指标对总体相应的指标做出统计推断。简单随机抽样必须满足两个条件：①等可能性，即总体的每个个体都有同等机会被抽到；②独立性，即每次抽样都是相互独立的。常用的简单随机抽样方法有：

（1）抽签法。将总体每个个体编号，用手工或者摇号机随机抽取号码，确定抽样单位。

（2）随机数表法。随机数表上数字出现及其排列是随机形成的。使用时先将总体编号，按随机数表的任意一列任意一行开始向任意方向寻找，凡属于范围内的编号都可作为样本。

（3）计算机模拟法。利用计算机中的随机数字发生器进行抽取。

（4）信手抽取法。从研究总体中随手抽取所需的调查单位。

简单随机抽样使用简单，但当总体中各标志值之间差异较大时，这种抽样形成的代表性较差，这时采用分层抽样的代表性更好。

2. 分层抽样

分层抽样又称类型抽样或分类抽样，是统计分组与随机抽样的结合。它是将抽样总体按某一标志分层，然后从每层总体样本中随机抽取若干个样本组成抽样样本。常用的分层抽样方法包括：

（1）比例分配法。样本数按各层总体数的多少比例分配。

（2）适度分配法。比例分配法未考虑波动程度的差异，适度分配法认为波动程度较大的层应多取样，波动程度小的层应少取样，这样可以减少抽样误差。

（3）经济分配法。经济分配法在适度分配法上考虑了抽样成本，是指对于抽样费用较高的层相对少取样，而费用较低的层则可以多取样。

关于抽样的具体方法，可参考有关专著，这里不多叙述。

5.2.4　描述性统计方法

当我们获得样本数据后，需找出能反映数据分布特征的各个代表值。例如，数据分布的集中趋势，数据分布的离散程度，数据分布的偏度（skewness）和峰度（kurtosis），等等。

通常用于描述数据集中趋势（一组数据所趋向的中心数值）的度量方法有：

（1）样本均值：$\bar{x} = \sum_{i=1}^{n} x_i / n$，其中 x_i 是观测值；n 是样本容量。

（2）中位数：在序列数据中，排在中间位置的数据。当 n 为奇数时 $\tilde{x} = x_{(1+n)/2}$，当 n 为偶数时 $\tilde{x} = \left[x_{n/2} + x_{(n/2+1)} \right] \big/ 2$。其中，$x_{(1)}, x_{(2)}, \cdots, x_{(i)}, \cdots, x_{(n)}$ 为序列数据。

（3）众数：数据中出现次数最多的数据。

通常用于描述数据间的差异程度，或离散程度的度量方法有：

（1）极差：样本数据最大值与最小值的差。

（2）样本方差：$s^2 = \sum_{i=1}^{n} (x_i - \bar{x})^2 \big/ (n-1)$。

（3）样本标准差：样本方差的平方根。

通常反映数据分布形状的统计量是偏度和峰度。偏度是对数据分布的偏移方向和程度所做的描述。若已知样本数据，其偏度的估计式为

$$\beta_3 = \frac{n \sum_{i=1}^{n} (x_i - \bar{x})^3}{(n-1)(n-2) s^3} \tag{5.1}$$

当样本量 n 较大时，可采用 $\beta_3 = \dfrac{E(X - \mu)^3}{\sigma^3}$，其中，$\mu$ 是分布的均值。

若 $\beta_3 = 0$，则数据分布呈现对称性；若 $\beta_3 > 0$，则数据分布呈现右偏态；若 $\beta_3 < 0$ 则数据分布呈现左偏态。

峰度是对数据分布的陡峭程度所做的描述。若已知样本数据，其峰度的估计式为

$$\beta_4 = \frac{n(n+1)\sum_{i=1}^{n}(x_i - \bar{x})^4}{(n-1)(n-2)(n-3)s^4} - \frac{3(n-1)^2}{(n-2)(n-3)} \tag{5.2}$$

当样本量 n 较大时，可采用 $\beta_4 = \frac{E(X-\mu)^4}{\sigma^4} - 3$，其中，$\sigma$ 是分布的标准差。

当比较两个分布的峰度时，一定要让它们具有相同的均值和方差，否则比较的不是峰度而常常是方差。

当数据呈正态分布时，$\beta_4 = 0$。数据分布越扁平，则峰度的估计值越低；数据分布越陡峭，峰度的估计值越高。

5.2.5 数据的图示方法

数据的图示方法可以以简单、直观的方式展示数据的分布规律，如中心位置、离散程度、变化趋势等，常用的图示方法，除了直方图外，还包括茎叶图（stem-and-leaf-plots）、箱线图、链图、正态概率图等，下面对常用的图示方法予以简要介绍。

1. 茎叶图

茎叶图是由"茎"与"叶"两部分组成的反映原始数据分布的图形，其图形是由数字组成的，高位数字为茎，低位数字为叶。茎叶图类似于横置的直方图，它既能给出数据的分布情况，又能给出每一个原始数据，从而保留了原始数据。我们可以在茎叶图上看出数据的分布形状及数据的离散状况。下面通过一个例子来说明茎叶图的作图方法。

例 5.1：表 5.5 为某公司 4 个月每天的销售数据，利用 MINITAB 绘制销售量的茎叶图。

表 5.5　4 个月每天的销售量

销售量									
234	159	187	155	172	183	182	177	163	158
143	198	141	167	194	225	177	189	196	203
187	160	214	168	173	178	184	209	176	188
161	152	149	211	196	234	185	189	196	206
150	161	178	168	174	153	186	190	160	171
228	162	223	170	165	179	186	175	197	208
153	163	218	180	175	144	178	191	197	192
166	196	179	171	233	179	187	173	174	210
154	164	215	233	175	188	237	194	198	168
174	226	180	172	190	172	187	189	200	211
156	165	175	210	207	181	205	195	201	172
203	165	196	172	176	182	188	195	202	213

运用 MINITAB 进行运算，实现路径为：图形→茎叶图，选中"修整异常值"，在增量中填写"10"，得到的结果如图 5.4 所示。

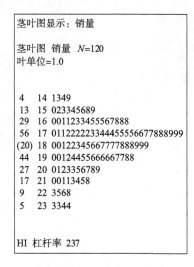

```
茎叶图显示：销量

茎叶图  销量  N=120
叶单位=1.0


   4    14  1349
  13    15  023345689
  29    16  0011233455567888
  56    17  011222223344455556677888999
 (20)   18  00122345667777888999
  44    19  00124455666667788
  27    20  0123356789
  17    21  00113458
   9    22  3568
   5    23  3344


HI 杠杆率 237
```

图 5.4　产品销量的茎叶图

其中（20）表示中位数位于其中

2. 箱线图

箱线图主要由数据中的五个统计量：最小值、第一四分位数、中位数、第三四分位数和最大值绘制而成，它可以粗略地看出数据分布的对称性、离散程度等信息。箱线图包括中位数/四分位数/极差箱线图、均值/标准误差/标准差箱线图、均值/标准差/1.96 倍的标准差箱线图、均值/标准误差/1.96 倍标准误差箱线图。其中中位数/四分位数/极差箱线图是最常见的，这里只介绍这种箱线图，其他类别的箱线图可查阅相关统计学资料来了解。在箱线图中，两个四分位数组成的矩形称为箱体，箱体与极值的连线称为须触线。在箱线图中用中位数来表述数据的集中趋势，箱体与须触线均用来描述数据的离散程度。

箱线图比较简单，从中位数可以确定中心趋势或者位置；箱体的长度可以确定观测值的离散程度；如果中位数不在箱体的中心，说明分布是有偏的。

例 5.2：从某班级随机抽取 11 人，对两门课的考试成绩进行调查，所得数据如表 5.6 所示，试给出两门课程的考试成绩比较箱线图。

表 5.6　11 名学生两门课成绩数据

课程名称	学生编号										
	1	2	3	4	5	6	7	8	9	10	11
L1	76	90	97	71	70	93	86	83	78	85	81
L2	65	95	51	74	78	63	91	82	75	71	55

运用 MINITAB 进行计算，实现路径为：图形→箱线图，得到的结果图 5.5。

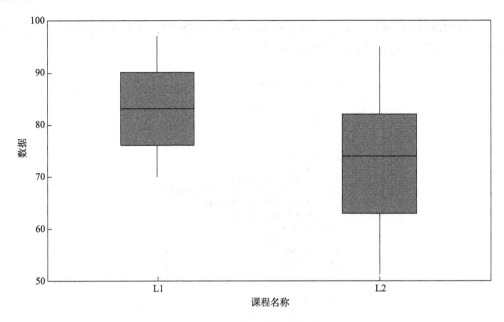

图 5.5 学生成绩的箱线图

3. 链图

链图也称为趋势图，它是显示测量数据随时间变化的图示方法，是控制图的基础。分析链图的目的是确认所出现的波动是由普通因素引起的，还是由特殊因素引起。链图可用于任何按时间序列收集的数据的图形分析。

链图的绘制具有以下步骤：第一步，按时间顺序画出数据的折线图；第二步，找到数据的中位数，画一条水平线穿过该折线图，标示为"中位数"或"$\tilde{X}$"。图 5.6 就是一个链图的例子。

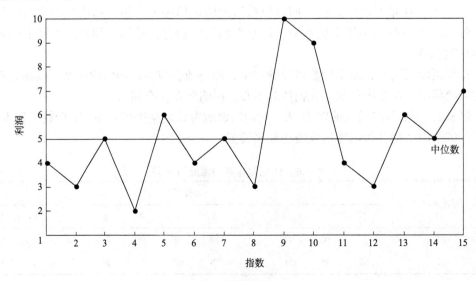

图 5.6 链图示例

判断过程是否受到特殊因素影响可以从以下几方面考虑：

（1）链的长度。链的长度是指位于中位数同一侧的连续点数目。除非过程受到异常因素影响，否则过程不太可能出现一长串连续点落在中位数的同一侧的现象。如果只有一个点落在中位数线上，忽略该点；如果有多个点落在中位数上，按每侧各占 50% 把这些点分配到两侧。如果最长链的长度较长，这个过程很有可能受到特殊原因的影响。

（2）链的数目。位于中位数同一侧连续点的序列构成一个链。一个受控过程中期望得到链的数目同样可以用数学方法来确定。一个没有受特殊因素影响的过程，链不会太多也不会太少，应通过统计检验判断链的数目是否正常。

（3）趋势。链图中不应该存在任何异常的连续上升和连续下降的序列。如果出现这种情况，则暗示存在某种异常趋势。如果连续增高或连续降低的点数较多，那么有可能存在特殊因素引起的过程偏移，需通过统计检验判断链图中的趋势是否异常。

4. 正态概率图

正态概率纸是一种特殊的坐标纸，横坐标是等间隔的，用来表示观察值的大小，其纵坐标是按标准正态分布累计概率分布 $\Phi(x) = p(X \leqslant x)$ 标示的。在正态坐标纸上：

（1）任一正态分布函数呈上升直线状；

（2）任一右偏分布函数呈上凸曲线状；

（3）任一左偏分布函数呈下凸曲线状；

（4）任意两个方差相等的正态分布函数呈平行直线状。

用正态概率纸来检验一组数据 $x_1, x_2, \cdots, x_i, \cdots, x_n$ 是否为来自正态分布的样本。具体操作如下。

（1）将样本排序：$x_{(1)} \leqslant x_{(2)} \leqslant \cdots \leqslant x_{(n)}$；

（2）在点 $x_{(i)}$ 处的累积概率 $\Phi(x_{(i)}) = p(X \leqslant x_{(i)})$ 用修正频率 $\dfrac{i-3/8}{n+1/4}$（或 $\dfrac{i}{n+1}$）来估计；

（3）把 n 个点 $\left(x_{(1)}, \dfrac{i-0.375}{n+0.25} \right), \left(x_{(2)}, \dfrac{i-0.375}{n+0.25} \right), \cdots, \left(x_{(n)}, \dfrac{i-0.375}{n+0.25} \right)$，逐一标在正态概率纸上，得到正态概率图。现在，随着统计软件的普及，利用 MINITAB 等软件可以很方便地绘制出正态概率图。

（4）用目测去判断：若 n 个点近似在一条直线附近，则认为该样本来自某正态总体；若 n 个点明显不在一条直线附近，则认为该样本来自非正态总体。

例 5.3： 表 5.7 是某品牌防锈剂防锈能力的测量数据，试用正态概率纸检验其是否服从正态分布。

表 5.7　防锈剂防锈能力的测量数据

抽样编号	1	2	3	4	5	6	7	8	9	10
防锈能力	86.1	92.7	88.1	90.6	87.1	92.4	87.7	90.8	89.1	89.8

运用 MINITAB 进行计算，实现路径为：统计→基本统计量→正态性检验，得到的

结果如图 5.7 所示。

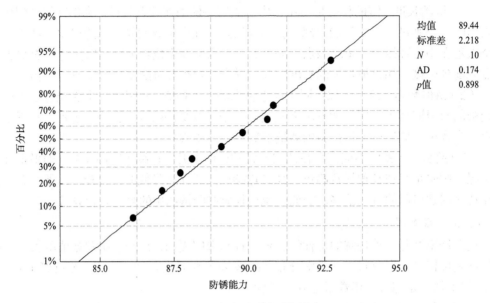

均值	89.44
标准差	2.218
N	10
AD	0.174
p值	0.898

图 5.7   防锈能力的正态概率图

根据图 5.7 右侧的 p 值可判定样本防锈能力是否服从正态分布。其原假设是 H_0：数据服从正态分布；备择假设是 H_1：数据不服从正态分布。根据假设检验的规则，如果 p 值小于 0.05 时，则认为不服从正态分布；如果 p 值大于 0.05 时，没有充分的理由拒绝原假设，因此，可以认为服从正态分布。

5.3   测量系统分析

测量系统是指用来对测量对象进行定量测量或对被测特性进行定性评价的人员、量具、测量方法、测量环境等的集合体，即测量系统涵盖用来获取测量结果的整个过程。所谓测量系统分析是指用统计方法来确定测量系统中的波动源，以及它们对测量结果的影响，最后对测量系统是否符合使用要求给出明确判断。

5.3.1   基本概念

一个合格的测量系统必须具有较高的准确性和精确性（precision）。它们通常由偏倚（bias）和波动等统计指标来表示。

偏倚是指，多次测量结果的平均值与被测质量特性基准值（真值）之差，其中基准值是已知的参考值，或利用更高级的测量设备进行若干次测量取其平均值来确定。

波动是指，在相同的测量条件下进行多次重复测量结果分布的离散程度，常用测量结果的标准差 σ_{ms} 或过程波动 PV 来表示。这里的测量过程波动是指 99% 的测量结果所占区间的长度。它们的概念如图 5.8 所示。

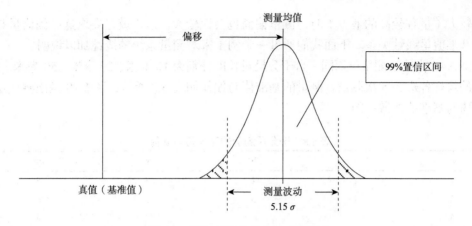

图 5.8　测量系统偏倚与波动的概念

通常测量结果服从正态分布 $N(\mu,\sigma^2)$，于是正态分布下有

$$p(|x-\mu|<2.575\sigma)=0.99$$

因此，99%的测量结果所占区间（$\mu-2.575\sigma, \mu+2.575\sigma$）的长度为 $5.15\,\sigma$。

测量数据质量高，既要求偏倚小，又要求波动小。只要偏倚和波动中有一项大，就不能说测量数据质量高（图 5.9）。

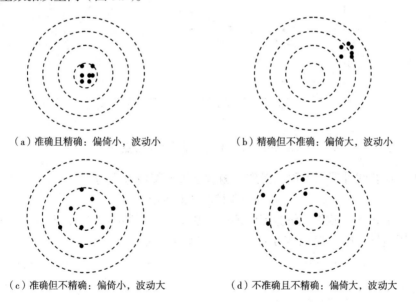

图 5.9　偏倚与波动示意图

每个测量系统都有其量程，因此，好的测量系统应该要求在量程的任何一处都不存在偏倚。但由于偏倚可以通过校准加以修正，因此有时可以对测量系统的偏倚要求放宽些，但为了在任何一处都能对观测值加以修正，必须要求测量系统的偏倚具有线性。

测量系统的线性是指在其量程范围内，偏倚是基准值的线性函数。对于一般的测量方法来讲，当测量基准值较小（量程较低的地方）时，测量偏倚也会比较小；当测量基准值较大（量程较高的地方）时，测量偏倚也会比较大。线性就是要求这些偏倚量与其测量基准值呈线性关系。下面我们通过一个例子来对测量系统的线性加以说明。

例 5.4： 由同一测量员用同一台千分尺对长度分别为 10 毫米、20 毫米、50 毫米、100 毫米的块规各进行 5 次测量，测量的基准值与偏倚如表 5.8 所示，图 5.10 是该测量系统的偏倚与基准值的散点图。

表 5.8　千分尺测量的基准值与偏倚

No.	10	20	50	100
1	2	1	3	5
2	1	3	5	6
3	2	−1	2	4
4	−1	3	4	8
5	−2	1	3	4

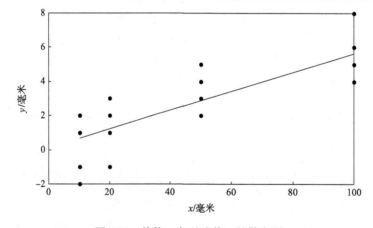

图 5.10　偏倚 y 与基准值 x 的散点图

首先，拟合线性回归方程，得到该测量系统的偏倚方程为

$$y = 0.120 + 0.055\,1x$$

若用 MINITAB 软件，将数据整理后，从统计→回归→拟合线图入口，填好各项变量名，选用线性回归，则 MINITAB 输出结果如下所示。

回归方程为				
$Y = 0.120 + 0.055\,1x$				
自变量	系数	系数标准误	T	p
常量	0.120 4	0.545 7	0.22	0.828
x	0.055 102	0.009 573	5.76	0.000
$S = 1.498\,37$	$R^2 = 64.8\%$	R^2（调整）$= 62.8\%$		

方差分析					
来源	自由度	SS	MS	F	p
回归	1	74.388	74.388	33.13	0.000
残差误差	18	40.412	2.245		
合计	19	114.800			

　　这里 $R^2 = 0.648$，即 $R = 0.8050$，说明偏倚 y 与基准值 x 之间具有良好的线性关系；又方差分析中 $p = 0.000$，因此，可以确定回归效果是显著的。

　　在回归方程中，回归系数是有量纲的，它的量纲是 y 的量纲与 x 的量纲之比。为了量化偏倚总的变化程度，我们引入线性度的概念，它的量纲与 y 的量纲相同，其定义就是过程总波动与该线性方程的斜率的绝对值的乘积，即

$$线性度 = |斜率| \times 过程总波动 \qquad (5.3)$$

它表明的是在过程总波动的范围内，测量值偏倚波动（不是偏倚本身）的范围，线性度越小，测量系统越好。例 5.4 中，过程总波动，$6\sigma = 1.098$，则线性度 $0.055\,102 \times 1.098 = 0.060\,5$。它表明在整个过程中，测量系统基准值的波动大小是 1.1（1.098）毫米，在此范围内，测量值偏倚总波动小于 0.06。

　　测量系统还必须具有稳定性，所谓稳定性是指测量系统的计量特性随时间保持恒定的能力。在研究测量系统稳定性时，假定测量系统在一定的时间内各项统计性能（包括偏倚、总波动及测量误差的分布等）均保持恒定。它主要是用测量结果的统计稳定性来衡量的。定期地对测量标准器（量具）或标准件进行重复测量，并绘制测量值的控制图，从控制图上可以判断测量系统是否统计稳定，然后可以针对引起不稳定的原因进行分析和纠正。

　　测量系统的分辨力（discrimination）是指测量系统识别并反映被测量最微小变化的能力。测量系统的分辨力不够高，就无法正确识别过程的波动，从而影响对测量结果的定量描述。

　　由于经济上或物理上的限制，测量系统不可能无限制地识别或区分被测量的任意微小的变化。它们总是将被测特性区分或识别为若干数据组别。例如，某一被测特性真实值为 2.308 4，用千分表测量为 2.308，用百分表测量则为 2.31。因此，在使用千分表时，它的测量值将属于 2.308 这个数据组别；在使用百分表时，它的测量值将属于 2.31 这个数据组别。故称千分表的分辨力为 0.001，百分表的分辨力为 0.01，一般称测量结果的最小间距为其分辨力。

　　如果测量系统分辨力不够，则测量数据在用于过程分析或控制时可能会导致结果不正确。因此，测量系统首先必须要有足够的分辨力。一般来说，测量系统的分辨力应达到（即在数值上不大于）过程总波动（6 倍的过程标准差）的 1/10，或容差（USL–LSL）的 1/10。

　　在测量系统分析中，对于连续型测量数据，常直接用测量结果的最小间距作为其分辨力；还有一种方法，用经统计分析后由测量系统所得到的两个标准差来确定可区分的类别数，进而评价测量系统是否有足够的分辨力。可从式（5.4）中得到

$$数据组数 = \left[\frac{\sigma_p}{\sigma_{ms}}\right] \times 1.41 \qquad (5.4)$$

其中，"[ ]" 是取整符号；σ_p 是测量对象波动的标准差；σ_{ms} 是测量系统波动的标准差。

　　一般来说，如果数据组数小于 2，那么这样的测量系统控制分辨率不高，测量得到的数据不能用于控制和分析过程；当数据组数为 2~4 个时，测量系统仅能提供粗糙的估计值，也不能用于估计过程的参数或计算过程能力指数（process capability index）；当数据组数大于等于 5 时，测量系统才有足够的分辨力，得到的数据才能较好地用于分析和

控制过程。表 5.9 给出了由数据组数代表的测量系统分辨力对过程分析和控制的影响。

表 5.9　测量系统分辨力对过程分析和控制的影响

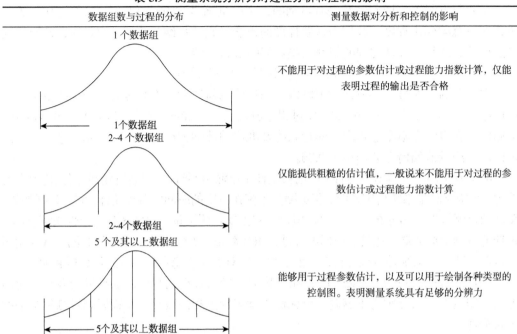

数据组数与过程的分布	测量数据对分析和控制的影响
1 个数据组	不能用于对过程的参数估计或过程能力指数计算，仅能表明过程的输出是否合格
2~4 个数据组	仅能提供粗糙的估计值，一般说来不能用于对过程的参数估计或过程能力指数计算
5 个及其以上数据组	能够用于过程参数估计，以及可以用于绘制各种类型的控制图。表明测量系统具有足够的分辨力

如果测量系统的分辨力不足，那么无法获得更多的过程波动的信息。当测量系统的分辨力不足时，一般应考虑更换量具或选用更好的测量技术。

测量过程观测数据的波动，一方面来自于过程本身，即被测对象之间的差异；另一方面，来自于测量系统，测量系统的波动主要是由量具和操作者引起的。图 5.11 提供了过程波动的主要来源以及测量系统分析的主要内容。下面将分别考虑量具、操作者以及测量对象间的波动，以确认测量系统是否合格，在不合格时识别波动源，并提出改进的方向。

重复性（repeatability）。测量系统的重复性是指在尽可能相同测量条件下，对同一测量对象进行多次重复测量所产生的波动。重复性波动主要是反映量具本身的波动，记为 EV（equipment variation）。这里在"尽可能相同的测量条件"下进行测量是指同一个操作员对同一个测量对象的同一部位放在量具的同一位置，在较短的时间间隔内进行多次测量。换句话说，就是在尽可能恒定不变的条件下进行重复测量。此时重复性误差的产生只能是由量具本身的固有波动引起。因此，重复性常是作为考察量具固有波动大小的度量。

合格的测量系统应具有良好的重复性，也就是其重复测量的波动要小。计算量具重复性波动，可以采用公式，$EV = 6\sigma_e$，或者 $EV = 5.15\sigma_e$，σ_e 是测量过程中由于重复测量而引起的标准差。实际中，最好能安排专门的估计 σ_e 的测量过程，即让同一个操作员，对同一个标准的测量对象，用完全相同的操作规程，在较短的时间间隔内进行多次测量，由这些测量结果可以直接估计出 σ_e；如果专门估计 σ_e 的测量有困难，那么可以直接使用评估测量系统的通用方法，对多个测量对象用多个操作员同时测量，但同一个操作员对同一个标准的测量对象至少要重复测量两次以上。这时，可以使用下列简捷估计公式：

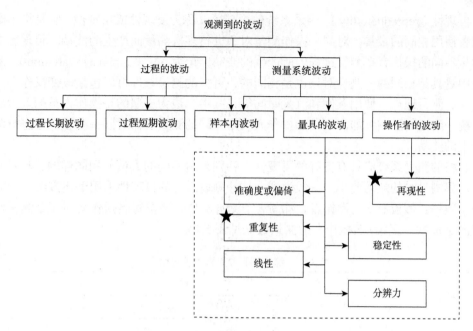

图 5.11　过程波动的主要来源以及测量系统分析的主要内容

虚线框内是评价测量系统时考虑的主要方面；★表示测量系统重复性与再现性
（repeatability & reproducibility，R&R）的组成

$$\hat{\sigma}_e = \frac{\bar{R}}{d_2^*} \tag{5.5}$$

其中，$\bar{R}$ 是重复测量同一个零件的极差的平均值；d_2^* 的值依赖于两个量：m 及 g。这里，m 是重复测量次数；g 是操作者数 k 与测量对象个数 n 的乘积。可通过表 5.10 查得 d_2^*。

表 5.10　$d_2^* = d_2^*(m, g)$ 的数值表

g	m													
	2	3	4	5	6	7	8	9	10	11	12	13	14	15
1	1.41	1.91	2.24	2.48	2.57	2.83	2.95	3.08	3.18	3.72	3.35	3.42	3.49	3.55
2	1.28	1.81	2.15	2.40	2.50	2.77	2.91	3.02	3.13	3.22	3.30	3.38	3.45	3.51
3	1.23	1.77	2.12	2.38	2.58	2.75	2.89	3.01	3.11	3.21	3.29	3.37	3.43	3.50
4	1.21	1.75	2.11	2.37	2.57	2.74	2.88	3.00	3.10	3.20	3.28	3.35	3.43	3.49
5	1.19	1.74	2.10	2.35	2.55	2.73	2.87	2.99	3.10	3.19	3.28	3.35	3.42	3.49
6	1.18	1.73	2.09	2.35	2.55	2.73	2.87	2.99	3.10	3.19	3.27	3.35	3.42	3.49
7	1.17	1.73	2.09	2.35	2.55	2.72	2.87	2.99	3.09	3.19	3.27	3.35	3.42	3.48
8	1.17	1.72	2.08	2.35	2.55	2.72	2.87	2.98	3.09	3.19	3.27	3.35	3.42	3.48
9	1.15	1.72	2.08	2.34	2.55	2.72	2.85	2.98	3.09	3.18	3.27	3.35	3.42	3.48
10	1.15	1.72	2.08	2.34	2.55	2.72	2.85	2.98	3.09	3.18	3.27	3.34	3.42	3.48
11	1.15	1.71	2.08	2.34	2.55	2.72	2.85	2.98	3.09	3.18	3.27	3.34	3.41	3.48
12	1.15	1.71	2.07	2.34	2.55	2.72	2.85	2.98	3.09	3.18	3.27	3.34	3.41	3.48
13	1.15	1.71	2.07	2.34	2.55	2.71	2.85	2.98	3.09	3.18	3.27	3.34	3.41	3.48
14	1.15	1.71	2.07	2.34	2.54	2.71	2.85	2.98	3.08	3.18	3.27	3.34	3.41	3.48
15	1.15	1.71	2.07	2.34	2.54	2.71	2.85	2.98	3.08	3.18	3.25	3.34	3.41	3.48
>15	1.128	1.593	2.059	2.325	2.534	2.704	2.847	2.907	3.078	3.173	3.258	3.335	3.407	3.472

再现性（reproducibility）。测量系统的再现性又称为复现性或重现性，它是指不同的操作者使用相同的量具，对同一操作测量对象进行多次测量而产生的波动。再现性主要是度量不同的操作者在测量过程中所产生的波动，记为 AV（appraiser variation）。测量过程中量具是相同的，测量对象也是相同的，可变的测量条件可以包括改变操作者、操作方法、测量地点、使用条件和测量时间等，其中，最为普遍的是操作人员的差异对测量系统一致性的影响，即由不同的操作人员用相同的测量仪器对同一测量对象进行测量时产生的波动。

合格的测量系统应具有良好的再现性，特别是由不同的人员使用同样的量具对同一测量对象测量时的波动要小。一般说来，估计测量系统的再现性采用下述方法。

步骤一：假设有 k 名操作者，测量 n 个测量对象，要求每名操作者对每个测量对象重复测量 m 次，记第 i 名操作者的测量数据见表 5.11。

表 5.11   第 i 名操作者的测量数据表

重复号	零件号			
	1	2	$\cdots$	n
1	x_{11}	x_{21}	$\cdots$	x_{n1}
2	x_{12}	x_{22}	$\cdots$	x_{n2}
$\vdots$	$\vdots$	$\vdots$		$\vdots$
m	x_{1m}	x_{2m}	$\cdots$	x_{nm}
均值	$\bar{x}_1$	$\bar{x}_2$		$\bar{x}_n$ 总平均 $\bar{x}$

把第 i 名操作者所得的 $n \times m$ 个测量值的总平均记为 $\bar{\bar{x}}^{(i)}$，这样就得到 k 个总平均：
$$\bar{\bar{x}}^{(1)}, \quad \bar{\bar{x}}^{(2)}, \quad \cdots, \quad \bar{\bar{x}}^{(k)}$$

步骤二：计算操作者间的极差与标准差 R_o：
$$R_o = \bar{\bar{x}}_{\max} - \bar{\bar{x}}_{\min} \tag{5.6}$$
$$\hat{\sigma}_o = R_o / d_2^* \tag{5.7}$$

其中，d_2^* 可查表 5.10 得 $d_2^* = d_2^*(m,g)$。因为只有一个极差 R_o 参与计算，故 $g=1$，$m=k$。

步骤三：由于上述标准差 $\hat{\sigma}_o$ 还包含着每名操作者重复测量引起的波动，故需要对标准差 $\hat{\sigma}_o$ 做出修正，此种修正要对相应的方差进行。因为，在独立场合方差具有可加性，而标准差不具可加性。

若记重复性中的方差为 $\hat{\sigma}_o$，如今每个操作者各测量 nm 次，故方差要缩小 nm 倍，即实际重复性的方差为 $\hat{\sigma}_e^2 / nm$。从上述方差中扣除这个重复性方差，即为再现性的方差校正值：
$$\hat{\sigma}_o'^2 = \hat{\sigma}_o^2 - \hat{\sigma}_e^2 / nm$$
$$\hat{\sigma}_o' = (\hat{\sigma}_o^2 - \hat{\sigma}_e^2 / nm)^{1/2} \tag{5.8}$$

步骤四：计算其再现性为
$$AV = 5.15\hat{\sigma}_o' = [(5.15\hat{\sigma}_o)^2 - (5.15\hat{\sigma}_e)^2 / nm]^{1/2} \tag{5.9}$$

5.3.2　测量系统的模型及 R&R 估计

在测量过程中，观测值的波动等于各随机波动之和，既包括测量对象之间的波动，又包括测量系统的波动。为了在测量系统分析的研究中估计试验设计模型中的方差组成，许多学者用二因素随机效应（random effect）模型描述测量过程的重复性和再现性，即 R&R。

$$X_{ijk} = \mu + O_i + P_j + (OP)_{ij} + R_{k(ij)} \tag{5.10}$$

$$i = 1, 2, \cdots, I; \quad j = 1, 2, \cdots, J; \quad k = 1, 2, \cdots, K$$

其中，X_{ijk} 为第 i 个操作者对第 j 个零件进行的第 k 次测量；μ 是未知常数（总均值）；O_i、P_j、OP_{ij}、$R_{k(ij)}$ 分别为操作者、零件、操作者与零件交互作用和重复测量效应的随机变量，且假设 $O_i \sim N(0, \sigma_O^2)$，$P_j \sim N(0, \sigma_p^2)$，$OP_{ij} \sim N(0, \sigma_{op}^2)$，$R_{k(ij)} \sim N(0, \sigma_e^2)$，其中（$O_i$、$P_j$、$OP_{ij}$、$R_{k(ij)}$）相互独立。

在二因素随机效应模型中，观测值 X_{ijk} 的总波动（方差）等于各随机波动（方差）之和：

$$\sigma_T^2 = \sigma_o^2 + \sigma_p^2 + \sigma_{op}^2 + \sigma_e^2 \tag{5.11}$$

在过程输出值的总波动中包括了过程的实际波动和测量系统的波动。测量数据的总方差 σ_T^2 由测量对象的方差 σ_p^2 与测量系统的方差 σ_{ms}^2 组成，而测量系统的方差又由测量者的方差和量具的方差构成，即

$$\sigma_{ms}^2 = \sigma_o^2 + \sigma_{op}^2 + \sigma_e^2$$

其中，σ_{op}^2 是操作员与零件的交互作用方差，所以

$$\sigma_T^2 = \sigma_p^2 + \sigma_{ms}^2 = \sigma_p^2 + \sigma_o^2 + \sigma_{op}^2 + \sigma_e^2$$

对上式两端各乘上 5.15^2，则

$$(TV)^2 = (PV)^2 + (AV)^2 + (EV)^2$$

其中，TV 是总波动；PV 是测量对象之间的波动；$(AV)^2 + (EV)^2$ 是量具 R&R 波动的平方，这就是 σ_{ms}^2，有时也直观地记为 $(R\&R)^2$，因此有

$$R\&R = \sqrt{(EV)^2 + (AV)^2} \tag{5.12}$$

量具研究就是要估计这些方差成分，并同各种准则进行比较，以确定测量系统是否满足工程能力要求。

方差分析方法依赖于所有观测值平方和的正交分解。记：

$$X_{\cdots} = \sum_{i=1}^{I} \sum_{j=1}^{J} \sum_{k=1}^{K} X_{ijk}, \quad \bar{X}_{\cdots} = \frac{1}{IJK} X_{\cdots}$$

$$X_{i\cdots} = \sum_{j=1}^{J} \sum_{k=1}^{K} X_{ijk}, \quad \bar{X}_{i\cdots} = \frac{X_{i\cdots}}{JK} \ (i = 1, 2, \cdots, I)$$

$$X_{\cdot j\cdot} = \sum_{i=1}^{I} \sum_{k=1}^{K} X_{ijk}, \quad \bar{X}_{\cdot j\cdot} = \frac{X_{\cdot j\cdot}}{IK} \ (j = 1, 2, \cdots, J)$$

$$X_{ij} = \sum_{k=1}^{K} X_{ijk}, \quad \bar{X}_{ij} = \frac{1}{K} X_{ij} \ (i=1,2,\cdots I; j=1,2,\cdots J)$$

$$MS_o = JK \sum_{i=1}^{I} (\bar{X}_{i\cdot\cdot} - \bar{X}_{\cdots})^2$$

$$MS_p = IK \sum_{j=1}^{J} (\bar{X}_{\cdot j\cdot} - \bar{X}_{\cdots})^2$$

$$MS_{op} = K \sum_{i=1}^{I} \sum_{j=1}^{J} (\bar{X}_{ij} - \bar{X}_{i\cdot\cdot} - \bar{X}_{\cdot j\cdot} - \bar{X}_{\cdots})^2$$

$$MS_R = \sum_{i=1}^{I} \sum_{j=1}^{J} \sum_{k=1}^{K} (X_{ijk} - \bar{X}_{ij\cdot})^2$$

$$MS_T = \sum_{i=1}^{I} \sum_{j=1}^{J} \sum_{k=1}^{K} (X_{ijk} - \bar{X}_{\cdots})^2$$

$$MS_T = MS_o + MS_p + MS_{op} + MS_R$$

基于平方和分解的结果，可以通过下列各式得到方差成分的估计值。

$$\hat{\sigma}^2 = MS_R, \quad \hat{\sigma}_{op}^2 = \frac{MS_{op} - MS_R}{K}$$

$$\hat{\sigma}_o^2 = \frac{MS_o - MS_{op}}{JK}, \quad \hat{\sigma}_p^2 = \frac{MS_p - MS_{op}}{IK}$$

$$\hat{\sigma}_T^2 = \hat{\sigma}_o^2 + \hat{\sigma}_p^2 + \hat{\sigma}_{op}^2 + \hat{\sigma}^2$$

根据方差分析方法，可以估计总波动中各方差成分的构成，见表 5.12。方差成分 σ^2（或其平方根 σ）是量具重复性波动的度量，反映了测量过程中量具本身的波动。而方差成分的平方和 $\sigma_o^2 + \sigma_{op}^2$（或者 $\sqrt{\sigma_o^2 + \sigma_{op}^2}$）是量具再现性波动的度量，它反映了测量过程中操作者之间的波动，因此，测量系统的再现性定义为

$$\sigma_{reproducibility} = \sqrt{\sigma_o^2 + \sigma_{op}^2} \tag{5.13}$$

表 5.12　二因素随机效应模型中 R&R 研究的方差分析表

波动源	自由度	均方	期望的均方
操作者（O）	$I-1$	MS_o	$E(MS_o) = \sigma^2 + K\sigma_{op}^2 + JK\sigma_o^2$
零件（P）	$J-1$	MS_p	$E(MS_p) = \sigma^2 + K\sigma_{op}^2 + JK\sigma_p^2$
操作者×零件（O×P）	$(I-1)(J-1)$	MS_{op}	$E(MS_o) = \sigma^2 + K\sigma_{op}^2$
重复性（R）	$IJ(K-1)$	MS_R	$E(MS_o) = \sigma^2$

在应用方差分析法估计测量系统的再现性波动时，通过获得 σ_o^2 和 σ_{op}^2 的矩估计，进而得到测量系统的再现性估计，这种方法的主要缺陷是可能导致方差成分的负估计值，特别是当零件与操作者之间的交互效应不显著时，这种利用矩估计的方法，往往导致测量系统的再现性出现负值。

在测量过程的基本模型中，对于固定的 i 和 j，随机变量 $X_{ijk} - [O_i + P_j + (OP)_{ij}]$ 相互独立，且服从正态分布 $N(\mu, \sigma^2)$，又随机变量 X_{ijk} 与 $X_{ijk} - [O_i + P_j + (OP)_{ij}]$ 具有相同的样

本极差，因此，令

$$R_{ij} = \max_{1 \leqslant k \leqslant K} X_{ijk} - \min_{1 \leqslant k \leqslant K} X_{ijk}$$

则

$$E\left[\frac{R_{ij}}{d_2(K)}\right] = \sigma$$

又记

$$\bar{R} = \frac{1}{IJ}\sum_{i,j} R_{ij}$$

那么量具的重复性（ R ）的无偏估计为

$$\hat{\sigma} = \frac{\bar{R}}{d_2(K)} = \frac{1}{d_2(K)IJ}\sum_{i,j} R_{ij} \tag{5.14}$$

为了给出测量系统再现性波动的合理估计，记 $\bar{X}_{ij\cdot} = \frac{1}{K}\sum_{k=1}^{K} X_{ijk}$ ，对给定的零件 j ， i 个操作人员测量均值的样本极差记为

$$\Delta_j = \max_{1 \leqslant i \leqslant I} \bar{X}_{ij\cdot} - \min_{1 \leqslant i \leqslant I} \bar{X}_{ij\cdot}$$

对于固定的零件 j ， i 个随机变量 $\bar{X}_{ij\cdot} - P_j$ 相互独立，且服从正态分布 $\mathrm{N}\left(\mu, \sigma_o^2 + \sigma_{op}^2 + \frac{1}{K}\sigma^2\right)$ ，又随机变量 $\bar{X}_{ij\cdot}$ 与 $\bar{X}_{ij\cdot} - P_j$ 具有相同的样本极差，因此：

$$E\left[\frac{\Delta_j}{d_2(I)}\right] = \sqrt{\sigma_o^2 + \sigma_{op}^2 + \frac{1}{K}\sigma^2} \tag{5.15}$$

又记 $\bar{\Delta} = \frac{1}{J}\sum_{j=1}^{J} \Delta_j$ ，则测量系统再现性方差的合理估计是

$$\hat{\sigma}_{\text{reproducibility}}^2 = \max\left[0, \left(\frac{\bar{\Delta}}{d_2(I)}\right)^2 - \frac{1}{K}\left(\frac{\bar{R}}{d_2(K)}\right)^2\right] \tag{5.16}$$

上述估计量考虑了质量控制领域经常采用的样本极差，其最大优点在于计算简单，而且揭示了如何纠正基于样本极差的估计量的偏差。

下面将给出估计 R&R 的应用实例

例 5.5：表 5.13 是某航空公司测试部门为研究测量系统的 R&R 而获得的测量数据和计算结果，其中由 2 个操作人员，测量了 20 个零件，每个零件各重复测量 4 次（表中 2~5 列，8~11 列），试给出该测量系统中 R&R 的估计值。

表 5.13　测量数据和计算结果

零件	操作者（1）						操作者（2）						Δ_j
	$X_{1/1}$	$X_{1/2}$	$X_{1/3}$	$X_{1/4}$	R_{1j}	$\bar{X}_{1j}$	$X_{2/1}$	$X_{2/2}$	$X_{2/3}$	$X_{2/4}$	R_{2j}	$\bar{X}_{2j}$	
1	41	41	41	40	1	40.75	40	39	39	40	1	39.5	1.25
2	42	42	42	41	1	41.75	41	41	40	40	1	40.5	1.25
3	41	42	42	42	1	41.75	40	41	41	40	1	40.5	1.25
4	39	40	39	40	1	39.5	40	41	41	40	1	40.5	1

| 零件 | 操作者（1） | | | | | | 操作者（2） | | | | | | Δ_j |
	$X_{1/1}$	$X_{1/2}$	$X_{1/3}$	$X_{1/4}$	R_{1j}	$\bar{X}_{1j}$	$X_{2/1}$	$X_{2/2}$	$X_{2/3}$	$X_{2/4}$	R_{2j}	$\bar{X}_{2j}$	
5	38	39	39	38	1	38.5	40	40	39	39	1	39.5	1
6	39	39	39	40	1	39.25	40	40	41	40	1	40.25	1
7	39	40	40	40	1	39.75	41	41	41	41	0	41	1.25
8	41	42	42	41	1	41.5	40	41	40	39	2	40	1.5
9	43	42	42	41	2	42	41	42	40	41	2	41	1
10	39	38	39	38	1	38.5	39	40	40	39	1	39.5	1
11	42	41	41	42	1	41.5	42	40	40	40	2	40.5	1
12	41	41	40	40	1	40.5	39	39	40	40	1	39.5	1
13	39	40	40	41	2	40	39	40	40	40	1	39.5	0.5
14	38	39	38	39	1	38.5	39	39	40	39	1	39.25	0.75
15	41	42	41	40	2	41	39	40	40	41	1	40	1
16	39	39	38	38	1	38.5	40	39	40	40	1	39.75	1.25
17	39	40	40	39	1	39.5	40	41	41	40	1	40.5	1
18	38	39	38	39	1	38.5	38	39	39	40	2	39	0.5
19	40	41	41	40	1	40.5	39	40	39	40	1	39.5	1
20	39	38	40	38	2	38.75	39	40	40	40	1	39.75	1

首先，计算每个操作者 i $(i=1,2)$ 对零件 j 的样本极差 R_{ij} $(i=1,2; j=1,2,\cdots,20)$，样本均值 $\bar{X}_{ij}$ $(i=1,2; j=1,2,\cdots,20)$，以及 Δ_j $(j=1,2,\cdots,20)$，计算结果分别见表 5.13 中的第 6、7、12、13、14 列。

其次，可以得到

$$\bar{R} = \frac{1}{IJ}\sum_{i=2,j=20} R_{ij} = \frac{1}{2\times 20}[1+1+\cdots+1+1] = 1.2$$

$$\bar{\Delta} = \frac{1}{J}\sum_{j=1}^{20} \Delta_j = \frac{1}{20}[1.25+1.25+\cdots+1+1] = 1.02$$

该例中，有 2 名操作者，对 20 个零件各测量 4 次，则 $m=4$，$g=2\times 20=40$。从表 5.10 中查得 $d_2^*(K)=d_2^*(4,40)=2.059$。计算再现性时，由于只有一个极差对与计算，故 $g=1$，$m=k=2$，$K=n\times m=20\times 4=80$，从表 5.10 中查得 $d_2^*(I)=d_2^*(2,1)=1.41$，最后可得到测量系统中 R&R 的估计值：

$$\hat{\sigma}_e = \frac{\bar{R}}{d_2^*} = \frac{1.2}{2.059} = 0.58$$

$$EV = 5.15\hat{\sigma}_e = 5.15\times 0.58 = 2.987$$

$$\hat{\sigma}_{\text{reproducibility}} = \sqrt{\max\left[0, \left(\frac{\bar{\Delta}}{d_2(I)}\right)^2 - \frac{1}{K}\hat{\sigma}^2\right]} = 0.720$$

$$AV = 5.15\hat{\sigma}_{\text{reproducibility}} = 5.15\times 0.72 = 3.708$$

5.3.3　测量系统能力的评价及其应用

测量也是一个过程，在工程实践中，如果测量过程的波动与生产过程的波动相比较小，则认为测量过程是有能力的，测量的数据是可靠的。在测量系统的总波动中，最主要的是测 R&R。因此，在对测量系统的能力进行评价时，通常采用两种方法。

（1）用测量系统的波动 R&R 与总波动之比来度量，记为 P/TV：

$$P/TV = R\&R\%　\qquad (5.17)$$

（2）用测量系统的波动 R&R 与测量对象质量特性的公差之比来度量，记为 P/T：

$$P/T = \frac{R\&R}{USL-LSL} \times 100\% = \frac{6\sigma_{ms}}{USL-LSL} \times 100\%　\qquad (5.18)$$

若仅有单侧上规格限时：

$$P/T = \frac{3\sigma_{ms}}{USL-\mu} \times 100\%　\qquad (5.19)$$

若仅有单侧下规格限时：

$$P/T = \frac{3\sigma_{ms}}{\mu-LSL} \times 100\%　\qquad (5.20)$$

在评价测量系统的性能时，通常采用的准则如表 5.14 所示。

表 5.14　测量系统性能判别准则

测量系统性能	说明
P/TV 或 $PT \leqslant 10\%$	测量系统的性能很好
$10\% \leqslant P/TV$ 或 $P/T \leqslant 20\%$	测量系统的性能是满意的
$20\% \leqslant P/TV$ 或 $P/T \leqslant 30\%$	测量系统的性能处于临界状态
P/TV 或 $P/T > 30\%$	测量系统能力是不满意的，必须进行改进

根据这一准则，当 P/TV 或 $P/T \leqslant 10\%$ 时，表明测量系统是有能力的。当 $10\% \leqslant P/TV$ 或 $P/T \leqslant 20\%$ 时，测量系统的性能是满意的。当 $20\% \leqslant P/TV$ 或 $P/T \leqslant 30\%$ 时，测量系统能力处于临界状态。这时，当测量对象是重要变量时，此测量系统不能使用；当测量对象是非重要变量且立即更换测量系统暂时无法实现时，则此测量系统可以勉强使用。当 P/TV 或 $P/T > 30\%$ 时，说明测量系统本身的波动过大，由这样的测量系统得到的数据是不可靠的，测量系统必须改进。在最后这种情况下，必须研究测量系统的各种波动源，并采取措施（如试验设计）减小波动；如果采取措施后，仍不能满足要求，那就要更换量具，采用新的测量系统。

下面通过实例说明如何利用 MINITAB 软件，对测量系统进行分析。

例 5.6： 某质量改进团队在进行测量系统分析时，选择了 A、B、C 三个操作者，对 10 个零件各测量了两次，测量的数据如表 5.15 所示。

表 5.15　某团队的测量数据

操作者	零件 1	零件 2	零件 3	零件 4	零件 5	零件 6	零件 7	零件 8	零件 9	零件 10
A	0.65	1.00	0.85	0.85	0.55	1.00	0.95	0.85	1.00	0.60
A	0.60	1.00	0.80	0.95	0.45	1.00	0.95	0.80	1.00	0.70
B	0.55	1.05	0.80	0.80	0.40	1.00	0.95	0.75	1.00	0.55
B	0.55	0.95	0.75	0.75	0.40	1.05	0.90	0.70	0.95	0.50
C	0.50	1.05	0.80	0.80	0.45	1.00	0.95	0.80	1.05	0.85
C	0.55	1.00	0.80	0.80	0.50	1.05	0.95	0.80	1.05	0.80

运用 MINITAB 进行计算，实现路径：统计→质量工具→量具研究→量具 R&R 研究

（交叉），分析方法选择"X-Bar"和"R（X）"，MINITAB 输出结果如下所示。

来源	方差分量	贡献率
合计量具 R&R	0.002 083 9	6.33
重复性	0.001 154 9	3.51
再现性	0.000 929 1	2.82
部件间	0.030 827 1	93.67
合计变异	0.032 911 1	100.00

	研究变异		
来源	标准差（SD）	（6*SD）%	研究变异（%SV）
合计量具 R&R	0.045 650	0.273 90	25.16
重复性	0.033 983	0.203 90	18.73
再现性	0.030 481	0.182 88	16.80
部件间	0.175 577	1.053 46	96.78
合计变异	0.181 414	1.088 48	100.00

可区分的类别数=5

　　根据上述结果可以看出，该测量系统可分的类别数为 5，表示测量系统的分辨率勉强合格；系统符合$10\% < (P/\text{TV} = 25.16) < 30\%$，根据测量系统性能判别准则，测量系统能力处于临界状态，不能用于测量重要特性的产品。

　　在实际生产中，为了分析测量过程波动源的大小及对过程质量的影响，需要根据实际问题构造统计分析模型，采用方差分析和方差分量（variance component）法估计测量系统波动的大小。

　　运用 MINITAB 进行计算，实现路径：统计→质量工具→量具研究→量具 R&R 研究（交叉），分析方法选择 ANOVA，MINITAB 输出结果如下所示。

来源	方差分量	贡献率
合计量具 R&R	0.004 437 5	10.67
重复性	0.001 291 7	3.10
再现性	0.003 145 8	7.56
操作者	0.000 912 0	2.19
操作者*零件	0.002 233 8	5.37
部件间	0.037 164 4	89.33
合计变异	0.041 601 9	100.00

	研究变异		
来源	标准差（SD）	（6*SD）%	研究变异（%SV）
合计量具 R&R	0.066 615	0.399 69	32.66
重复性	0.035 940	0.215 64	17.62
再现性	0.056 088	0.336 53	27.50
操作者	0.030 200	0.181 20	14.81
操作者*零件	0.047 263	0.283 58	23.17
部件间	0.192 781	1.156 68	94.52
合计变异	0.203 965	1.223 79	100.00

可区分的类别数 = 4

根据上述结果可以看出，该测量系统可分的类别数为 4，表示测量系统的分辨率较弱；系统符合 $P/\mathrm{TV} = 32.66\% > 30\%$，根据测量系统性能判别准则，测量系统能力是不能满意的，我们必须切实改进测量系统，进行再次评估，然后才能用于测量重要特性的产品。

5.4　特殊情况下的测量系统分析

5.4.1　破坏性试验的测量系统分析

有些测量，如在强度试验或湿度试验的测量过程中，测取数据的同时样件将遭到破坏，我们称为破坏性试验。在这种情况下，对样件进行多次重复测试是不可能的。因此，需要采取其他补救办法进行测量系统分析。通常采用的方法是假定同批次内样件间的差异可以忽略不计，即用同一批次中的样件当作同一样件。例如，在测量系统分析中，假设选择 10 个样件，共有 3 个操作者，每个操作者重复测试 2 次，那么，总共进行了 60 次测量操作；在破坏性试验的情况下，可以选取 10 个批次（这些过程输出结果是在相同的条件下产生的），从每批选取 6 个样件，用这些样件来替代在非破坏性试验情况下的 60 次操作。

下面将结合实例说明破坏性试验测量系统分析的方法。表 5.16 是某材料黏度试验的测试结果，由于黏度试验样本无法重复使用，所以从 7 个批次中，每个批次抽取 2 个样本，采用同样的方法（相同的人员与量具）测量。

表 5.16　黏度试验的测试数据和计算结果

批次	1	2	3	4	5	6	7	
样本 1	20.48	19.37	20.35	19.87	20.36	19.32	20.58	
样本 2	20.43	19.23	20.39	19.93	20.34	19.30	20.68	
极差（R）	0.05	0.14	0.04	0.06	0.02	0.02	0.10	$\bar{R} = 0.0614$
样本均值（$\bar{x}$）	20.455	19.300	20.370	19.900	20.350	19.310	20.630	$\bar{\bar{x}} = 20.045$
移动极差（MR）		1.155	1.07	0.47	0.45	1.04	1.32	$\overline{MR} = 0.9175$

由于同一批次中的 2 个样本是用同样的方法（相同的人员与量具）测量的，因此，可以忽略测量系统的再现性波动，即认为这两个测量数据的波动主要是由测量误差造成的。将每一批次的样本构成一个子组，计算每个子组的极差，计算结果见表 5.16 第 4 行。

图 5.12 绘制了黏度试验样本的极差控制图。从中看到：样本极差均在控制界限内，处于统计控制状态。

由于测量过程中，忽略了测量系统的再现性，则测量系统的波动主要是由量具的重复性构成，即 $\hat{\sigma}_{\mathrm{ms}} = \hat{\sigma} = \dfrac{\bar{R}}{d_2}$，其中 d_2 可通过查表 5.1 得到，它与样本容量 n 有关（在本例中，$n = 2$，$d_2 = 1.128$）。因此，$\hat{\sigma}_{\mathrm{ms}} = \hat{\sigma} = \dfrac{\bar{R}}{d_2} = \dfrac{0.0614}{1.128} = 0.054$。

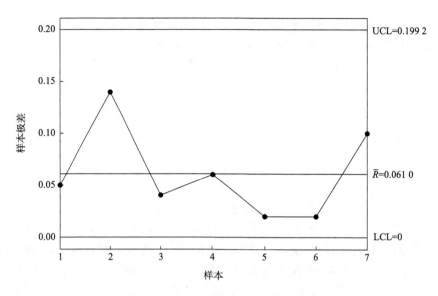

图 5.12　黏度试验样本的极差控制图

上述计算的波动仅反映的是各个批次内样本的差异，如何计算批次与批次之间的波动，通常采用的方法是计算各批次样本均值的移动极差。表 5.16 的第 4 行和第 5 行分别给出了每个批次的样本均值以及均值的移动极差。图 5.13 给出了黏度试验样本的单值-移动极差控制图，可以判定过程处于统计控制状态。

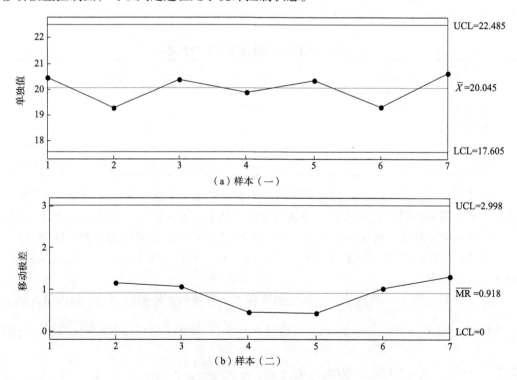

图 5.13　黏度试验样本的单值-移动极差控制图

从极差控制图上，可以考察测量过程的一致性，而单值-移动极差控制图揭示的是生产过程的一致性。由于单值-移动极差控制图处于统计状态，因此，批次间的波动可用 $\hat{\sigma}_p = \dfrac{\overline{MR}}{d_2}$ 估计，其中 $\overline{MR}$ 是移动极差的均值；d_2 可通过查控制图系数表得到，它与样本容量 n 有关（本例中 $n=2$，$d_2 = 1.128$），即 $\hat{\sigma}_p = \dfrac{\overline{MR}}{d_2} = \dfrac{0.9175}{1.128} = 0.813$。

一旦得到了测量系统的波动 $\hat{\sigma}_{ms}$ 和批次与批次之间的波动 $\hat{\sigma}_p$，就可估算出测量过程的总波动 $\hat{\sigma}_T$，进而对测量系统的能力进行评价，如计算 P/TV、P/T 及考察测量系统是否具有足够的分辨力等。

5.4.2　属性值数据一致性分析

测量结果并不都是连续型的计量型数据，有时是属性值数据或计数型数据。计数型测量系统最常见的结果是通过/不通过、合格/不合格两种等级，当然也有一些计数型测量系统的结果形成两个以上的不同的分级。计数型数据不同于计量型数据，所以对计数型数据的分析也不能采用计量型数据的分析方法。经过理论和实践研究，采用属性值数据一致性分析的方法可以解决这一问题。属性值数据一致性分析是对属性值数据进行相关性和一致性分析。

除了属性值数据一致性分析外，也有其他方法对属性测量系统进行分析，如有效性、漏判率、误判率等。有效性分为测量者的有效性和系统的有效性。测量者对测量对象的测量结果一致，且与标准一致，则称为有效，有效测量对象数与被测量对象数之比称为测量者的有效性。系统有效性是指有效的零件数目与被测零件数目之比；漏判率是将标准为不合格的测量对象判断为合格的机会百分比；误判率是将标准为合格的测量对象判断为不合格的机会百分比。属性值数据测量系统的判断标准如表 5.17 所示。在实际操作中还可以结合根据测量对象的重要程度进行分析，对关键的测量对象应严格判断标准；对非关键的测量对象，可以适当放宽判断标准。

表 5.17　属性值数据测量系统的判断标准

判断	有效性	漏判率	误判率
可接受	$\geqslant 90\%$	$\leqslant 2\%$	$\leqslant 5\%$
接受—需要改进	$\geqslant 80\%$	$2\% \sim 5\%$	$5\% \sim 10\%$
不可接受	$\leqslant 80\%$	$\geqslant 5\%$	$\geqslant 10\%$

在获取属性值一致性分析的测量数据时，一般选取 20 个或 20 个以上的零件，零件合格数与不合格数最好控制在各占 50%，应在从事日常检验活动的人员中选择至少 2 人，每个测量者对每个零件重复测量至少 2 次，以决定该零件是否可以接受。用测量者判定结果的一致性来表示属性值测量系统的好坏。显然，重复性是指同一个测量者对同一零件在不同测量轮数时的一致程度；再现性则是不同测量者对同一零件测量时的一致性。下面将通过一个简单例子来说明属性值数据一致性分析。

例 5.7：假设选取 20 个零件，2 个检验员，每人测量 2 次，得到如表 5.18 所示结果，其中 P 表示合格，NP 表示不合格。

表 5.18   计数型测量系统分析数据表

零件号	检验员 A		检验员 B		已知属性或标准
	第 1 次	第 2 次	第 1 次	第 2 次	
1	P	P	P	P	P
2	P	P	P	P	P
3	NP	P	P	P	P
4	NP	NP	NP	NP	NP
5	P	P	P	P	P
6	P	P	P	P	P
7	NP	NP	NP	NP	NP
8	NP	NP	P	P	NP
9	P	P	P	P	P
10	P	P	P	P	P
11	NP	NP	NP	NP	NP
12	P	P	P	P	P
13	P	NP	P	P	P
14	NP	NP	NP	NP	NP
15	P	P	P	P	P
16	P	P	P	P	P
17	P	P	P	P	P
18	P	P	P	P	NP
19	P	P	P	P	P
20	NP	NP	NP	NP	NP

从表 5.18 可知，检验员 A 测量 20 个零件各 2 次，其中有 2 次不一致，一致性比率为 18/20=90%；而检验员 B 则全部一致，一致性比率为 100%。

图 5.14 容易看到 B 的评估水平最佳，A 次之。图 5.15 分别显示了每个检验员与标准，检验员之间及所有检验员与标准整体的一致性比率和 95%的置信区间。整体而言，总体有效性的一致性比率为 80%，可见测量数据较准确。

运用 MINITAB 进行计算，实现路径为：统计→质量工具→属性一致性分析，可得到测量系统的分析图（图 5.14）和一致性比率的分析结果（图 5.15）。

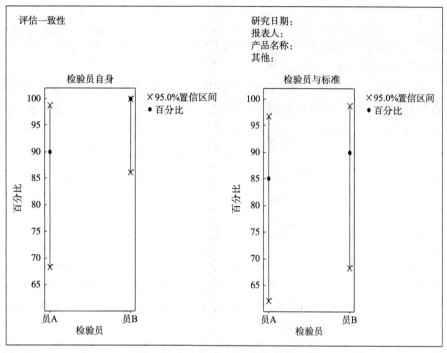

图 5.14　计数型测量系统的分析图

评定值的属性一致性分析

检验员自身

评估一致性

检验员	# 检验数	# 相符数	百分比	95%置信区间
A	20	18	90.00	(68.30，98.77)
B	20	20	100.00	(86.09，100.00)

相符数: 检验员在多个试验之间，他/她自身标准一致。

每个检验员与标准

评估一致性

检验员	# 检验数	# 相符数	百分比	95%置信区间
A	20	17	85.00	(62.11，96.79)
B	20	18	90.00	(68.30，98.77)

相符数: 检验员在多次试验中的评估与已知标准一致。

检验员之间

评估一致性

# 检验数	# 相符数	百分比	95%置信区间
20	17	85.00	(62.11，96.79)

相符数: 所有检验员的评估一致。

所有检验员与标准

评估一致性

# 检验数	# 相符数	百分比	95%置信区间
20	16	80.00	(56.34，94.27)

相符数: 所有检验员的评估与已知的标准一致。

图 5.15　一致性比率的分析结果

思考与练习

1. 简述过程分析的工具及其步骤。

2. 简述进行测量系统分析的原因。

3. 某公司测试部门为研究测量系统的 R&R，由 2 名操作人员，测量 5 个零件，每个零件各重复测量 3 次，测量数据如下表所示。试给出该测量系统中 R&R 的估计值。

项目	操作者 1			操作者 2		
	1	2	3	1	2	3
零件 A	217	216	216	216	219	220
零件 B	220	216	218	216	216	220
零件 C	217	216	216	216	215	216
零件 D	214	212	212	216	212	212
零件 E	216	219	220	220	220	220

4. 随机抽取 10 个零件,测得其直径与标准尺寸的偏差如下(单位 :0.01 毫米):100.5,90.0,100.7,97.0,99.0,105.0,95.0,85.0,91.7,83.0。试检验这组数据是否来自正态总体,并简述正态概率图的原理。

5. 分析测量系统的某一特性时，我们基于哪些因素考虑（为什么分析此特性而不是其他特性）？

6. 简述 PFMEA 分析的意义所在。

7. 对于条件接受的测量系统，应怎样理解？是否所有的特性都可在分析时有条件接受？

8. 某工程师想知道某长度为 20.00 的块规是否有偏倚。于是对该块规重复测量了 12 次，得到了以下数据。试用 MINITAB 软件分析该块规是否存在偏倚。

次序	1	2	3	4	5	6	7	8	9	10	11	12
侧值	19.97	20.00	19.99	19.97	20.01	20.00	19.98	19.99	20.00	19.99	19.98	20.00

9. 某公司在对某制造过程进行分析时，首先对测量系统进行了评价。检验人员随机抽取 6 个零件，并进行编号。然后挑选 3 位检验员用各自的测量仪器对每个零件进行测量，测量完毕，将零件顺序打乱，重新再测量一次，其测量数据如下表所示，该制造过程容差要求为 45.5±0.5。试对测量系统进行精确度分析，并使用 MINITAB 软件实现。

检验员	次数	零件					
		1	2	3	4	5	6
甲	1	45.65	46.00	45.85	45.55	45.85	45.60
甲	2	45.60	46.00	45.80	45.45	45.80	45.70
乙	1	45.55	46.05	45.80	45.40	45.75	45.55
乙	2	45.54	45.95	45.75	45.40	45.70	45.50
丙	1	45.55	45.80	45.80	45.39	45.80	45.80
丙	2	45.59	45.81	45.80	45.41	45.79	45.86

10. 某公司为了验证外观检查的测量系统是否可靠，特设计了一个试验方案，一共挑选了 10 个产品，其中 4 个可接受，6 个不可接受，此经过评定的产品作为验证测量系统的基准件。测量者为日常从事外观检验的三名检验人员。按照随机原则，每个检验人员分别对每个产品重复测量 3 次，测量结果如下表所示，其中 1 表示可接受，0 表示不可接受，试评价该测量系统。

零件	测量者 1			测量者 2			测量者 3			基准
	第一次	第二次	第三次	第一次	第二次	第三次	第一次	第二次	第三次	
1	0	0	0	0	0	0	0	0	0	0
2	1	1	1	1	1	1	1	1	1	1
3	1	0	0	0	0	0	0	0	0	0
4	0	0	0	0	0	0	0	1	1	0
5	1	1	1	1	0	1	1	1	0	1
6	0	0	0	0	0	0	0	0	0	0
7	1	1	1	1	1	1	1	1	1	1
8	1	0	0	0	0	1	0	0	0	0
9	1	1	1	1	1	1	1	1	1	1
10	0	0	0	0	0	0	0	0	0	0

第6章

经典的试验设计与分析

质量首先是设计出来的,其次是制造出来的。质量设计的思想源于试验设计,试验设计是减小和控制波动,提高产品/服务质量的最有效的方法之一。本章将首先介绍试验设计的发展历程,在此基础上,介绍试验设计的基础,单因子试验设计,全因子试验设计(full factorial design),部分因子试验设计,以及 Plackeet-Burman 试验设计,等等,为后续质量设计和改进提供支持。

6.1 试验设计的发展历程和展望

6.1.1 试验设计的发展概况

试验设计是指提高收集和分析信息效率的一系列方法和技术。英国统计学家 R.A. Fisher,在 19 世纪 20 年代首先提出了试验设计,并在农业生产中加以应用,取得了较好的应用成果。Fisher 不仅发现了因子设计的基本原理——方差分析,而且证明了全因子试验设计可通过利用部分因子设计来实现,这极大地减少了试验次数,并保持了其统计意义。从此,试验设计成为统计学科的一个重要分支。

20 世纪 50 年代,以 G. E. P. Box 为代表的应用统计学家,率先将试验设计应用到工业试验中,提出了响应曲面方法(response surface methodology,RSM)等多种方法,并将其广泛应用到化工、制造等领域,使该分支在理论上日趋完善,在应用上日趋广泛。

20 世纪 60 年代,以田口玄一为代表的质量专家,一方面,将试验设计普及化,应用到工业现场,如将正交设计表格化。另一方面,为克服试验设计应用到工业试验的局限性,指出了试验设计中要考虑噪声因素对响应的影响。在试验中,仅仅关心响应的位置效应(location effect)是不够的,应同时考虑响应的散度(dispersion effect);并提出"三次设计"的概念,即系统设计、稳健设计和容差设计。三次设计的核心是稳健设计,也称参数设计,参数设计的基本概念包括:①寻找设计变量的水平搭配,使之对噪声变量不敏感;②围绕设计目标值,实现产品功能波动的最小化;③利用正交表,实现试验轮次最小化，并进行确认性验证。

　　尽管田口稳健设计的理论和应用是在传统试验设计的基础上发展起来的，但是田口方法和试验设计方法在理念、设计和数据分析方面仍存在较大的差异，主要表现在：①田口方法主要源于工程而非科学，工程关注应用，而科学关注解释，田口方法更多集中于质量改进、降低成本，而不是发掘各种事情之间的因果关系；②田口稳健设计的显著特点是同时考虑均值和波动，并在部分因子试验中广泛采用正交表，而传统的试验设计很少采用正交表；③经典的统计设计把因子分为固定的或随机的，而田口把因子划分为可控因子（controllable factors），噪声因子，信号因子，调节因子（adjustment factor），指示因子，区块（block）因子，等等，从工程上讲，每类因子均有重要意义。

　　无论经典的试验设计，还是田口的稳健设计，均可称为实物（physical）试验。为了简便起见，我们以图示的方式，展示了实物试验的发展概况，如图 6.1 所示。

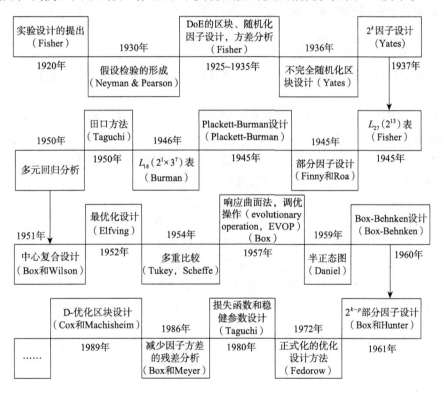

图 6.1　实物试验的发展概况

　　20 世纪 80 年代末期，Sack 等首次提出了计算机试验（computer experiment）的概念，由此，开启了仿真试验的新局面。仿真试验又可分为确定性仿真和随机仿真两大类。仿真试验的核心是建立元模型（metamodel）或者替代模型（surrogate/emulator），近似刻画过程输入与输出之间的函数关系。人们已建立各种类型的元模型，通常分为统计模型和机器学习模型。常用的统计模型包括：一阶、二阶多项式（响应曲面），Kriging 模型，样条模型，贝叶斯模型，等等。而机器学习模型包括：神经网络（neural network，NN）、支持向量机（support vector machine，SVM）等。仿真试验已广泛应用于飞行器、高速列车外形等产品设计及多学科优化设计等领域。有关仿真试验的进展可参考 J. P. C. Kleijnen 2016 年的名著 *Design and Analysis of Simulation Experiments*。

实物试验与仿真试验具有相同的研究目标和研究框架，但二者之间也存在着显著的区别，主要表现在以下几方面。

（1）因子和水平。实物试验中，因子最多不超过 10 个，水平上限是 5；而在仿真试验中因子可以是上千个，也可以有多个水平。

（2）试验方式。仿真试验通常采用"序贯"设计的方式进行；而实物试验采用"one shot"的方式。

（3）时间和成本。仿真试验通常耗时短，成本较低；而实物试验相对耗时较长，试验成本较高。

（4）假设和边界条件。在实物试验中，通常假定试验误差独立同分布，样本独立；而仿真试验并不强调这些假设条件。

6.1.2　试验设计的展望

综合试验设计方法的发展现状，为了更好计划、设计和分析试验，应在下面几个方面加强研究。

（1）改进的试验设计方法。许多学者试图将田口的参数设计原理同已成熟的统计技术有机地结合起来，有些作者建议把噪声因素（在田口的参数设计中固定不变的）也作为设计因素，采用单一的设计矩阵，直接建立响应与控制和噪声因素之间的函数关系，即采用响应曲面方法直接建立响应和控制与噪声因素之间的函数关系。

尽管响应建模方法具有很高的价值，但其实现方法还不够成熟。由于方差的估计基于建立的响应模型（response model，RM），因此，预测模型必须精确；另外，控制参数可能对响应模型非常敏感，必须谨慎地选择控制参数水平。为了使响应模型具有良好的预测能力，在建模过程中需要丰富的经验和物理知识。

（2）多元稳健设计方法。多元稳健设计在统计文献的应用中并没有受到重视，与单变量稳健设计相比，它的发展相对滞后，这与其在科学和工业领域不断增长的需求形成了鲜明对照。其主要原因在于：首先，这是一个相对较新的领域，它的发展仅有 20 年的历史；其次，在实践中缺少用于分析多元响应数据的应用软件，随着现代技术的发展，描述系统或产品不同方面的数据已经可以轻松获取。因此，研究实用的多元响应技术和数据分析方法已是当务之急。

多元设计优化技术是一个具有广阔应用的领域，在多元设计优化中还存在下列有待解决的问题：①在多响应数据分析中，很多实践工作者并不知道其统计特性；②在多响应线性模型中，关于估计参数的假设检验难以理解，所有的多元统计方法只有统计学家才能真正理解；③缺少用于判断拟合的多响应模型的诊断方法；④缺少实用的软件，这也是至关重要的，否则，将难以吸引工程技术人员应用多元稳健设计技术。

（3）计算机辅助试验设计。由于竞争的压力和自动化技术的应用，许多企业已逐渐认识到计算机在质量控制中的潜力。试验设计的一个快速、方便的方法是计算机辅助试验设计，可以节约工程技术人员在建模、计算和结果分析等方面的大量时间，详细的图示为过程或系统提供了易于理解的画面。毫无疑问，开发用于指导工程技术人员应用试验设计和分析的软件是非常重要的。目前，从逻辑顺序上讲，市场上的多数商业软件为标准化设计，难以处理特殊的技术问题，如嵌套、方差构成、裂区等，无法挖掘专家系统设计的全部潜力。因此，把专家的知识和经验成功地融入软件之中是开发专家系统面临的最大挑战。因此，智能化的统计设计软件将会扩展试验设计的应用范围，为质量、成本和产品开发周期带来突破。

（4）神经网络在试验设计中的应用。随着计算机技术的发展，无论是从模式识别到目标优化，还是从函数近似到连续控制，神经网络技术都得到了广泛应用。同样，希望将其应用在产品开发和制造过程中。在改进质量和生产绩效时，计算机集成质量工程系统将是一种核心工具。

（5）仿真试验的新发展，将使其具有更强的能力用于人工神经网络（artificial neural network，ANN）、模糊系统和机器学习等方面。近年来，在统计学的实践中，人工智能的应用数量迅速增长。神经网络技术的一个发展就是把试验设计的概念和决策支持系统融入智能系统，以处理非结构或病结构问题。这种系统能够体现专家判断的偏好，因此，人工智能、神经网络和其他适应系统技术可用于工业试验设计的决策或策略的自动形成。

此外，还应关注的是广义线性模型和其他非正态性建模、参数和非参数试验设计、贝叶斯（Bayesian）试验及试验设计与其他优化设计技术的结合。

6.2　试验设计的基础

6.2.1　试验设计中的基本术语

本小节给出一些关于试验设计中的基本概念。

1. 因子与响应

图 6.2 是一个过程模型示意图，其中 $Y_1, Y_2, \cdots, Y_S$ 是我们关心的 s 个输出变量，称为响应变量或特性。通常情况下，需要考虑多响应变量的情况，但在本书中，我们仅考虑单响应变量的情况。我们将可能影响响应变量的那些变量称为试验问题中的因子，$X_1, X_2, \cdots, X_K$ 是在试验中，人们可以加以控制的因子，称为可控因子，它们是输入变量，影响过程输出的结果。这些变量可以是连续性的，也可以是离散型的。$U_1, U_2, \cdots, U_M$ 是在试验中人们不可控制、难以控制或者控制起来需要较高成本的因子，称为非可控因子（uncontrollable factors）。这些变量可能取连续值，也可能只取离散值。对于这些变量，我们通常很难将它们控制在某个精确值上，实际问题中它们也可能取不同的值，我们把这些非可控因子，有时也称为噪声因子，因为它们常被当作误差来处理。需要说明的是：可控因子和不可控因子并不是一成不变的，在一定条件下，二者是可以相互转化的。通常，因子用大写字母 A、B、C 等表示。

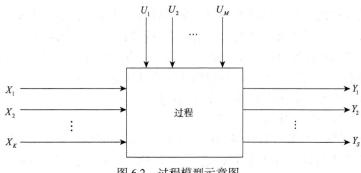

图 6.2   过程模型示意图

2. 水平及处理

为了研究因子对响应的影响，需要用到因子的两个或更多个不同的取值，这些取值称为因子的水平或设置。各因子选定各自的水平后，其组合称为一个处理。一个处理的含义是：按照设定因子的水平的组合，进行试验，可以获得响应变量的观测值，因此处理也可代表一种安排，它比试验或者运行含义更广泛，这是因为一个处理可以进行多次试验。

3. 试验单元与试验环境

处理（即试验）应用的最小单位称为试验单元（experiment unit）。例如，按因子组合规定的工艺条件所生产的一件（或一批）产品。

以已知或未知的方式影响试验结果周围的条件，称为"试验环境"（experiment environment），通常包括温度、湿度等不可控因子。

4. 模型与误差

考虑到影响响应变量 Y 的可控因子是 $X_1, X_2, \cdots, X_K$，在试验设计中建立的数学模型

$$Y = f(X_1, X_2, \cdots, X_K) + \varepsilon \tag{6.1}$$

其中，Y 是响应变量；$X_1, X_2, \cdots, X_K$ 是可控因子；f 是某个确定的函数关系；式（6.1）中的误差 ε 除了包含非可控因子（或噪声）所造成的试验误差外，它还可能包含有失拟（lack of fit）误差。这里，失拟误差是指我们所采用的模型函数 f 与真实函数之间的差异。试验误差与失拟误差的性质是不同的，分析时也要分别处理。有时为了简化，常假定函数关系 f 是准确的，从而可以忽略失拟误差。从上述概念中还可以看到，试验误差本身也包含测量误差。为了不使测量误差影响分析结果，通常在试验进行前，需要进行测量系统分析，只有当测量误差满足了对测量系统的最低要求后，才开始进行试验。

5. 主效应和交互效应

下面通过简单的因子设计来说明主效应（main effect）和交互效应的计算。

例 6.1：假设某试验有两个因子 A 和 B，因子 A 有 2 个水平 A_1、A_2，因子 B 有 2 个水平 B_1、B_2，试验所得结果 y（千克）如表 6.1 所示。

表 6.1   二因子试验数据（一）

	A_1	A_2
B_1	200	220
B_2	240	260

如何定义因子 A 的主效应呢？我们知道，当因子 A 处于低水平时（不考虑因子 B），得到 y 的平均值为 $(200+240)/2=220$（千克），当 A 处于高水平时，得到 y 的均值为 $(220+260)/2=240$（千克）。试验结果 y 由 220 千克提高到 240 千克完全是因子 A 的作用，我们称因子 A 的主效应为 240–220=20（千克）。

A 的主效应= A 处于高水平时 y 的平均值– A 处于低水平时 y 的平均值

同样可以计算出：

因子 B 的主效应 $=\left[(240+260)/2-(200+220)/2\right]=250-210=40$（千克）

我们还可以看到，当 B 处于高水平时，因子 A 的效应为 260–240=20（千克），当 B 处于低水平时，因子 A 的效应为 220–200=20（千克），二者完全相同。如图 6.3 所示，可以看出两条线是平行的。

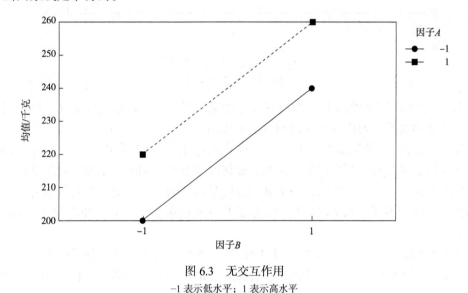

图 6.3　无交互作用
–1 表示低水平；1 表示高水平

若表 6.1 的试验数据变为表 6.2 中的数据。

表 6.2　二因子试验数据（二）（单位：千克）

项目	A_1	A_2
B_1	200	220
B_2	240	280

根据表 6.2，由于 A 处于低水平时，y 的平均值是 $(200+240)/2=220$（千克）；A 处于高水平时，y 的平均值是 $(220+280)/2=250$（千克），我们称因子 A 的主效应为 250–220=30（千克），同样可以算出：

因子 B 的主效应 $=\left[(240+280)/2-(200+220)/2\right]=50$（千克）

我们发现：当 B 处于高水平时，因子 A 的效应为 280–240=40（千克），当 B 处于低水平时，因子 A 的效应为 220–200=20（千克），二者不大相同。如图 6.4，可以看出两条线也是不平行的。

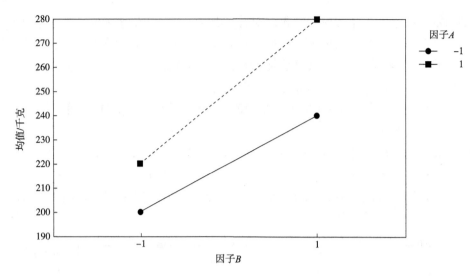

图 6.4   有交互作用时的效应图

−1 表示低水平；1 表示高水平

那么，如何定义两因子之间具有交互作用呢？通常是指：如果因子 A 的效应依赖于因子 B 所处的水平，则称 A 与 B 之间有交互作用。

显然，在表 6.1 的数据中，因子 A 与因子 B 之间没有交互作用。在表 6.2 的数据中，因子 A 与因子 B 是有交互作用的。那么，如何度量交互作用的大小呢？如果没有交互作用，当因子 B 处于不同水平时，因子 A 的效应是不变的，因此定义交互作用的出发点就是当因子 B 处于不同的水平时，因子 A 的效应变化的多少。因此，我们定义 AB 的交互效应为

AB 交互效应 =（ B 处于高水平时 A 的效应 − B 处于低水平时 A 的效应 ）/2

在表 6.2 的数据中，AB 交互效应 $=[(280-240)-(220-200)]/2=10$（千克）。同样，交换 AB 的顺序，可以得到公式：

BA 交互效应 =（ A 处于高水平时 B 的效应 − A 处于低水平时 B 的效应 ）/2

BA 交互效应 $=[(280-220)-(240-200)]/2=10$（千克），显然二者是相同的。以后我们不再区分 AB 或 BA 。另外，我们还可以得到变形的公式：

AB 交互效应 $=[(A高B高+A低B低)-(A高B低+A低B高)]/2$

用例 6.1 的数据代入，即 AB 交互效应 $=[(280+200)-(220+240)]/2=10$（千克）。

需要注意的是，如果两个因子间存在显著的交互作用，就不能只用主效应大小来作为该因子是否重要的判别依据。有时一个因子主效应很小，只要某个包含它的交互作用效应显著，这个因子就是重要的。

6.2.2   试验设计的必要性

人类在认识自然界的过程中，一直进行着多方面的探索。试验是构成学习过程的一个重要因素，试验是一种综合了人们的期望、需要、知识和资源的复杂过程。

多因子分析试验中，常用的方法是一次一因子法（one-factor-at-a-time）。其做法是：

多个因子试验中，每次只改变一个因子的水平，而其他因子则保持在固定或选定的水平上。这种方法由于其简单性备受实践工作者的欢迎，但与统计试验设计方法相比，要达到同样的效应估计的精度，它需要更多的试验次数；它不能估计某些交互效应；甚至会导致错误的结论。

例 6.2：一化工企业，关心的质量特性是某产品的纯度 Y（%），而影响该质量特性的两个重要因子分别是温度 A 和时间 B，企业关心的是产品的纯度 Y。试验者对因子 A 选择了 4 个水平（$A_1=70℃$，$A_2=75℃$，$A_3=80℃$，$A_4=85℃$），因子 B 选择了 3 个水平（$B_1=40$ 分，$B_2=44$ 分，$B_3=48$ 分），当前的操作水平是 A_1B_1。

首先，操作者将温度 A 的水平固定在当前水平 A_1，时间 B 的水平从 B_1 改变到 B_2、B_3，观测到的试验结果见表 6.3。从表 6.3 中可以看出：因子 B 的最优水平是 B_3，纯度 Y 提高了 1.3%。

表 6.3　当固定温度 A 在 A_1 水平下，因子 B 变化的试验结果

轮次	因子 A	因子 B	结果 Y	变化率
1	A_1	B_1	91.5%	—
2	A_1	B_2	92.2%	+0.7%
3	A_1	B_3	92.8%	+1.3%

其次，把时间 B 的水平固定在当前水平 B_1，改变温度 A 的水平从 A_1 到 A_2、A_3、A_4，观测到的试验结果见表 6.4。从表 6.4 中可以看出：因子 A 的最优水平是 A_3，纯度 Y 提高了 1.5%。

表 6.4　当固定时间在 B_1 水平时，因子 A 变化的试验结果

轮次	因子 A	因子 B	结果 Y	变化率
1	A_1	B_1	91.5%	—
2	A_2	B_1	91.9%	+0.4%
3	A_3	B_1	93.0%	+1.5%
4	A_4	B_1	92.8%	+1.3%

依据表 6.3 和表 6.4 的结果，我们能够推断出：因子 A 和因子 B 的最佳水平组合是 A_3B_3 吗？从当前操作水平 A_1B_1 到 A_3B_3，纯度 Y 能提高 2.8% 吗？答案是否定的。从该一次一因子试验，并不能保证 A_3B_3 是最佳生产条件，也不能保证 Y 提高了 2.8%，只能说：当因子 A 处于 A_1 水平时，在因子 B 的 3 个不同水平中，B_3 是最优的。

试验者进行了二因子设计试验，在没有重复的条件下，共进行了 4×3=12 轮次，表 6.5 给出了试验结果。从中可以看出最优条件不是 A_3B_3，而是 A_3B_2；在 A_3B_3 条件下，纯度 Y 是 92.6%，而不是 94.3%。这就意味着采用一次一因子试验，在预测因子的最优条件及最优条件下的响应值时，可能会导致错误的结论。

表 6.5   二因子试验的试验结果

项目	A_1	A_2	A_3	A_4	合计	均值
B_1	91.5	91.9	93.0	92.8	369.2	92.3
B_2	92.2	92.9	93.8	93.6	372.5	93.125
B_3	92.8	93.1	92.6	92.3	370.8	92.7
合计	276.5	277.9	279.4	278.7	1 112.5	
均值	92.167	92.633	93.133	92.9		92.708

因此，当有 K（ $K \geqslant 2$ ）个因子时，需要采用 K 因子的因子设计。

将全部因子全部水平的全部搭配都进行至少一次试验的安排方法称为全因子试验设计。这是人们容易想到的一个办法，而且可以获得相当多的信息。但是，这种方法是否永远可行呢？答案是否定的，因为这样做的试验次数太多，人们往往无法接受。如果有 8 个因子，每个因子只取二水平，那么全因子试验要进行 $2^8=256$ 次；若每个因子取三水平，那么全因子试验要进行 $3^8=6\ 561$ 次。这在实际工作中是办不到的，只能从中选择一部分来进行。那么怎样来选择呢？我们要寻求好的设计，就是要用最少的试验次数，获得尽可能多的信息，就这需要对试验进行设计。

试验设计的统计分析方法不但能从试验结果中找到最优值，而且可以判断哪些因子影响显著，哪些因子影响不显著，还可以得到有关的变化规律，预测将要达到的最佳值是多少和这个最佳值将在什么范围内变化。

6.2.3   试验设计的类型

根据不同的研究内容，试验设计有各种各样的分类方法。根据因子组合的配置和试验随机化的程度，试验设计可以划分为以下几种。

（1）因子设计。这种设计是研究所有因子组合中，所有可能处理的组合。试验的次序是完全随机选取的。例如，单因子设计，二因子设计等。一般的，K 因子 2 水平设计（ 2^k ），K 因子 3 水平设计（ 3^k ），均属于因子设计。

（2）部分因子设计。这种设计是研究所涉及因子中，所有可能处理的组合中的一部分。试验的次序是完全随机化的。例如，设计中采用的正交设计，Plackeet-Burman 试验设计，拉丁方设计，等等。这种设计主要应用在变量筛选中，可以节约成本和时间。

（3）随机化的完全区块设计，裂区设计和嵌套设计。在这些设计中，需要检验所有可能处理的组合，但对随机化有一定的限制。随机化的完全区块设计是指：每一个区块包括所有可能的处理，每个区块内的处理是随机的。关于裂区设计和嵌套设计，可参考文献 C.D. Montgomery（2007）。

（4）不完全区块设计。如果在随机化的完全区块设计中，有些处理并不能呈现在区块中，这就是不完全区块设计。由于试验设施短缺，当在每个区块中不能够进行所有的处理时，通常采用不完全区块设计。如果每个区块包含相同数目的处理，而且在相同数目的区块中，每个成对的处理共同进行，则称这种设计是均衡的。

（5）响应曲面设计和混料设计。这种设计的目标是建立回归模型，以探求响应变量与因子（输入变量）之间的函数关系，寻找因子的最优条件。例如，中心复合设计（central composite design, CCD），旋转设计，混料设计，等等，均属于这类设计。需要说明的是，在混料设计中各成分之和是 1，因此，因子水平不是独立的。

在工业试验中，许多试验设计可以属于上述类型。由于太多的设计在实践中有时选择合适的设计是困难的，图 6.5 提供了选择试验设计的流程图。

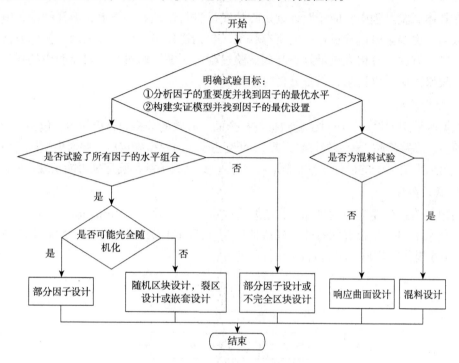

图 6.5　选择试验设计的流程图

资料来源：Park S. Robust Design and Analysis for Quality Engineering[M]. New York：Springer，1996

6.2.4　试验设计的基本步骤

概括起来，试验设计包括计划、试验、分析和确证四个阶段。

1. 计划阶段

计划阶段是试验设计的最初阶段，核心是策划设计方案。具体说，计划阶段又可以划分为下面几个步骤。

（1）阐述存在的问题和所要达到的目标。所有团队人员要清楚存在的问题和要求，目标应具体、可量化。

（2）选择响应变量。质量特性通常分为三类：望目特性，望小特性，望大特性。在选择质量特性时，尽可能反映问题的本质，尽可能定量、可测量。

（3）选择因子及其水平。在开始选择因子时，往往考虑的因子很多，在这种情况下，可采用因果图、流程图、FMEA 等方法对因子进行初步筛选，对不能确定删除的因子应保留。对水平的选择也要仔细，一般来说，各水平的选取应具有一定的"分散度"，以便检测出因子的效应；同时也要有一定的"集中度"，以防止其他因子渗透进来，不利于建模和预测。

（4）选择计划试验。根据试验目的，选择的响应变量、因子及其水平，确定试验的类型、试验的次数、试验的随机化原则,安排好试验方案,最终形成计划矩阵(planning matrix)。

2. 试验阶段

在具体试验过程中,应按照计划矩阵的安排进行试验。一方面,要详细记录响应变量的数据,也要记录试验过程中的所有状况,包括操作员、设备、材料、操作方法、环境等;另一方面,分析人员最好参与到试验过程中了解试验过程,对试验中的任何异常数据、现象都应予以记录,以备分析时采用。

3. 分析阶段

根据所采用的设计,应对试验数据进行全面、有效的分析。分析的内容包括:拟合选定的模型、成差诊断、模型的评估及模型的改进等。当模型确定后,要对模型进行解释和推断,提出重要因子的最佳水平搭配,给出响应变量的预测,确定是否能实现目标。

4. 确认阶段

当预测值达到要实现的目标后,就要进行确认性试验(confirmation test),以验证因子的最佳水平组合是否真的有效。确认性试验是任何试验设计不可缺少的一个环节。

图 6.6 提供了实施试验设计的一个流程图。

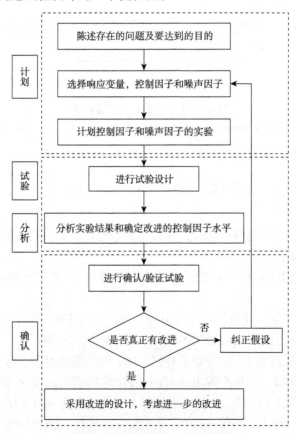

图 6.6　实施试验设计的流程图

6.3　单因子试验设计与分析

单因子试验，顾名思义，就是只有一个因子的试验。尽管单因子试验比较简单，但所用到的理论和方法在多因子试验中也会遇到。单因子试验通常具有两个目的：一是比较因子的几个不同水平间是否存在显著差异，如果有显著差异，哪个或者哪些水平较高；二是建立响应变量与自变量间的回归关系（通常是线性、二次或三次多项式），判断我们建立的回归关系是否具有意义。

6.3.1　单项分类设计

例 6.3：为考察某种纤维中棉花的百分含量与抗拉强度之间的关系，我们会进行一个棉花含量的单因子试验。此试验因子为棉花百分含量。假定该因子有 5 个水平，分别为15%、20%、25%、30%、35%，并计划重复 5 次。通过随机获取样本编号进行测量，其结果见表 6.6。

表 6.6　抗拉强度完全随机设计试验结果

15%	20%	25%	30%	35%
48.3	82.7	96.5	131.0	48.3
48.3	117.2	124.1	172.4	68.9
103.4	82.7	124.1	151.7	75.8
75.8	124.1	131.0	131.0	103.4
62.1	124.1	131.0	158.6	75.8

我们要做的就是检验棉花在这 5 个百分含量下，其抗拉强度是否具有显著差异。即检验 $H_0 : \mu_1 = \mu_2 = \cdots = \mu_5$；$H_1$：至少有一对 $\mu_i \neq \mu_j$。

使用 MINITAB 软件，从统计→方差分析→单因子入口，MINITAB 输出方差分析表如下所示。

来源	自由度	Adj SS	Adj MS	F 值	p 值
棉花百分率（%）	4	22 623	5 655.9	14.77	0.000
误差	20	7 661	383.0		
合计	24	30 284			

在方差分析表中可以看出：组内（随机误差）离差平方和为 7 661，自由度为 20，组间离差平方和为 22 623，自由度为 4，计算的 F 值为 14.77，p 值为 0.000，应该拒绝原假设，即棉花在不同的含量下，其抗拉强度是有显著差异的。图 6.7 给出了不同水平下，抗拉强度的箱线图。

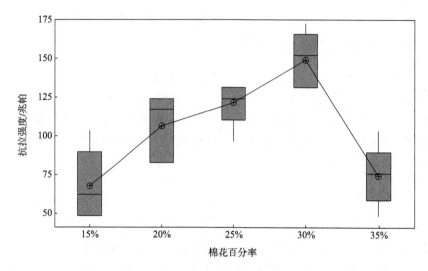

图 6.7 棉花不同百分率情况下，抗拉强度的箱线图

在拒绝原假设，表明各水平之间有显著差异后，哪些水平间有显著差异，哪些水平间没有显著差异。这就要用到多重比较（multiple comparison）的统计方法。我们实际进行单因子分析时，一般选 Tukey 算法，以保证整体误差率为 5%。

由于 Tukey 方法所设定的整体误差率是 5%，显然，两两比较检验的第一类错误设定的风险要远远低于 5%。在箱线图中可以看出在 30% 时抗拉强度最大。

第一组以水平 15 为被减项，其他水平 20、25、30、35 时的均值分别减去水平 15 时均值得到的置信区间，从 20 减去 15 时的样本均值为 38.56，但总体均值差可能大些也可能小些，但我们以 95% 的把握可以断言，总体的均值差将落在[1.56，75.60]内，可以看出这个置信区间不包含 0，说明 15 与 20 间总体的均值差不可能有 0，也就是两者抗拉强度的均值有显著差异。

其实，对于两总体的均值差将落入什么区间的具体数值并不重要，关键是这个区间是否包含 0，也就是上下限的符号是否相反。如果上下限皆为正，则说明第二个总体均值比第一个总体均值大；如果上下限皆为负，则说明第二个总体均值比第一个总体均值小。从上述的 Tukey 算法中可以看出，一共有 6 组均值差异显著。例 6.3 的比较结果见图 6.8 由比较结果图可知，不共享字母的均值之间具有显著差异。MINITAB 输出结果如下所示。

Tukey 配对比较			
棉花百分率	N	均值	分组
30%	5	148.94	A
25%	5	121.34	A B
20%	5	106.16	B C
35%	5	74.44	C D
15%	5	67.6	D

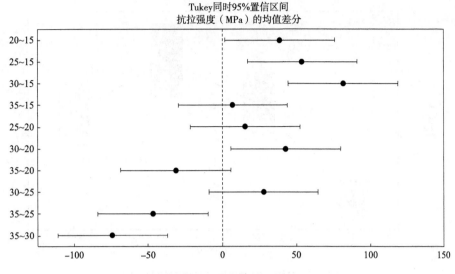

图 6.8　Tukey 比较结果图

如果区间不包含零，则对应的均值具有显著的差异

6.3.2　多项式回归

通常单因子试验的第二个目的是希望建立响应变量与因子（自变量）间的回归关系。我们先看一个例子。

例 6.4: 在热处理工艺过程中，油温将影响合金钢丝的弹性模量。在油温采用 800℃、820℃、840℃和 860℃时，各选取 3 根钢丝，测得每根钢丝的弹性模量（单位：吨），记录在表 6.7 中。

表 6.7　油温弹性模量数据表

油温	800℃/吨	820℃/吨	840℃/吨	860℃/吨
钢丝 1	203	210	216	214
钢丝 2	204	215	219	209
钢丝 3	206	212	213	212

先进行方差分析，可以看出温度显著地影响钢丝的弹性模量。MINITAB 输出结果如下所示。

```
单因子方差分析：模量与温度
来源    自由度    SS       MS      F       p
温度     3       214.92   71.64   11.94   0.003
误差     8        48.00    6.00
合计    11       262.92
```

由于 p 值为 0.003，拒绝均值相等的原假设，即不同温度对各总体弹性模量的影响显著不同，其示意图如图 6.9 所示。

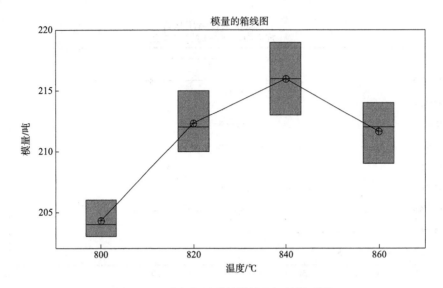

图 6.9　温度与钢丝弹性模量之间的关系图

那么，如何建立钢丝弹性模量与油温之间的回归方程呢？

用 MINITAB 软件，先拟合线性方程，从统计→回归→拟合线图入口，设定自变量和响应变量后，选定"线性"，得到图 6.10。从图 6.10 中可以看到数据具有明显的弯曲趋势。

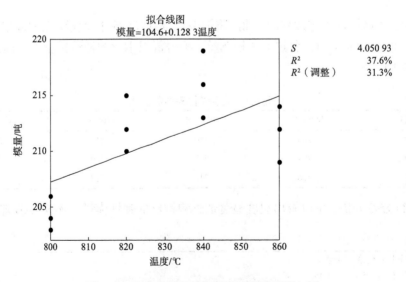

图 6.10　温度与钢丝弹性模量间的线性回归图

由于自变量的取值已经达到三个，因此我们可以拟合二次函数，同样从统计→回归→拟合线图入口，选定二次函数，可得到图 6.11 所示的结果。

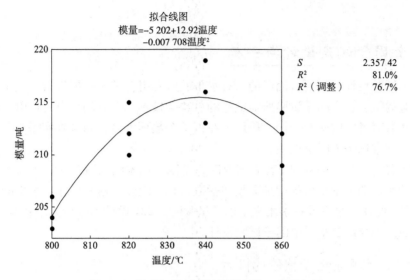

图 6.11　温度与钢丝弹性模量间的二次回归图

建立的二次回归模型：模量=$-5\,202+12.92$ 温度 $-0.007\,708$ 温度 ^{2} 是否有效。先看方差分析表中的总效果，我们设定假设检验：H_0：模型无效；H_1：模型有效

根据 p 值的大小，可以做出接受，或者拒绝原假设的判断。例 6.4 中，回归项的 p 值为 0.001，可见模型是有效的。方差分析表下方是按"线性"和"二次项"分开列出的计算结果，从中可以看到：线性项 p 值为 0.034，小于 0.05，可见线性趋势是显著的；二次项 p 值为 0.001，可见二次项趋势也是显著的。MINITAB 输出结果如下所示。

方差分析					
来源	自由度	SS	MS	F	p
回归	2	212.900	106.450	19.15	0.001
误差	9	50.017	5.557		
合计	11	262.917			

方差的序贯分析				
来源	自由度	SS	F	p
线性	1	98.817	6.02	0.034
二次	1	114.083	20.53	0.001

上述方法还可以推广到更高阶的情形。为了让回归方程中的各项保持独立以便于检查各项效应的显著性，最好选用正交多项式回归。另外，从拟合的多项式的阶数上来说，一个因子取了 k 个水平，对于所获得的数据可以拟合一个 $k-1$ 阶多项式，但实际上，4 阶以上的多项式一般是不使用的。表面上看，阶数增高可能使拟合效果更好，但这样的拟合模型缺乏好的预测能力。在回归分析中，称这类现象为超拟合。如果低阶多项式与数据确实拟合不好，可以采用样条回归或分段样条回归的方法，先在小区间上拟合最高为三阶的多项式，然后将这些多项式拼接修补在一起，形成了一个在整个区域上光滑的函数或曲面。

6.4 全因子试验设计与分析

全因子试验设计是指所有因子的所有水平的所有组合都至少要进行一次试验。由于包含了所有的组合，全因子试验所需试验的总数会较多，但它的优点是可以估计出所有的主效应和所有各阶的交互作用。所以，在因子个数不太多，而且确实需要考察较多交互作用时，常常选用全因子试验。

当存在有 k 个两水平的因子需要研究时，全因子试验的次数为 2^k。当因子水平超过 2 时，试验次数随因子个数的增加而呈现指数增长，因此，通常仅作二水平的全因子试验。若确实需要作三水平或更多水平全因子试验时，试验设计即分析方法基本是相同的。因此，下面首先介绍二水平全因子试验设计。

6.4.1 二水平全因子试验的概述

k 个因子的二水平全因子试验记为：2^k 试验。这是整个全因子试验的记号，而不仅仅是试验次数，当然，2^k 也恰好是 k 个因子的二水平全因子试验所需的最少试验次数。

由于 k 因子二水平全因子试验至少是 2^k 次，因子个数通常不超过 5 个。在实际试验中，通常是用部分实施的因子设计进行因子筛选，然后用全因子试验设计进行因子效应和交互效应的全面分析，最后建立回归模型，确定因子的最优水平。从某种意义上讲，k 个因子的二水平全因子试验设计具有因子筛选和建立统计模型（这里是线性模型）的功能。

无论试验的目的是筛选因子还是建立统计模型，都要建立回归方程。在进行回归分析时，为了消除量纲的影响，便于比较，通常对因子的取值进行编码。所谓编码，就是将因子所取的低水平值，设定为-1；因子所取的高水平值，设定为+1。通过编码后，建立的回归方程具有如下优点。

（1）在编码后的回归方程中，自变量及交互作用项的各系数可以直接比较，系数绝对值大的效应比系数绝对值小的效应更重要、更显著。这是因为编码后，每个自变量的取值都化为无量纲的[-1, +1]间的数据，这样各系数就可以相互比较了。

（2）编码后的回归方程中，各项系数的估计量之间是不相关的。例如，若 x_1 与 x_1x_2 是相关的，它们回归系数的估计量之间也是相关的，在回归方程中，保留或者消除 x_1x_2 项时，x_1 的回归系数也要发生变化，这就造成了使用中的诸多不便。一旦将自变量全部编码后，这个问题就不存在了，即删除或增加某项对于其他项的回归系数不产生影响。

（3）自变量编码后，回归方程中的常数项（或称"截距"）就有了具体的物理意义。编码中-1 与+1 的中点恰好是 0，而将全部自变量以"0"代入方程，得到的响应变量预测值正好是截距，因此，截距是全部试验结果的平均值。

用编码数据得到的回归方程很重要（如用于判断因子内或因子间的交互效应是否显著），但用原始数据得到的回归方程也是有价值的（如因子的最优水平搭配），因此，需要掌握真实值与编码值之间的换算。

例如，假定真实值的高水平为 100，低水平为 50，相应的代码值是+1 和−1，对应关系见表 6.8。

表 6.8 真实值和代码值换算表

项目	低水平（L）	中心（M）	高水平（H）
真实值	50	75	100
编码值	−1	0	+1

记中心值 M=（高水平+低水平）/2；半间距 D=（高水平−低水平）/2；则有，编码值=（真实值−M）/D 或者，真实值=M+D×编码值。

在本例中，编码值=（真实值−75）/25，或者真实值=75+25×编码值。

在实际应用中，应该贯彻试验设计的三个基本原则：完全重复试验，随机化，区块化（blocking）。如何实现完全重复试验呢？一种做法是将每一个试验条件重复一次或多次，这样做可以对试验误差的估计更准确，但大大增加了试验次数，增加了试验成本；另一种做法是在中心点（center point）处安排重复试验，通常在中心点重复 3~4 次试验。

所谓中心点，在所有因子均是连续变量时，就是各因子都取高水平与低水平的平均值；如果因子全是离散变量时，可以选取它们各种搭配中的某一个组合作为伪中心点；如果因子中既有连续变量，也有离散变量时，则可以对连续变量选取其平均值，对离散变量选取某一组合作为伪中心点。

选取中心点强调的是完全重复，即进行相同条件下的完全重复试验。选取中心点并在中心点安排多次重复试验的优点有：可以对模型进行线性检验；通过中心点位置的多次重复试验对试验进行分析，进而排除误差项；试验的平衡性与正交性不会因为中心点的增加而遭到破坏。

随机化是指以完全随机的方式安排各次试验的次序或者试验单元，这样做的目的是防止那些试验者未知的因素对响应变量产生某种系统的影响。需要说明的是：随机化并不能减少试验误差，但随机化可以使不可控因子对试验结果的影响随机地分布于各次试验中，因此，可以防止未知的因素对响应变量产生某种系统的影响。

区块化是指，在实际工作中，各试验单元间难免会有某些差异，如果能够按照某种方式把它们分成组，每个组内保证差异较小，即具有同质性（homogeneous），而允许组间具有较大的差异，这将可以在很大程度上消除较大的试验误差所带来的分析上的不利影响。一组同质性的试验单元称为一个区块，将全部试验单元划分为若干个区块的方法称为区块化。如果区块化有效，则这种方法在分析时，可以将区块与区块间的差异分离出来，就可以大大减少可能存在的未知变量造成的系统影响，这也是区块化的好处。在区块内还是应该按照随机化的要求进行试验顺序及试验单元分配的安排。

什么时候应用区块化，什么时候应用随机化？在试验设计遵从的经验法则是：能区块化则区块化，不能区块化则随机化。

6.4.2　全因子试验设计的计划

在全因子试验设计的计划中，最关键的是选定因子和确定因子的水平。下面通过一个实例说明如何安排试验计划。

例 6.5： 在教学实践中，进行了一次制作纸飞机的试验。在该试验中，我们假设影响飞机飞行时间的因子有 3 个：机翼、机腰和机长。这三个因子在一定范围内可调。我们要判断那些因子的主效应及哪些因子间的交互效应是显著的，什么条件下可以使飞机飞行时间最长。

已知：因子 A 机翼，低水平取 7 厘米，高水平取 9 厘米；因子 B 机腰，低水平取 2 厘米，高水平取 3 厘米；因子 C 机长，低水平取 9 厘米，高水平取 10 厘米。

准备作全因子并安排 4 个中心点（即 2^3+4 ）的试验，如何安排试验计划？下面以 MINITAB16 软件予以说明：

从统计→DOE→因子→创建因子试验设计入口，在填写试验信息时在"设计"中选择"全因子"，填上中心点数目 4；"因子"中分别输入三个因子的名称，以及高、低水平值，在"选项"对话框中，若选择删除"随机化"运行顺序，就可以得到一个标准顺序的试验计划表格，见表 6.9。

表 6.9　全因子试验计划计划表（标准顺序）

标准序	运行序	中心点	区组	机翼	机腰	机长
1	1	1	1	7	2.0	9.0
2	2	1	1	9	2.0	9.0
3	3	1	1	7	3.0	9.0
4	4	1	1	9	3.0	9.0
5	5	1	1	7	2.0	10.0
6	6	1	1	9	2.0	10.0
7	7	1	1	7	3.0	10.0
8	8	1	1	9	3.0	10.0
9	9	0	1	8	2.5	9.5
10	10	0	1	8	2.5	9.5
11	11	0	1	8	2.5	9.5
12	12	0	1	8	2.5	9.5

在"选项"对话框中，通常选择"随机化"运行顺序，计算机自动产生随机顺序的试验计划，若两个或两个以上的中心点排在一起，可以手工改变随机顺序，使中心点试验较随机地分布在试验的开始、中间和结尾。表 6.10 是选择"随机化"运行顺序，自动产生的全因子试验计划矩阵，按此表格安排试验就可以进入实施阶段了。

表 6.10　全因子试验计划矩阵

标准序	运行序	中心点	区组	机翼	机腰	机长
8	1	1	1	9	3.0	10.0
10	2	0	1	8	2.5	9.5
9	3	0	1	8	2.5	9.5
2	4	1	1	9	2.0	9.0
7	5	1	1	7	3.0	10.0
11	6	0	1	8	2.5	9.5
4	7	1	1	9	3.0	9.0
3	8	1	1	7	3.0	9.0
1	9	1	1	7	2.0	9.0
5	10	1	1	7	2.0	10.0
6	11	1	1	9	2.0	10.0
12	12	0	1	8	2.5	9.5

根据试验，记录试验结果，得到表 6.11。

表 6.11　飞机试验结果数据表

标准序	运行序	中心点	区组	机翼	机腰	机长	飞行时间
8	1	1	1	9	3.0	10.0	5.80
10	2	0	1	8	2.5	9.5	5.75
9	3	0	1	8	2.5	9.5	5.63
2	4	1	1	9	2.0	9.0	5.49
7	5	1	1	7	3.0	10.0	4.90
11	6	0	1	8	2.5	9.5	5.71
4	7	1	1	9	3.0	9.0	5.73
3	8	1	1	7	3.0	9.0	4.95
1	9	1	1	7	2.0	9.0	4.75
5	10	1	1	7	2.0	10.0	4.80
6	11	1	1	9	2.0	10.0	5.58
12	12	0	1	8	2.5	9.5	5.73

下面我们将重点进入全因子试验设计的分析阶段。

6.4.3　全因子试验设计的分析

对一个设计良好的试验，所做分析的一个重要结果就是描述因子与效应关系的统计模型。一个 2^3 全因子试验的完全模型是

$$y = \beta_0 + \beta_1 x_1 + \beta_2 x_2 + \beta_3 x_3 + \beta_{12} x_1 x_2 + \beta_{23} x_2 x_3 + \beta_{123} x_1 x_2 x_3 + \varepsilon \qquad (6.2)$$

其中，ε 是误差项，假设 $\varepsilon \sim N(0, \sigma^2)$。

全因子试验设计的分析方法是一般的试验设计分析的典型代表。图 6.12 给出了试验设计分析阶段的流程图。

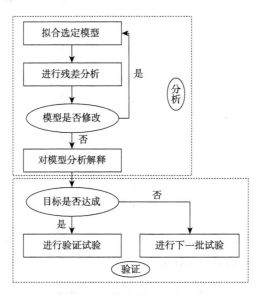

图 6.12　试验设计分析阶段的流程图

1. 第一步，拟合选定模型

在拟合选定模型时，通常选定全模型。三阶及三阶以上的交互效应通常忽略不计，因此在全因子试验设计中，全模型就是指包含全部因子的主效应和全部因子的二阶交互效应。若经过分析后，得知某些主效应和二阶交互效应是不显著的，则在建模时，可以删除不显著项。

计算机的计算是自动完成的，通常相关的软件都会给出结果。例如，在 MINITAB 软件中，从统计→DOE→因子→分析因子设计选定全模型后，在运行窗中就可以看到结果。下面将给出分析要点。

1）查看方差分析表，检查模型有效性

H_0：模型无效；H_1：模型有效

在查看模型中回归项的显著性时，若模型中回归项的 p 值小于 0.05，则拒绝原假设，可以判定模型总的来说是有效的；若 p 值大于 0.05，就无法拒绝原假设，即可以判定模型总的来说是无效的。在遇到模型无效的情况下，就非常麻烦，这意味着整个试验没有有意义的结果。产生模型无效的原因可能是以下几方面。

（1）试验误差太大。方差分析的基础是将有关各项的离差平方和与随机误差的平方和相比，形成 F 统计量的比值。如果分母的随机误差平方和太大，将使 F 值变小，从而得不到效应显著的结论。这时，就应仔细分析产生误差的原因，是否能够设法降低误差。此外，试验误差太大也可能是测量系统没有达到精度要求造成的，这时就要设法改进测量系统。

（2）试验中漏掉了重要因子。漏掉了重要因子必然会使试验"误差"增大，这时应仔细分析因子的选择。在选择因子时，应宁多勿漏，因子多了，很容易删除，一旦漏掉，将很难找回。

（3）有可能就是模型本身有问题。例如，模型有失拟，或者数据本身具有较强的弯曲性（curvature），这时，也可能判断为"模型无效"。下面将讨论这两个方面的问题。

失拟现象的假设检验为

$$H_0：无失拟；H_1：有失拟$$

在方差分析表中，如果失拟项 $p>0.05$，则表明无法拒绝原假设，可以判定模型中没有失拟现象；反之，即说明有失拟，应该补上模型中漏掉的重要项。

弯曲项的假设检验为

$$H_0：无弯曲；H_1：有弯曲$$

在方差分析表中，如果弯曲项 $p>0.05$，则表明无法拒绝原假设，可以判定模型中没有弯曲现象；反之，即说明数据呈现弯曲，应该在模型中补上平方项。

2）检查各效应的显著性

在计算结果的最开始部分，给出了各项的效应、回归系数的估计值及检验结果。这是分别对各项的检验，有些项可能是显著的，有些项可能是不显著的。将来修改模型时，应该将不显著项删除。这里需要注意的是：如果一个高阶项是显著的，则此高阶项所包含的低阶项也必须被包含在模型中，这就是试验设计中重要的效应遗传原则（effect heredity principle）。例如，二阶交互作用 BC 项显著，则 B 和 C 这两个主效应也一定要被包含在模型中，即使从表面上看，这两个主效应本身并不显著。

在检查各效应的显著性时，计算机还输出一些辅助图形，以帮助判断有关结论。最常用的是：帕累托效应图（pareto effect plot）和正态效应图（normal effect plot）。

帕累托效应图是将各效应的 t 检验所得的 t 值作为纵坐标，按照绝对值的大小排列起来，根据选定的显著性水平 α，给出 t 值的临界值，绝对值超过临界值的效应将被选为显著项。这种图示的最大优点是直观。

如果将各项的效应按照由小到大（正负号考虑在内）排成序列，将这些效应点标在正态概率图上，就是正态效应图。在正态效应图中，当某些效应不为零时，相应的估计效应绝对值应该偏大，且一定会远离直线，即偏离正态直线的效应项是显著的。这就是效应稀疏原则（effect sparsity principle），即大多数因子中，只有极少数因子效应是显著的。

3）检查拟合的总效果

检查拟合总效果的多元全相关系数（multiple correlation coefficient） R^2（即 R-Sq）及调整的多元全相关系数（adjusted multiple correlation coefficient） R^2_{adj}［即 R-Sq（调整）］。

在回归分析中，由平方和分解公式可知：

$$\mathrm{SS}_{\text{total}} = \mathrm{SS}_{\text{model}} + \mathrm{SS}_{\text{error}} \tag{6.3}$$

考虑到 $\mathrm{SS}_{\text{model}}$ 在 $\mathrm{SS}_{\text{total}}$ 中的比率，定义 R^2：

$$R^2 = \frac{\text{SS}_\text{model}}{\text{SS}_\text{total}} = 1 - \frac{\text{SS}_\text{error}}{\text{SS}_\text{total}} \tag{6.4}$$

从 R^2 的定义中可知，此数值越接近数值 1 越好。

如果将自变量的这种可控变量的变量数据也看成随机变量，则可以求出二者间的相关系数，而 R^2 正好就是相关系数的平方。对于多个自变量的情况，定义不变，称为多元决定系数，表示 SS_model 在 SS_total 中的比率。

R^2 有一个缺点就是：当自变量个数增加时，不管增加的这个自变量的效应是否显著，该指标值都会增加，因而在评价是否应该增加自变量进入回归方程时，使用 R^2 就没有价值了。为此，我们引入调整后的 R^2，即

$$R_\text{adj}^2 = 1 - \frac{\text{SS}_\text{error}/(n-p)}{\text{SS}_\text{total}/(n-1)} \tag{6.5}$$

其中，n 是观测值总个数；p 是回归方程中的总项数（包含常数项在内）。R_adj^2 扣除了回归方程中所用到的包含项数影响的相关系数，因而可以更准确地反映模型的好坏。同样，它越接近 1 就越好；由于回归方程中所含项数 p 总会不小于 1，$R_\text{adj}^2 \leqslant R^2$，因此，要判断两个模型的优劣可以从二者的接近程度判断，二者之差越小，说明模型越好。

4）对于 s 值或均方误的分析

在拟合模型时，所有的观测值与理论模型之间可能存在误差。通常，我们假定误差服从均值为 0，方差为 σ^2 的正态分布，即 $\text{N}(0, \sigma^2)$。在方差分析表中，对应于残差误差那行中的平均离差平方和的数值正好是 σ^2 的无偏估计，将其记为均方误差（mean square of error，MSE），有些软件将其平方根 s 一并给出，我们也可以认为 s 是 σ 的估计值。显然，s 值越小说明模型越好。因此，在比较两个模型的优劣时，s 或者 MSE 是最关键的指标，哪个模型使之达到最小，哪个模型就好。

2. 第二步，进行残差分析

残差分析的主要目的是基于残差诊断模型是否合适。仅从方差分析表和回归系数的检验结果来判断是远远不够的，为了进一步检验数据与模型的拟合是否正常，需要对残差进行分析。

如何判断残差是否正常呢？我们定义的残差是，观测到的响应变量的数据与代入回归模型后的预测值之差，通常假定残差服从均值为 0，方差为常值 σ^2 的正态分布，即 $\varepsilon \sim \text{N}(0, \sigma^2)$，残差分析就是检查残差是否满足这一假设条件。如果满足假设，就可以说明所选取的模型是正确的，否则，说明选取的模型是不正确的，就要对模型进行修改。由于我们对建立的线性回归模型没有绝对的把握，因此，对残差进行分析、诊断是很有必要的。

具体说，残差分析包括以下 4 个步骤：在 MINITAB 软件中，从统计→DOE→因子→分析因子设计中的对话框"图形"中选取并得到它们，并着重观察。

（1）残差对于以观测值顺序为横轴的散点图，观看各点是否随机地在横轴上下无规则的波动，判断残差是否满足独立性假设。

（2）残差对于以响应变量拟合预测值为横轴的散点图，判断残差是否满足等方差的

假设，是呈现漏斗形或者"喇叭口"形。

（3）残差的正态性检验图，判断残差是否服从正态分布。

（4）残差对于以各自变量为横轴的散点图，看图中是否有弯曲的趋势，如果有明显的弯曲，则应增加高阶项。

若残差满足假设条件，则上述 4 种图形应该都是正常的。不正常的情况，通常出现在步骤（2）和步骤（4）中。

当出现情况（2）时，即残差对以响应变量拟合预测值为横轴的散点图中，呈现漏斗形或"喇叭口"形，方差未能保持恒定。在这种情况下，对响应变量 Y 作某种变换后，可能会与模型拟合的更好。一般规则是：如果从图中可以看出，残差的标准差 σ 大体上与拟合值 $\hat{Y}^*$ 的 n 次方成正比，则可以进行 Box-Cox 变换：

$$\hat{Y}^* = \begin{cases} Y^\gamma & \gamma \neq 0 \\ \ln Y & \gamma = 0 \end{cases} \tag{6.6}$$

需要说明的是：这里变换的形式和名称都是 Box-Cox 变换，但与将非正态数据转换成正态数据的 Box-Cox 变换不是一回事。

当出现情况（4）时，即残差对以自变量为横轴的散点图中，残差虽保持等方差，但散点明显呈 U 形或反 U 形弯曲。这说明对响应变量 Y 而言，仅建立对该自变量的线性项模型是不够的，增加高阶项，模型拟合得会更好。

3. 第三步，判断模型是否需要改进

我们考虑模型是否需要改进的主要依据是基于数值计算和残差分析这两方面的结果。在基于各项效应和回归系数计算的显著性分析中可以发现，有些主效应或交互效应项并不显著，这些项应该从模型中删除，对模型重新进行拟合。如果残差分析提示我们，需要对响应变量 Y 作某种变换，或者需要增加某些自变量的高阶项，可能会使模型拟合得更好，那就一定要修改模型。总之，凡是发现模型需要修改，就要返回最初的第一步，重新建立模型，并重复前面所有步骤。

经过前面三步的多次反复，可以得到一个较为满意的模型，我们将其定为选定的模型，下面将对选定的模型进行分析解释。

4. 第四步，对模型的分析解释

对选定模型的模型进行分析解释，主要是在对拟合选定模型后输出的更多图形和信息，做出有意义的解释。分析解释的主要内容包括。

（1）输出各因子的主效应图、交互效应图。我们可以对主效应图、交互效应图进一步确认其选中的那些主因子和交互作用项是否真的显著，以及未选中的那些主因子和交互作用项是否真的不显著，从而更具体、直观地确认选定模型。

（2）输出等高线图、响应曲面。从等高线图、响应曲面图上，可以确认所选中的那些主因子和交互作用项是如何影响响应变量的。自变量应该如何设置，才能实现响应变量达到最优值，从直观上看到整个试验范围内的最优值位置。等高线图、响应曲面图都只能给出对两个自变量的情形，因此，当自变量个数超过两个时，要分别对选定的某两个自变量作图。

（3）实现目标最优化。在实现目标最优化的过程中，可以选定不同的目标函数。通常，在设计优化中，采用满意度函数法（desirability function）。根据质量特性的不同，满意度函数有不同的表达式。

当质量特性是望大时，满意度函数的表达式为

$$d = \begin{cases} 0, & \hat{y} \leq L \\ \left[\dfrac{\hat{y}-L}{T-L}\right]^r, & L \leq \hat{y} \leq T \\ 1, & \hat{y} \geq T \end{cases} \qquad （6.7）$$

当质量特性是望小时，满意度函数的表达式为

$$d = \begin{cases} 1, & \hat{y} \leq T \\ \left[\dfrac{\hat{y}-T}{U-T}\right]^r, & T \leq \hat{y} \leq U \\ 0, & \hat{y} \geq U \end{cases} \qquad （6.8）$$

当质量特性是望目时，满意度函数的表达式为

$$d = \begin{cases} 0, & \hat{y} \leq L \\ \left[\dfrac{\hat{y}-L}{T-L}\right]^r, & L \leq \hat{y} \leq T \\ \left[\dfrac{U-\hat{y}}{U-T}\right]^s, & T \leq \hat{y} \leq U \\ 0, & \hat{y} \geq U \end{cases} \qquad （6.9）$$

在上述满意度函数的表达式中，U、L 分别是质量特性的上、下界；T 是目标值；r、s 是大于零的实数值，通常代表权重。

当质量特性为多变量时，可以求各个质量特性满意度函数的算术平均，或者几何平均，作为多变量质量特性的总体满意度函数。

在 MINITAB 软件中，提供的响应优化器（response optimizer）具有强大的功能，它可以自动提供最优参数设置和最优目标值。

5. 第五步，判断目标是否达成

这一步的主要工作是将预计的最佳值与原试验目标相比较。如果没有达到目标，则应考虑安排新一轮试验，通常是在本次试验的或预计的最优点附近，重新选择试验的各因子及其水平，继续做试验设计，以获得更好的结果。如果已达到目标，就要做验证性试验，以确认最佳条件能够实现预期结果。

验证性试验是完成预期的目标后，必须进行的试验，以确保实现预期目标。正如 Box 所说的"所有的模型都是错误的，但有些模型是有用的"。根据试验数据所建立的任何统计模型是否符合客观规律，在没有验证前都是没把握的。通常的做法是：先算出在最优点的观测值的预测值及其变化范围，然后在最优点做若干次试验，如果验证试验结果的平均值落在事先算好的范围内，则说明正常，模型是可信的；否则，就要查找发生问题

的原因，改进模型，重新验证。

6.4.4 全因子试验设计分析的实例

下面将对例 6.5 的试验结果进行分析。分析的具体步骤如下。

1. 第一步，拟合选型模型

首先，将所有备选项都列入模型，其中包括机翼、机腰和机长，以及它们的二阶交互作用项：机翼×机腰、机翼×机长、机腰×机长。我们选择了全部的主效应和二阶交互效应项，但没有含三阶交互作用项。

运行：统计→DOE→因子→分析因子设计，选定模型后，MINITAB 输出结果如下。

拟合因子：飞行时间与机翼，机腰，机长

飞行时间的估计效应和系数（已编码单位）

项	效应	系数	系数标准误	T	p
常量		5.250 00	0.016 86	311.32	0.000
机翼	0.800 00	0.400 00	0.016 86	23.72	0.000
机腰	0.190 00	0.095 00	0.016 86	5.63	0.005
机长	0.040 00	0.020 00	0.016 86	1.19	0.301
机翼×机腰	0.040 00	0.020 00	0.016 86	1.19	0.301
机翼×机长	0.040 00	0.020 00	0.016 86	1.19	0.301
机腰×机长	−0.030 00	−0.015 00	0.016 86	−0.89	0.424
Ct Pt		0.455 00	0.029 21	15.58	0.000

$S = 0.047\ 697\ 0$ PRESS = 1.143 64

$R^2 = 99.53\%$ R^2（预测）= 40.58% R^2（调整）= 98.70%

飞行时间的方差分析（已编码单位）

来源	自由度	Seq SS	Adj SS	Adj MS	F	p
主效应	3	1.355 40	1.355 40	0.451 80	198.59	0.000
机翼	1	1.280 00	1.280 00	1.280 00	562.64	0.000
机腰	1	0.072 20	0.072 20	0.072 20	31.74	0.005
机长	1	0.003 20	0.003 20	0.003 20	1.41	0.301
2 因子交互作用	3	0.008 20	0.008 20	0.002 73	1.20	0.416
机翼×机腰	1	0.003 20	0.003 20	0.003 20	1.41	0.301
机翼×机长	1	0.003 20	0.003 20	0.003 20	1.41	0.301
机腰×机长	1	0.001 80	0.001 80	0.001 80	0.79	0.424
弯曲	1	0.552 07	0.552 07	0.552 07	242.67	0.000
残差误差	4	0.009 10	0.009 10	0.002 28		
失拟	1	0.000 80	0.000 80	0.000 80	0.29	0.628
纯误差	3	0.008 30	0.008 30	0.002 77		
合计	11	1.924 77				

从方差分析表中，可以清楚地看出：主效应项中的 p 值为 0.000，说明我们所选定的模型总体效果是显著的、有效的。在弯曲一栏中，p 值为 0.000，显示这里的响应变量飞行时间有明显的弯曲趋势。在失拟一栏中，p 值为 0.628，这表明对响应变量飞行时间的

拟合没有明显的失拟。

计算机软件直接给出的结果中：$S=0.047\ 697\ 0$，$R^2=99.53\%$，R^2（调整）=98.70%，说明模型拟合度较好。

飞行时间的估计效应系数是各主效应及交互效应的结果。从显著性来看，因子机翼（A）和机腰（B）对应的 p 值小于显著性水平 0.05，因此可以判定这两个因子是显著的，而其余各项不显著。

这一结论，也可以从因子效应的 Pareto 图（图 6.13）和因子效应的正态图（图 6.14）中得到验证。

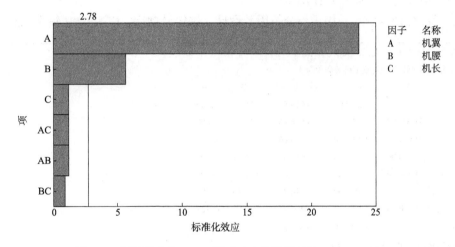

图 6.13　因子效应的 Pareto 图（响应为飞行时间，$\alpha=0.05$）

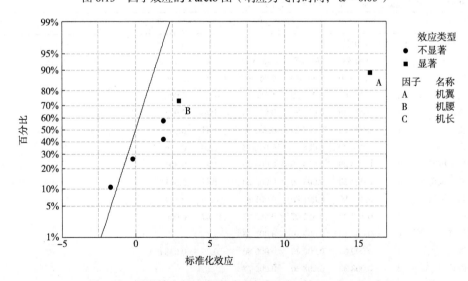

图 6.14　因子效应的正态图（响应为飞行时间，$\alpha=0.05$）

2. 第二步，进行残差分析

按照规定的步骤，进行残差分析。这些残差图绘制在四合一图中，图示结果见图 6.15。

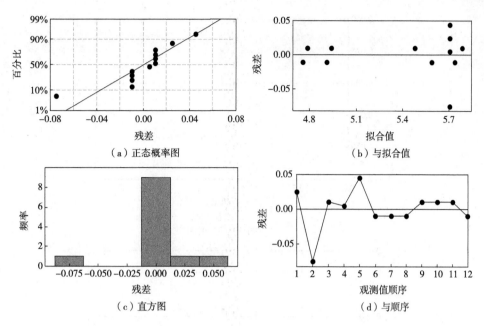

图 6.15　飞行时间残差四合一图

观察残差的正态性检验图［图 6.15（a）］，看残差是否服从正态分布，例 6.5 中，残差近似一条直线，可以认为残差服从正态分布。如果这里不服从正态分布，也不用着急，因为这里只是初步模型，还要经过修改完善，有可能对最终模型而言，残差满足正态性要求。

观察残差对于响应变量拟合值的散点图［图 6.15（b）］，着重考察残差是否满足等方差的要求，即是否呈现漏斗或"喇叭口"形。例 6.5 中，图形是正常的。

观察残差对于以观测值顺序为横轴的散点图［图 6.15（d）］，重点考察观测顺序的散点图中各点是否随机地、无规则地波动。例 6.5 中，该图是正常的。

考察残差对各自变量的散点图，着重考察是否有弯曲趋势。例 6.5 中，结果见图 6.16。从图形上看，看不出弯曲的现象。

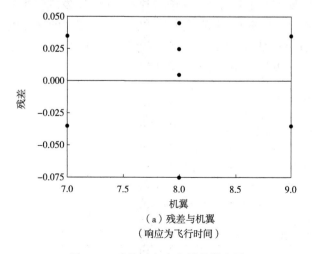

（a）残差与机翼
（响应为飞行时间）

图 6.16　残差对各自变量的散点图

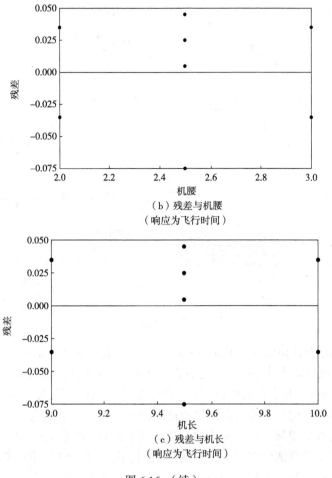

（b）残差与机腰
（响应为飞行时间）

（c）残差与机长
（响应为飞行时间）

图 6.16 （续）

3. 第三步，判断模型是否需要改进

从残差分析中，模型基本是好的。在检验各项效应中，发现三个变量中只有机翼（A）和机腰（B）是显著的，身体（C）的效应不显著，它们之间的交互效应均不显著。在方差分析中，可能存在弯曲现象。因此，修改拟合模型中的"项"，重新计算，即回到第一步。即拟合选定模型。MINITAB 输出结果如下。

拟合因子：飞行时间与机翼，机腰

飞行时间的估计效应和系数（已编码单位）

项	效应	系数	系数标准误	T	p
常量		5.250 00	0.017 90	293.34	0.000
机翼	0.800 00	0.400 00	0.017 90	22.35	0.000
机腰	0.190 00	0.095 00	0.017 90	5.31	0.001
Ct Pt		0.455 00	0.031 00	14.68	0.000

$S = 0.050\ 621\ 1$　　PRESS $= 1.123\ 67$

$R^2 = 98.93\%$　　R^2（预测）$= 41.62\%$　　R^2（调整）$= 98.54\%$

来源	自由度	Seq SS	Adj SS	Adj MS	F	p
主效应	2	1.352 20	1.352 20	0.676 10	263.84	0.000
机翼	1	1.280 00	1.280 00	1.280 00	499.51	0.000
机腰	1	0.072 20	0.072 20	0.072 20	28.18	0.001
弯曲	1	0.552 07	0.552 07	0.552 07	215.44	0.000
残差误差	8	0.020 50	0.020 50	0.002 56		
失拟	1	0.003 20	0.003 20	0.003 20	1.29	0.293
纯误差	7	0.017 30	0.017 30	0.002 47		
合计	11	1.924 77				

飞行时间的方差分析（已编码单位）

我们仍根据前面的分析方法，对新的结果进行分析。

先看方差分析表中的总效果，主效应的 p 值是 0.000，而且因子机翼和机腰的 p 值分别是 0.000 和 0.001，说明模型总体是有效的。弯曲项的 p 值为 0.000，说明响应变量有弯曲现象。删减后的模型是否比原来模型有所改进呢？我们把 R^2，R^2（调整）和 S 值汇总在表 6.12 中。

表 6.12　全模型与删减模型效果比较

模型	全模型	删减模型
R^2	99.53%	98.93%
R^2（调整）	98.03%	98.54%
S	0.047 697 0	0.050 621 1

从表 6.12 中可以看出，尽管标准差的估计值 S 所有增大，但 R^2 与 R^2（调整）的差值变小（1.5%变为 0.39%），说明删除不显著的主因子及交互效应项后，回归的效果改进了。

进行残差诊断时，按照规定的步骤，使用四合一残差图，见图 6.17。例 6.5 中，发现结果都是正常的。

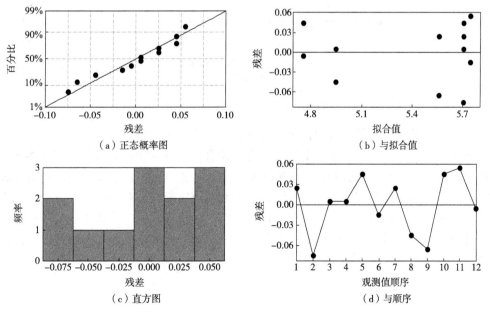

（a）正态概率图　　　　　（b）与拟合值

（c）直方图　　　　　（d）与顺序

图 6.17　第二次拟合后的飞行时间残差图

进一步观察残差对各自变量的散点图 6.18，结果发现，弯曲趋势虽不是很明显，但其判断应以方差分析中的假设检验为准。

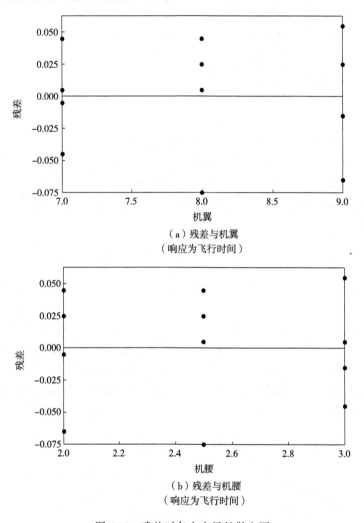

（a）残差与机翼
（响应为飞行时间）

（b）残差与机腰
（响应为飞行时间）

图 6.18　残差对各自变量的散点图

在删减后的模型方差分析中，仍然存在弯曲现象。这说明对响应变量飞行时间仅拟合一阶线性方程是不够的，需要增加试验点，拟合一个含二阶项的方程，就可能解决此问题。我们补做了 6 个轴点（axial point）和 2 个中心点试验，由于我们确信这批新做的试验，其各方面条件都与上批试验相同，因此直接将它们合并在一起进行分析。如果不满足试验条件相同的假设，两批试验应该当作两个区块来对待，才能准确地分析试验结果。补充的 6 个星号点（star point）和两个中心点试验结果见表 6.13。有关序贯分析的方法，我们将在响应曲面中讨论。

表 6.13　飞机飞行试验中新增轴点的试验结果

标准序	运行序	中心点	区组	机翼	机腰	机长	飞行时间
13	13	−1	2	6.318 2	2.500 0	9.500 0	4.41
14	14	−1	2	9.681 8	2.500 0	9.500 0	6.15
15	15	−1	2	8.000 0	1.659 1	9.500 0	4.64
16	16	−1	2	8.000 0	3.340 9	9.500 0	5.52
17	17	−1	2	8.000 0	2.500 0	8.659 1	6.03
18	18	−1	2	8.000 0	2.500 0	10.340 9	5.39
19	19	0	2	8.000 0	2.500 0	9.500 0	6.69
20	20	0	2	8.000 0	2.500 0	9.500 0	5.72

经过拟合选定模型，进行残差分析等，我们选定了最终模型。根据计算结果提供的数据，编码数据的回归方程。MINITAB 输出结果如下所示。

项	系数	系数标准误	T	p
常量	5.814 3	0.100 41	57.904	0.000
机翼	0.448 6	0.078 48	5.716	0.000
机腰	0.164 0	0.078 48	2.090	0.054
机翼×机翼	−0.217 8	0.076 02	−2.866	0.012
机腰×机腰	−0.288 6	0.076 02	−3.796	0.002

即编码的回归方程为

$$Y = 5.814\,3 + 0.448\,6\left(\frac{机翼-8}{1}\right) + 0.164\,0\left(\frac{机腰-2.5}{0.5}\right) - 0.217\,8\left(\frac{机翼-8}{1}\right)^2$$
$$- 0.288\,6\left(\frac{机腰-2.5}{0.5}\right)^2$$

MINITAB 软件也提供了最后确定的原始数据的回归方程，其输出结果如下所示。

项	系数
常量	−19.750 6
机翼	3.934 14
机腰	6.099 18
机翼×机翼	−0.217 847
机腰×机腰	−1.154 23

即方程为

$$Y = -19.750\,6 + 3.934\,14机翼 + 6.099\,18机腰 - 0.217\,847机翼^2 - 1.154\,23机腰^2$$

在最后确定的回归模型中，标准差的估计值 S=0.290 0，R^2=79.41%，R^2（调整）=73.92%，图 6.19 提供了四合一飞行时间残差图。

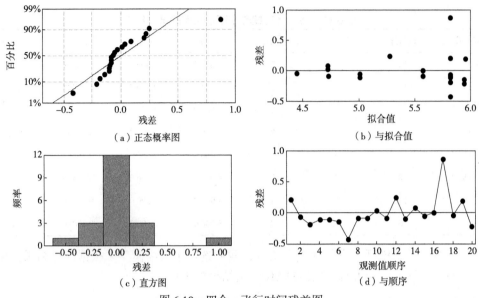

图 6.19　四合一飞行时间残差图

4. 第四步，对模型的分析解释

对选定的模型，要输出更多的信息，给出有意义的解释。通常，输出的包括各因子的主效应图交互效应图；等高线图，响应曲面图；自变量的最优取值，响应变量的最优值；等等。下面将分别予以解释。

（1）输出主效应，交互效应图。在 MINITAB 中：从统计→DOE→因子→因子图入口，可以得到各变量的主效应图（图 6.20）。可以发现因子机长对于响应变量飞行时间的影响确实是不显著的。从得到的交互效应图（图 6.21）中，可以看出机翼×机腰、机腰×机长、机翼×机长的交互效应对响应变量的影响是不显著的（两条线近似平行）。

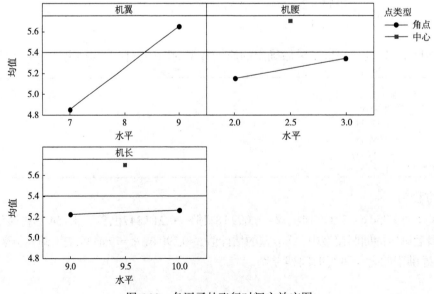

图 6.20　各因子的飞行时间主效应图

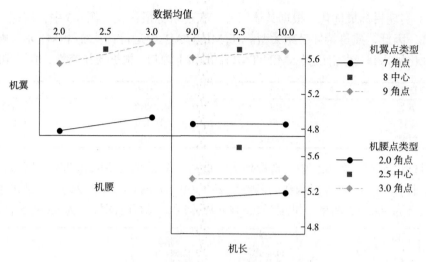

图 6.21 各因子间的飞行时间交互作用图

（2）输出等高线图，响应曲面图。在 MINITAB 中运行：从统计→DOE→响应曲面→等值线/曲面图，可以分别得到响应变量的等值线图（图 6.22）和响应曲面图（图 6.23）。

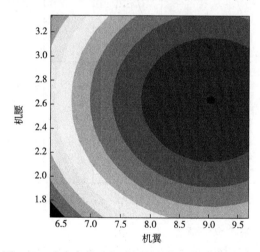

图 6.22 响应变量飞行时间与机腰、机翼等值线图

从外向中心飞行时间依次为 < 3.351 69、3.351 69~3.653 38、3.653 38~3.955 08、3.955 08~4.256 78、4.256 78~4.558 47、4.558 47~4.860 17、4.860 17~5.161 86、5.161 86~5.463 56、5.463 56~5.765 26、5.765 26~6.066 95、> 6.066 95

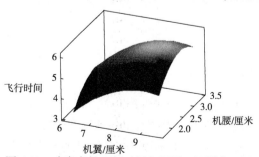

图 6.23 响应变量飞行时间与机腰、机翼曲面图

（3）实现目标最优化。根据具体问题，实现目标最优化。例 6.5 中，期望飞行时间越长越好，因此，质量特性是望大型。在 MINITAB 中运行：从统计→DOE→响应曲面→响应优化器入口。点击设置，MINITAB 输出如下窗口，根据质量特性，填写相应的值。

质量特性	下限	目标值	上限
望小	空白	期望值	已实现值
望目	下限	期望值	上限
望大	已实现值	期望值	空白

在目标设定中，例 6.5 中，选取望大，此时，只需填写下限和期望值即可，我们取下限=4，目标=6，得到理想函数的满意度 $d=1$（$0 \leq d \leq 1$）（图 6.24）。从结果中可以看出：当机翼为 9.036 3 厘米，机腰为 2.644 4 厘米时，飞行时间最长为 6.068 5 秒。

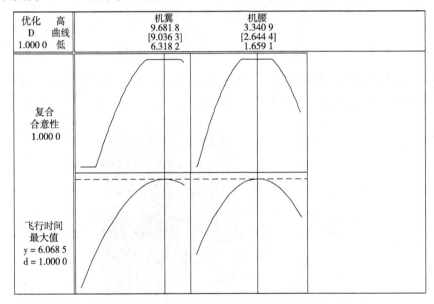

图 6.24　响应优化器输出结果图

5. 第五步，判断目标是否达成

这一阶段的目标，就是判断是否实现目标。例 6.5 中，飞行时间的最优值是 6.068 5，将它和我们的试验目标相比较，如果认为离目标较远，可以考虑再安排一轮试验。如果认为已经达到目标，就可以结束试验，但是需要做验证试验，以确保将来按照最佳条件生产能获得预期效果。

■ 6.5　部分因子试验

因子试验中最有魅力的内容不是全因子试验，而是大大减少了试验次数的部分因子试验。如果在减少试验次数的条件下仍然能够获得足够的信息，这当然是实践工作者求之不得的好方法。本节中，将介绍部分因子试验设计的基本概念，部分因子试验计划和部分因子试验实例分析。

6.5.1　部分因子试验概述

我们知道，进行二水平全因子试验设计时，k 个因子的全因子试验需要进行 2^k 次试验。所以，全因子试验的总试验次数将随因子个数的增加而呈现指数增加。例如，4 个因子需要 16 次试验，5 个因子需要 32 次试验，6 个因子需要 64 次试验，7 个因子就需要 128 次试验。在 7 个因子的 128 次试验中，仔细分析所获得的结果可以看出，所建立的回归方程包括哪些项呢？除常数项外，估计的主效应项有 7 项，二阶交互项 21 项，三阶交互项 35 项，七阶交互项 1 项，详细结果如表 6.14 所示。

表 6.14　全因子试验系数分布表（7 因子）

项别	常数	1	2	3	4	5	6	7
项数	1	7	21	35	35	21	7	1

容易看出，回归方程中除了常数项、一阶主效应项及二阶交互效应项外，共有 99 项是三阶及三阶以上的交互作用项，而这些项实际上已无具体的物理意义了。这自然会提出一个问题：能不能少做些试验，但又照样能估计回归方程中的常数、一阶及二阶项系数呢？如果能够这样，那就有很重要的应用价值了。部分因子试验就是使用这种方法，它可以用在因子个数较多，但只需要分析各因子主效应和二阶交互效应是否显著，并不需要考虑高阶交互效应时，这将使试验次数大大减少。

下面，我们用一个简单的例子说明部分因子试验的原理。

例 6.6： 假设在试验中，有 A、B、C、D 共 4 个可控的试验因子，每个因子均为 2 水平。如何能在 8 次试验中，分析出每个因子的主效应？

方案 1： 删减试验方法。我们设想，4 个试验因子，每个因子均为 2 水平，做全因子试验要 16 次。我们从这 16 次试验中，选出 8 次来做，希望照样能分析主效应，是否可行？如何选取？

先列出四因子全因子试验计划表，见表 6.15。

表 6.15　四因子全因子试验计划表

序号	A	B	C	D	AB	AC	AD	BC	BD	CD	ABC	ABD	ACD	BCD	ABCD
1	-1	-1	-1	-1	1	1	1	1	1	1	-1	-1	-1	-1	1
2	1	-1	-1	-1	-1	-1	-1	1	1	1	1	1	1	-1	-1
3	-1	1	-1	-1	-1	1	1	-1	-1	1	1	1	-1	1	-1
4	1	1	-1	-1	1	-1	-1	-1	-1	1	-1	-1	1	1	1
5	-1	-1	1	-1	1	-1	1	-1	1	-1	1	-1	1	1	-1
6	1	-1	1	-1	-1	1	-1	-1	1	-1	-1	1	-1	1	1
7	-1	1	1	-1	-1	-1	1	1	-1	-1	-1	1	1	-1	1
8	1	1	1	-1	1	1	-1	1	-1	-1	1	-1	-1	-1	-1
9	-1	-1	-1	1	1	1	-1	1	-1	-1	-1	1	1	1	-1
10	1	-1	-1	1	-1	-1	1	1	-1	-1	1	-1	-1	1	1
11	-1	1	-1	1	-1	1	-1	-1	1	-1	1	-1	1	-1	1
12	1	1	-1	1	1	-1	1	-1	1	-1	-1	1	-1	-1	-1
13	-1	-1	1	1	1	-1	-1	-1	-1	1	1	1	-1	-1	1
14	1	-1	1	1	-1	1	1	-1	-1	1	-1	-1	1	-1	-1
15	-1	1	1	1	-1	-1	-1	1	1	1	-1	-1	-1	1	-1
16	1	1	1	1	1	1	1	1	1	1	1	1	1	1	1

按照表 6.15 的前 4 列安排试验，对于最终获得的数据结果可以分析出所有主效应和二阶交互效应，也可以分析出三阶、四阶交互效应。先想从 16 次试验中随机挑选 8 次，行吗？显然不行。因为很可能挑成这样：某些因子在 8 次试验中，取高水平及低水平次数并不相等。这时，原来正交试验"均衡分散，整齐可比"的优点就不复存在，这也是我们不希望看到的。我们知道，在上述正交表中，任何一列都与另外一列正交，因此，固定将某列（如最后一列 ABCD）取 1 的 8 行予以保留，而删去取-1 的 8 行，这样可以保证在保留的 8 行表 6.5 中，A，B，C，D 这 4 列中皆有 4 行取 1，4 行取-1，且各列间仍然保持"均衡分散，整齐可比"，即可以保持正交性。设定取 ABCD=1，结果见表 6.16。

表 6.16　减半实施的四因子全因子试验计划表（ABCD=1）

序号	A	B	C	D	AB	AC	AD	BC	BD	CD	ABC	ABD	ACD	BCD	ABCD
1	-1	-1	-1	-1	1	1	1	1	1	1	-1	-1	-1	-1	1
4	1	1	-1	-1	1	-1	-1	-1	-1	1	-1	-1	1	1	1
6	1	-1	1	-1	-1	1	-1	-1	1	-1	-1	1	-1	1	1
7	-1	1	1	-1	-1	-1	1	1	-1	-1	-1	1	1	-1	1
10	1	-1	-1	1	-1	-1	1	1	-1	-1	1	-1	-1	1	1
11	-1	1	-1	1	-1	1	-1	-1	1	-1	1	-1	1	-1	1
13	-1	-1	1	1	1	-1	-1	-1	-1	1	1	1	-1	-1	1
16	1	1	1	1	1	1	1	1	1	1	1	1	1	1	1

仔细分析可以发现，原来 16 行的正交表 6.15 中，15 列是完全不同的。但删去 8 行后（表 6.16），除去一列全为 1 外，另外 14 列中，每列都有与之成对的另一列是完全相同的。例如，ABCD=1 的表 6.16 中，D 与 ABC 就完全相同，记为 D=ABC。完全相同的两列，在作分析时，计算出的效应或回归系数结果完全相同，这两列的效应被称作混杂（confounded）。也可以换个说法：这时，D 与 ABC 别名（D is the alias of ABC）。在记号上，这个别名关系可记为：D=ABC 或 1=ABCD。其中 1 表示全部元是"+"的列，即 A，B，C，D 四列对应元的乘积全部为"+"。

是否可以选别的条件作为删去 8 行的标准呢？例如，选 ABC=1，也是可以的。这时，由于 C=AB，显然不如 D=ABC 好。选 AB=1，可以吗？这时，由于 A 与 B 别名，即主效应混杂在一起，这样的效果是最差的。经比较后，可知 ABCD=1 这种安排方法是所有安排中效果最好的。

混杂不是好事，能否不产生混杂呢？答案是，任何部分因子试验，混杂是不可避免的，我们只是希望将混杂安排得更好些，尽量让我们感兴趣的因子或交互作用只与更高阶的交互作用相混杂，而在通常情况下，三阶或更高阶的交互作用项是可以忽略不计的，这时，我们感兴趣的因子或交互作用就可以估计了。

方案 2：增补因子法。我们设想，总计 8 次试验，由于每个因子均为 2 水平，做全因子试验可以安排 3 个因子，假设 A，B，C 这 3 个因子已安排在前 3 列了，现在有 4 个因子要安排，如何安排这新的第 4 个因子呢？如何办才好？此问题的描述参看表 6.17。

表 6.17　三因子全因子试验计划表

序号	A	B	C	AB	AC	BC	ABC	D
1	−1	−1	−1	1	1	1	−1	?
2	1	−1	−1	−1	−1	1	1	?
3	−1	1	−1	−1	1	−1	1	?
4	1	1	−1	1	−1	−1	−1	?
5	−1	−1	1	1	−1	−1	1	?
6	1	−1	1	−1	1	−1	−1	?
7	−1	1	1	−1	−1	1	−1	?
8	1	1	1	1	1	1	1	?

原来的这个表有 8 行 7 列，任意两列间是相互正交的。我们希望增加一列来安排因子 D，而且希望此列仍然能与前面各列保持正交性。能否找出一个与前 7 列不同的列，且与前面各列保持正交呢？数学上可以证明，这是不可能的。换言之，D 这列必然要与前面第 4，5，6，7 列中某列完全相同。权衡之下，我们认为，取 D=ABC 是最好的安排。将 D 取值设定与 ABC 列相同，并将其前移至第 4 列，可以得到表 6.18。

表 6.18　减半实施的四因子试验计划表

序号	A	B	C	D	AB	AC	BC	ABC
1	−1	−1	−1	−1	1	1	1	−1
2	1	−1	−1	1	−1	−1	1	1
3	−1	1	−1	1	−1	1	−1	1
4	1	1	−1	−1	1	−1	−1	−1
5	−1	−1	1	1	1	−1	−1	1
6	1	−1	1	−1	−1	1	−1	−1
7	−1	1	1	−1	−1	−1	1	−1
8	1	1	1	1	1	1	1	1

将 ABCD=1 的表 6.16 重新排序后，将与表 6.18 完全相同。

很明显，ABCD=1 这个约定非常重要。这将导致 A=BCD，B=ACD，C=ABD，AB=CD，AC=BD 及 AD=BC，即某些主效应将与三阶交互效应相混杂，某些二阶交互效应将与另一些二阶交互效应相混杂。从上述结果很容易发现混杂的规律。我们可以用下列法则来表述：对 ABCD=1 这个等式两边都乘以 A，由于 AA=1，因此就能得到 BCD=A。同样，也可以得到 D=ABC 及 AB=CD 等。这种运算规则简单易用，相当于任何字母在等式两侧可以随意移动。这个法则对 2 水平的部分因子试验设计总是成立的。

如果约定改为 ABC=1，这将导致 A=BC，B=AC，C=AB，某些主效应将与某些二阶交互效应相混杂，这个设计 ABC=1 将比设计 ABCD=1 的混杂情况要差很多。在部分因子试验中，想使混杂情况尽可能地好且照顾到问题的实际需求，是要用到较多的试验设计知识和技巧。现在，计算机已能自动提供最佳的设计，因此，一般使用试验设计的工程师不必掌握这些烦琐的内容。但有关的概念很重要，需要理解。

下面通过例 6.6 介绍的部分因子试验例子，介绍几个关键概念。

例 6.6 中，为了在 8 次试验中安排 A，B，C，D 共 4 个因子，在表 6.17 的 3 因子 8 次试验安排中，让 D 因子与 ABC 交互作用相混杂，则称 D=ABC 为生成元（generator）。经过仔细分析后发现，这样的安排其实等价于表 6.15 中 16 次试验中保留 ABCD=1 的那些试验。称 ABCD=1（或写为 I=ABCD）为定义关系（defining relation），简称字（word）。每个字都有其字长（word length），如 I=ABCD 的字长为 4。在只有一个生成元时，生成元与定义关系是同一件事的两种表达方式，但用生成元来考虑问题会简单些，因为此时是在较少的试验次数下安排更多因子的问题。当新因子个数增多时，生成元当然会增加，但定义关系的总个数会增加得更多。

例 6.7：假设有 A，B，C，D，E，F 共 6 个可控的试验因子，每个因子均为二水平。如何在 16 次试验中，完成试验安排？

我们知道，16 次试验可以安排 4 因子，二水平的全因子试验，这 4 个因子 A，B，C，D 称为基本因子。问题是如何安排另两个因子 E 和 F。

方案 1：令生成元为：E=BCD，F=ABCD。这时立即可以看到的是定义关系 I=BCDE 和 I=ABCDF，但注意这两个定义关系的乘积一定也是定义关系，所以有 I=（BCDE）×（ABCDF）=AEF。即可表示成：I=BCDE=ABCDF=AEF。考虑其混杂情况，我们发现 I=AEF 意味着 A=EF，E=AF 和 F=AE，即有些主效应与二阶交互效应混杂了。

方案 2：令生成元为：E=ABC，F=ABD。这时立即可以看到的是定义关系 I=ABCE 和 I=ABDF，且有 I=CDEF，即 I=ABCE=ABDF=CDEF。考虑其混杂情况，我们发现这时没有任何主效应与二阶交互作用相混杂的情况，只有某些二阶与二阶交互效应相混杂，如 AB=CE，AB=DF，CD=EF。

从上面两个方案的比较容易看出，方案 2 优于方案 1。我们需要考虑的是：到底应该用什么指标来作为部分因子试验优劣的判定标准。显然，造成方案 1 不好的关键是因为在定义关系 I=AEF 中，字长为 3，它的"长度"太短了。为此，我们引入部分因子试验中最重要的指标——分辨度（resolution）。

我们称所有的字中字长最短的那个字的长度为整个设计的分辨度。分辨度通常用罗马数字表示，如Ⅲ、Ⅳ、Ⅴ、Ⅵ。从分辨度定义可以看出，在部分因子设计中，同等设计条件下，具有高分辨度的设计，就是最优的设计。

一般地，如果一共考虑 k 个因子，p 代表新安排的因子个数（当然这意味着有 $k-p$ 个因子是设计表中原有的"老因子"或基本因子），这样的试验记作 2^{k-p}，如例 6.7 的设计就应记为 2^{6-2}。对这个记号可以有两种解释方法：一种是，将 $k-p$ 当作一个数来看待，此数恰好是安排进行全因子试验的"老因子"或基本因子的个数，2^{k-p} 作为一个数字来看，它正好是进行试验的次数；另一种是，如例 6.7 的试验 2^{6-2}，可以将其写成 $2^{6-2}=\dfrac{2^6}{2^2}$，分子是因子个数是 6 时的全因子试验次数 64；分母是 2 的 2 次方，表示只实行了 $\frac{1}{4}$，或减半了两次，这两种理解都有意义。因此，2^{k-p} 是部分因子试验设计得很恰当的记号。

设计 2^{k-p} 一共有 p 个生成元，一共有 $2^{p}-1$ 个定义关系。在例 6.7 的方案 1 中，3 个定义关系中字长最短为 3，所以方案 1 的分辨度为 Ⅲ；在方案 2 中，3 个定义关系中字长全是 4，所以方案 2 的分辨度为 Ⅳ。

如果将分辨度标注在因子设计记号的右下角，则可以把例 6.6 的设计记为 2^{4-1}_{IV}，例 6.7 的设计方案 2 记为 2^{6-2}_{IV}。一般地，分辨度为 R 的部分因子设计记为 2^{k-p}_{R}，其中 k 表示可控因子总个数；p 表示在基本设计的基础上增添因子的个数；R 表示设计的分辨度；2^{k-p} 表示部分因子试验的次数。

我们有必要再详细解释一下分辨度的含义。

分辨度为 Ⅲ 的设计：各主效应间没有混杂，但某些主效应可能与某些二阶交互效应相混杂。

分辨度为 Ⅳ 的设计：各主效应间没有混杂，主效应与二阶交互效应间也没有混杂，但主效应可能与某些三阶交互效应相混杂，某些二阶交互效应可能与其他二阶交互效应相混杂。

分辨度为 Ⅴ 的设计：某些主效应可能与某些四阶交互效应相混杂，但不会与三阶或更低阶交互效应相混杂；某些二阶交互效应可能与三阶交互效应相混杂，但各二阶交互效应之间没有混杂。

之后以此类推，但常用的设计到分辨度为 Ⅴ 就可以了。

一个主效应或二阶交互效应如果它不与其他主效应和二阶交互效应别名，那么我们称它是可以估计的，也称是纯净的（clear）。一个主效应或二阶交互效应如果它不与其他主效应和二阶交互效应别名，也不与三阶交互效应别名，那么我们称它是强纯净的（strongly clear）。由此可知，分辨度为 Ⅳ 的设计中各主效应都是可以估计的，那些没有相互混杂的二阶交互效应也是可以估计的；分辨度为 Ⅴ 的设计中，全部主效应及二阶交互效应都是可以估计的。

怎样才能根据 k 和 p 的数值确定分辨度的数值呢？这是个很难给出一般结论的问题，也没有简单的公式可用。统计学家为便于大家使用，就编制了计算分辨度的表格，见表 6.19，这是进行部分因子试验必须熟悉的一张表。

表 6.19　部分因子试验分辨度表

试验次数	因子数													
	2	3	4	5	6	7	8	9	10	11	12	13	14	15
4	Full	Ⅲ												
8		Full	Ⅳ	Ⅲ	Ⅲ	Ⅲ								
16			Full	Ⅴ	Ⅳ	Ⅳ	Ⅳ	Ⅲ	Ⅲ	Ⅲ	Ⅲ	Ⅲ	Ⅲ	Ⅲ
32				Full	Ⅵ	Ⅳ	Ⅳ	Ⅳ	Ⅳ	Ⅳ	Ⅳ	Ⅳ	Ⅳ	Ⅳ
64					Full	Ⅶ	Ⅴ	Ⅳ	Ⅳ	Ⅳ	Ⅳ	Ⅳ	Ⅳ	Ⅳ
128						Full	Ⅷ	Ⅵ	Ⅴ	Ⅴ	Ⅴ	Ⅳ	Ⅳ	Ⅳ

　　表 6.19 给出了在因子总数及试验总次数给定的情况下所能达到的最大分辨度。表 6.19 中，第一行代表试验因子的个数，第一列代表试验的总次数（不含中心点），表中所列出的数值就是最佳设计具有的分辨度值。例如，第一行选因子个数为 8，第一列选试验总次数 16（安排全因子试验可以安排 4 个因子），这就是部分因子设计 2^{8-4}。表 6.19 中所对应的就是最佳设计具有的分辨度值为Ⅳ，也就是说我们可以使用设计 $2_{Ⅳ}^{8-4}$。至于如何选定生成元，全部的定义关系（字）是什么，哪些效应间会产生混杂，这些都将由计算机自动给出。除非设计者有特别要求，一般情况下，由计算机所给定的设计通常是可用的、最好的。

　　表 6.19 还可以有更多的用途。例如，要考察 8 个因子，做多少次试验可以保证分辨度不低于Ⅳ？从表 6.19 中对应因子数为 8 的那列可以看到，做 16 次或 32 次试验分辨度都是Ⅳ，做 64 次试验分辨度才能达到Ⅴ。这样一来，我们做 16 次试验就够了。又如，如果条件限定最多做 16 次试验，要保证分辨度不低于Ⅳ，最多可以安排多少因子？从表 6.19 中对应试验次数为 16 的那行可以看到，安排 6，7，8 个因子都可以使分辨度为Ⅳ，故最多可以安排 8 个因子。

6.5.2　部分因子试验的计划

　　我们通过一个实例，来说明如何安排部分因子试验的计划。

　　例 6.8： 用自动刨床刨制工作台平面的工艺条件试验。在用刨床刨制工作台平面试验中，考察影响其工作台平面粗糙度的因子，并求出使粗糙度达到最低的工艺条件。

　　共考察 6 个因子：因子 A，进刀速度，低水平 1.2，高水平 1.4（单位：毫米/刀）；因子 B，切削角度，低水平 10，高水平 12（单位：度）；因子 C，吃刀深度，低水平 0.6，高水平 0.8（单位：毫米）；因子 D，刀背后角，低水平 70，高水平 76（单位：度）；因子 E，刀前槽深度，低水平 1.4，高水平 1.6（单位：毫米）；因子 F，润滑油进给量，低水平 6，高水平 8（单位：毫升/分钟）。

　　要求：包括中心点在内，不得超过 20 次试验，考察各因子主效应和二阶交互效应 AB，AC，CF，DE 是否显著。

　　由于试验次数的限制，我们在因子点上只能做 16 次试验，另外 4 次取为中心点。这就是 $2^{6-2}+4$ 试验。由表 6.19 查得，这时分辨度 $R=$Ⅳ，即可实现分辨度为Ⅳ的设计。各主效应间没有混杂，主效应与二阶交互效应间也没有混杂，但某些二阶交互效应可能与其他二阶交互效应相混杂，因此，只要保证所要考察的 AB，AC，CF，DE 各二阶交互效应间没有相互混杂就行了。

　　下面生成具体的试验设计表。以 MINITAB 为例，从统计→DOE→因子→创建因子设计入口即可。先选定两水平因子（默认生成元）（L），选择因子个数为 6，然后从设计对话框中选定 16 次试验，4 个中心点；在因子对话框中，设定各因子名称及水平，在选项对话框中先选定非随机化，则可生成表 6.20。

表 6.20　例 6.8 部分因子试验设计计划表

标准序	运行序	中心点	区组	进刀速度/（毫米/刀）	切削角度/度	吃刀深度/毫米	刀背后角/度	刀前槽深度/毫米	润滑油进给量/（毫升/分钟）
1	1	1	1	1.2	10	0.6	70	1.4	6
2	2	1	1	1.4	10	0.6	70	1.6	6
3	3	1	1	1.2	12	0.6	70	1.6	8
4	4	1	1	1.4	12	0.6	70	1.4	8
5	5	1	1	1.2	10	0.8	70	1.6	8
6	6	1	1	1.4	10	0.8	70	1.4	8
7	7	1	1	1.2	12	0.8	70	1.4	6
8	8	1	1	1.4	12	0.8	70	1.6	6
9	9	1	1	1.2	10	0.6	76	1.4	8
10	10	1	1	1.4	10	0.6	76	1.6	8
11	11	1	1	1.2	12	0.6	76	1.6	6
12	12	1	1	1.4	12	0.6	76	1.4	6
13	13	1	1	1.2	10	0.8	76	1.6	6
14	14	1	1	1.4	10	0.8	76	1.4	6
15	15	1	1	1.2	12	0.8	76	1.4	8
16	16	1	1	1.4	12	0.8	76	1.6	8
17	17	0	1	1.3	11	0.7	73	1.5	7
18	18	0	1	1.3	11	0.7	73	1.5	7
19	19	0	1	1.3	11	0.7	73	1.5	7
20	20	0	1	1.3	11	0.7	73	1.5	7

MINITAB 输出的混杂情况表如下所示。

```
部分因子设计
因子：      6    基本设计：   6, 16   分辨度：    IV
试验次数：  20   仿行：            1   实施部分：  1/4
区组：       1   中心点（合计）：   4
设计生成元：E = ABC，F = BCD
别名结构
I + ABCE + ADEF + BCDF
A + BCE + DEF + ABCDF
B + ACE + CDF + ABDEF
C + ABE + BDF + ACDEF
D + AEF + BCF + ABCDE
E + ABC + ADF + BCDEF
F + ADE + BCD + ABCEF
AB + CE + ACDF + BDEF
AC + BE + ABDF + CDEF
AD + EF + ABCF + BCDE
AE + BC + DF + ABCDEF
AF + DE + ABCD + BCEF
BD + CF + ABEF + ACDE
BF + CD + ABDE + ACEF
ABD + ACF + BEF + CDE
ABF + ACD + BDE + CEF
```

此表告诉我们，计算机自己选择的生成元是：$E=ABC$，$F=BCD$。后面的别名结构描述的是每列中互为别名的有哪些。例如，$A+BCE+DEF+ABCDF$，它表明 A 所在的列，其实可能是 A 在起作用，同时起作用的可能还有 BCE，DEF 和 ABCDF。有时也可将此式写成 $A=BCE=DEF=ABCDF$，表明这些项是互为别名的，或说它们是相互混杂的。当然，在这些项中，除了因子 A 外，其他 3 项都是三阶或更高阶的交互效应，都可以忽略不计。如果此项效应显著，则可以断定是因子 A 效应显著，因此本列的混杂对我们分析因子 A 效应不会产生任何实质性影响。对于分辨度为 IV 的设计，关键是要检查一下我们所感兴趣的二阶交互作用的混杂情况。将三阶以上交互作用忽略不计，这里混杂的有：AB=CE，AC=BE，AD=EF，AE=BC=DF，AF=DE，BD=CF，BF=CD。例 6.8 的问题所要求估计的 4 个二阶交互作用是 AB，AC，CF 和 DE，从别名结构表中可以看见这 4 项恰好没有重叠在同行，即没有发生混杂，因此本设计方案是可行的。

如果"所要求的可以估计的二阶交互效应间在给定设计中出现混杂"，那么有两种情况可能出现。一种是可以自行解决的，其办法有两个：①将因子名称相互交换；如例 6.8 中，若要求 AB 与 CE 不能混杂，只需把因子 E、F 互换一下即可；②自行选定设计生成元（这时就要改变计算机给出的缺省的生成元，自己另行指定）。这些要用到较多的技巧，可以向统计学家咨询。另一种可能是，该问题所要求的那么多二阶交互作用都不与别的项混杂是根本办不到的。如何区分这两种情况，也只能向统计学家咨询。当然，不管遇到哪种情况，只要增加试验次数总是可以解决的。

上述试验计划表给定后，要将运行序列随机化，然后再按随机化后的运行的数值顺序将表重新排好形成计划矩阵，就可以按此表进行试验了。

6.5.3　部分因子试验的分析案例

例 6.9：降低微型变压器耗电量问题。在微型变压器生产的工艺改进过程中，经过头脑风暴发现，影响变压器耗电量的原因很多，至少有 4 个因子需要考虑：绕线速度、矽钢厚度、漆包厚度和密封剂量。由于绕线速度与密封剂量毫无关系，因而可以认为绕线速度与密封剂量间无交互作用。由于试验成本很高，研究经费只够安排 12 次试验，应如何安排试验设计呢？

因子 A：绕线速度，低水平取 2，高水平取 3（单位：圈/秒）

因子 B：矽钢厚度，低水平取 0.2，高水平取 0.3（单位：毫米）

因子 C：漆包厚度，低水平取 0.6，高水平取 0.8（单位：毫米）

因子 D：密封剂量，低水平取 25，高水平取 35（单位：毫克）

由于试验次数的限制，本例只能采用 $2^{4-1}+4$ 设计。根据表 6.19 部分因子试验分辨度表可以看出，8 次试验（不包含中心点）可以实现分辨度为 IV 的计划。这时候，计算机自动取生成元 $D=ABC$，同时可知：AB=CD，AC=BD，AD=BC，总计将有 3 对二阶因子效应相混杂。

试验安排及试验结果列在表 6.21 中，响应变量是耗电量（单位：毫瓦）。

表 6.21　变压器耗电量试验数据表

标准序	运行序	中心点	区组	绕线速度	矽钢厚度	漆包厚度	密封剂量	耗电量
5	1	1	1	2	0.2	0.8	35	217
12	2	0	1	2.5	0.25	0.7	30	253
3	3	1	1	2	0.3	0.6	35	299
9	4	0	1	2.5	0.25	0.7	30	251
2	5	1	1	3	0.2	0.6	35	209
10	6	0	1	2.5	0.25	0.7	30	239
4	7	1	1	3	0.3	0.6	25	321
8	8	1	1	3	0.3	0.8	35	222
1	9	1	1	2	0.2	0.6	25	224
6	10	1	1	3	0.2	0.8	25	238
7	11	1	1	2	0.3	0.8	25	242
11	12	0	1	2.5	0.25	0.7	30	247

对于部分因子试验的数据进行分析，其方法与全因子试验设计的五步分析法完全相同。其具体步骤及结果如下。

1. 第一步：拟合选定模型

在 MINITAB 软件中，同样从统计→DOE→因子→分析因子设计窗口进入，选定全模型后，在运行窗中可得到计算结果。由于现在是部分因子试验，"全模型"已不是包含全部交互作用项的模型了。

计算结果的分析与全因子试验设计相同，MINITAB 输出结果如下所示。

因子回归：耗电量与绕线速度，矽钢厚度，漆包厚度，密封剂量

耗电量的效应和系数的估计（已编码单位）

项	效应	系数	系数标准误	T 值	p 值
常量		246.83	1.57	157.65	0.000
绕线速度	2.00	1.00	1.92	0.52	0.630
矽钢厚度	49.00	24.50	1.92	12.78	0.000
漆包厚度	−33.50	−16.75	1.92	−8.74	0.001
密封剂量	−19.50	−9.75	1.92	−5.08	0.007
绕线速度*矽钢厚度	−1.00	−0.50	1.92	−0.26	0.807
绕线速度*漆包厚度	−1.50	−0.75	1.92	−0.39	0.716
绕线速度*密封剂量	−44.50	−22.25	1.92	−11.60	0.000

S=5.423 71　　PRESS=650.975

R^2=99.01%　　R^2（预测）=94.53%　　R^2（调整）=97.28%

耗电量的方差分析（已编码单位）					
来源	自由度	Adj SS	Adj MS	F 值	p 值
模型	7	11 782.0	1 683.14	57.22	0.001
线性	4	7 815.0	1 953.75	66.42	0.001
绕线速度	1	8.0	8.00	0.27	0.630
矽钢厚度	1	4 802.0	4 802.00	163.24	0.000
漆包厚度	1	2 244.5	2 244.50	76.30	0.001
密封剂量	1	760.5	760.50	25.85	0.007
2 因子交互作用	3	3 967.0	1 322.33	44.95	0.002
绕线速度*矽钢厚度	1	2.0	2.00	0.07	0.807
绕线速度*漆包厚度	1	4.5	4.50	0.15	0.716
绕线速度*密封剂量	1	3 960.5	3 960.50	134.63	0.000
误差	4	117.7	29.42		
弯曲	1	2.7	2.67	0.07	0.809
纯误差	3	115.0	38.33		
合计	11	11 899.7			

别名结构

$I + ABCD$

$A + BCD$

$B + ACD$

$C + ABD$

$D + ABC$

$AB + CD$

$AC + BD$

$AD + BC$

MINITAB 计算中，输出了因子 Pareto 图，见图 6.25。

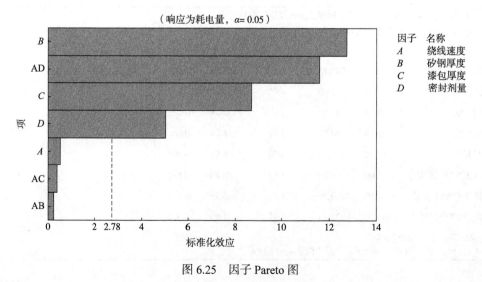

图 6.25　因子 Pareto 图

（1）先看方差分析表中的总结果。在本例中，对应主效应项的 p 值为 0.001，表明本模型总的来说是有效的。

（2）看方差分析表中的弯曲项。在例 6.9 中，对应弯曲项的 p 值为 0.809，大于 0.05，则表明本批数据没有弯曲现象。

（3）各项效应的显著性。从单个因子的检验可以看出：主效应中，因子 A（绕线速度）不显著（p 值=0.630），因子 B（矽钢厚度）效应显著（p 值=0.000），因子 C（漆包厚度）效应显著（p 值=0.001），因子 D（密封剂量）效应显著（p 值=0.007）。

（4）分析交互效应要特别小心，计算结果显示 A（绕线速度）与 D（密封剂量）的交互效应显著（p 值=0.000）。但因为这里是部分因子试验，此项交互作用是由 AD=BC 得到的，实际上可能交互作用 AD 显著，但也可能交互作用 BC 显著。根据本题的背景说明，实际上 A 与 D 不可能有交互作用，因此这项应该是 BC 的交互作用。当然，如果这一项效应是不显著的，则可以断言这二者都没有显著作用。

（5）观察帕累托图，同样显示是 B，C，D 及 AD 显著，但实际上应该是 B，C，D 及 BC 显著。部分因子试验的数据分析与全因子试验设计的数据分析相比较，其差别只在这里，即当数据分析结果中有某些二阶交互作用效应显著时，不能仅从表面上的结果来决定取舍，要仔细分析混杂结构，查看在别名结构表中，此显著项是与哪个（或哪些）二阶交互作用效应相混杂的，再根据背景材料予以判断，最终决定谁入选。如果没有提供相关背景材料，这时判断确实可能有困难，只好再做进一步的试验来区分这些混杂的交互作用。

2. 第二步：进行残差诊断

残差诊断分析法与全因子试验设计完全相同。例 6.9 残差诊断中未发现任何问题，此处从略。

3. 第三步：判断模型是否要改进

从残差诊断中看出，模型基本上是好的，改进模型主要是删除不显著项。因此，实际上，又要返回第一步。

例 6.9 中，在重新拟合模型的计算时保留 B、C 和 D 及二阶交互作用项 BC，再次计算 MINITAB 输出结果如下所示。

因子回归：耗电量与矽钢厚度，漆包厚度，密封剂量
耗电量的效应和系数的估计（已编码单位）

项	效应	系数	系数标准误	T 值	p 值
常量		246.83	1.25	196.78	0.000
矽钢厚度	49.00	24.50	1.54	15.95	0.000
漆包厚度	−33.50	−16.75	1.54	−10.90	0.000
密封剂量	−19.50	−9.75	1.54	−6.35	0.000
矽钢厚度*漆包厚度	−44.50	−22.25	1.54	−14.48	0.000

S=4.345 22　　PRESS=227.615
R^2=98.89%　　R^2（预测）=98.09%　　R^2（调整）=98.25%

耗电量的方差分析（已编码单位）					
来源	自由度	Adj SS	Adj MS	F 值	p 值
模型	4	11 767.5	2 941.87	155.81	0.000
线性	3	7 807.0	2 602.33	137.83	0.000
矽钢厚度	1	4 802.0	4 802.00	254.33	0.000
漆包厚度	1	2 244.5	2 244.50	118.88	0.000
密封剂量	1	760.5	760.50	40.28	0.000
2 因子交互作用	1	3 960.5	3 960.50	209.76	0.000
矽钢厚度*漆包厚度	1	3 960.5	3 960.50	209.76	0.000
误差	7	132.2	18.88		
弯曲	1	2.7	2.67	0.12	0.737
失拟	3	14.5	4.83	0.13	0.939
纯误差	3	115.0	38.33		
合计	11	11 899.7			

别名结构
$I + ABCD$
$B + ACD$
$C + ABD$
$D + ABC$
$BC + AD$

比较全模型与缩减模型的回归效果，见表 6.22。结果显示，删去不显著项后，无论从估计的标准差，还是从 R^2 与 R^2（调整）之差看，模型确实得到了较大改进。

表 6.22   部分因子试验中模型拟合效果比较

模型	全模型	删减模型
R^2	99.01%	98.89%
R^2（调整）	97.28%	98.25%
S	5.423 71	4.345 22

4. 第四步：对选定模型进行分析解释

（1）输出各因子的主效应图和交互效应图，从统计→DOE→因子→因子图窗口进入，设置后就可得到主效应图和交互效应图。

从图 6.26 主效应图中可以看出，因子 B，C，D 对于响应变量耗电量的影响确实是很显著的，而因子 A 的影响是不显著的。还可以看出，为使耗电量达到最小，应该让 B 尽可能小；C，D 尽可能大。从图 6.27 交互效应图中可以看出，因子 B 与因子 C 的交互作用对于响应变量耗电量的影响是很显著的（两条线非常不平行），而其他交互效应对于响应变量耗电量的影响是不显著的（两条线几乎平行）。由于 B 与 C 交互效应太大，因此要注意，单纯地从主效应最优考虑的设置不一定是最好的设置，因此还要从等高线图和曲面图来进行细致的分析。

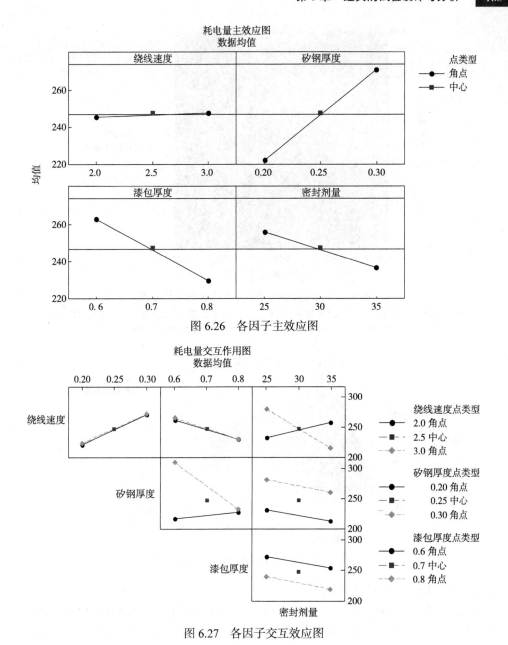

图 6.26　各因子主效应图

图 6.27　各因子交互效应图

（2）输出等高线图、响应曲面图等。在 MINITAB 软件中可以从统计→DOE→因子→等值线/曲面图得到它们。耗电量对于 B，C 二因子的等值线如图 6.28 所示，耗电量对于 B，C 二因子的响应曲面图如图 6.29 所示。

从图 6.28 耗电量对于 B，C 二因子的等值线图中可以看出，其左下角比右下角更低，即因子 B（矽钢厚度）取最小值，因子 C（漆包厚度）也取最小值反而更好些。这说明，仅从主效应图就判断最优值在交互效应强烈时不一定能选对。从图 6.29 耗电量对于 B，C 二因子的响应曲面图中可以看出，交互效应 BC 对于响应变量耗电量影响确实是太显著了（等高线很弯曲）。因此，在现有的试验范围内，应该让 B 和 C 都取最小值，D 取

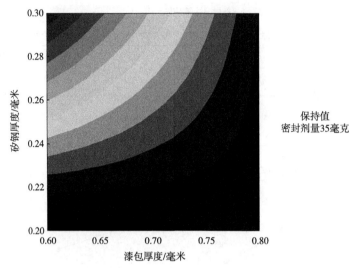

图 6.28   耗电量对于 B，C 二因子的等值线图

从右下角向左上角耗电量（毫瓦）依次为 < 215，215~223，223~231，231~239，239~247，247~255，
255~263，263~271，271~279，279~287，287~295，> 295

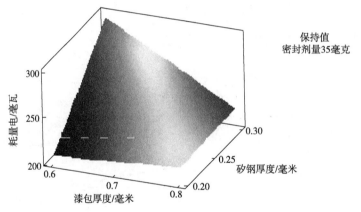

图 6.29   耗电量对于 B，C 二因子的响应曲面图

最大值，有可能使耗油量达到最小。

（3）实现目标最优化。这一问题的质量特性属于望小型。在 MINITAB 软件中，可以从统计→DOE→因子→响应优化器得到最优化结果。这时，在目标选择上，选取望小，在"设置"中，只需填写上限和目标值，而下限留为空白即可。我们取上限为 250（这个值是在做过的试验中已经实现的），目标值取为 200（这个值在做过的试验中未能达到，是较高理想）。计算机自动搜索后，得到最优计算结果，如图 6.30 所示。

从图 6.30 可知，当矽钢厚度取最小值 0.2，漆包厚度取最小值 0.6，而因子密封剂量取最大值 35 时，微型变压器耗电量可能实现最小值 207.083 3。

我们可以看到，在试验过程中，进行第 5 号试验（标准序为 2）时，在 $A=3$，$B=0.2$，$C=0.6$，$D=35$ 的条件下，曾经达到过耗电量 209。在部分因子试验中，能够正巧在最优设置做过一次试验的这种情况（A 不显著，取值无关大局）并不一定总能出现。由于是

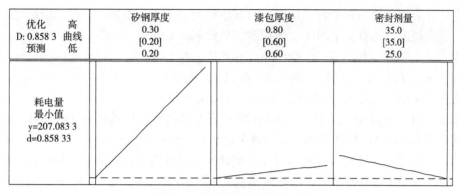

图 6.30　耗电量的最优化结果图

部分实施，有些试验条件的搭配组合并未做过试验。现在通过分析可以看到，即使未在最优设置处做过试验，我们的分析也可以预测到这个最佳设置。这正是试验设计统计分析方法的价值所在，如果只安排试验而不进行统计分析，是无论如何也做不到这一点的。

5. 第五步：判断目标是否已经达到

部分因子试验的目的是筛选因子，如果能够从各因子的主效应图和交互效应图中分析出哪些因子或哪些因子间的交互效应是显著的，应予以保留。如果目前的结果仍不满足要求，通常是以这些结果为依据，选定因子并确定因子水平，进行下一轮试验。例如，因子矽钢厚度（B）取比现最小值 0.2 更小一些的值，因子漆包厚度（C）取比现最小值 0.6 更小的值，因子 D（密封剂量）取比现最大值 35 更大的值来安排新一轮试验。如果目前的结果基本能满足要求，我们可以更充分地挖掘信息，进一步求出最佳值，甚至可以求出最佳值的预测值的置信区间。在 MINITAB 软件中可以从统计→DOE→因子→预测窗口进入，在因子设置数据中，依次输入 "0.2"，"0.6"，"35" 即可得到下列计算结果。

MINITAB 输出结果如下所示。

拟合值	拟合值标准误	95% 置信区间	95% 预测区间
207.083	3.318 72	（199.236，214.931）	（194.154，220.012）

若目标已经达到，在选取最优因子水平组合之前，一定要进行确认性试验，这在试验设计中是必不可少的。

6.5.4　三水平部分因子试验分析

对于全因子试验设计，6.4 节只考虑了二水平试验的设计与分析。在实际工作中如果确实需要考虑三水平或更多水平时，我们可以自行定义一个全因子试验，计算机软件也有相应的设计与分析的功能。由于它与二水平的状况相仿，故不再加以叙述。但如果需要进行三水平的部分因子试验时，就要自己动手安排和计算。

关于高、中、低三水平的代码可以有多种选择方法，选 1，2，3 可以，选离散的 A，B，C 也行，但以连续型变量-1，0，1 作为代码最好。这时，可以把对因子效应的方差分析和对自变量的回归结合起来进行。下面将通过实例，给予说明。

例 6.10：手机外壳注塑试验中，为了考察如何能使其强度达到最大，要进行承载力试验,将外壳放入压力机中将其压碎,以其承载力 y/千克为指标,希望选定最优工艺条件使 y 达到最大。共有 3 个因子,选择其水平如下:

因子 A(注射压力)(帕),A_1=500,A_2=520,A_3=540;

因子 B(注射时间)(秒),B_1=1.2,B_2=1.5,B_3=1.8;

因子 C(模具温度)(℃),C_1=70,C_2=75,C_3=80。

假定仅做 9 次试验,试找出重要影响因子及最佳搭配,使承载力 y 达到最大?

我们以 MINITAB 软件为例,说明整个设计及分析的操作过程。

在计划阶段,从统计→DOE→因子→创建因子设计进入,选中"一般全因子设计",并选定因子个数为 2(因为只进行 9 次试验),在设计窗口中,填写 A,B 二因子,且水平数皆为 3。在因子窗口中,填写 A,B 二因子各自的实际水平,在选项窗口中,选中非随机化。这样就可以得到含 A,B 两因子各三水平的正交表。自己在表中再补充一列 C,按部分因子三水平正交表的第三列填写,三水平仍取因子 C 的实际水平。随机化顺序后,就得到完整的试验计划表了(表 6.23 中的前 7 列)。

在实施试验后,将试验数据承载力填写在 A,B,C 因子列之后的第 8 列,结果如表 6.23 所示。

表 6.23　手机壳承载力试验中,三水平试验数据表

标准序	运行序	点类型	区组	注射压力	注射时间	模具温度	承载力
1	1	1	1	500	1.2	70	64.4
2	2	1	1	500	1.5	75	66.4
3	3	1	1	500	1.8	80	66
4	4	1	1	520	1.2	75	68.4
5	5	1	1	520	1.5	80	66.6
6	6	1	1	520	1.8	70	69.6
7	7	1	1	540	1.2	80	61.8
8	8	1	1	540	1.5	70	62
9	9	1	1	540	1.8	75	66.2

在分析时,不能使用 DOE 窗,而要用统计→方差分析→一般线性模型窗口进入。这时,各因子都应当当作固定效应(fixed effect)(因而不要填写入随机因子窗内),MINITAB 输出方差分析结果如下所示。

```
一般线性模型:承载力与注射压力,注射时间,模具温度
因子        类型    水平数      值
注射压力    固定      3      500, 520, 540
注射时间    固定      3      1.2, 1.5, 1.8
模具温度    固定      3      70, 75, 80
承载力的方差分析,在检验中使用调整的 SS
来源        自由度   Adj SS    Adj MS   F 值     p 值
 注射压力      2     35.582 2  17.791 1  108.19  0.009
 注射时间      2     10.915 6   5.457 8   33.19  0.029
 模具温度      2      7.902 2   3.951 1   24.03  0.040
误差          2      0.328 9   0.164 4
合计          8     54.728 9
S=0.405 518   R²=99.40%   R²(预测)=87.83%   R²(调整)=97.60%
```

可以得知,当显著性水平取为 0.05 时,三个因子的效应都是显著的。为了得到回归

方程，要先在数据表中加上三个因子的平方项，然后再进行回归分析。这是因为，因子取三水平后，不单有线性效应（main effect），而且还包含二阶效应，不加入二阶项所得到的因子效应是不完全的，不准确的。从统计→回归→回归窗口进入，选入 A，B，C 以及它们的平方共 6 项，MINITAB 输出结果如下所示。

回归分析：承载力与注射压力，注射时间，模具温度

回归方程为

承载力 $= -2\,836 + 9.650$ 注射压力 $- 31.56$ 注射时间 $+ 11.55$ 模具温度 $- 0.009\,333$ 注射压力*注射压力 $+ 11.85$ 注射时间*注射时间 $- 0.077\,3$ 模具温度*模具温度

项	系数	系数标准误	T 值	p 值
常量	$-2\,836$	204	-13.89	0.005
注射压力	9.650	0.746	12.94	0.006
注射时间	-31.56	9.57	-3.30	0.081
模具温度	11.55	1.72	6.71	0.021
注射压力*注射压力	$-0.009\,333$	0.000\,717	-13.02	0.006
注射时间*注射时间	11.85	3.19	3.72	0.065
模具温度*模具温度	$-0.077\,3$	0.011\,5	-6.74	0.021

$S=0.405\,518$ $R^2=99.40\%$ R^2（预测）$=87.83\%$ R^2（调整）$=97.60\%$

方差分析

来源	自由度	Adj SS	Adj MS	F 值	P 值
回归	6	54.400 0	9.066 7	55.14	0.018
注射压力	1	27.547 6	27.547 6	167.52	0.006
注射时间	1	1.786 4	1.786 4	10.86	0.081
模具温度	1	7.404 2	7.404 2	45.03	0.021
注射压力*注射压力	1	27.875 6	27.875 6	169.51	0.006
注射时间*注射时间	1	2.275 6	2.275 6	13.84	0.065
模具温度*模具温度	1	7.475 6	7.475 6	45.46	0.021
误差	2	0.328 9	0.164 4		
合计	8	54.728 9			

当取显著水平 $\alpha=0.10$ 时，三个因子的主效应以及二阶效应都是显著的。

从统计→方差分析→主效应图窗口进入，可以得到承载力的主效应图，见图 6.31。

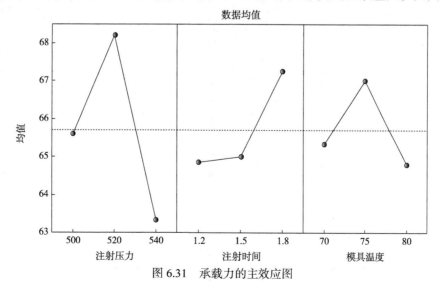

图 6.31 承载力的主效应图

由图 6.31 可知,当因子 A 取中水平 520 帕,B 取高水平 1.8 秒,C 取中水平 75℃时,可能使响应变量 y 取得最大值。最后再从统计→回归→回归窗口进入,选定注射压力,注射时间,模具温度,注射压力*注射压力,注射时间*注射时间,模具温度*模具温度共 6 项,以 520,1.8,75,270 400,3.24,5625 代入方程,得到最优值的预测结果。MINITAB 输出结果如下所示。

新观测值的预测值					
拟合值	拟合值标准误	95% 置信区间		95% 预测区间	
71.044 4	0.357 633	（69.505 7,72.583 2）		（68.718 0,73.370 8）	
新观测值的自变量值					
注射压力	注射时间	模具温度	注射压力*注射压力	注射时间*注射时间	模具温度*模具温度
520	1.8	75	270 400	3.24	5 625

由上述结果可以看出,A 取中水平 520 帕,B 取高水平 1.8 秒,C 取中水平 75℃,将使响应变量 y 取值达到最大值 71.044 4。这个搭配是我们在试验中并未进行的。从方差分析的结果可知,3 个因子中贡献最小的因子是 C 取 A 为中水平 520 帕,取 B 为高水平 1.8 秒,C 为取低水平 70℃的第 6 号试验,其结果为 69.6,这是试验中的最好结果了,但我们的预测结果要优于此结果。可见我们的试验不但比全部搭配所需要的次数要少,而且可以预测出从未得到的好结果,这也再次证明了统计试验方法的巨大威力。当然预测的结果要经过验证试验的确认,才能最后判定是否为最优结果。

思考与练习

1. 优化大观霉素发酵液培养基成分。在该试验中主要有 3 个因子,分别为葡萄糖、酵母粉和玉米浆。三个因子分别有高低两个水平,预先通过一定的方法将高低水平编码,呈现结果为-1 和 1 两个水平。试验数据如下。现通过全因子试验,找出最优培养基成分。

标准序	运行序	中心点	区组	葡萄糖	酵母粉	玉米浆	培养基效力
1	10	1	1	−1	−1	−1	1 497.0
2	5	1	1	1	−1	−1	1 550.0
3	12	1	1	−1	1	−1	1 530.0
4	3	1	1	1	1	−1	1 580.0
5	2	1	1	−1	−1	1	1 560.0
6	4	1	1	1	−1	1	1 550.0
7	6	1	1	−1	1	1	1 540.0
8	14	1	1	1	1	1	1 580.0
9	7	0	1	0	0	0	1 653.1
10	9	0	1	0	0	0	1 700.3
11	11	0	1	0	0	0	1 683.0
12	8	0	1	0	0	0	1 752.0
13	13	0	1	0	0	0	1 701.5
14	1	0	1	0	0	0	1 751.0

2. 热处理强度影响因素试验。在该试验中主要有 4 个因子，分别为热处理温度、升温时间、处理时间和恒温时间。热处理温度低水平为 820℃，高水平为 860℃；升温时间低水平为 2 分钟，高水平为 3 分钟；处理时间的低水平为 1.4 分钟，高水平为 1.6 分钟；恒温时间低水平为 50 分钟，高水平为 60 分钟。试验数据如下。现通过全因子试验，找出哪些因素影响热处理强度，并求出在现有条件下最优的处理环境，提高热处理强度。

项目	热处理温度	升温时间	处理时间	恒温时间	强度
1	820	3	1.6	60	550.2
2	820	3	1.4	50	526.8
3	820	3	1.4	60	549
4	820	2	1.4	60	522.5
5	820	2	1.6	60	523.8
6	820	2	1.4	60	518.3
7	820	3	1.6	50	531.5
8	820	2	1.6	50	528.3
9	860	2	1.6	60	548.3
10	860	3	1.6	60	574.5
11	860	2	1.4	60	549.1
12	860	2	1.6	50	536.2
13	860	3	1.4	60	561.8
14	860	2	1.4	50	536.5
15	860	3	1.6	50	553
16	860	3	1.4	50	549.8
17	840	2.5	1.5	55	549.8
18	840	2.5	1.5	55	535.3
19	840	2.5	1.5	55	544.8

3. 广告效果验证试验。某营业部门通过测定和分析，认识到对电视广告效果的认知度（%）有影响的因子是广告费、广告时间、广告方法。各个因子的水平见下表。

项目	低水平	高水平
A 广告费	200 万（−1）	1000 万（+1）
B 广告时间	18 时（−1）	21 时（+1）
C 广告方法	分散（−1）	集中（+1）

其中，认知度是指通过调查发现对广告主要内容的记住的程度，用%体现出来。广告方法中，分散是指一个月内每 2~3 天做 1 次广告，集中是指一个月内集中在某一周内做广告的方法。试验结果如下。现通过因子试验找出广告费、广告时间与广告方法对认知度的影响关系，并选定对广告效果最高认知度的最佳条件。

序号	广告费	广告时间	广告方法	认知度
1	−1	−1	−1	60
2	1	−1	−1	72
3	−1	1	−1	54
4	1	1	−1	68
5	−1	−1	1	52
6	1	−1	1	83
7	−1	1	1	45
8	1	1	1	80

4. 车门关闭后的密封特性。汽车车门关闭后的密封特性缺乏一致性，可能是和橡胶海绵的型号、层数、发泡剂有关。这三个因子的都有两个水平。

因子	低水平	高水平
橡胶海绵的型号	A	B
层数	3	2
发泡剂	0	10

试验结果如下。

序号	橡胶海绵的型号	层数	发泡剂	密封率
1	A	3	0	1.40
2	B	3	0	1.28
3	A	2	0	1.20
4	B	2	0	1.10
5	A	3	10	1.73
6	B	3	10	1.45
7	A	2	10	1.45
8	B	2	10	1.35

试问，当橡胶海绵的型号、层数和发泡剂如何选取时才能使密封效果最好？

5. 在陶粒混凝土工艺条件试验中，考察影响其抗压强度的因子，共考察 6 个因子。因子 A，水泥用量，低水平取 180 千克，高水平取 200 千克；因子 B，水泥标号，低水平取 400 号，高水平取 500 号；因子 C，陶粒用量，低水平取 150 千克，高水平取 170 千克；因子 D，含砂率，低水平取 38%，高水平取 40%；因子 E，搅拌时间，低水平取 200 秒，高水平取 300 秒；因子 F，养护时间，低水平取 2 天，高水平取 3 天。想要求出使抗压强度达到最大的试验条件，请问如何安排试验？要求是：包括中心点在内，不得超过 20 次试验，考察各主因子和 AB，AC，CF，DE 各二阶交互效应是否显著。

6. 在硫代硫酸钠生产中，影响其杂质率的原因有很多。共考察四个因子。因子 A，成分 A 含量，低水平取 12%，高水平取 16%；因子 B，成分 B 含量，低水平取 2.4%，高水平取 2.8%；因子 C，反应罐内温度，低水平取 200℃，高水平取 220℃；因子 D，反应时间，低水平取 40 分钟，高水平取 50 分钟。假定因子间不存在交互作用，同时试验成本很高。安排试验后，结果如下表，试建立合适的模型；求出使杂质率最低的试验条件。

标准序	运行序	中心点	区组	A	B	C	D	杂质率
1	9	1	1	12	2.4	200	40	26.9
2	10	1	1	16	2.4	200	50	27.4
3	3	1	1	12	2.8	200	50	16.9
4	7	1	1	16	2.8	200	40	38.2
5	11	1	1	12	2.4	220	50	28.3
6	6	1	1	16	2.4	220	40	39.0
7	4	1	1	12	2.8	220	40	26.8
8	2	1	1	16	2.8	220	50	36.2
9	1	0	1	14	2.6	210	45	32.1
10	5	0	1	14	2.6	210	45	28.7
11	8	0	1	14	2.6	210	45	29.8

第 7 章

响应曲面试验设计与分析

自 20 世纪 50 年代 G. E. P. Box 等提出响应曲面,并将其应用到工业过程的优化以来,响应曲面方法在理论和应用方面都得到了极大的发展,形成了丰硕的研究成果。本章将主要介绍响应曲面的概述;响应曲面设计的分析及实例;多响应试验的优化和分析;等等方面的内容。

7.1 响应曲面概述

7.1.1 基本概念

在实际工作中,经常会遇到类似的问题:如何控制或选择输入变量(工艺参数)$x_1, x_2, \cdots, x_m$ 的值,使产品(或系统)的性能指标 y 达到最优呢?例如,在黏合剂的生产中,如何控制反应罐内温度(x_1),反应时间(x_2),$\cdots$,使得该黏合剂的黏性 y 达到最大?为此,需要研究 y 与 $x_1, x_2, \cdots, x_m$ 之间的关系。通常,二者之间的关系可以表示为

$$y = f(x_1, x_2, \cdots, x_m) + \varepsilon \tag{7.1}$$

其中,假定 ε 是随机误差,它是由不可控的噪声因子导致的白噪声,即假定 ε 服从均值为 0 ,方差为 σ^2 的正态分布 $\varepsilon \sim N(0, \sigma^2)$。如果我们用响应的期望 $E(y) = \eta = f(x_1, x_2, \cdots, x_m)$ 表示,则式(7.2)就被称为一个响应曲面。

$$\eta = f(x_1, x_2, \cdots, x_m) \tag{7.2}$$

图 7.1 以图示的方式展示了一个三维响应曲面图,其中 $\eta = f(x_1, x_2)$。为了直观地理解响应曲面的形状,通常画出其等高线,响应曲面 $\eta = f(x_1, x_2)$ 的等高线图画在 $x_1 - x_2$ 平面上,每条等高线对应响应曲面的一个高度。

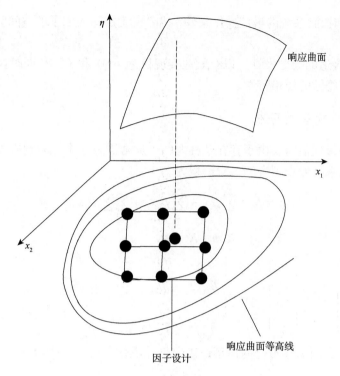

图 7.1　一个三维响应曲面图 $\eta = f(x_1, x_2)$

资料来源：Park S. Robust Design and Analysis for Quality Engineering[M]. New York：Springer，1996

响应曲面方法是由统计学家 G. E. P. Box 等于 1951 年提出的，它包括试验、建模、数据分析和最优化等方面的研究内容。在实际工作中，由于响应与输入变量之间的函数关系 f 是未知的，通常我们采用低阶多项式拟合。

如果二者具有线性关系的话，可以用一阶模型近似：

$$y = \beta_0 + \sum_{i=1}^{m} \beta_i x_i + \varepsilon \tag{7.3}$$

其中，β_i 表示 x_i 的主效应。

如果系统中存在弯曲现象，通常采用二阶模型近似：

$$y = \beta_0 + \sum_{i=1}^{m} \beta_i x_i + \sum_{i<j}^{m} \beta_{ij} x_i x_j + \sum_{i=1}^{m} \beta_{ii} x_i^2 + \varepsilon \tag{7.4}$$

其中，β_i 表示 x_i 的线性效应；β_{ij} 表示 x_i 和 x_j 之间的交互效应；β_{ii} 表示 x_i 的二次效应。

在响应曲面分析中，通常先用二水平的试验，建立一个线性的回归方程，如果发现有弯曲的趋势，则需要拟合一个含有二次项的回归方程，这样一来，原来的一些设计点的数据就不够用了，导致无法估计回归方程的系数，这时需要再增加一些试验点。这种先后分阶段完成全部试验的策略就是序贯试验的策略。

本章将着重介绍二阶响应曲面的设计和分析问题。概括起来，响应曲面方法的主要目标可归结为：

（1）展示响应变量（一个或多个）与影响响应的多个输入变量之间的关系；

（2）发现和探测系统的最佳操作条件，或者说确定输入因子的空间区域，以满足目标要求；

（3）找出合适的稳健设计，以有效地实现目标（1）和（2），同时找到稳健条件使生产的产品具有稳健的质量特性。

7.1.2 二阶模型的分析

当试验接近最优值时，由于存在某种弯曲，通常需要一个二阶响应曲面来拟合输入与输出之间的关系，假设拟合的二阶模型为

$$\hat{y} = \hat{\beta}_0 + \sum_{i}^{m} \hat{\beta}_i x_i + \sum_{i}^{m} \hat{\beta}_{ii} x_i^2 + \sum_{i<j} \sum \hat{\beta}_{ij} x_i x_j \quad (7.5)$$

$$= \hat{\beta}_0 + X^{\mathrm{T}} b + X^{\mathrm{T}} B X$$

其中，$X = \begin{pmatrix} x_1 \\ x_2 \\ \vdots \\ x_m \end{pmatrix}$；$b = \begin{pmatrix} \hat{\beta}_1 \\ \hat{\beta}_2 \\ \vdots \\ \hat{\beta}_m \end{pmatrix}$；$B = \begin{pmatrix} \hat{\beta}_{11} & \hat{\beta}_{12}/2 & \cdots & \hat{\beta}_{1m}/2 \\ \hat{\beta}_{21}/2 & \hat{\beta}_{22} & \cdots & \hat{\beta}_{2m}/2 \\ \vdots & \vdots & & \vdots \\ \hat{\beta}_{m1}/2 & \hat{\beta}_{m2}/2 & \cdots & \hat{\beta}_{mm} \end{pmatrix}$

下面我们将利用上述拟合的模型，确定最佳操作条件，$x_i (i = 1, 2, \cdots, m)$，并刻画响应曲面的性质。

1. 最优点的位置

假设我们希望找到式（7.5）中 $x_i (i = 1, 2, \cdots, m)$ 的水平，使质量特性 y 的预测值 $\hat{y}$ 达到最优。如果这样的点存在的话，则满足 $\frac{\partial \hat{y}}{\partial X} = 0$，即

$$\begin{pmatrix} \dfrac{\partial \hat{y}}{\partial x_1} \\ \dfrac{\partial \hat{y}}{\partial x_2} \\ \vdots \\ \dfrac{\partial \hat{y}}{\partial x_m} \end{pmatrix} = \frac{\partial}{\partial X} (\hat{\beta}_0 + X^{\mathrm{T}} b + X^{\mathrm{T}} B X) \quad (7.6)$$

$$= b + 2BX = 0$$

由此得到

$$X_0 = -\frac{1}{2} B^{-1} b \quad (7.7)$$

若点 $X_0^{\mathrm{T}} = (x_{10}, x_{20}, \cdots, x_{m0})$ 满足式（7.6），则称该点为平稳点。平稳点有可能是响应的最大值点、最小值点或者鞍点。图7.2给出了围绕平稳点的这三种可能情况的等高线图。

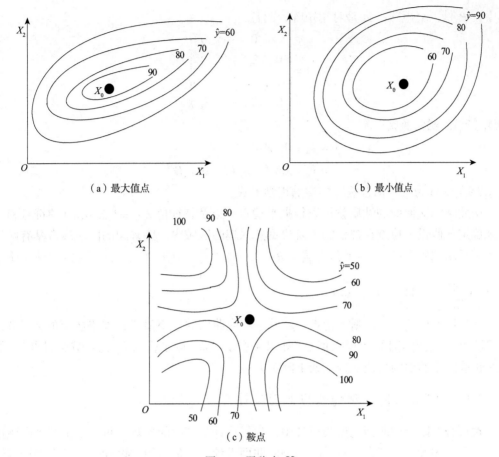

（a）最大值点　　　　　　　　　　　　（b）最小值点

（c）鞍点

图 7.2　平稳点 X_0

资料来源：Park S. Robust Design and Analysis for Quality Engineering[M]. New York：Springer，1996

2. 正则分析

一旦我们找到了平稳点，就要判定该平稳点是响应变量的最大值点、最小值点还是鞍点，以及判定平稳点的敏感性。如果仅有 2~3 个输入变量，检验拟合模型的等高线图，就能够提供足够的信息。当输入变量的个数多于 3 个时，勾画和解释等高线图并非易事。为此，我们需要介绍响应曲面的一般分析方法——正则分析。

假设在式（7.5）中，令 $Z = X - X_0$，则

$$
\begin{aligned}
\hat{y} &= \hat{\beta}_0 + X^{\mathrm{T}} b + X^{\mathrm{T}} B X \\
&= \hat{\beta}_0 + \left(Z^{\mathrm{T}} + X_0^{\mathrm{T}}\right) b + \left(Z^{\mathrm{T}} + X_0^{\mathrm{T}}\right) B \left(Z + X_0\right) \\
&= \hat{y}_0 + Z^{\mathrm{T}} B Z
\end{aligned}
\tag{7.8}
$$

其中，$\hat{y}_0$ 是 y 在平稳点的预测值，$\hat{y} = \hat{\beta}_0 + X^{\mathrm{T}} b + X^{\mathrm{T}} B X$。

记 $\lambda_1, \lambda_2, \cdots, \lambda_m$ 为矩阵 B 的特征值，$p_1, p_2, \cdots, p_m$ 是相应特征值的特征向量，$P = (p_1, p_2, \cdots, p_m)$，则存在正交变换 $Z = PW$，使得

$$
Z^{\mathrm{T}} B Z = W^{\mathrm{T}} P^{\mathrm{T}} B P W = W^{\mathrm{T}} \Lambda W
$$

其中，P 是正交矩阵；Λ 是对角矩阵，而且：

$$\Lambda = \begin{pmatrix} \lambda_1 & 0 & \cdots & 0 \\ 0 & \lambda_2 & \cdots & 0 \\ \vdots & \vdots & & \vdots \\ 0 & 0 & \cdots & \lambda_m \end{pmatrix}$$

则式（7.8）就变换成：

$$\hat{y} = \hat{y}_0 + W^{\mathrm{T}} \Lambda W \\ = \hat{y}_0 + \lambda_1 W_1^2 + \lambda_2 W_2^2 + \cdots \lambda_m W_m^2 \tag{7.9}$$

式（7.9）就称为二阶拟合响应模型的正则形式。

由此，响应曲面的性质就可以根据平稳点，以及特征值 $\lambda_i\,(i=1,2,\cdots,m)$ 的符号和大小来确定。假设平稳点在拟合的二阶模型感兴趣的区域内，感兴趣的区域通常具有两种形式（采用编码变量），一个是方域：$R_1 = \left\{ x_i \middle| -1 \leqslant x_i \leqslant 1 \right\}, i=1,2,\cdots,m$；另一个是球域：

$R_2 = \left\{ x_i \middle| \sum_{i=1}^{m} x_i^2 \leqslant 1 \right\}, i=1,2,\cdots,m$。

如果所有的 $\lambda_i \geqslant 0$，则平稳点 X_0 就是响应曲面的最小值点；如果所有的 $\lambda_i \leqslant 0$，则平稳点 X_0 是响应曲面的最大值点；如果 λ_i 有正有负，则平稳点 X_0 就是鞍点。同时 λ_i 的大小也确定了曲面的最快上升（或下降）方向。

7.1.3 拟合二阶模型的响应曲面设计

在拟合二阶响应曲面的试验设计中，为了估计模型中的参数，每个变量至少应该选取三水平，因此，在拟合二阶模型的响应曲面设计中，最常用的设计是：三水平析因设计 3^k 或三水平部分析因设计 3^{k-p}，CCD，Box-Behnken（B-B）设计，以及等径向设计（equiradial design）。

1. 3^k 和 3^{k-p} 设计

3^k 设计是指有 k 个因子，每个因子具有三水平的因子试验。当因子的数目较少，如 $k=2,3$ 时，这种设计可以很好地用于拟合二阶模型；然而，当研究的变量数目较多时，需要观测的次数是很大的，在这种情况下，通常采用部分析因设计 3^{k-p}。事实上，三水平正交表，如 L_9 和 L_{27} 可以提供 3^{k-p} 部分析因设计。

2. 中心复合设计

CCD 是由二水平析因或部分析因设计 2^k （编码为 ±1），加上 $2k$ 个轴点或者星号点 $\pm\alpha$ 及 n_c 个中心点坐标为 0 的三部分构成。图 7.3 给出了一个 3 因子 CCD 布点示意图，包括一个普通的全因子试验设计，星号点和一些中心点。

由于 CCD 由三部分试验点组成，而且需要同时进行，这里就有三个问题需要仔细讨论：

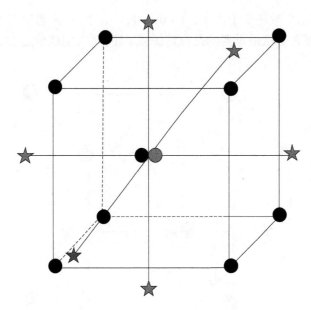

图 7.3　3 因子 CCD 布点示意图

（1）如何选择全因子试验设计部分；

（2）如何确定星号点的位置（即确定 α 的数值问题）；

（3）如何确定中心点的个数问题。

在因子试验设计部分中，我们通常都会选全因子试验的安排方法，当因子个数大于 5 时才考虑部分因子试验设计，这时通常都要求设计的分辨度在 V 以上。

在 α 值的选取上，通常由试验者确定。其中旋转性（rotatability）是个很有意义的考虑。所谓旋转性，就是指将来在某点处预测值的方差仅与该点到试验点中心的距离有关，而与其所在方位无关，即响应变量的预测精度在以设计的中心为球心的球面上是相同的。可以证明，这时应取：

$$\alpha = 2^{k/4}$$

当 $k = 2$ 时，$\alpha = 1.414$；当 $k = 3$ 时，$\alpha = 1.682$；当 $k = 4$ 时，$\alpha = 2$；等等。

对于 α 值的选取不必很精确，设计只要有近似旋转性（near rotatability）就够了。按上述公式选定的 α 值来安排 CCD 是最典型的情形，它可以实现试验的序贯性，此种试验称为中心复合序贯设计（central composite circumscribed，CCC），它是 CCD 中最常用的一种。

如果要求进行 CCD，但又希望试验水平安排不能超过立方体边界时，可以有两种办法。一个方法是将星号点设置为 1 及 -1。而计算机会自动将原 CCD 缩小到整个立方体内，这种设计也称为中心复合有界设计（central inscribed design，CCI），但这种设计失去了序贯性，因为前一次在立方体上所进行过的试验结果，在后续的 CCI 设计中已经没有用了。另一个方法就是取 $\alpha = 1$。也就是将星号点设计为 1 及 -1，而原来已经进行过的因子设计保持不变，这种设计也称中心复合表面设计（central composite face-centered design，CCF）。这样做的好处是每个因子取值的水平数只有三个（1，0，-1），而一般的

CCD，因子取值的水平数是 5 个（α，1，0，-1，$-\alpha$），这在更换因子水平较困难的情况下是有意义的。此种方法最重要的是设计保持了序贯性，但代价是 CCF 失去了旋转性。其示意图如图 7.4 所示。

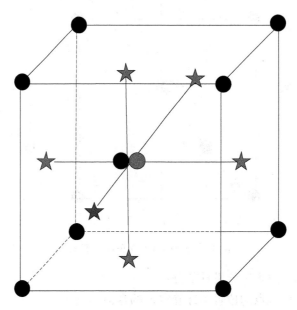

图 7.4　三因子 CCF 布点示意图

带区组的 CCD 设计中，对于 α 值的选取就要从另一个角度出发了。由于我们把区组也作为一个因子（它是可控的，但又难以完全随机化）来安排，在最开始估计各项效应显著性时，要把区组作为一个因子放入回归方程以减小误差，从而增加参数估计及判定的精度；但后来再做预报时，又应将区组这个因子从回归方程中剔除。此时我们首先考虑的是希望在保留和删除区组因子这两种不同选择下，对其他因子效应的估计应保持不变，也就是说，要保持区组因子与其他因子间效应估计的独立性或这两部分因子间的正交性。为此，我们要调整 α 值的选取标准，而这时顾及不到旋转性只能顾及正交性的要求。

在中心点个数（n_c）的问题上，有很多细节需要分析。在满足旋转性的前提下，如果适当选择 n_c，则可以使在整个试验区域内的预测值都有一致均匀精度（uniform precision），这是最好的。遗憾的是在试验前，我们无法预知最优点究竟位于何处，因此，中心点的试验要重复很多次。就这一问题，G. E. P. Box 给出了中心点个数的建议表（表 7.1）。但有时认为，这样做的代价太大，n_c 取 2 次以上就够了。若中心点的选取主要是为了估计试验误差，则可能需要取 4 次以上。

表 7.1　CCD 试验点个数表

因子数	立方体点	星号点	中心点	总计
2	4	4	5	13
3	8	6	6	20

续表

因子数	立方体点	星号点	中心点	总计
4	16	8	6	30
5	32	10	10	52
5	16	10	7	33

这里，因子数为 5 时，有两种选择，前一种在因子点上进行的是全因子试验 2^5，而后一种是进行部分因子试验 2^{5-1}，相应的中心点个数要求也不同。

总之，在时间和资源条件都容许时，进行 CCD 尽量按照表 7.1 中所给出的试验计划去安排试验，可以达到一致均匀的精度，设计结果和推测出的最佳点都比较可信。实在需要减少试验次数时，中心点至少也要 2~5 次。当因子水平更换有困难且试验水平安排不能超过立方体边界时可采用 CCF。必须要保证一致均匀精度时，只能牺牲序贯性而保持旋转性，这时可采用 CCI。这些对于具体问题的处理原则将会在下一段响应曲面设计的计划阶段体现出来。

3. Box-Behnken 设计

Box-Behnken 设计是将因子各试验点取在立方体各棱的中点上。三因子的 Box-Behnken 设计取点示意图如图 7.5 所示。

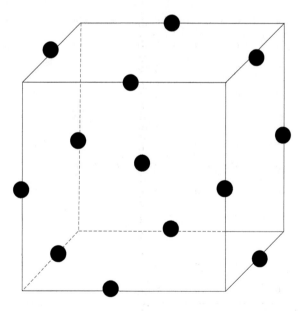

图 7.5　3 因子 Box-Behnken 设计布点示意图

这种设计所需点数比 CCD 要少，它也具有近似旋转性，它最适应的试验区域是球形区域，但其最大缺点是设计没有序贯性，上批进行过的试验结果数据对下批试验几乎没有用，每批试验都要重新做。因子数为 3 时，试验次数为12+3=15；因子数为 4 时，试验次数为24+3=27。除非极端重视试验次数，否则通常不采用这种设计。

下面以三因子为例，给出 CCD、CCI、CCF 和 Box-Behnken 设计等 4 种设计的计划表（表 7.2）。前 3 种试验都要进行 20 次，Box-Behnken 设计需要 15 次。这些设计都假定一开始就希望完成全部响应曲面设计，未作序贯设计的安排，而且假定表中所列数值都已代码化。

表 7.2   三因子 4 种响应曲面设计试验点计划表

| | CCD | | | CCI | | | CCF | | | B-B | | |
	A	B	C	A	B	C	A	B	C	A	B	C
1	−1	−1	−1	−0.6	−0.6	−0.6	−1	−1	−1	−1	−1	0
2	1	−1	−1	0.6	−0.6	−0.6	1	−1	−1	1	−1	0
3	−1	1	−1	−0.6	0.6	−0.6	−1	1	−1	−1	1	0
4	1	1	−1	0.6	0.6	−0.6	1	1	−1	1	1	0
5	−1	−1	1	−0.6	−0.6	0.6	−1	−1	1	−1	0	−1
6	1	−1	1	0.6	−0.6	0.6	1	−1	1	1	0	−1
7	−1	1	1	−0.6	0.6	0.6	−1	1	1	−1	0	1
8	1	1	1	0.6	0.6	0.6	1	1	1	1	0	1
9	−1.68	0	0	−1	0	0	−1	0	0	0	−1	−1
10	1.68	0	0	1	0	0	1	0	0	0	1	−1
11	0	−1.68	0	0	−1	0	0	−1	0	0	−1	1
12	0	1.68	0	0	1	0	0	1	0	0	1	1
13	0	0	−1.68	0	0	−1	0	0	−1	0	0	0
14	0	0	1.68	0	0	1	0	0	1	0	0	0
15	0	0	0	0	0	0	0	0	0	0	0	0
16	0	0	0	0	0	0	0	0	0			
17	0	0	0	0	0	0	0	0	0			
18	0	0	0	0	0	0	0	0	0			
19	0	0	0	0	0	0	0	0	0			
20	0	0	0	0	0	0	0	0	0			

4. 等径向设计

等径向设计是由设计点等距离分布在圆（$k=2$）或者球（$k=3$）上，而形成的有规则的多边形或者多面体所构成的设计。顾名思义，等径向是指设计点到原点的距离是相等的。图 7.6 展示了当 $k=2$ 时的两个等径向设计，一个是五边形，另一个是六边形。关于等径向设计的详细内容可参考文献 Myers 和 Cumming（1971）。

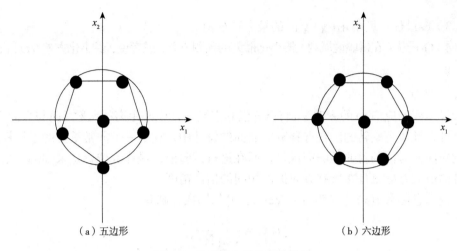

（a）五边形　　　　　　　　　　　（b）六边形

图 7.6　关于两变量的径向设计

资料来源：Park S. Robust Design and Analysis for Quality Engineering[M]. New York：Springer，1996

7.1.4　响应曲面设计可望的性质

选择合适的试验设计，将极大地有助于拟合和分析响应曲面。响应曲面设计的某些性质是非常重要的，这与试验的环境有关。为此，希望这些设计应该能够做到以下几点：

（1）在整个试验区域内，提供数据点（信息）的合理分布；

（2）保证在 $[X, \hat{y}(X)]$ 处的拟合值，尽可能地接近在 $[X, \eta(X)]$ 处真值；

（3）保证在 $(X, \partial \hat{y}(X)/\partial X)$ 处估计的斜率，尽可能地接近在 $(X, \partial \eta(X)/\partial X)$ 处的真斜率值；

（4）对异常观测值，模型的不匹配和非正态误差不敏感；

（5）允许试验能够分块实施；

（6）允许序贯地进行高阶设计；

（7）提供内部的误差估计；

（8）提供最少的试验轮次；

（9）保证模型参数计算的简单性；

（10）给出失拟的可探测性。

有时，这些要求是彼此冲突的，因此，这就需要选择合适的设计，实现最好的权衡。关于响应曲面设计选择的更多信息参考 Box 和 Draper（1987）。

在响应曲面方法的设计选择中，具有很多准则，其中包括：D-最优，A-最优，E-最优，G-最优，旋转性，稳健性，等等，下面将予以简单介绍。

1. 字母最优

例如，D-最优，A-最优，E-最优，G-最优等设计准则，是基于决策理论方法而形成的最优试验设计理论。这些设计准则，通常放在一起，冠名为字母最优。

（1）D-最优：最小化 $(X^{\mathrm{T}}X)^{-1}$ 的行列式值，等价地，最大化 $X^{\mathrm{T}}X$ 的行列式值。

（2）A-最优：最小化 $(X^{\mathrm{T}}X)^{-1}$ 的迹，即最小化 $\mathrm{tr}\left[(X^{\mathrm{T}}X)^{-1}\right]$。

（3）E-最优：最小化$(X^T X)^{-1}$的最大特征值。

（4）G-最优：在试验区域内，最小化最大的预测方差；或者说，最小化方差$\mathrm{Var}[\hat{y}(X)]$的最大值。

2. 旋转性

如果预测响应$\hat{y}(x)$的方差$\mathrm{Var}[\hat{y}(x)]$仅是点到设计中心距离的函数，而与方向无关，则称这种设计是可旋转的。在选择响应曲面的设计中，这是一个非常重要的设计性质，因为响应曲面方法的目的是响应优化，而在进行试验前，最优的位置是未知的。采用旋转设计的最大好处就是在所有方向提供相同的估计精度。

假设信息函数$I(x)$定义为方差$\mathrm{Var}[\hat{y}(x)]$的倒数，则有

$$I(x) = \frac{1}{\mathrm{Var}[\hat{y}(x)]} \tag{7.10}$$

3. 稳健性

响应曲面分析通常是在一定的条件下进行的。例如，在给定模型中，总是假定误差矢量$\boldsymbol{\varepsilon}$服从正态分布$\mathrm{N}(0, I\sigma^2)$。当不满足条件时，一个特定响应曲面分析的结果并没有受到严重的影响，则称这个设计是稳健的。这些影响包括：异常点，遗失数据点，非正态误差，不相等的响应方差，模型不匹配，等等。

7.1.5 响应曲面设计的计划和实现步骤

1. 响应曲面设计的计划

一旦识别出来的因子数目较少，就可以准备进行响应曲面分析。整个响应曲面的设计的计划应该包括两个阶段，寻求最优试验区域和安排试验计划。

第一阶段，寻求最优试验区域。这一阶段要先考虑识别目前试验区域的状况，它是否已经接近或达到能使响应变量达到最佳值的最优区域，还是处在远离最优区域。我们以望大型问题为例来讨论：通常响应变量的极大值是在有曲面的弯曲的山顶部分达到，因此我们要分析数据是否显示了弯曲性，或者在数据拟合线性回归方程式的方差分析表中的失拟现象是否显著。如果可以得出失拟或者弯曲不显著的情况，则说明目前试验区域的位置仍然远离最优区域。此时需要像爬山一样先沿最陡峭的方向爬上去，当到达山顶区域时，再建立细致的曲面方程来描述。下面将重点介绍最速上升法（steepest ascent search）。

如果是寻求最大值，采用最速上升法；如果是寻求最小值，则用最速下降法。由于这时的回归方程是线性的，其等高线是一些近似平行的直线，选取与等高线垂直的方向作为最速前进方向（path of steepest ascent），在沿此方向边前进边做试验（对每个选定的位置只做一次即可）。如果响应变量值持续增加，则继续前进，直到观测到的响应变量数值不再增加。这时，选定已经得到的最佳值处作为新一批响应曲面设计的中心点，转入第二阶段。

第二阶段，在已确认的最优区域范围内，进行响应曲面试验，要根据实际条件来安排选择：三水平析因设计3^k、三水平部分析因设计3^{k-p}；CCD，在 CCD 型设计中又有

CCC、CCI、CCF 三种可能的选择；等径向设计；等等。

2. 响应曲面方法的主要实施步骤

响应曲面设计也是试验设计的一种，其分析方法自然与一般的试验设计与分析的步骤相同，其流程如第 6 章图 6.6 所示。在实际应用中，通常包括以下主要步骤：

（1）寻找最优试验区域；

（2）在最优区试验域内建立响应变量的曲面模型；

（3）确定因子设置，以得到最优结果；

（4）解释试验结果；

（5）进行确认性试验。

7.2　响应曲面设计的分析及实例

响应曲面试验的分析方法与一般的试验设计分析的差别，就在于模型选项。响应曲面试验设计要拟合的是二次曲面。若以两个自变量为例，其一般模型是

$$y = b_0 + b_1 x_1 + b_2 x_2 + b_{11} x_1^2 + b_{22} x_2^2 + b_{12} x_1 x_2 + \varepsilon$$

选项比过去增加了各自变量的平方项。另外，在计算机输出中，输出的表达式上也有些细微的差别，在此不多加叙述，详细比较可从以下例题中看出。

例 7.1：在黏合剂生产中，经过因子的筛选最后得知，反应罐内温度和反应时间是两个关键因子。在本阶段的最初全因子试验时，因子 A 温度的低水平和高水平取为 200℃和 300℃，因子 B 时间的低水平和高水平取为 40 秒和 70 秒。在中心点处也做了 3 次试验，试验结果如表 7.3 所示。

表 7.3　黏合剂生产条件优化问题第一批试验数据表

标准序	运行序	中心点	区组	温度/℃	时间/秒	黏度
1	5	1	1	200	40	23.8
2	7	1	1	300	40	34.1
3	1	1	1	200	70	31.8
4	2	1	1	300	70	42.8
5	6	0	1	250	55	48.2
6	4	0	1	250	55	46.5
7	3	0	1	250	55	49.8

对于这些数据进行分析，其结果如下。

我们首先将全部备选项列入模型，这里包含温度、时间及它们的交互作用项温度×时间。

MINITAB 输出结果如下所示。

拟合因子： 黏度 与 温度，时间
黏度的估计效应和系数（已编码单位）

系数标

项	效应	系数	准误	T	p
常量		39.571 4	4.328	9.14	0.003
温度	10.650 0	5.325 0	5.725	0.93	0.421
时间	8.350 0	4.175 0	5.725	0.73	0.519
温度*时间	0.350 0	0.175 0	5.725	0.03	0.978

$S = 11.450\ 0$ PRESS = 14 789.2
$R^2 = 31.79\%$ R^2（预测）= 0.00% R^2（调整）= 0.00%

黏度的方差分析（已编码单位）

来源	自由度	Seq SS	Adj SS	Adj MS	F	p
主效应	2	183.145	183.145	91.572	0.70	0.564
温度	1	113.422	113.422	113.422	0.87	0.421
时间	1	69.722	69.722	69.722	0.53	0.519
2 因子交互作用	1	0.122	0.122	0.122	0.00	0.978
温度*时间	1	0.122	0.122	0.122	0.00	0.978
残差误差	3	393.307	393.307	131.102		
弯曲	1	387.860	387.860	387.860	142.42	0.007
纯误差	2	5.447	5.447	2.723		
合计	6	576.574				

从方差分析表中可以看出，在弯曲一栏，p 值等于 0.007，显示这里响应变量黏度有明显的弯曲趋势。另外，在残差分析中，在残差对各自变量的图（图 7.7 和图 7.8）中也可以验证这一点。

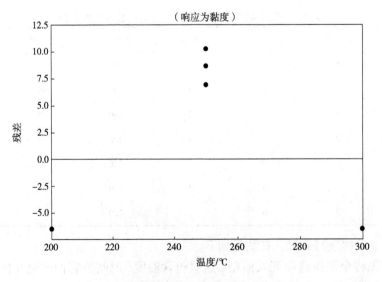

图 7.7　黏度残差对自变量温度的散点图

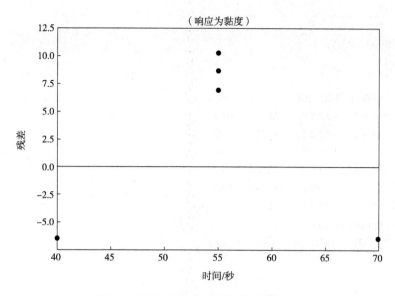

图 7.8　黏度残差对自变量时间的散点图

这些结果说明：在例 7.1 中，试验数据有明显的弯曲，这也提示我们，现在进行的试验区域已达到了响应变量的最优区域。这时对响应变量黏度单纯拟合一阶线性方程是不够的，要再补充些星号点，构成一个完整的响应曲面设计，拟合一个含二阶项的方程才可能解决问题。我们补做 4 次星号点上的试验，而且我们确信这批新做的试验各方面条件都与上一批相同，因此直接将它们并在一起进行分析了。如果没有这种假定，两批试验应该当作两个区组来对待才能使分析更准确。补充的 4 个星号点试验结果如表 7.4 所示。

表 7.4　黏合剂生产条件优化问题第二批试验数据表

序号	标准序	运行序	区组	温度/℃	时间/秒	黏度
1	5	2	1	179	55.0	13.0
2	6	4	1	321	55.0	29.3
3	7	3	1	250	33.8	35.7
4	8	1	1	250	76.2	49.1

对全部的 11 个点构成的 CCC 设计进行分析，拟合一个完整的响应曲面模型。分析结果如下。

1. 拟合选定模型

我们首先将全部备选项列入模型。这里包含 A（温度）、B（时间），以及它们的平方项 AA、BB，以及它们的交互作用项 AB。MINITAB 输出结果如下所示。

响应曲面回归：黏度 与 温度，时间
分析是使用已编码单位进行的。
黏度的估计回归系数

项	系数	系数标准误	T	p
常量	48.166 7	0.820 9	58.675	0.000
温度	5.544 0	0.502 7	11.028	0.000
时间	4.456 3	0.502 7	8.865	0.000
温度*温度	−13.170 8	0.598 3	−22.013	0.000
时间*时间	−2.545 8	0.598 3	−4.255	0.008
温度*时间	0.175 0	0.710 9	0.246	0.815

$S = 1.421\ 85$ PRESS $= 45.404\ 3$
$R^2 = 99.28\%$ R^2（预测）$= 96.77\%$ R^2（调整）$= 98.56\%$

黏度的方差分析

来源	自由度	Seq SS	Adj SS	Adj MS	F	p
回归	5	1 395.38	1 395.38	279.075	138.04	0.000
线性	2	404.75	404.75	202.377	100.10	0.000
温度	1	245.88	245.88	245.884	121.62	0.000
时间	1	158.87	158.87	158.869	78.58	0.000
平方	2	990.50	990.50	495.251	244.97	0.000
温度*温度	1	953.90	979.60	979.600	484.55	0.000
时间*时间	1	36.60	36.60	36.600	18.10	0.008
交互作用	1	0.12	0.12	0.122	0.06	0.815
温度*时间	1	0.12	0.12	0.122	0.06	0.815
残差误差	5	10.11	10.11	2.022		
失拟	3	4.66	4.66	1.554	0.57	0.687
纯误差	2	5.45	5.45	2.723		
合计	10	1 405.49				

在第一步要注意观察下面几处要点：

（1）看方差分析表中的总效果。在例 7.1 中，对应回归项的 p 值为 0.00（即 < 0.001），表明应拒绝原假设，即可以判定本模型总的说来是有效的。

（2）看方差分析表中的失拟现象。在例 7.1 中，失拟项的 p 值为 0.687，其数值远比临界值 0.05 大很多，表明无法拒绝原假设，即可以判定本模型并没有失拟现象。

（3）看拟合的总效果多元全相关系数 R^2（即 R-Sq）及调整的多元全相关系数 R^2_{adj} ［即 R-Sq（调整）］。例 7.1 中，R-Sq 为 99.28%，R-Sq（调整）为 98.56%，二者已经很接近了，如果将影响不显著的效应删去，二者会更接近。

（4）S 值的分析。例 7.1 中，$S = 1.422$。

（5）各项效应的显著性。在计算结果的最开始参数估计中，列出了各项效应及检验结果。可以看出，温度，时间以及它们的平方项温度×温度，时间×时间都是高度显著的,而它们的交互作用项温度×时间则不显著,将来修改模型时,应该将此交互作用项删去。

2. 进行残差诊断

利用计算机自动输出的四合一残差图(图 7.9),以及对于两个自变量的残差图(图 7.10 和图 7.11)可以很容易地进行残差诊断。

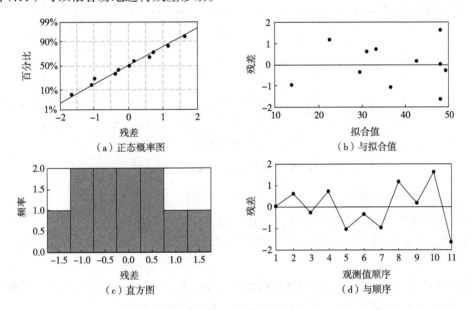

图 7.9 黏合剂响应曲面设计残差四合一图

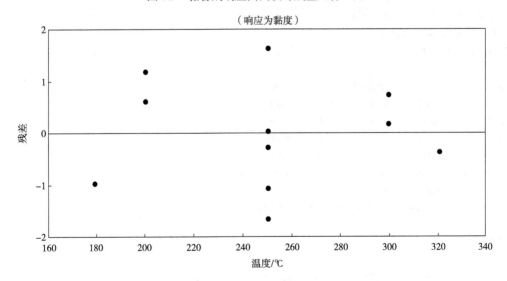

图 7.10 黏度残差对自变量温度的散点图

从图 7.10 和图 7.11 中可以看出,残差的状况是正常的,不再有弯曲和残差非齐性的状况。

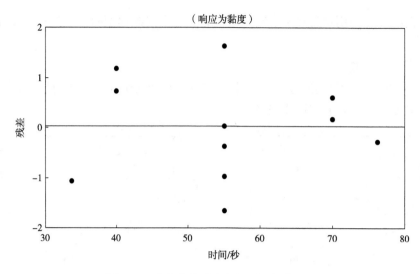

图 7.11   黏度残差对自变量时间的散点图

3. 判断模型是否需要改进

从残差诊断中看出，模型基本上是好的，只是在检验各项效应中，发现两自变量间的交互作用项不显著，因而，改进模型主要是删除此不显著项。实际上，又要返回第一步。

4. 重新拟合选定模型

例 7.1 中，在重新拟合模型的计算时要删去交互作用项 AB，而保留温度、时间及它们的平方项 AA 和 BB。再次计算 MINITAB 输出的结果如下所示。

响应曲面回归：黏度 与 温度，时间
分析是使用已编码单位进行的。
黏度的估计回归系数

项	系数	系数标准误	T	p
常量	48.167	0.753 9	63.889	0.000
温度	5.544	0.461 7	12.008	0.000
时间	4.456	0.461 7	9.653	0.000
温度×温度	−13.171	0.549 5	−23.969	0.000
时间×时间	−2.546	0.549 5	−4.633	0.004

$S = 1.305\,81$ PRESS $= 35.110\,1$
$R^2 = 99.27\%$ R^2（预测）$= 97.50\%$ R^2（调整）$= 98.79\%$

黏度的方差分析

来源	自由度	Seq SS	Adj SS	Adj MS	F	p
回归	4	1 395.25	1 395.25	348.814	204.57	0.000
线性	2	404.75	404.75	202.377	118.69	0.000
温度	1	245.88	245.88	245.884	144.20	0.000
时间	1	158.87	158.87	158.869	93.17	0.000
平方	2	990.50	990.50	495.251	290.45	0.000

温度×温度	1	953.90	979.60	979.600	574.50	0.000
时间×时间	1	36.60	36.60	36.600	21.46	0.004
残差误差	6	10.23	10.23	1.705		
失拟	4	4.78	4.78	1.196	0.44	0.781
纯误差	2	5.45	5.45	2.723		
合计	10	1 405.49				

黏度的估计回归系数，使用未编码单位的数据

项	系数
常量	−359.391
温度	2.745 05
时间	1.541 72
温度×温度	−0.005 268 33
时间×时间	−0.011 314 8

对于这次的计算结果，我们仍用前面介绍过的方法与步骤来分析。此时观察到下面几处要点：

（1）先看方差分析表中的总效果。在例 7.1 中，对应回归项的 p 值为 0.000（即 < 0.001），表明应拒绝原假设，即可以判定本模型总的说来是有效的。

（2）看方差分析表中的失拟现象。在例 7.1 中，失拟项的 p 值为 0.781，其数值远比临界值 0.05 大很多，表明无法拒绝原假设，即可以判定，本模型删去了一项，但并没有造成失拟现象。

（3）看删减后的模型是否比原来有所改进。我们把两个模型计算的多元全相关系数、修正的多元全相关系数以及标准差的估计量 S^2 汇总成表 7.5。

表 7.5　全模型与删减模型效果比较表

	全模型	删减模型
R^2	0.993	0.993
R^2_{adj}	0.986	0.989
S	1.422	1.306

可以看出，由于模型项数减少了一项，R^2 通常会有略微的降低（例 7.1 中，由于计算的舍入误差，未看出降低），但关键是看修正的 R^2_{adj} 是否有所提高（例 7.1 中，R^2_{adj} 由 0.986 提高到 0.989），S 的值是否有所降低（例 7.1 中 S 的值由 1.422 降为 1.306）。例 7.1 结果展示了删除不显著的交互作用项后，回归的效果更好了。

除了上述常用结果，为了获得更精确的数值结果，还可以获得对于原始数据的回归系数的结果。由此可以写出最后确定的回归方程：

$$y = -359.35 + 2.745温度 + 1.542时间 - 0.005\,268\,3温度^2 - 0.011\,314\,8时间^2 \quad (7.11)$$

5. 重新进行残差诊断

没有发现任何不正常情况（详细结果从略），可以确认上述模型为我们最终选定的模型。

6. 对选定模型进行分析解释

例 7.1 中,质量特性是黏度,希望特性值越大越好,这里两个平方项系数皆为负,又没有交叉项,可以肯定将从回归方程中,求得最大值(但不能保证此最大值一定落在原来试验范围内)。在求解前,我们先看一下响应的等高线图(图 7.12)和曲面图(图 7.13),在原试验范围内确实有个最大值。

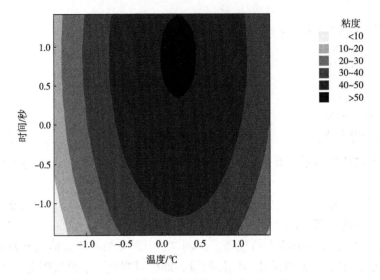

图 7.12 响应变量黏度与时间,温度的等值线图

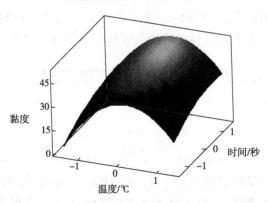

图 7.13 响应变量黏度与时间,温度的曲面图

利用人工解方程的方法,很容易得到最优解:当温度=260.56℃,时间=67.98 秒时,所获得的黏度值最大,最佳值可以达到 50.68。

MINITAB 软件中提供了自动求最优解的功能,利用响应优化器可以直接获得最优点的设置及最优值,同时还提供可以进行人机对话的界面,显示出有关图形(图 7.14),并且可以利用人工进行调整对最优点进行取整等,非常方便。

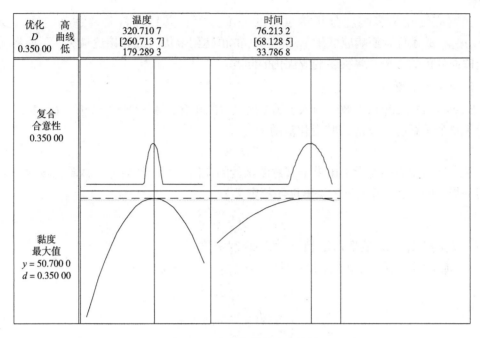

图 7.14　响应优化器输出结果

为了获得预测结果的相应置信区间，我们从统计 → DOE → 响应曲面 → 分析响应曲面设计入口，在"预测"项内"因子"处填写 260.56 及 67.98，即可得到预测值、预测值的标准误、预测值的置信区间（95.0%）和单个观测值的置信区间（95.0%）。

MINITAB 输出结果如下所示。

根据该模型在新设计点处对黏度的预测响应				
点	拟合值	拟合值标准误	95% 置信区间	95% 预测区间
1	50.700 0	0.681 206	（49.033 1, 52.366 8）	（47.096 2, 54.303 8）

前一个置信区间（95.0% CI）表明的是回归方程上的点的置信区间，此值可以作为改进结果的预测写在总结报告中。后一个置信区间（95.0% PI）表明的是以上述回归方程上的预测值的置信区间为基础，加上观测值固有的波动所给出的置信区间，这就是将来做一次验证试验时将要落入的范围，可供做验证试验使用。

7.3　多响应试验的优化和分析

在许多试验中，对一组输入变量，往往需要测量多个质量特性。例如，一个好的厨师，通常需要根据食物产品的可接受性，营养成分，经济成本，等等要求确定食物产品到达各种成分的最优组合。因此，多响应变量的试验分析应该采用多变量技术。把单变量技术分别应用到每个响应中并不合适，一方面，没有考虑响应变量之间的内在关系；另一方面，对一个响应变量的最优条件，对其他响应变量可能远非最优，甚至可能是不可行的。

多响应优化是多响应分析最重要的一个方面，其目标就是通过确定输入变量 $x_1, x_2, \cdots, x_m$ 的条件，使响应变量 $y_1, y_2, \cdots, y_k$ 的值达到最优，或者接近最优。下面将利用响应曲面分析的方法，解决多响应优化的问题。

1. 满意度函数

Suich 和 Derringer（1980）引入了满意度函数的概念，将每个响应变量 $y_i (i = 1, 2, \cdots, k)$ 转换为单个满意度函数 d_i，其变化范围是

$$0 \leqslant d_i \leqslant 1$$

整个满意函数的度量采用单个满意度函数的几何平均，然后，在试验区域内最大化几何平均，即 k 个响应变量的满意度函数定义为

$$D = (d_1 \cdot d_2 \cdots d_i)^{\frac{1}{k}} \tag{7.12}$$

其中，$d_i (i = 1, 2, \cdots, k)$ 是第 I 质量特性的满意度函数。

若 $y_i (i = 1, 2, \cdots, k)$ 是望大质量特性，满意度函数的表达式为

$$d_i = \begin{cases} 0, & \hat{y}_i \leqslant L \\ \left(\dfrac{\hat{y} - L}{T - L} \right)^r, & L \leqslant \hat{y}_i \leqslant T \\ 1, & \hat{y}_i \geqslant T \end{cases}$$

若 $y_i (i = 1, 2, \cdots, k)$ 是望小质量特性，满意度函数的表达式为

$$d_i = \begin{cases} 1, & \hat{y}_i \leqslant T \\ \left(\dfrac{\hat{y} - T}{U - T} \right)^r, & T \leqslant \hat{y}_i \leqslant U \\ 0, & \hat{y}_i \geqslant 0 \end{cases}$$

若 $y_i (i = 1, 2, \cdots, k)$ 质量特性是望目，满意度函数的表达式为

$$d_i = \begin{cases} 0, & \hat{y}_i \leqslant L \\ \left(\dfrac{\hat{y} - L}{T - L} \right)^r, & L \leqslant \hat{y}_i \leqslant T \\ \left(\dfrac{U - \hat{y}}{U - T} \right)^s, & T \leqslant \hat{y}_i \leqslant U \\ 0, & \hat{y}_i \geqslant U \end{cases}$$

在上述满意度函数的表达式中，U、L 分别是质量特性的上、下界；T 是目标值；r, s 是大于零的实数值，通常代表权重。

2. 距离函数法

多响应优化的另一种方法就是 Khuri 和 Conlon（1981）提出的距离函数法，他们提出了多个距离函数，度量响应函数与最优值的接近程度。这样多响应优化就变成了最小化关于输入变量的某个距离函数，这种方法考虑了响应变量的方差及变量之间的相关关系。

3. 应用实例一

例 7.2： 某树脂制造公司决定改进 ABS 树脂产品的冲击力（y_1）和流动性（y_2），改进团队发现影响产品冲击力和流动性的关键因素是挤压过程中的两个工艺参数，即螺杆转速 A（转/分）和温度 B（℃）。现行的操作条件是：$A = 250$（转/分），$B = 240$（℃）。根据以往的经验，改进团队意识到：提高螺杆转速和温度，可能提升产品的冲击力和流动性。于是，决定采用等径向设计，把中心点设置在 $A_0 = 270$，$B_0 = 250$。表 7.6 展示了等径向设计和试验数据，试验者期望找到使 $y_1 \geq 21.3$，$y_2 \geq 52.4$ 的工艺条件。

表 7.6　等径向设计和试验数据

试验次序	A（未编码）	B（未编码）	A（编码）x_1	B（编码）x_2	y_1	y_2
6	250	260	−0.714	0.714	20.0	52.5
3	250	240	−0.714	−0.714	19.8	50.5
2	290	260	0.714	0.714	20.8	52.8
11	290	240	0.714	−0.714	20.5	50.9
5	270	250	0	0	21.5	52.2
1	270	250	0	0	21.3	52.0
8	270	250	0	0	21.8	51.9
10	242	250	−1	0	19.6	51.5
4	298	250	1	0	21.0	51.3
9	270	236	0	−1	19.6	50.2
7	270	264	0	1	20.3	53.0

根据试验数据，则可以得到拟合的二阶响应曲面方程分别为

$$\hat{y}_1 = 21.531 + 0.612x_1 + 0.262x_2 - 1.142x_1^2 - 1.492x_2^2 + 0.049x_1x_2 \tag{7.13}$$

$$\hat{y}_2 = 52.030 + 0.021x_1 + 1.329x_2 - 0.500x_1^2 - 0.300x_2^2 + 0.098x_1x_2 \tag{7.14}$$

图 7.15 和图 7.16 分别给出了估计的冲击力 $\hat{y}_1$ 和流动性 $\hat{y}_2$ 的等高线图。

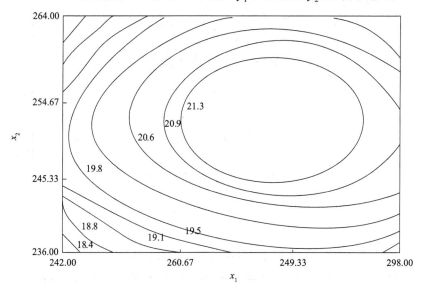

图 7.15　冲击力 $\hat{y}_1$ 的等高线图

资料来源：Park S. Robust Design and Analysis for Quality Engineering[M]. New York：Springer，1996

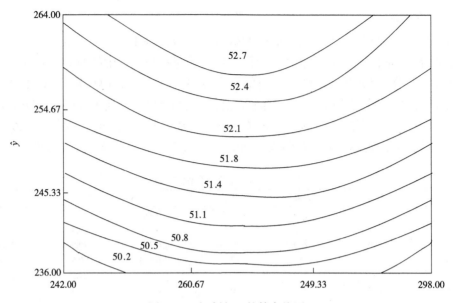

图 7.16   流动性 $\hat{y}_2$ 的等高线图

资料来源：Park S. Robust Design and Analysis for Quality Engineering[M]. New York：Springer，1996

试验者的目标是找出工艺条件 (x_1, x_2)，使之满足

$$\hat{y}_1 \geqslant 21.3 ， \quad \hat{y}_2 \geqslant 52.4 \tag{7.15}$$

从图 7.15 和图 7.16 的等高线图中，我们采用等高线叠加的方式，可以得到满足式（7.15）要求的就是图 7.17 中的阴影部分。

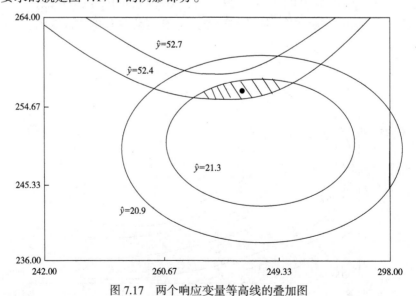

图 7.17   两个响应变量等高线的叠加图

资料来源：Park S. Robust Design and Analysis for Quality Engineering[M]. New York：Springer，1996

从图 7.17 中可以粗略的看到：满足要求的区域大致为

$$x_1 = -0.1 \sim 0.6 \left[267.2 \sim 286.8 (转/分) \right]$$

$$x_2 = 0.4 \sim 0.6\,(255.6 \sim 258.4\,℃)$$

因此，试验者决定选取上述区域的中点，$x_1 = 0.25$（277 转/分），$x_2 = 0.5$（275℃），作为最优生产条件。

为了进行确认性试验，试验者进行了 5 次验证性试验，试验结果完全满足要求。最终确定：在挤压过程中，螺杆转速为 277 转/分，温度为 257℃，是 ABS 树脂产品制造过程的最优工艺条件。

这种图示的方法，尽管直观易于理解，但它仅适合于输入变量个数（$k \leqslant 3$）较少的情况下。通常情况下，可采用满意度函数法或者距离函数法。下面采用满意度函数法解决该问题：

首先，对质量特性 $\hat{y}_1(\boldsymbol{x})$，$\hat{y}_2(\boldsymbol{x})$ 分别定义满意度函数 $d_1(\boldsymbol{x})$，$d_2(\boldsymbol{x})$，则整体满意度函数就是单个满意度函数的几何平均，即

$$D(\boldsymbol{x}) = \left[d_1(\boldsymbol{x}) \times d_2(\boldsymbol{x})\right]^{1/2} \tag{7.16}$$

目标是最大化 $D(\boldsymbol{x})$。

假设质量特性 y_1 的下限值 $L = 20.0$，目标值 $T = 21.3$，权重 $r = 1$，则满意度函数 $d_1(X)$ 可以表示为

$$d_1(\boldsymbol{x}) = \begin{cases} 0, & \hat{y}_1(\boldsymbol{x}) \leqslant 20.0 \\ \left(\dfrac{\hat{y}_1(\boldsymbol{x}) - 20.0}{21.3 - 20.0}\right)^r, & 20.0 \leqslant \hat{y}_1(\boldsymbol{x}) \leqslant 21.3 \\ 1, & \hat{y}_1(\boldsymbol{x}) \geqslant 21.3 \end{cases}$$

其中，$\hat{y}_1(\boldsymbol{x})$ 由式（7.13）给出。

假设质量特性 y_2 的下限值 $L = 51.0$，目标值 $T = 52.4$，权重 $r = 1$，则满意度函数 $d_2(\boldsymbol{x})$ 可以表示为

$$d_2(\boldsymbol{x}) = \begin{cases} 0, & \hat{y}_2(\boldsymbol{x}) \leqslant 51.0 \\ \dfrac{\hat{y}_2(\boldsymbol{x}) - 51.0}{52.4 - 51.0}, & 51.0 \leqslant \hat{y}_2(\boldsymbol{x}) \leqslant 52.4 \\ 1, & \hat{y}_2(\boldsymbol{x}) \geqslant 52.4 \end{cases}$$

其中，$\hat{y}_2(\boldsymbol{x})$ 由式（7.14）给出。

在试验区域内，使得满意度函数式（7.16）达到最大值的点 $\boldsymbol{x}$，就是我们所要寻找的最佳工艺条件。

4. 应用实例二——利用 MINITAB 软件

下面通过两个实例，结合 MINITAB 软件提供的两个窗口具体实现目标最优化。

例 7.3： 验血校正试验。本问题是要求同时考虑 4 项响应指标：

（1）吸收（absorb），要求：$\leqslant 61.85$，特性越小越好；

（2）模糊（blanking），要求：$\geqslant 300$；

（3）比率（ratio），要求：介于 $0.4 \sim 0.5$；

（4）分离（separation），要求：$\geqslant 200$。

影响这几项指标的自变量有两个：A 抗体（antibody），取值要在（10，40）之内；B

试剂（reagent），取值要在（20，50）之内。

由于自变量范围明确不能超越，因此安排了 CCI 设计，试验费用昂贵，中心点只安排了两次，试验结果见表 7.7。

表 7.7   验血校正试验数据表

标准顺序	运行顺序	区组	点类型	抗体	试剂	吸收	模糊	比率	分离
1	8	1	1	14.393 4	24.393 4	61.76	199	0.68	200
2	2	1	1	35.606 6	24.393 4	61.91	398	0.06	291
3	5	1	1	14.393 4	45.606 6	61.95	278	0.79	268
4	3	1	1	35.606 6	45.606 6	62.18	530	0.00	368
5	10	1	1	10.000 0	35.000 0	61.78	85	0.89	80
6	6	1	1	40.000 0	35.000 0	62.07	435	0.03	243
7	9	1	1	25.000 0	20.000 0	61.78	310	0.24	291
8	7	1	1	25.000 0	50.000 0	62.16	541	0.50	479
9	4	1	0	25.000 0	35.000 0	62.03	485	0.38	432
10	1	1	0	25.000 0	35.000 0	62.01	488	0.37	430

希望能找到满足所有要求条件且吸收越小越好的最佳因子设置。

先对这 4 个响应变量分别进行响应曲面设计分析，观察对于各响应变量有显著影响的自变量项（当然他们不全相同），取全部这些变量：A，B，AA，BB，AB。

多响应变量的优化有两个工具可以使用：重叠等值线图（overlaid counter plot）及响应优化器。

重叠等值线图就是对于选定的自变量区域内，将多个响应变量的取值等值线画在同一张图内，这便于同时满足多项要求的状况的观察。从统计→DOE→响应曲面→重叠等值线图入口，（图 7.18 左），选定"响应"为全部 4 个响应变量；打开"等值线"（counter）窗口（图 7.18 右），在各响应变量设置处，填写各自范围。对于只有"≤"者，将其上界值写入"高"，将自己任意选的低值写入"低"；对于只有"≥"者，将其下界值写入"低"，将自己任意选的高值写入"高"；对于同时有"≤"及"≥"者，将其下界值写入"低"，将其上界值写入"高"。这样就可以得到下列重叠等值线图，见图 7.19。

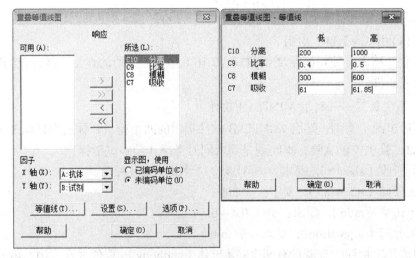

图 7.18   多响应变量重叠等值线图的界面

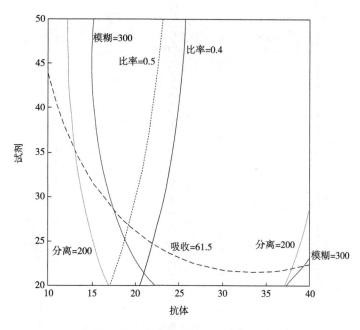

图 7.19　多响应变量重叠等值线图

在重叠等值线图中，所有带阴影色的区域都是不可行区域，中间左下方有个白色可行域。如果输入"响应"时，逐个填写响应变量，则在打开"等值线"窗口（图 7.17 右）后，逐个填写各自范围，则可以看到等值线的个数逐渐增多，填充导致可行域逐渐缩小的过程。

为了寻求最优设置，我们可以用工具"十字线"作为辅助工具。对准图形点鼠标右键，找到"十字线"；或从工具栏中点击"十字线"，即可以产生能自由移动的十字线（图 7.20）。在移动十字线时，计算机在左上角自动跳出"坐标窗"显示十字线位置及各响应变量的数值。在例 7.3 中，希望吸收越小越好，则应该让比率尽可能接近下限 0.4，让模糊也尽可能接近下限 300，即应当将十字线尽可能靠近次二线的交点处（菱形的最小角）。这样，吸收就尽可能地小了，可以达到 61.789。

在 MINITAB 软件中，多响应变量优化的另一个工具就是：响应优化器。

响应优化器可以同时处理多个响应变量的优化设置选择问题。从统计→DOE→响应曲面→响应优化器入口［图 7.21（a）］，选定"响应"为全部 4 个响应变量；打开"设置"（setup）窗口［图 7.21（b）］，在各响应变量设置处，填写各自优化目标。对于只有"≤"者，将其目标写为望小，上界值写入上限，将自己任意选的低值写入望目，下限空白；对于只有"≥"者，将其目标写为望大，下界值写入下界，将自己任意选的高值写入望目，上限空白。由于多响应变量选优问题可能很复杂，计算机要先找到初始值作为出发点，如果搜索几次都不能满足所设要求时，计算机会"自动罢工"而无任何有意义成果输出。为此，我们要打开"选项"（options），输入一个"可行点"（不一定很准确），然后计算机就可以开始正常的"选优"计算了。在例 7.3 中，我们将因子 A（抗体）设为 21，将因子 B（试剂）设为 21.5，就可以计算了。

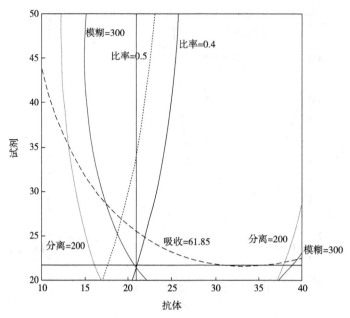

图 7.20　多响应变量重叠等值线中的十字线

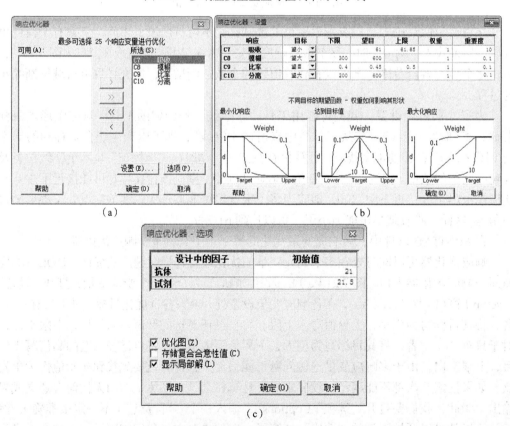

图 7.21　多响应变量响应优化器的界面

计算后，可以得到下列响应最优化结果，如图 7.22 所示。

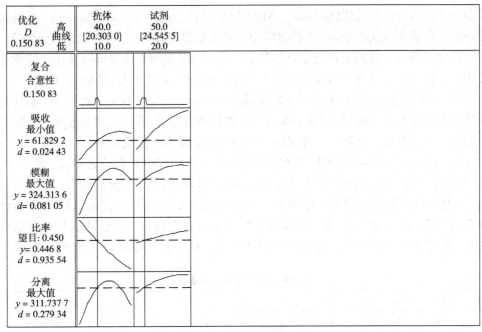

图 7.22　多响应变量优化的结果

　　很显然，上述结果并不是令人满意的，如果调整满意度函数的权重，将吸收的权重提高到 10，其余三项的权重降为 0.1，则能达到比重叠等值线更好（其实是更精确）的结果。从图 7.23 中可知。当因子 A（抗体）设为 20.990 3，因子 B（试剂）设为 21.515 2，吸收可以降低到 61.787 7。

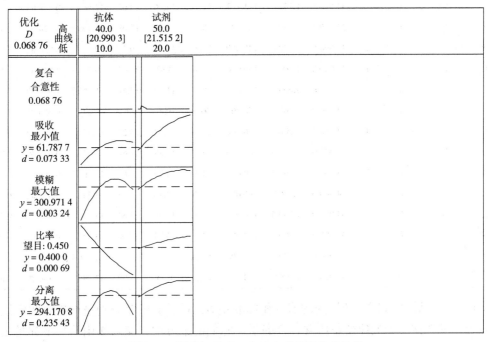

图 7.23　调整权重后，多响应变量优化的结果

在处理多响应变量的优化问题时，MINITAB 软件中有两个工具可以使用：重叠等值线图及响应优化器。从例 7.3 可以看出应用重叠等值线图显得更直观、方便，但实际上，每张等值线图只是针对两个自变量时绘制的，多个自变量时必须要同时考虑多张重叠等值线图，这样一来，重叠等值线图实际上只在仅有两个自变量时才特别有效。

例 7.4： 黏接膏体接力试验。不干胶黏接广泛应用于实际工作中，有时对于黏接膏体之黏结力并非希望越大越好，而是希望与某个理想值最接近（有一定的黏度又容易撕开）。本问题就是要求黏结力达到一个理想值，同时希望黏结力的波动最小。

影响黏接膏体之黏结力的因子有 3 个。因子 A 为酚醛树脂百分含量，取值为 32%~36%；因子 B 为甲醛硝钠百分含量，取值为 1.6%~1.8%；因子 C 是反应温度，取值为 120~160℃。由于自变量范围明确不能超越，因此安排了 CCI 设计，按 Box 响应曲面设计经典设计，中心点安排了 6 次。针对每个轮次重复 3 次试验。试验计划与试验结果见表 7.8。希望能找到在平均黏合力为 13.5（千克）时，波动最小的最佳因子设置。

表 7.8　黏合剂试验数据表

标准序	运行序	PtType	区组	A	B	C	y_1	y_2	y_3	$\bar{y}$	S	R
1	19	1	1	32.810 8	1.640 5	128.108	12.28	11.2	10.3	11.26	0.991 36	1.98
2	9	1	1	35.189 2	1.640 5	128.108	12.08	13.24	12.24	12.52	0.628 65	1.16
3	8	1	1	32.810 8	1.759 5	128.108	9.7	10.42	12.22	10.78	1.298	2.52
4	6	1	1	35.189 2	1.759 5	128.108	7.54	8.62	7.9	8.02	0.549 91	1.08
5	3	1	1	32.810 8	1.640 5	151.892	10.52	11.62	11.48	11.206 7	0.598 78	1.1
6	10	1	1	35.189 2	1.640 5	151.892	12.32	11.96	14.34	12.873 3	1.282 86	2.38
7	13	1	1	32.810 8	1.759 5	151.892	12.12	12.56	13.02	12.566 7	0.450 04	0.9
8	11	1	1	35.189 2	1.759 5	151.892	10.64	11.5	12.08	11.406 7	0.724 52	1.44
9	18	−1	1	32.000 0	1.700 0	140.000	10.78	11.32	9.7	10.6	0.824 86	1.62
10	14	−1	1	36.000 0	1.700 0	140.000	10.94	9.82	11.44	10.733 3	0.829 54	1.62
11	5	−1	1	34.000 0	1.600 0	140.000	10.3	11.42	12.44	11.386 7	1.070 39	2.14
12	15	−1	1	34.000 0	1.800 0	140.000	9.64	10.42	9.16	9.74	0.635 92	1.26
13	2	−1	1	34.000 0	1.700 0	120.000	11.6	11.92	10.24	11.253 3	0.892 04	1.68
14	17	−1	1	34.000 0	1.700 0	160.000	12.72	12.88	11.64	12.413 3	0.674 49	1.24
15	1	0	1	34.000 0	1.700 0	140.000	13.36	14.28	13.66	13.766 7	0.469 18	0.92
16	16	0	1	34.000 0	1.700 0	140.000	13.76	14.74	14.54	14.346 7	0.517 82	0.98
17	4	0	1	34.000 0	1.700 0	140.000	14.34	13.96	13.64	13.98	0.350 43	0.7
18	7	0	1	34.000 0	1.700 0	140.000	13.92	13.74	13.8	13.52	0.434 05	0.78
19	20	0	1	34.000 0	1.700 0	140.000	14.08	14.78	14.22	14.326 7	0.313 9	0.6
20	12	0	1	34.000 0	1.700 0	140.000	12.86	12.4	13.08	12.78	0.346 99	0.68

首先，计算 3 次试验结果的均值 $\bar{y}$ 和标准差 S，对于 $\bar{y}$ 和 S 分别进行响应曲面设计的分析，发现这两个响应变量所含各个因子、它们的平方项、交互作用项几乎都是显著的（只有 $\bar{y}$ 中的 AC 项不显著）。

其次，对 $\bar{y}$ 的取值状况进行分析，绘制其等高线图，发现在设计区域内的设计的中心点附件确实可以有最大值，其等高线图见图 7.24。

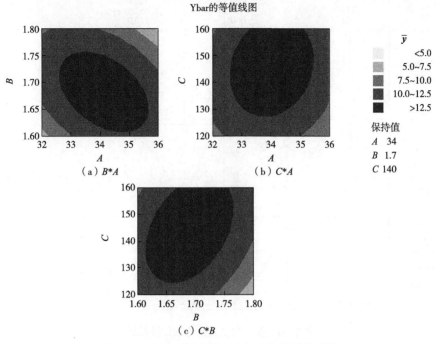

图 7.24　黏合剂试验的多响应变量的等值线图

由于有三个自变量，需要分成三组，每次讨论两个自变量，如果要求出最优值（特别是同时求出两个响应变量的最优值）是很麻烦的。因此，我们直接使用响应曲面的优化器，操作界面如图 7.25 所示。

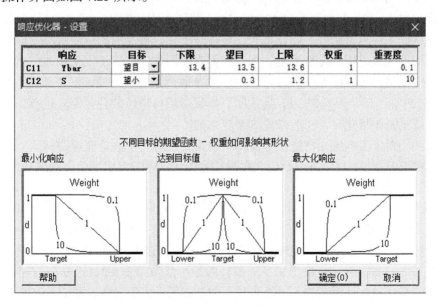

图 7.25　黏合剂试验的优化响应器使用图

黏合剂试验优化的计算结果如图 7.26 所示。

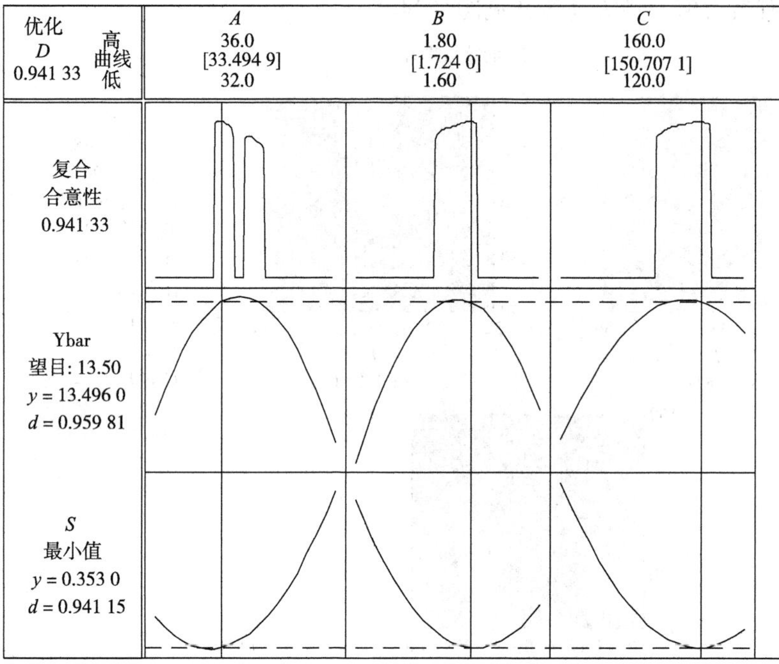

优化 D 0.941 33	高 曲线 低	A 36.0 [33.494 9] 32.0	B 1.80 [1.724 0] 1.60	C 160.0 [150.707 1] 120.0
复合 合意性 0.941 33				
Ybar 望目: 13.50 y = 13.496 0 d = 0.959 81				
S 最小值 y = 0.353 0 d = 0.941 15				

图 7.26　黏合剂试验优化的计算结果

对于望目特性的响应变量的选优问题，可以将希望值设为目标值，然后指定某种精度再进行计算。若我们选取 $\bar{y}$ 的范围为（13.4，13.6），这时，可以得到，在 A=33.494 9，B=1.723 5，C=150.707 时，$\bar{y}$ 可以达到 13.496，S 可以最小化到 0.353 0。

如果在使用响应曲面的优化器时，将图 7.24 中响应变量的取值范围稍加改动，将 $\bar{y}$ 的限制由（13.4，13.6）改为（13.49，13.51），则 $\bar{y}$ 可以达到 13.502 6，S 可以最小化为 0.352 7，这比上述结果更好。如此说来，是否对于望目特性的响应变量都可以用缩小其允许范围而得到改进呢？显然不是，如果我们在使用响应曲面的优化器时，将 $\bar{y}$ 的限制由（13.49，13.51）改为（13.499，13.501），则 $\bar{y}$ 表面上有些改变，但 S 却变大了。这时 $\bar{y}$ 为 13.500 0，S 却变为 0.513 4。这说明，如果对望目特性的公差要求过严，则满足此条件的自变量范围将变窄，一般来说 S 会变大的。

下面我们对于多响应变量优化器使用中的重要度进行一些补充说明。

仍以例 7.4 为例，有时我们希望获得黏结力最大，同时希望黏结力的波动达到最小，这时如何选择最优值呢？

我们先对响应变量 $\bar{y}$ 求最大值。这时按单响应变量优化处理，暂不考虑标准差 S 的问题。我们知道，$\bar{y}$ 预计的最大值为 13.930 2，这是在 A=34.101 0，B=1.688 9，C=144.646 5 时得到的。如果对响应变量 S 求最小值，这时仍按单响应变量优化处理，暂不考虑 Ybar 的问题。可以得到，S 预计的最小值为 0.319 2，这是在 A=32.444 4，B=1.731 3，C=160.0 时得到的。如果同时考虑 $\bar{y}$ 达到最大值及 S 达到最小的问题，则可以肯定的是，两者所能达到的最优值都一定不如只考虑单响应变量时的精确。这时必须考虑到二者的重要性设置，对于不同的设置肯定会得到不同的结果。当二者的重要度相等时（二者皆取 1，这与同样取别的值结果是相同的），可以看到，$\bar{y}$ 的最大值为 13.790 5，S 的最小值为 0.378 3，这是在 A=33.777 8，B=1.711 1，C=145.859 时得到的。当两者的重要度发生变化时（在 MINITAB 中重要度的取值限定在 0.1~10），则最优值会发生变化。例如，当 $\bar{y}$ 的重要度取 10，S 的重要度取 0.1，这时 $\bar{y}$ 的最大值为 13.929 9，S 的最小值为 0.441 4（远高于单响应变量时的最小值 0.319 2），这是在 A=34.101 0，B=1.688 9，C=144.242 时得到的；当 $\bar{y}$ 的重要度取 0.1，S 的重要度取 10，这时 $\bar{y}$ 的最大值为 13.068 5，S 的最小值 0.339 0，这是在 A=33.131 3，B=1.727 3，C=153.131 时得到的。

　　总之，当自变量个数超过 2 时，等值线图的应用受到诸多限制，响应变量优化器则显示出很大威力，按不同的要求可以得到不同标准下的最优点。这些最优点都是估计出来的，最终一定要对预测结果进行验证。

思考与练习

　　1. 在进行响应曲面进行试验设计和分析时，其程序是什么？

　　2. 试叙述中心符合设计和 B-B 设计的区别，在实际操作中的选取标准是什么？

　　3. 某化合物生产过程中，经过因子筛选，发现化合物的纯度主要跟两个因素温度和压力比有关，用以下数据找到最速上升路径。

温度/℃	压力比	纯度
−225	1.1	82.8
−225	1.3	83.5
−215	1.1	84.7
−215	1.3	85.0
220	1.2	84.1
−220	1.2	84.5
−220	1.2	83.9
−220	1.2	84.3

　　4. 某化工合成工艺中，为了提高产量，试验者选取 3 个因素：原料配比 x_1，某有机物的含量 x_2 和反应时间 x_3，每个因素均取 7 个水平。

　　原料配比/%：1.0、1.4、1.8、2.2、2.6、3.0、3.4

　　含量/毫升：10、13、16、19、23、25、28

　　反应时间/小时：0.5、1.0、1.5、2.0、2.5、3.0、3.5

　　试验结果如下表所示。

试验号	原料配比 x_1	含量 x_2	反应时间 x_3	收率
1	1.0	13	1.5	0.332
2	1.4	19	3.0	0.336
3	1.8	25	1.0	0.292
4	2.2	10	2.5	0.477
5	2.6	16	0.5	0.209
6	3.0	22	2.0	0.452
7	3.4	28	3.5	0.483

试运用 MINITAB 进行分析。

5. 研究某工业过程产品纯度分析，建立了响应 y，因素 z_1，因素 z_2，因素 z_3 的二次响应曲面方程为

$$\hat{y} = 26.45 + 0.07z_1 - 0.61z_2 + 0.54z_3 + 0.13z_1z_2 - 0.17z_1z_3 - 0.17z_2z_3 - 0.57z_1^2 - 1.35z_2^2 - 0.06z_3^2$$

试进行极值分析。

6. 提高烧碱纯度问题。在烧碱生产中，经过因子筛选，最后得知反应炉内压力及温度是两个关键因子。在改进阶段先进行了全因子试验设计。因子 A 压力的低水平及高水平取为 50 帕及 60 帕，因子 B 反应温度的低水平及高水平取为 260℃及 320℃。在中心点处作了 3 次试验，试验结果如下表。

序号	标准序	运行序	中心点	区组	压力/帕	温度/℃	纯度
1	1	5	1	1	50	260	98.08
2	2	3	1	1	60	260	95.38
3	3	2	1	1	50	320	97.28
4	4	6	1	1	60	320	94.65
5	5	7	0	1	55	290	97.82
6	6	1	0	1	55	290	97.54
7	7	4	0	1	55	290	97.98

通过对数据的检验，发现此时有弯曲，继而进行了第二批试验，结果如下表。

序号	标准序	运行序	区组	压力/帕	温度/℃	纯度
1	5	2	1	47.9	290.0	97.01
2	6	4	1	62.1	290.0	93.23
3	7	3	1	55.0	247.6	97.91
4	8	1	1	47.9	290.0	97.01

试运用 MINITAB 软件进行分析。

7. 考虑到 3 个变量的 CCD，试验结果如下表所示，分析并得出活性 y_2 在 55~60 最大的转化率 y_1。

运行	时间/分	温度/℃	催化剂	转化率	活性
1	−1.00	−1.00	−1.00	74.00%	53.20%
2	1.00	−1.00	−1.00	51.00%	62.90%
3	−1.00	1.00	−1.00	88.00%	53.40%
4	1.00	1.00	−1.00	70.00%	62.60%
5	−1.00	−1.00	1.00	71.00%	57.30%
6	1.00	−1.00	1.00	90.00%	67.90%
7	−1.00	1.00	1.00	66.00%	59.80%
8	1.00	1.00	1.00	97.00%	67.80%
9	0.00	0.00	0.00	81.00%	59.20%
10	0.00	0.00	0.00	75.00%	60.40%
11	0.00	0.00	0.00	76.00%	59.10%
12	0.00	0.00	0.00	83.00%	60.60%
13	−1.682	0.00	0.00	76.00%	59.10%
14	1.682	0.00	0.00	79.00%	65.90%
15	0.00	−1.682	0.00	85.00%	60.00%
16	0.00	1.682	0.00	97.00%	60.70%
17	0.00	0.00	−1.682	55.00%	57.40%
18	0.00	0.00	1.682	81.00%	63.20%
19	0.00	0.00	0.00	80.00%	60.80%
20	0.00	0.00	0.00	91.00%	58.90%

8. 用响应曲面方法研究木浆混合物增白泡沫浮选过程，有两因子：漂白剂浓度、混合物温度。两因子的取值范围分别在 0~20% 和 60~130/℉，响应是白度 y，其特性是越白越好。经过初始阶段的分析找到最速上升路径，在此条件下用 CCD 继续做了一个后续试验，数据见下表，用表中的数据拟合一个二阶响应曲面，并确定得到白度最大的因子设置。

运行	x_1	x_2	浓度	温度/℉	y
1	−1	−1	13.5%	86	87
2	1	−1	15.5%	86	85
3	−1	1	13.5%	96	88
4	1	1	15.5%	96	84
5	−1.414	0	13.1%	91	86
6	1.414	0	15.9%	91	83
7	0	−1.414	14.5%	84	94
8	0	1.414	14.5%	98	87
9	0	0	14.5%	91	90

第8章

田 口 方 法

本章主要内容主要包括田口方法的概述，稳健参数设计、容差设计、动态参数设计等设计方法，并提供相应的应用实例，为实际工作者提供指南。

8.1 田口方法概述

8.1.1 田口的质量观

田口玄一是日本著名的质量专家。20 世纪 60 年代，他率先将复杂的试验设计，通过适当的处理，引入工厂现场试验中，取得了巨大的经济和社会效果；80 年代，又将其质量管理的理念和方法引入美国，引起了长达 10 多年关于"田口方法"的大讨论，形成了许多共识。田口也被称为"质量工程之父""田口方法创始人"。

田口从工程和经济的角度出发，认为"质量就是指产品在整个生命周期中给社会造成的损失"。实际上，田口定义的质量是指，产品上市后，由于产品功能（质量特性）波动所造成的损失与产品弊害项目所造成的损失，以及使用费用，所产生的三种损失之和，即

质量=功能波动的损失+弊害项目的损失+使用费用

另外，田口也认为：产品的总损失就是质量与成本之和，所谓产品成本是指产品出厂前所需要的生产费用，包括材料费、加工费、管理费、弊害项目的损失（生产中对工人有害的项目，如污染、噪声、安全等）等。

田口认为产品质量首先是设计出来的，其次才是制造出来的，质量工作的中心应该放在产品形成的源头。设计产品的目标就是使总损失最小，也就是要提高质量（减少质量损失），同时降低质量成本。若不顾质量片面强调降低成本，其产品定会遭到市场的淘汰；若片面强调质量忽略成本，其产品也不可能占领市场；产品设计的方向就是在一定的成本控制范围内，最大限度提高产品质量。

田口把质量特性分为三大类，即望大特性、望小特性和望目特性。

（1）望大特性，是指质量特性不能为负值，希望特性值越大越好，且波动越小越好，这样的质量特性称为望大特性。例如，产品的抗拉强度，电灯泡的寿命，等等，其质量特性均属于望大特性。

（2）望小特性，是指质量特性不能为负值，希望特性值越小越好，理想值为 0，且波动越小越好，这样的质量特性称为望小特性。例如，测量误差，合金中所含杂质，表面粗糙度。

（3）望目特性，是指质量特性存在目标值，希望质量特性围绕目标值的波动越小越好，这样的质量特性称为望目特性。例如，加工某一轴件时，图纸规定 $\phi 10 \pm 0.05$，加工的轴件的实际直径就属于望目特性，其中 10 毫米是目标值，10+0.05=10.05（毫米）为上规范限，记为 USL（upper specification limit）；10-0.05=9.95（毫米）为下规范限，记为 LSL（lower specification limit）。

根据第 2 章图 2.1 过程概念的示意图，田口把不可控的因子或者噪声因子进一步细分为产品间的噪声、外噪声和内噪声。

（1）产品间的噪声（产品间干扰），是指在相同生产条件下，生产制造出来的一批产品，由于机器、材料、加工方法、操作者、测量误差和生产环境等生产条件的微小差异，产品质量特性值波动，称为产品间噪声或产品间波动。例如，元器件的实际值与名义值之间的差异，标明 100 欧的电阻，可能是 101 欧，也可能是 99 欧。

（2）外噪声（外干扰）：由于使用条件及环境条件（如温度、湿度、位置、操作者等）的波动或变化，引起产品质量特性值的波动，称为外噪声或者外干扰。请注意，外噪声并不是常说的噪声。

（3）内噪声（内干扰）：产品在储存或使用过程中，随着时间的推移，发生材料变质、零件磨损等老化、劣化现象，从而引起产品质量特性值的波动，称为内噪声或者内干扰。

引起产品质量特性值波动的外干扰，内干扰，产品间干扰统称为误差干扰，或者误差因素。

田口把可控因素进一步细分为重要因子、稳健因子（location factors）、调节因子和次要因子。

（1）重要因子是指对质量特性的信噪比（波动）和质量特性的均值（中心位置）均具有显著影响的可控因素。

（2）稳健因子是指仅对质量特性的信噪比（波动）具有显著影响的可控因素。

（3）可调因素（adjust factors），是指对信噪比无显著影响，但对均值具有显著影响的可控因素。

（4）次要因子，是指对信噪比和质量特性均值均无显著影响的可控因素。图 8.1 提供了因子分类示意图。

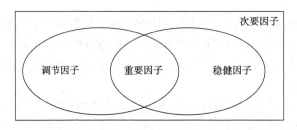

图 8.1   因子分类示意图

8.1.2   田口的质量损失函数

田口认为质量特性一旦偏离其设计目标值，就会造成质量损失，偏离越远，损失越大，并用期望损失函数加以刻画。下面将根据质量特性，分别给出质量损失函数。

1. 望目特性

假设产品的质量特性为 Y，设计目标值为 T，USL、LSL 分别为上、下规范限，则质量损失函数定义为

$$L(Y) = k(Y-T)^2 \qquad (8.1)$$

其中，k 是质量损失常数，它与设计容差有关。图 8.2 给出了望目特性的质量损失函数示意图。

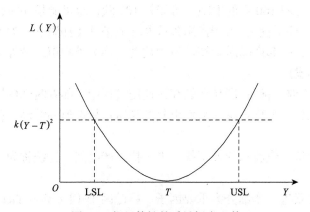

图 8.2   望目特性的质量损失函数

为了量化质量损失，田口提出了期望损失函数的概念，即用损失函数 $L(Y)$ 的数学期望 $E(Y)$ 来表示期望质量损失。不妨假设，过程输出质量特性 Y 的均值是 μ，它表示过程输出的平均水平；标准差是 σ，它表示过程输出波动的大小；则有

$$
\begin{aligned}
E(Y) &= kE(Y-T)^2 \\
&= kE(Y-\mu+\mu+T)^2 \\
&= k[\sigma^2 + (\mu-T)^2]
\end{aligned}
\qquad (8.2)
$$

为了最大限度地减少质量损失，人们努力的方向就是，一方面，减小过程输出的波动 σ^2，减小波动的途径主要有：一个是加强系统因素，弱化随机因素的影响，如采用高精度加工设备，采用高等级的原材料，等等，这是以昂贵的投入为代价的；另一个就是

通过稳健设计，寻找参数之间的水平搭配，使得输出波动减小。另一方面，就是减小过程输出均值与目标值之间的偏差。换言之，就是在过程输出均值落在或接近目标值的情况下，尽可能减小过程输出的波动。由于过程输出的波动不可能为零，因此，质量改进是永无止境的。

在实际应用中，若有 n 件产品，其质量特性分别为 $Y_1, Y_2, \cdots, Y_n$，则这 n 件产品的平均质量损失为

$$E(Y) = k\left[\frac{1}{n}\sum_{i=1}^{n}(Y_i - T)^2\right] \tag{8.3}$$

如何确定质量损失常数 k 呢？主要有两种方法：

（1）由功能界限 Δ_0 和丧失功能的损失 A_0，确定 k。所谓功能界限 Δ_0 是指判定产品能否正常发挥功能的界限值。即当 $|Y - T| \leqslant \Delta_0$ 时，产品能正常发挥功能；当 $|Y - T| > \Delta_0$ 时，产品丧失其功能。假设产品丧失功能时给社会带来的损失为 A_0，则由式（8.1）得

$$k = \frac{A_0}{\Delta_0^2} \tag{8.4}$$

（2）由容差 Δ 和不合格品损失 A，确定 k。容差（也称公差）Δ 是指判断产品是否合格的界限。当 $|Y - T| \leqslant \Delta_0$ 时，产品为合格品；当 $|Y - T| > \Delta_0$ 时，产品为不合格品。当产品为不合格品时，企业可采取报废、降级或返修等处理，假设此时给企业造成的损失为 A，则由式（8.1）得

$$k = \frac{A}{\Delta^2} \tag{8.5}$$

2. 望小特性

望小质量特性 Y 是不能取负值的，希望质量特性越小越好，且波动尽可能地小。因此，可以把望小特性看作是以 0 为目标，但不能取负值的望目特性。令 $T = 0$，则式（8.1）为

$$L(Y) = kY^2, \quad Y > 0 \tag{8.6}$$

其中，损失常数 k 由 $k = \dfrac{A}{\Delta^2} = \dfrac{A_0}{\Delta_0^2}$ 给出。望小特性的质量损失函数 $L(Y)$ 的图形见图8.3。

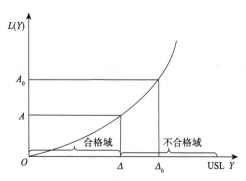

图8.3　望小特性的质量损失函数

在实际应用中，若有 n 件产品，测得望小质量特性为 $Y_1, Y_2, \cdots, Y_n$，则这 n 件产品的平均质量损失为

$$L(Y) = k\left[\frac{1}{n}\sum_{i=1}^{n} Y_i^2\right] \tag{8.7}$$

3. 望大特性

望大质量特性 Y 是不能取负值的，希望质量特性越大越好，且波动尽可能地小。因此，望大特性的倒数 $\frac{1}{Y}$ 就是望小特性，由望小特性的损失函数式（8.6），可以得到望大特性的损失函数为

$$L(Y) = k\frac{1}{Y^2} \quad (Y>0) \tag{8.8}$$

其中，损失常数 k 由 $k = A_0\Delta_0^2 = A\Delta^2$ 给出。望大特性的质量损失函数 $L(Y)$ 的图形见图 8.4。

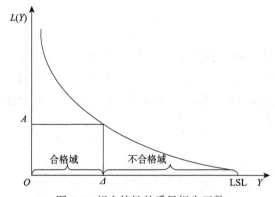

图 8.4   望大特性的质量损失函数

在实际应用中，若有 n 件产品，测得望大质量特性值为 $Y_1, Y_2, \cdots, Y_n$，则这 n 件产品的平均质量损失为

$$L(Y) = k\left[\frac{1}{n}\sum_{i=1}^{n}\frac{1}{Y_i^2}\right] \tag{8.9}$$

8.1.3 SN 比

SN 比 (signal/Noise) 原是通信领域的一个指标，用于评价通信质量的优劣。田口将 SN 比引入质量领域，作为判断质量特性是否稳定的指标。针对不同的质量特性（望目、望小、望大），其 SN 比具有不同的表达式，不妨设质量特性是 Y；目标值是 T；质量特性的期望值是 μ；方差是 σ^2。

1. 望目特性的 SN 比

对望目特性来说，我们希望 $\mu = T$，同时 σ^2 越小越好，田口把 SN 定义为

$$\eta = \frac{\mu^2}{\sigma^2} \tag{8.10}$$

并期望其值越大越好。事实上，该 SN 比是概率论中常用的变异系数 $\dfrac{\sigma}{|\mu|}$ 平方的倒数。记 $Y_1, Y_2, \cdots, Y_n$ 为 Y 的 n 个质量特性值，则

$$\hat{\mu} = \bar{Y} = \frac{1}{n}\sum_{i=1}^{n} Y_i$$

$$\hat{\sigma}^2 = \frac{1}{n-1}\sum_{i=1}^{n}(Y_i - \bar{Y})^2$$

SN 比的估计值 $\hat{\eta}$ 的计算公式为

$$\hat{\eta} = \frac{\hat{\mu}^2}{\hat{\sigma}^2} \tag{8.11}$$

在实际计算中，取常用对数化为分贝（dB），仍用 $\hat{\eta}$ 表示：

$$\hat{\eta} = 10\lg\frac{\hat{\mu}^2}{\hat{\sigma}^2} \text{（dB）}$$

在大多数情况下，$\hat{\eta}$ 近似服从正态分布，因而可用方差分析进行统计分析。

2. 望小特性的 SN 比

对于望小质量特性 Y，一方面希望 Y 越小越好；另一方面，希望 Y 的波动也越小越好。即希望均值的平方 μ^2 和方差 σ^2 均越小越好，田口把望小质量特性的 SN 比定义为

$$\eta = \frac{1}{\mu^2 + \sigma^2} \tag{8.12}$$

注意，随机变量 Y 的二阶原点矩 $E(Y^2)$ 为 $E(Y^2) = \mu^2 + \sigma^2$，因此，$\eta = \dfrac{1}{E(Y^2)}$。这说明望小特性 Y 的信噪比 η 应取二阶原点矩 $E(Y^2)$ 的倒数。二阶原点矩 $E(Y^2)$ 的无偏估计成为均方值 V_{T}，即 $V_{\mathrm{T}} = \dfrac{1}{n}\sum_{i=1}^{n} Y_i^2$。

η 的估计值为

$$\hat{\eta} = \frac{1}{V_{\mathrm{T}}} = \frac{n}{\displaystyle\sum_{i=1}^{n} Y_i^2}$$

取常用对数化为分贝值后，望小质量特性 SN 比的估计值为

$$\hat{\eta} = -10\lg\left(\frac{1}{n}\sum_{i=1}^{n} Y_i^2\right) \text{（dB）} \tag{8.13}$$

3. 望大特性的 SN 比

对于望大质量特性 Y，则 $\dfrac{1}{Y}$ 为望小特性，因此，把望小特性 SN 比估计式（8.12）和式（8.13）中的 Y 变换成 $\dfrac{1}{Y}$，就得到望大特性 SN 比的估计值：

$$\hat{\eta} = \frac{n}{\sum_{i=1}^{n} \frac{1}{Y_i^2}} \tag{8.14}$$

或者

$$\hat{\eta} = -10 \lg \left(\frac{1}{n} \sum_{i=1}^{n} \frac{1}{Y_i^2} \right) \ (\mathrm{dB}) \tag{8.15}$$

8.1.4 动态特性参数设计

动态特征是目标值随着信号因素水平的变化而改变的质量特征。设产品的质量特征为动态特征 y，其均值 μ 随着某个信号因素 M 的变化而变化。通常选取信号因素 M，使得 μ 为 M 的线性函数，即

$$\mu = \alpha + \beta M \tag{8.16}$$

由于存在试验误差的干扰，动态特征 y 的实测结果为

$$\mu = \alpha + \beta M + \varepsilon \tag{8.17}$$

不失一般性，假定试验误差 ε 服从正态分布 $N(0, \sigma^2)$。

动态特性好，意指两个方向：其一，信号因素线性效应部分的影响越大越好，也即 $|\beta|$ 要大；其二，噪声（试验误差）的干扰越小越好，故 σ^2 以小为好。兼顾两个方面，定义动态特征的 SN 比为

$$\eta = \frac{\beta^2}{\sigma^2} \tag{8.18}$$

■ 8.2 稳健参数设计

8.2.1 稳健参数设计的基本原理

田口认为，开发具有某种功能的产品以满足顾客和市场的需求，通常需要经历三个阶段：①系统设计阶段，也称概念设计，主要是专业技术人员利用专业知识和工程学原理，确定系统（产品或工艺项目）的功能、结构满足用户需要的基本方法，一般指样机设计结束，系统设计即告完成。②参数设计阶段，也称稳健设计，或者稳健参数设计阶段。在系统设计确定后，需要进一步确定系统输入参数水平搭配，使得产品性能指标既能达到目标值，又能使它在各种环境条件下对噪声干扰不敏感，稳定性能好。③容差设计阶段，容差设计的目的是在参数设计给出最优参数条件的基础上，从质量成本的角度，权衡确定合适的容差，使质量和成本得到最佳的协调。

总之，在三次设计中，系统设计是基础，参数设计是核心，容差设计是锦上添花。如何实现稳健设计，对望目质量特性来说，通常采用如下的两步法。

（1）减少波动。这里所说的减小波动，就是通过试验，探索输入与输出之间的关系，从过程的输入着手，选择输入变量间不同水平的搭配，使得输出变量的波动最小化。

（2）调整过程输出的均值，使得均值尽可能地落在设计目标值上。

图 8.5 说明了上述两步法的实施过程。假设某产品质量特性 Y 与三极管增益 X 之间存在着非线性关系。记质量特性 Y 的目标值为 T，当 $X=x_1$ 时，由于波动 Δ_1 存在，引起 Y 在目标值附近波动，此时，即使 X 有很小的波动 Δ_1，也导致 Y 有较大的波动 ΔY_1；若当 $X=x_2$ 时，存在波动 Δ_2，导致 Y 在 ΔY_2 范围内。由于存在非线性关系，尽管 X 的波动范围变大了，但输出 Y 的波动范围却变小了。由此可见，只要合理选择参数的水平，即使在参数波动范围变大的条件下（意味着降低成本），也可以大大减小质量特性 Y 的波动范围，从而提高了产品的稳定性。但此时出现了另外的问题，也就是 Y 的目标值从 T 移到了 T_1，偏离量 $\Delta T=T_1-T$。如何保持 Y 比较稳定，又不偏离设计目标值，这时，需要找一个与输出质量特性 Y 呈线性关系，且容易调整的另一个参数 Z，把 Z 从 z_1 调整到 z_2，补偿偏移量 ΔT。也就是，利用线性关系，将均值调整到设计目标值。

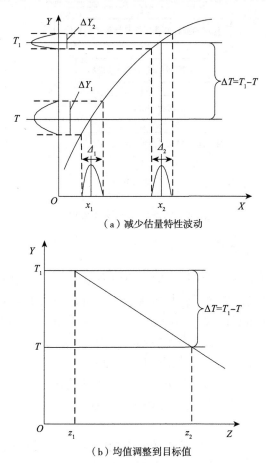

（a）减少估量特性波动

（b）均值调整到目标值

图 8.5 稳健参数设计的两步法

而对于望大或望小特性的稳健设计问题，因为没有目标值，所以，其解决问题的两步法是：①选择位置因子的水平使响应均值最大（小）；②选择非位置效应的散度因子的水平，使响应的波动最小化。

根据稳健参数设计的两步法，可以概括出稳健参数设计的基本原理：通过探索有限因素的输入与输出之间的关系，以及相应的事后统计分析，考察可控因子与噪声因子之间的交互作用，来确定可控因子的最优搭配水平，达到减小波动的目的。图 8.6 给出了实施稳健参数设计的流程图。

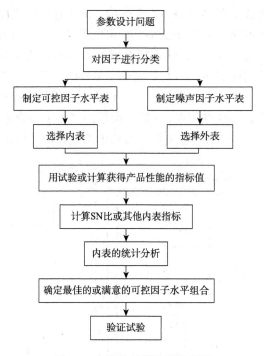

图 8.6   实施稳健设计的流程图

8.2.2   稳健设计的分析方法

在研究输入因子对响应变量的影响时，田口采用内、外表直积法（或乘积法）。为了考察可控因子不同水平搭配的效果，把可控因子安排在一张正交表中，这张正交表称为控制表（control array）或者内表（inner array）。通常采用全因子设计或部分因子设计，也可以采用三水平或者混合水平的表，但不考虑因子间的交互效应。

为了考察噪声因子的影响，把噪声因子安排在另外一张正交表中，通常称为噪声表（noise array）或者外表（external array）。在进行试验计划时，对内表中的每个试验条件，都要经历外表的所有试验轮次，即相当于控制表中的每个水平组合都对应一个噪声表。

这种把内表中的每轮试验对应外表的所有轮次的试验，相当于内表中的每轮水平组合与外表中的所有组合相乘，构成一个乘积表（cross array）。一般的，若控制表有 n_1 轮试验，噪声表有 n_2 轮试验，则乘积表的试验次数将是 $n_1 \times n_2$。表 8.1 提供 9×4 乘积表的示意图。

表 8.1 9×4 乘积表示意图

外表					1	2	3	4	5	6	7	8		
		d			−	+	+	−	+	−	−	+		
		c			−	−	−	−	+	+	+	+		
		b			−	−	+	+	−	−	+	+		
内表		a			−	+	−	+	−	+	−	+		
	A	B	C	D	y1	y2	y3	y4	y5	y6	y7	y8	Y	S
1	1	1	1	1										
2	1	2	2	2										
3	1	3	3	3										
4	2	1	2	3										
5	2	2	3	1										
6	2	3	1	2										
7	3	1	3	2										
8	3	2	1	3										
9	3	3	2	1										

在稳健设计中，也称乘积表为内外表（inter-outer array）。这种方法往往需要较多的试验次数，特别是当噪声因子较多或者噪声因子水平较多时。为了减少试验次数，通常采用两种方法：一是综合误差法，即在噪声表中选择少数几点（通常 3~4 点），能使误差达到最大的最具代表性的试验结果作为全部试验误差的代表；二是最不利综合误差法，它是综合误差法的特例，即在噪声表只选两点最不利情况（一个正偏，一个负偏）作为全部误差试验的代表，这样可以大大减少试验次数。在实际应用中，如何选择噪声表，需要具体问题具体分析。

尽管稳健设计与经典试验设计的实施过程相同，但二者之间还是具有一定区别的，主要表现在：

（1）对模型的假设不同。经典的试验设计中，假定随机误差是白噪声，质量特性的波动是不变的，即常方差；而稳健设计认为，质量特性的波动不是常数，与可控因子有关。

（2）关注的重点不同。经典的试验设计，主要关注的是过程输出的均值；而稳健设计不仅关心过程输出的均值，更关注过程输出波动的大小，即如何减小波动。

（3）对外部随机因素的处理方式不同。经典的试验设计，在建模过程中，并不考虑外部随机因素；而稳健设计是把外部随机因素包含在设计参数的研究当中。

8.2.3 稳健参数设计的应用实例

例 8.1：钛合金磨削工艺的稳健设计。钛合金以其强度高、重量轻、耐热性能好等优点，已广泛应用于航空、航天、造船等工业部门。但是，钛合金的导热系数小、黏附性强、抗氧化能力低，致使磨削性能差。即使采用特制的砂轮磨削钛合金，也只能达到表面粗糙度 $R_a > 0.6$(微米)。为了进一步降低表面粗糙度，采用稳健参数设计的方法优化钛合金磨削工艺参数。

1. 陈述存在的问题及要达到的目的

问题就是钛合金磨削工艺过程中，表面粗糙度参数 R_a 值较大。要实现的目标就是优化钛合金磨削工艺参数，实现表面粗糙度参数 $R_a < 0.2$ 微米。

2. 找出响应变量、控制因子和噪声因子

响应变量为表面粗糙度参数 R_a，影响 R_a 的可控因子主要是，A：工件转速；B：修整砂轮时的走刀量；C：工件纵向走刀量；D：磨削深度。而对其他因子，如冷却液、磨床等参数均保持不变。由于磨削后的表面粗糙度，只能通过试验测得，为了减少试验次数，对噪声因子采用综合误差因子 N。

3. 制订试验计划

在制订试验计划时，首先，要确定控制因子和噪声因子的水平，4 个可控因子各取 3 水平的表格，见表 8.2。由于响应变量是望小特性，对于综合误差因子 N 可取 2 水平：N_1 标准条件；N_2 正侧最坏条件。

表 8.2   钛合金磨削工艺试验中可控因子及其水平表

水平	1	2	3
A/（转/分）	112	160	180
B/（毫米/转）	0.03	0.06	0.09
C/（毫米/转）	0.82	1.65	3.3
D/（毫米）	0.001 25	0.002 5	0.05

构造控制表（内表），它是由正交表得来的，用于安排控制因子。例 8.1 中，4 个因子都是 3 水平，因此，选用三水平的正交表。一般来说，要选用的表的列数大于或等于因子的个数，而试验次数最少的正交表，因此，选正交表 $L_9(3^4)$ 安排 4 个可控因子；而对安排噪声因子的正交表，也称外表；由于例 8.1 中采用综合误差因子的方法，即标准条件（N_1）和正侧最坏条件（N_2）。

通过内、外表直积法，可以得到试验计划的方案表，见表 8.3 中前 4 列。针对计划表的每个轮次，分别在综合误差因子的二个水平 N_1，N_2 下各测得试验结果 y_{i1}，y_{i2} $(i=1,2,\cdots,9)$。

表 8.3   钛合金磨削工艺试验结果数据表

A	B	C	D	y_1	y_2	SN	$\bar{y}$	σ
1	1	1	1	0.162	0.184	15.221 6	0.173 0	0.015 556 3
1	2	2	2	0.259	0.313	10.834 1	0.286 0	0.038 183 8
1	3	3	3	0.178	0.206	14.310 9	0.192 0	0.019 799 0
2	1	2	3	0.204	0.211	13.658 4	0.207 5	0.004 949 7
2	2	3	1	0.226	0.244	12.572 3	0.235 0	0.012 727 9
2	3	1	2	0.167	0.178	15.259 8	0.172 5	0.007 778 2
3	1	3	2	0.213	0.228	13.126 8	0.220 5	0.010 606 6
3	2	1	3	0.157	0.188	15.229 3	0.172 5	0.021 920 3
3	3	2	1	0.238	0.271	11.868 0	0.254 5	0.023 334 5

4. 实施稳健设计试验

按照试验设计计划进行试验，记录响应变量的测量数据，也要记录试验过程中的所有状况。试验中的任何异常数据都应该记录，以备后序分析时用。

5. 进行分析，预测改进水平

对数据的分析应与所应用的设计相匹配。在稳健设计中，通过构造合适的统计量，主要是采用描述均值的样本均值统计量；描述波动大小的统计量 SN 比或样本方差等进行分析，进而找出可控因子的最佳水平搭配，估计输出质量特性的预测值。

下面，我们以 MINITAB 说明分析过程。从统计→DOE→田口→分析田口设计，将 y_1，y_2 放入响应变量，在对话窗"图形"中，选取"均值主效应、标准差主效应、SN 比主效应"；在"分析"中，选择"信噪比（S）、均值（M）、标准差（D）"；在"选项"中，选取"望小"特性。MINITAB 输出结果如下所示。

信噪比响应表
望小

水平	A	B	C	D
1	13.46	14.00	15.24	13.22
2	13.83	12.88	12.12	13.07
3	13.41	13.81	13.34	14.40
Delta	0.42	1.12	3.12	1.33
排秩	4	3	1	2

均值响应表

水平	A	B	C	D
1	0.217 0	0.200 3	0.172 7	0.220 8
2	0.205 0	0.231 2	0.249 3	0.226 3
3	0.215 8	0.206 3	0.215 8	0.190 7
Delta	0.012 0	0.030 8	0.076 7	0.035 7
排秩	4	3	1	2

标准差响应表

水平	A	B	C	D
1	0.024 513	0.010 371	0.015 085	0.017 206
2	0.008 485	0.024 277	0.022 156	0.018 856
3	0.018 620	0.016 971	0.014 378	0.015 556
Delta	0.016 028	0.013 906	0.007 78	0.003 300
排秩	1	2	3	4

对于望小质量特性，解决问题的两步法是：①选择位置因子的水平，使位置效应达到最小；②选择非位置因子的散度因子的水平使散度最小化。因此，根据信噪比和均值响应表看，对影响位置和散度的因子的顺序是一样，即 $C \rightarrow D \rightarrow B \rightarrow A$。要使位置效应达到最小，首先选取 C_1，接着选取 D_3，然后 B_1，最后是 A_2；按照 SN 比最大，选取的因子水平搭配仍是 $C_1 D_2 B_1 A_2$。该试验的最优水平搭配是 $A_2 B_1 C_1 D_2$。

从试验中均值、标准差、SN 比主效应图中（图 8.7~图 8.9），也可以得到相同的结论。

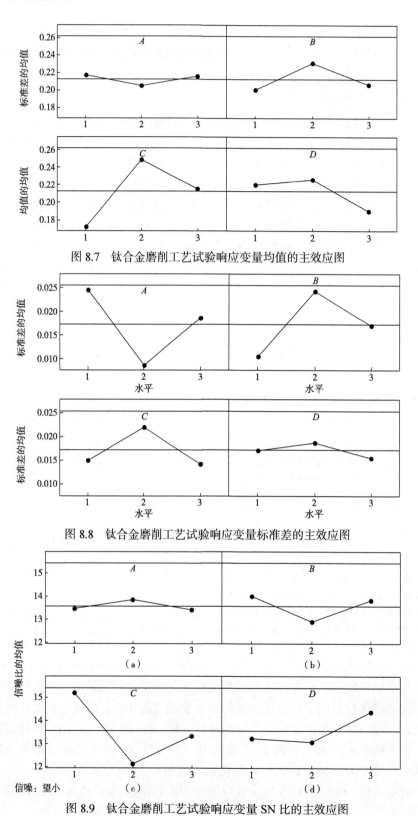

图 8.7   钛合金磨削工艺试验响应变量均值的主效应图

图 8.8   钛合金磨削工艺试验响应变量标准差的主效应图

图 8.9   钛合金磨削工艺试验响应变量 SN 比的主效应图

需要说明的是，例 8.1 中，按照位置效应和散度效应选取控制因子的水平时，二者选取的参数水平正好一致；在大多数情况下，二者是不一致的，这种时就需要综合权衡（trade off）。

6. 进行确认性试验

按照工艺参数 $A_2B_1C_1D_2$ 共进行了 5 次验证性试验，测得其表面粗糙度 R_a 如下：

$$0.138，0.139，0.159，0.143，0.166（微米）$$

这 5 项试验结果，粗糙度都在 0.2 微米以下，均达到预期的试验目标。

8.3　容差设计

容差设计通常是在完成系统设计和参数设计后进行的。容差设计的输出结果就是在参数设计阶段确定的最佳条件的基础上，确定各个参数合适的容许误差，使得质量和成本综合起来达到最佳经济效益。

容差设计其实是材料波动分解的应用，用以找出对最终产品波动影响最大的因素。它所采取的方法不是紧缩系统的所有容差，而是通过分析得知何者容差需要缩紧，何者可以放宽。换句话说，找出那些具有最高贡献率的因素，加以紧缩其容差，对低贡献率的零件则可以放宽其容差，从而达到成本最小化。

容差设计的基本思想是：根据各参数的波动对产品质量特性贡献（影响）的大小，从技术的可实现性和经济性角度考虑有无必要对影响大的参数给予较小的容差（如用较高质量等级的元件替代较低质量等级的元件）。这样做，一方面减小了质量特性的波动，提高了产品的稳健性，降低了质量损失；另一方面，由于提高了元件的质量等级，产品的成本有所提高。因此，容差设计既要考虑进一步降低参数设计后产品仍然存在的质量损失，又要考虑缩小一些元件的容差将会增加的成本，需要综合权衡，采取最佳决策。

通过容差设计，确定各参数的最合理容差，使产品总损失（质量损失与质量成本之和）达到最小。通常容差设计是在参数设计之后进行，但二者是相辅相成的。

根据质量损失原理，尤其交付顾客的最终产品应具有最小的质量波动、较小的容差，以提升产品质量、增加顾客满意度；但每一层次的产品（系统、子系统、组件、部件、零件）均应具有很强的承受各种干扰影响的能力，即应容许其下层部件具有较大的容差范围。对于下层部件通过容差设计确定合理的容差，作为生产制造阶段符合性控制的依据。因此，虽然容差设计的实施一般晚于参数设计，但有时为了获得总体最佳，容差设计也会影响参数设计的再设计。

容差设计的实施过程与参数设计相似，但评价的指标不同，容差设计任务是用质量损失函数来确定质量水平，以最低的成本来改进最关键的容差。

8.3.1　容差的确定

1. 由安全系数确定容差

本节的安全系数是田口博士在质量工程中提出的，与通常工程技术中的安全系数不是完全相同的概念，应该注意两者的区别。

设 A_0 为达到功能界限时的平均损失，主要是用户损失；A 为不合格品时的工厂损失，则安全系数 Φ 定义为

$$\Phi = \sqrt{\frac{A_0}{A}} \qquad (8.19)$$

由于 $A_0 > A$，因此安全系数 Φ 大于1，安全系数 Φ 越大，说明丧失功能时的损失也越大。对于安全性要求很高的产品，相应的安全系数也比较大。一般采用的安全系数值为 4~5。

1）望目、望小特性的容差

根据田口望目、望小特性的质量损失函数的示意图（图 8.2 和图 8.3）可知，望目和望小特性的容差 Δ 和丧失功能的界限 Δ_0 之间具有如下关系式：

$$\Delta = \sqrt{\frac{A}{A_0}} \Delta_0 \qquad (8.20)$$

由式（8.19）和式（8.20）可知，当已知功能界限 Δ_0 和安全系数 Φ 时，则容差 Δ 为

$$\Delta = \frac{\Delta_0}{\Phi} \qquad (8.21)$$

例 8.2： 设某电视机电源电路的直流输出电压 y 的目标值 $m=120\text{V}$，功能界限 $\Delta_0 = 25\% \times m$，丧失功能后用户的平均损失（包括修理费及修理后电视机仍不能使用的损失等）$A_0 = 500$ 元，工厂内超出规格的产品，可采用改变电路中电阻值进行调整（包括电阻费用和人工费用等），$A=5$ 元，试求安全系数 Φ 和容差 Δ。

根据式（8.19）

$$\Phi = \sqrt{\frac{A_0}{A}} = \sqrt{\frac{500}{5}} = 10$$

又据式（8.21）

$$\Delta = \frac{\Delta_0}{\Phi} = \frac{0.25 \times 120}{10} = 3(\text{伏})$$

公差的范围

$$m \pm \Delta = 120 \pm 3 = [117,123]$$

2）望大特性的容差

根据望大质量特性损失函数的示意图（图 8.4）可知，望大特性的容差 Δ 和丧失功能的界限 Δ_0 之间具有如下关系式：

$$\Delta = \sqrt{\frac{A_0}{A}} \Delta_0 \qquad (8.22)$$

由式（8.19）和式（8.22）可知，当功能界限是 Δ_0 和安全系数是 Φ 时，则望大质量特性的容差 Δ 为

$$\Delta = \Phi \Delta_0 \qquad (8.23)$$

例 8.3： 用硬聚氯乙烯型材加工塑料门窗。当材料的拉伸强度低于31兆帕时，门窗

就会断裂，此时造成的损失 A_0=500 元；而因材料不合格，工厂作报废处理的损失 A=125 元，试求硬聚氯乙烯型材的安全系数 Φ 与容差 Δ。

质量特性拉伸强度为望大特性，已知 Δ_0=31 兆帕，Δ_0=500 元，因此：

$$\Phi = \sqrt{\frac{A_0}{A}} = \sqrt{\frac{500}{125}} = 2$$

根据式（8.23）得

$$\Delta = \Phi\Delta_0 = 2 \times 31 = 62 \text{ 兆帕}$$

因此所用型材的强度下限为 62 兆帕。

2. 下位特性容差的确定

产品的质量特性取决于两种特殊的特性，一种是产品本身的特性（结果特性），称为上位特性；另一种是产品元部件或子系统的特性（原因特性），称为下位特性。这里说明如何根据上位特性的容差或功能界限，确定下位特性的容差。

设产品的上位特性为 y，下位特性为 x，考虑最简单的情况，即当下位特性 x 变化单位量时，上位特性 y 的变化量为 β，即 y 与 x 之间存在线性函数

$$y = \alpha + \beta x \qquad (8.24)$$

记：Δ_{0y} 是上位特性的功能界限；A_{0y} 是上位特性丧失功能时的损失；Δ_y 是上位特性的容差；A_y 是上位特性不合格时导致产品的损失；Δ_x 是下位特性的容差；A_x 是下位特性不合格时导致产品的损失；m_y 是上位特性的目标值；m_x 是下位特性的目标值。

m_y、m_x 也有类似上式的线性关系，即

$$m_y = \alpha + \beta m_x$$

因为

$$
\begin{aligned}
L(y) &= \frac{A_{0y}}{\Delta_{0y}^2}(y - m_y)^2 \\
&= \frac{A_{0y}}{\Delta_{0y}^2}[(\alpha + \beta x) - (\alpha + \beta m_x)]^2 \\
&= \frac{A_{0y}}{\Delta_{0y}^2}\beta^2(x - m_x)^2
\end{aligned}
$$

所以

$$A_x = \frac{A_{0y}}{\Delta_{0y}^2}\beta^2 \Delta_x^2$$

由此解得

$$\Delta_x = \sqrt{\frac{A_x}{A_y}}\frac{\Delta_{0y}}{\beta} \qquad (8.25)$$

类似地

$$\Delta_x = \sqrt{\frac{A_x}{A_y}}\frac{\Delta_y}{\beta} \qquad (8.26)$$

例 8.4： 用钢板冲压产品，钢板的硬度和厚度对冲压件有可计算的影响。当钢板的硬度变化 1 个单位（洛氏硬度）时，冲压件的尺寸变化 180 微米；钢板的厚度变化 1 微米时，冲压件的尺寸变化 6 微米。又已知冲压件的尺寸范围为 $m \pm 300$ 微米，当冲压件尺寸超过此容许界限时需要修正，其费用为 1 200 元；当钢板的硬度或厚度超过标准时，在冲压之前就要报废，每件产品将损失 400 元，试分别确定钢板硬度和厚度的下位标准。

引入下列符号：

y——冲压件尺寸，为上位特性；

x——钢板的硬度，为下位特性；

z——钢板的厚度，亦为下位特性。

据题意

$$\Delta_y = 300 微米, \ A_y = 1\,200 元, \ A_x = A_z = 400 元$$

确定 Δ_x 和 Δ_z：

设 x、y 之间存在线性关系为 $y = \alpha + \beta x$，据题意 $\beta = 180$，又设 z、y 之间也存在线性关系为 $y = \alpha' + \beta' z$，据题意 $\beta' = 6$。

于是由式（8.26）有

$$\Delta_x = \sqrt{\frac{A_x}{A_y}} \frac{\Delta_y}{\beta} = \sqrt{\frac{400}{1\,200}} \times \frac{300}{180} = 0.96（洛氏硬度）$$

$$\Delta_z = \sqrt{\frac{A_z}{A_y}} \frac{\Delta_y}{\beta'} = \sqrt{\frac{400}{1\,200}} \times \frac{300}{6} = 28.9（微米）$$

因此，钢板硬度的出厂标准为 $(m_x \pm 0.96)$ 洛氏硬度，厚度的出厂标准为 $(m_z \pm 28.9)$ 微米。

3. 老化系数容差的确定

我们知道，电路中电阻的阻值随着时间的增加逐渐变大；机械零件的磨损量随时间的延长逐渐变大，这种随着时间的推移向同一倾向发生变化的特性称为老化特性，或称劣化特性。

如何规定老化特性的出厂标准？一方面，由于产品检查的困难，往往需要有特别的方法；另一方面，由于不同的截止时间，老化量也是不同的。因此，必须预先决定设计寿命，其次在设计寿命期内决定劣化特性的容差。

为了简便计算，设产品的老化特性 y 的寿命周期为 T，y 随时间 t 呈线性变化，即

$$y = \alpha - \beta t \ (0 < t < T)$$

其中，T 是设计寿命；β 是老化系数。

老化系数 β 的容差 Δ 的含义是：在整个寿命周期内，若 $\beta > \Delta$，表示为不合格品，此时相应的损失是 A 元。

下面主要讨论当老化特性 y 的功能界限 Δ_0，丧失功能的损失 A_0 和设计寿命 T 已知时，如何确定老化系数 β 的容差。下面分两种情况加以讨论。

1）初始值等于目标值（即 $y_0 = m$）的情形

设产品的设计寿命为 T 年，老化特性 y 的初始值等于目标值，即 $y_0 = m$。又每年的

劣化量为 β。若在整个寿命周期内的任一时刻有 $|y(t)-m|>\Delta_0$ 就丧失功能，此时相应的损失为 A_0，求每年的平均劣化量 β 的容差 Δ。

$$L(y)=\frac{A_0}{\Delta_0^2}(y-m)^2=\frac{A_0}{\Delta_0^2}[(\alpha-\beta t)-m]^2,\quad \text{当 } t=0 \text{ 时，} y_0=m，\text{所以 } \alpha=m。\text{代入上式}$$

得 $L(y)=\dfrac{A_0}{\Delta_0^2}\beta^2 t^2$。

假定产品寿命服从 $[0，T]$ 内的均匀分布，则 $\overline{L(y)}=\dfrac{A_0}{\Delta_0^2}\dfrac{1}{T}\displaystyle\int_0^T \beta^2 t^2 \mathrm{d}t=\dfrac{1}{3}\beta^2 T^2 \dfrac{A_0}{\Delta_0^2}$。当

$\beta=\Delta$ 时，$\overline{L(y)}=A$ 代入上式得 $A=\dfrac{1}{3}\Delta^2 T^2 \dfrac{A_0}{\Delta_0^2}$。

由此得

$$\Delta=\sqrt{\frac{3A}{A_0}}\frac{\Delta_0}{T} \tag{8.27}$$

当 $y_0=m$ 时的老化特性如图 8.10 所示。

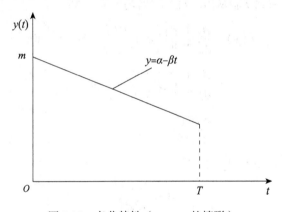

图 8.10　老化特性（$y_0=m$ 的情形）

例 8.5： 设某零件的尺寸为 y，设计初始值为目标值 m，设计寿命 $T=10$ 年。又已知 $\Delta_0=300$ 微米，$A_0=80$ 元，$A=5$ 元，求平均每年磨损量 β 的容差。

根据式（8.27），则

$$\Delta=\sqrt{\frac{3A}{A_0}}\frac{\Delta_0}{T}=\sqrt{\frac{3\times5}{80}}\times\frac{300}{10}=13.0\,(\text{微米})$$

即平均每年磨损量不得超过 13.0 微米。

2）初始值不等于目标值的情形

设老化特性 y 的初始值为 $y_0=m$。为不失一般性，设 $y_0>m$，且 $t=T/2$ 时恰有 $y(t)=m$，此时如何决定老化系数 β 的容差 Δ？

将 $t=\dfrac{T}{2}$，$y(t)=m$ 代入式 $y=\alpha-\beta t$，得 $\alpha=m+\dfrac{\beta T}{2}$，所以

$$y(t) = \left(m + \frac{\beta T}{2}\right) - \beta t$$

当 $y_0 > m$ 时的老化特性如图 8.11 所示。

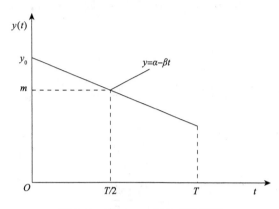

图 8.11   当 $y_0 > m$ 时的老化特性

同样假定产品的寿命 t 服从 $[0，T]$ 上的均匀分布，则

$$\overline{L(y)} = \frac{A_0}{\Delta_0^2} \frac{1}{T} \int_0^T \left[\left(m + \frac{\beta T}{2}\right) - \beta t - m\right]^2 \mathrm{d}t$$

$$= \frac{A_0}{\Delta_0^2} \frac{1}{T} \int_0^T \beta^2 \left(\frac{T}{2} - t\right)^2 \mathrm{d}t$$

$$= \frac{A_0 \beta^2 T^2}{12 \Delta_0^2}$$

将 $\beta = \Delta$ 时，$\overline{L(y)} = A$ 代入上式得

$$A = \frac{A_0 \Delta^2 T^2}{12 \Delta_0^2}$$

由此，得

$$\Delta = \sqrt{\frac{12A}{A_0}} \frac{\Delta_0}{T} \tag{8.28}$$

比较式（8.27）和式（8.28）可知，当初始值大于目标值时，老化系数 β 的容差较初始值等于目标值时要大得多，因此，初始值选得比目标值大为好。如图 8.11 所示。

例 8.6：在例 8.5 中，假设 $t=5$ 年时，零件的尺寸 y 等于目标值 m。其他条件相同，求老化函数 β 的容差 Δ。

解：由式（8.28）得

$$\Delta = \sqrt{\frac{12A}{A_0}} \frac{\Delta_0}{T} = \sqrt{\frac{12 \times 5}{80}} \times \frac{300}{10} = 26.0 \text{（微米）}$$

此时平均每年磨损量 β 的容差，是例 8.5 所求容差的 2 倍。

4. 下位特性的老化系数容差的确定

设产品的上位特性为 y，下位特性为 x，y 与 x 之间具有线性关系：$y = \alpha + \beta x$。下面给出下位特性 x 的老化系数容差的确定方法。

记：Δ_y 是上位特性的容差；A_y 是上位特性不合格时导致产品的损失；Δ_x 是下位特性的容差；A_x 是下位特性不合格时导致产品的损失；m_y 是上位特性的目标值；m_x 是下位特性的目标值；β 是 x 每变化一个单位时，相应 y 的变化量；α 是 $x = 0$ 时，相应 y 的值；T 是下位特性的设计寿命；Δ 是下位特性的老化系数的容差；A 是下位特性老化系数不合格时的损失。

由式（8.26），下位特性 x 的初期容差 Δ_x 为

$$\Delta_x = \sqrt{\frac{A_x}{A_y} \times \frac{\Delta_y}{|\beta|}} \qquad (8.29)$$

基于式（8.27）相似的方法，可以得到下位特性 x 的老化系数的容差为

$$\Delta = \sqrt{\frac{3A}{A_y} \times \frac{\Delta_y}{|\beta|T}} \qquad (8.30)$$

8.3.2　望目、望小特性的容差设计

容差确定和容差设计是两个不同的概念。容差确定是根据功能界限确定系统或零部件的容差。容差设计则是质量和成本之间的平衡。容差设计是在产品的设计阶段，选择材料、零件、生产方式等，使总损失（即质量损失与成本之和）达到极小。容差设计的基本原则就是：总质量损失达到最小。因此，在容差设计中，一方面需要考虑提高一个或几个零部件的精度以改进质量；另一方面需要考虑因提高零部件精度所增加的成本。

容差设计的主要工具是质量损失函数。运用质量损失函数计算产品的质量损失，并按照"使社会总损失最小"的原则，来设计合适的容差。

例 8.7：设计某机械产品，其材料可以从 M_1、M_2、M_3 三种材料中任选。三种材料的线性膨胀系数 b_i（温度每变化 1℃时材料的伸长率），每年的磨损量 β（材料每年平均磨损量）及价格 P_i 见表 8.4。已知产品的功能界限 $\Delta_0 = 6$ 微米，丧失功能时的损失 $A_0 = 180$ 元，设计寿命 $T = 20$ 年，温度标准差 $\sigma_t = 15$ ℃。产品在标准温度下出厂的尺寸等于目标值 m，试问选用哪种材料最合适？

表 8.4　材料特性的数据

材料	b_i /（微米/℃）	β_i /（微米/年）	P_i /元
M_1	0.08	0.15	1.80
M_2	0.03	0.06	3.50
M_3	0.01	0.05	6.30

解：已知 $A_0 = 180$ 元，$\Delta_0 = 6$ 微米。因为产品在标准温度下出厂的尺寸等于目标值，而且产品的均方偏差是由两部分构成：温度的波动和老化引起的质量特性的波动。温度

波动的可以表示为：$b_i^2\sigma_i^2$，而老化引起的质量波动计算方法如下。

设 T 为设计寿命；β 为每年的老化量；m 为出厂时的尺寸，在任意时刻老化偏离为 βt。在 $0\sim T$ 内，偏离目标值的平均平方偏差为

$$\frac{1}{T}\int_0^T (m-\beta_i t-m)^2 \mathrm{d}t = \frac{T^2}{3}\beta_i^2$$

由此，最终质量损失函数计算公式如下：

$$L(y) = \frac{A_0}{\Delta_0^2}\Delta^2 = \frac{A_0}{\Delta_0^2}\left(b_i^2\sigma_i^2 + \frac{T^2}{3}\beta_i^2\right) \tag{8.31}$$

将 $\sigma_t^2 = 15\,℃$ 和 $T = 20$ 年代入上式，分别求得 M_1、M_2、M_3 三种材料的均方偏差及质量损失为

$$M_1：\quad \Delta^2 = 0.08^2 \times 15^2 + \frac{20^2}{3}\times 0.15^2 = 4.44$$

$$L(y) = \frac{180}{6^2}\times 4.44 = 22.2\,(元)$$

$$M_2：\quad \Delta^2 = 0.03^2 \times 15^2 + \frac{20^2}{3}\times 0.06^2 = 0.682\,5$$

$$L(y) = \frac{180}{6^2}\times 0.682\,5 \approx 3.41\,(元)$$

$$M_3：\quad \Delta^2 = 0.01^2 \times 15^2 + \frac{20^2}{3}\times 0.05^2 = 0.355\,8$$

$$L(y) = \frac{180}{6^2}\times 0.355\,8 \approx 1.78\,(元)$$

将上述计算结果整理成表 8.5。

表 8.5　例 8.7 的计算结果

No.	材料	b_i /（微米/℃）	β_i /（微米/年）	P_i /元	均方偏差 /微米	质量损失 L_i/元	总损失 /元	L_i/P_i
1	M_1	0.08	0.15	1.80	4.44	22.2	24.00	12.33
2	M_2	0.03	0.06	3.50	0.68	3.41	6.91	0.97
3	M_3	0.01	0.05	6.30	0.36	1.78	8.08	0.28

从表 8.5 中可知，总损失为价格与质量损失之和，其最小值为 6.91 元，故选用材料 M_2 最为合理；而且采用材料 M_2 时，质量损失和质量成本达到平衡，两者之比接近 1。

通过容差设计，我们得到产品的成本，即不合格品损失为

$$A = 3.50\,元$$

则，最佳条件下的安全系数 Φ 为

$$\Phi = \sqrt{\frac{A_0}{A}} = \sqrt{\frac{180}{3.5}} = 7.17$$

8.3.3　望大特性的容差设计

根据式（8.8），望大质量特性 Y 的质量损失函数为

$$L(Y) = \frac{A_0 \Delta_0^2}{Y^2}$$

则，n 件产品的平均质量损失为

$$E(Y) = A_0 \Delta_0^2 \left(\frac{1}{n} \sum_{i=1}^{n} \frac{1}{Y_i^2} \right)$$

例 8.8：某系统设计中需选用一种树脂管，期望其强度越大越好。设树脂管的强度和价格均与管子的截面积成正比，单位截面积强度 b=80 N /平方毫米，单位截面积价格 a=40 元/毫米 ^{2}。当应力 Δ_0 =5 000N 时，树脂管会断裂，此时的损失 A_0=30 万元。试设计该树脂管的最佳截面积。

解：设截面积为 x 时，其价格 $P = ax$，强度满足 $y = bx$，则相应的质量损失函数为

$$L = L(y) = \frac{A_0 \Delta_0^2}{(bx)^2}$$

而质量总损失 L_t，可以表示为成本 P 和质量损失 L 之和，因此有

$$L_t = P + L = ax + \frac{A_0 \Delta_0^2}{(bx)^2}$$

为使 L_t 达到最小值，令 $\dfrac{\mathrm{d}L_t}{\mathrm{d}x} = 0$，得 $x = \left(\dfrac{2 A_0 \Delta_0^2}{ab^2} \right)^{\frac{1}{3}}$。

将 a =40 元/毫米 ^{2}，b =80 N /毫米 ^{2}，A_0 =30 万元，Δ_0 =5 000 N 代入，得

$$x = 388 \text{ 毫米}^2$$

因此，成本、质量损失和总损失分别为

$$P = ax = 40 \text{ 元/毫米}^2 \times 388 \text{ 毫米}^2 = 15\ 520 \text{（元）}$$

$$L = \frac{A_0 \Delta_0^2}{(bx)^2} = \frac{300\ 000 \times 5\ 000^2}{(80 \times 388)^2} = 7\ 784 \text{（元）}$$

$$L_t = P + L = 15\ 520 + 7\ 784 = 23\ 304 \text{（元）}$$

最佳条件下，成本 P 等于不合格品的损失 A。则强度的容差为

$$\Delta = \varphi \Delta_0 = \sqrt{\frac{A_0}{A}} \times \Delta^2 = \sqrt{\frac{3 \times 10^5 \text{元}}{15\ 520 \text{元}}} \times 5\ 000\text{N} = (4.4 \times 5\ 000)\text{N} = 22\ 000\text{N}$$

8.3.4　贡献率方法的容差设计

在采用贡献率法进行容差设计时，根据影响质量特性因子的个数，我们将其分为单因子和多因子情况，分别予以讨论。

1. 单因子情况

单因素容差设计是假设影响产品质量特性 y 的误差因素只有一个 x，质量特性 y 的

目标值是 m；容差是 Δ；不合格品损失是 A；进一步假定 x 与 y 之间具有线性关系：$y = \alpha + \beta x$。单因素容差设计的问题是，如果将误差因素 x 的容差 Δ_x 改进为 $\Delta'_x = \lambda \Delta_x$，此时每件产品成本将增加 P^*，问新的容差设计方案是否有利。

针对这一问题，利用贡献率法进行容差设计的主要计算步骤。

1）回归直线的确定

假设通过试验，得到 n 对数据：$(x_1, y_1), (x_2, y_2), \cdots, (x_n, y_n)$，记

$$\bar{x} = \frac{1}{n} \sum_{i=1}^{n} x_i$$

$$\bar{y} = \frac{1}{n} \sum_{i=1}^{n} y_i$$

$$L_{xx} = \sum_{i=1}^{n} (x_i - \bar{x})^2$$

$$L_{xy} = \sum_{i=1}^{n} (x_i - \bar{x})(y_i - \bar{y})$$

$$L_{yy} = \sum_{i=1}^{n} (y_i - \bar{y})^2$$

根据最小二乘估计，可以得到回归系数 α 和 β 的估计值 a 和 b 分别为

$$a = \bar{y} - b\bar{x}$$

$$b = \frac{L_{xy}}{L_{xx}}$$

则回归方程为

$$y = a + bx \tag{8.32}$$

2）试验数据的统计分析

利用方差分析，将总偏差平方和 S_T^2 分解为均值偏差平方和 S_m^2、回归平方和 S_x^2 与误差平方和 S_e^2 之和。田口引进纯波动 S^* 和贡献率 ρ 的概念，用贡献率分析代替 F 检验，对贡献率大小进行定量分析，表 8.6 提供了贡献率的统计分析表。

表 8.6　贡献率统计分析

来源	偏差平方和 S^2	自由度 f	均方	纯波动 S^{*2}	贡献率 ρ
目标值 m	$S_m^2 = (\bar{Y} - m)^2$	1	$V_m^2 = S_m^2$	$S_m^{*2} = S_m^2 - V_e^2$	$\rho_m = S_m^{*2}/S_T^2 \%$
因子 x	$S_x^2 = b^2 L_{xx}$	1	$V_x^2 = S_x^2$	$S_x^{*2} = S_x^2 - V_e^2$	$\rho_x = S_x^{*2}/S_T^2 \%$
随机误差 E	$S_e^2 = S_T^2 - S_m^2 - S_x^2$	$n-2$	$V_e^2 = S_e^2/(n-2)$	$S_e^{*2} = S_e^2 + 2V_e^2$	$\rho_e = S_e^{*2}/S_T^2 \%$
合计	$S_T^2 = \sum_{i=1}^{n} (Y_i - m)^2$	n	$V_T^2 = S_T^2/n$	S_T^2	100%

3）系统偏差的校正

$\bar{y} - m$ 称为系统偏差，当系统偏差不为 0 时，可将它校正为 0，从而使 $\rho_m = 0$，这就是系统偏差的校正。在 $\bar{Y} = a + b\bar{X}$ 中，令 $y^* = m$，则得到 $\bar{x}^* = \dfrac{m - a}{b}$，也就是，只需要把因子 x 的均值 $\bar{X}$ 调整到 $\bar{x}^*$，则质量特性 Y 的均值就会校正到 m，从而使系统偏差校正为

0，并使贡献率 $\rho_m = 0$。

4）确定平均质量损失

根据望目质量特性的质量损失函数，则 n 个产品 $Y_1, Y_2, \cdots, Y_n$ 的平均质量损失为

$$\overline{L} = \frac{A}{\Delta^2}\left[\frac{1}{n}\sum_{i=1}^{n}(y_i - m)^2\right]$$

5）容差设计

当因子 x 的容差 Δ_x 变为 Δ'_x 时，将增加成本 P^* 元，这时均方偏差 V_{new}^2 为

$$V_{new}^2 = \delta V_T^2$$

其中，$\delta = \rho_x\left(\dfrac{\Delta'_x}{\Delta_x}\right)^2 + \rho_e = 1 - \rho_m - \rho_x\left[1 - \left(\dfrac{\Delta'_x}{\Delta_x}\right)^2\right]$。

新的容差设计方案下的平均质量损失 L_{new} 为

$$L_{new} = \frac{A}{\Delta^2}V_{new}^2$$

则容差设计表，如表 8.7 所示。

表 8.7 容差设计表

方案	成本 P /元	平均质量损失 L /元	总损失
原方案 Δ_x	0	$\overline{L} = \dfrac{A}{\Delta^2}V_T^2$	$\overline{L}$
新方案 Δ'_x	P^*	$L_{new} = \overline{L}\left\{1 - \rho_m - \rho_x\left[1 - \left(\dfrac{\Delta'_x}{\Delta_x}\right)^2\right]\right\}$	$P^* + L_{new}$

如果在新的容差设计方案下总损失小于原方案，则新方案有利。

例 8.9： 某乳剂黏度 x（单位：泊）对涂布厚度 y（单位：微米）之间存在线性关系。涂布厚度 y 的目标值 $m = 24$ 微米，容差 $\Delta = 10$ 微米。若涂布厚度不合格时，该涂布为不合格，此时损失为每单位面积 16 元。现引进一台自动控制装置，可对黏度进行自动控制，将使黏度容差减小一半。已知该自动控制装置的价格为 50 万元，每年经费（利息、偿还、运转费）为其 40%，涂布年产量以单位面积计算为 6 万个单位面积，问引进该自控装置是否可行。为了进行贡献率分析，现每隔 2 小时，把黏度为 x 的乳剂涂布一次，共涂 15 次，测得涂布厚度 y 的测量数据如表 8.8 所示。

表 8.8 例 8.9 测量数据表

No.	x /泊	y /微米	No.	x /泊	y /微米
1	6.5	20	9	7.9	22
2	10.6	43	10	7.5	21
3	9.3	39	11	9.2	34
4	8.9	23	12	8.9	26
5	7.6	19	13	9.0	30
6	8.8	25	14	8.3	23
7	9.2	39	15	6.8	15
8	7.0	17			

（1）回归方程的确定。对表 8.8 中数据进行计算，得

$$\bar{x} = \frac{1}{15}\sum_{i=1}^{15} x_i = 8.37$$

$$\bar{y} = \frac{1}{15}\sum_{i=1}^{15} y_i = 26.4$$

$$L_{xx} = \sum_{i=1}^{15} x_i^2 - \frac{1}{15}\left(\sum_{i=1}^{15} x_i\right)^2 = 17.77$$

$$L_{xy} = \sum_{i=1}^{15} x_i y_i - \frac{1}{15}\left(\sum_{i=1}^{15} x_i\right)\left(\sum_{i=1}^{15} y_i\right) = 120.6$$

$$b = \frac{L_{xy}}{L_{xx}} = \frac{120.6}{17.77} = 6.79$$

$$a = \bar{y} - b\bar{x} = 26.4 - 6.79 \times 8.37 = -30.43$$

因此，所求回归方程为

$$y = a + bx = -30.43 + 6.79x \qquad (8.33)$$

（2）试验数据的统计分析。试验数据的统计分析表，见表 8.9。

表 8.9   贡献率分析表

来源	偏差平方和 S^2	自由度 f	均方 V^2	纯波动 S^{*2}	贡献率 ρ
m	86.4	1	86.4	68.53	6.0%
x	819.6	1	819.3	801.43	70.4%
E	233.2	13	17.87	268.04	23.6%
合计	1 138	15	75.84	1 138	100%

由表 8.9 可知，质量特性 y 偏离目标值 $m=24$ 微米，产生了总偏差平方和 $S_{\mathrm{T}}^2 = 1138$，其中波动的 70.4% 来源于 x，6.0% 来源于 $\bar{y}$ 偏离目标值 m，23.6% 来源于误差 e。

（3）系统偏差的校正。系统偏差是指涂布平均厚度 $\bar{y}=26.4$ 微米与目标值 $m=24$ 微米的差值，即 $\bar{y}-m=2.4$ 微米。系统偏差的校正，就是使 $\rho_{\mathrm{m}}=0$。

根据回归方程：

$$y = -30.43 + 6.79x$$

将 $y = m = 24$ 代入回归方程，得

$$x = 8.02$$

因此，只要将 x 的均值从原来的 8.37 调整到 8.02，就可使涂布平均厚度 $\bar{y}$ 达到目标值 $m=24$，从而使得 $\rho_{\mathrm{m}} = 0$。

（4）确定平均质量损失。根据 $m=24$ 微米，$\Delta=10$ 微米，$A=16$ 元。则质量损失函数 $L(y)$ 和平均质量损失 $\bar{L}$ 分别为

$$L(y) = \frac{A}{\Delta^2}(y-m)^2 = 0.16(y-24)^2$$

$$\bar{L} = \frac{A}{\Delta^2}\left[\frac{1}{n}\sum_{i=1}^{n}(y_i - m)^2\right] = \frac{A}{\Delta^2}V_{\mathrm{T}} = 0.16 \times 75.87 = 12.14 \text{（元）}$$

（5）容差设计。在引入自控装置后，$\Delta'_x = \Delta/2$，又 $\rho_m = 0.06$，$\rho_x = 0.704$，则新的质量水平 L_{new} 为

$$L_{new} = \overline{L}\left\{1 - \rho_m - \rho_x\left[1 - \left(\frac{\Delta'_x}{\Delta^2}\right)^2\right]\right\}$$
$$= 12.14 \times \{1 - 0.06 - 0.704 \times 0.75\}$$
$$= 5.00(\text{元})$$

据此，可以得到容差设计分析表，见表 8.10。

表 8.10　例 8.9 中的计算结果

方案	成本 P/元	平均质量损失 L/元	总损失 $P+L$/元
原方案	0	12.14	12.14
自控装置	3.33	5.00	8.33

表中成本 P 是由设备的经费 $50 \times 40\%/6 = 3.33$（元）。引入自控装置后，每年可以带来净收益为

$$(12.14 - 8.33) \times 6 = 22.86\text{（万元）}$$

而设备的投资回收期为

$$\frac{50}{22.86} = 2.19\text{（年）}$$

也就是需 2.19 年就可将设备投资的 50 万元通过设备自身产生的净效益收回。所以，从长期稳定生产的角度来看，引进自动控制装置是可行的方案。

2. 多因子情况

在单因子容差设计中，假定影响质量特性的因素只有一个，并且因子与质量特性之间具有线性关系，可以利用线性回归的方差分析法，进行单因子的容差设计。然而在实际中，影响质量特性的因素往往有多个，而且因子与质量特性之间的关系也未必是线性关系，这种情况下的容差设计就称为多因子容差设计。

假设：望目特性 y 的目标值是 m；容差是 Δ；不合格损失是 A；误差因素 $x_1, x_2, \cdots, x_l$ 与质量特性之间存在函数关系 $y = f(x_1, x_2, \cdots, x_l)$。

多因素容差设计的问题是：如果误差因素 x_i 的容差改进 Δ_i 为 $\Delta'_i = \lambda_i \Delta_i (i = 1, 2, \cdots, l)$，因素 x_i 将增加成本 P_i，此时每件产品将增加成本 $P^* = \sum_{i=1}^{l} P_i$，问新的容差设计是否更好呢？

针对这一问题，下面给出利用贡献率法，进行容差设计的实施步骤。

1）试验方案的设计

因有 n 个误差因素 $x_1, x_2, \cdots, x_n$，属于多因素试验，通常采用正交试验法来设计方案，包括制订误差因素水平表，选用合适的正交表，确定试验方案并进行试验。

2）试验数据的统计分析

通过试验，对试验后的数据进行统计分析。由于误差因子的水平是等间隔的，可以利用正交多项式回归理论，把因子引起的波动平方和分解为一次项、二次项引起的波动

平方和，并求出相应的纯波动和贡献率。

3）正交多项式回归方程的确定

由正交多项式回归理论，确定质量特性 y 与各个因子之间的正交多项式回归方程。

4）系统偏差的校正

系统偏差的校正，通常在参数设计阶段运用两阶段方法来解决。如果此时系统偏差不为 0，可将它校正为 0，从而使 $\rho_m = 0$，校正系统的偏差。

5）确定平均质量损失

与单因子情况相似，通过质量损失函数计算每个产品的质量损失，并计算平均质量损失 $\overline{L}$：

$$\overline{L} = \frac{A}{\Delta^2}\left[\frac{1}{n}\sum_{i=1}^{n}(y_i - m)^2\right] \tag{8.34}$$

6）容差设计

将误差因子的容差调整后，分别计算成本、质量损失和总损失；如果在新的容差设计方案下总损失小于原方案的总损失，则新方案是有利可行的。

下面将通过一个实例，说明多因子情况下，容差设计的具体实现过程。

例 8.10：要设计一个电感电路，此电路由电阻 R（单位：欧）和电感 L（单位：亨）组成，如图 8.12 所示。

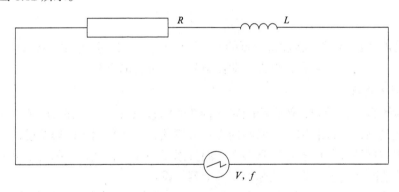

图 8.12　电感电路图

当输入交流电压为 V（单位：伏）和电源频率为 f（单位：赫）时，输出电流的强度为

$$y = \frac{V}{\sqrt{R^2 + (2\pi f L)^2}} \tag{8.35}$$

质量特性 y 的单位为安培。

设质量特性 y 的目标值 $m = 10$ 安培，用户对输出电流强度的容许范围为 $m \pm 4$ 安培，即 $\Delta_0 = 4$ 安培，超出此范围后的售后服务等损失为 $A_0 = 160$ 元。

设以最佳参数 $R = 9.5$ 欧，$L = 0.01$ 亨进行容差设计，原方案采用三级品的电阻和电感，问是否存在更好的容差设计方案？

（1）试验方案的设计。例 8.10 中共有 4 个误差因素，即电源电压 V，电源频率 f，

电阻 R 和电感 L。可利用正交表来设计试验方案。

误差因素都取三水平，误差因素 V 和 f 根据外界客观条件确定：

$$V_1 = 90 \text{ 伏}, \quad V_2 = 100 \text{ 伏}, \quad V_3 = 110 \text{ 伏}$$
$$f_1 = 50 \text{ 赫}, \quad f_2 = 55 \text{ 赫}, \quad f_3 = 60 \text{ 赫}$$

电阻 R 和电感 L 以最佳参数为第二水平，即 $R_2 = 9.5$ 欧，$L_2 = 0.01$ 亨，都采用三级品，波动范围为 $\pm 20\%$，这样就可得到误差因子的水平表（表 8.11）。

表 8.11　4 个误差因子及其水平表

因子	水平			
	V / 伏	f / 赫	R / 欧	L / 亨
1	90	50	8.55	0.009
2	100	55	9.5	0.01
3	110	60	10.45	0.011

选用正交表 $L_9(3^4)$，将误差因素 V，f，R，L 顺序上列，得到试验方案表，见表 8.12。

表 8.12　4 因子 3 水平试验方案表

因子	水平			
	V / 伏	f / 赫	R / 欧	L / 亨
1	1（90）	1（50）	1（8.55）	1（0.009）
2	1	2（55）	2（9.50）	2（0.010）
3	1	3（60）	3（10.45）	3（0.011）
4	2（100）	1	2	3
5	2	2	3	1
6	2	3	1	2
7	3（110）	1	3	2
8	3	2	2	3
9	3	3	1	1

根据式（8.35），计算表 8.12 中 9 个组合条件下的质量特性值 y_i，其结果见表 8.13。

表 8.13　例 8.10 的试验结果与分析

因子	水平				y_i	$y_i' = y_i - 10$
	V / 伏	f / 赫	R / 欧	L / 亨		
1	1（90）	1（50）	1（8.55）	1（0.009）	9.99	−0.01
2	1	2（55）	2（9.50）	2（0.010）	8.90	−1.10
3	1	3（60）	3（10.45）	3（0.011）	8.01	−1.99
4	2（100）	1	2	3	9.89	−0.11
5	2	2	3	1	9.17	−0.83
6	2	3	1	2	10.70	0.70
7	3（110）	1	3	2	10.08	0.08
8	3	2	2	3	11.76	1.76
9	3	3	1	1	10.90	0.90
T_{1j}	26.90	29.96	32.45	30.06	$T = 89.4$	
T_{2j}	29.76	29.83	29.69	29.68	$T' = -0.6$	
T_{3j}	32.74	29.61	27.26	29.66		

注：T_{1j}，T_{2j}，T_{3j} 是各个因子水平下对 y_i 求和

（2）试验数据的统计分析。由于因素的水平是等间隔的，所以可利用正交多项式回归理论，把因子引起的波动的平方和分解为一次项、二次项引起的波动平方和，并求出相应的贡献率。

首先，计算偏差平方和：

$$S_T' = \sum_{i=1}^{n}(y_i - m)^2 = \sum_{i=1}^{n}(y_i')^2$$
$$= (-0.01)^2 + (-0.01)^2 + \cdots + (0.9)^2$$
$$= 10.28(安培^2)$$

其次，计算均值偏差平方和：

$$S_m = n(\bar{y} - 10)^2 = \frac{1}{n}\left(\sum_{i=1}^{n}y_i'\right)^2 = \frac{(-0.6)^2}{9} = 0.04(安培^2)$$

再次，计算各因子一次项、二次项引起的波动平方和。例 8.10 采用正交表 $L_9(3^4)$，总试验次数 $n=9$，水平数 $k=3$，水平重复数 $\gamma=3$。从附表 12 正交多项式表中可查出：

$$W_{11} = -1, W_{21} = 0, W_{31} = 1, \lambda_1^2 S_1 = 2$$
$$W_{12} = 1, W_{22} = -2, W_{32} = 1, \lambda_2^2 S_2 = 6$$

最后，可以计算出因子电压的一次、二次平方和：

$$S_{vl} = \frac{(W_{11}T_{11} + W_{21}T_{21} + W_{31}T_{31})^2}{\gamma\lambda_1^2 S_1} = \frac{(-1\times26.90 + 32.74)^2}{3\times2} = 5.68(安培^2)$$

$$S_{vq} = \frac{(W_{12}T_{11} + W_{22}T_{21} + W_{32}T_{31})^2}{\gamma\lambda_2^2 S_2} = \frac{(26.90 - 2\times29.76 + 32.74)^2}{3\times6} = 8\times10^{-4}(安培^2)$$

类似地，可以计算 S_{fl}，S_{fq}，S_{Rl}，S_{Rq}，S_{Ll}，S_{Lq}。将这些结果整理成下面的统计分析表，见表 8.14。

表 8.14　统计分析表

来源	平方和 S	自由度 f	均方 V	纯波动 S'	贡献率 ρ
m	0.04	1	0.04	0.036 4	0.35%
V_1	5.68	1	5.68	5.676 4	55.22%
ΔV_q	Δ（8×10^{-5}）	Δ 1	—	—	—
f_1	0.02	1	0.02	0.016 4	0.16%
Δf_q	Δ（4.5×10^{-5}）	Δ 1	—	—	—
R_1	4.49	1	4.49	4.486 4	43.64%
ΔR_q	Δ（6.05×10^{-3}）	Δ 1	—	—	—
L_1	0.03	1	0.03	0.026 4	0.26%
ΔL_q	Δ（7.2×10^{-3}）	Δ 1	—	—	—
e	0	0	—	—	—
$\tilde{e}$	（−0.014 5）	（4）	（−0.003 6）	（−0.033 1）	（−0.32）%
T	10.28	9	1.14	10.28	100%

例 8.10 中，有 4 个误差因素，选用了 $L_9(3^4)$ 正交表，因而没有空列作为误差项。为

了估计试验误差的方差，把方差较小的项，即方差小于 0.01 的项（记号为 Δ）合并成误差项，并得到误差平方和 $S_{\bar{e}}$。

（3）正交多项式回归方程的确定。从表 8.14 可以看出，V_1 和 R_1 对波动的贡献率最大，均为显著项，根据正交多项式回归理论，质量特性 y 与显著项之间的回归方程可表示为

$$\hat{y} = \bar{y} + b_{1V}(V - \bar{V}) + b_{1R}(R - \bar{R}) \tag{8.36}$$

其中，$\bar{y} = \dfrac{1}{9}\sum_{i=1}^{9} y_i = \dfrac{89.4}{9} = 9.93; \bar{V} = 100; \bar{R} = 9.5$。

回归系数

$$b_{1V} = \frac{W_{11}T_{11} + W_{21}T_{21} + W_{31}T_{31}}{\gamma\lambda_1 S_1 h_V}$$

$$b_{1R} = \frac{W_{11}T_{13} + W_{21}T_{23} + W_{31}T_{33}}{\gamma\lambda_1 S_1 h_R}$$

查附表 12 正交多项式中可知：$\lambda_1 S_1 = 2$，而水平间隔 $h_V = 10$ 伏，$h_R = 0.95$ 欧，因此

$$b_{1V} = \frac{-1 \times 26.90 + 1 \times 32.74}{3 \times 2 \times 10} = 0.097$$

$$b_{1R} = \frac{-1 \times 32.45 + 1 \times 27.26}{3 \times 2 \times 0.95} = -0.911$$

所以，回归方程可表示为

$$\hat{y} = 9.93 + 0.097(V - 100) - 0.911(R - 9.5)$$

当 $V = 100$ 伏，$R = 9.5$ 欧时，质量特性 y 的估计值 $\hat{y} = 9.93$ 安培，它与目标值 $m = 10$ 安培相差不大，可以不进行调整。通常，在参数设计阶段已对系统偏差进行校正。

（4）确定平均质量损失。已知 $\Delta_0 = 4$ 安培，$A_0 = 160$ 元，$m = 10$ 安培，可以得到电流强度 y 的损失函数为

$$L(y) = \frac{A_0}{\Delta_0^2}(y - m)^2 = \frac{160}{4^2}(y - 10)^2 = 10(y - 10)^2$$

n 件产品 $y_1, y_2, \cdots, y_n$ 的质量水平为

$$\bar{L} = \frac{A_0}{\Delta_0^2} V_T = 10 \times 1.14 = 11.4 \text{（元）}$$

这说明在原方案中，当 R 和 f 都采用三级品时，每个产品的平均质量损失为 11.4 元。

（5）容差设计。例 8.10 中只有 $\rho_{V1} = 0.5522$，$\rho_{R1} = 0.4363$ 较大，而且显著。但电压为环境因素，不易压缩容差。因此，仅考虑对电阻 R 的容差进行压缩。

现在有两个容差设计方案：方案一，电阻 R 采用二级品，容差为三级品的二分之一，增加成本 3 元；方案二，电阻 R 采用一级品，容差为三极品的十分之一，成本增加 5 元。

我们知道，改进后设计的质量水平为

$$L_{\text{new}} = \bar{L}\left\{1 - \rho_m - \rho_{xl}\left[1 - \left(\frac{\Delta_x'}{\Delta_x}\right)^2\right]\right\}$$

因此，对于方案一：

$$L_1 = 11.4 \times \left\{ 1 - 0.003\,5 - 0.436\,4 \left[1 - \left(\frac{1}{2} \right)^2 \right] \right\} = 7.6 （元）$$

对于方案二：

$$L_2 = 11.4 \times \left\{ 1 - 0.003\,5 - 0.436\,4 \left[1 - \left(\frac{1}{10} \right)^2 \right] \right\} = 6.4 （元）$$

这样，得到容差设计方案的比较表，见表 8.15。

表 8.15 容差设计方案比较表

方案	成本 P /元	平均质量损失 L /元	总损失 $L_T = P + L$ /元
原方案	0	11.4	11.4
方案一	3	7.6	10.6
方案二	5	6.4	11.4

由此可见，第一方案为最佳容差设计方案。综上所述，我们选取电阻 R 的中心值为 9.5 欧的二级品，电感 L 的中心值为 0.01 亨的三极品，以此组装电感电路，输出电流强度的期望值为 10 安培，达到目标值，且总损失最小。

思考与练习

1. 参数设计的目的是什么？为什么说参数设计是三次设计的核心？
2. 简述正交表的格式与特点。
3. 质量损失函数有哪几种常见的类型？
4. 结合图形描述参数设计的非线性效应。
5. 某产品输出特性为抗拉强度，希望越大越好。今用正交表 $L_9(3^4)$ 安排试验，每号条件取两个样品，其抗拉强度的测量值如下表所示。试确定最佳参数组合。

试验号	A	B	C	D	Y	
	1	2	3	4	y_1	y_2
1	1	1	1	1	540	520
2	1	2	2	2	580	570
3	1	3	3	3	835	810
4	2	1	2	3	560	550
5	2	2	3	1	580	570
6	2	3	1	2	556	610
7	3	1	3	2	809	855
8	3	2	1	3	700	660
9	3	3	2	1	610	605

6. 说明质量损失函数在容差设计中的作用。

7. 请总结容差设计的基本步骤并说明在实施过程中的注意事项。

8. 设汽车车门的尺寸功能界限 $\Delta_0 = 4$ 微米, 车门关不上造成的社会损失 $A_0 = 500$ 元, 在工厂内, 车门尺寸不合格报废造成的损失 $A = 150$ 元。试求车门的出厂容差。

9. 在车间照明中, 当灯泡的照度变化 $\Delta_y = 40$ 勒克斯时, 因功能损失发生故障的修理费用为 $A_y = 200$ 元。当灯泡的发光强度变化 1 坎德拉时, 相应照度要变化 0.9 勒克斯。灯泡的初期发光强度超出规格时, 调整费用为 $A_x = 5$ 元。当老化超过规格时, 损失为 $A' = 32$ 元。设计寿命为 20 000 小时, 老化特性初始值与目标值相等。试求灯泡初期发光强度的容差 Δ 及发光强度老化系数的容差 Δ'。

10. 某制药过程的目标是氨基糖苷含量 y, 要求其越大越好。当 $y < 180$ 毫克/克时, 产品丧失功能, 损失为 $A_0 = 352\ 200$ 元/批, 设工序中各因素即波动范围如下: A (磨粉时间) 为 $\pm 1\%$; B (成型压力) 为 $\pm 3\%$; C (炭化温度) 为 $\pm 2\%$; D (炭化时间) 为 $\pm 5\%$。将现行条件作为第二水平, 按上述因素的波动范围确定第一、第三水平, 配置于 $L_9(3^4)$ 正交表中, 试验结果如下表所示。

| 试验号 | A | B | C | D | $y/$ (mg.g^{-1}) |
	1	2	3	4	
1	1	1	1	1	253.5
2	1	2	2	2	249
3	1	3	3	3	249.5
4	2	1	2	3	252.5
5	2	2	3	1	233.5
6	2	3	1	2	244.5
7	3	1	3	2	253
8	3	2	1	3	241
9	3	3	2	1	242

如果引进一台自控设备, 各因素波动可减少一半, 此设备每年折旧费为 5 万元, 以每年生产 100 批计算, 问引进该设备是否合理?

第9章

基于广义线性模型的稳健参数设计

    稳健参数设计是指在产品/过程的设计阶段，通过科学的试验设计选择可控因子的最优参数设计，以减少噪声因子（不可控因子）对产品/过程的影响，使得产品质量特性对产品/过程中噪声因子的变化不敏感，从而以较低的经济成本来提高产品/过程的稳健性，使得产品/过程的性能更加稳定。随着稳健参数设计的广泛应用，质量工程师经常会遇到非正态响应的试验设计问题。此外，即使产品/过程的质量特性满足为一般的正态分布，但是其响应的方差模型往往更适合通过广义线性模型来刻画。同时，随着顾客需求层次的不断提高，产品的质量特性也逐渐地由静态特性向动态特性转变，因此动态系统的稳健参数设计也引起一些研究者的关注。动态系统与静态系统之间最根本的区别在于动态系统存在信号因子。静态系统是指产品性能通常固定在某个具体的目标值，而动态系统（亦称信号响应系统）是指产品性能通过改变输入信号使其允许在一定范围内变化，以适应人们的不同需求。本章将借鉴运用响应曲面实现稳健参数设计的基本思想与方法，构建基于广义线性模型静/动态响应的稳健参数设计。

■ 9.1 双响应曲面法的基本介绍

    响应曲面方法最初由统计学家 Box 和 Wilson 在 1951 年所提出的一种响应曲面建模方法。该方法首先采用试验设计的方法收集因子与响应输出之间的数据信息，其次建立二者之间的响应曲面模型。在此基础上，结合所构建的响应曲面模型运用优化方法获得所期望的响应值与可控因子的最佳参数水平（即过程输入的最佳设置值）。一般而言，产品/过程的响应变量与设计参数之间的关系往往是未知的。因此，通过试验设计拟合接近实际情况的响应曲面模型仅仅是真实函数关系的一种近似模型。

    在实际的生产过程中，响应变量与设计参数之间的关系往往是高度复杂的非线性关系。因此，在响应曲面的模型构建时通常考虑可控因子的二阶模型及可控因子与噪声因子的交互效应。假设某生产过程中的响应变量 y 依赖于 k 个可控因子 $\boldsymbol{x}=(x_1,x_2\cdots,x_k)$ 和 r 个噪声因子 $\boldsymbol{z}=(z_1,z_2\cdots,z_r)$，则该响应曲面模型为

$$y(x,z) = \beta_0 + x'\beta + x'Bx + z'\gamma + x'\Delta z + \varepsilon \tag{9.1}$$

其中，β 是可控因子主效应的系数向量；B 是可控因子二阶效应的系数矩阵；γ 是噪声因子主效应的系数向量；Δ 是可控因子与噪声因子之间交互效应的系数矩阵；ε 表示均值为 0，方差为 δ_ε^2 的正态分布。

在稳健参数设计中，不少学者将田口玄一稳健参数设计的思想引入响应曲面方法中，提出了双响应曲面法（dual response surface methodology，DRSM）。针对响应的均值和方差分别拟合出两个响应曲面模型，然后利用优化方法对双响应曲面模型进行了参数优化。需要特别注意的是，上述双响应曲面法在拟合方差模型时需要进行重复试验以获得响应的方差。因此，在响应曲面设计时可以采用内外表设计以获得响应的方差。

在双响应系统的建模过程中，假设响应的均值是 μ，响应的方差是 σ^2，根据式（9.1）可以分别拟合响应的均值和方差模型：

$$\mu(x,z) = \beta_{01} + x'\beta_1 + x'B_1x + z'\gamma_1 + x'\Delta_1 z + \varepsilon_1 \tag{9.2}$$

$$\sigma^2(x,z) = \beta_{02} + x'\beta_2 + x'B_2x + z'\gamma_2 + x'\Delta_2 z + \varepsilon_2 \tag{9.3}$$

其中，式（9.2）和（9.3）中的估计参数与式（9.1）的含义是一样的，只是通过下标的不同来区别响应的均值与方差模型。以试验结果的平均值作为均值模型的响应，以试验结果的方差作为方差模型的响应，分别拟合关于可控因子与噪声因子的二阶模型：

$$\hat{\mu}(x,z) = \beta_{01} + x'\beta_1 + x'B_1x + z'\gamma_1 + x'\Delta_1 z \tag{9.4}$$

$$\hat{\sigma}^2(x,z) = \beta_{02} + x'\beta_2 + x'B_2x + z'\gamma_2 + x'\Delta_2 z \tag{9.5}$$

在完成均值与方差模型的拟合后，需要进一步结合稳健参数设计的基本思想进行参数设计，即满足产品/过程的输出响应均值接近目标值的同时使响应的方差尽可能地变小。因此，在运用双响应曲面法进行稳健参数设计时，需要同时拟合响应的均值与方差模型，进而通过优化均值和方差模型实现稳健参数设计的目标。

在进行响应曲面设计时若运用组合表进行试验设计，则无法通过重复试验数据来获得响应的方差模型。在这种情况下，通常针对式（9.1）获得关于噪声因子 z 的条件均值 $E_z[y(x,z)]$ 和条件方差 $\mathrm{Var}_z[y(x,z)]$，则拟合的双响应曲面模型为

$$E_z[y(x,z)] = \beta_0 + x'\beta + x'Bx \tag{9.6}$$

$$\mathrm{Var}_z[y(x,z)] = (x' + \gamma'\Delta)\mathrm{Var}(z)(\gamma' + x'\Delta) + \sigma_\varepsilon^2 \tag{9.7}$$

其中，$\mathrm{Var}(z) = \sigma_z^2 V$，$V$ 为 $r\times r$ 正定对称矩阵。若噪声因子之间相互独立，则 V 等于单位矩阵 I。

为了更好地理解和推广上述双响应曲面的稳健参数设计方法。根据式（9.1）的响应曲面模型，重新改写其为更为一般的模型：

$$y(x,z) = f(x) + h(x,z) + \varepsilon \tag{9.8}$$

其中，$f(x)$ 为模型中仅涉及可控因子的项；$h(x,z)$ 为模型中涉及噪声因子、可控因子与噪声因子的交互效应。在式（9.8）中 $h(x,z)$ 通常假定为

$$h(x,z) = \sum_{i=1}^{r} \gamma_i z_i + \sum_{i=1}^{k}\sum_{j=1}^{r} \delta_{ij} x_i z_j$$

在响应曲面模型的构建中，函数 $f(x)$ 和 $h(x,z)$ 的具体结构还需要结合试验设计的信息与试验者的经验来具体分析。如果可能的话，可以考虑关于噪声因子更为复杂的函数。如果假设噪声因子的均值为 0，方差为 σ_z^2，协方差为 0。噪声因子与随机误差项 ε 之间的协方差也为 0，则响应的均值与方差模型分别为

$$E_z\big[y(x,z)\big]=f(x) \tag{9.9}$$

$$\mathrm{Var}_z\big[y(x,z)\big]=\sigma_z^2\sum_{i=1}^{r}\left[\frac{\partial y(x,z)}{\partial z_i}\right]+\sigma_\varepsilon^2 \tag{9.10}$$

根据式（9.10）可知，方差函数 $\mathrm{Var}_z\big[y(x,z)\big]$ 可以视为函数 $y(x,z)$ 关于噪声因子在 $z_i=0$ 处一阶泰勒系数展开后求方差所得到的结果，这种操作方法通常称为增量方法（delta method）。式（9.10）也通常被称为误差传递公式（transmission-of-error formula）。当函数 $h(x,z)$ 关于噪声因子 z 为线性结构的关系，函数 $h(x,z)$ 关于噪声因子的方差模型式（9.10）与式（9.7）具有相同的函数形式。

9.2 基于广义线性模型的静态响应稳健参数设计

在产品/过程的稳健参数设计中，异方差数据的存在使广义线性模型自然成为试验数据分析与建模的一种方法。广义线性模型实质上是一般响应曲面模型在响应分布上的一种扩展，是更为一般意义上的响应曲面建模方法。在产品/过程的质量设计中，借鉴基于响应曲面的思想与方法，将有助于构建基于广义线性模型的双响应曲面模型，从而能够更好地实现非正态响应的稳健参数设计。

9.2.1 基于广义线性模型的均值与散度模型

在田口玄一的稳健参数设计中，通常希望将响应的均值保持在目标值的同时最小化响应的方差。假设响应变量为 y_{ij}，其中 i（$i=1,2,\cdots,k$）是可控因子 X_i 的下标；j（$j=1,2,\cdots,r$）是噪声因子 Z_j 的下标。在内外表设计下，针对每一个可控因子水平的组合分别计算样本均值 $\bar{y}$ 与样本方差 S_i^2，然后在此基础上定义信噪比 η 的公式：

$$\eta_i=10\log(\bar{y}_i^2/S_i^2) \tag{9.11}$$

一般而言，在田口方法中响应的均值不受噪声变量的影响，即满足如下的关系：

$$\mu_{ij}=E\big(y_{ij}\big|z_j\big)=\mu_i \tag{9.12}$$

在广义线性模型的框架下定义响应的方差为 $\mathrm{Var}(y_{ij})$。在考虑噪声因子 Z_j 的影响下，响应的方差 $\mathrm{Var}(y_{ij})$ 可以分解为如下的形式：

$$\mathrm{Var}_z\big(y_{ij}\big)=\mathrm{Var}_z\big[E\big(y_{ij}\big|z_j\big)\big]+E_z\big[\mathrm{Var}\big(y_{ij}\big|z_j\big)\big] \tag{9.13}$$

其中，响应变量 y_{ij} 关于噪声因子 z_j 条件方差定义为

$$\mathrm{Var}\big(y_{ij}\big|z_j\big)=\phi_{ij}V(\mu_{ij}) \tag{9.14}$$

在广义线性模型中，$V(\mu_{ij})$ 是均值 μ_{ij} 的方差函数；ϕ_{ij} 是散度参数。为了推导田口信

噪比与广义线性模型之间的关系，假设 $V(\mu_{ij}) = \mu_{ij}^2$。假设散度参数 ϕ_{ij} 不受噪声因子的影响，即满足

$$\phi_{ij} = \phi_i \qquad (9.15)$$

根据式（9.12）和式（9.14）可知，式（9.15）可以改写为

$$\mathrm{Var}\left(y_{ij}\big|z_j\right) = \phi_i\mu_i^2 \qquad (9.16)$$

由于均值不受噪声因子的影响，因此根据式（9.12）可知：

$$\mathrm{Var}_z\left[E\left(y_{ij}\big|z_j\right)\right] = 0 \qquad (9.17)$$

根据式（9.16）和式（9.17）可知，式（9.13）可以进一步简化为

$$\mathrm{Var}\left(y_{ij}\right) = \phi_i\mu_i^2 \qquad (9.18)$$

根据式（9.18）可得到相对方差，即满足 $\phi_i = \mathrm{Var}\left(y_{ij}\right)\big/E\left(y_{ij}\right)^2$。据此可以将田口信噪比式（9.11）简化为

$$\eta_i = -10\lg\left(\phi_i\right) \qquad (9.19)$$

因此，在假设式（9.12）、式（9.15）和式（9.16）成立的情况下，田口方法中最大化信噪比与广义线性模型框架下最小化散度参数之间是等价的。上述的田口信噪比公式实质上要求同时满足 $E\left(y_{ij}\big|z_j\right) = \mu_i$ 和 $\mathrm{Var}\left(y_{ij}\big|z_j\right) = \phi_i\mu_i^2$。在上述的假设下，最小化响应变量的方差 $\mathrm{Var}\left(y_{ij}\right)$ 就简化为最小化响应变量关于噪声因子的条件方差 $\mathrm{Var}\left(y_{ij}\big|z_j\right)$。

在广义线性模型的框架下，本章假设在式（9.14）中 $\phi_{ij} = \phi_i$ 和 $V(\mu_{ij}) = 1$，则在考虑噪声因子 z_j 的作用下，响应关于噪声因子的条件均值模型为

$$\begin{aligned}\mu_{ij} = E\left(y_{ij}\big|z_j\right) &= \beta_0 + \boldsymbol{x}'\boldsymbol{\beta} + \boldsymbol{x}'\boldsymbol{B}\boldsymbol{x} + \boldsymbol{z}'\boldsymbol{\gamma} + \boldsymbol{x}'\boldsymbol{\Delta}\boldsymbol{z} \\ &= \beta_0 + \boldsymbol{x}'\boldsymbol{\beta} + \boldsymbol{x}'\boldsymbol{B}\boldsymbol{x} + (\boldsymbol{\gamma}' + \boldsymbol{x}'\boldsymbol{\Delta})\boldsymbol{z}\end{aligned} \qquad (9.20)$$

由于噪声因子在产品的生产过程中是随机的，可能会导致输出质量特性产生波动。假设噪声因子的期望为零，即 $E(z_j) = 0$。在上述的假设下，响应的均值模型为

$$E(y_{ij}) = E(\mu_{ij}) = \beta_0 + \boldsymbol{x}'\boldsymbol{\beta} + \boldsymbol{x}'\boldsymbol{B}\boldsymbol{x} \qquad (9.21)$$

根据式（9.13）、式（9.14）和式（9.20），响应的方差模型为

$$\mathrm{Var}(y_{ij}) = \phi + (\boldsymbol{\gamma}' + \boldsymbol{x}'\boldsymbol{\Delta})\mathrm{Var}(z_j)(\boldsymbol{\gamma}' + \boldsymbol{x}'\boldsymbol{\Delta})' \qquad (9.22)$$

根据式（9.22）可知，若能够设置可控因子的水平使得 $\boldsymbol{\gamma}' + \boldsymbol{x}'\boldsymbol{\Delta} = 0$，从而能够尽可能地减小噪声因子对产品/过程输出质量特性的波动。此外，根据式（9.21）可知响应的均值不受噪声因子的影响。根据田口的两步程序法，若最小化式（9.22）的同时，能够通过调节因子实现响应的均值满足设定的目标值，则上述方法能够很好地实现在响应曲面框架下的稳健参数设计。然而，在某些情况下可能无法获得同时满足稳健参数设计的具体目标的可控因子的最佳参数设置。结合上述的推导可知，基于田口方法与响应曲面方法的稳健参数设计均可视为在广义线性模型的框架下实现稳健参数设计的特例。上述两种方法存在差异，但可以相互结合，从而构建一种基于均值和散度的联合广义线性模型（joint generalized linear model，JGLM）。

在给定噪声因子 $\hat{\mathrm{Var}}_z(y) = \mathrm{Var}_z\big[E(y|z)\big] + E_z\big[\phi V(\mu)\big]$ 的条件下，针对响应变量 y_{ij} 考虑一种基于均值和散度的联合广义线性模型。假设均值模型通过联系函数 $g(\mu)$ 可表示为

$$\eta = g(\mu) = \boldsymbol{X}'\boldsymbol{\beta} \tag{9.23}$$

假设散度模型通过联系函数 $f(\phi)$ 可表示为

$$\zeta = f(\phi) = \boldsymbol{Z}'\boldsymbol{\gamma} \tag{9.24}$$

针对均值和散度的联合广义线性模型，如表 9.1 所示上述的联合广义线性模型，不少学者运用扩展的残差极大似然程序，并利用迭代加权最小二乘方法来估计均值和散度模型的参数 $\boldsymbol{\beta}$ 和 $\boldsymbol{\gamma}$。针对式（9.23）和式（9.24），通过联合广义线性模型的内在关系实现均值与散度的联合估计。首先，通过均值模型的估计得到模型的偏差，从而为散度模型的估计提供了响应变量 d^*；其次，通过散度估计得到模型的均值 ϕ，从而为均值模型的估计提供了所需要的先验权重 $1/\phi$。此外，均值和散度的联合估计可以通过 R 软件中的 DGLM 软件包或 Joint Modeling 软件包来实现，具体的使用手册可以在 R 软件网站下载。

表 9.1　联合广义线性模型

属性	均值	散度
响应	y	$d^* = d/(1-h)$
均值	μ	ϕ
方差	$\phi V(\mu)$	$2\phi^2$
联系函数	$g(\mu)$	$f(\phi)$
线性预测器	$\boldsymbol{X}'\boldsymbol{\beta}$	$\boldsymbol{Z}'\boldsymbol{\gamma}$
偏差	d	$2\{-\log(d^*/\phi) + (d^*-\phi)/\phi\}$
先验权重	$1/\phi$	$1-h$

注：表中箭头表示二者互相迭代估计

9.2.2　基于广义线性模型的双响应曲面模型

在广义线性模型的框架下，假设可控因子 x_i 和噪声因子 z_j 的响应变量为 y_{ij}，根据广义线性模型的联系函数与一般响应曲面均值模型之间的联系，可以建立如下的结构关系：

$$g(\mu) = \eta = \beta_0 + \boldsymbol{x}'\boldsymbol{\beta} + \boldsymbol{x}'\boldsymbol{B}\boldsymbol{x} + \boldsymbol{z}'\boldsymbol{\gamma} + \boldsymbol{x}'\boldsymbol{\Delta}\boldsymbol{z} \tag{9.25}$$

根据联系函数 g 与线性预报器 η 之间的关系，通过式（9.25）可以获得过程的均值模型，其具体的表示式为

$$E_z\big[\mu(\eta)\big] = E_z\big[g^{-1}(\beta_0 + \boldsymbol{x}'\boldsymbol{\beta} + \boldsymbol{x}'\boldsymbol{B}\boldsymbol{x} + \boldsymbol{z}'\boldsymbol{\gamma} + \boldsymbol{x}'\boldsymbol{\Delta}\boldsymbol{z})\big] \tag{9.26}$$

其中，η 是包含可控因子与噪声因子主效应，可控因子二次效应，以及可控因子与噪声因子之间交互效应的线性预测器，并简记为 $\eta = w(\boldsymbol{x}, \boldsymbol{z})$。针对式（9.26）运用二阶泰勒公式在 $\eta = \eta_0 = E_z(\eta)$ 处展开，可以进一步简化过程的均值模型为

$$E_z\big[\mu(\eta)\big] \approx \mu(\eta_0) + \frac{1}{2}\mu''(\eta_0)\mathrm{Var}_z(\eta) \tag{9.27}$$

其中：

$$\mu''(\eta_0) = \left[\frac{\partial^2 \mu}{\partial \eta^2} \right]_{\eta = \eta_0}$$

$$\mathrm{Var}_z(\eta) = (\gamma' + x'\varDelta)\mathrm{Var}_z(z)(\gamma' + x'\varDelta)'$$

根据式（9.13）和式（9.14），过程的方差模型为

$$\mathrm{Var}_z(y_{ij}) = \mathrm{Var}_z\left[E(y_{ij}|z_j) \right] + E_z\left[\phi_{ij} V(\mu) \right] \tag{9.28}$$

在式（9.28）中，第一部分能够表示为

$$\mathrm{Var}_z\left[E(y_{ij}|z_j) \right] = \mathrm{Var}_z\left[\mu_{ij}(\eta) \right] \tag{9.29}$$

对 $\mu(\eta)$ 运用二阶泰勒公式在 $\eta = \eta_0 = E_z(\eta)$ 处展开可得

$$\mu(\eta) \approx \mu(\eta_0) + \mu'(\eta_0)(\eta - \eta_0) + \frac{1}{2}\mu''(\eta_0)(\eta - \eta_0)^2 \tag{9.30}$$

对式（9.30）进一步求其方差可得

$$\mathrm{Var}_z\left[\mu(\eta) \right] = E\left[\mu^2(\eta) \right] - E\left[\mu(\eta) \right]^2 \tag{9.31}$$

根据式（9.29）~式（9.31）并结合增量分析方法可得

$$\mathrm{Var}_z\left[\mu(\eta) \right] \approx \left[\frac{\partial \mu}{\partial \eta} \right] \mathrm{Var}_z(\eta)\left[\frac{\partial \mu}{\partial \eta} \right] \tag{9.32}$$

针对散度参数 ϕ，可以根据其是否受噪声因子的影响分为两种情况进行讨论。针对方差函数 $V(\mu)$ 运用二阶泰勒公式在 $\eta = \eta_0 = E_z(\eta)$ 处展开，则有

$$V\left[\mu(\eta) \right] = V\left[\mu(\eta_0) \right] + \frac{\partial V\left[\mu(\eta) \right]}{\partial \eta}\bigg|_{\eta = \eta_0}(\eta - \eta_0) + \frac{1}{2}\frac{\partial^2 V\left[\mu(\eta) \right]}{\partial \eta^2}\bigg|_{\eta = \eta_0}(\eta - \eta_0)^2 \tag{9.33}$$

假设散度参数不受噪声因子的影响，针对 $\phi_i V(\mu)$ 取关于噪声因子 z 的期望：

$$E_z\left[\phi_i V(\mu) \right] \approx \phi_i\left[V\left[\mu(\eta_0) \right] + \frac{1}{2}\frac{\partial^2 V\left[\mu(\eta) \right]}{\partial \eta^2}\bigg|_{\eta = \eta_0} \mathrm{Var}_z(\eta) \right] \tag{9.34}$$

根据式（9.28）、式（9.32）和式（9.34），在广义线性模型的框架下，过程的方差模型为

$$\mathrm{Var}_z(y_{ij}) = \left[\frac{\partial \mu}{\partial \eta} \right]_{\eta = \eta_0}^2 \mathrm{Var}_z(\eta) + \phi_i\left[V\left[\mu(\eta_0) \right] + \frac{1}{2}\frac{\partial^2 V\left[\mu(\eta) \right]}{\partial \eta^2}\bigg|_{\eta = \eta_0} \mathrm{Var}_z(\eta) \right] \tag{9.35}$$

假设散度参数受噪声因子的影响，则过程的方差模型为

$$\mathrm{Var}_z(y_{ij}) \approx \left[\frac{\partial \mu}{\partial \eta} \right]_{\eta = \eta_0}^2 \mathrm{Var}_z(\eta) + E_z\left[\phi_{ij} V(\mu) \right] \tag{9.36}$$

例 9.1： 该试验主要是研究半导体制造过程测试晶片电阻率的参数设计问题。鉴于电阻率通常为一个右偏的厚尾（long right-tailed）分布，因此试验者认为伽马（gamma）分布能够较好地刻画测试晶片电阻率的特征。为了确定电阻率的最优参数设计，试验者选择了一个全因子非重复的 2^4 试验来研究电阻率与其影响因素之间的关系。在测试晶片电阻率的试验中，试验者认为电阻率的大小与四个显著性的影响因素密切相关。这些影响

因素具体为：离子注入剂量（implant dose）x_1，时间 x_2，氧化层的厚度（oxide thickness）x_3，温度 x_4。在上述的试验中，没有考虑具体噪声因子的影响。然而，在实际的工业生产中温度通常是难以控制的，因此在此将温度视为具体的噪声因子，将其记号 x_4 更改为 z。有关电阻率的试验设计及其结果如表 9.2 所示。

表 9.2　电阻率试验

试验次数	可控因子		噪声因子		响应
	剂量（x_1）	时间（x_2）	厚度（x_3）	温度（z）	电阻率（y）
1	−1	−1	−1	−1	193.4
2	1	−1	−1	−1	247.6
3	−1	1	−1	−1	168.2
4	1	1	−1	−1	205
5	−1	−1	−1	1	303.4
6	1	−1	−1	1	339.9
7	−1	1	−1	1	226.3
8	1	1	−1	1	208.3
9	−1	−1	1	−1	220
10	1	−1	1	−1	256.4
11	−1	1	1	−1	165.7
12	1	1	1	−1	203.5
13	−1	−1	1	1	285
14	1	−1	1	1	268
15	−1	1	1	1	169.1
16	1	1	1	1	208.5

针对基于均值和散度的联合广义线性模型，拟运用 R 软件中的 DGLM 软件包（该软件包专门拟合联合广义线性模型，相关的软件包和学习手册可以通过 http://cran.r-project.org/web/packages/dglm/免费下载）来估计均值与散度模型的相关参数。针对上述电阻率试验的结果，本章选择对数联系函数来实现均值和散度的联合估计。根据表 9.2 的试验数据，拟合 2 个不同的联合广义线性模型，其中均值模型 1 为

$$\log \mu = 5.413 + 0.061x_1 - 0.149x_2 - 0.028x_3 + (0.089 - 0.039x_1 - 0.044x_2 - 0.045x_3)z \quad (9.37)$$

在包含相同变量的均值模型下，分别拟合了 2 个包含不同变量的散度模型，即散度模型 1 和散度模型 2。其中散度模型 1 包含截距项和噪声因子项，具体的模型为

$$\log \phi = -6.351 + 0.756z \quad (9.38)$$

散度模型 2 包含截距项、噪声因子项以及可控因子 x_2 与噪声因子 z 的交互作用项，具体的模型为

$$\log \phi = -6.723 + (1.678 + 1.832x_2)z \quad (9.39)$$

需要特别注意的是，当散度模型 1 与散度模型 2 包含不同的项时，所对应的均值模型可能会随之发生变化。在例 9.1 中，均值模型 1 即式（9.37）与散度模型 1 即式（9.38）是相对应的联合广义线性模型。当拟合散度模型 2 时所对应的均值模型 2 为

$$\log \mu = 5.413 + 0.057 x_1 - 0.149 x_2 - 0.039 x_3 + (0.089 - 0.043 x_1 - 0.045 x_2 - 0.035 x_3) z \quad （9.40）$$

　　根据式（9.37）和式（9.40）可知，不同的散度模型所对应的均值模型差异不大。为了比较两个联合广义线性模型的拟合效果，给出两个均值模型的正态概率图，其结果分别如图 9.1 和图 9.2 所示。

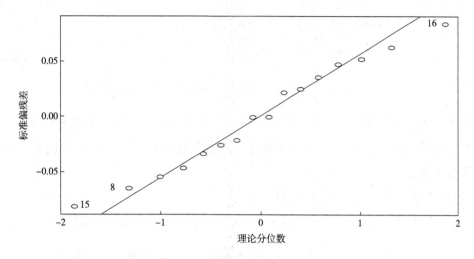

图 9.1　均值模型 1 的正态概率图

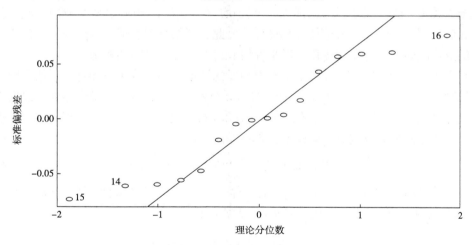

图 9.2　均值模型 2 的正态概率图

　　比较图 9.1 和图 9.2 可知，均值模型 2 的正态概率图中存在更多的离群点，而且偏离参考线更远。图 9.1 还表明均值模型 1 能够更好地拟合试验数据，从而具有更小的均平方误差（mean squared error，MSE），即具有较小的偏残差（deviance residual）。需要特别指出的是，与散度模型 1 比较，散度模型 2 包含了可控因子 x_2 与噪声因子 z 之间的交互作用，从而能够通过可控因子的作用消除噪声因子对散度效应的影响。例如，在式（9.38）中，可以通过选择可控因子 x_2 的合适水平使得散度效应尽可能地小，从而减小整个过程的波动。因此，上述两个不同的联合广义线性模型具有各自不同的特点和作用，能够从不同的侧面反映稳健参数设计的基本思想。然而，考虑到散度模型 1

更为简洁，而且其所对应的均值模型能更好地拟合试验数据，因此在本章中仅考虑在所给定的均值模型 1 与散度模型 1 的情形下进行后续的研究。

针对所给定的均值模型 1 即式（9.36），根据式（9.24）和式（9.26）可以推导基于均值的响应曲面模型：

$$\hat{E}_z(y) \approx e^{\gamma_0}\left[1+\frac{1}{2}(\boldsymbol{\gamma}'+\boldsymbol{x}'\boldsymbol{\varDelta})\mathrm{Var}_z(\boldsymbol{z})(\boldsymbol{\gamma}'+\boldsymbol{x}'\boldsymbol{\varDelta})'\right]$$

$$= e^{(5.413+0.061x_1-0.149x_2-0.028x_3)} \tag{9.41}$$

$$\times\left[1+\frac{1}{2}(0.089-0.039x_1-0.044x_2-0.045x_3)^2\sigma_z^2\right]$$

由于 $\mu(\eta)=e^{\eta}$，因此 $\mu'(\eta)=\mu''(\eta)=e^{\eta}$。在伽马分布中，方差函数为 $V(\mu)=\mu^2$，因此 $V[\mu(\eta)]=[\mu(\eta)]^2=e^{2\eta}$。针对所给定的散度模型 1 即式（9.37），根据式（9.35）可以推导出基于方差的响应曲面模型：

$$\hat{\mathrm{Var}}_z(y)=\mathrm{Var}_z\left[E(y|z)\right]+E_z\left[\phi V(\mu)\right]$$

$$\approx e^{(5.413+0.061x_1-0.149x_2-0.028x_3)}\times(0.089-0.039x_1-0.044x_2-0.045x_3)^2\sigma_z^2 \tag{9.42}$$

$$+ e^{4.475+0.122x_1-0.298x_2-0.056x_3}\times\left[1+\frac{1}{2}(0.854-0.078x_1-0.088x_2-0.09x_3)^2\sigma_z^2\right]$$

根据式（9.41）和式（9.42）可知，基于均值和方差的响应曲面模型没有调节因子，因此无法利用田口的两步法进行优化设计。为此，拟结合混合遗传算法对基于广义线性模型的双响应曲面进行参数优化，以实现均值与方差二者之间的权衡。

在上述的电阻率试验中没有给出噪声因子的波动范围。为了方便计算，假设噪声因子的波动 $\sigma_z=1$。此外，在电阻率试验中通常希望选择可控因子的最优参数值以实现既定的设计目标，在此假设所期望的目标值为 $T=260$。根据最小化均平方误差准则来优化基于广义线性模型的双响应曲面模型，其具体的表达式为

$$\underset{x}{\mathrm{Min\ MSE}}=\left[\hat{E}_z(y)-T\right]^2+\hat{\mathrm{Var}}_z(y) \tag{9.43}$$

在试验区域内（ $x_1,x_2,x_3\in[-1,1]$ ）运用基于遗传算法与模式搜索技术的混合算法对式（9.43）进行参数优化。优化结果如表 9.3 所示。

表 9.3　电阻率试验的参数优化结果

可控因子			T	$\hat{E}_z(y)$	$\hat{\mathrm{Var}}_z(y)$	MSE
x_1	x_2	x_3				
0.374	−1	1	260	259.69	91.05	91.14

9.3　基于广义线性模型的动态响应稳健参数设计

9.3.1　动态响应系统的一般模型

在动态系统中，当人们根据自己的意志对产品发出一个信号，产品便能够产生一个

相应的动态特性值以适应人们的需要。在信号—响应系统中，假设信号因子是系统的输入特性，则动态特性是该系统的输出特性，其具体的关系如图 9.3 所示。

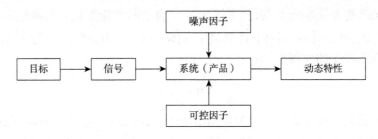

图 9.3　动态系统的示意图

假设动态系统的响应变量是 Y，可控因子是 C，噪声因子是 N，信号因子是 M。对于一个有效的动态响应系统而言，操作者能通过改变信号因子 M 的水平，和调节可控因子 C 的水平灵敏地将系统的响应值调整至所希望的设计目标值。动态系统的期望输出是建立起响应 Y 与信号因子 M 之间理想的函数关系，其一般模型可以假设为

$$Y = f(C, N, M) + \varepsilon \tag{9.44}$$

其中，ε 是随机误差项，通常假设其均值是 0，方差是常数 σ^2。在实际的研究中，$f(C, N, M)$ 可能是信号因子 M 的各种函数关系，包括线性或非线性的函数关系。本书侧重讨论响应 Y 与信号因子 M 之间的关系为线性函数，关于二者之间的非线性函数关系的分析可以参考文献汪建均（2011）。

为了简单起见，在此假定响应 Y 与可控因子 C、噪声因子 N、信号因子 M 之间的函数关系为线性加法模型，其具体的表达式为

$$Y = \alpha(C) + \beta(C)M + \gamma(C, N) + \varepsilon \tag{9.45}$$

假设 $e(C, N, \varepsilon) = \gamma(C, N) + \varepsilon$，则系统的方差为

$$\sigma_e^2(C) = \mathrm{Var}\left[e(C, N, M)\right] = \gamma^2(C)\sigma_N^2 + \sigma_\varepsilon^2 \tag{9.46}$$

在式（9.45）与式（9.46）中，$\alpha(C)$、$\beta(C)$ 及 $\sigma_e^2(C)$ 分别是动态系统响应模型的截距项、斜率项与方差项，它们均是可控因子 C 的函数。在动态系统的稳健参数设计研究中，对于式（9.45）通常希望斜率 $\beta(C)$ 尽可能地大（望大的情形下），以便能够通过改变信号因子 M 的大小来有效地改变系统响应变量 Y 的大小；同时还希望能够调节可控因子 C 的大小尽可能地减少整个系统的过程波动 $\sigma_e^2(C)$。

9.3.2　参数设计优化的性能度量

1. 散度与灵敏度

对于一个动态系统，在评价其性能之前需要选择一个性能度量指标。通过优化所选择的性能度量指标，可以找出达到期望目标的控制因子水平设置。假如信号—响应关系是线性的，则系统可以利用简单的线性回归模型，即式（9.45）来表示。如果信号—响应之间的关系是非线性的，那么应该用非线性曲线的最佳线性逼近的斜率来代替 β。对于一个动态系统，假设利用模型的斜率 β 来度量系统的灵敏度（sensitivity），利用模型

的方差 σ^2 来度量系统的散度。试验者总希望有一个较小的散度，即较小的 σ^2。对于望大的情形，还希望能够有一个高灵敏度（即一个较大的 β 值），从而通过改变信号因子 M 的大小有效地改变系统响应 Y 的值。因此，一个合适的性能度量是选择较小的 σ^2，而 β 希望是较大、较小还是接近目标，还取决于具体的情形。田口曾将 β 与 σ^2 结合起来构建了一个度量动态系统的性能指标：

$$\eta = \ln\left(\frac{\beta^2}{\sigma^2}\right) \tag{9.47}$$

在田口方法将该度量指标 η 称为动态信噪比（dynamic signal-to-noise ratio）。在试验分析中根据试验数据拟合出回归模型，然后估计出动态系统的灵敏度 β 与散度 σ^2，最后对每一个可控因子水平组合根据式（9.47）计算出动态信噪比的结果。

2. 两步优化程序

针对动态系统的参数优化，田口曾提出了两步优化程序：①在动态系统的回归模型中，选择可控因子的水平最大化动态信噪比 η 的大小；②选择调节因子的水平使斜率和截距达到目标值。

在上述田口方法中，调节因子是一个关键的要素。在模型（9.45）中若进一步将可控因子 C 细分为散度因子 x_1 与调节因子 x_2 和 x_3，则动态响应系统的模型可以表示为

$$Y = \alpha(x_1, x_3) + \beta(x_1, x_2)M + \gamma(x_1, N) + \varepsilon(x_1) \tag{9.48}$$

其中，$E(\varepsilon) = 0$，$\mathrm{Var}(\varepsilon) = \sigma_\varepsilon^2$。假设 $e(x_1, N, \varepsilon) = \gamma(x_1, N) + \varepsilon(x_1)$，根据式（9.46）可知动态系统的方差 σ_e^2 仅是关于散度因子 x_1 的函数，即 $\sigma_e^2 = \gamma^2(x_1)\sigma_N^2 + \sigma_\varepsilon^2 = Q(x_1)$。$x_1$ 是影响过程波动 σ_e^2 的散度因子；x_2 是影响斜率大小的调节因子；x_3 是影响截距大小的一个调节因子。假设 α_T 和 β_T 分别为截距 $\alpha(x_1, x_3)$ 和斜率 $\beta(x_1, x_2)$ 的目标值，则田口的两步法可以进一步扩展为：①选择散度因子 x_1^* 以最小化动态系统的方差 $\sigma_e^2 = Q(x_1)$；②选择调节因子 x_2^* 和 x_3^* 使得截距和斜率分别等于其相应的目标值 $\alpha(x_1^*, x_3^*) = \alpha_T$ 和 $\beta(x_1^*, x_2^*) = \beta_T$。

9.3.3　建模与分析策略

在动态系统的稳健参数设计中，存在各种不同的建模与分析策略。在此重点介绍两种不同的建模与分析策略，即性能度量建模（performance measure modeling，PMM）和响应函数建模（response function modeling，RFM）。

1. 性能度量建模

对于任何一个动态系统，首先需要确定评价其性能优劣的度量指标；其次根据试验设计的具体目标利用两步法进行优化。因此，动态系统的性能度量建模过程主要包括两个基本的步骤，具体操作程序如下：

（1）针对试验中可控因子的每一个组合，根据信号因子与噪声因子的各种水平组合所对应的响应值，计算出相应的性能度量值；

（2）建立性能度量值与可控因子之间的函数关系，然后根据所拟合的模型，结合具体的试验目标对模型进行优化，从而确定可控因子的最优参数值。

动态响应系统的性能度量建模方法类似于一般响应系统的位置—散度建模方法。二者之间的差异在于，前者是关于灵敏度（即模型斜率估计值 $\hat{\beta}$）和散度（即样本方差的对数值 $\ln S^2$ 或动态信噪比 $\hat{\eta}$）的建模，而后者是关于位置（即样本均值 $\bar{y}$）和散度（即样本方差的对数值 $\ln S^2$ 或信噪比 $\hat{\eta}$）的建模。

2. 响应函数建模

在动态系统的稳健参数设计中，操作者总希望能够通过改变信号因子的大小灵敏地改变系统响应的大小，从而实现试验者所期望的设计目标。对于一个动态系统，试验者需要首先建立其信号因子与系统响应之间的函数关系，其次在此基础上根据设计目标来优化所选择的性能度量指标，从而找出可控因子的最优水平设置。假设信号因子与系统响应之间是线性关系，则动态系统的响应函数建模方法可以通过以下的两个步骤来实现，具体的操作程序如下：

（1）对试验中可控因子与噪声因子的每一个水平组合，拟合系统响应值与信号因子之间的回归模型，然后根据所拟合的模型计算出第 i 个水平组合下截距 $\hat{\alpha}_i$、斜率 $\hat{\beta}_i$ 与方差 $\hat{S}_i$。

（2）分别建立截距 $\hat{\alpha}_i$、斜率 $\hat{\beta}_i$ 和方差 $\hat{S}_i$ 关于可控因子和噪声因子之间的回归模型，然后根据所拟合的这些模型评估所选择的性能度量，并确定可控因子的最优水平设置。

9.3.4　基于 JGLM 与 RM 的动态稳健参数设计

1. 模型构建的基本理论

在借鉴动态稳健参数设计的一般模型、参数优化设计的性能度量及建模与分析策略的基础上，构建基于均值与方差的联合广义线性模型与响应模型的动态稳健参数设计模型。为了研究方便，根据动态稳健参数设计的一般问题，假设系统响应 Y 与信号因子 M 之间的线性数学模型如下：

$$Y_{ijkl} = \left[\alpha(C_i) + \alpha(C_i, N_j)\right] + \left[\beta(C_i) + \beta(C_i, N_j)\right] f(M_k) + \varepsilon_{ijkl} \qquad (9.49)$$

其中，Y_{ijkl} 代表第 i 个可控因子、第 j 个噪声因子及第 k 个信号因子的第 l 次重复试验所对应的响应观测值；$C_i(i=1,2,\cdots,I)$ 代表第 i 个可控因子；$N_j(j=1,2,\cdots,J)$ 代表第 j 个噪声因子；$f(M_k)(k=1,2,\cdots,K)$ 代表第 k 个信号因子 M_k 的函数；$\alpha(C_i)$ 和 $\beta(C_i)$ 是可控因子 C_i 的函数；$\alpha(C_i, N_j)$ 和 $\beta(C_i, N_j)$ 代表可控因子 C_i 与具体噪声因子 N_j 之间的交互作用或者是具体噪声因子 N_j 与可控因子 C_i 之间的函数关系。为了更方便引入广义线性模型，将式（9.49）中随机误差项 ε_{ijkl} 所满足的分布函数从一般正态分布函数扩展到指数型分布函数的情形，因此假定随机误差项 ε 的均值和方差分别满足以下的关系：

$$\begin{aligned} E\left(\varepsilon_{ijkl}\right) &= 0 \\ \mathrm{Var}\left(\varepsilon_{ijkl}\right) &= \delta^2\left(C_i, N_j, M_k\right) = \delta_{ijk}^2 \end{aligned} \qquad (9.50)$$

在式（9.49）中，由于噪声因子 N_j 的随机性通常认为函数 $\alpha\left(C_i, N_j\right)$ 和 $\beta\left(C_i, N_j\right)$ 是导致产品质量产生波动的主要根源。假定 $E\left(C_i, N_j\right) = \left[\alpha\left(C_i, N_j\right), \beta\left(C_i, N_j\right)\right]'$ 满足为独立

的正态分布 $N\left[0, \delta_E^2\left(C_i\right)\right]$，其中

$$\delta_E^2\left(C_i\right) = \mathrm{Var}_N\left[E\left(C_i, N_j\right)\right] \tag{9.51}$$

假定模型的随机误差项 ε 和具体噪声因子与可控因子的交互作用所构成的函数 E 之间是相互独立的关系。由式（9.50）和式（9.51）可知，$\delta_\varepsilon^2[C, f(M)]$ 代表由潜在噪声因子所引起的波动，$\delta_E^2(C)$ 代表由具体噪声因子 N 所引起的波动。根据噪声因子引起波动的来源不同将整个过程的波动分解为两个相互独立的波动源，有助于帮助试验者更加清晰地理解和分析噪声因子是如何影响整个过程的波动的（汪建均，2011）。在给定可控因子 C 和信号因子 M 的条件下，响应 Y 的条件均值 $E(Y)$ 和条件方差 $\mathrm{Var}(Y)$ 分别表示为

$$E(Y) = \mu(C, M) = \alpha(C) + \beta(C)f(M) \tag{9.52}$$

$$\begin{aligned} \mathrm{Var}(Y) &= \mathrm{Var}\left[E(C, N)' f_1(M)\right] + \mathrm{Var}(\varepsilon) \\ &= f_1'(M)\delta_E^2(C)f_1(M) + \delta_\varepsilon^2[C, f(M)] \end{aligned} \tag{9.53}$$

其中，$f_1(M) = [1, f(M)]'$。从式（9.53）可以看出响应 Y 的方差函数 $\mathrm{Var}(Y)$ 为信号因子 M 的函数，假定信号因子 M 在 $[M_L, M_H]$ 满足均匀分布，因此可以对 M 取积分得到响应 Y 关于可控因子 C 的方差 $\delta_Y^2(C)$，其具体的表达式为

$$\delta_Y^2(C) = \int_{M_L}^{M_H}\left\{f_1'(M)\delta_E^2(C)f_1(M) + \delta_\varepsilon^2[C, f(M)]\right\}\mathrm{d}M \tag{9.54}$$

其中，M_L 和 M_H 分别代表信号因子 M 的最小值和最大值。为了说明方便，在此将可控因子 C 分解为 C_1、C_2 和 C_3 三个部分，其中 C_1 代表在 $\delta_\varepsilon^2[C, f(M)]$ 中潜在噪声因子 ε 与可控因子之间存在交互作用的散度因子；C_2 代表在 $\delta_E^2(C)$ 中具体噪声因子与可控因子之间存在交互作用的位置因子（除 C_1 外）；C_3 代表在上述均值模型（9.52）中可以根据需要调节截距和斜率到具体目标值的调节因子（除 C_1, C_2 外）。假定动态响应系统的理想目标值为 $T(M)$。假设动态系统响应模型的平均损失为 $L(C_1, C_2, C_3)$。根据二次损失函数理论则有

$$L(C_1, C_2, C_3) = E_M\left[\mathrm{Var}(Y)\right] + E_M\left\{\left[\mu(C_1, C_2, C_3, M) - T(M)\right]^2\right\} \tag{9.55}$$

其中，$\mu(C_1, C_2, C_3, M)$ 表示由散度因子 C_1、位置因子 C_2、调节因子 C_3 及信号因子 M 所构成的均值函数。基于上述动态稳健参数设计的基本思想，根据最优化理论建立可控因子最优水平决策的数学模型，其具体的表达式如下：

$$\mathrm{s.t}\begin{cases} \min L(C_1, C_2, C_3) \\ \mu(C_1, C_2, C_3) = T(M) \end{cases} \tag{9.56}$$

2. 模型方法与实施步骤

根据上述模型构建的基本理论，提出了基于联合广义线性模型与响应模型的动态稳健参数设计方法，具体的操作流程如图 9.4 所示。

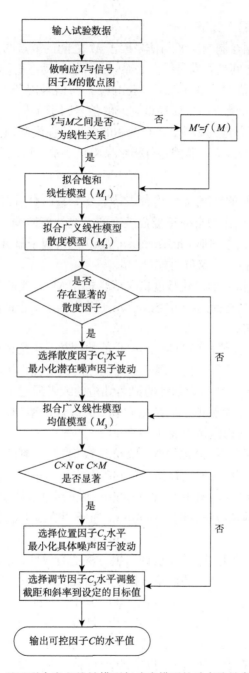

图 9.4　基于联合广义线性模型与响应模型的动态稳健参数设计

　　根据上述的流程图，首先分别拟合基于广义线性模型的均值与散度模型；其次选择散度因子 C_1 与位置因子 C_2 的水平最小化潜在噪声因子和具体噪声因子所引起的波动；最后选择调节因子 C_3 的水平调整模型的截距与斜率到设定的目标值。针对一般的动态稳健参数设计问题，先构建基于联合广义线性模型的均值与散度模型，然后在此基础上结合响应模型的分析策略，选择可控因子的水平实现整个动态系统的稳健参数设计，具体的实施步骤（汪建均，2011）如下所示。

（1）根据试验数据绘制响应 Y 与信号因子 M 之间的散点图，然后根据散点图判断响应 Y 与信号因子 M 之间是否满足线性关系。在一般的动态稳健参数设计中，最理想的线性关系是上述 $f(M)$ 满足 $f(M) = M$。若响应 Y 与信号因子 M 之间的线性关系不成立，则可以通过非线性函数 $f(M)$ 转换得到新的信号因子 M'。

（2）为了消除位置效应的影响，拟合饱和的广义线性模型 M_1，然后根据残差分析来判断上述的模型设定是否成立。若残差分析结果满足要求，可以得到广义线性模型 M_1 的标准残差 d_{ijk}^*。

（3）将（2）所得到的标准残差 d_{ijk}^* 作为因变量，将所有可控因子、信号因子、噪声因子及它们之间的交互项作为自变量拟合散度广义线性模型 M_2，然后根据估计参数的显著性检验或者通过半正态图形（half-normal plot）进行因子显著性识别，最后针对显著性因子重新拟合以简化散度广义线性模型 M_2。

（4）根据（3）所得到的简化散度广义线性模型 M_2，判断是否存在显著性的散度因子。若存在散度因子则选择这些可控因子 C_1（散度因子）合适的水平值以消除潜在噪声因子对过程波动的影响。

（5）取简化散度广义线性模型 M_2 的拟合值的倒数作为均值广义线性模型中的先验权重，对可控因子、噪声因子、信号因子及它们之间的交互作用项关于响应 Y 拟合均值广义线性模型 M_3。然后根据参数估计的显著性检验或者通过半正态图形进行因子显著性识别，针对显著性因子重新拟合以简化均值广义线性模型 M_3。最后，根据残差分析来判断整个过程中模型的设定是否成立。

（6）根据（5）所得到的简化均值广义线性模型 M_3，判断是否存在可控因子与噪声因子、信号因子与噪声因子的交互作用项。若存在显著的位置因子则选择这些可控因子 C_2（位置因子）的合适水平值以消除具体噪声因子对过程波动的影响。

（7）根据动态稳健参数设计的具体要求，选择调节因子 C_3 使得模型的截距和斜率满足设定的目标值。

例 9.2：推挽式电缆驱动器。为了验证所提方法的有效性，本章以推挽式电缆驱动器（push-pull cable actuator）系统的试验数据进行相关的应用研究。该系统是一种灵活的电缆组件，其中一个例子是汽车远距离的反射调节器，它能够通过复杂的电缆绕线来传递机械的能量。信号因子是输入端的位移，响应是输出端的位移。当输入端的位移为零时一般希望输出端的位移也为零，因此输入与输出之间理想的关系应是一种截距为零的线性关系。试验目的是在最小化过程的波动同时保持截距为零、斜率与某个固定目标值呈线性关系的条件下确定可控因子的最优水平。该试验涉及从 A 到 K 共 11 个潜在的可控因子，其具体的名称如表 9.4 所示。除了因子 I（电缆类型）外，其他因子均为定量因子。每个可控因子为两水平，采用标准的正交试验 OA12 对可控因子进行了 12 轮试验，具体的试验设计表如表 9.5 所示。在上述正交试验设计 OA12 中，任何两个可控因子（任何两列）所构成的交互效应可能会与其他两个可控因子（其他两列）所构成的交互效应形成部分混杂，因此在试验设计中仅主效应可能相对容易估计。对于 12 轮试验中的每一轮试验，考虑两水平的噪声因子 N 及三水平信号因子 M 的所有组合分别重复进行三次试验，因此共获得了 $216\,(12\times3\times3\times2)$ 个响应观测值。有关该试验所考虑的信号因子、噪声因子及试验设计所获得的原始数据结果见表 9.6。

表 9.4　推挽式电缆驱动器的控制因子

代码	可控因子
A	班轮材料模量（liner material modulus）
B	编织丝直径（braid wire diameter）
C	班轮壁厚（liner wall thickness）
D	编织丝密度（braid density）
E	涂层材料模量（coating material modulus）
F	电缆厚度（cable thickness）
G	电缆直径（cable diameter）
H	电缆材料组件（cable material modulus）
I	电缆类型（cable type）
J	编织丝模量（braid wire modulus）
K	班轮内径（liner inner diameter）

表 9.5　推挽式电缆驱动器可控因子的设计表

试验次数	可控因子										
	A	B	C	D	E	F	G	H	I	J	K
1	−1	−1	−1	−1	−1	−1	−1	−1	−1	−1	−1
2	−1	−1	−1	−1	−1	1	1	1	1	1	1
3	−1	−1	1	1	1	−1	−1	−1	1	1	1
4	−1	1	−1	1	1	−1	1	1	−1	−1	1
5	−1	1	1	−1	1	1	−1	1	−1	1	−1
6	−1	1	1	1	−1	1	1	−1	1	−1	−1
7	1	−1	1	1	−1	1	−1	1	1	−1	−1
8	1	−1	1	−1	1	1	1	−1	−1	1	1
9	1	−1	−1	1	1	−1	1	1	1	−1	1
10	1	1	1	−1	−1	−1	1	1	−1	1	−1
11	1	1	−1	1	−1	1	−1	−1	1	1	1
12	1	1	−1	−1	1	−1	1	−1	1	−1	−1

表 9.6　推挽式电缆驱动器的试验结果

试验次数	噪声水平	信号因子								
		$M=8$			$M=16$			$M=24$		
1	N_-	4.97	5.19	5.41	10.05	10.49	10.94	13.28	13.95	14.62
	N_+	4.69	4.90	5.11	9.48	9.90	10.32	12.53	13.6	13.79
2	N_-	4.00	4.27	4.54	7.20	7.74	8.27	8.56	9.37	10.18
	N_+	3.84	4.10	4.35	6.90	7.42	7.93	8.21	8.98	9.76
3	N_-	4.46	4.65	4.84	9.04	9.41	9.79	11.78	12.35	12.91
	N_+	4.40	4.48	4.66	8.70	9.06	9.42	11.34	11.89	12.43

试验次数	噪声水平	信号因子								
		$M=8$			$M=16$			$M=24$		
4	N_-	5.00	5.14	5.28	9.59	9.86	10.14	13.66	14.07	14.48
	N_+	4.89	5.03	5.16	9.38	9.65	9.92	13.36	13.76	14.17
5	N_-	6.00	6.27	6.54	12.10	12.64	13.18	18.20	19.01	19.82
	N_+	5.75	6.01	6.27	11.60	12.12	12.64	17.45	18.23	19.00
6	N_-	3.86	4.00	4.14	7.70	7.98	8.26	10.50	10.92	11.33
	N_+	3.72	3.85	3.99	7.42	7.68	7.95	10.11	10.51	10.91
7	N_-	4.04	4.23	4.42	7.29	7.66	8.03	8.72	9.28	9.84
	N_+	3.96	4.14	4.32	7.13	7.49	7.86	8.53	9.08	9.62
8	N_-	3.39	4.61	3.83	6.36	6.80	7.25	6.96	7.63	8.29
	N_+	3.20	3.41	3.62	6.00	6.42	6.84	6.57	7.20	7.83
9	N_-	6.13	6.27	6.41	11.98	12.25	12.53	16.53	16.94	17.36
	N_+	6.00	6.13	6.27	11.72	11.99	12.26	16.17	16.58	16.98
10	N_-	6.54	6.76	6.98	13.18	13.62	14.06	19.82	20.48	21.14
	N_+	6.27	6.48	6.69	12.64	13.06	13.48	19.00	19.64	20.27
11	N_-	4.89	5.08	5.27	10.28	10.65	11.03	15.15	15.71	16.27
	N_+	4.71	4.89	5.07	9.90	10.26	10.62	14.58	15.12	15.66
12	N_-	3.28	3.55	3.82	6.53	7.07	7.61	8.73	9.54	10.36
	N_+	3.09	3.35	3.60	6.16	6.67	7.19	8.23	8.23	9.77

　　根据联合广义线性模型与响应模型的动态稳健参数设计方法，首先考察响应 Y 与信号因子 M 之间是否满足线性关系。为此，绘制了响应 Y 与信号因子 M 之间的散点图，其结果如图 9.5 所示。

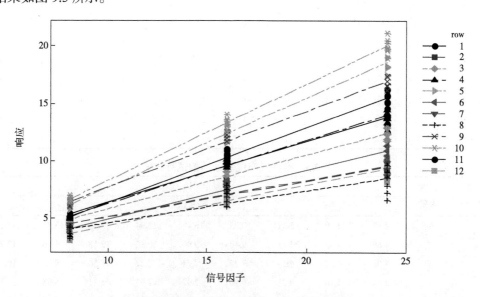

图 9.5　响应 Y 与信号因子 M 之间的散点图

　　根据响应 Y 与信号因子 M 所构成的散点图 9.5 可知：响应 Y 与信号因子 M 之间存在非常理想的线性关系。根据所提出方法的实施步骤，为了消除位置效应的影响，首先假设模型的残差服从正态分布；其次在此条件下拟合了一个包含 144 个参数的饱和线性模型 M_1。为了验证模型残差的正态假设是否成立，根据模型 M_1 的残差分别绘制了相应的残差序列图 9.6 和残差正态概率图 9.7。根据图 9.6 分析可知残差序列均匀随机地分布在零的两侧。根据图 9.7 可知残差序列非常显著地通过了正态性检验，因此残差序列满足正态分布的假设是成立的。

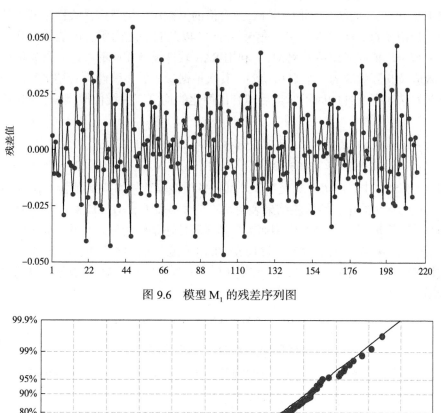

图 9.6　模型 M_1 的残差序列图

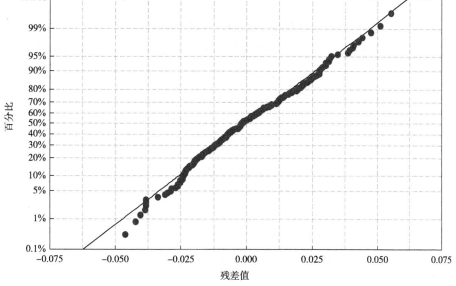

图 9.7　模型 M_1 残差序列的正态性检验图

将模型 M_1 所得到的标准残差 d_{ijk}^* 作为因变量,选择可控因子 C 、信号因子 M 、具体的噪声因子 N 及它们之间的交互作用项为自变量,通过对数联系函数拟合伽马分布类型的散度广义线性模型 M_2 。利用正态分布拟合散度模型进行验证性分析,结果发现在正态分布条件下无法识别出相应的显著性因子。根据 SAS 程序进行参数的显著性检验,并选择显著性的因子重新拟合模型,得到更为简洁的散度广义线性模型 M_2 ,其具体表达式为

$$\hat{\sigma}_\varepsilon^2 = \exp\left(-4.048\,7 - 0.435\,8D + 0.208\,8J + 0.131\,7M\right) \tag{9.57}$$

根据式(9.57)的结果,将模型 M_2 拟合值的倒数作为均值广义线性模型中的先验权重,对可控因子 C 、噪声因子 N 、信号因子 M 以及它们之间所有可能的交互作用项关于响应 Y 拟合均值广义线性模型 M_3 。利用 SAS 软件设计相应的程序,首先拟合出包含所有主效应及交互效应的一个饱和模型,其次根据参数的显著性检验结果并结合模型的残差分析筛选出显著性的因子,最后拟合出简化的均值广义线性模型 M_3 ,其具体表达式为

$$\hat{Y} = \left(0.599\,2 - 0.453\,4B + 0.367\,8G\right) + \left(0.536\,1 + 0.077\,4B - 0.139\,5G \right. \\ \left. + 0.065\,4H - 0.030\,2J\right)M - 0.011\,6M \times N + 0.039\,1D \times N \tag{9.58}$$

在式(9.58)中,除 $D \times N$ 交互项外其他各项检验结果均特别显著($p < 0.000\,1$)。尽管交互项 $D \times N$ 的显著性检验结果表明其不是很显著($p = 0.112\,8$),但相对其他可控因子与具体噪声因子 N 的交互作用而言,其显著性还是较明显。此外,为了方便说明具体噪声因子与潜在噪声因子对整个过程波动的不同影响,将交互项 $D \times N$ 也纳入到均值广义线性模型之中。根据式(9.53)和式(9.54)对信号因子 M 取积分,得到响应 Y 关于可控因子 C 的方差:

$$\hat{\sigma}_Y^2(C) = \int_8^{24} \left\{ \left(-0.011\,6M + 0.039\,1D\right)^2 \cdot \delta_N^2 + \exp\left(-4.048\,7 \right.\right. \\ \left.\left. -0.435\,8D + 0.208\,8J + 0.131\,7M\right)\right\} \mathrm{d}M \tag{9.59}$$

其中, δ_N^2 表示噪声因子 N 的方差,在此假设 $\delta_N^2 = 1$ 。对式(9.59)进一步简化计算可得

$$\begin{aligned} \hat{\sigma}_Y^2(C) &= \hat{\sigma}_E^2(C_2) + \hat{\sigma}_\varepsilon^2(C_1, C_2) \\ &= \left(0.597\,1 - 0.232\,2D + 0.024D^2\right) \\ &\quad + 2.744\,8 \times \exp\left(-0.435\,8D + 0.208\,8J\right) \end{aligned} \tag{9.60}$$

从式(9.60)第一部分 $\hat{\sigma}_E^2(C_2)$ 表达式可知,欲使由具体噪声所引起的波动尽可能减少要求 $D = 1$;从第二部分 $\hat{\sigma}_\varepsilon^2(C_1, C_2)$ 表达式可知,欲使由潜在噪声所引起的波动尽可能减少要求 $J = -1$ 。要求截距为零时使得斜率能取得最大值,则根据式(9.59)各调节因子的取值为 $B = 1, G = -0.396\,4, H = 1, J = -1$ 。通过调节因子 $C_3 = (B, G, H, J)$ 的作用将使得斜率能够取得最大值,其结果为 0.764。根据上述的实例分析可知,所得结果能够有效地识别出具体噪声因子与潜在噪声因子对整个过程波动的不同影响,从而更为清晰地区分不同波动源对整个过程的不同影响和作用。

稳健参数设计是质量改进的重要方法之一,其被成功地应用于各行各业中。本章从

静态响应和动态响应，采用广义线性模型对两类不同响应下的稳健参数设计问题进行了分析。从案例分析结果可知，基于广义线性模型的稳健参数设计方法可为非正态下的质量改进问题提供一条有效的解决途径。

思考与练习

1. 简述稳健参数设计的基本原理。
2. 简述广义线性模型的基本原理。
3. 说明采用广义线性模型解决稳健参数设计的必要性。
4. 简述广义线性模型与一般线性模型的本质区别。
5. 简述静态响应与动态响应的区别。
6. 简述在实现静态和动态响应的稳健参数设计问题中，两种建模方法的联系和区别。

第 10 章

过程能力分析

在对过程的分析与控制中，过程能力分析是进行过程监控的前提和基础。过程能力指数是判断过程是否满足规格要求的一种度量方法，即度量过程能力满足产品规格要求程度的数量值。通过过程能力分析，可以发现过程中存在的问题，从而进一步明确质量改进的方向。

本章将主要介绍过程能力分析的基本概念；常用的过程能力指数；过程绩效指数；多元质量特性的过程能力指数；等等。

■ 10.1 过程能力分析的基本概念

10.1.1 产生质量问题的两种波动

在 2.1 节图 2.1 中，我们已经知道：在任何过程中，那些不可识别或不可控制的因素被称为过程的随机因素或偶然因素。在随机因素干扰下过程输出的波动，称为随机波动。由于随机波动变化的幅度较小，在工程上是可以接受的。即使这种随机波动较小，我们也不希望它存在，因为它毕竟会对最终产品的质量产生一定的影响，但是由于不能从根本上消除它，就不得不承认它存在的合理性，也就是说，随机因素存在于任何过程中，是一种正常现象。从这种意义上讲，我们也称随机因素为固有因素或通常因素。由此，我们称仅有随机因素影响的过程为正常的或者稳定的过程，此时过程所处的状态称为受控状态或统计过程控制状态（statistical process control），正常的过程正是在这种状态下运行的。一旦这种状态遭到破坏，则称过程处于失控状态，此时就需要检查并查找失控的原因，使之恢复到受控状态，并维持过程的正常运行。

一个不可回避的问题是如何判断过程是否处于受控状态。不难想到，过程的输出结果是过程是否处于受控状态的最有力的证据。由于过程受到随机因素的影响，其输出结果具有一定的偶然性，因此仅通过对过程输出的个别观测结果似乎难以揭示过程当前的运行状态。值得庆幸的是在随机因素影响过程的同时，还存在着另外一类相对稳定的因素作用于过程，制约着过程的输出结果。例如，尽管原材料的微观结构具有微小的差异，但所选用的原材料总是具有一定的规格要求；操作人员的水平虽然具有差异，但客观上讲，操作者具有一定的技能；制造设备具有一定的差异，但所使用的机器设备也是具有一定精度要求的；等等。这些因素都是制造过程中相对稳定的因素，我们称为制约过程输出结果的系统因素或者控制因素。正是系统因素的作用，使得过程输出结果的偶然性呈现出一种必然的内在规律性。通过过程输出结果的规律性，可以探测当前过程是否处于控制状态，即系统因素是否发生变异。一旦系统因素发生变异，则过程输出结果原有的规律将遭到破坏，从而判定过程失控或过程异常。

10.1.2　过程能力

在实际制造过程中，如果过程处于受控状态，则过程输出的质量特性 Y 通常服从正态分布，即 $X \sim N(\mu, \sigma^2)$，如图 1.5 所示。人们总希望制造过程的输出质量特性 Y 最大限度地落在设计目标值 T 的周围。当以 μ 为中心的区间越大时，自然落入该区间内的点数越多。考察以标准差 σ 为单位构造的三个典型区间：$[\mu - \sigma, \mu + \sigma]$，$[\mu - 2\sigma, \mu + 2\sigma]$，$[\mu - 3\sigma, \mu + 3\sigma]$。由于 Y 服从正态分布，很容易计算出制造过程输出的质量特性 Y 分别落入上述 3 个区间的频率（或概率）为

$$p(\mu - \sigma \leqslant Y \leqslant \mu + \sigma) = 68.26\%$$
$$p(\mu - 2\sigma \leqslant Y \leqslant \mu + 2\sigma) = 95.45\%$$
$$p(\mu - 3\sigma \leqslant Y \leqslant \mu + 3\sigma) = 99.73\%$$

也就是说，当随机抽查制造过程输出的 100 个结果时，在概率的意义下，有 68.26 个落入以 μ 为中心 σ 为半径的区间内；对于相同的中心 μ，若半径为 2σ，则落入该区间内的点数为 95.45 个；若半径长度增至 3σ，则落入区间 $[\mu - 3\sigma, \mu + 3\sigma]$ 内的点数为 99.73 个，仅有 0.27 个落在 $\pm 3\sigma$ 区间之外。若随机测量制造过程生产的 1 000 个工件，只有 2.7 个工件的质量特性 Y 值落在区间 $[\mu - 3\sigma, \mu + 3\sigma]$ 之外。工程上，习惯地把该区间长度 6σ 定义为过程能力。

过程能力 $PC = 6\sigma$，它刻画了生产过程的自然输出能力，σ 值越小，过程能力越强；过程能力与设计目标值 T 无关。从上述讨论中可知，当 σ 值越小时，过程的输出特性值越稳定的分布在设计目标值附近，即当 σ 充分小时，区间 $[\mu - 3\sigma, \mu + 3\sigma]$ 也足够小，此时 99.7% 的样本点都聚集在设计目标值 T 附近，这正是我们所期望的。

10.1.3　过程能力分析的意义、目的和作用

自 20 世纪 80 年代以来，用于分析和评价过程能力的各种统计技术已广泛应用于制造过程。尽管过程能力分析并没有严格的定义，但已经形成这样的共识：过程能力分析的目标就是确定过程输出是否满足工程和顾客需求的要求。此外，亦被广泛接受的是：当过程处于统计控制状态时，对其过程性能进行评价才有意义，换言之，过程输出具有稳定的、可预测的分布，是进行过程能力分析的前提条件。

通过过程能力分析，可达到以下目的：

（1）预测过程质量特性值的波动对公差的符合程度。常用的过程能力指数是无量纲的，可以用其评价和选择合适的供应商，或者对本组织内各个环节的质量水平进行评价、比较。

（2）帮助产品开发和过程开发者选择和设计产品/过程。例如，当市场营销人员发现顾客所要求的规范较为宽松时，可以大幅度提高产品/服务的产品合格率，这就使得营销人员考虑制订最优的销售策略。

（3）可以预计产品/服务的产品合格率，从而调整发料与交货期，以便用最经济的成本去满足客户的需求。

（4）在批量生产之前，需要得到生产过程的过程能力指数，以检验生产过程的过程能力是否达到了要求，从而避免生产出大批的废品，给组织带来损失。

（5）为工艺规划制订提供依据，并对新设备的采购提出要求。

（6）通过过程能力分析，可以找出影响过程质量的瓶颈因素，减少制造过程的波动，从而进一步明确质量改进的方向。

10.2   常用过程能力指数

10.2.1   第一代过程能力指数 C_p

过程的输出终归是要满足设计要求的，运行一个不满足设计要求的生产过程是没有实际意义的。为了把过程的自然输出能力与设计的公差范围进行比较，著名质量管理专家朱兰博士于 1974 年引入能力比的概念，即第一代过程能力指数 C_p。

假设过程输出的质量特性 Y 服从正态分布 $Y \sim N(\mu, \sigma^2)$，其中参数 μ，σ 分别是 Y 的均值和标准差。当过程处于统计控制状态时，定义过程能力指数 C_p 为

$$C_p = \frac{公差}{过程能力} = \frac{USL - LSL}{6\sigma} = \frac{2d}{6\sigma} \tag{10.1}$$

其中，USL、LSL 分别是质量特性 Y 的公差上限和公差下限；$2d = USL - LSL$ 表示公差范围的区间长度。

当设计目标值 T 位于公差上、下限之间，并且 $\mu = T$ 时，若 $C_p < 1$，会出现超过 0.27% 的不合格产品，通常这样的过程是不能开工的，需要对过程进行调整或设计，使过程波动 σ 减小；若 $C_p = 1$，此时开工生产恰有 0.27% 的不合格产品，是否能够开工生产需要根据具体情况而定；若 $C_p = 1.33$，此时开工生产，则不合格产品率仅为 0.006 4%。在工业界，通常采用的标准是 $C_p > 1$，在这种情况下，制造产品的不合格品数将会大大减少。

当 $\mu = T$ 时，根据 C_p 值的大小，很容易计算出生产过程中出现的不合格品数。表 10.1 计算了制造百万个零件中不合格品数随着 C_p 的增大而迅速减少的情况。

表 10.1　C_p 与相应的不合格品数

C_p	百万个零件不合格品数（双边）
0.50	133 614.000 0
0.75	24 400.000 0
1.00	2 700.000 0
1.10	967.000 0
1.20	318.000 0
1.30	96.000 0
1.40	26.000 0
1.50	6.800 0
1.60	1.600 0
1.70	0.340 0
1.80	0.060 0
2.00	0.001 8

　　表 10.1 所反映的趋势是很诱人的，当 $C_p = 2$ 时，生产每百万个产品中仅有 0.001 8 个不合格品。在这种情况下，几乎没有不合格品出现，即接近零缺陷，这将大大降低质量损失，提高产品质量。

　　上述讨论的前提条件是基于过程输出的均值落在设计目标值上，即 $\mu = T$。在实际生产中，二者之间往往存在某种程度的偏离，因此，C_p 指数的最大缺陷就是该指数并没有反映过程输出均值 μ 与设计目标值 T 之间的偏差，这就造成尽管 C_p 值较大，但并不能保证产品合格率。C_p 指数只是反映了过程的潜在能力，因此，也有人称 C_p 指数为潜在的过程能力指数。

10.2.2　第二代过程能力指数 C_{pk} 和 C_{pm}

　　在介绍过程能力指数 C_{pk} 指数之前，我们首先介绍单侧过程能力指数。

　　有些产品，如轴类零件的圆度、平行度等公差只给出上限要求，而没有下限要求，自然希望质量特性值越小越好。在这种情况下，过程能力指数可定义为

$$C_{pu} = \frac{USL - \mu}{3\sigma} \qquad (10.2)$$

其中，USL 是公差上限；μ 是过程输出均值；σ 是过程输出的标准差。

　　类似地，如机械产品的强度、寿命、可靠性等指标常常要求不低于某个下限，并且希望越大越好，这时，过程能力指数可定义为

$$C_{pl} = \frac{\mu - LSL}{3\sigma} \qquad (10.3)$$

其中，LSL 是公差下限；μ 是过程输出均值；σ 是过程输出的标准差。

　　在实际生产中，由于过程输出中心 μ 往往与设计目标值 T 不重合，会有一定的偏差。在这种情况下，为了度量制造过程满足设计要求的能力，便产生了第二代过程能力 C_{pk} 和 C_{pm}。其中：

$$C_{pk} = \min\{C_{pu}, C_{pl}\} = \min\left\{\frac{USL - \mu}{3\sigma}, \frac{\mu - LSL}{3\sigma}\right\} \tag{10.4}$$

若记 $\varepsilon = |\mu - T|$，其中 $T = (USL + LSL)/2$，则称 ε 是绝对偏移量，$k = \dfrac{2\varepsilon}{USL - LSL}$ 是相对偏移量。这时：

$$C_{pk} = (1 - k)C_p = \frac{USL - LSL - 2\varepsilon}{6\sigma} \tag{10.5}$$

当 μ 与设计目标值 T 重合时，则 $C_p = C_{pk}$，因此 C_{pk} 指数可以看作 C_p 指数的推广。在 μ 与 T 有偏离的情况下，C_p 指数已不能用来作为过程满足设计要求能力的度量，而 C_{pk} 指数却能做到这一点。当过程输出均值 μ 位于公差上、下限之间时，C_{pk} 值越大，不合格品率越低；当 C_p 指数值一定时，C_{pk} 指数值将随着过程输出中心 μ 与设计目标值 T 偏离的减小而增大。

表 10.2 给出了在各种 C_p 值，以及过程输出中心 μ 与目标值 T 不同偏离情况下，生产每百万个产品时，可能出现的不合格品数。表 10.2 还告诉我们，要降低制造过程的不合格品率，仅仅减小波动是不够的，同时，还必须调整过程，使过程输出中心最大限度地接近设计目标值。

表 10.2　在各种 C_p 值及不同的 K 值下，每百万个产品中可能出现的不合格品数

C_p	C_p 与 C_{pk} 的偏差 K 值				
	0.00	0.10	0.20	0.30	0.40
0.50	133 614	151 000	201 935	282 451	385 556
0.80	16 397	21 331	37 280	67 291	115 229
1.00	2 700	3 950	8 356	17 913	35 944
1.10	967	1 509	2.274	8 211	17 868
1.20	318	532	842	3 470	8 198
1.30	96	172	487	1 351	3 467
1.40	26	51	160	474	1 350
1.50	7	14	48	159	483
1.60	2	4	13	48	159
1.70	0	1	3	13	48
1.80	0	0	1	3	13
2.00	0	0	0	0	1

为了强调质量特性偏离设计目标值所造成的质量损失，有些学者提出了过程能力指数 C_{pm}，C_{pm} 指数也称为田口指数，即

$$C_{pm} = \frac{USL - LSL}{6\sigma_1} \tag{10.6}$$

其中，$\sigma_1^2 = E(X-T)^2 = \sigma^2 + (\mu-T)^2$，$\mu$、$\sigma$ 分别是过程输出的均值和标准差；T 是设计目标值。

质量特性 Y 偏离其设计目标值 T 而导致的质量损失，通常认为近似于对称的平方误差损失函数。在 C_{pm} 的表达式中，当 $\mu = T$ 时，$C_{pm} = C_p$。因此，C_{pm} 指数也可以看作 C_p 指数的推广。需要指出的是，C_{pm} 指数尽管反映了过程输出均值 μ 与设计目标值 T 之间的偏离，但其统计特性较差，即使在正态分布的条件下，也不能反映不合格品率，它主要用于反映过程的期望损失。

10.2.3　第三代过程能力指数 C_{pmk} 和 $C_p(u,v)$

为了更加灵敏地反映过程输出均值 μ 与设计目标值 T 之间的偏离，在第二代过程能力指数 C_{pk}，C_{pm} 的基础上，又有学者提出了第三代的过程能力指数 C_{pmk} 和 $C_p(u,v)$ 指数。其中 C_{pmk} 指数也称为混合能力指数，即

$$C_{pmk} = \frac{C_{pk}}{\sqrt{1+\left(\dfrac{\mu-T}{\sigma}\right)^2}} \tag{10.7}$$

在所有的过程能力指数中，C_{pmk} 对于 μ 和 T 之间的偏离是最敏感的，它强调了向目标值靠近的重要性，弱化了对公差的要求。C_{pmk} 指数同前面介绍的 C_p 指数和 C_{pk} 指数一样，只有当测量结果服从正态分布时才有意义。

类似地，也有学者构造了 $C_p(u,v)$ 指数，即

$$C_p(u,v) = \frac{d-u|\mu-M|}{3\sqrt{\sigma^2 + v(\mu-T)^2}} \tag{10.8}$$

在 $C_p(u,v)$ 指数的表达式中，当 $u=v=0$ 时，$C_p(u,v)=C_p$；当 $u=1$，$v=0$ 时，$C_p(u,v)=C_{pk}$；当 $u=0$，$v=1$ 时，$C_p(u,v)=C_{pmk}$。

第三代过程能力指数的几何意义已经难以描述。换言之，在实际操作过程中，不够直观。特别是当指数值较小时，为了提高过程能力指数，我们无法确定是应该调整过程均值趋近于目标值 T，还是减小过程波动 σ，因而，不利于实施质量改进。

至目前为止，据最保守的估计，已有 20 多种过程能力指数的表达方式。这些指数都是在上述三代过程能力指数的基础上发展起来的，适用于不同的应用背景。为了更好地理解这三代过程能力指数及相互关系，下面将给出过程能力指数的一些性质。

10.2.4　过程能力指数的有关性质

为了叙述方便，记 $d = \dfrac{USL-LSL}{2}$，$M = \dfrac{USL+LSL}{2}$，$LSL < \mu < USL$。通常情况下，目标值 T 位于公差中心，即 $T=M$，如果 $T \neq M$，则称其公差为"非对称公差"。在上述记号下，有如下性质：

性质 10.1：$C_p \geqslant C_{pk} \geqslant C_{pmk}$，$C_p \geqslant C_{pm} \geqslant C_{pmk}$，当且仅当 $\mu=T$ 时，等号成立。

性质 10.2: $C_p = \dfrac{C_{pu} + C_{pl}}{2}$。

性质 10.3: $C_{pk} = C_p - \dfrac{1}{3}\left|\dfrac{\mu - M}{\sigma}\right|$。

性质 10.4: $C_{pm} = \dfrac{C_p}{\sqrt{1 + \left(\dfrac{\mu - T}{\sigma}\right)^2}}$。

性质 10.5: $C_{pmk} = \dfrac{d - |\mu - M|}{3\sqrt{E(X - T)^2}}$。

性质 10.6: 若 $\beta = |\mu - T|/\sigma$，则 $C_{pk} = -\dfrac{\beta}{3} + \sqrt{1 + \beta^2}\,C_{pm}$。

性质 10.7: 当 $T = M$ 时，$C_{pk} = C_p - \dfrac{1}{3}\sqrt{\left(\dfrac{C_p}{C_{pm}}\right)^2 - 1}$。

性质 10.8: $C_{pmk} = \dfrac{C_{pm} C_{pk}}{C_p}$。

性质 10.9: 当 $T = M$ 时，$\dfrac{C_{pk}}{C_{pm}} = \left(1 - \dfrac{1}{3C_p}\left|\dfrac{\mu - M}{\sigma}\right|\right)\sqrt{1 + \left(\dfrac{\mu - M}{\sigma}\right)^2}$。

性质 10.10: 当质量特性 $Y \sim N(\mu, \sigma^2)$ 时，C_{pk} 指数提供了不合格品率 P 的上限，即 $p \leqslant 2\Phi(-3C_{pk})$，其中 Φ 为标准正态分布的概率分布函数。

10.2.5　过程能力指数与不合格率之间的关系

过程能力分析为量化过程是否满足顾客要求提供了极好的机会，一旦过程处于统计控制状态，不仅可以预测其输出结果的分布，而且可以计算满足规格要求的能力。在过程受控，且输出的质量特性服从正态分布时，一定的过程能力指数与一定的不合格品率相对应。下面将分析不合格品率与过程能力指数之间的关系。

假定过程输出的质量特性 Y 服从正态分布，$Y \sim N(\mu, \sigma^2)$，其中，μ 是过程输出均值；σ 是过程输出的标准差；p_u，p_l 分别是超出公差上、下限的不合格品率，则过程的不合格品率 $p(d)$ 为

$$p(d) = p_l + p_u = p\{(Y < \text{LSL}) \bigcup (Y > \text{USL})\} \tag{10.9}$$

在过程输出均值 μ 与目标值 T 重合，即无偏移情况下，如图 10.1 所示：

由于 $p(d) = p_u + p_l = 2p_u$，则 $p_u = 1 - p\{Y \leqslant \text{USL}\} = 1 - \Phi\left(\dfrac{\text{USL} - \mu}{\sigma}\right) = 1 - \Phi(3C_p)$。

其中，Φ 是标准正态分布的概率分布函数。因此，不合格率 p 与过程能力指数之间的关系为

$$p(d) = 2p_u = 2\left[1 - \Phi(3C_p)\right] \tag{10.10}$$

由此可以看出，C_p 与不合格品率 p 是一一对应的。

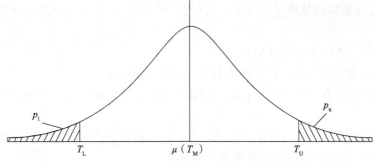

图 10.1　无偏移情况下，不合格率 p 与过程能力指数之间的关系

若过程输出均值 μ 与目标值 T 不重合，即有偏移的情况下，如图 10.2 所示：

$$p(d) = p_l + p_u = \Phi\left(\frac{LSL - \mu}{\sigma}\right) + 1 - \Phi\left(\frac{USL - \mu}{\sigma}\right) \tag{10.11}$$

即 $p(d) = 1 - \Phi(3C_{pl}) + 1 - \Phi(3C_{pu}) = 2 - \left[\Phi(3C_{pl}) + \Phi(3C_{pu})\right] = 2 - \Phi(3C_{pk}) + \Phi(6C_p - 3C_{pk})$。
因此，在有偏移的情况下，只要知道过程能力指数 C_p 和 C_{pk}，就可以计算出过程输出的
不合格品率 $p(d)$。

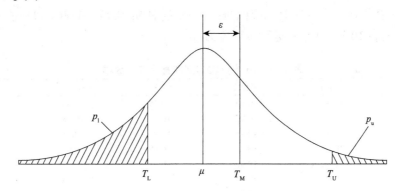

图 10.2　过程有偏的情形（向上偏移情形）

通过上述分析，可以得出下列结论：

（1）当过程无偏移时，C_p 可以唯一确定不合格品率 $p(d)$，即 $p(d) = 2\left[1 - \Phi(3C_p)\right]$；
当过程存在偏移时，C_p 与不合格率之间不存在对应关系，此时，$p(d) \geqslant 2\left[1 - \Phi(3C_p)\right]$。

（2）当过程存在偏移时，仅有 C_{pk} 不能确定产品的不合格率 $p(d)$，但能够确定不合
格率 $p(d)$ 的上界，即

$$p(d) \leqslant 2 - \Phi(3C_{pk}) \tag{10.12}$$

（3）在评价过程的性能时，利用不合格品率也是一个重要的指标，这是因为它是最
直观，且易于人们理解、接受的。

10.2.6　过程能力分析的实施程序与应用实例

对制造过程的过程能力进行分析，可使我们随时掌握制造过程中各过程质量的保证

能力，为保证和提高产品质量提供必要的信息和依据。在进行过程能力分析时，通常采取下列步骤：

（1）确定分析的质量特征值；

（2）收集观测值数据，抽取样本数目，通常 $n \geqslant 50$；

（3）判断过程质量是否处于稳定（控制）状态，只有在受控状态下，才可计算过程能力指数；

（4）判断观测值是否来自正态总体；当观测数据来自非正态总体时，通常采取适当的变换，将其变换为正态总体或近似正态总体；

（5）计算正态总体的样本平均值 $\bar{x}$ 和标准差 s。需要指出的是，正态总体分布的均值 μ 和标准差 σ 是理论值，在实际生产过程中是无法求出的，一般可以用样本总体平均值 $\bar{x}$ 和样本总体标准差 s，但要求样本量足够大（如 $n \geqslant 50$）；

（6）计算相应的过程能力指数，判断其是否满足要求；

（7）当 C_p（或 C_{pk}）指数值小于 1 时，应求出总体不合格率；

（8）分析 C_p（或 C_{pk}）指数值小于 1 的原因，应采取相应的措施加以改进，提高过程能力指数。

例 10.1：在钢珠生产过程中，钢珠直径的公差范围为[10.90, 11.00]，目标值 $T = 10.95$，其测量数据见表 10.3，试对其进行过程能力分析。

表 10.3　25 个批次的钢珠直径样本数据

批次	直径 1	直径 2	直径 3	直径 4	直径 5
1	10.95	10.90	10.95	10.96	10.98
2	10.91	10.97	10.95	10.98	10.94
3	10.97	10.91	10.94	10.95	10.93
4	10.92	10.94	10.95	10.95	10.93
5	11.02	10.96	10.92	10.98	10.99
6	10.92	10.94	10.93	10.98	10.95
7	10.98	10.91	10.96	10.90	10.93
8	10.96	10.93	10.94	10.93	10.96
9	10.94	10.93	10.97	10.96	10.95
10	10.91	10.95	10.93	10.96	10.92
11	10.94	10.94	10.98	10.94	10.97
12	10.97	10.95	10.93	10.92	10.98
13	10.99	10.95	10.95	10.95	10.96
14	10.93	10.97	10.94	10.92	10.93
15	11.02	10.98	10.97	10.96	10.91
16	10.95	10.95	10.93	10.94	10.93
17	10.96	10.95	10.97	10.99	10.95
18	10.97	10.97	10.93	10.95	11.012
19	11.00	10.93	10.95	10.96	10.96
20	10.95	10.92	10.92	10.98	10.93
21	10.95	10.94	10.95	10.96	10.97
22	10.92	10.97	11.00	10.94	10.94
23	10.95	10.94	10.93	10.96	10.95
24	11.00	10.99	10.90	10.94	10.98
25	10.94	10.92	10.96	10.93	10.96

　　根据过程能力分析的步骤，首先，判断过程是否处于统计控制状态，这需要通过控制图等统计工具进行判断（关于如何应用控制图分析判断过程的受控状态，可参见第 11 章的内容）。经过控制图分析，该过程处于统计受控状态。

　　其次，通过绘制直方图，并进行假设检验，样本数据服从正态分布。

　　估计的样本均值 $\bar{x} = 10.950$ ，样本标准差 $s = 0.025$ ，由于过程输出均值与设计目标值重合，且公差对称，估计的过程能力指数：

$$C_p = C_{pk} = C_{pl} = C_{pu} = C_{pm} = 0.67$$

过程能力指数小于 1，说明过程能力不足，努力的方向就是尽可能地减小过程波动，提高过程能力指数。

　　事实上，运用 MINITAB 很容易完成上述计算。实现路径为：统计→质量工具→能力分析→正态，在"单列"中指定为"直径"，在"子组大小"中指定"批次"，在"公差下限"中输入"10.90"，在"公差上限"中输入"11.00"，打开"选项"，在目标中输入"10.95"，运行命令后，得到的结果如图 10.3 所示。

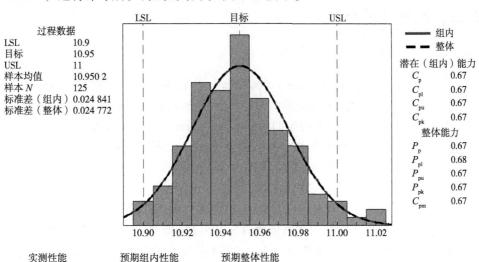

图 10.3　钢珠直径的过程能力指数

　　从图 10.3 可以看出，当 $\mu = M$ 时，$C_{pk} = C_p$；当 $\mu = M$ 且与公差中心重合时，$C_{pm} = C_p$。此外，图 10.3 也给出了实际观测到的数据超出公差的百万分之缺陷数值（pages per minute，PPM）及在正态分布下基于组内和整体波动估计出的 PPM 值。

　　例 10.2：已知某零件加工标准为 148^{+2}_{-1} 毫米，对 100 个样品计算出样本平均值 $\bar{x} = 148$ 毫米，标准差 $s = 0.48$ 毫米，求 C_p 值和 C_{pk} 值，并判定过程能力以及求出总体不合格率。

　　解：由加工标准知 USL = 150 毫米，LSL = 147 毫米

$$2d = \text{USL} - \text{LSL} = 150 - 147 = 3(\text{毫米})$$

$$M = \frac{\text{USL} + \text{LSL}}{2} = 148.5(\text{毫米})$$

总体分布中心 μ 和标准差 σ 近似为

$\mu \approx \bar{x} = 148$毫米, $\sigma \approx s = 0.48$毫米

$\varepsilon = | M - \mu | = | 148.5 - 148 | = 0.5 (毫米)$

$k = \dfrac{\varepsilon}{d} = 0.33$

由此，$C_\text{p} = \dfrac{d}{3\sigma} \approx \dfrac{3}{6 \times 0.48} = \dfrac{3}{2.88} = 1.04$

$C_\text{pk} = \dfrac{d - \varepsilon}{3\sigma} \approx \dfrac{3 - 2 \times 0.5}{2.88} = 0.69$

由于过程的潜在过程能力指数 $C_\text{p} = 1.04$，能力尚可，而实际的过程能力指数 $C_\text{pk} = 0.69$，说明过程能力不足，已出现废品，这时的努力方向应是：尽可能地调整过程输出中心 μ 使之向公差中心 M 靠近，同时也要考虑减小过程的波动。

10.3 过程绩效指数

10.3.1 长期能力与短期能力

短期过程能力（short-term process capability），也称为固有过程能力（inherent process capability）是指过程仅受随机因素影响时，过程输出质量特性波动的大小，它是过程的固有能力，反映的是过程短期内的波动（short-term variation）；而长期过程能力（long-term process capability）是指过程在较长的时间里表现出的过程输出波动的大小，过程不仅受到随机因素的影响，还受到其他因素的影响，长期过程能力反映的是过程长期内的波动（long-term variation）。

由于短期能力仅含正常因素（随机因素）的影响，所以短期能力的标准差较小；而长期能力不仅含随机因素的影响，而且还含有异常因素的影响，所以长期能力的标准差较大。从数据分析的角度而言，短期过程能力反映的是组内的波动（variation within group），而长期过程能力反映的是组内和组间的波动（variation between group）。因此，短期标准差用 σ_within 表示，长期标准差用 σ_overall 表示。

在许多情况下，对过程的长期与短期能力进行具体分析和预测，可以获得更为准确和有效的信息。

10.3.2 过程绩效指数 P_p 和 P_pk

过程绩效指数是由美国三大汽车公司（福特、通用、克莱斯勒）在联合制订的 QS-9000 标准中提出的，有时也将其称为长期过程能力指数。过程绩效指数是从过程总波动的角度，考察过程输出满足顾客（或者公差）要求的能力。在过程输出的总波动中，既包含了过程的固有波动，也包含了过程受其他因素影响所产生的波动，因此，在考察过程绩效指数时，不要求过程处于受控状态，也不要求过程输出的质量特性 Y 一定服从某个正态分布。这是因为过程在较长时期内观测到的数据很难保证具有正态性。很多波动源在

短期观测中可能不会出现，或者很少出现，而在长期观测中可能会出现各种各样的波动源或者系统波动，如机器性能的漂移或老化、不同操作者之间的技术差异、设备的调整、仪表的校准、更换材料批次或供应商的变动、环境因素的变化等。

在计算过程绩效指数 P_p 和 P_{pk} 时，其方法与计算过程能力指数 C_p 和 C_{PK} 的方法相似。所不同的是，过程绩效指数是公差与过程总波动的比值。这里，过程总波动通常用标准差 $\sigma_{overall}$ 来表示，其估计值为：$\hat{\sigma}_{overall} = s = \sqrt{\sum_{i=1}^{n}(x_i - \bar{x})^2 \Big/ (n-1)}$，其中 x_i 是每一个测量值，$\bar{x}$ 是所有测量值的均值，n 是所有测量值的总个数。对照过程能力指数 C_p 和 C_{PK}，它们是通过样本组内波动来估计标准差的，即 $\hat{\sigma}_{within} = \bar{R}/d_2$，其中，$\bar{R}$ 是样本极差的均值，d_2 是控制图常数。

过程绩效指数与过程能力指数相对应，差别仅表现在标准差的估计上，因此，常用的过程绩效指数有：

（1）潜在的过程绩效指数 P_p，其表达式为

$$P_p = \frac{USL - LSL}{6\sigma_{overall}} \approx \frac{USL - LSL}{6s} \tag{10.13}$$

其中，USL,LSL 分别是公差的上、下限；s 是 $\sigma_{overall}$ 的估计值。

（2）单侧上限的过程绩效指数 P_{pu}，其表达式为

$$P_{pu} = \frac{USL - \bar{x}}{3s} \tag{10.14}$$

（3）单侧下限的过程绩效指数 P_{pl}，其表达式为

$$P_{pl} = \frac{\bar{x} - LSL}{3s} \tag{10.15}$$

（4）实际的过程绩效指数 P_{pk}，其表达式为

$$P_{pk} = \min\{P_{pu}, P_{pl}\} \tag{10.16}$$

为了对过程能力指数和过程绩效指数有一个全面、直观的理解和掌握，表 10.4 提供了过程能力指数和过程绩效指数的对比表。

表 10.4　过程能力指数与过程绩效指数对比表

序号	符号	含义	应用条件
1	C_p	潜在过程能力指数	
2	C_{pu}	单侧上限过程能力指数	（1）过程处于受控状态，
3	C_{pl}	单侧下限过程能力指数	（2）过程输出服从正态分布， （3）用样本组内波动估计标准差
4	C_{pk}	实际过程能力指数	
5	P_p	潜在过程绩效指数	
6	P_{pu}	单侧上限过程绩效指数	（1）不要求过程处于受控状态， （2）不要求过程输出服从正态分布，
7	P_{pl}	单侧下限过程绩效指数	（3）用样本组内和组间波动估计标准差
8	P_{pk}	实际过程绩效指数	

10.3.3 应用举例

例 10.3： 某产品的关键加工尺寸要求为 $\Phi = 6.00 \pm 0.02$ 毫米。为了分析该加工过程的过程能力，项目团队跟踪收集了一些数据（表 10.5），试估算该过程的过程能力指数 C_p 和 C_{pk} 以及过程绩效指数 P_p 和 P_{pk}。

表 10.5   测量数据表

样本序号	测量值			样本均值	样本极差
	X_1	X_2	X_3	$\bar{x}$	R
1	6.028	6.003	6.020	6.017 00	0.025
2	6.014	5.994	6.008	6.005 33	0.020
3	6.002	5.983	6.014	5.999 67	0.031
4	6.012	5.982	6.036	6.010 00	0.054
5	6.024	6.002	6.008	6.011 33	0.022
6	6.022	5.998	6.008	6.009 33	0.024
7	6.014	5.991	6.000	6.001 67	0.023
8	5.978	5.980	5.994	5.984 00	0.016
9	6.012	5.998	5.982	5.997 33	0.030
10	6.008	6.002	5.984	5.998 00	0.024
11	5.968	5.986	5.988	5.980 67	0.020
12	6.014	6.000	6.008	6.007 33	0.014
13	6.034	6.006	6.028	6.022 67	0.028
14	6.002	5.988	6.008	5.999 33	0.020
15	6.012	5.982	6.036	6.010 00	0.054
16	5.990	5.978	5.980	5.982 67	0.012
17	6.016	5.992	6.004	6.004 00	0.024
18	6.014	5.992	5.998	6.001 33	0.022
19	6.032	6.008	6.018	6.019 33	0.024
20	6.014	5.994	6.008	6.005 33	0.020
21	5.988	5.998	5.994	5.990 00	0.006
22	6.000	6.002	6.008	6.003 33	0.008
23	6.036	6.008	6.024	6.022 67	0.028
24	6.010	5.998	6.000	6.002 67	0.012
				$\bar{\bar{x}} = 6.003\,7$	$\bar{R} = 0.023\,542$

在过程能力指数的计算中，首先判断过程是否处于受控状态，根据绘制的均值—极差控制图显示该过程处于统计控制状态（参见第 11 章）。因此，过程固有波动 σ 可由下式估计得到

$$\hat{\sigma} = \bar{R}/d_2 = \frac{0.023\,542}{1.693} = 0.013\,9$$

其中，d_2 是控制图系数，它与样本容量 n 有关。例 10.3 中，$n = 3$，$d_2 = 1.693$，由此得

$$C_p = \frac{\text{USL} - \text{LSL}}{6\sigma} = \frac{0.04}{6 \times 0.013\,9} = 0.48$$

又因为过程输出的均值 $\bar{\bar{x}} = 6.003\,7$，与目标值 $T = 6.00$ 有偏移，可得

$$C_{pk} = \min\{C_{pu}, C_{pl}\} = \min\left\{\frac{\text{USL} - \mu}{3\sigma}, \frac{\mu - \text{LSL}}{3\sigma}\right\}$$

$$= \min\left\{\frac{6.02 - 6.0037}{3 \times 0.0139}, \frac{6.0037 - 5.98}{3 \times 0.0139}\right\}$$

$$= 0.40$$

在过程绩效指数的计算中，可以得到所有数据标准差的估计值。即

$$s = \sqrt{\sum(x_i - \bar{\bar{x}})^2 / (n-1)} = 0.0155263$$

因此，过程绩效指数 P_p：

$$P_p = \frac{\text{USL} - \text{LSL}}{6s} = \frac{0.04}{6 \times 0.0155263} = 0.43$$

过程绩效指数 P_{pk}：

$$P_{pk} = \min\{P_{pu}, P_{pl}\} = \min\left\{\frac{\text{USL} - \bar{\bar{x}}}{3s}, \frac{\bar{\bar{x}} - \text{LSL}}{3s}\right\}$$

$$= \min\left\{\frac{6.02 - 6.0037}{3 \times 0.0155263}, \frac{6.0037 - 5.98}{3 \times 0.0155263}\right\}$$

$$= 0.35$$

一般来说，过程绩效指数值要比过程能力指数值小。

运用 MINITAB 软件，在用控制图验证了过程统计受控和数据服从正态分布后，可以计算各项过程能力指数。实现路径为：统计→质量工具→能力分析（正态）入口，填入变量名称，指明 3 个数据为一组，填写 USL 和 LSL 后，运行即可得到如图 10.4 所示的结果。

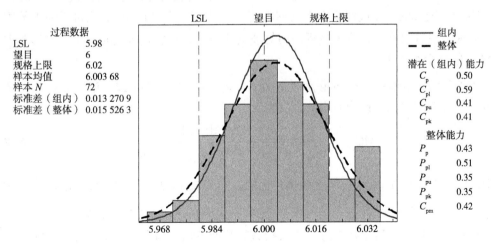

图 10.4　产品的过程能力分析

10.4 多元质量特性的过程能力指数

对大多数工程技术人员来说，过程能力分析意味着利用 C_p、C_{pk} 指数研究和评价单一的质量特性。但事实上，质量特性往往是多元的，而且每个质量特性都必须满足各自规格的要求。作为单变量过程能力指数的自然推广，为了系统地分析和评价多元质量特性制造过程的能力，提出了描述这种过程能力的多元质量特性的过程能力指数。

10.4.1 常用的多元质量特性的过程能力指数

在工业实践中，产品/过程的质量特性是多变量的，如大量的几何尺寸和容差。为了评价多元质量特性制造过程的能力，在单变量过程能力指数的基础上，给出了多元过程能力指数。

假设 m 维质量特性 $\boldsymbol{Y}=(Y_1,Y_2,\cdots,Y_m)^T$ 服从正态分布，即 $\boldsymbol{Y}\sim N_m(\boldsymbol{\mu},\boldsymbol{\Sigma})$，其中 $\boldsymbol{\mu}$ 为 m 维均值向量，$\boldsymbol{\Sigma}$ 为 $m\times m$ 协方差矩阵，记 USL_i、LSL_i $(i=1,2,\cdots,m)$ 分别为第 i 个质量特性 Y_i 的上、下规格线。类似于 C_p 指数，多元质量特性的过程能力指数可以定义为

$$MC_p=\frac{容差区域的体积}{99.73\%的过程输出的体积}=\frac{Vol.(容差区域)}{Vol.\left[(\boldsymbol{Y}-\boldsymbol{\mu})^T\boldsymbol{\Sigma}^{-1}(\boldsymbol{Y}-\boldsymbol{\mu})\leqslant K(m)\right]} \quad (10.17)$$

$K(m)$ 是 $\chi^2(m)$ 分布的 99.73% 的分位数。事实上，当 $\boldsymbol{Y}\sim N_m(\boldsymbol{\mu},\boldsymbol{\Sigma})$ 时，$(\boldsymbol{Y}-\boldsymbol{\mu})^T\boldsymbol{\Sigma}^{-1}(\boldsymbol{Y}-\boldsymbol{\mu})$ 服从自由度为 m 的 χ^2 分布，$K(m)=\chi^2_{m,1-p}$，其中 $p=0.0027$。

MC_p 指数的意义类似于 C_p，当具有多个质量特性的过程处于统计控制状态时，过程输出的均值向量 $\boldsymbol{\mu}$ 位于设计目标值向量，且过程的波动相对于设计容差较小时，由式（10.17）定义的多元过程能力指数 MC_p 值应该大于或者接近于 1；当过程输出的均值向量 $\boldsymbol{\mu}$ 偏离设计目标值，或者过程输出的波动相对于设计容差较大时，多元过程能力指数 MC_p 值将会小于 1。

为了反映过程输出均值向量 $\boldsymbol{\mu}=(\mu_1,\mu_2,\cdots,\mu_m)^T$ 与设计目标值 $\boldsymbol{T}=(T_1,T_2,\cdots,T_m)^T$ 之间的偏差，有人把多元过程能力指数定义为

$$MC_{pm}=\frac{Vol.(容差区域)}{Vol.\left[(\boldsymbol{Y}-\boldsymbol{\mu})^T\boldsymbol{\Sigma}_T^{-1}(\boldsymbol{Y}-\boldsymbol{\mu})\leqslant K(m)\right]} \quad (10.18)$$

其中，$\boldsymbol{\Sigma}_T=E\left[(\boldsymbol{Y}-\boldsymbol{T})(\boldsymbol{Y}-\boldsymbol{T})^T\right]$ 是偏离目标值 $\boldsymbol{T}=(T_1,T_2,\cdots,T_m)^T$ 的平方偏差矩阵，$K(m)=\chi^2_{m,1-p}$ 是自由度为 m 的 χ^2 分布的 $100(1-p)\%$ 的上分位数。MC_{pm} 的意义类似于 C_{pm}。

也有人将单变量质量特性过程能力指数的几何平均作为多元质量特性过程能力指数的度量，如：

$$MC_p=\left(\prod_{i=1}^m C_{p,i}\right)^{\frac{1}{m}} \quad (10.19)$$

其中，$C_{p,i}(i=1,2,\cdots,m)$ 为第 i 个质量特性的过程能力指数。

尽管分析和度量多元质量特性的过程能力在实际中有重要的价值，但是由于多元质量特性的复杂性及单变量情况下过程能力指数的局限性，很难想象用一个比值来表征多元质量特性的过程能力。即使从统计学的观点来看，也难以想象把多元质量特性的规格线当作椭球（椭圆）处理，最有可能的是：由下列不等式定义的 m 维"盒子"来确定多元质量特性的规格线，即

$$\text{LSL}_i \leqslant Y_i \leqslant \text{USL}_i, \quad i = 1, 2, \cdots, m \tag{10.20}$$

到目前为止，关于多元过程能力指数，还没有一个公认的度量方法，而且上述方法存在共同的问题：

（1）由于单变量过程能力指数的局限性，用一个比值来描述多元质量特性过程的能力是十分困难的。

（2）不管过程的输出是否服从多元正态分布，都无法解释过程能力指数的意义。

（3）所有的过程能力指数都基于多元正态分布的假设，如何检验正态性假设。

（4）如何度量具有非正态分布数据输出的过程能力。

尽管存在这些问题，但研究和应用过程能力指数的热度并没有因此而降低，这主要是由于过程能力指数的简单性，它已被管理者和工程技术人员所接受，并且近年来出现了大量的理论和应用研究。也正是在这种情况下，加强过程能力指数的理论和应用研究，特别是度量多元质量特性的过程性能仍然是一个值得进一步探讨的问题。

10.4.2　多元质量特性的复合过程能力指数和应用

过程能力分析为量化过程是否满足顾客要求提供了极好的机会，一旦过程处于统计控制状态，不仅可以预测其输出结果的分布，而且可以计算满足规格要求的能力。

我们知道：若过程质量特性 $Y \sim \text{N}\left(\mu, \sigma^2\right)$，USL、LSL 分别为上、下规格线，记 $p_{\text{l}} = p\left(Y < \text{LSL}\right)$，$p_{\text{u}} = p\left(Y > \text{USL}\right)$，则

$$p_{\text{l}} = p\left(Y < \text{LSL}\right) = p\left(\frac{Y - \mu}{\sigma} \leqslant \frac{\text{LSL} - \mu}{\sigma}\right) \tag{10.21}$$

其中，$\varPhi(x)$ 是标准正态分布 $\text{N}(0,1)$ 的分布函数，又由式（10.3）：

$$C_{\text{pl}} = \frac{\mu - \text{LSL}}{3\sigma} \tag{10.22}$$

可得

$$p_{\text{l}} = \varPhi\left(-3C_{\text{pl}}\right) \tag{10.23}$$

根据逆分布函数，则

$$C_{\text{pl}} = -\frac{1}{3}\varPhi^{-1}\left(p_{\text{l}}\right) \tag{10.24}$$

同理

$$C_{\text{pu}} = \frac{1}{3}\varPhi^{-1}\left(1 - p_{\text{u}}\right) \tag{10.25}$$

由此得到

$$C_{pk} = \min\left(C_{pl}, C_{pu}\right) = \frac{1}{3}\min\left[-\Phi^{-1}\left(P_l\right), \Phi^{-1}\left(1-P_u\right)\right] \quad (10.26)$$

为了满足顾客的需求，对于具有多个质量特性的产品，必须要求每一个质量特性都落入其容差内，不妨记：

$$q = p\left(\text{所有质量特性落在容差区域}\right) \quad (10.27)$$

为所有质量特性落入其容差内的概率。则为了表示整个产品的质量水平，首先计算不合格品的概率，即

$$p = 1 - q \quad (10.28)$$

根据式（10.24）~式（10.26），可以得到过程能力指数 C_{pl}、C_{pu} 和 C_{pk}。由于该指数表达了整个产品的质量水平，因此，称为复合过程能力指数，记为复合 C_{pk}。

例 10.4： 复合 C_{pk} 在评价生产线加工能力中的应用。一个油泵外罩的铸件加工过程，整个加工线由 4 个不同的阶段构成，每个阶段加工一个质量特性，即密封槽深度、表面粗糙度、内径和外径。每个加工阶段的不合格品率见表 10.6。

表 10.6   油泵外罩加工线的加工结果

加工顺序	特性	超出容差限概率	容差限内概率
1	密封槽深度	0.000 001	0.999 999
2	表面粗糙度	0.000 008	0.999 992
3	内径	0.000 001	0.999 999
4	外径	0.000 002	0.999 998

假设这 4 个阶段的输出结果均服从正态分布，且相互独立，则最终产品的产品合格率为

$$q = \left(\text{4个质量特性均在容差限内}\right)$$
$$= 0.999\,999 \times 0.999\,992 \times 0.999\,999 \times 0.999\,998$$
$$= 0.999\,988$$

而不合格品率

$$p = 1 - q = 0.000\,012$$

根据式（10.24）~式（10.26）可知

$$C_{pk} = 1.41$$

这个结果超过了通常过程能力指数 $C_{pk} \geq 1.00$ 的要求，说明整个加工线是有能力的。

这种方法同样适用于装配过程，也适用于串联、并联、混联等制造过程整体性能的分析、评价与比较。

10.5 需要说明的几个问题

分析和评价过程的性能，尤其是多元质量特性制造过程的性能是一个复杂的问题。尽管人们已经提出了多个多元过程能力指数，但至今也没有形成一个多数人接受的评价多元过程性能的准则。这主要是因为每个过程能力指数都有自己的先决条件、适用范围

及不足之处，这也是学术界进行大量研究的原因之一。以下针对过程性能评价，给出需要说明的几个问题。

10.5.1　非正态分布下过程能力分析

尽管大多数分布服从正态分布，但正态分布并不能描述所有情况，如大量的几何质量特性并不满足正态性要求。正态性本身并不是生产过程的本质特征。当在不满足正态性假设的情况下，应用过程能力指数进行质量评价时，应当慎重行事。

首先需要分析出现偏态分布的原因。对许多过程来说，总体分布呈现出不对称形态，这种不对称性无论表现为左偏，还是表现为右偏都是常见的，如图 10.5 所示。

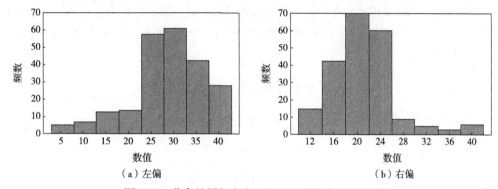

图 10.5　分布的尾部在右（左）边称为右（左）偏

出现偏态分布的原因主要表现在：

（1）自然界限。很多过程中存在着自然限制（上界或下界）使得测量不能确实地进行。例如，当测量垂直度时，常记为与 90° 的偏差，这样无论是 91° 还是 89°，都记为 1°。

（2）人为界限。任何时候，产品的质量特性都要与公差限进行比较，然后对不满足公差要求的产品进行返工、调整或报废，这都会使数据转向偏态。这里公差限扮演着人为界限的角色。

（3）分布的混合（mixtures of distributions）。由不同操作者生产同一种零件，当把不同操作者生产的零件放在一起时，零件尺寸的分布可能呈不对称性。这相当于把不同分布按一定比例混合而产生偏态分布。除了不同的操作者会产生偏态分布外，不同的机器、不同的转速、不同的原料批次也会产生偏态分布，并且不同的输入源也常使过程的输出呈现不对称分布。

（4）输出与一个或多个输入间的非线性关系（nonlinear relationships between the process output and one or more inputs）。在有些过程中，输入与输出变量之间的非线性关系是完全正常的。当非线性关系出现时，就可能导致过程的输出呈现非对称分布。

（5）输入变量间交互作用的影响（the effects of interactions between inputs）。当输入变量间的交互作用出现时，输出就可能呈现非对称分布。

（6）时间效应（the effects of time relationships）。当过程在某一时刻突发变化，使过程发生漂移或趋向某一方向都会产生非对称分布。例如，刀具的逐渐磨损，化学反应过程中的某种催化剂耗尽都可能产生偏态分布。

偏态分布的出现并非坏事，偏态分布往往比正态分布含有更多的信息，准确地诊断其原因才是解决问题的关键。

对数据作变换会改变直方图的形状，意味着通过适当的变换可使偏态分布转化为正态分布。在确认样本来自非正态分布后，对数据作变换。若分布近似于钟形曲线，则可以认为变换后的数据来自于某一正态总体。

对于非正态数据进行变换，转化为正态分布，具有多种转换方式，常用的是 Box-cox变换：

$$y^* = \begin{cases} y^\lambda & \lambda \neq 0 \\ \ln y & \lambda = 0 \end{cases} \qquad (10.29)$$

变换后的数据服从正态分布，可利用前面各节公式估计其过程能力指数和不合格品率。

例 10.5：从一个总体中抽取了 50 个样本，见表 10.7。给定公差上限为 100，试估计过程能力指数 C_{pk}。

表 10.7   抽取的 50 个样本及变换后的数值

序号	观测值	$x^{1/4}$	序号	观测值	$x^{1/4}$
1	18	2.059 8	26	13	1.898 8
2	1	1	27	4	1.414 2
3	19	2.087 8	28	54	2.710 8
4	32	2.378 4	29	11	1.821 1
5	28	2.300 3	30	12	1.861 2
6	8	1.681 8	31	2	1.189 2
7	4	1.414 2	32	21	2.140 7
8	27	2.279 5	33	34	2.414 7
9	72	2.913 0	34	15	1.968 0
10	8	1.681 8	35	19	2.087 8
11	41	2.530 4	36	10	1.778 3
12	75	2.942 8	37	5	1.495 3
13	29	2.320 6	38	7	1.626 6
14	4	1.414 2	39	107	3.216 2
15	11	1.821 2	40	29	2.320 6
16	30	2.340 3	41	4	1.414 2
17	32	2.378 4	42	35	2.432 3
18	15	1.968 0	43	1	1
19	29	2.320 6	44	20	2.114 7
20	10	1.778 3	45	23	2.189 9
21	25	2.236 1	46	28	2.300 3
22	4	1.414 2	47	24	2.213 4
23	10	1.778 3	48	55	2.723 2
24	20	2.114 7	49	7	1.626 6
25	19	2.087 8	50	3	1.316 0

通过绘制直方图［图 10.6（a）］，发现该分布是高度右偏的。一般情况下，平方根变换能够把右偏的分布转化为正态，然而，变换后仍表现为右偏。因此，我们采用 $y = x^{\frac{1}{r}}\ (r > 2)$ 变换，但为了转换的方便和准确，采用变换 $y = x^{\frac{1}{4}}$。图 10.6（b）给出数据变换后的直方图。变换后的直方图接近于单峰，呈现钟形曲线，意味着是一个近似的正态分布。

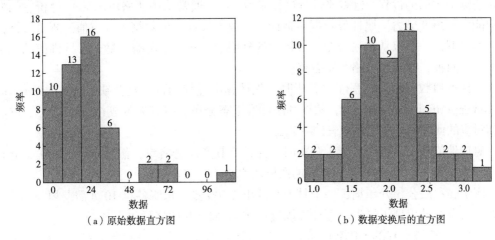

图 10.6　数据变换前、后的直方图

对于变换后的数据，计算过程能力指数时，对原来的公差限也应进行同样的变换。在例 10.5 中，原 USL = 100，变换后，新公差上限为 $\text{USL}^* = 3.162$，代入公式即可得到最后结果。用 MINITAB 软件可得如图 10.7 的结果。

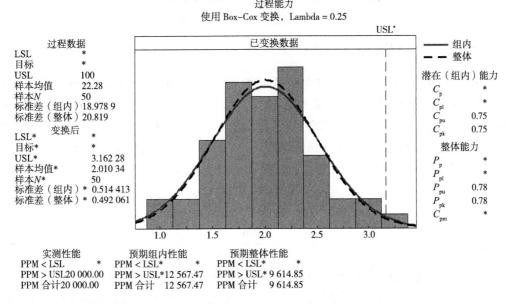

图 10.7　过程能力分析

其实，在 MINITAB 软件计算中，只要确定了变换的方幂为 0.25，不用手工计算新公差限，计算机就可以直接给出最后结果。

10.5.2 属性值数据过程能力分析

过程能力指数仅适用于过程输出质量特性为连续型的数据。对于那些输出质量特性为非连续型数据的过程，也需要进行过程能力分析（通常采用西格玛水平），评价它们的长期能力和短期能力。属性值数据包括计点值数据和计件值数据。计点值的测量数据在随机情况下，一般服从泊松分布，如铸件的砂眼数、布匹上的疵点数等；计件值的测量结果只有两种，即产品合格和不合格。

对计点值数据进行过程能力分析时，先计算出过程的百万机会缺陷数（defects per million opportunities，DPMO），然后利用标准正态分布表将其换算成相应的 Z_{bench}，进而得到对应的西格玛水平为：$Z = 1.5 + Z_{bench}$。

对计件值数据进行过程能力分析时，先计算其产品合格率，然后对照标准正态分布表找到相应的 Z_{bench}，然后得到对应的西格玛水平为：$Z = 1.5 + Z_{bench}$。

例 10.6： 某公司开单据，一个月中共开出 2 500 张，每张各有 10 处需要填写的栏，其中，共有 8 处出现了错误。请计算该过程的 DPMO 和西格玛水平 Z。

（1）计算该过程的 DPMO。记 D = 缺陷数，O = 单位缺陷机会，U = 单位数，则

$$\text{DPMO} = \frac{D}{U \times O} \times 10^6 = \frac{8}{2\ 500 \times 10} \times 10^6 = 320$$

（2）计算该过程的西格玛水平 Z。由 DPMO 查附表 1 中的 $(1 - \text{DPMO} \times 10^{-6})$ 值，可得到 $Z_{bench} = 3.41$（该计算利用 MINITAB 的实现路径为：计算→概率分布→正态，选择逆累积概率，同样得到 $Z_{bench} = 3.41$），因此，得到西格玛水平为

$$Z = 1.5 + Z_{bench} = 1.5 + 3.41 = 4.91$$

10.5.3 过程能力分析与组织文化相关

不同的过程能力指数来源于不同的背景和条件。如果把不合格品率看作过程最主要的质量指标，建议采用过程能力指数 C_p 和 C_{pk}，这是因为 C_p 和 C_{pk} 指数与不合格品率密切相关；若把减小围绕设计目标值的波动看作最主要的质量指标，建议采用过程能力指数 C_{pm}。例如，假设过程输出的质量特性要求为 12±6 毫米，过程输出如图 10.8 中 A 所示，服从正态分布，且均值 $\mu = 12$，标准差 $\sigma = 2$，此时有

$$C_p = C_{pk} = \min\left\{\frac{12-6}{3 \times 2}, \frac{18-12}{3 \times 2}\right\} = 1.00$$

$$C_{pm} = \frac{18-6}{6\sqrt{2^2 + (12-12)^2}} = 1.00$$

若将过程输出的结果 A 分布，调整为图 10.8 中的 B 分布，即过程输出均值 $\mu = 15$，标准差 $\sigma = 0.67$。通过这种调整后，提高了产品合格率，但位于目标值附近的比率下降了，这种调整提高了过程性能吗？从过程能力指数 C_{pk} 看，$C_{pk} = 1.50$；从过程能力指数

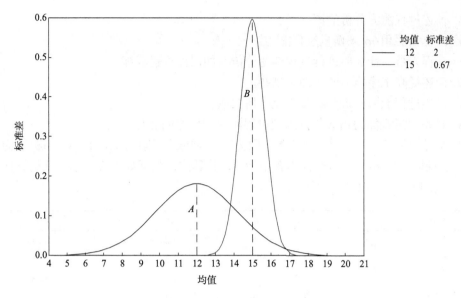

图 10.8　过程输出从分布 A 变化到 B

C_{pm} 看，$C_{pm} = 0.65$。这种改变对于过程质量水平是有益还是有害完全取决于组织的质量文化和组织追求的目标。对于主要关心产品合格率的企业，无疑过程输出 B 的结果较好；而对于注重提高产品等级的企业，则会认为过程输出 A 的结果较好。

事实上，评价过程性能的每一种方法都有其局限性，在难以做出选择时，不合格品率是度量过程能力最直接、最自然的方法，但它也有自身的局限性。例如，假设在一个生产过程中，若不合格品率 $p = 8\%$，那么如何降低不合格品率呢？若低于公差下限（LSL）和高于公差上限（USL）各有 4%，那么需要减小过程的标准差 σ；若 8%的不合格品均低于公差下限，则需要向上调整过程输出均值 μ；若 8%的不合格品率均高于公差上限，则需要向下调整过程输出均值 μ；若 6%的不合格品率低于公差下限，2%的不合格品率高于公差上限，则需要稍微向上调整过程输出均值 μ，同时减小标准差 σ。为了改进过程性能，究竟采用何种措施，仅仅根据不合格品率 p，会给我们提供不同的答案。此外，假设产品低于公差下限，必须报废，其成本是 10 元，而高于公差上限，可以返修，其成本是 1 元，那么了解低于公差下限和高于公差上限的百分比就显得特别重要。在缺乏过程能力的情况下，我们会向上调整过程输出的均值，以减少报废的比例，降低制造成本。

过程能力指数是一把双刃剑，过程能力指数用得好，对于满足顾客需求，改进过程性能提供了有用的信息；否则，将会导致误解、浪费资源和错误的决策。因此，在进行过程能力分析时，一定注意每个过程能力指数的应用条件，尽可能从多方位进行较为系统、全面的评价和分析。

思考与练习

1. 为什么在加工过程中会发生质量波动？影响质量波动的因素主要有哪些？
2. 什么是过程能力和过程能力指数？

3. 简述过程能力分析的流程。

4. 为什么要用6σ来衡量过程能力？

5. 工程人员为什么要进行过程能力分析？如何评价过程能力？

6. 简述提高工序能力的途径有哪些。

7. 简述过程能力分析与组织文化有何关系。

8. C系列过程能力指数与p系列过程能力指数之间有什么关系？

9. 某过程加工一个零件，其公差上限为1.50厘米，下限为1.10厘米，目标值为1.30厘米。现抽取9个样本，每个样本含量为3，其具体的数据如下表所示。试估算该过程的C_p、C_{pk}和C_{pmk}，以及P_p和P_{pk}。

样本序号	x_1	x_2	x_3
1	1.20	1.26	1.24
2	1.21	1.39	1.26
3	1.32	1.41	1.28
4	1.25	1.40	1.39
5	1.26	1.38	1.40
6	1.29	1.36	1.43
7	1.40	1.28	1.36
8	1.36	1.32	1.25
9	1.25	1.21	1.34

第11章

统计过程控制

自 1924 年美国学者休哈特博士首创控制图，提出 SPC 的理论和方法以来，SPC 无论是理论研究，还是实际应用均得到了不断的发展和完善，日本就是成功应用统计质量控制技术的国家之一。特别是 20 世纪 80 年代，以美国为代表的西方工业化国家发起的第二次质量革命，使人们重新认识和研究了统计技术，并使其在工业界得到了广泛的应用。发展到今天统计技术已成为一个比较庞大的质量控制领域。

应用 SPC 的目的就是监控生产过程的运行，以探测可能发生的异常因素。正确应用 SPC 技术，通过发现并消除异常因素，可以达到改进过程、改进操作程序、保证产品质量之目的。尽管 SPC 起源于制造过程，但其研究成果同样适用于其他过程，如设计过程、管理过程、服务过程等。

本章的主要内容主要包括 SPC 的概述；常规计量控制图；常规计数控制图；小批量控制图；小波动控制图；等等。

11.1 统计过程控制概述

11.1.1 过程输出结果的统计规律性

在质量领域，过程的概念是明确的，它是指使用资源将输入转化为输出的活动。任何过程都受到两类因素的制约，一类是无法或者难以控制的随机因素，另一类是可以确定或者可识别的系统因素或可控因素。若过程输出的波动仅是由随机因素引起的，则称过程处于统计控制状态或受控状态。若过程输出的波动是由系统因素的变异引起的，则称过程处于失控状态。此时，系统因素也称异常因素，由于原因是可以查找出来的，也称可查明因素。一旦发生这种情况，就应该尽快查找问题的原因，采取措施加以消除，并纳入标准，保证其不再出现。将影响质量波动的因素区分为随机因素和异常因素，并分别采取不同的处理措施，是休哈特的重要贡献，它奠定了 SPC 的基础。

任何过程或产品质量特性的数据值，不管是否对其进行测量，由于受到随机因素的作用，波动始终是存在的。当对其进行测量时，通常利用概率分布对质量特性的测量值进行统计分析。从理论上讲，质量特性的分布可以具有很多类型，但根据中心极限定理，在大多数情况下，质量特性的分布服从正态分布。为方便起见，不妨假设过程输出质量特性为 X ，则 $X \sim N(\mu, \sigma^2)$ 。对于正态分布，有两个重要参数：过程输出均值 μ 和过程输出标准差 σ 。

过程输出结果的中心。正态分布的均值 μ 反映了过程输出结果的中心，它描述了过程的自然输出，与质量特性的设计目标值无关。设 $x_1, x_2, \cdots, x_n$ 为 X 的一组样本，则均值 μ 通常是用样本均值 $\bar{X}$ 来估计，即

$$\bar{X} = \frac{1}{n}\sum_{i=1}^{n} x_i \tag{11.1}$$

因此，也常称样本均值 $\bar{X}$ 是过程平均。

过程输出结果的波动。过程输出结果的标准差 σ ，反映了过程输出结果波动的大小。由于随机因素的作用，过程的输出结果不可能总是落在它的输出均值上，通常围绕 μ （或 $\bar{X}$ ）具有偏差。实际上，通常用样本标准差 S 作为 σ 的估计值，即

$$S = \sqrt{\frac{1}{n-1}\sum_{i=1}^{n}(x_i - \bar{X})^2} \tag{11.2}$$

S 刻画了过程输出结果值 x_i 与过程平均 $\bar{X}$ 波动的大小。在实际应用中，还可以引入易于计算的样本极差 R 作为 σ 的近似估计值，刻画过程输出结果波动的大小，即

$$R = \max_{1 \leqslant i \leqslant n} x_i - \min_{1 \leqslant i \leqslant n} x_i \tag{11.3}$$

从过程分布的统计规律中可以清楚地看到：过程输出均值参数 μ 反映了过程输出的中心，而标准差 σ 反映了过程波动的大小。

11.1.2　统计过程控制的基本原理

过程控制有多种含义，如在自动化领域也常常使用"process control"，在质量控制领域就是指对过程的监测调整以达到维持过程正常运行之目的。由于这种控制的基础是概率统计，因而又叫作 SPC。

SPC 发展到现在已经成为一个比较庞大的质量控制领域，各种各样的控制图已达百种之多，但这些控制图都是基于一个相同的基本原理，即统计学中的小概率事件原理："在一次观测中，小概率事件是不可能发生的，一旦发生就认为系统出现问题"。把这一原理转化为工程技术语言可描述为"预先假定过程处于某一状态，一旦显示出过程偏离这一状态的极大可能性，就可认为过程失控"，于是需要及时调整过程。

SPC 的工作原理如图 11.1 所示，观测值 1 落入小概率事件以外的范围，因而认为过程在正常运行；而观测值 2 位于小概率事件域 α 内，因而可判断过程失控；如此多次观测和判断就是连续地进行统计假设检验，于是就形成了其工作图，即监测用控制图。这种控制图具有多种形式，但工作原理和方法都是相同的，用这一类控制图对过程进行的监测控制就是 SPC 的一个重要应用。

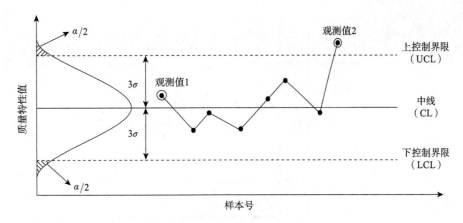

图 11.1　SPC 的工作原理

特别地，当过程的输出质量特性 $X \sim N(\mu, \sigma^2)$ 时，则 "$|X - \bar{X}| \geqslant 3\sigma$" 就是一个小概率事件，其概率为 $\alpha = 0.27\%$，因而可构造出生产过程的统计控制图，实施对过程的监测控制。由于小概率事件域是以均值 μ 为中心的 $\pm 3\sigma$ 为边界，因此，也称其为 3σ 原理，如图 11.2 所示。休哈特就是根据正态分布的这一性质构造了休哈特控制图，也称为常规控制图。

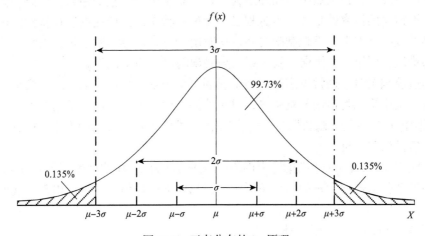

图 11.2　正态分布的 3σ 原理

将图 11.2 按顺时针转 90°，再将其上下翻转 180°，并记上控制限（upper control limit）为 $UCL = \mu + 3\sigma$；中心线（centre line）为 $CL = \mu$；下控制限（lower control limit）为 $LCL = \mu - 3\sigma$，就构造成了控制图，如图 11.3 所示，其中横坐标为时间刻度，表示样本的抽样顺序。这样控制图就可以反映过程随时间变化的趋势及其动态特征。

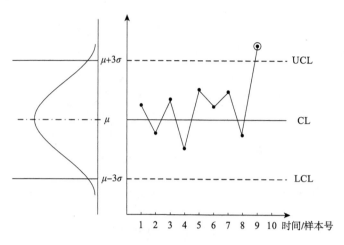

图 11.3　控制图的构成

11.1.3　控制图失控的判定准则

休哈特设计控制图的基本思想就是首先确定小概率事件的概率 α，若取 $\alpha = 0.27\%$，这就意味着当过程处于统计控制状态时，大约 1 000 个点中有 3 个会超出控制限，即在过程正常的情况下，根据点出界而判定为异常，犯了虚发警报的错误，即第一类错误，发生第一类错误的概率就是 α。若过程已处于失控状态，但产品的质量特性值仍在非小概率的事件域中，即上、下控制限之间，这时由于点未出界而判定过程正常，就犯了漏发警报的错误，即第二类错误，发生第二类错误的概率通常记为 β。

在构造控制图时，通常设定第一类错误的概率为 α。当 α 给定时，自然希望 β 越小越好。为了减小第二类错误的概率 β，对于控制图中的界内点增加了第二类判定准则，即"控制限内点的排列非随机"，于是，控制图失控的判定就分为两大类：打点值出界和界内打点值排列非随机。

为了便于操作，《常规控制图》国家标准 GB/T4091-2001 明确给定了 8 种失控模式，它将控制域划分为带宽为 σ 的六个条形区域，只要下列任何一种情况出现，就可判定为过程失控。

（1）1 个点落在控制限之外。

（2）连续 9 个点落在中心线同一侧。

（3）连续 6 个点递增或递减。

（4）连续 14 个点中相邻点交替升降。

（5）连续 3 个点中有 2 个点落在中心线同一侧的 B 区之外。

（6）连续 5 个点中有 4 个点落在中心线同一侧的 C 区之外。

（7）连续 15 个点落在 C 区之内。

（8）连续 8 个点落在中心线两侧，但无一在 C 区内。

经过简单的计算可知，当过程处于统计控制状态时，上述 8 种模式，对于犯第一类错误的概率 α 都是一个小概率事件。图 11.4 给出了 GB/T4091-2001 控制图失控的判定准则的示意图。

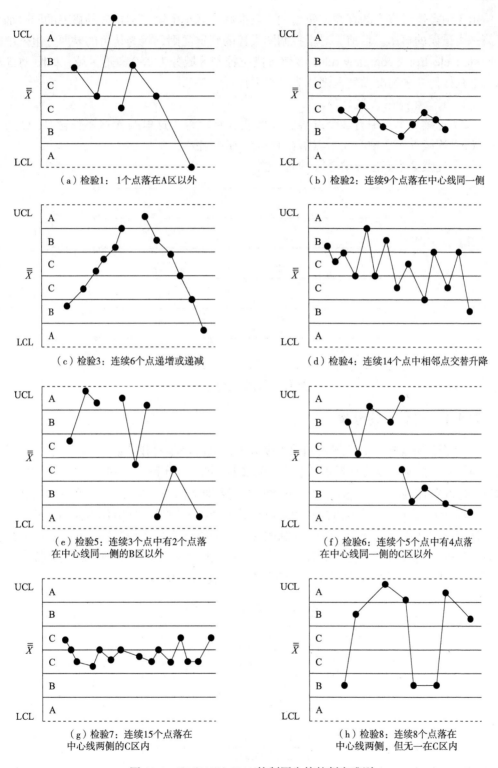

（a）检验1：1个点落在A区以外

（b）检验2：连续9个点落在中心线同一侧

（c）检验3：连续6个点递增或递减

（d）检验4：连续14个点中相邻点交替升降

（e）检验5：连续3个点中有2个点落
在中心线同一侧的B区以外

（f）检验6：连续个5个点中有4点落
在中心线同一侧的C区以外

（g）检验7：连续15个点落在
中心线两侧的C区内

（h）检验8：连续8个点落在
中心线两侧，但无一在C区内

图 11.4　GB/T4091-2001 控制图失控的判定准则

由于两类错误概率的存在，每增加一条准则，减小了第二类错误的概率的同时加大了第一类错误的概率。目前，对于控制图失控的判定准则，较为认可的是西方电气准则（western electronic company rules），该准则把控制区域分为六个条形区域，如图 11.5 所示。下列任何一种情况发生，则认为过程失控：

（1）1 个点落在 A 区之外。

（2）连续 3 个点中有 2 个点落在 A 区或 A 区之外（这里的 A 区不包含 B、C 区）。

（3）连续 5 个点中有 4 个点落在 B 区或 B 区之外。

（4）连续 8 个点位于中心线的同一侧。

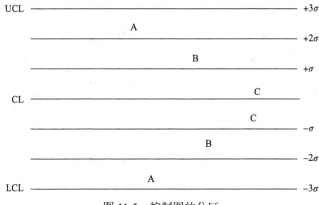

图 11.5　控制图的分区

11.1.4　控制图的分类

（1）根据数据类型，常规控制图可以分为计量值控制图和计数值控制图。计量值控制图通常用于控制对象为计量值的场合，这类控制图有均值—极差控制图（$\bar{X}-R$ 图）、均值—标准差控制图（$\bar{X}-S$ 图）、中位数—极差控制图（$\tilde{X}-R$ 图）、单值—移动极差控制图（I-MR 图）等。计数值控制图是以计数值数据的质量特性值作为控制对象，它包括计件控制图和计点控制图。计件控制图又可分为不合格品率控制图（p 图）和不合格品数控制图（np 图）；计点控制图又可分为单位缺陷数控制图（u 图）和缺陷数控制图（c 图）。根据数据类型，常规控制图的分类详如表 11.1 所示。

表 11.1　常规控制图的种类

数据类型	数据	分布类型	控制图种类	记号	说明
计量型	计量值	正态分布	均值—极差控制图	$\bar{X}-R$ 图	子组为计量数据。标出子组的均值或中位数，以及子组极差或者子组标准差
			均值—标准差控制图	$\bar{X}-S$ 图	
			中位数—极差控制图	$\tilde{X}-R$ 图	
			单值—移动极差控制图	I-MR 图	单个计量数据，标出观测值移动极差
计数型	计件值	二项分布	不合格品率控制图	p 图	计件数据，如不合格品数、销售中的流失数等
			不合格品数控制图	np 图	
	计点值	泊松分布	单位缺陷数控制图	u 图	计点数据，如缺陷数、瑕疵数等
			缺陷数控制图	c 图	

（2）根据应用目的和应用场合，控制图分为分析用控制图和控制用控制图。分析用控制图在生产过程之初使用，目的是使过程处于受控状态的同时满足过程能力指数的要求。在这一阶段，通过收集数据，绘制控制图，发现并消除异常因素，使过程处于 SPC 状态，并使过程能力指数 $C_p \geqslant 1.00$，确保能够正常开工生产。控制用控制图则是在过程处于受控状态且满足能力要求时，将分析用控制图的控制限作为控制标准，延长控制限作为控制用控制图的控制限，对过程进行日常控制，并通过及时预警，保持过程的正常运行。表 11.2 给出了分析用控制图和控制用控制图的主要区别。在下面各节所讲的控制图中，主要是针对控制用的控制图。

表 11.2 分析用控制图和控制用控制图的主要区别

区别点	分析用控制图	控制用控制图
过程以前的状态	未知	已知
绘图所需要的最小子组数	20~25 组	1 组
控制图的控制限	需要计算	可以延长分析用时的控制限
使用目的	了解过程，使过程受控	保持过程运行
使用人员	工艺部门、质量管理部门	现场操作和管理人员

（3）根据制造过程产品批量的大小，控制图又可分为常规控制图和小批量控制图；根据监控波动的灵敏性，控制图又可分为常规控制图、CUSUM 控制图和 EWMA 控制图等。

11.1.5 常规控制图的应用程序

应用常规控制图对过程进行控制通常包括下列步骤：

（1）确定受控对象的质量特性。确定受控对象的质量特性就是选出符合应用目的、可控的、重要的质量特性。

（2）确定波动来源和抽样方案。若存在多波动源，需要用多变异分析确定最大的波动源。确定抽样方案时，要确定样本容量、如何抽取数据和抽样的时间间隔。

（3）收集数据。初始建立分析用控制图的控制界限，至少要抽取 20 组样本，尽量使用反映当前信息的数据，并记录数据收集的日志，包括人员、时间、地点、事件和方案等；同时，要保证抽样的随机性。

（4）计算控制限。要根据选择的控制图类型，计算出上控制限和下控制限。

（5）绘制控制图。

（6）应用控制图。根据控制图的判定准则，确定过程的状态，必要时重新计算控制限。如果过程能继续处于控制状态，要定期评价控制限；当操作人员、原材料、机器设备、操作方法等发生变化时，要重新计算控制限，实施对过程的控制。

常规控制图的选用流程图如图 11.6 所示。

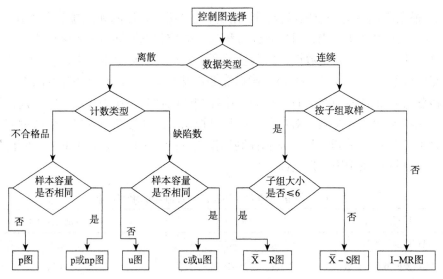

图 11.6　常规控制图的选用流程图

11.2　常规计量控制图

常规控制图的基本假设是质量特性的观测值 X 服从正态 $N(\mu, \sigma^2)$，其中 μ, σ 分别为正态分布的均值和标准差，因此，要控制质量特性 X 需要两张控制图，一张用于控制均值 μ，另一张用于控制标准差 σ。根据样本大小 n 和用于估计 μ 和 σ 的统计量的不同，常用的计量控制图有：$\bar{X} - R$ 图、$\bar{X} - S$ 图、$\tilde{X} - R$ 图、$I - MR$ 图等。下面将分别说明这四种控制图的原理、构造方法及其应用。

11.2.1　均值—极差控制图

假设质量特性 $X \sim N(\mu, \sigma^2)$，从中抽取大小为 n 的样本 $(X_1, X_2, \cdots, X_n)$，则样本均值统计量 $\bar{X} = \dfrac{1}{n} \sum_{i=1}^{n} X_i$ 服从正态分布 $N(\mu, \dfrac{\sigma}{\sqrt{n}})$，于是 $\bar{X}$ 图的中心线和控制限分别为

$$UCL = \mu + \frac{3}{\sqrt{n}} \sigma$$
$$CL = \mu \qquad\qquad (11.4)$$
$$LCL = \mu - \frac{3}{\sqrt{n}} \sigma$$

样本极差的统计量 $R = \max_{1 \leqslant i \leqslant n} X_i - \min_{1 \leqslant i \leqslant n} X_i$，可以证明：$R \sim N(d_2 \sigma, \sqrt{d_3} \sigma)$，其中 d_2，d_3 是与样本大小 n 有关的常数。这样，统计量 R 图的中心线和控制限分别为

$$UCL = (d_2 + 3d_3) \sigma$$
$$CL = d_2 \sigma \qquad\qquad (11.5)$$
$$LCL = (d_2 - 3d_3) \sigma$$

由于均值 μ 和标准差 σ 都是未知的，需要从抽取的样本中估计。不妨设共抽取了 k 个样本，每个样本大小为 n。k 个样本数据如表 11.3 所示，其中，$\bar{X}_i = \dfrac{1}{n}\sum_{j=1}^{n} X_{ij}(i=1,2,\cdots,k)$；

$R_i = \max_{1\leqslant j\leqslant n} X_{ij} - \min_{1\leqslant j\leqslant n} X_{ij}(i=1,2,\cdots,k)$。

表 11.3 共有 k 个样本，样本大小为 n 的数据表和样本均值、极差统计量

样本序号	样本	样本均值 $\bar{X}_i$	样本极差 R_i
1	$X_{11}, X_{12}, \cdots, X_{1n}$	$\bar{X}_1$	R_1
2	$X_{21}, X_{22}, \cdots, X_{2n}$	$\bar{X}_2$	R_2
$\vdots$	$\vdots$	$\vdots$	$\vdots$
k	$X_{k1}, X_{k2}, \cdots, X_{kn}$	$\bar{X}_k$	R_k

记样本均值的平均值为 $\bar{\bar{X}}$，样本极差的均值为 $\bar{R}$，即 $\bar{\bar{X}} = \dfrac{1}{k}\sum_{i=1}^{k} \bar{X}_i$，$\bar{R} = \dfrac{1}{k}\sum_{i=1}^{k} R_i$，则 $\bar{\bar{X}}$ 和 $\bar{R}$ 的期望为

$$E(\bar{\bar{X}}) = \mu, \quad E(\bar{R}) = d_2\sigma$$

这样，均值 μ 和标准差 σ 的无偏估计分别为

$$\hat{\mu} = \bar{\bar{X}}, \quad \hat{\sigma} = \frac{\bar{R}}{d_2}$$

又记 $A_2 = \dfrac{3}{d_2\sqrt{n}}$，$D_3 = 1 - \dfrac{3d_3}{d_2}$，$D_4 = 1 + \dfrac{3d_3}{d_2}$，则 $\bar{X}$ 图可表示为

$$\begin{aligned} \text{UCL} &= \bar{\bar{X}} + A_2\bar{R} \\ \text{CL} &= \bar{\bar{X}} \\ \text{LCL} &= \bar{\bar{X}} - A_2\bar{R} \end{aligned} \tag{11.6}$$

R 图可表示为

$$\begin{aligned} \text{UCL} &= D_4\bar{R} \\ \text{CL} &= \bar{R} \\ \text{LCL} &= D_3\bar{R} \end{aligned} \tag{11.7}$$

$\bar{X}$ 图和 R 图中，A_2，D_3，D_4 是与样本大小 n 有关的控制图常数，可参见附表 5：计量控制图系数表。控制图上打点值的散布状况是生产过程运行状况的缩影，各种波动（正常波动或异常波动）都通过打点值的散布状况展现出来。若判断过程存在异常波动，应查找原因，及时纠正。$\bar{X}$ 图显示的是子组间的波动，并表明过程是否稳定；R 图显示子组内的波动，也反映所监控过程的波动程度；由于 $\bar{X}$ 图的控制限依赖于平均极差 R，因此应首先构造 R 图，只有当 R 图处于统计控制状态时，才能构造 $\bar{X}$ 图。在实际应用中，由于 $\bar{X}$ 图和 R 图往往联合使用，所以称为 $\bar{X}-R$ 图。

$\bar{X}-R$ 是应用最广泛的一对控制图，该图应用于大批量生产过程中被控质量特性（如长度、硬度、张力等）的变化情况，使用 $\bar{X}-R$ 图的基本要求是：样本大小 n 小于 10，一般取 3~5 为宜；样本个数 k 以 20~25 为宜；而对样本间隔没有要求，视情况而定。

例 **11.1**：某汽车发动机制造厂项目改进团队，需要对活塞环直径进行控制，测量的数据如表 11.4 所示，试构建 $\bar{X} - R$ 图。

表 11.4　活塞环直径的数据表（单位：毫米）

样本序号	测量值					子组均值 $\bar{X}_i$	子组极差 R_i
1	74.030	74.002	74.019	73.992	74.008	74.010	0.038
2	73.995	73.992	74.001	74.001	74.011	74.001	0.019
3	73.988	74.024	74.021	74.005	74.002	74.008	0.036
4	74.002	73.996	73.993	74.015	74.009	74.003	0.022
5	73.992	74.007	74.015	73.989	74.014	74.003	0.026
6	74.009	73.994	73.997	73.985	73.993	73.996	0.024
7	73.995	74.006	73.994	74.000	74.005	74.000	0.012
8	73.985	74.003	73.993	74.015	73.998	73.997	0.030
9	74.008	73.995	74.009	74.005	74.004	74.004	0.014
10	73.998	74.000	73.990	74.007	73.995	73.998	0.017
11	73.994	73.998	73.994	73.995	73.990	73.994	0.008
12	74.004	74.000	74.007	74.000	73.996	74.001	0.011
13	73.983	74.002	73.998	73.997	74.012	73.998	0.029
14	74.006	73.967	73.994	74.000	73.984	73.990	0.039
15	74.012	74.014	73.998	73.999	74.007	74.006	0.016
16	74.000	73.984	74.005	73.998	73.996	73.997	0.021
17	73.994	74.012	73.986	74.005	74.007	74.001	0.026
18	74.006	74.010	74.018	74.003	74.000	74.007	0.018
19	73.984	74.002	74.003	74.005	73.997	73.998	0.021
20	74.000	74.010	74.013	74.020	74.003	74.009	0.020
21	73.998	74.001	74.009	74.005	73.996	73.996	0.033
22	74.004	73.999	73.990	74.006	74.009	74.002	0.019
23	74.010	73.989	73.990	74.009	74.014	74.002	0.025
24	74.015	74.008	73.993	74.000	74.010	74.005	0.022
25	73.982	73.984	73.995	74.017	74.013	73.998	0.035

（1）计算统计量。

第一，计算每个子组的均值，如第 1 子组，$\bar{X}_1 = \frac{1}{5}(74.030 + \cdots + 74.008) = 74.010$（毫米）。

第二，计算每个子组的极差，如第 1 子组，$R_1 = 74.030 - 73.992 = 0.038$（毫米）。

第三，计算 25 个子组的总均值，$\bar{\bar{X}} = \frac{1}{25}\sum_{i=1}^{25}\bar{X}_i = 74.001$（毫米）。

第四，计算 25 个子组极差的均值，$\bar{R} = \frac{1}{25}\sum_{i=1}^{25}R_i = 0.023$（毫米）。

（2）计算 $\bar{X}$ 图和 R 图的控制限。由于样本大小 $n = 5$，查附表 5：计量控制图系数表得，$A_2 = 0.577$，D_3 不考虑（$n = 5$ 时，D_3 为负值），$D_4 = 2.115$，因此，对 $\bar{X}$ 图来说：

$$UCL = \overline{\overline{X}} + A_2\overline{R} = 74.001 + 0.557 \times 0.023 = 74.014$$

$$CL = \overline{\overline{X}} = 74.001$$

$$LCL = \overline{\overline{X}} - A_2\overline{R} = 74.001 - 0.577 \times 0.023 = 73.988$$

对 R 图来说：

$$UCL = D_4\overline{R} = 0.049$$

$$CL = \overline{R} = 0.023$$

（3）作分析用控制图。根据所计算的 $\overline{X}$ 图和 R 图控制限，分别建立两张图的坐标系，并对各子组数据的统计量、样本号相对应的数据，在控制图上打点、连线，即得到分析用控制图，如图 11.7 所示。

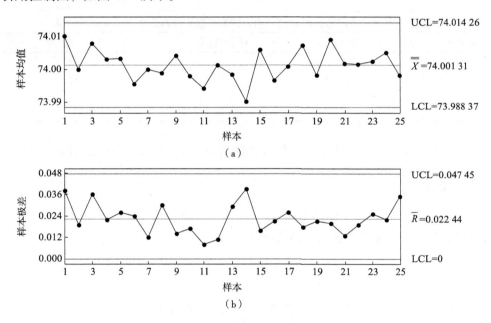

图 11.7 活塞环直径的 $\overline{X} - R$ 图

由于 $\overline{X}$ 图和 R 图均处于统计控制状态，且该活塞环直径生产过程的过程能力指数达到要求，因此，可以将图 11.7 的控制限加以延长，作为控制用控制图。事实上，应用 MINITAB 很容易绘制 $\overline{X} - R$ 图，实现路径：从统计→控制图→子组的变量控制图→Xbar-R 进入；指定选项"子组的观测值位于多列的同一行中"；在 Xbar-R 选项→估计→子组大小>1 中选择"Rbar"；点击"确认"，运行命令，可得到图 11.7。

11.2.2 均值—标准差控制图

假设质量特性 $X \sim N(\mu, \sigma^2)$，从中抽取大小为 n 的样本 $(X_1, X_2, \cdots, X_n)$，则 $S = \sqrt{\dfrac{1}{n-1}\sum_{i=1}^{n}(X_i - \overline{X})^2}$ 可以作为 σ 的估计。可以证明，S 近似服从正态分布 $N(c_2\sigma, c_3\sigma)$，其中 c_2，c_3 是与样本大小 n 有关的常数。于是，S 图的控制限和中心线分别为

$$UCL = (c_2 + 3c_3)\sigma$$
$$CL = c_2\sigma \quad\quad (11.8)$$
$$LCL = (c_2 - 3c_3)\sigma$$

由于标准差 σ 是未知的，需要从抽取的样本中估计。不妨设共抽取了 k 个样本，每个样本大小为 n。k 个样本数据如表 11.5 所示，其中：

$$\bar{X}_i = \frac{1}{n}\sum_{j=1}^{n} X_{ij}, \quad i = 1, 2, \cdots, k \quad\quad (11.9)$$

$$S_i = \sqrt{\frac{1}{n-1}\sum_{j=1}^{n}(X_{ij} - \bar{X}_i)^2}, \quad i = 1, 2, \cdots, k \quad\quad (11.10)$$

表 11.5　共有 k 个样本，样本大小为 n 的数据表和样本均值、标准差统计量

样本序号	样本	样本均值 $\bar{X}_i$	样本标准差 S_i
1	$X_{11}, X_{12}, \cdots, X_{1n}$	$\bar{X}_1$	S_1
2	$X_{21}, X_{22}, \cdots, X_{2n}$	$\bar{X}_2$	S_2
⋮	⋮	⋮	⋮
k	$X_{k1}, X_{k2}, \cdots, X_{kn}$	$\bar{X}_k$	S_k

记样本均值的平均值为 $\bar{\bar{X}}$，样本标准差的均值为 $\bar{S}$，即 $\bar{\bar{X}} = \frac{1}{k}\sum_{i=1}^{k}\bar{X}_i, \bar{S} = \frac{1}{k}\sum_{i=1}^{k}S_i$，则 $\bar{\bar{X}}$ 和 $\bar{S}$ 的期望为

$$E(\bar{\bar{X}}) = \mu, \quad E(\bar{S}) = c_2\sigma$$

这样，均值 μ 和标准差 σ 的无偏估计分别为

$$\hat{\mu} = \bar{\bar{X}}, \quad \hat{\sigma} = \frac{\bar{S}}{c_2}$$

又记 $A_3 = \frac{3}{c_2\sqrt{n}}$，$B_3 = 1 - \frac{3c_3}{c_2}$，$B_4 = 1 + \frac{3c_3}{c_2}$，则 $\bar{X}$ 图可表示为

$$UCL = \bar{\bar{X}} + A_3\bar{S}$$
$$CL = \bar{\bar{X}} \quad\quad (11.11)$$
$$LCL = \bar{\bar{X}} - A_3\bar{S}$$

S 图可表示为

$$UCL = B_4\bar{S}$$
$$CL = \bar{S} \qu\quad (11.12)$$
$$LCL = B_3\bar{S}$$

$\bar{X}$ 图和 S 图中，A_3，B_3，B_4 是与样本大小 n 有关的控制图常数，可参见附表 5：计量控制图系数表。我们知道：$\bar{X}$ 图显示的是子组间的波动，并表明过程是否稳定；S 图显示子组内的波动，也反映所监控过程的波动程度；$\bar{X}$ 图的控制限依赖于标准差 S，因此，应首先构造 S 图，只有当 S 图处于统计控制状态时，才能构造 $\bar{X}$ 图。在实际应用中，由于 $\bar{X}$ 图和 S 图通常联合使用，所以称为 $\bar{X} - S$ 图。

$\bar{X}$–S 是最有效、最可靠的一对控制图，由于该图样本标准差的计算较为麻烦，在以往的实际应用中受到一定的限制，随着统计软件的开发和计算机的广泛应用，计算困难的问题已经得到解决。使用 $\bar{X}$–S 图的基本要求是：样本大小 n 大于 10；样本个数 k 以 20~25 为宜；而对样本间隔没有要求，视情况而定。

对本节汽车发动机活塞环直径数据，应用 MINITAB 绘制的 $\bar{X}$–S 图，如图 11.8 所示。实现路径为：从统计→控制图→子组的变量控制图→Xbar-S 图进入；指定选项"子组的观测值位于多列的同一行中"；在 Xbar-S 选项→估计→子组大小>1 中选择"Sbar"；点击确定，运行命令，得到图 11.8。S 图和 $\bar{X}$ 图都无异常点出现，过程受控，因此，可以判定活塞环的生产过程处于统计控制状态。这里 $\bar{X}$–S 图与 $\bar{X}$–R 图的区别在于，$\bar{X}$–S 图的控制精度要高些。

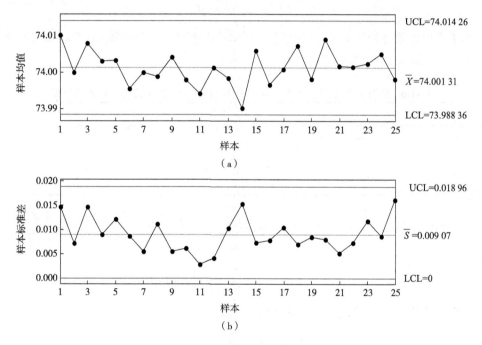

图 11.8　活塞环生产过程的 $\bar{X}$–S 控制图

11.2.3　中位数—极差控制图

中位数—极差控制图（$\tilde{X}$–R 图）与 $\bar{X}$–R 类似，区别在于前者用中位数 $\tilde{X}$ 作为均值 μ 的估计值，其优点表现在计算简单，深受现场操作人员的欢迎，是常用的一种控制图。由于 R 图在 $\bar{X}$–R 图中已做了讨论，下面仅就 $\tilde{X}$ 图的原理进行说明。

假设质量特性 $X \sim N(\mu, \sigma^2)$，从中抽取大小为 n 的样本 $(X_1, X_2, \cdots, X_n)$，将样本按照由小到大的顺序重新排列为次序统计量：

$$X_1^* \leqslant X_2^* \leqslant \cdots \leqslant X_n^*$$

则称统计量：

$$\tilde{X} = \begin{cases} X^*_{\frac{n+1}{2}}, & n\text{为奇数} \\ \dfrac{1}{2}\left(X^*_{\frac{n}{2}} + X^*_{\frac{n}{2}+1}\right), & n\text{为偶数} \end{cases}$$

为中位数。可以证明中位数 $\tilde{X}$ 服从正态分布 $\mathrm{N}\left(\mu, \dfrac{m_3\sigma}{\sqrt{n}}\right)$，于是，中位数 $\tilde{X}$ 图的控制限和中心线为

$$\mathrm{UCL} = \mu + \frac{3m_3}{\sqrt{n}}\sigma$$
$$\mathrm{CL} = \mu \tag{11.13}$$
$$\mathrm{LCL} = \mu - \frac{3m_3}{\sqrt{n}}\sigma$$

为了给出均值 μ 和标准差 σ 的估计。不妨设共抽取了 k 个样本，每个样本大小为 n。k 个样本数据如表 11.6 所示。

表 11.6　共有 k 个样本，样本大小为 n 的数据表和样本中位数、极差统计量

样本序号	样本	样本中位数 $\tilde{X}_i$	样本极差 R_i
1	$X_{11}, X_{12}, \cdots, X_{1n}$	$\tilde{X}_1$	R_1
2	$X_{21}, X_{22}, \cdots, X_{2n}$	$\tilde{X}_2$	R_2
$\vdots$	$\vdots$	$\vdots$	$\vdots$
k	$X_{k1}, X_{k2}, \cdots, X_{kn}$	$\tilde{X}_k$	R_k

记样本中位数的平均值为 $\overline{\tilde{X}}$，样本极差的均值为 $\overline{R}$，即 $\overline{\tilde{X}} = \dfrac{1}{k}\sum\limits_{i=1}^{k}\tilde{X}_i, \overline{R} = \dfrac{1}{k}\sum\limits_{i=1}^{k}R_i$，则 $\overline{\tilde{X}}$ 和 $\overline{R}$ 的期望为

$$E\left(\overline{\tilde{X}}\right) = \mu, \quad E\left(\overline{R}\right) = d_2\sigma$$

这样，均值 μ 和标准差 σ 的无偏估计分别为

$$\hat{\mu} = \overline{\tilde{X}}, \quad \hat{\sigma} = \frac{\overline{R}}{d_2}$$

又记 $A_4 = \dfrac{3m_3}{d_2\sqrt{n}}$，则 $\tilde{X}$ 图可表示为

$$\mathrm{UCL} = \overline{\tilde{X}} + A_4\overline{R}$$
$$\mathrm{CL} = \overline{\tilde{X}} \tag{11.14}$$
$$\mathrm{LCL} = \overline{\tilde{X}} - A_4\overline{R}$$

$\tilde{X}$ 图中，A_4 是与样本大小 n 有关的控制图常数，可参见附表 5：计量控制图系数表。

在实际应用中，应首先构造 R 图，只有当 R 图处于统计控制状态时，才能构造 $\tilde{X}$ 图。由于 $\tilde{X}$ 图和 R 图联合使用，所以，称为 $\tilde{X}$ – R 图。

11.2.4 单值—移动极差控制图

前面所讨论的三种计量控制图适用于样本数据可以分组的情形，如果每次抽样的间隔周期内只能得到一个观测值，也就是样本数据不能分组的情况下，就需要使用 I – MR 图对过程进行控制。I 图主要用于监控过程的均值是否处于统计控制状态，而 MR 图主要用于监控过程的标准差是否处于统计控制状态。在实际应用中，I 图和 MR 图通常联合使用，因此，称为 I – MR 图。

假设质量特性 $X \sim N(\mu, \sigma^2)$，每次只能从总体中抽取一个样本（$n = 1$），共抽取了 k 次样本。样本数据及移动极差见表 11.7，其中移动极差 $MR_i = |X_{i+1} - X_i|$，（$i = 1, 2, \cdots, k-1$）。由于 X_i 服从正态分布 $N(\mu, \sigma^2)$，因此，I 图的控制限和中心线分别为

$$UCL = \mu + 3\sigma$$
$$CL = \mu$$
$$LCL = \mu - 3\sigma$$

（11.15）

表 11.7　k 个样本数据和移动极差

样本序号	测量值 X_i	移动极差 MR_i
1	X_1	
2	X_2	MR_1
$\vdots$	$\vdots$	$\vdots$
k	X_k	MR_{k-1}

对于 MR 图来说，MR_i 可以看成是样本量大小为 2 的样本极差，因此，MR_i 可以认为近似服从正态分布 $N(1.128\sigma, 0.853\sigma)$，这样，MR 图的控制限和中心线可表示为

$$UCL = 3.687\sigma$$
$$CL = 1.128\sigma$$
$$LCL = 0$$

（11.16）

为了给出 μ，σ 的估计值，不妨记 $\bar{X} = \frac{1}{k}\sum_{i=1}^{k} X_i$，$\overline{MR} = \frac{1}{k-1}\sum_{i=1}^{k-1} MR_i$，可以证明它们的数学期望为

$$E(\bar{X}) = \mu, \quad E(\overline{MR}) = 1.128\sigma$$

由此得到 μ 和 σ 的无偏估计为

$$\hat{\mu} = \bar{X}, \quad \hat{\sigma} = \frac{\overline{MR}}{1.128}$$

进而，得到 I 图的控制限和中心线分别为

$$UCL = \bar{X} + 2.66\overline{MR}$$
$$CL = \bar{X}$$
$$LCL = \bar{X} - 2.66\overline{MR}$$

（11.17）

MR 图的控制限和中心线为

$$UCL = 3.27\overline{MR}$$
$$CL = \overline{MR}$$
$$LCL = 0 \qquad\qquad (11.18)$$

例 11.2：某化工企业，为控制其产品主要成分而收集的数据如表 11.8 所示，试分析生产过程是否处于统计控制状态？

表 11.8　化工产品主要成分含量数据表

序号	测量值 X_i	移动极差 MR_i	序号	测量值 X_i	移动极差 MR_i
1	12.1%		14	13.0%	0.4%
2	12.1%	0.0	15	12.5%	0.5%
3	12.4%	0.3%	16	12.2%	0.3%
4	13.2%	0.8%	17	13.0%	0.8%
5	13.3%	0.1%	18	12.8%	0.2%
6	12.4%	0.9%	19	12.5%	0.3%
7	13.0%	0.6%	20	12.6%	0.1%
8	13.5%	0.5%	21	12.4%	0.2%
9	12.5%	1.0%	22	12.8%	0.4%
10	12.8%	0.3%	23	12.7%	0.1%
11	13.1%	0.3%	24	12.6%	0.1%
12	12.8%	0.3%	25	13.0%	0.4%
13	13.4%	0.6%			

（1）计算统计量。

第一，计算移动极差 MR_i，计算结果见表 11.8。

第二，计算测量值的均值，$\overline{X} = \dfrac{1}{25}(12.1 + 12.1 + \cdots + 13.0) = 12.75$

第三，计算移动极差的均值，$\overline{MR} = \dfrac{1}{24}(0 + 0.3 + \cdots + 0.4) = 0.40$

（2）计算 I 图和 MR 图的控制限。

对于 I 图：

$$UCL = \overline{X} + 2.66\overline{MR} = 13.81$$
$$CL = \overline{X} = 12.75$$
$$LCL = \overline{X} - 2.66\overline{MR} = 11.69$$

对于 MR 图：

$$UCL = 3.27\overline{MR} = 1.31$$
$$CL = \overline{MR} = 0.40$$
$$LCL = 0$$

（3）作分析用控制图。

根据计算的 I 图和 MR 图的控制限，分别建立相应的坐标系，并在坐标系打点、连线，即得到分析用控制图，见图 11.9。

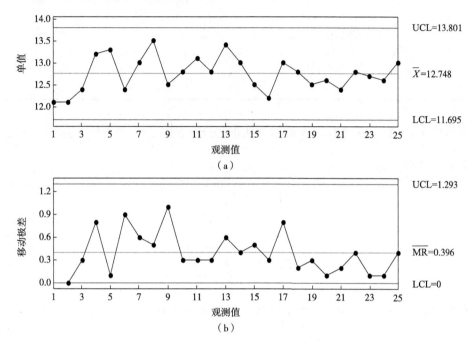

图 11.9　某化工过程主要成分的 I – MR 图

从图 11.9 可知，该过程处于统计控制状态。同样，可以应用 MINITAB 软件绘制 I – MR 图，对过程进行分析和控制。

11.3　计数值控制图

一般地，对离散型随机变量所做的控制图，称为计数值控制图，计数值控制图属于常规控制图。计数值控制图可以分为计件控制图和计点控制图。计件控制图包括 p 图和 np 图；计点控制图包括 u 图和 c 图。本节将讨论计数值控制图的基本原理及其应用。

11.3.1　计件控制图

计件值控制图适用于检验结果只有两类的情形：合格与不合格。假设从大量产品中随机抽取一定量的样品数，不合格品数为 X，则 X 为随机变量。对于一个稳定的生产过程，X 服从二点分布 $B(1, p)$，从总体中抽取 k 个样本，结果见表 11.9，其中：

$$p_i = \frac{1}{n_i}\sum_{j=1}^{n_i} X_{ij}, \ \ i = 1, 2, \cdots, k \tag{11.19}$$

表 11.9　k 个样本的数据表和不合格品数、不合格品率

样本序号	样本	不合格品数 $n_i p_i$	不合格品率 p_i
1	$X_{11}, X_{12}, \cdots, X_{1n_1}$	$\sum_{j=1}^{n_1} X_{1j}$	$p_1 = \bar{X}_1$
2	$X_{21}, X_{22}, \cdots, X_{2n_2}$	$\sum_{j=1}^{n_2} X_{2j}$	$p_2 = \bar{X}_2$
$\vdots$	$\vdots$	$\vdots$	$\vdots$
k	$X_{k1}, X_{k2}, \cdots, X_{kn_k}$	$\sum_{j=1}^{n_k} X_{kj}$	$p_k = \bar{X}_k$

可以证明，当 $n_i p_i \geqslant 5$ 时，p_i 近似服从正态分布 $N\left(p, \sqrt{\dfrac{p(1-p)}{n_i}}\right)$，这样，p 图的控制限和中心线分别为

$$\text{UCL} = p + 3\sqrt{\frac{p(1-p)}{n_i}}$$
$$\text{CL} = p \qquad\qquad (11.20)$$
$$\text{LCL} = p - 3\sqrt{\frac{p(1-p)}{n_i}}$$

若参数 p 未知，可取 $\hat{p} = \dfrac{1}{\sum\limits_{i=1}^{k} n_i} \sum\limits_{i=1}^{k} n_i p_i$ 作为 p 的估计值。

当 k 个样本的样本大小均为 n 时，第 i 个样本的不合格品数 np_i 近似服从正态分布 $N\left[np, \sqrt{np(1-p)}\right]$，于是 np 图的控制限和中心线分别为

$$\text{UCL} = np + 3\sqrt{np(1-p)}$$
$$\text{CL} = np \qquad\qquad (11.21)$$
$$\text{LCL} = np - 3\sqrt{np(1-p)}$$

根据上述分析，将计件控制图的参数 p 已知、未知及相应的中心线、控制限加以总结，具体结果如表 11.10 所示。

表 11.10　计件控制图的中心线和上下控制限

控制图的名称与符号		CL	UCL / LCL	数据分布	备注
不合格品率控制图（p 图）	参数未知	$\hat{p}$	$\hat{p} \pm 3\sqrt{\dfrac{\hat{p}(1-\hat{p})}{n}}$	二项分布	样本大小相等与不相等时均可使用
	参数已知	p_0	$p_0 \pm 3\sqrt{\dfrac{p_0((1-p_0)}{n}}$		
不合格品数控制图（np 图）	参数未知	$n\hat{p}$	$n\hat{p} \pm 3\sqrt{n\hat{p}(1-\hat{p})}$	二项分布	仅限于样本大小相等时使用
	参数已知	np_0	$np_0 \pm 3\sqrt{np_0(1-p_0)}$		

在应用计件控制图时，由于控制的对象是不合格品率（p 图）或者不合格品数（np 图），通常利用最初若干次观测值所估计的不合格品率 $\hat{p}$ 作为过程不合格品率的估计值。因此，要求每个样本中至少包含一个不合格品。

首先，由于样本大小 n 与过程的质量水平有关，质量水平越高，样本量应越大。否则，若 p 很小、而 n 又不大，p 图的控制界限将使得样本中只要出现 1 个不合格品就会使打点值出界，从而显示过程失控。

其次，若通过计算得出 LCL≤0，则实际下控制限取为 LCL = 0。

最后，当所有子组样本量 n_i（$i = 1, 2, \cdots, k$）大小相等时，p 图的控制限是直线。当子组的样本量 $n_i (i = 1, 2, \cdots, k)$ 大小不等时，p 图的控制限将变成折线。

计件控制图的制作程序与计量值控制图类似，下面将通过一个实例说明计件控制图的实现方法及 MINITAB 的实现路径。

例 11.3：红星物流公司配送服务车队，配送车辆数在 900~1 200 变动。在任意一天中，每辆车要么正常运行，要么因故障维修。管理人员收集了 6~7 月两个月内因故障修理的车辆数，记录数据见表 11.11。试判断运输过程是否处于统计控制状态。

表 11.11　红星物流公司 6~7 月因故障修理的车辆数数据（服务车数量是变动的）

日期	车辆总数	故障数	日期	车辆总数	故障数	日期	车辆总数	故障数	日期	车辆总数	故障数
6-01	1 106	79	6-16	1 113	82	7-01	983	77	7-16	1 040	81
6-02	911	68	6-17	1 168	92	7-02	936	90	7-17	1 031	72
6-03	1 119	87	6-18	1 118	100	7-03	1 023	91	7-18	1 118	91
6-04	1 034	87	6-19	1 198	89	7-04	972	77	7-19	1 133	88
6-05	993	75	6-20	921	82	7-05	914	70	7-20	1 125	101
6-06	1 145	74	6-21	1 126	100	7-06	1 084	86	7-21	1 162	83
6-07	945	74	6-22	1 112	86	7-07	966	71	7-22	1 118	82
6-08	1 009	76	6-23	1 163	80	7-08	1 018	88	7-23	1 007	81
6-09	972	75	6-24	1 140	93	7-09	1 174	100	7-24	1 164	82
6-10	1 089	86	6-25	1 126	78	7-10	968	85	7-25	1 026	80
6-11	1 109	92	6-26	1 007	85	7-11	1 142	83	7-26	1 035	76
6-12	1 111	98	6-27	932	90	7-12	1 050	84	7-27	980	87
6-13	1 000	87	6-28	1 132	88	7-13	1 161	93	7-28	1 101	93
6-14	974	85	6-29	901	66	7-14	933	80	7-29	1 028	83
6-15	1 169	76	6-30	1 148	93	7-15	933	74	7-30	1 096	90

由于每天服务车辆的数量不等，因而只能采用 p 图进行对运输过程的监控。

绘制 p 图的 MINITAB 软件实现路径为：①从统计→控制图→属性控制图→P 进入；②指定"变量"为"不合格品数"，"子组大小"为"检查数"；③点击"确定"，运行命令，得到 p 图，如图 11.10 所示。

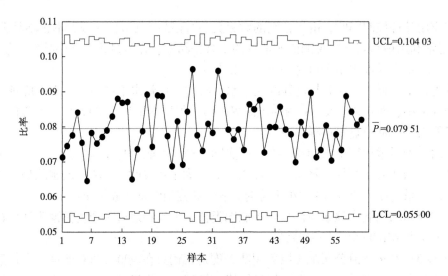

图 11.10　运输过程车辆故障率 p 图
使用不相等样本量进行的检验

由图 11.10 可知，因为每天服务的车辆数不等，p 图的控制限变成了"城墙"型，图 11.10 中所有打点值都未违背任何一条控制图失控判定准则，因此，可以判定整个运输过程处于统计控制状态。

11.3.2　计点控制图

有些产品不是以"件"为单位统计不合格产品的数量，而是用产品上缺陷、瑕疵（不合格点）的数量来表示，如铸件上的砂眼数、一平方米玻璃上的气泡数等。引入缺陷的计点数据后，对于不合格品的认识就更精确、深入。计点控制图包括 c 图和 u 图，二者来自于泊松分布的理论。

假设随机变量 X 为单位产品的缺陷数，对于一个稳定的生产过程 X 服从泊松分布 $p(\lambda)$，从总体中抽取 k 个样本，结果见表 11.12。其中：

$$c_i = \sum_{j=1}^{n_i} X_{ij}, \quad u_i = \frac{c_i}{n_i}, \quad i = 1, 2, \cdots, k$$

表 11.12　k 个样本的数据表和缺陷数、单位缺陷数

样本序号	样本	样本中缺陷数 c_i	单位缺陷数 u_i
1	$X_{11}, X_{12}, \cdots, X_{1n_1}$	c_1	u_1
2	$X_{21}, X_{22}, \cdots, X_{2n_2}$	c_2	u_2
⋮	⋮	⋮	⋮
k	$X_{k1}, X_{k2}, \cdots, X_{kn_k}$	c_k	u_k

可以证明 c_i 服从泊松分布 $p(n_i\lambda)$，由泊松分布的性质，c_i 的数学期望和方差为

$$E(c_i) = \mathrm{Var}(c_i) = n_i\lambda, \quad i = 1, 2, \cdots, k$$

由此，u_i 的期望和方差为

$$E(u_i) = \lambda, \quad \text{Var}(u_i) = \frac{\lambda}{n_i}, \quad i = 1, 2, \cdots, k$$

且可以认为 u_i 近似服从正态分布 $N\left(\lambda, \sqrt{\dfrac{\lambda}{n_i}}\right)$，这样，u 图的控制限和中心线分别为

$$UCL = \lambda + 3\sqrt{\frac{\lambda}{n_i}}$$
$$CL = \lambda \tag{11.22}$$
$$LCL = \lambda - 3\sqrt{\frac{\lambda}{n_i}}$$

若参数 λ 未知，可取 $\hat{\lambda} = \dfrac{1}{\displaystyle\sum_{i=1}^{k} n_i} \displaystyle\sum_{i=1}^{k} c_i$ 作为 λ 的估计值。

当 k 个样本的样本大小均为 n 时，第 i 个样本的缺陷数 c_i 服从泊松分布 $p(n\lambda)$，也可认为 c_i 近似服从正态分布 $N(n\lambda, \sqrt{n\lambda})$，于是 c 图的控制限和中心线分别为

$$UCL = n\lambda + 3\sqrt{n\lambda}$$
$$CL = n\lambda \tag{11.23}$$
$$LCL = n\lambda - 3\sqrt{n\lambda}$$

同样，可将计点控制图的参数 λ 已知、未知及相应的中心线、控制限加以总结归纳，具体的结果如表 11.13 所示。

表 11.13 计件控制图的中心线和上下控制限

控制图的名称与符号		CL	UCL / LCL	数据分布	备注
u 图	参数未知	$\hat{u}$	$\hat{u} \pm 3\sqrt{\dfrac{\hat{u}}{n}}$	泊松分布	样本大小相等与不相等时均可使用
	参数已知	u_0	$u_0 \pm 3\sqrt{\dfrac{u_0}{n}}$		
c 图	参数未知	$\hat{c}$	$\hat{c} \pm 3\sqrt{\hat{c}}$	泊松分布	仅限于样本大小相等时使用
	参数已知	c_0	$c_0 \pm 3\sqrt{c_0}$		

对计点控制图，其背景源于泊松分布，只含一个未知参数 λ，因此，在绘制控制图时，只需要一张控制图。对于样本大小 n，若单位缺陷数 u 较小，则需要选择样本大小 n 充分大，才能使得样本中至少包含 1 个缺陷数的概率较大。否则，若 u 很小、n 又不大，将造成 u 图的控制界限使得只要样本中出现 1 个缺陷，打点值就会出界，从而判定过程失控。另外，当子组样本量 n_i $(i = 1, 2, \cdots, k)$ 大小不等时，u 图的控制限可能变成折线。

例 11.4：在给汽车外壳进行喷漆的过程中，如果外壳上存在气泡，就认为是缺陷。项目改进团队在一个月内，每天抽取 12 辆汽车的外壳进行检验，收集的数据记录如表 11.14

所示。试设计一个控制图来分析汽车外壳上的气泡数是否稳定。

表 11.14 汽车外壳的抽样结果

样本序号	样本数量	气泡数	样本序号	样本数量	气泡数
1	12	26	16	12	28
2	12	23	17	12	24
3	12	28	18	12	26
4	12	18	19	12	23
5	12	35	20	12	25
6	12	32	21	12	28
7	12	35	22	12	27
8	12	24	23	12	24
9	12	18	24	12	24
10	12	28	25	12	25
11	12	16	26	12	27
12	12	15	27	12	23
13	12	22	28	12	24
14	12	34	29	12	25
15	12	30	30	12	26

由于每次抽检的样本数量都是固定的常数"12",因此,可以采用 c 图对汽车的喷漆过程进行监控。这里,仅给出利用 MINITAB 软件绘制 c 图的实现路径:①从"统计→控制图→属性控制图→C"进入;②指定"变量"为"气泡数";③点击"确定",运行命令,得到 c 图(图 11.11)。

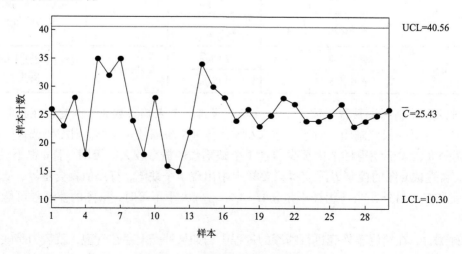

图 11.11 汽车外壳气泡数的 c 图

由图 11.11 可知，c 图的所有打点值都没有违背任何一条控制图失控的判定准则，整个过程稳定，因此可以判定汽车的喷漆过程处于统计控制状态。

■ 11.4　小批量控制图

前面讨论的控制图都是常规控制图，也就是说，在大批量生产中，可以得到足够多的数据构造控制图，从而实现对过程的统计控制。然而，随着市场竞争的日趋激烈，顾客需求向多样化和个性化发展，大批量生产模式逐步向多品种、小批量生产方式转变。在实际生产中常常出现这样的情况：每批产品生产的数目较少；尽管每批产品生产的数目较大，但生产周期短；一类产品的数目较大，但用户仅要求提供所购买很少几件产品的控制图；这些问题统称为小批量问题。对于小批量的问题，实施 SPC 的关键在于：没有足够多的数据来构造控制图。本节将采用不同的手段组合数据，构造目标控制图（target chart）、比例控制图（proportional chart）和标准变换控制图。

11.4.1　目标控制图

一些制造过程可以生产若干种不同型号的部件，由于每种部件的生产批量较小，不宜对每种型号的部件构造控制图。若每种型号的部件具有相同的量纲，而且由相同或相似的过程加工而成，也就是说，加工过程具有相同或相似的随机波动，在这种情况下，则可构造目标控制图。

假设制造过程加工 m 种不同型号的零件，第 j 种型号零件的目标值为 T_j $(j=1,2,\cdots,m)$，从第 j 种型号零件中抽取 k_j 个样本，记为 $X_{j1},X_{j2},\cdots,X_{jk_j}$，可以认为 $X_{ji}(i=1,2,\cdots,k_j)$ 近似服从正态分布 $N(T_j,\sigma^2)$，其中，T_j 是第 j 种型号零件的目标值；σ 是过程波动的标准差。

将第 j 种型号零件的观测值 $X_{ji}(i=1,2,\cdots,k_j)$ 减去其目标值 T_j，记：

$$Y_j = X_{ji} - T_j \tag{11.24}$$

则 Y_j 近似服从正态分布 $N(0,\sigma^2)$，这样，可将变换后的数据组合在一起作为过程输出的统一的测量值。于是，小批量数据就转化为大批量数据，利用变换后的数据，构造相应的计量控制图。

若观测数据可以分组，则可以对变换后的数据构造 $\overline{X}-R$ 图，也就是目标 $\overline{X}-R$ 图。

若原始数据较少且不宜分组，则可对变换后的数据构造 $I-MR$ 图，即为目标 $I-MR$ 图。

若观测数据来自于同一过程，则判断过程失控的准则与常规休哈特控制图相同；如果数据来自于不同过程，则应对来自于不同过程的控制图打点值进行标注，以便过程失控时查找相应过程的故障源。

例 11.5：某飞机制造公司，由同一过程加工 4 种不同型号的零件，4 种型号的样本数据分别为 6、5、4、8 个，具体测量数据和目标值见表 11.15。试构造该加工过程的控制图，并判断其是否处于统计控制状态。

表 11.15   某加工过程 4 种型号零件的测量值、目标值（单位：厘米）

样本序号	目标值 T_i	测量值 X_i	变换值 Y_i	样本序号	目标值 T_i	测量值 X_i	变换值 Y_i
1	8.00	7.96	−0.04	1	15.00	15.01	0.01
2	8.00	7.99	−0.01	2	15.00	15.02	0.02
3	8.00	8.01	0.01	3	15.00	14.99	−0.01
4	8.00	8.00	0.00	4	15.00	14.98	−0.02
5	8.00	8.02	0.02	1	21.00	20.99	−0.01
6	8.00	8.01	0.01	2	21.00	21.01	0.01
1	3.00	3.01	0.01	3	21.00	21.02	0.02
2	3.00	2.99	−0.01	4	21.00	21.00	0.00
3	3.00	2.98	−0.02	5	21.00	21.01	0.01
4	3.00	3.03	0.03	6	21.00	20.97	−0.03
5	3.00	2.97	−0.03	7	21.00	20.99	−0.01
				8	21.00	20.98	−0.02

我们知道，SPC 是对过程的控制，而不是对具体某件产品的控制。由于这 4 种型号的产品的样本数据较少，无法对每种型号的产品构造控制图，但是，它们是由同一加工过程制造的，可以认为过程的波动相同或相似。因此，可以将 4 种型号零件的观测值减去各自的目标值，并将变换后的数据组合在一起作为过程输出的测量值，构造目标控制图。由于每个样本只有一个观测值，可以构造 I−MR 图，即目标 I−MR 图。

应用 MINITAB 16 软件的具体实现过程：①将每个样本减去相应的目标值，见表 11.15 中的 Y 值；②从统计→控制图→单值的变量控制图→I−MR 图进入；③在"变量"中选择 Y；④点击"确定"，运行命令，得到图 11.12。

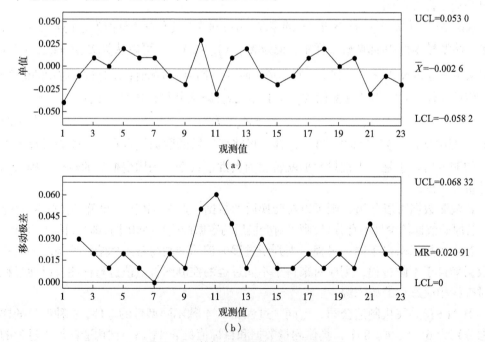

图 11.12   某加工过程的目标 I−MR 图

根据图 11.12，MR 图和 I 图均无异常点出现，因此，可以判断该过程处于统计过程受控状态。

11.4.2　比例控制图

在小批量生产中，如果不同型号零件的波动具有较大的差异，并且这种差异与相应型号零件的设计目标值成比例，在这种情况下，则可使用比例控制图。

假设某制造过程加工 m 种不同型号的零件，第 j 种型号零件的目标值是 $T_j (j = 1, 2, \cdots, m)$，从第 j 种型号零件中抽取 k_j 个样本，记为 $X_{j1}, X_{j2}, \cdots, X_{jk_j}$，则可认为 $X_{ji} (i = 1, 2, \cdots, k_j)$ 近似服从正态分布 $N(T_j, \sigma_j^2)$，其中 T_j 是第 j 种型号零件的目标值；σ_j 是加工第 j 种型号零件过程波动的标准差。该制造过程满足或近似满足：

$$\frac{T_1}{\sigma_1} = \frac{T_2}{\sigma_2} = \cdots = \frac{T_m}{\sigma_m} = c \tag{11.25}$$

将第 j 种型号零件的观测值 $X_{ji} (i = 1, 2, \cdots, k_j)$ 除以其目标值 T_j，记：

$$Y_j = X_{ji} / T_j \tag{11.26}$$

则可以证明：

$$E(Y_j) = 1, \quad \mathrm{Var}(Y_j) = \frac{\sigma_j^2}{T_j^2} = \frac{1}{c^2} \text{（常数）} \tag{11.27}$$

因此，变换后的 Y_j 近似服从正态分布 $N\left(1, \dfrac{1}{c^2}\right)$，这样，可将变换后的数据组合在一起作为过程输出的统一测量值。于是，小批量数据就转化为大批量数据，利用变换后的数据，构造相应的计量控制图。

若观测数据可以分组，则可以对变换后的数据构造 $\bar{X} - R$ 图，也就是比例 $\bar{X} - R$ 图。

若原始数据较少且不宜分组，则可对变换后的数据构造 $I - MR$ 图，即为比例 $I - MR$ 图。

若观测数据来自于同一过程，则判断过程失控的准则与常规控制图相同；如果数据来自于不同的过程，则应对来自于不同过程的控制图打点值进行标注，以便当过程失控时查找相应过程的故障源。

例 11.6：某飞机制造公司喷漆车间向 4 种不同型号的工件喷漆，这 4 种工件喷漆厚度的目标值分别为 7.50、0.55、3.25、1.10 微米，测量数据见表 11.16（表中测量数据和目标值分别扩大了 10 倍），由于每种工件的样本分别为 5、8、7、5 个，没有足够的数据来构造各自的常规控制图，因而属于小批量问题。

表 11.16　喷漆过程的测量数据

工件类型	测量值			目标值	变换后的测量值			均值 $\bar{X}$	极差 R
	（1）	（2）	（3）		（1）	（2）	（3）		
A	65.00	80.00	66.00	75.00	0.87	1.07	0.88	0.94	0.20
A	70.00	78.00	84.00	75.00	0.93	1.04	1.12	1.03	0.19
A	77.00	78.00	83.00	75.00	1.03	1.04	1.11	1.06	0.08
A	73.00	77.00	84.00	75.00	0.97	1.03	1.12	1.04	0.15
A	79.00	80.00	83.00	75.00	1.05	1.07	1.11	1.08	0.06
B	5.20	5.10	5.30	5.50	0.95	0.93	0.96	0.95	0.03
B	5.00	5.20	5.20	5.50	0.91	0.95	0.95	0.93	0.04

续表

工件类型	测量值			目标值	变换后的测量值			均值 $\bar{X}$	极差 R
	（1）	（2）	（3）		（1）	（2）	（3）		
B	5.10	5.30	5.40	5.50	0.93	0.96	0.98	0.96	0.05
B	5.20	5.20	5.60	5.50	0.95	0.95	1.02	0.97	0.07
B	5.30	5.50	5.60	5.50	0.96	1.00	1.02	0.99	0.06
B	5.40	5.50	5.60	5.50	0.98	1.00	1.02	1.00	0.04
B	5.50	5.60	5.50	5.50	1.00	1.02	1.00	1.01	0.02
B	5.20	5.40	5.60	5.50	0.95	0.98	1.02	0.98	0.07
C	32.00	34.00	33.00	32.50	0.98	1.05	1.02	1.02	0.07
C	33.00	32.00	32.00	32.50	1.02	0.98	0.98	0.99	0.04
C	35.00	34.00	33.00	32.50	1.08	1.05	1.02	1.05	0.06
C	32.00	35.00	33.00	32.50	0.98	1.08	1.02	1.03	0.10
C	34.00	33.00	34.00	32.50	1.05	1.02	1.05	1.04	0.03
C	33.00	34.00	35.00	32.50	1.02	1.05	1.08	1.05	0.06
C	33.00	34.00	33.00	32.50	1.02	1.05	1.02	1.03	0.03
D	11.00	12.00	13.00	11.00	1.00	1.09	1.18	1.09	0.18
D	13.00	12.00	11.00	11.00	1.18	1.09	1.00	1.09	0.18
D	12.00	12.00	12.00	11.00	1.09	1.09	1.09	1.09	0.00
D	11.00	12.00	11.00	11.00	1.00	1.09	1.00	1.03	0.09
D	11.00	11.00	10.00	11.00	1.00	1.00	0.91	0.97	0.09

通过构造 Tier 图，如图 11.13 所示。我们发现这 4 种型号工件的测量数据集中在各自的目标值附近，且每种型号工件的波动具有较大的差异，但这种波动均与其目标值近似成比例，因此，我们可以采用小批量生产中的比例控制图来监控过程的变化。

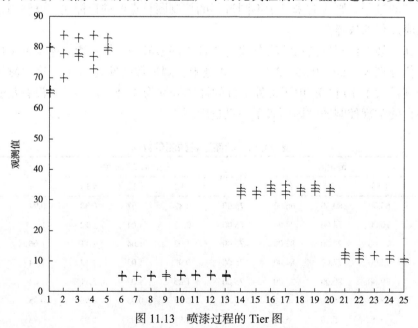

图 11.13　喷漆过程的 Tier 图

（1）将每个测量值除以各自的目标值。在例 11.6 中，样本大小 $n=3$，第一个样本值分别为 65.00、80.00、66.00 除以目标值 75.00，则得到 0.87、1.07、0.88。

（2）计算 $\bar{X}$ 图的打点值。$\bar{X}$ 图的打点值为变换后每个样本的平均值，例 11.6 中，第一个样本的均值为：$\frac{1}{3}(0.87+1.07+0.88)=0.94$。

（3）计算 R 图的打点值。R 图的打点值为变换后每个样本的极差，例 11.6 中，第一个样本的极差为：$(1.07-0.87)=0.2$。

（4）对变换后的数据构造 $\bar{X}-R$ 图。

对于 $\bar{X}$ 图来说：

$$UCL=\bar{X}+A_2\bar{R}=1.01+1.023\times0.08=1.09$$
$$CL=\bar{X}=1.01$$
$$LCL=\bar{X}-A_2\bar{R}=1.01-1.023\times0.08=0.93$$

对于 R 图来说：

$$UCL=D_4\bar{R}=2.579\times0.08=0.20$$
$$CL=\bar{R}=0.08$$
$$LCL=D_3\bar{R}=0$$

由此，构造的比例控制图见图 11.14，无论 R 图、$\bar{X}$ 图均处于统计受控状态，因此，可以判定喷漆过程处于统计控制状态。

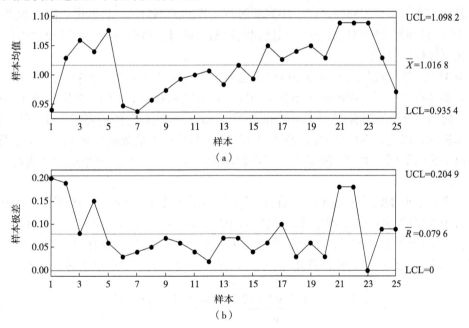

图 11.14　喷漆过程的比例控制图

11.4.3　小批量标准变换控制图

在小批量生产过程中，不同型号的零件可以在同一过程下加工，也可以在不同过程下加工，当不满足目标图（标准差相同或相似）和比例控制图（目标值与方差对应成比例）的应用条件，但根据历史数据或现有数据可以估计过程输出的均值和方差时，为了评价过程能力，实施对过程的统计控制，可采用小批量标准变换控制图。

假设某制造过程加工 m 种不同型号的零件，从第 j 种型号（$j = 1, 2, \cdots, m$）零件中抽取 k_j 个样本，记为 $X_{j1}, X_{j2}, \cdots, X_{jk_j}$，则可认为 $X_{ji}(i = 1, 2, \cdots, k_j)$ 近似服从正态分布 $N(\mu_j, \sigma_j^2)$，其中，μ_j 是第 j 种型号零件的均值；σ_j 是加工第 j 种型号零件过程波动的标准差。由于根据历史或现有数据，可以估计出过程输出的均值 $\hat{\mu}_j$ 和标准差 $\hat{\sigma}_j$。因此，将第 j 种型号零件的观测值 $X_{ji}(i = 1, 2, \cdots, k_j)$ 减去均值，再除以标准差，记：

$$Y_j = \frac{X_{ji} - \hat{\mu}_j}{\sigma_j} \tag{11.28}$$

称为标准变换。可以证明：$E(Y_j) = 0$，$\mathrm{Var}(Y_j) = 1$。

因此，则变换后的 Y_j 近似服从正态分布 $N(0,1)$，这样可将变换后的数据组合在一起作为过程输出的统一的测量值。于是，小批量数据就转化为大批量数据，利用变换后的数据，构造相应的计量控制图。

若观测数据可以分组，则可以对变换后的数据构造 $\bar{X} - R$ 图，也就是标准变换 $\bar{X} - R$ 图。若原始数据较少且不宜分组，则可对变换后的数据构造 $I - MR$ 图，即为标准变换 $I - MR$ 图。

若观测数据来自于同一过程，则判断过程失控的准则与常规控制图相同；如果数据来自于不同过程，则应对来自于不同过程的控制图的打点值进行标注，以便过程失控时查找相应过程的故障源。

例 11.7： 某飞机制造公司为美国波音公司加工波音 747 大型客机舱门，由于每年仅加工 4 架飞机的舱门，因而属于小批量问题。每架飞机有两个舱门，分别称为 1 号舱门和 2 号舱门，每个舱门有 12 个待加工的间隙。在加工同号舱门的间隙时，过程的操作条件基本相同，因此，可以认为同号舱门上的 12 个间隙的测量数据来自于同一正态总体。现对每个舱门的同一个间隙测量 4 次，即样本大小 $n = 4$，这样，每个舱门共测得 48 个测量值。

对来自于 1 号舱门的 48 个测量值，估计其样本均值 $\hat{\mu}_1 = 0.069$，样本标准差 $\hat{\sigma}_1 = 0.22$；对来自于 2 号舱门的 48 个测量值，其样本均值 $\hat{\mu}_2 = 0.069$，样本标准差 $\hat{\sigma}_2 = 0.14$。分别对来自于 1 号舱门、2 号舱门的原始数据实施标准变换（为保护产权信息，表 11.17 仅给出了变换后数据的样本均值和样本极差）。这样，变换后的数据来自于同一总体。

表 11.17   1 号和 2 号舱门变换后样本均值和极差

间隙序号	样本均值 $\bar{X}$		样本极差 R	
	1 号舱门	2 号舱门	1 号舱门	2 号舱门
1	−0.367	1.739	1.789	1.885
2	−0.575	−0.279	1.973	2.842

续表

间隙序号	样本均值 $\overline{X}$		样本极差 R	
	1 号舱门	2 号舱门	1 号舱门	2 号舱门
3	0.123	0.133	1.876	2.331
4	0.551	0.141	1.647	3.374
5	−0.711	−0.133	0.550	1.455
6	0.069	0.089	1.697	1.338
7	0.505	−0.069	4.125	1.929
8	−0.046	−0.459	1.193	1.892
9	0.379	−0.007	2.618	1.274
10	0.723	−0.208	2.753	1.381
11	−0.157	−0.153	3.381	1.079
12	−0.872	0.321	1.192	1.237

　　根据表 11.17 所给出的样本均值与样本极差的数据, 利用 MINITAB 软件分别绘制出样本均值 $\overline{X}$ 与样本极差 R 的单值控制图, 如图 11.15、图 11.16 所示。从控制图上可以看出: R 图处于统计控制状态。在 $\overline{X}$ 图中, 加工 2 号舱门的第 1 个间隙时, 间隙过大, 需要进行调整。

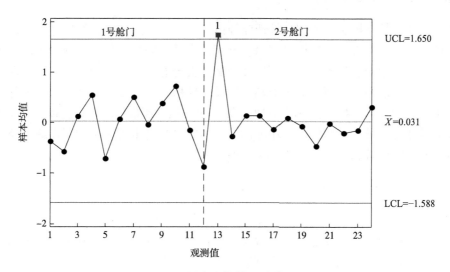

图 11.15　样本均值 $\overline{X}$ 的单值控制图

　　在小批量质量控制中, 其基本思想是通过数据变换, 将小批量数据组合成大批量数据, 以满足常规休哈特控制图的基本要求。无论采用目标控制图、比例控制图, 还是标准变换控制图, 应注意每种控制图的应用条件和过程的先验信息。对于标准变换, 不仅适用于各类数据服从正态分布的情形, 还适用于各类数据分布类型相同的情形, 参数可由期望或方差唯一表示的情形, 如二项分布、泊松分布、指数分布等。

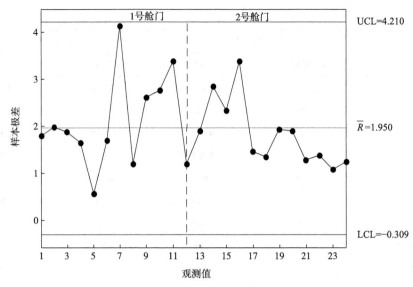

图 11.16 样本极差 R 的单值控制图

同分布变换的思想，不仅适用于小批量场合，而且为组织实现过程控制的计算机网络系统奠定了切实可行的理论基础。

11.5 小波动控制图

传统的休哈特型控制图能够有效地监控过程系统因素的变异，特别是当系统因素发生较大的变化时，具有显著的检出能力。然而，当系统因素发生较小地变化时，休哈特控制图却不能灵敏地反映出来。为了增加控制图报警的灵敏性，西方电气公司提出了判断控制图失控的准则，即西方电气准则，以灵敏地检测过程发生的变异，但这种增加的准则增大了虚发警报的概率。在不增加虚发警报概率的情况下，又能及时、准确地监控过程发生的微小变异，人们提出了小波动控制图。本节将主要讨论用于灵敏监控过程微小变异的 CUSUM 控制图和 EWMA 控制图。

11.5.1 累积和控制图

CUSUM 控制图于 1954 年由佩基（Page）提出，CUSUM 控制图的设计思想就是对数据的信息加以累积。也就是通过对观测值与目标值之差的累积和在控制图中描点，利用了整个观测序列的信息。因而，当制造过程发生很小的偏移时，就可以检出效果。常规的休哈特型控制图判断生产过程是否异常，是依据一次观测结果，它对较大偏移的检出能力高，而对较小偏移的检出能力很低；而 CUSUM 控制图判断生产过程是否异常，是以历次观测结果的总和（累计信息）为依据。因此，CUSUM 控制图对信息的利用更充分，在同样的抽样数量下，对过程变化的反应更灵敏，适宜于监控过程微小的变化和对过程进行精密控制。

假设所要控制的质量特性 $X \sim N(\mu_0, \sigma^2)$，$X_j(j=1,2,\cdots,i)$ 为抽取的第 j 样本的均值，

样本大小为 n，记 S_i 为起始值到第 i 个样本为止的累积和，则 CUSUM 控制图的统计量为

$$S_i = \sum_{j=1}^{i}(X_j - \mu_0) = S_{i-1} + (X_i - \mu_0) \tag{11.29}$$

当过程处于统计控制状态时，CUSUM 统计量是一个以 0 为均值的随机变量；若过程出现偏移，偏移后的过程均值上升为 μ_1，$\mu_1 > \mu_0$，则这个向上的、正的偏移就会不断地累积到 CUSUM 统计量 S_i 中；反之，如果偏移后的过程均值下降为 μ_1，$\mu_1 < \mu_0$，那么这个向下的、负的偏移就会在 CUSUM 统计量 S_i 中不断累积。因此，CUSUM 统计量 S_i 打点形成向上的或向下的趋势，以此作为过程均值是否发生偏移的依据。

不妨，当 S_i 有向上偏移的趋势时，记为 $S_h(i)$，当 S_i 有向下偏移的趋势时，记为 $S_l(i)$，则 CUSUM 控制图的统计量可以表示为

$$\begin{aligned} S_h(i) &= \max\left[0, S_h(i-1) + Z_i - k\right] \\ S_l(i) &= \min\left[0, S_l(i-1) + Z_i + k\right] \end{aligned} \tag{11.30}$$

其中，$S_h(0) = S_l(0) = 0$；$Z_i = \dfrac{X_i - \mu_0}{\sigma}$（$i = 1, 2, \cdots$）；$k$ 是参考值。

如果 $S_h(i) \geqslant h$，或者 $S_l(i) \leqslant -h$，这里 $h > 0$ 为控制限（或者决策区间），则认为过程失控。CUSUM 控制图的性能直接受到参数 k 和 h 的影响，关于成对参数 (h, k) 的确定与所设计的 CUSUM 控制图的平均链长（average run length，ARL）有关，可参考国家标准 GB4887—85。

例 11.8：某家塑料制造商要评估其新产品的生产过程是否受控，监控的质量特性是塑料的强度，测量数据见表 11.18，试判断过程是否处于统计控制状态？

表 11.18　塑料强度的测量数据

样本序号	样本值	样本组号	样本值	样本组号	样本值
1	10.575 913	11	9.055 419 6	21	9.410 621 3
2	10.278 616	12	9.824 541 9	22	10.084 178
3	11.301 409	13	9.996 06	23	9.978 905 7
4	10.056 37	14	10.435 533	24	11.345 605
5	9.219 331 4	15	9.333 781 9	25	9.609 333
6	9.481 033	16	11.173 547	26	11.833 308
7	9.305 792	17	9.222 202 4	27	11.037 904
8	10.260 81	18	9.968 770 4	28	11.580 857
9	11.094 854	19	11.714 891	29	10.169 734
10	8.788 385 1	20	12.193 764	30	11.633 219

根据表 11.18 中的数据，构造的 I–MR 图，如图 11.17 所示。该图表明过程处于统计控制状态；而构造的 CUSUM 控制图，如图 11.18 所示，表明过程自第 19 个点起，过程向上渐进漂移，过程失控。通过比较可知，CUSUM 控制图较常规控制图更能灵敏地反应过程发生的微小漂移（small shift）。

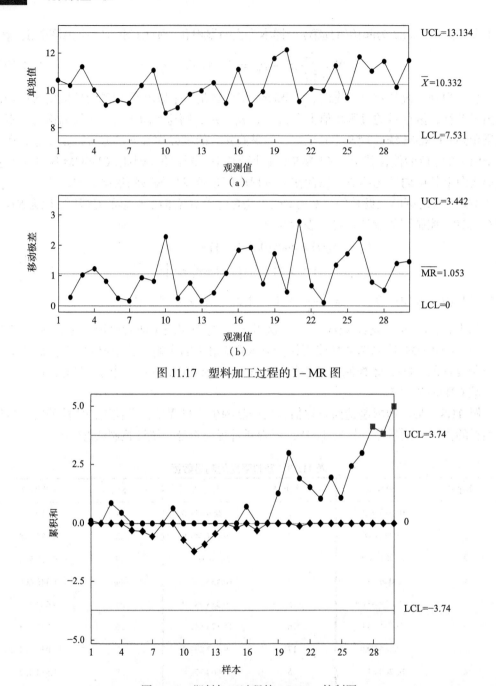

图 11.17   塑料加工过程的 I-MR 图

图 11.18   塑料加工过程的 CUSUM 控制图

11.5.2   EWMA 控制图

继 1954 年佩基提出累积和控制图之后，1959 年罗伯特（Robert）又提出了 EWMA 控制图。EWMA 控制图的基本思想是：在充分利用所有历史数据的基础上，更加强调当前样本的重要性，而逐步淡化先前样本所提供的信息。因此，EWMA 控制图不仅能够有效地监控过程的小波动，而且对当前过程的突发性变异也具有一定的检出效果。下面将以单个观测值为例，讨论 EWMA 控制图。

假设 $X_1, X_2, \cdots, X_i$ 是来自于正态总体 $N(\mu, \sigma^2)$ 的样本，则 EWMA 统计量定义为 $Z_i = \lambda X_i + (1-\lambda)Z_{i-1}$，其中，$Z_i$ 是当前时刻的 EWMA 统计量；Z_{i-1} 是上一时刻的 EWMA 统计量；$Z_0 = \mu$ 是 EWMA 统计量的初始值，$0 < \lambda \leqslant 1$ 为权重因子，Montgomery（1991）建议 $0.05 \leqslant \lambda \leqslant 0.25$，通常 λ 取 0.08、0.10、0.15、0.20。由于：

$$Z_i = \lambda X_i + (1-\lambda)Z_{i-1}$$
$$= \lambda X_i + \lambda(1-\lambda)X_{i-1} + \cdots + \lambda(1-\lambda)^{i-1}X_1 + (1-\lambda)^i Z_0 \qquad (11.31)$$

可以证明：$E(Z_i) = E(X_i) = \mu$，$D(Z_i) = \dfrac{\lambda[1-(1-\lambda)^{2i}]}{2-\lambda}\sigma^2$。因此，对于单个观测值，所构造的 EWMA 统计量 Z_i 控制图的中心线、控制限为

$$\mathrm{UCL} = \mu + 3\sigma\sqrt{\frac{\lambda[1-(1-\lambda)]^{2i}}{2-\lambda}}$$
$$\mathrm{CL} = \mu \qquad (11.32)$$
$$\mathrm{LCL} = \mu - 3\sigma\sqrt{\frac{\lambda[1-(1-\lambda)]^{2i}}{2-\lambda}}$$

特别地，若 $\lambda = 1$，则 EWMA 控制图完全退化为 I 图。若 $\lambda \to 0$，则 EWMA 统计量中，X_{i-j} 的权重基本一致，则 EWMA 控制图统计量接近于 CUSUM 控制图统计量，因此，当 $0 < \lambda < 1$ 时，EWMA 控制图对历史数据的利用介于 I 图与 CUSUM 控制图之间。

随着样本数目 i 的增大，统计量 Z_i 的方差 $D(Z_i) = \dfrac{\lambda[1-(1-\lambda)]^{2i}}{2-\lambda}\sigma^2$ 趋近于 $\dfrac{\lambda}{2-\lambda}\sigma^2$，因此，对单个观测值来说，EWMA 控制图可近似表示成

$$\mathrm{UCL} = \mu + 3\sigma\sqrt{\frac{\lambda}{2-\lambda}}$$
$$\mathrm{CL} = \mu \qquad (11.33)$$
$$\mathrm{LCL} = \mu - 3\sigma\sqrt{\frac{\lambda}{2-\lambda}}$$

参数 μ, σ 可由观测序列 X_i（$i = 1, 2, \cdots$）的样本均值、样本标准差估计而来。

同样，当样本大小 $n > 1$ 时，记第 i 个样本的均值是 $\bar{X}_i$，样本极差是 R_i，样本总均值是 $\bar{\bar{X}}$，极差平均值是 $\bar{R}$，则 EWMA 统计量可表示为：$Z_i = \lambda \bar{X}_i + (1-\lambda)Z_{i-1}$，$Z_0 = \bar{\bar{X}}$。由此，构造的 EWMA 控制图的中心线、控制限为

$$\mathrm{UCL} = \bar{\bar{X}} + \sqrt{\frac{\lambda[1-(1-\lambda)]^{2i}}{2-\lambda}}A_2\bar{R}$$
$$\mathrm{CL} = \bar{\bar{X}} \qquad (11.34)$$
$$\mathrm{LCL} = \bar{\bar{X}} - \sqrt{\frac{\lambda[1-(1-\lambda)]^{2i}}{2-\lambda}}A_2\bar{R}$$

其中，A_2 为控制图常数。

例 11.9: 某项目改进团队收集了自动车床加工的 25 根车轴的直径数据（单位：毫米），车轴加工的测量数据见表 11.19，试分析加工过程是否正常。

表 11.19 车轴加工过程的测量数据（单位：毫米）

样本序号	测量值	样本序号	测量值	样本序号	测量值	样本序号	测量值
1	18.5	8	19.8	15	19.4	22	20.7
2	20.9	9	20.2	16	20.2	23	21.7
3	20.8	10	20.2	17	21.3	24	22.2
4	19.5	11	19.7	18	20.3	25	22.9
5	20.7	12	21.2	19	22.1		
6	21.1	13	20.4	20	21.5		
7	19.1	14	21.0	21	20.0		

根据表 11.19 的测量数据，构造的 I－MR 图，如图 11.19 所示。尽管控制图中最后几个打点值有上升的趋势，但根据控制图失控的判定准则，只能判定加工过程正常。用 EWMA 控制图，取 $\lambda = 0.2$，对上述数据构造的控制图，见图 11.20。从该图可以看到：在第 22 个打点值以前，过程处于正常状态，但从第 22 个打点值起，打点值明显上升，并超出了控制限，因此可判定过程异常。

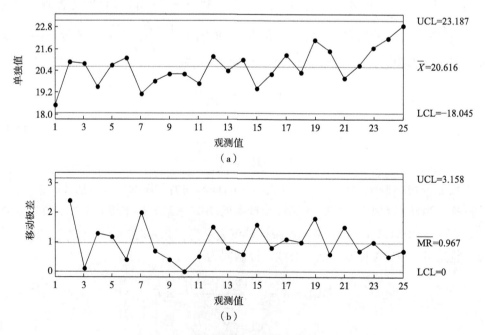

图 11.19 车轴加工过程的 I－MR 图

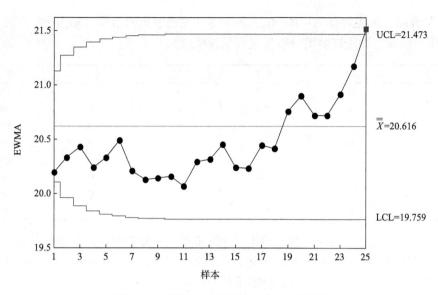

图 11.20　车轴加工过程的 EWMA 控制图

思考与练习

1. 简述控制图的基本原理，讨论如何将控制图应用于过程管理？

2. 控制图失控的判定准则是依据什么原理所提出的？

3. 讨论分析用控制图与控制用控制图二者之间的联系与区别。

4. 查阅文献归纳一下控制图的种类，并讨论它们的使用条件和基本的用途。

5. 试用简洁的语言叙述应用常规控制图对过程进行控制的基本步骤。

6. 厂方要求对汽车引擎活塞环制造过程建立 $\bar{X} - R$ 图进行控制，现每小时从过程中抽取 5 个样品，已抽得 25 组样本的均值为 $\bar{X}$ 和极差 R，算得 $\sum_{i=1}^{25} \bar{x}_i = 74.001$ 与 $\sum_{i=1}^{25} R_i = 0.581$。试计算 $\bar{X} - R$ 图的控制限（已知 $D_3 = 0$，$D_4 = 2.115$，$A_2 = 0.577$）。

7. 某零件的尺寸为 $\phi 30 \pm 0.08$（毫米），随机抽取 25 个数据如下表所示，试运用 MINITAB 软件绘制 $I - MR$ 控制图分析该过程是否稳定？

样本序号	观测值	样本号	观测值	样本号	观测值
1	30.1	10	30.1	19	30.5
2	29.9	11	30.2	20	29.8
3	30	12	29.4	21	30.1
4	29.7	13	30.3	22	30.6
5	30	14	29.9	23	29.9
6	30.1	15	29.8	24	30.2
7	29.8	16	30	25	29.8
8	30.1	17	30		
9	29.9	18	29.9		

8. 某食品包装线共有 A、B、C 三种产品，现已收集到某段时间内所有产品的重量数据如下表所示，试用控制图分析该过程是否稳定？

产品	类型	重量	产品	类型	重量
1	B	507	9	B	499
2	B	509	10	B	508
3	B	506	11	B	504
4	B	508	12	B	502
5	A	496	13	C	490
6	A	495	14	C	485
7	A	500	15	C	489
8	A	497	16	C	484

9. 在某芯片生产过程中，每个班次结束前需抽取一定数量的产品进行检验。以下是某月 30 个工作日每天生产出存在缺陷的芯片情况的记录，如下表所示。试运用 MINITAB 软件绘制一个控制图来分析产品的缺陷率是否稳定？

日期	样品数量	缺陷数	日期	样品数量	缺陷数	日期	样品数量	缺陷数
1	8	26	11	12	16	21	15	35
2	10	28	12	9	14	22	10	35
3	12	23	13	14	24	23	8	20
4	10	18	14	9	35	24	12	16
5	11	32	15	10	30	25	11	28
6	15	40	16	7	18	26	13	26
7	10	35	17	12	20	27	8	18
8	9	24	18	13	28	28	15	38
9	6	18	19	8	21	29	12	20
10	13	28	20	11	28	30	9	15

10. 某电子厂的 QC 小组欲利用 SPC 对某芯片研磨厚度进行控制。以下是该小组收集的 20 个芯片厚度数据，如下表所示。分别运用常规控制图 I－MR 和 EWMA 控制图分析过程是否稳定？

序号	厚度	序号	厚度
1	2.99	11	2.98
2	3.05	12	2.99
3	3.02	13	3.05
4	2.98	14	3.02
5	3.05	15	3.01
6	3.03	16	3.04
7	3.06	17	3.08
8	3.01	18	3.12
9	2.98	19	3.11
10	3.07	20	3.13

第12章

多变量过程控制技术

在过程质量分析与控制中，正确应用 SPC 技术，通过发现并消除过程中的异常因素，可以达到改进生产过程，提高产品质量的目的。在生产制造等过程中，为达到过程特定的质量标准，常常需要通过多个质量特性来衡量产品的功能。当多个质量特性之间存在不同程度的相关关系时，采用传统的单变量控制图往往会使控制图误判的可能性增大，传统方法已经不能较为可靠地对过程的实际状态进行表述和控制了。例如，轴承由内径（x_1）和外径（x_2）来同时决定是否符合标准。若使用单元 $\bar{X}$ 控制图，假设 x_1 和 x_2 之间是相互独立的且服从正态分布，只有当 $\bar{X}_1$ 和 $\bar{X}_2$ 同时落在其各自控制限以内，过程才可认为是受控过程。但是，独立检测两个质量特性是不可取的行为。根据常规控制图的 3σ 原则，当过程处于受控状态时，超出控制限的概率为 0.002 7，处于控制限内的概率为 0.997 3。当它们都受控时，都处于控制限内的概率为 0.993 7×0.993 7=0.994 6，即此时超出控制限的概率为 1−0.994 6=0.005 4；其超出控制限的概率应为 0.002 7×0.002 7=0.000 007 29。此时，若用单元控制图来监测两个质量特性时，运用两种方法计算出超过控制限的概率皆与常规控制图的 3σ 原则相违背。因而，运用单元控制图监测多元变量违背了常规控制图的基本原理。随着变量数目的增加，此种偏差将会更加明显。因而，需要运用多元质量控制图来对多元变量进行监控。

12.1 多变量过程控制的描述

12.1.1 多变量过程中的参数定义

定义 $X = (X_1, X_2, \cdots, X_p)'$，代表某过程中需要监控的 p 个相关的质量特性。当过程受控时，假定 X 服从 p 维正态分布，即 $N_p(\boldsymbol{\mu}_0, \boldsymbol{\Sigma}_0)$，其中，$\boldsymbol{\mu}_0$ 是受控状态的均值向量，$\boldsymbol{\Sigma}_0$ 是受控状态的协方差矩阵。当过程失控时，假定 X 服从 $N_p(\boldsymbol{\mu}, \boldsymbol{\Sigma})$，这时 $\boldsymbol{\mu} \neq \boldsymbol{\mu}_0$ 或 $\boldsymbol{\Sigma} \neq \boldsymbol{\Sigma}_0$ 或二者同时发生。

多变量过程控制问题就是要对 X 的均值向量 $\boldsymbol{\mu}$ 及协方差矩阵 $\boldsymbol{\Sigma}$ 同时实施有效监控。

$$\boldsymbol{\mu} = (\mu_1, \mu_2, \cdots, \mu_p)'$$

$$\boldsymbol{\Sigma} = \begin{bmatrix} s_{11} & s_{12} & \cdots & s_{1p} \\ s_{21} & s_{22} & \cdots & s_{2p} \\ \vdots & \vdots & & \vdots \\ s_{p1} & s_{p2} & \cdots & s_{pp} \end{bmatrix}$$

其中，矩阵中第 (i, j) 个元素 $s_{ij}, (i, j = 1, 2, \cdots, p)$ 代表变量 X_i 与 X_j 的协方差。

多变量过程控制问题的最常用工具为多变量控制图，包括均值向量的多变量控制图和协方差矩阵的多变量控制图。

在多变量过程中，导致过程发生变异的原因有许多。其中，参数在两个方面发生的变异尤为重要：均值向量和协方差矩阵。在一些高精度质量水平要求的制造过程中，不仅需要监控均值向量发生的漂移，对于协方差矩阵的监控也很重要。SPC 技术能否有效监控到协方差矩阵对过程带来的变异往往决定了过程质量是否能够达到一定的标准。只有成功监控到均值向量和协方差矩阵发生的漂移，才能消除它们对过程带来的变异，从而使得过程处于统计控制状态。

多变量过程 $\boldsymbol{X} = (X_1, X_2, \cdots, X_p)'$ 参数发生漂移的形式如下：

均值向量发生漂移的衡量参数为

$$\boldsymbol{\Delta}_\mu = (\delta_1, \delta_2, \cdots, \delta_p)^{\mathrm{T}}$$

其中，$\delta_i = \mu_i - \mu_{0i}$，代表第 i 个变量的均值发生的漂移量，$i = 1, 2, \cdots, p$。

稳态下过程的均值向量为

$$\boldsymbol{\mu}_0 = (\mu_{01}, \mu_{02}, \cdots, \mu_{0p})^{\mathrm{T}}$$

协方差矩阵发生漂移的衡量参数为

$$\boldsymbol{\Delta}_\Sigma = (\gamma_1, \gamma_2, \cdots, \gamma_p)^{\mathrm{T}}$$

其中，$\gamma_i = \sigma_i / \sigma_{0i}$，代表第 i 个变量的标准差发生的漂移量，$i = 1, 2, \cdots, p$。

稳态下过程的标准差向量为

$$\boldsymbol{\sigma}_0 = (\sigma_{01}, \sigma_{02}, \cdots, \sigma_{0p})^{\mathrm{T}}$$

12.1.2　多变量的自相关过程

自相关又称序列相关，在数学上是指随机变量在时间上与其滞后项之间的相关。在许多制造过程中，特征值是在生产过程中随着时间序列测量出的。上一时段的质量特征值将会对后一时段的质量特征值产生影响，由此往往导致过程的观测值之间产生自相关性。自相关性存在于许多过程中，如工业制造过程。当过程数据存在自相关时，以观测值独立、同分布为假设前提的传统 SPC 方法不仅不能有效地控制和改进过程质量，而且在某些情况下会出现大量的虚发警报，做出错误的判断，给质量控制工作带来严重的误导。

误导情形一是自相关过程真正发生了异常，但传统的控制图没有检测出来，错过了实时采取纠正行为的时机，引发过程产生质量问题；二是自相关过程没有发生异常，但传统控制图却由于观测值序列的相关性原因发出异常警报信号，从而导致一系列对不存在异常问题的检查行为。

因此，忽视观测序列的相关性而采用传统过程控制方法将会使得质量工作者错误地理解数据中隐含的信息，导致过程实际存在的特殊性原因并未被检测出，反而更多地虚报并不存在的特殊性原因。对于自相关过程，统计上采用时间序列模型来描述。多变量自相关过程的时间序列模型描述如下：

令 $\{X\}$ 表示 d 元自相关过程，服从 h 阶平稳向量自回归 Var（h）（vector auto regression，VAR）模型。在序列 $\{X_t\}$ 中，描述序列 $\{X_t\}$ 某一时刻 t 和前 p 个时刻序列值之间的相互关系表示为

$$X_t - \mu = \sum_{i=1}^{h} A_i (X_{t-i} - \mu) + \varepsilon_t \qquad (12.1)$$

其中，$X_t = (X_{1t}, X_{2t}, \cdots, X_{ht})^{\mathrm{T}}$ 表示 t 时刻观测值的 d 维列向量；X_t 的均值向量是 $\mu = (\mu_1, \mu_2, \cdots, \mu_h)^{\mathrm{T}}$；$A_i$ 表示 $h \times h$ 维的自回归系数矩阵。对于平稳 Var（h）过程，μ 和 A_i 都不依赖于时间 t。$\varepsilon_t = (\varepsilon_{1t}, \varepsilon_{2t}, \cdots, \varepsilon_{ht})^{\mathrm{T}}$ 是 t 时刻的随机误差矩阵，是 h 维白噪声，ε_t 服从 h 维正态分布 $N_h(0, \Sigma)$。白噪声序列 $\{\varepsilon_t\}$ 独立同分布，它给出了 X_t 中未能由过去观测值 X_{t-i} 线性描述的部分。

在特殊情况下，如果数据之间有一定的依存关系，最简单的关系就是后一时刻的数值主要与前一时刻的数值有关，而与其前一时刻以前的数值无直接关系。用记忆性来描述，就是最短的记忆，称为一阶动态性。描述这种关系的数学模型就是一阶平稳向量自回归模型，记为 Var（1）模型：

$$X_t - \mu = A_1 (X_{t-1} - \mu) + \varepsilon_t \qquad (12.2)$$

其中，$\varepsilon_t \sim N_d(0, \Sigma)$。

12.1.3　平均运行链长

控制图的灵敏度也即控制图的监控效果，表示了过程存在异常波动时控制图能够识别异常波动的速度。学术界大多采用平均运行链长（average run length，ARL）作为评价控制图监控效果的指标。平均运行链长是指控制图从监控过程开始直到第一个观测值落在控制限之外时，控制图上观测值的平均个数。理想的控制图应该是：当过程处于稳定状态时，要求控制图不发出错误警报，即 ARL 值尽可能大；当过程发生异常处于失控状态时，要求控制图及时发出警报，即 ARL 值尽可能小。

在具体评价控制图的监控效果时，评判原则为：几种控制图在相同的受控 ARL_0 条件下，对于过程参数发生某漂移量 δ 时，ARL 值较小的控制图的检测异常原因的灵敏度较高，控制效果较好。因为当过程质量特性参数值发生变异时，ARL 值较小的控制图只需较少的观测点个数就可以及时检测到过程异常波动的产生。

ARL 的计算方法主要有两种：一种方法是根据控制图的虚发警报概率 α 计算而来，ARL=$1/\alpha$；另一种方法是采用 Monte-Carlo 仿真随机模拟法来确定 ARL；借助 MATLAB 计算机程序产生随机数来模拟质量控制过程，计算过程的链长（run length，RL），最后统计获得 ARL，以此来判断控制图的监控效果。

12.2 χ^2 控制图

假定 X 服从 p 维正态分布，相应的参数假设见 12.1.1 小节。当协方差矩阵已知时，大多采用对均值向量进行监控，每个样本均值可以计算为 $\bar{x}_{jk} = \frac{1}{n}\sum_{i=1}^{n} x_{ijk}$。相应的 χ^2 统计量：

$$\chi_p^2 = \left(\bar{X} - \boldsymbol{\mu}_0\right)^{\mathrm{T}} \textstyle\sum_0^{-1} \left(\bar{X} - \boldsymbol{\mu}_0\right) \tag{12.3}$$

其中，$j = 1, 2, \cdots, p$；$k = 1, 2, \cdots, m$；n 是样本大小；x_{ijk} 表示第 j 个质量特性在第 k 个子组的第 i 个采样值，$\bar{X} = (\bar{x}_{1k}, \bar{x}_{2k}, \cdots, \bar{x}_{pk})'$。

由上式表达的统计量建立的控制图，称为 χ^2 控制图。给定第一概率为 α，借助 χ^2 表查到临界值，获得 χ^2 控制图的控制限如下：

$$\begin{aligned} \mathrm{UCL} &= \chi_{\alpha, p}^2 \\ \mathrm{LCL} &= 0 \end{aligned} \tag{12.4}$$

其中，$\chi_{\alpha, p}^2$ 是自由度为 p 的 χ^2 分布的上 α 分位点。如果其中一个均值产生偏移，统计量 χ^2 就有可能超过控制线。

12.3 Hotelling T^2 控制图

为了对多个变量进行联合监控，Hotelling 于 1947 年首先提出了 Hotelling T^2 控制图。如上节假设，X 服从 p 维正态分布，即 $\mathrm{N}_p(\boldsymbol{\mu}_0, \boldsymbol{\Sigma}_0)$，其中，$\boldsymbol{\mu}_0$ 是受控状态的均值向量；$\boldsymbol{\Sigma}_0$ 是受控状态的协方差矩阵。

基于 X 控制均值向量的 Hotelling 统计量为

$$T^2 = \left(\bar{X} - \boldsymbol{\mu}_0\right)^{\mathrm{T}} \boldsymbol{\Sigma}_0^{-1} \left(\bar{X} - \boldsymbol{\mu}_0\right) \tag{12.5}$$

其中，$\left(\bar{X} - \boldsymbol{\mu}_0\right)$ 是 p 维向量，$\boldsymbol{\Sigma}_0$ 是已知的总体协差阵。当 X_t 的总体参数 $\boldsymbol{\mu}_0$ 和 $\boldsymbol{\Sigma}_0$ 已知，Hotelling 统计量就等于 χ^2 统计量。根据式（12.4）的判断准则：当 $T_t^2 > \mathrm{UCL}$ 时，Hotelling T^2 控制图发出报警信号，判断该过程均值向量出现了异常。

而当总体协差阵 $\boldsymbol{\Sigma}$ 未知时，也可从一元情况推到多元，并且需要利用有限的采样数据进行估计。假设样本被分为 m 个子组，每个子组内有 n 个样本，质量特性的个数为 p，则样本的均值和方差可由以下公式计算得出

$$\bar{x}_{jk}' = \frac{1}{n}\sum_{i=1}^{n} x_{ijk} \tag{12.6}$$

$$s_{jk}^2 = \frac{1}{n-1}\sum_{i=1}^{n} (x_{ijk} - \bar{x}_{jk})^2 \tag{12.7}$$

其中，$j = 1, 2, \cdots, p$；$k = 1, 2, \cdots, m$ 表示第 j 个质量特性在第 k 个子组的第 i 个采样值。在第 k 个子组中第 j 个质量特性和第 t 个质量特性之间的协方差为

$$s_{jtk}^2 = \frac{1}{n-1}\sum_{i=1}^{n}(x_{ijk}-\bar{x}_{jk})(x_{ihk}-\bar{x}_{hk}) \qquad (12.8)$$

其中，$j \neq h$；$k = 1,2,\cdots,m$。以上三个统计量 $\bar{x}_{jk}$、s_{jk}^2、s_{jtk}^2 都是在第 k 个子组中求得的均值和方差，将它们对全部 m 个子组求均值，可得

$$\bar{\bar{x}}_j = \frac{1}{m}\sum_{i=1}^{m}\bar{x}_{jk}, \quad j = 1,2,\cdots,p \qquad (12.9)$$

$$\bar{s}_j^2 = \frac{1}{m}\sum_{k=1}^{m}s_{jk}^2, \quad j = 1,2,\cdots,p \qquad (12.10)$$

$$\bar{s}_{jt} = \frac{1}{m}\sum_{k=1}^{m}s_{jtk}, \quad j = t \qquad (12.11)$$

其中，$\bar{x}_j$ 是向量 $\bar{x}$ 的元素，样本协方差均值的 $p \times p$ 矩阵可以表示为

$$S = \begin{bmatrix} \bar{s}_1^2 & \bar{s}_{12} & \bar{s}_{13} & \cdots & \bar{s}_{1p} \\ & \bar{s}_2^2 & \bar{s}_{23} & \cdots & \bar{s}_{2p} \\ & & \bar{s}_3^2 & \cdots & \bar{s}_{3p} \\ & & & \vdots & \vdots \\ & & & \bar{s}_{p-1}^2 & \bar{s}_{p-1,p} \\ & & & & \bar{s}_p^2 \end{bmatrix}$$

当过程处于受控状态时，样本协方差均值 S 就是 Σ 的无偏估计。得到关于均值向量的 T^2 统计量 $T^2 = n(\bar{x}-\bar{\bar{x}})'S^{-1}(\bar{x}-\bar{\bar{x}})$。

采用上述统计量来监控的控制图称作 Hotelling T^2 控制图，对于 Hotelling T^2 控制图，控制线的选择极为重要。控制图在实际应用中往往分为两个阶段：阶段一和阶段二。阶段一通过最初的样本数据计算出样本均值和协方差矩阵，将统计量值绘制到控制图中，从而判断出过程是否处于受控状态。阶段一的目的是获得一些处于受控状态的样本数据，从而可以建立阶段二的控制线。阶段二是监控阶段，将阶段一获得的控制界限用来监控新的样本数据是否处于受控状态。

阶段一控制图的控制界限由以下公式建立：

$$\text{UCL} = \frac{p(m-1)(n-1)}{mn-m-p+1}F_{\alpha,p,mn-m-p+1} \qquad (12.12)$$
$$\text{LCL} = 0$$

其中，$F_{\alpha,p,mn-m-p+1}$ 表示自由度是 p 和 $mn-m-p+1$ 的 F 分布在 α 分位点的值。

阶段二控制图的控制界限由以下公式建立：

$$\text{UCL} = \frac{p(m+1)(n-1)}{mn-m-p+1}F_{\alpha,p,mn-m-p+1} \qquad (12.13)$$
$$\text{LCL} = 0$$

当统计量 $T^2 > \text{UCL}$ 时，则判断过程失控。

例 12.1：某轴承制造厂项目改进团队，需要对轴承内外径进行控制，测量的数据如表 12.1 所示，试构建 Hotelling T^2 控制图。

表 12.1　轴承内外径的数据表（单位：毫米）

样本序号	内径			外径		
1	4.030	4.002	4.019	7.992	7.008	7.064
2	3.995	3.992	4.001	7.001	7.011	7.001
3	3.988	4.024	4.021	7.005	7.002	7.008
4	4.002	3.996	3.993	7.015	7.009	7.003
5	3.992	4.007	4.015	7.989	7.014	7.003
6	4.009	3.994	3.997	7.985	7.993	7.996
7	3.995	4.006	3.994	7.000	7.005	7.000
8	3.985	4.003	3.993	7.015	7.998	7.197
9	4.008	3.995	4.009	7.005	7.004	7.004
10	3.998	4.000	3.990	7.007	7.995	7.998
11	3.994	3.998	3.994	7.995	7.990	7.994
12	4.004	4.000	4.007	7.000	7.996	7.001
13	3.983	4.002	3.998	7.997	7.012	7.998
14	4.006	3.967	3.994	7.000	7.984	7.990
15	4.012	4.014	3.998	7.999	7.007	7.006
16	4.000	3.984	4.005	7.998	7.996	7.997
17	3.994	4.012	3.986	7.005	7.007	7.001
18	4.006	4.010	4.018	7.003	7.000	7.007
19	3.984	4.002	4.003	7.005	7.997	7.998
20	4.000	4.010	4.013	7.020	7.003	7.009
21	3.998	4.001	4.009	7.005	7.996	7.996
22	4.004	3.999	3.990	7.006	7.009	7.002
23	4.010	3.989	3.990	7.009	7.014	7.002
24	4.015	4.008	3.993	7.000	7.010	7.005
25	3.982	3.984	3.995	7.017	7.013	7.998

　　对本节的轴承内外径数据，应用 MINITAB 软件绘制 Hotelling T^2 控制图，如图 12.1 所示。实现路径为：从统计→控制图→多变量控制图→T 方进入；"变量"中选择"内径"和"外径"；"子组大小"选择"3"；点击确定，运行命令，得到图 12.1。图 12.1 中并无异常点出现，过程受控。

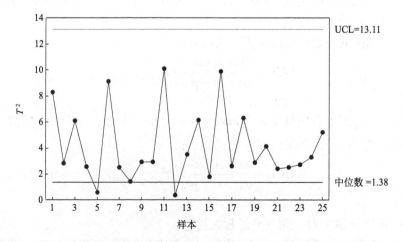

图 12.1　轴承内外径的 Hotelling T^2 控制图

由图 12.1 可知,图的所有打点值都没有违背控制图失控的判定准则,整个过程稳定,因此,可以判定轴承的生产过程处于统计控制状态。

12.4　主成分控制图

在多指标问题研究中,由于指标数目众多,给样本分布规律的寻找带来一定的麻烦,另外各个指标之间不可避免发生联系,使数据的信息在一定程度上产生重叠。这些情况表明,需要用少数变量对若干个指标进行综合,以期既能降低指标的维数,又能充分反映指标的信息。主成分分析就是这样的一种多元统计方法,它能把多个指标转化为少数几个综合指标以进行分析。

假设有 p 个质量特性,主成分分析就是要把这 p 个质量特性设法转化成少数几个综合质量特性,并且保证通过合成后所得到的综合指标能尽可能保留原来 p 个质量特性指标的信息。假设 $X = (X_1, X_2, \cdots, X_p)'$, $E(X) = \mu$, $\mathrm{Var}(X) = \Sigma$。令 $y_1, y_2, \cdots, y_p$ 是 $X_1, X_2, \cdots, X_p$ 对进行综合后的新指标;$\alpha = (\alpha_1, \alpha_2, \cdots, \alpha_p)'$ 为 p 维实常向量;综合后的新指标 y 用 α 与 X 的线性组合表示,这样便得到 $y = \alpha' X$。在 $\alpha' \alpha = 1$ 的条件下,求 $\max \mathrm{Var}(y)$,利用拉格朗日乘数,构造函数:

$$L(\alpha, \lambda) = \alpha' \Sigma \alpha - \lambda(\alpha' \alpha - 1) \tag{12.14}$$

对上式求关于 α 和 λ 的偏导数且令其等于 0,得到方程组:

$$\begin{cases} \Sigma \alpha = \lambda \alpha \\ \alpha' \alpha = 1 \end{cases}$$

容易看出,λ 是矩阵 Σ 的特征根;α 是特征根对应的特征向量。Σ 有 p 个特征根,实际应用时只要取前面几个最大的特征根即可,k 的取值可以按如下的经验规则确定:

$$\left[\mathrm{trVar}(X)\right]^{-1}\left(\sum_{i=1}^{k} \lambda_i\right) \geqslant 85\%$$

在获得 α 的估计 $\hat{\alpha}$ 后,便可得到相应的各个主成分: $y_1 = \hat{\alpha}_1' X$, $y_2 = \hat{\alpha}_1' X, \cdots, y_k = \hat{\alpha}_k' X$。特征根对应的特征向量彼此正交,因此 $y_1, y_2, \cdots, y_p$ 互不相关。

为了绘制出控制图,需进一步地求出在各个观察处样品质量特征的主成分得分。对 $X = (X_1, X_2, \cdots, X_p)'$ 实施标准化,结果用 $X' = (X_1', X_1', \cdots, X_1')$ 表示,其中元素 $x_{ji}' = (x_{ji} - \bar{x})(S_i')^{-1}$ $(j = 1, 2, \cdots, n; i = 1, 2, \cdots, p)$,然后运用特征向量进行加权。在这个基础上,再对保留下的 k 个主成分在各个样品下的得分进行累加,最后以综合得分值为依据绘制均值控制图和离差控制图。

12.5　MEWMA 控制图

12.5.1　监控均值向量的 MEWMA 控制图

多元指数加权移动平均(multivariate exponentially weighted moving average, MEWMA)

控制图与一元 EWMA 控制图具有相同的优点，对过程中的小偏移有更高的灵敏度。

过程参数如 12.3 节假设，X 服从 p 维正态分布，即 $N_p(\mu_0, \Sigma_0)$。其中，μ_0 是受控状态的均值向量；Σ_0 是受控状态的协方差矩阵，则控制均值向量的 MEWMA 统计量基于 p 维向量 Z_t：

$$Z_t = RX_t + (I - R)Z_{t-1}, \quad t = 1, 2, 3 \cdots, n \tag{12.15}$$

其中，R 是 p 维对角矩阵，对角元素为平滑系数 r_i（$0 < r_i \leqslant 1$，$i = 1, 2, \cdots, p$）；$Z_0 = 0$，一般情况下取 $r_i = r$，$i = 1, 2, \cdots, p$。

MEWMA 统计量为

$$M_t = (Z_t - \mu_0)^{\mathrm{T}} \Sigma_{Z_t}^{-1} (Z_t - \mu_0), \quad t = 1, 2, 3 \cdots, n \tag{12.16}$$

其中，Z_t 的协方差矩阵为

$$\Sigma_{Z_t} = \frac{r \left[1 - (1 - r)^{2t} \right]}{2 - r} \Sigma_0 \tag{12.17}$$

当 $t \to \infty$ 时：

$$\Sigma_{Z_t} = \frac{r}{2 - r} \Sigma_0 \tag{12.18}$$

因此，MEWMA 统计量表示为

$$M_t = (Z_t - \mu_0)^{\mathrm{T}} \Sigma_{Z_\infty}^{-1} (Z_t - \mu_0), \quad t = 1, 2, 3 \cdots, n \tag{12.19}$$

MEWMA 控制图的判异准则为：当 $M_t > \mathrm{UCL}$ 时，MEWMA 控制图发出报警信号，判断该过程均值向量出现了异常。依据上述轴承的案例数据，我们采用 MEWMA 控制图监控，结果如图 12.2 所示。

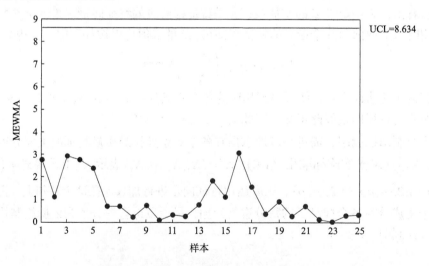

图 12.2　轴承内外径的 MEWMA 控制图

由图 12.2 可知，图的所有打点值都没有违背控制图失控的判定准则，整个过程稳定，因为可以判定轴承的生产过程处于统计控制状态。

12.5.2　监控协方差矩阵的 MEWMA—型控制图

MEWMA—型统计量在对独立的多变量过程控制中发现，该统计量能有效地监控过程协方差矩阵中某元素在不同方向上发生不同程度大小的漂移。

假定 X 服从 p 维正态分布，即 $N_p(\boldsymbol{\mu}_0, \boldsymbol{\Sigma}_0)$。其中，$\boldsymbol{\mu}_0$ 是受控状态的均值向量；$\boldsymbol{\Sigma}_0$ 是受控状态的协方差矩阵，则监控协方差矩阵的 MEWMA—型统计量基于 p 维向量 $\boldsymbol{E}_t$：

$$\boldsymbol{E}_t = \boldsymbol{R}(\boldsymbol{X}_t - \boldsymbol{\mu}_0)^2 + (\boldsymbol{I} - \boldsymbol{R})\boldsymbol{E}_{t-1}, \quad t=1,2,3\cdots,n$$

MEWMA—型统计量为

$$M_{1t} = (2c_\infty)^{-1}(\boldsymbol{E}_t - \boldsymbol{I} - \boldsymbol{\mu}_0)^{\mathrm{T}}(\boldsymbol{\Sigma}_0^{(2)})^{-1}(\boldsymbol{E}_t - \boldsymbol{I} - \boldsymbol{I}_0), \quad t=1,2,3\cdots,n$$

其中，$c_\infty = \dfrac{r}{2-r}$；$\boldsymbol{\Sigma}_0^{(2)}$ 代表 $\boldsymbol{\Sigma}_0$ 各个元素（$i \times j$ 个元素）平方后的协方差矩阵。

MEWMA—型控制图有相应的控制上限 UCL。

MEWMA—型控制图的判异准则为：当 $M_{1t} > \mathrm{UCL}$ 时，MEWMA—型控制图发出报警信号，判断该过程协方差矩阵发生了异常。

12.6　MCUSUM 控制图

多元累积和（multivariate cumulative sum，MCUSUM）控制图与 MEWMA 控制图作用类似，同样是对过程中的小偏移有更高的灵敏度。它将统计量和目标值的差值进行累积求和，通过这样的方式放大微小的偏移，并将所监测的所有样本信息包含在内，使过程的小偏移易于辨别，比常规控制图对过程小偏移更为敏感。第 11 章，我们已介绍了一元的 CUSUM 控制图，这里我们直接将其扩展到多变量情况，记：

$$C_t = \left\{ (\boldsymbol{S}_{t-1} + \boldsymbol{X}_t - \boldsymbol{\mu})' \boldsymbol{\Sigma}^{-1} (\boldsymbol{S}_{t-1} + \boldsymbol{X}_t - \boldsymbol{\mu})' \right\}^{1/2} \tag{12.20}$$

其中，$\boldsymbol{X}_t = (x_1, x_2, \cdots, x_p)'$；$\boldsymbol{\mu}$ 是目标向量，$\boldsymbol{\Sigma}$ 是样本协方差矩阵。当 $C_t \leqslant k$ 时，$\boldsymbol{S}_t = \boldsymbol{0}$；当 $C_t > k$ 时，$\boldsymbol{S}_t = (\boldsymbol{S}_{t-1} + \boldsymbol{X}_t)(1 - k/C_t)$。最后获得 MCUSUM 控制图的统计量

$$Y_t = (\boldsymbol{S}_t' \boldsymbol{\Sigma}^{-1} \boldsymbol{S}_t)^{1/2} \tag{12.21}$$

MCUSUM 控制图的判异准则为：当 $C_t > \mathrm{H}$ 时，MCUSUM 控制图发出报警信号，判断该过程均值向量出现了异常。H 是控制图控制界限，其可通过仿真计算得出。

12.7　多变量残差控制图

12.7.1　Hotelling 均值残差控制图理论

当过程处于稳态时，即 X 的均值向量为 $\boldsymbol{\mu}_0$ 时，观测值序列 $\{\boldsymbol{X}_t\}$：

$$\boldsymbol{X}_t = \boldsymbol{\mu}_0 + \boldsymbol{A}_1(\boldsymbol{X}_{t-1} - \boldsymbol{\mu}_0) + \boldsymbol{\varepsilon}_t \tag{12.22}$$

观测值预测值序列 $\{\hat{\boldsymbol{X}}_t\}$：

$$\hat{X}_t = \mu_0 + A_1(X_{t-1} - \mu_0) \tag{12.23}$$

残差序列 $\{e_t\}$：

$$e_t = X_t - \hat{X}_t = \varepsilon_t \tag{12.24}$$

基于残差序列 $\{e_t\}$ 的 Hotelling 统计量：

$$T_t^2 = e_t^{\mathrm{T}} \Sigma^{-1} e_t = \varepsilon_t^{\mathrm{T}} \Sigma^{-1} \varepsilon_t \tag{12.25}$$

当过程发生异常时，即在 T_0 时刻，X_t 的均值向量由 μ_0 变成 $\mu_0 + \Delta$，Δ 为 d 维偏移向量。观测值序列 $\{X_t'\}$：

$$X_t' = \begin{cases} A_1 X_{t-1} + (I - A_1)\mu_0 + \Delta + \varepsilon_t, & (t = T_0) \\ A_1 X_{t-1}' + (I - A_1)(\mu_0 + \Delta) + \varepsilon_t, & (t > T_0) \end{cases} \tag{12.26}$$

观测值预测值序列 $\{\hat{X}_t'\}$：

$$\hat{X}_t' = \begin{cases} A_1 X_{t-1} + (I - A_1)\mu_0, & t = T_0 \\ A_1 X_{t-1}' + (I - A_1)\mu_0, & t > T_0 \end{cases} \tag{12.27}$$

残差序列 $\{e_t'\}$：

$$e_t' = X_t' - \hat{X}_t' = \begin{cases} \Delta + \varepsilon_t, & t = T_0 \\ (I - A_1)\Delta + \varepsilon_t, & t > T_0 \end{cases} \tag{12.28}$$

基于残差序列 $\{e_t'\}$ 的 Hotelling 统计量变为

$$T_t^{2'} = e_t'^{\mathrm{T}} \Sigma^{-1} e_t' = \begin{cases} (\Delta + \Delta_t)^{\mathrm{T}} \Sigma^{-1} (\Delta + \varepsilon_t), & t = T_0 \\ [(I - A_1)\Delta + \Delta_t]^{\mathrm{T}} \Sigma^{-1} [(I - A_1)\Delta + \Delta_t], & t > T_0 \end{cases} \tag{12.29}$$

比较两个统计量 T_t^2 和 $T_t^{2'}$ 的值存在差异。可以发现过程均值向量发生的漂移 Δ，在基于残差序列 $\{e_t'\}$ 的 Hotelling 统计量中有所体现，偏离于正常情况下的 $T_t^{2'}$ 的点会超出 Hotelling 残差控制图上控制界限。因此，Hotelling 残差控制图可以用于监控过程均值向量发生的漂移。

12.7.2　MEWMA 均值残差控制图理论

当过程处于稳态时，即 X_t 的均值向量为 μ_0 时，观测值序列 $\{X_t\}$：

$$X_t = \mu_0 + A_1(X_{t-1} - \mu_0) + \varepsilon_t \tag{12.30}$$

观测值预测值序列 $\{\hat{X}_t\}$：

$$\hat{X}_t = \mu_0 + A_1(X_{t-1} - \mu_0) \tag{12.31}$$

残差序列 $\{e_t\}$：

$$e_t = X_t - \hat{X}_t = \varepsilon_t \tag{12.32}$$

基于残差序列 $\{e_t\}$ 的 MEWMA 统计量的计算过程为

$$Z_t = R e_t + (I - R) Z_{t-1}, \quad (t = 1, 2, 3 \cdots, d) \tag{12.33}$$

由于对角矩阵 R 在一般情况下取 $r_i = r$，$i = 1, 2, \cdots, d$ 等价于：

$$Z_t = r e_t + (1 - r) Z_{t-1} = r \varepsilon_t + (1 - r) Z_{t-1} \tag{12.34}$$

其中，$Z_0 = 0$；$0 < r \leqslant 1$。

MEWMA 统计量为

$$
\begin{aligned}
M_t &= \boldsymbol{Z}_t^{\mathrm{T}} \boldsymbol{\Sigma}_{\boldsymbol{Z}_\infty}^{-1} \boldsymbol{Z}_t \\
&= [r\varepsilon_t + (1-r)\boldsymbol{Z}_{t-1}]^{\mathrm{T}} \times \boldsymbol{\Sigma}_{\boldsymbol{Z}_\infty}^{-1} \times [r\varepsilon_t + (1-r)\boldsymbol{Z}_{t-1}]
\end{aligned}
\tag{12.35}
$$

其中，$\boldsymbol{\Sigma}_{\boldsymbol{Z}_\infty} = \dfrac{r}{2-r} \boldsymbol{\Sigma}$。

当过程发生异常时，即在 T_0 时刻，$\boldsymbol{X}_t$ 的均值向量由 $\boldsymbol{\mu}_0$ 变成 $\boldsymbol{\mu}_0 + \boldsymbol{\Delta}$，$\boldsymbol{\Delta}$ 为 d 维偏移向量。观测值序列 $\{\boldsymbol{X}_t'\}$：

$$
\boldsymbol{X}_t' = \begin{cases} \boldsymbol{A}_1 \boldsymbol{X}_{t-1} + (\boldsymbol{I} - \boldsymbol{A}_1)\boldsymbol{\mu}_0 + \boldsymbol{\Delta} + \varepsilon_t & t = T_0 \\ \boldsymbol{A}_1 \boldsymbol{X}_{t-1}' + (\boldsymbol{I} - \boldsymbol{A}_1)(\boldsymbol{\mu}_0 + \boldsymbol{\Delta}) + \varepsilon_t & t > T_0 \end{cases}
$$

观测值预测值序列 $\{\hat{\boldsymbol{X}}_t'\}$：

$$
\hat{\boldsymbol{X}}_t' = \begin{cases} \boldsymbol{A}_1 \boldsymbol{X}_{t-1} + (\boldsymbol{I} - \boldsymbol{A}_1)\boldsymbol{\mu}_0, & t = T_0 \\ \boldsymbol{A}_1 \boldsymbol{X}_{t-1}' + (\boldsymbol{I} - \boldsymbol{A}_1)\boldsymbol{\mu}_0, & t > T_0 \end{cases}
$$

残差序列 $\{\boldsymbol{e}_t'\}$：

$$
\boldsymbol{e}_t' = \boldsymbol{X}_t' - \hat{\boldsymbol{X}}_t' = \begin{cases} \boldsymbol{\Delta} + \varepsilon_t, & t = T_0 \\ (\boldsymbol{I} - \boldsymbol{A}_1)\boldsymbol{\Delta} + \varepsilon_t, & t > T_0 \end{cases}
$$

基于残差序列 $\{\boldsymbol{e}_t'\}$ 的 MEWMA 统计量计算过程：

$$
\begin{aligned}
\boldsymbol{Z}_t' &= r\boldsymbol{e}_t' + (1-r)\boldsymbol{Z}_{t-1} \\
&= \begin{cases} r(\boldsymbol{\Delta} + \varepsilon_t) + (1-r)\boldsymbol{Z}_{t-1}, & t = T_0 \\ r[(\boldsymbol{I} - \boldsymbol{A}_1)\boldsymbol{\Delta} + \varepsilon_t] + (1-r)\boldsymbol{Z}_{t-1}, & t > T_0 \end{cases}
\end{aligned}
$$

MEWMA 统计量变为

$$
\begin{aligned}
M_t' &= \boldsymbol{Z}_t'^{\mathrm{T}} \boldsymbol{\Sigma}_{\boldsymbol{Z}_\infty}^{-1} \boldsymbol{Z}_t' \\
&= \begin{cases} [r(\boldsymbol{\Delta} + \varepsilon_t) + (1-r)\boldsymbol{Z}_{t-1}]^{\mathrm{T}} \times \boldsymbol{\Sigma}_{\boldsymbol{Z}_\infty}^{-1} \times [r(\boldsymbol{\Delta} + \varepsilon_t) + (1-r)\boldsymbol{Z}_{t-1}], & t = T_0 \\ \{r[(\boldsymbol{I} - \boldsymbol{A}_1)\boldsymbol{\Delta} + \varepsilon_t] + (1-r)\boldsymbol{Z}_{t-1}\}^{\mathrm{T}} \times \boldsymbol{\Sigma}_{\boldsymbol{Z}_\infty}^{-1} \times \{r[(\boldsymbol{I} - \boldsymbol{A}_1)\boldsymbol{\Delta} + \varepsilon_t] + (1-r)\boldsymbol{Z}_{t-1}\}, & t > T_0 \end{cases}
\end{aligned}
$$

其中，$\boldsymbol{\Sigma}_{\boldsymbol{Z}_\infty} = \dfrac{r}{2-r} \boldsymbol{\Sigma}$。

比较两个统计量 M_t 和 M_t' 的值存在差异。可以发现过程均值向量发生的漂移 $\boldsymbol{\Delta}$，在基于残差序列 $\{\boldsymbol{e}_t'\}$ 的 MEWMA 统计量中有所体现，偏离于正常情况下的 M_t' 的点会超出 MEWMA 残差控制图上控制界限。因此，MEWMA 残差控制图可以用于监控过程均值向量发生的漂移。

12.7.3　ARL 仿真计算——以监控均值向量为例

运用 MATLAB 仿真的方法，以 ARL 为评价准则，对 MEWMA 残差控制图对过程均值向量的监控效果进行分析。并将其监控效果与 Hotelling 残差控制图进行比较。

特定二元自相关过程的模型为

$$X_t = A_1 X_{t-1} + \varepsilon_t$$

其中：

$$A_1 = \begin{bmatrix} 0 & 0 \\ 0 & \varphi \end{bmatrix}$$

$$\varepsilon_t \sim N_2(\mathbf{0}, \boldsymbol{\Sigma})$$

$$\boldsymbol{\Sigma} = \begin{bmatrix} 1 & 0 \\ 0 & 1 \end{bmatrix}$$

$$\boldsymbol{\mu}_0 = (0,0)'$$

均值偏移向量为

$$\boldsymbol{\Delta} = \begin{bmatrix} 0 & \delta \end{bmatrix}'$$

假设过程均值向量的漂移量为 $\boldsymbol{\Sigma}\boldsymbol{\Delta}$，令 $\varphi = 0.8$，即

$$A_1 = \begin{bmatrix} 0 & 0 \\ 0 & 0.8 \end{bmatrix}$$

MEWMA 残差控制图的设计步骤如下。

步骤一：产生受控状态下服从特定二元自相关过程模型 $X_t = A_1 X_{t-1} + \varepsilon_t$ 的数据。

以 $\varepsilon_t \sim N_2(\mathbf{0}, \boldsymbol{\Sigma})$，给定的参数 $\boldsymbol{\mu}_0$，A_1 和 $\boldsymbol{\Sigma}$ 生成二元自相关过程数据 X_t，$X_t = (X_{1t}, X_{2t})^T$，$t = 1, 2, \cdots, 500$。过程处于稳态时，基于残差序列 $\{e_t\}$ 的 MEWMA 残差控制图，计算 MEWMA 统计量，得出 500 个 MEWMA 值。

步骤二：提前选定过程稳态时的 $ARL_0 = 200$，寻找受控过程下 MEWMA 残差控制图的上控制限 H。

首先，选择控制限参数的初始值 H（任意选取，如 10 附近）；其次，通过 MATLAB 仿真计算过程的受控 ARL，寻找到 $ARL = ARL_0$ 时对应的控制限参数值（H），将 H 作为控制限参数的基准。对每个 H 过程重复循环 10 000 次。在许多情形下，无法通过调节控制限参数的使得过程的受控 ARL 值刚好等于 $ARL_0 = 200$，选取 ARL 最接近 ARL_0 的 H 作为基准控制限。

对多个 r 值的 MEWMA 控制图寻找控制限参数值，每次寻找进行 10 000 次仿真，寻找过程的统计结果如表 12.2 所示。

表 12.2　不同 r 的 MEWMA 残差控制图 H 变化时的受控 ARL

权重 r	控制限参数值 H	受控 ARL	权重 r	控制限参数值 H	受控 ARL	权重 r	控制限参数值 H	受控 ARL
	8.70	190.46		9.70	188.65		10.10	193.30
	8.80	194.88		9.80	195.14		10.20	194.55
0.1	8.90	203.10	0.2	9.90	200.87	0.3	10.30	196.42
	9.00	204.74		10.00	207.72		10.40	205.55
	9.10	212.40		10.10	211.91		10.50	213.22
	9.20	218.80		10.20	220.82		10.60	221.11

权重 r	控制限参数值 H	受控 ARL	权重 r	控制限参数值 H	受控 ARL	权重 r	控制限参数值 H	受控 ARL
	10.40	191.55		10.65	192.68		10.78	196.36
	10.50	193.60		10.70	194.45		10.80	198.91
	10.60	204.24		10.75	201.68		10.82	200.66
0.4	10.70	214.48	0.6	10.80	204.17	0.8	10.84	201.26
	10.80	218.96		10.85	208.32		10.86	204.21
	10.90	222.80		10.90	211.72		10.88	208.44
	10.50	196.23		10.70	193.92		10.82	198.17
	10.60	198.22		10.75	195.77		10.83	200.25
0.5	10.70	200.95	0.7	10.80	198.75	0.9	10.84	201.95
	10.80	211.27		10.85	206.02		10.85	203.86
	10.90	218.14		10.90	212.21		10.86	206.89
	11.00	223.65		10.95	218.13		10.87	209.31

通过表 12.2 中的仿真结果，可以发现：当 $r=0.1$ 时，选取 $H=8.90$ 作为控制限参数的基准值 H，此时对应的受控 ARL 值为 203.10，相比最接近 ARL_0。同理，寻找出了多个平滑系数 r 下 MEWMA 残差控制图的上控制限 H 以及对应的受控 ARL_0，用于在过程发生异常时，残差控制图的 ARL 仿真分析，如表 12.3 所示。

表 12.3　不同 r 的 MEWMA 残差控制图 H 及 ARL_0

r	H	ARL_0
0.1	8.90	203.10
0.2	9.90	200.87
0.3	10.30	196.42
0.4	10.60	204.24
0.5	10.70	200.95
0.6	10.75	201.68
0.7	10.80	198.71
0.8	10.82	200.66
0.9	10.83	200.25

步骤三：建立过程发生异常后的 MEWMA 残差控制图。以 ARL 为评价准则，分析 MEWMA 残差控制图对均值向量发生不同程度漂移 $\Sigma\Delta$ 的监控效果。

具体为，在 $t=501$ 时刻，因某种原因过程失控，X_t 的均值向量由 μ_0 变成 $\mu_0+\Sigma\Delta$，其中，Σ 是观测值 $\{X_t\}$ 已知的协方差矩阵；Δ 是二维均值偏移向量。这里考虑一个特定方向上的漂移，即 $\Delta=\begin{bmatrix} 0 & \delta \end{bmatrix}'$。

过程发生异常时，基于残差序列 $\{e_t'\}$ 的 MEWMA 残差控制图，计算出过程异常时的每个 MEWMA 统计量值。

ARL 仿真具体实现路径：针对某一个漂移量 δ，若在 t 时刻，控制图发出报警信号，即 $M_t > H_r$（H_r 表示平滑系数为 r 的控制图在稳态 ARL_0 时的上控制限），则记录运行链长 RL_t，本次 Monte-Carlo 试验结束。返回至步骤三进行重复比较，直至对每一个漂移量 δ 下 ARL 仿真比较进行 10 000 次循环结束，计算 10 000 次运行链长 RL_t 结果的平均运行链长 ARL。

利用 MATLAB 软件，仿真运行在发生漂移量 δ 以 0.5 为步长由 0.5 增至 5.0 时，MEWMA 残差控制图的平均运行链长 ARL。对每个漂移 δ 分别进行了 10 000 次仿真，仿真统计结果如表 12.4 所示。

表 12.4   多个 r 的 MEWMA 残差控制图的 ARL 值

漂移量 δ	MEWMA 残差控制图								
	$r=0.1$	$r=0.2$	$r=0.3$	$r=0.4$	$r=0.5$	$r=0.6$	$r=0.7$	$r=0.8$	$r=0.9$
0.5	*167.66*	179.24	180.95	191.35	193.28	191.09	192.64	195.20	196.72
1.0	*103.67*	125.55	142.87	155.92	162.75	165.52	172.66	175.35	180.41
1.5	*61.64*	81.55	96.10	115.40	125.72	133.04	139.40	147.06	155.76
2.0	*38.14*	50.34	63.65	77.69	87.87	96.27	105.19	114.23	120.63
2.5	*25.32*	32.60	40.95	50.22	57.93	63.64	71.64	77.87	85.13
3.0	*17.57*	20.95	25.64	31.13	35.14	38.65	44.07	48.05	53.57
3.5	*12.80*	13.94	15.51	17.90	19.39	20.84	22.79	26.76	28.31
4.0	9.54	9.33	*9.25*	9.54	9.69	10.43	10.79	10.97	12.61
4.5	7.25	5.96	4.98	4.78	4.52	*4.41*	4.44	4.87	5.53
5.0	5.59	3.74	2.79	2.41	2.17	2.12	*2.00*	2.18	2.31

注：斜体加粗的数据代表多个 r 的 MEWMA 残差控制图的最优 ARL

根据上面的仿真结果，根据以往文献，选取 $ARL_\delta < \frac{1}{2} ARL_0$ 作为控制图的控制效果能被接受的评价准则。对 MEWMA 残差控制图和 Hotelling 残差控制图对特定的二元自相关过程均值向量的监控效果做出比较分析。

（1）当 $\delta = 3$ 时，MEWMA 残差控制图和 Hotelling 残差控制图的 ARL 值，如表 12.5 所示。由表 12.5 可以发现，当 $\delta = 3$ 时，MEWMA 残差控制图的每一个 ARL 值都远远小于 Hotelling 残差控制图的 ARL 值。当 $r=0.1$ 时，MEWMA 残差控制图的 ARL 值为 17.57，这时 MEWMA 残差控制图能以最快的速度检测到过程均值发生的 $\delta = 3$ 的漂移。随着 r 的增大，MEWMA 残差控制图的 ARL 值在逐步增大。直至 $r=0.9$ 时 ARL 值增至 53.57，但仍远远小于 Hotelling 残差控制图的 ARL 值 100。因此，对于 $\delta = 3$ 的漂移，MEWMA 残差控制图相比 Hotelling 残差控制图监控效果更好。

表 12.5   当 $\delta = 3$ 时，两个残差控制图的 ARL 值

Hotelling T^2 控制图	MEWMA 残差控制图								
	$r=0.1$	$r=0.2$	$r=0.3$	$r=0.4$	$r=0.5$	$r=0.6$	$r=0.7$	$r=0.8$	$r=0.9$
100	17.57	20.95	25.64	31.13	35.14	38.65	44.07	48.05	53.57

（2）MEWMA 残差控制图和 Hotelling 残差控制图能有效监控过程均值向量发生漂移量的范围。根据表 12.5，可以发现多个平滑系数 r 下 MEWMA 残差控制图的监控效果。当 $r=0.1$，$\delta=1$ 时，$\mathrm{ARL}_\delta=103.67$；当 $r=0.1$，$\delta=1.5$ 时，$\mathrm{ARL}_\delta=61.64$，MEWMA 残差控制图能有效监控到均值向量发生 $\delta>1$ 的漂移。同理可以发现：当 $r=0.2$，0.3，0.4，0.5 时，MEWMA 残差控制图能有效监控到均值向量发生 $\delta\geqslant1.5$ 的漂移；当 $r=0.6$，0.7，0.8 时，能有效监控到均值向量发生 $\delta\geqslant2$ 的漂移；当 $r=0.9$，能有效监控到均值向量发生 $\delta\geqslant2.5$ 的漂移。

除了对过程均值向量发生较大漂移的有效监控，MEWMA 残差控制图还能有效监控到均值向量发生 $1<\delta\leqslant2.5$ 的漂移。因此，相比于 Hotelling 残差控制图仅能监控均值向量发生 $\delta>3$ 的漂移效果，MEWMA 残差控制图能对过程均值向量发生 $\delta>1$ 的漂移进行有效监控。

（3）多个 r 的 MEWMA 残差控制图的监控效果。图 12.3 中，曲线 $r_1\sim r_9$ 分别代表平滑系数 $r=0.1\sim0.9$ 的 MEWMA 残差控制图 ARL 与 δ 的关系曲线。

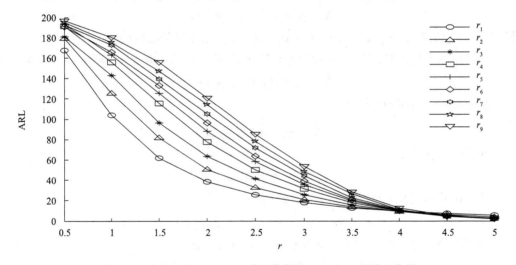

图 12.3　多个 r 的 MEWMA 残差控制图 ARL 与 δ 的关系曲线

从图 12.3 可以发现：随着漂移量的增大，MEWMA 残差控制图的监控效果在增强。当 $0.5\leqslant\delta\leqslant3.5$ 时，曲线 r_1 总是处于最低的位置，对于 $0.5\leqslant\delta\leqslant3.5$ 的漂移，$r=0.1$ 的 MEWMA 残差控制图获得相对最佳的监控效果，以最小的 ARL 发出报警信号。曲线 r_9 总是处于最高的位置，证明对于 $0.5\leqslant\delta\leqslant3.5$ 的漂移，$r=0.9$ 的 MEWMA 残差控制图的监控效果相对较差，总是以最大的 ARL 发出报警信号。当 $\delta\geqslant4$ 时，不同 r 的 MEWMA 残差控制图的控制效果出现交叉，控制效果的排序发生了变化。

结合图 12.3 和表 12.4，可以发现：当过程均值向量的漂移很小时，如当 $\delta=0.5$ 时，$r=0.1$ 的 MEWMA 残差控制图以最短的 ARL 发出报警也要 167.66，监控效果不明显；当 $0.5\leqslant\delta\leqslant3.5$ 时，$\mathrm{ARL}_{0.1}<\mathrm{ARL}_{0.2}<\cdots<\mathrm{ARL}_{0.9}$，$r=0.1$ 获得相对最佳监控效果；当 $\delta=4.0$ 时，$\mathrm{ARL}_{0.3}=9.25$ 最小；当 $\delta=4.5$ 时，$\mathrm{ARL}_{0.6}=4.41$ 最小；当 $\delta=5.0$ 时，$\mathrm{ARL}_{0.7}=2.00$ 最小。随着 δ 由 4.5 增至 5.0，$r=0.6$ 和 0.7 逐渐获得相对最佳监控效果，而 $r=0.1$ 的监控

效果变差。

根据以上分析：MEWMA 残差控制图不仅能以较明显小于 Hotelling 残差控制图的 ARL 监控到均值向量 $\delta \geq 3$ 的漂移，而且还能以较理想的 ARL 有效监控到 $1.0 \leq \delta \leq 2.5$ 的漂移，即实现了对 $\delta \geq 1.0$ 的不同程度漂移的有效监控。MEWMA 残差控制图相比于 Hotelling 残差控制图能更为有效地监控均值向量发生的漂移。

在 MEWMA 残差控制图能实现有效监控过程均值向量的漂移范围内，分析了 MEWMA 残差控制图的最优平滑系数 r 随均值向量发生不同程度漂移时的变化情形。对于 $1.0 \leq \delta \leq 3.5$ 较小程度的漂移，具有相对最佳监控效果的 $r=0.1$；对于 $\delta = 4.0$ 中等程度的漂移，具有相对最佳监控效果的 $r=0.3$；对于 $\delta > 4.0$ 较大程度的漂移，具有相对最佳监控效果的 $r=0.6$ 和 0.7。

12.7.4　MEWMA-型协方差残差控制图理论

选择具有代表性的一阶平稳向量自回归模型——Var（1）模型：

$$X_t - \mu_0 = A_1(X_{t-1} - \mu_0) + \varepsilon_t$$

其中，$\varepsilon_t \sim N_d(0, \Sigma)$；$\mu_0, A_1$ 已知；$\hat{X}_t = \mu_0 + A_1(X_{t-1} - \mu_0)$ 是预测模型。

当过程处于稳态时，即 X_t 的协方差矩阵为 Σ 时，$\varepsilon_t \sim N_d(0, \Sigma)$，观测值序列 $\{X_t\}$ 为

$$X_t = \mu_0 + A_1(X_{t-1} - \mu_0) + \varepsilon_t$$

观测值预测值序列 $\{\hat{X}_t\}$ 为

$$\hat{X}_t = \mu_0 + A_1(X_{t-1} - \mu_0)$$

残差序列 $\{e_t\}$ 为

$$e_t = X_t - \hat{X}_t = \varepsilon_t$$

基于残差序列 $\{e_t\}$ 的 MEWMA-型统计量的计算过程为

$$E_t = Re_t^2 + (I - R)E_{t-1} \qquad t = 1, 2, 3, \cdots, d$$

由于对角矩阵 R 在一般情况下取 $r_i = r$，$i = 1, 2, \cdots, d$ 等价于：

$$E_t = re_t^2 + (1-r)E_{t-1} = r\varepsilon_t^2 + (1-r)E_{t-1}$$

其中，当 $t = 0$ 时，$E_0 = I$（d 维单位矩阵），$0 < r \leq 1$。

MEWMA-型统计量为

$$
\begin{aligned}
M_{1t} &= (2c_\infty)^{-1}(E_t - I)^T \times [\Sigma^{(2)}]^{-1} \times (E_t - I) \\
&= (2c_\infty)^{-1}[r\varepsilon_t^2 + (1-r)E_{t-1} - I]^T \times [\Sigma^{(2)}]^{-1} \times [r\varepsilon_t^2 + (1-r)E_{t-1} - I]
\end{aligned}
$$

其中，$c_\infty = \dfrac{r}{2-r}$，$\Sigma^{(2)}$ 代表 Σ 各个元素（$i \times j$ 个元素）平方后的协方差矩阵。

当过程发生异常时，在 T_0 时刻，X_t 的协方差矩阵由 Σ 变为 Σ_1，$\varepsilon_t \sim N_d(0, \Sigma)$，观测值序列 $\{X_t'\}$ 为

$$
X_t' = \begin{cases} A_1 X_{t-1} + (I - A_1)\mu_0 + \varepsilon_t', & t = T_0 \\ A_1 X_{t-1}' + (I - A_1)\mu_0 + \varepsilon_t', & t > T_0 \end{cases}
$$

观测值预测值序列 $\{\hat{X}'_t\}$ 为

$$\hat{X}'_t = \begin{cases} A_1 X_{t-1} + (I - A_1)\mu_0, & t = T_0 \\ A_1 X'_{t-1} + (I - A_1)\mu_0, & t > T_0 \end{cases}$$

残差序列 $\{e'_t\}$ 为

$$e'_t = X'_t - \hat{X}'_t = \varepsilon'_t, \quad t \geqslant T_0$$

基于残差序列 $\{e'_t\}$ 的 MEWMA-型统计量计算过程为

$$E'_t = r e'^2_t + (1-r) E_{t-1} = r \varepsilon'^2_t + (1-r) E_{t-1}$$

其中，$E_0 = I$（d 维单位矩阵），$0 < r \leqslant 1$。

MEWMA-型统计量变化为

$$
\begin{aligned}
M'_{1t} &= (2c_\infty)^{-1} (E'_t - I)^{\mathrm{T}} \times [\Sigma^{(2)}]^{-1} \times (E'_t - I) \\
&= (2c_\infty)^{-1} [r\varepsilon'^2_t + (1-r)E_{t-1} - I]^{\mathrm{T}} \times [\Sigma^{(2)}]^{-1} \times [r\varepsilon'^2_t + (1-r)E_{t-1} - I]
\end{aligned}
$$

其中，$c_\infty = \dfrac{r}{2-r}$；$\Sigma^{(2)}$ 代表 Σ 各个元素（$i \times j$ 个元素）平方后的协方差矩阵。

比较两个统计量 M_{1t} 和 M'_{1t} 的值存在差异。可以发现过程协方差矩阵发生的变化在基于残差序列 $\{e'_t\}$ 的 MEWMA-型统计量中有所体现，偏离于正常情况下的 M'_{1t} 的点会超出 MEWMA-型残差控制图上控制界限。因此，MEWMA-型残差控制图可以用于监控过程协方差矩阵发生的漂移。

12.7.5 ARL 仿真计算——以监控协方差为例

为了评估基于统计量 M_{1t} 的 MEWMA-型残差控制图对服从平稳 Var（1）模型的二元自相关过程的监控效果。运用 MATLAB 仿真的方法，以 ARL 为评价准则对 MEWMA-型残差控制图对过程协方差矩阵的监控效果进行分析。

令二元自相关过程服从均值为 μ_0 的 Var（1）模型：

$$X_t - \mu_0 = A_1(X_{t-1} - \mu_0) + \varepsilon_t$$

其中，$\varepsilon_t \sim \mathrm{N}_2(0, \Sigma)$。

参数已知：

$$
\mu_0 = (240, 460)'
$$

$$
\Sigma = \begin{bmatrix} 100 & 69 \\ 69 & 121 \end{bmatrix}
$$

$$
A_1 = \begin{bmatrix} 0.0146 & 0.0177 \\ 0.6493 & 0.0958 \end{bmatrix}
$$

MEWMA-型残差控制图的设计步骤为如下。

步骤一：产生受控状态下服从平稳 Var（1）模型 $X_t - \mu_0 = A_1(X_{t-1} - \mu_0) + \varepsilon_t$ 的二元自相关过程数据。

以 $\varepsilon_t \sim \mathrm{N}_2(0, \Sigma)$，给定的参数 μ_0，A_1 和 Σ 生成二元自相关数据 X_t，$X_t = (X_{1t}, X_{2t})^{\mathrm{T}}$，$t = 1, 2, \cdots, 500$ 过程处于稳态时，基于残差序列 $\{e_t\}$ 的 MEWMA-型残差控制图，计算

MEWMA-型统计量，计算出 500 个 MEWMA-型统计量值。

步骤二：提前选定过程稳态时的 $ARL_0=200$，寻找受控过程 MEWMA-型残差控制图的上控制限 H，并计算上限。

对多个 r 值的 MEWMA-型残差控制图寻找控制限参数值。对每个 H 分别进行 10 000 次仿真，计算结果如表 12.6 所示。根据表 12.6，当 $r=0.1$ 时，选取 $H=169.91$ 作为控制限参数的基准值，此时的受控 ARL 值为 202.58，最接近 $ARL_0=200$。用相同的原则，得到多个平滑系数 r 的 MEWMA-型残差控制图的上控制限 H 及对应的受控 ARL_0，用于过程发生异常时，残差控制图的 ARL 仿真分析，如表 12.7 所示。

表 12.6　不同 r 的 MEWMA-型残差控制图 H 变化时的受控 ARL

权重 r	控制限参数值 H	受控 ARL	权重 r	控制限参数值 H	受控 ARL	权重 r	控制限参数值 H	受控 ARL
	169.79	196.33		168.86	195.25		182.76	198.01
	169.85	197.48		168.92	196.63		182.82	198.69
	169.91	202.58		168.98	202.61		182.88	199.65
0.1	169.97	203.11	0.4	169.04	203.99	0.7	182.94	202.11
	170.03	205.66		169.10	204.58		183.00	205.44
	170.09	208.69		169.16	205.55		183.06	206.36
	170.15	209.36		169.22	207.71		183.12	208.46
	156.25	197.22		172.46	196.58		184.37	196.13
	156.31	198.23		172.52	197.69		184.43	197.58
	156.37	199.23		172.58	198.11		184.49	198.74
0.2	156.43	200.58	0.5	172.64	198.88	0.8	184.55	199.68
	156.49	201.36		172.70	200.33		184.61	202.58
	156.55	202.77		172.76	203.66		184.67	204.75
	156.61	205.08		172.82	205.74		184.73	206.59
	157.76	196.66		180.56	196.36		186.50	196.67
	157.82	197.45		180.62	198.66		186.56	198.88
	157.88	198.11		180.68	200.11		186.62	200.95
0.3	157.94	199.82	0.6	180.74	204.12	0.9	186.68	203.33
	158.00	202.33		180.80	204.55		186.74	204.59
	158.06	204.58		180.86	206.39		186.80	206.33
	158.12	206.36		180.92	207.89		186.86	208.46

表 12.7　不同 r 的 MEWMA-型控制图 H 及 ARL_0

r	H	ARL_0
0.1	169.91	202.58
0.2	156.43	200.58
0.3	157.94	199.82
0.4	168.98	202.61
0.5	172.70	200.33
0.6	180.68	200.11
0.7	182.88	199.65
0.8	184.55	199.68
0.9	186.62	200.95

步骤三：建立过程发生异常后的 MEWMA-型残差控制图。以 ARL 为评价准则，分析 MEWMA-型残差控制图对协方差矩阵发生不同程度漂移 $\Delta = (\gamma_1, \gamma_2)'$ 的监控效果。

具体为在 $t=501$ 时刻，因某种原因过程失控，X_t 的协方差矩阵由 Σ 变成 Σ_1：

$$\Sigma = \begin{bmatrix} \sigma_{01}\sigma_{01} & \rho_{12}\sigma_{01}\sigma_{02} \\ \rho_{21}\sigma_{02}\sigma_{01} & \sigma_{02}\sigma_{02} \end{bmatrix}, \quad \Sigma_1 = \begin{bmatrix} \sigma_1\sigma_1 & \rho_{12}\sigma_1\sigma_2 \\ \rho_{21}\sigma_2\sigma_1 & \sigma_2\sigma_2 \end{bmatrix}$$

协方差矩阵的漂移衡量参数为 $\Delta = (\gamma_1, \gamma_2)'$，$\gamma_1 = \sigma_1/\sigma_{01}$，$\gamma_2 = \sigma_2/\sigma_{02}$。考虑到多变量过程发生变异的多种可能性，在仿真中运用了方向漂移的思想。考虑了三个不同方向上的协方差矩阵漂移：方向一的漂移为变量 X_2 的标准差发生不同大小 γ 的漂移，$\Delta_1 = (1, \gamma)'$；方向二的漂移为变量 X_1 的标准差发生不同大小 γ 的漂移，$\Delta_2 = (\gamma, 1)'$；方向三的漂移为变量 X_1、X_2 的标准差共同发生不同大小 γ 的漂移，$\Delta_3 = (\gamma, \gamma)'$。

过程发生异常时，基于残差序列 $\{e_t'\}$ 的 MEWMA-型残差控制图，计算出每个过程异常时的 MEWMA-型统计量的值。

ARL 仿真具体步骤为：针对某一个漂移量 γ，若在 t 时刻，控制图发出报警信号，即 $M_{1t} > H_r$（H_r 表示平滑系数为 r 的控制图在稳态 ARL_0 时的上控制限），则记录运行链长 RL_t，本次 Monte-Carlo 试验结束。返回至步骤三进行重复比较，直至对每一个漂移量 γ 下 ARL 仿真比较进行 10 000 次循环结束，计算 10 000 次运行链长 RL_t 结果的平均运行链长 ARL。

利用 MATLAB 软件，仿真运行在过程协方差矩阵在发生三个不同方向 $\Delta_1 = (1, \gamma)'$，$\Delta_2 = (\gamma, 1)'$，$\Delta_3 = (\gamma, \gamma)'$。$\gamma$ 以 0.4 为步长由 0.2 增至 5.0 时，MEWMA-型残差控制图的平均运行链长 ARL。对每个漂移 γ 情形下分别进行了 10 000 次仿真。仿真统计结果如表 12.8~表 12.10 所示。

表 12.8 方向 Δ_1 上 MEWMA-型残差控制图的 ARL 值

漂移量 γ	MEWMA-型残差控制图								
	r=0.1	r=0.2	r=0.3	r=0.4	r=0.5	r=0.6	r=0.7	r=0.8	r=0.9
0.2	*268.77*	258.74	252.34	264.07	257.62	259.38	260.40	259.27	264.61
0.6	*330.05*	308.81	294.77	301.07	292.35	295.02	292.22	287.28	294.95
1.0	201.43	199.45	193.07	203.23	196.16	202.45	197.92	195.86	200.78
1.4	26.41	*24.86*	25.16	27.56	27.85	30.02	29.92	30.28	31.45
1.8	11.39	9.58	*9.29*	9.59	9.64	10.01	10.04	10.23	10.56
2.2	7.10	5.87	5.55	5.54	*5.51*	5.64	5.62	5.68	5.81
2.6	5.16	4.25	3.99	3.95	*3.90*	*3.90*	3.94	3.95	4.01
3.0	4.13	3.43	3.20	3.15	3.12	*3.09*	3.13	3.10	3.16
3.4	3.41	2.87	2.70	2.66	2.61	2.62	*2.61*	2.66	2.63
3.8	3.01	2.57	2.43	2.38	2.34	2.33	*2.32*	2.34	2.33
4.2	2.68	2.30	2.16	2.12	2.09	2.11	2.07	*2.05*	2.08
4.6	2.43	2.12	2.01	1.97	1.94	1.95	*1.92*	1.93	1.93
5.0	2.28	2.00	1.90	1.87	1.84	1.83	1.83	*1.81*	1.83

注：斜体加粗的数据代表不同 r 的 MEWMA-型残差控制图的最优 ARL

表 12.9 方向 Δ_2 上 MEWMA-型残差控制图的 ARL 值

漂移量 γ	MEWMA-型残差控制图								
	r=0.1	r=0.2	r=0.3	r=0.4	r=0.5	r=0.6	r=0.7	r=0.8	r=0.9
0.2	*267.68*	257.90	252.17	263.80	256.65	262.23	259.21	258.97	264.41
0.6	*333.03*	308.08	293.13	300.03	290.57	296.40	291.37	292.01	294.03
1.0	201.14	201.75	194.25	203.23	198.35	202.21	198.05	196.45	200.39
1.4	26.55	*24.97*	25.75	27.49	28.36	29.43	29.92	30.77	31.70
1.8	11.40	9.62	*9.29*	9.65	9.62	9.99	10.16	10.25	10.57
2.2	7.13	5.90	5.53	*5.48*	5.53	5.62	5.65	5.75	5.82
2.6	5.16	4.26	3.96	3.94	*3.86*	3.91	3.92	3.96	4.00
3.0	4.12	3.45	3.18	3.14	*3.08*	3.11	3.12	3.10	3.17
3.4	3.46	2.93	2.74	2.71	*2.60*	2.66	2.64	2.65	2.67
3.8	2.99	2.56	2.39	2.37	*2.31*	2.33	2.32	2.33	2.34
4.2	2.66	2.30	2.19	2.15	2.12	2.10	*2.09*	*2.09*	2.10
4.6	2.45	2.13	2.02	1.98	1.96	1.94	1.94	*1.93*	1.94
5.0	2.25	1.99	1.88	1.85	1.82	1.83	1.81	*1.80*	1.82

注：斜体加粗的数据代表不同 r 的 MEWMA-型残差控制图的最优 ARL

表 12.10　方向 Δ_3 上 MEWMA-型残差控制图的 ARL 值

漂移量 γ	MEWMA-型残差控制图								
	r=0.1	r=0.2	r=0.3	r=0.4	r=0.5	r=0.6	r=0.7	r=0.8	r=0.9
0.2	500.00	500.00	500.00	500.00	500.00	500.00	500.00	500.00	500.00
0.6	500.00	500.00	500.00	500.00	500.00	500.00	500.00	500.00	500.00
1.0	200.46	199.40	196.43	208.10	196.85	201.34	200.43	200.61	200.78
1.4	17.86	15.75	*15.35*	16.34	16.47	17.34	17.44	18.00	18.40
1.8	8.12	6.52	6.04	6.10	*6.01*	6.15	6.22	6.23	6.35
2.2	5.17	4.06	3.72	3.65	3.60	3.62	*3.59*	3.60	3.65
2.6	3.74	2.97	2.76	2.70	2.61	2.62	*2.60*	2.62	2.62
3.0	2.97	2.41	2.22	2.17	2.11	2.10	2.09	2.10	*2.08*
3.4	2.51	2.09	1.94	1.89	1.83	1.84	1.82	*1.79*	1.82
3.8	2.20	1.83	1.72	1.68	1.65	1.64	1.62	*1.60*	1.62
4.2	1.96	1.69	1.59	1.56	1.51	1.50	1.51	1.49	*1.48*
4.6	1.77	1.55	1.48	1.44	1.42	1.40	1.40	1.40	*1.39*
5.0	1.66	1.47	1.39	1.37	1.35	1.34	1.33	1.33	*1.32*

注：斜体加粗的数据代表不同 r 的 MEWMA-型残差控制图的最优 ARL

12.8　仿真结果分析

根据上节中的仿真结果，将对 MEWMA-型残差控制图对二元自相关过程协方差矩阵的监控效果做出分析。MEWMA-型残差控制图对三个不同方向上发生漂移的监控效果。

图 12.4 中，曲线 $r_1 \sim r_9$ 分别代表当协方差矩阵在第一个方向发生漂移时，平滑系数 r=0.1~0.9 的 MEWMA-型残差控制图 ARL 与 δ 的关系曲线。

从表 12.8 可以发现，当 γ 小于 1 时，即变量 X_2 标准差变小时，控制图的 ARL 应当越大越好，当 γ=0.2 和 0.6 时，r=0.1 的 MEWMA-型残差控制图具有相对最佳监控效果，$\mathrm{ARL}_{0.1}$ 分别为 268.77 和 330.05；当 γ 大于 1 时，即变量 X_2 标准差变大时，控制图的 ARL 应当越小越好，当 γ=1.4 时，$\mathrm{ARL}_{0.2}$=24.86 最小，当 γ=1.8 时，$\mathrm{ARL}_{0.3}$=9.29 最小；当 γ 由 2.2 增至 3.0 时，r=0.5 和 r=0.6 具有相对最佳监控效果，ARL 都小于 6.0；当 γ 大于 3.4 时，r=0.7 和 r=0.8 具有相对最佳监控效果，ARL 都小于 3.0。

从图 12.5 中可以发现，曲线 $r_1 \sim r_9$ 在漂移量 γ 变化的整个区间内，差异不明显。对于 γ 小于 1.0 的漂移，当 γ=0.2 时，ARL 都增大至 260 左右；当 γ=0.6 时，ARL 都增大至 300 左右；对于 γ 大于 1.0 的漂移，当 γ 由 1.0 增至 1.4 时，ARL 迅速由 200 降至 30 左右，当 γ 由 1.8 增至 5.0 时，ARL 降至 10 以下，并且 ARL 变化逐渐不明显。

根据以上分析：方向 $\Delta_1 = (1, \gamma)'$ 上，对于过程协方差矩阵发生不同程度的漂移，MEWMA-型残差控制图都能实现有效的监控。既实现了对协方差矩阵元素变量标准差变小的有效监控，又实现了对协方差矩阵元素变量标准差变大的有效监控。仿真获得了相对理想的 ARL（表 12.9）。

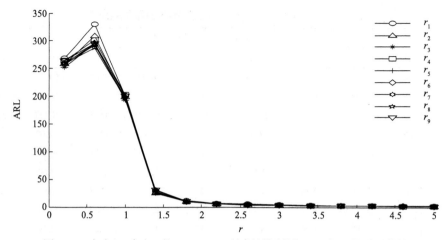

图 12.4　方向 Δ_1 多个 r 的 MEWMA-型残差控制图 ARL 与 γ 的关系曲线

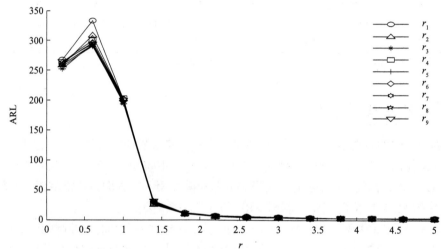

图 12.5　方向 Δ_2 多个 r 的 MEWMA-型残差控制图 ARL 与 γ 的关系曲线

对于协方差矩阵发生的 γ 小于 1 即 γ =0.2 和 0.6 的漂移，具有相对最佳监控效果的 r=0.1；当协方差矩阵发生的 γ 大于 1 的漂移时，对于 γ =1.4，γ =1.8 较小程度的漂移，具有相对最佳监控效果的 r=0.2 和 r=0.3；对于 2.2≤γ≤3.0 中等程度的漂移，具有相对最佳监控效果的 r=0.5 和 r=0.6；对于 3.4≤γ≤5.0 较大程度的漂移，具有相对最佳监控效果的 r= 0.7 和 r=0.8。

图 12.5 中，曲线 r_1 ～ r_9 分别代表当协方差矩阵在第二个方向发生漂移时，平滑系数 r=0.1～0.9 的 MEWMA-型残差控制图 ARL 与 δ 的关系曲线。

从表 12.9 可以发现，当 γ 小于 1 时，即变量 X_1 标准差变小时，控制图的 ARL 应当越大越好，当 γ =0.2 和 0.6 时，r=0.1 的 MEWMA-型残差控制图具有相对最佳监控效果，$\mathrm{ARL}_{0.1}$ 分别为 267.68 和 333.03；当 γ 大于 1 时，即变量 X_1 标准差变大时，控制图的 ARL 应当越小越好，当 γ =1.4 时，$\mathrm{ARL}_{0.2}$ =24.97 最小；当 γ =1.8 时，$\mathrm{ARL}_{0.3}$ =9.29 最小；当 γ =2.2 时，$\mathrm{ARL}_{0.4}$ =5.48 最小；当 2.6≤γ≤3.8 时，r=0.5 具有相对最佳监控效果，ARL 都小于

4.0；当 $4.2 \leqslant \gamma \leqslant 5.0$ 时，$r=0.8$ 具有最佳监控效果，ARL 都小于 3.0。

从图 12.5 可以发现，曲线 $r_1 \sim r_9$ 在漂移量 γ 变化的整个区间内，差异不明显。对于 γ 小于 1.0 的漂移，当 γ 为 0.2 时，ARL 增至 260 左右；当 γ 由 0.2 增至 0.6 时，ARL 都增至 300 左右；对于 γ 大于 1.0 的漂移，当 γ 由 1.0 增至 1.4 时，ARL 迅速由 200 降至 25 左右；当 γ 由 1.8 增至 5.0 时，ARL 降至 10 以下，并且 ARL 变化逐渐不明显。

根据以上分析：方向 $\Delta_2 = (\gamma, 1)'$ 上，对于过程协方差矩阵发生不同程度的漂移，MEWMA-型残差控制图都能实现有效的监控。既实现了对协方差矩阵元素变量标准差变小的有效监控，又实现了对协方差矩阵元素变量标准差变大的有效监控。仿真获得了相对理想的 ARL（表 12.9）。

在 MEWMA-型残差控制图能实现有效监控过程协方差矩阵发生的漂移范围内，分析了 MEWMA-型残差控制图的最优平滑系数 r 随协方差矩阵发生不同程度漂移时的变化情形。对于协方差矩阵发生的 γ 小于 1 即 $\gamma = 0.2$ 和 0.6 的漂移，具有相对最佳监控效果的 $r=0.1$；当协方差矩阵发生的 γ 大于 1 的漂移时，对于 $\gamma = 1.4$，$\gamma = 1.8$ 较小程度的漂移，具有相对最佳监控效果的 $r=0.2$ 和 $r=0.3$；对于 $\gamma = 2.2$ 中等程度的漂移，具有相对最佳监控效果的 $r=0.4$；对于 $2.6 \leqslant \gamma \leqslant 5.0$ 较大程度的漂移，具有相对最佳监控效果的 $r=0.5$ 和 $r=0.8$。

图 12.6 中，曲线 $r_1 \sim r_9$ 分别代表当协方差矩阵在第三个方向发生漂移时，平滑系数 $r=0.1 \sim 0.9$ 的 MEWMA-型残差控制图 ARL 与 δ 的关系曲线。

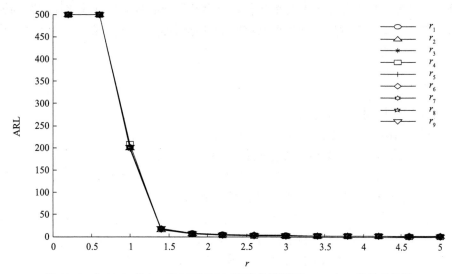

图 12.6　方向 Δ_3 多个 r 的 MEWMA-型残差控制图 ARL 与 γ 的关系曲线

从表 12.10 可以发现，当 γ 小于 1 时，即变量 X_1 和 X_2 标准差变小时，控制图的 ARL 应当越大越好，当 $\gamma = 0.2$ 和 0.6 时，不同 r 的 MEWMA-型残差控制图具有相同的监控效果，ARL 均为 500.00；当 γ 大于 1 时，即变量 X_1 和 X_2 的标准差变大时，控制图的 ARL 应当越小越好，当 $\gamma = 1.4$ 时，$ARL_{0.3} = 15.35$ 最小；当 $\gamma = 1.8$ 时，$ARL_{0.5} = 6.01$ 最小；当 $\gamma = 2.2$ 和 $\gamma = 2.6$ 时，$r=0.7$ 具有相对最佳监控效果，ARL 分别为 3.59 和 2.60；当 $3.0 \leqslant \gamma \leqslant 5.0$ 时，

$r=0.8$ 和 $r=0.9$ 具有相对最佳监控效果，ARL 都小于 3.0。

从图 12.6 可以发现，曲线 $r_1 \sim r_9$ 在漂移量 γ 变化的整个区间内，差异不明显。对于 γ 小于 1.0 的漂移，当 γ 为 0.2 和 0.6 时，ARL 都增至 500；对于 γ 大于 1.0 的漂移，当 γ 由 1.0 增至 1.4 时，ARL 迅速由 200 降至 20 左右；当 γ 由 1.8 增至 5.0 时，ARL 降至 10 以下，并且 ARL 变化逐渐不明显。

根据以上分析：方向 $\Delta_3 = (\gamma, \gamma)'$ 上，对于过程协方差矩阵发生的不同程度的漂移，MEWMA-型残差控制图都能实现有效地监控。既实现了对协方差矩阵元素变量标准差变小的有效监控，又实现了对协方差矩阵元素变量标准差变大的有效监控。仿真获得了相对理想的 ARL（表 12.8）。

在 MEWMA-型残差控制图能实现有效监控过程协方差矩阵发生的漂移范围内，分析了 MEWMA-型残差控制图的最优平滑系数 r 随协方差矩阵发生不同程度漂移时的变化情形。对于协方差矩阵发生的 γ 小于 1 即 $\gamma = 0.2$ 和 $\gamma = 0.6$ 的漂移，不同 r 的 MEWMA-型残差控制图具有相同的监控效果，ARL 为 500.00，监控效果较好；当协方差矩阵发生的 γ 大于 1，对于 $\gamma = 1.4$ 和 $\gamma = 1.8$ 较小程度的漂移，具有相对最佳监控效果的 $r = 0.3$ 和 $r = 0.5$；对于 $\gamma = 2.2$ 和 $\gamma = 2.6$ 中等程度的漂移，具有相对最佳监控效果的 $r = 0.7$；对于 $3.0 \leqslant \gamma \leqslant 5.0$ 较大程度的漂移，具有相对最佳监控效果的 $r = 0.8$ 和 $r = 0.9$。

综上所述：MEWMA-型残差控制图实现了协方差矩阵在不同方向上发生不同程度漂移的有效监控。既实现了对协方差矩阵元素变量标准差变小的有效监控，又实现了对协方差矩阵元素变量标准差变大的有效监控。在分析了 MEWMA-型残差控制图的最优平滑系数 r 随协方差矩阵发生不同程度漂移时的变化情形后可以发现，不同平滑系数 r 的监控效果差异不明显。

思考与练习

1. 说明多元控制图的基本原理。
2. 简述采用单一控制图监控多元自相关过程的缺点。
3. 简述均值向量控制图与协方差控制图的区别与联系。
4. 查阅文献归纳总结 ARL 的计算方法并在 MATLAB 软件中实现。
5. 查阅文献总结偏移系数对控制图监控性能的影响。
6. 国内某汽车企业 C 车型侧转某个关键点 x、y、z 三个方向焊接后的装配尺寸作为研究对象，采用全自动三坐标测量仪对该工位的测量点进行数据收集。数据见下表，试运用 MINITAB 软件 MEWMA 控制图分析该过程是否稳定？

序号	x 偏差	y 偏差	z 偏差
1	0.34	0.22	0.16
2	−0.23	−0.41	−0.34
3	0.78	0.34	−0.34
4	−0.21	0.12	−0.23
5	0.44	0.24	0.17
6	0.22	0.23	0.43

续表

序号	x 偏差	y 偏差	z 偏差
7	0.43	0.18	0.23
8	0.12	−0.12	0.23
9	0.41	0.32	0.23
10	0.21	0.12	0.17
11	−0.23	−0.13	0.34
12	−0.14	−0.19	0.14
13	−0.24	−0.23	0.12
14	0.32	−0.18	0.45
15	0.16	−0.24	0.23
16	−0.36	−0.23	−0.35
17	−0.19	−0.43	−0.18
18	−0.23	−0.19	−0.35
19	0.17	−0.21	0.23
20	−0.37	−0.12	−0.23
21	0.23	0.23	0.14

第13章

波动源的探测、分离和诊断

提高产品质量的核心是减少产品生产过程中出现的各种波动。如何减少产品生产过程中的波动，关键是找出波动源，这是有效进行产品质量设计实施过程监控和改进的基础。本章我们主要介绍波动源探测、分离和诊断的一些方法和技术，具体包括：变异源分析（source of variation，SOV）、波动源的分离等。

■ 13.1 变异源分析

我们知道，生产出的产品各项性能变异越小，表明该过程生产出的产品性能越好。例如，生产稳压电源，希望输出电压为 220±5 伏，A 品牌稳压电源，其输出电压的标准差为 2 伏，B 品牌稳压电源，其输出电压的标准差为 1 伏，且两者都能保证电压均值偏离目标 220 伏小于 1 伏。很显然，B 品牌稳压电源相较于 A 品牌稳压电源要好得多。这里，度量产品性能优劣的关键指标就是产品特征性能的波动性或变异性，其统计指标就是产品特征性能的标准差。

当然，让标准差尽可能地小，可不是件简单的事，它可能涉及生产中的很多因素。生产中产生的变异这么大，到底是哪些原因形成的呢？通过事先安排好的计划，有规律地收集生产过程中的有关数据，通过统计分析，我们不但要弄清楚变异是由哪几部分原因组成的，而且要定量地给出每部分原因所产生的变异究竟在总变异中占多大的比例。换言之，我们要找出产生变异的"罪魁祸首"，并把所有对产生变异有"贡献"的因素，按其对产生总变异的"贡献率"排成队，定量地列出一个需要解决的问题的顺序清单，以便在选择攻关项目时作为参考依据。这就是通常所说的变异源分析。它所使用的主要统计工具是"方差分析"和更深入的有关方差分量的计算模型。

如上所述，变异源分析主要是为了分析问题的，此时尚未考虑如何解决问题。如果希望最终判定所有因素在其可能取值范围内，究竟哪些因素对于生产特性指标有重要影响，哪些没有重要影响？对于那些有显著影响的因子，它们究竟处于什么状态时会使产品特征性能达到最佳？这是统计学中另一个重要课题，这个任务将在改进阶段依靠试验设计完成。本章所要讨论的"变异源分析"属于在不改变目前生产状况下的研究分析工作，是在正式解决问题之前的准备工作，即首先要搞清楚变异究竟是怎样产生的。

13.1.1　变异源分析的意义及多变异图

先引入一些在进行变异源分析时最常用到的概念。我们把最能代表过程特征的变量称为因变量或响应变量，而把可能产生影响的那个（些）变量称为因子。此因子在观察中可能取的不同值称为水平。例如，有 3 台车床，称车床这个因子取 3 个水平。在变异源分析中，因子通常是以离散型变量形式出现的，即使原来是连续型变量也要在取定若干固定数值后将其变成离散型变量。对于因子和响应变量都是连续变量的情况，通常会用回归分析的方法来处理；对于两者皆为离散型变量的情况，通常会用列联表的卡方检验方法来处理；如果因子是连续变量而响应变量是离散数据时，则使用 Logistic 回归处理。在变异源分析研究中，表面上看，因子是以离散型变量形式出现的，响应变量是以连续型变量形式出现的，这种类型问题都可以使用方差分析的方法处理。但实际上，由于每个因子的性质可能不同，各因子间还可能有多种不同的结构关系，因此处理起来也要分为多种类型，要在方差分析的基础上进一步深入计算，其细节将在下面分别介绍。

变异源分析，是指通过对过程收集到的数据进行分析得到关于变异来源的结论。但是如何收集数据呢？例如，我们关心的车间生产车床的丝杠直径的波动问题，到仓库中随机抽取 200 根丝杠，发现它们直径的方差大得超出我们的想象。丝杠的直径是关键指标，减小它的波动对于生产来讲是很重要的。但这样随机收集的数据能说明什么？它只能说明产品性能的总体波动太大，而我们所希望获得的是更进一步的信息，即到底是什么原因造成这么大的波动。为此必须放弃简单随机抽样，改而采用按不同因子的不同水平有计划地分层后再抽取样本。再有就是，抽样一定是在现有生产条件下进行的，并不能对生产条件做任何改动，抽样分析工作只是有计划地观察，这与试验设计中的状况是完全不同的。形象些说，我们只是对现实状况作最准确详尽的记录，并加以分析，得到各个因子在产生响应变量的变异方面的贡献率，从而确认减少变异的主攻方向。这很像选好角度给过程拍一个有很多细节的"快照"，我们当然希望快照中能准确而又详细地反映出过程全部真实的状况，而不希望过程本身发生任何变化。

我们通常就是按上述方法进行变异源分析的。为使大家有更清晰的了解，先看下面的例子。

例 13.1：生产车床关键部件之一的丝杠时，其最重要的指标是直径。从仓库中抽取的丝杠，直径波动很大。为了研究变异产生的原因，随机选取 3 名工人，让他们使用同一批原料，每人都使用自己平时所用的车床，按随机顺序各自分别生产出 5 根丝杠，测量丝杠两端及中部的直径（单位：毫米），得到的结果如表 13.1 所示。

表 13.1　丝杠生产过程数据表（单位：毫米）

工人	丝杠 1			丝杠 2			丝杠 3			丝杠 4			丝杠 5		
	位置 1	位置 2	位置 3	位置 1	位置 2	位置 3	位置 1	位置 2	位置 3	位置 1	位置 2	位置 3	位置 1	位置 2	位置 3
A	44.2	44.3	44.4	44.4	44.3	44.5	44.4	44.5	44.7	44.5	44.8	44.4	44.3	44.2	44.1
B	45.4	45.3	45.2	45.5	45.6	45.3	45.2	45.1	45.4	45.5	45.4	45.2	45	45.1	45.2
C	44.5	44.6	44.4	44.7	44.8	44.5	44.6	44.4	44.7	44.5	44.6	44.3	44.7	44.8	44.7

很显然，3 个工人（含车床）之间可能存在差异，每个工人自己生产的丝杠之间也有差异。当然，同一根丝杠不同测量位置上测定的直径间也有差异，但我们是用其平均值来代表整根丝杠的直径，不同位置间变异的产生是生产过程中固有的，它的产生几乎是不可控制的，我们将它作为随机误差来处理。当然在实际工作中，测量系统肯定也有影响，但我们在进行变异源分析时，首先要保证测量系统是合乎要求的，即测量系统保证有足够的准确度和精度，测量系统所产生的偏倚及波动对于过程的波动而言已经小到可以忽略不计的程度，因此不讨论测量系统造成的波动。随机误差并不是测量误差，但它是完全随机形成的，不能算作待考察的因子。总之，现在有工人和丝杠两个因子及一个随机误差项（或丝杠内部变异）。我们的问题是，在丝杠直径的变异中，在工人和丝杠两个因子和随机误差项之间，即在 3 名工人和每人生产的 5 根丝杠间及丝杠内部的变异中，究竟哪项最大，哪项次之，哪项最小？它们各占多大比例？

有很多因素会影响过程波动，或者说过程输出产生的变异有很多来源，称为变异源。将上述问题一般化，就是进行变异源分析的方法。当然，在进行变异源分析前，先要确认测量系统是合格的，也就是说，由测量引起的波动应该控制在非常小的范围内。只有当测量系统被判定为合格时，收集到的数据才能用来进行变异源分析。进行变异源分析时，首先要全面考虑过程产生变异的可能因子（如例 13.1 中的工人、丝杠），选定相应的水平（如选取 3 个工人，每人生产 5 根丝杠）。概括来说，变异源分析将工序质量特征值的变异分为三类：产品内变异（within piece variations/positional variation）、产品间变异（piece to piece variation）和时间变异（time to time variation）。

（1）产品内变异，是指生产出的单位产品，其质量特征值在不同位置上所存在的变异。例如，加工一根丝杠，在测量其直径时，分别测丝杠上不同位置，其直径会有差异，这一变异是最基本的、不可避免的且不需要再追究其原因的随机的变异，也称为组内变异，这一项是作为随机误差项来处理的，因此产品内变异并不是因子。注意不要把这部分理解为或实施为重复测量的误差，我们需要的是真正反映过程的随机误差项。

（2）产品间变异。如果我们对每根丝杠都测量 3 个点（两端及中部），取其均值作为这根丝杠的直径，连续抽取若干根丝杠，这若干根丝杠的直径也会有差别，这种变异称为产品间变异或组间变异。这种产品间变异的含义非常广泛，如部件之间的差异、人员之间的差异、原料批次之间的差异、供应商之间的差异、设备之间的差异、方法之间的差异、环境条件之间的差异等，都可以称为产品间变异。这些是我们要考察的重点，而且对于不同问题将会有不同的安排与选择。

（3）时间变异。从不同的时间点分别抽取样本，观察其在不同时间的变异，称为时间变异。常见的时间变异如早中晚三班之间的差异、每周五个工作日之间的差异、每周之间的差异、每月之间的差异、季节之间的差异等。

变异源分析最终的目的就是把整个方差分解为若干有意义的方差分量，如果将因子用 $A, B, \cdots, K$ 代表，将随机误差用 E 代表，则有基本公式：

$$\sigma^2 = \sigma_E^2 + \sigma_A^2 + \sigma_B^2 + \cdots + \sigma_K^2 \tag{13.1}$$

变异源分析最后的结果就是要得到上式的数值结果，并且能把各项方差在总方差中所占的比率计算出来，从而确认对于总方差的最大贡献者（或言"罪魁祸首"）。

选定变异源分析所要研究的因子后，要设计好抽样计划，它通常用树状图（tree diagram）来展示。在可能的情况下应保证足够的样本量，除了产品内变异（随机误差）项可以最少取 2 个水平，任何属于产品间变异或时间变异的因子都最少取 3 个水平。绘制树状图时，每个因子画一行，将各水平的数值从左至右列出，然后将因子自上而下画出。这时，产品内变异，即随机误差放在最底层，这行不能算是因子。

以例 13.1 为例说明，本例要分析丝杠直径间变异产生的原因，是按照工人、丝杠这两个因子来抽样的。例 13.1 的树状图如图 13.1 所示，工人和丝杠分别为两个因子，最下层为产品内变异，即随机误差，它不能算作因子。

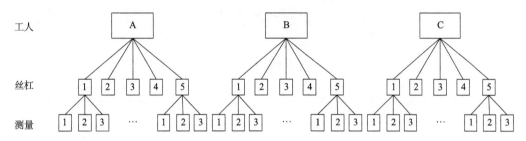

图 13.1　例 13.1 的树状图

按照上述树状图显示的因子间的结构关系，我们安排了数据的收集工作，最终得到了如表 13.1 中列出的观测值。

对于这种分析变异来源的问题，首先要完成的是其直观地显示图，即绘制多变异图。以例 13.1 为例介绍有关内容，它的目的是分析丝杠直径间的变异产生的原因，响应量为丝杠直径（连续型），待考察因子为工人和丝杠，是一个较简单的双因子情况，其树状图如图 13.1 所示。现在的问题是：在丝杠直径的变异中，工人和丝杠这两个因子和随机误差之间，究竟哪项最大，它们各占多少比例？

有了树状图，就可以很容易地画出多变异图。画多变异图的具体操作是：使用 MIMITAB（操作示意图如图 13.2 所示），从统计→质量工具→多变异图入口。

得出的界面如图 13.3 所示，在上半部先填入响应变量名，再填入因子名称，这里特别要注意的是，因子输入顺序按照树状图中由下而上，换言之，先从最底层的因子填起（注意误差不算因子），然后逐次向高层填写（图 13.3）。

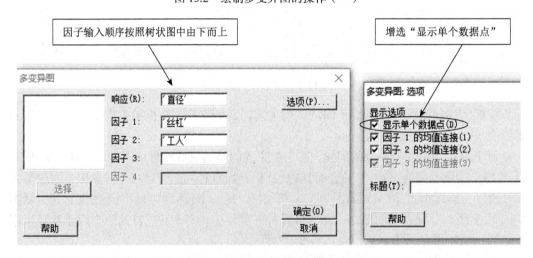

图 13.2　绘制多变异图的操作（一）

因子输入顺序按照树状图中由下而上

增选"显示单个数据点"

多变异图

| 响应(R): | '直径' | 选项(P)... |

因子 1: '丝杠'

因子 2: '工人'

因子 3:

因子 4:

选择

帮助　　　　　　　　　　确定(O)　　取消

多变异图: 选项

显示选项
☑ 显示单个数据点(D)
☑ 因子 1 的均值连接(1)
☑ 因子 2 的均值连接(2)
☑ 因子 3 的均值连接(3)

标题(T):

帮助

图 13.3　绘制多变异图的操作（二）

　　计算机处理后，会将所有数据列出来形成图 13.4。多变异图中显示的点、线等与选项设置有关。在图 13.4 中，横轴表示 3 个工人：A，B，C；5 根丝杠分别用 1，2，3，4，5 表示，图中竖线方向的点表示测量每根丝杠的两端及中部的 3 个点值，折线连接的点是每个工人生产的 5 根丝杠测量的 3 个位置的均值。

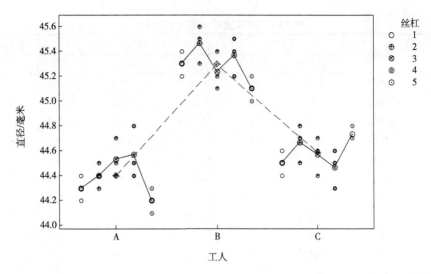

图 13.4　例 13.1 的多变异图

从图形中容易看出，不同工人丝杠直径之间差别很大，即工人因子影响很显著，当然，同一工人生产的丝杠直径间及同一根丝杠的 3 个测量值间也有差别，不过比工人造成的丝杠直径间差别小多了。这说明，丝杠直径间的差异主要是由工人间差异造成的。从图 13.4 可以看出，工人 B 生产的丝杠直径较工人 A，C 生产的丝杠直径大。

确定了主要变异来源，为进一步寻找影响变异的原因指明了方向。对于更复杂的不易确定变差成因主次的情况，一般不能从图形上看出明确结论，这时必须使用更精确的方差分析方法，进一步计算出方差分量以定量地给出每种变异的大小，下面我们就来讨论这个问题。

13.1.2　变异源分析中的方差分量计算

为了理解有关理论，先介绍关于两因子间关系和有关效应的几个概念。

1. 因子间的交叉及嵌套关系

在进行变异源分析时，通常要面对多个因子的状况。由于要同时处理多个因子的效应分析问题，因此首先要搞清楚这些因子间的关系。多个因子间通常都是分层的，在画树状图时已经有所体现。而对于相邻层的两个因子，根据它们的不同关系状况，可分为嵌套或者交叉关系。在绘制多变异图时，并不需要区分两种关系的不同，但对于变异源的数值分析，两种关系就有很大的不同，而且必须区分清楚。

为了解更广泛的情况，下面看一个更复杂些的例子。

例 13.2：轴棒直径变异问题（三因子）。随机选取 3 名工人 P、Q 和 R，让他们使用同一根钢条做原料，分别使用已选好并编了号的固定的 4 台车床，各自加工出 3 根轴棒，然后在每根轴棒的根部随机选取两个相互垂直的方向，分别测量其直径共得到 72 个数据。我们的问题是，轴棒直径间的变异究竟是怎样产生的？这里考虑了工人、车床及轴棒 5 共 3 个因子，其数据列于表 13.2。

表 13.2　轴棒直径数据（3 因子）

车床	轴棒	工人 P		工人 Q		工人 R	
		直径 1	直径 2	直径 1	直径 2	直径 1	直径 2
车床 1	轴棒 1	23.1	23.3	23.7	23.6	23.1	23.2
	轴棒 2	23	23.4	23.6	23.5	23.3	23.1
	轴棒 3	23.1	23.3	23.8	23.7	23.4	23.2
车床 2	轴棒 1	24.6	24.5	24.9	24.8	24.6	24.5
	轴棒 2	24.7	24.8	24.9	24.7	24.4	24.5
	轴棒 3	24.5	24.6	24.9	24.8	24.3	24.5
车床 3	轴棒 1	23.6	23.8	23.9	24	23.4	23.6
	轴棒 2	23.9	23.8	23.5	23.9	23.4	23.5
	轴棒 3	23.4	23.5	23.8	23.6	23.6	23.4
车床 4	轴棒 1	24.1	24.3	24.5	24.4	24	24.1
	轴棒 2	24.2	24.3	24	24.3	24.2	24.3
	轴棒 3	24.1	24.2	24.6	24.7	24.2	24.4

　　回顾一下例 13.1，在此例中我们考虑车床关键部件之一的丝杠的直径波动过大问题。随机选取 3 名工人，各自加工出 5 根丝杠，然后测量丝杠两端及中部的直径，共得到 45 个数据。将"工人"这个因子记为因子 A，将"丝杠"这个因子记为因子 B，那么，A 与 B 两个因子间是什么样的关系呢？由于各工人生产的 5 根丝杠，是分别附属于相应工人的，即使我们将这些丝杠都编号为 1~5，很明显工人 A 和工人 B 之下的编号皆为 1 的两根丝杠并不是同一件东西。这时，称因子 B "丝杠"是被因子 A "工人"所嵌套的（factor B is nested with factor A）。很明显，此种情况下的两个因子所处的地位是不能颠倒过来的。然而，在实际情况中，两个因子间还可能存在另一种关系。如例 13.2，3 名工人轮流使用共同的 4 台编了号的车床，每个工人都使用了车床 1，2，3，4，这时，工人 A 和工人 B 之下的编号都为 1 的两台车床是同一件东西。而且可以反过来说，每台车床都被 3 名工人使用过。这时，我们称因子 B "车床"与因子 A "工人"相交叉（factor B is crossed with factor A）。很明显，如果这时候说因子 A "工人"与因子 B "车床"相交叉也是同样的，它们的位置是可以颠倒过来的。这里要注意，单从树状图上是不能区分两个因子的关系是交叉还是嵌套的，只能从实际意义判断。

　　下面我们讨论例 13.2 中轴棒长度问题，在此例中，我们随机选取 3 个工人，让他们轮流使用固定的编好号的 4 台车床，按随机顺序各自分别加工出 3 根轴杆。若将与因子 A（工人）搭配的因子 B（车床）的每台车床编好号，则可以发现，工人 P，Q，R 之下的同编号的车床是相同的东西。换言之，因子 A（工人）的每个水平（每个工人）与因子 B（车床）的每个水平（4 台车床）都恰好搭配了一次。因此，因子 A（工人）与因子 B（车床）间的关系是交叉关系。注意，它们两因子间可以颠倒顺序，即可以反过来说，因子 B（车床）的每个值也都与因子 A（工人）的每个值搭配过。如果车床不是固定的编号的车床，而是每个工人各自有固定的 4 台车床，这时因子 A（工人）与因子 B（车床）间的关系就不再是交叉关系，而是嵌套关系了。

例 13.2 讨论的是三因子问题。由于不能将轴棒之间的变异看成随机误差，因而要求将轴棒之间的变异也看作因子，即形成三因子问题。这里 3 个工人（因子 A），分别使用已选好并编了号的 4 台车床（因子 B），各自分别加工出 3 根轴棒（因子 C），然后对每根轴棒测两次直径（误差）。由于因子 B 的 4 台车床是固定的，所以工人（因子 A）与车床（因子 B）之间是交叉关系，而轴棒（因子 C）则是被 A 与 B 所嵌套的，即三因子是先交叉后嵌套的关系。

如果将例 13.2 的安排稍加调整：3 个工人（因子 A），分别使用自己固定的 4 台车床（因子 B），各自分别加工出 3 根轴棒（因子 C），这时因子间的关系就会发生变化。这时，B 被 A 所嵌套，C 被 A、B 所嵌套，这种关系也称为完全嵌套（fully nested）关系。

实际问题中可能有多种结构，但仔细分析它们的数据就可以发现，因子间的关系无非是嵌套或交叉这两种基本类型。有时在实际问题中可能遇到因子个数较多的情况，关系较复杂，这时需要仔细分析处理之。

2. 固定效应与随机效应

下面我们讨论每个因子本身的效应问题。一个因子可以取若干个不同的数值，这些数值称为该因子的水平。对于此因子所取的每个水平下响应变量取值均值的算术平均值，称为此因子的因子总均值。如果对于此因子所取的各个水平，响应变量取值的各水平均值与此因子的总均值有差别，则称这个差别（因子所取的各个水平下响应变量取值的均值减去此因子的总均值）为此因子在该水平上的效应，即因子取此水平时会使响应变量取值的均值在本因子的总均值上产生多大改变。

这种效应有两种不同的情形：固定效应和随机效应。如果对于每个特定的水平，其效应是一个固定数，称此种效应为固定效应，此因子称为固定效应因子（factor with fixed effect）。例如，在比较多个总体均值是否相等时使用的方差分析方法，所遇到的都是假设设备因子的效应是固定效应的例子。但实际生活中还有另一种类型，各因子在各水平上的效应不是固定的数值，而是一个随机变量。此种效应称为随机效应，此因子称为随机效应因子（factor with random effect）。本章中所讨论的变异源问题一般都将各因子考虑为随机效应因子。例如，例 13.2，因子 A（工人）有 P，Q，R 共 3 个水平，这 3 个水平是从这个因子 A（工人）所有可能取值的集合中随机抽取的，它们的效应不再是固定的数值，而是随机变量。这时，我们所感兴趣的焦点，不是具体分析出各自的效应是多少，而是希望得知这种效应的变化有多大，此种效应属于随机效应，因而因子 A（工人）是随机效应因子。我们感兴趣且又非常重要的常量是该因子的方差 σ_A^2，称为因子 A 的方差分量。

变异源分析的最终目的是将各个因子的方差分量按照由大到小的顺序排列出来，这就是它们对总变差的贡献。将它们换算为百分数，就是各个因子对于总变差的贡献率，而按贡献率由大到小的排序是进行变异源分析的主要手段。

分析随机效应因子与固定效应因子是很不同的。由于以前介绍过的方差分析中处理的都是固定效应因子，我们必须在方差分析的基础上，经过进一步计算才能得到方差分量的值。显然，求方差分量的工作要远比方差分析难得多。具体的计算公式不在这里详细叙述，有兴趣的读者可以参考《六西格玛管理统计指南——MINITAB 使用指导》（第二版），其中第 10 章详细介绍了变异源分析的原理、公式及计算细节。

另外一点值得注意的是，因子之间的关系是嵌套或交叉，与这些因子本身是固定效应还是随机效应是没有关系的。换言之，两个皆为固定效应的因子（或皆为随机效应的因子）之间，或一个随机效应因子与一个固定效应因子之间，既可以是嵌套关系，也可以是交叉关系。当然，这里也要注意到另一件事：两个是交叉关系的随机效应因子，除了考虑它们每个因子的主效应方差 σ_A^2 及 σ_B^2 外，还应该考虑到它们之间可能存在的交互效应方差 $\sigma_{A\times B}^2$。而对于两个是嵌套关系的随机效应因子，它们之间则不可能存在交互效应方差项。这是因为，如果因子 B 被因子 A 所嵌套，因子 B 不可能取固定的各个水平，因子 B 所取的各个水平将依因子 A 的不同水平而不同，这时，它们之间是没有交互效应可言的。我们将只考虑因子 A 的效应方差 σ_A^2 和因子 B 被 A 所决定的各个水平效应的方差 $\sigma_{B(A)}^2$。根据固定效应与随机效应的定义，可以得知，在两因子为交叉关系时，只有两者皆为固定效应时，其交互效应才是固定效应的；只要有一个因子是随机效应，则交互效应肯定都是随机效应的，都要考虑计算方差分量。至于有交叉关系的两个因子间，是否一定存在交互作用呢？两因子间确实可能并没有交互作用存在。对于这种情况，通常是先假设它们存在交互效应，然后通过假设检验的方法，给出它们之间是否有交互效应的判断。如果它们的交互效应真的不显著，则可以把它们的交互效应从模型中剔除出去。

下面我们举例说明如何获得方差分量，并对其进行仔细分析。

3. 单因子方差分量举例

例 13.3：某磁砖厂每天烧制一炉瓷砖，每炉随机抽取 5 块，分别测量其平面度（flatness）。连续抽取了 7 天，共记录了 35 个数据，如表 13.3 所示。试分析其平面度变异的成因。

表 13.3 瓷砖平面度数据表

样本	第一天	第二天	第三天	第四天	第五天	第六天	第七天
1	2.39	1.29	1.63	1.21	2.43	2.16	1.79
2	2.37	1.56	1.81	1.46	2.65	1.96	1.84
3	2.24	1.49	1.82	1.23	2.61	2.04	1.83
4	2.23	1.45	2.13	1.51	2.53	1.92	2.05
5	2.01	1.26	1.81	1.68	2.45	1.91	2.02

使用 MINITAB 软件，绘制多变异图（图 13.6 和图 13.7），结果如图 13.5 所示。从图 13.5 中可以看出，尽管每天的 5 块瓷砖平面度间有差异，但明显是 7 天之间瓷砖平面度间的差异要大得多。

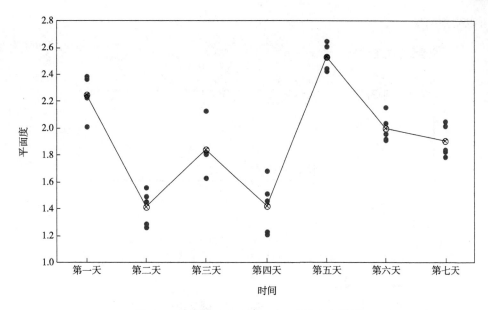

图 13.5　例 13.5 平面度，对于天的多变异图

为了获得更准确的两个方差分量的结果，我们使用 MINITAB 来具体计算两个方差分量。其操作步骤如图 13.6 所示，从统计→方差分析→完全嵌套反差分析入口。

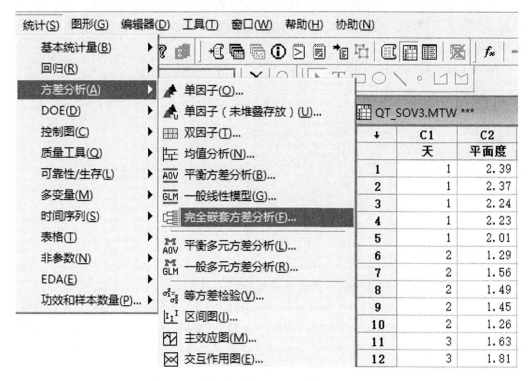

图 13.6　完全嵌套方差分量计算操作（一）

在如图 13.7 所示界面中，在"响应"中填写"平面度"，在"因子"中填写"天"，

则可以得到结果。

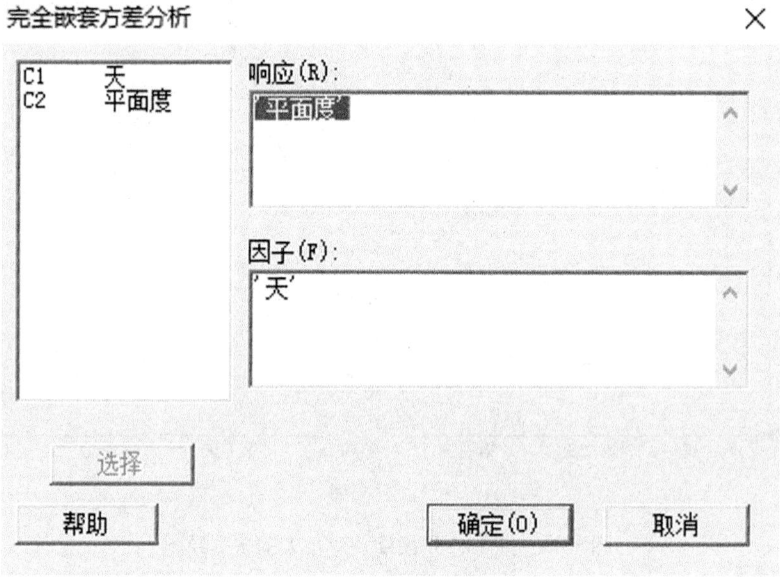

图 13.7　完全嵌套方差分量计算操作（二）

注意：本操作窗口能计算的是所有因子是完全嵌套时的随机效应模型，由于例 13.3 只有一个因子，当然也可以借用此窗口功能，以后我们还会使用此窗口来计算更复杂的例子。

MINITAB 输出结果如下所示。

嵌套方差分析：平面度与天				
平面度的方差分析				
来源	自由度	SS	MS	F	p
天	6	5.041 5	0.840 3	40.212	0.000
误差	28	0.585 1	0.020 9		
合计	34	5.626 6			
方差分量				
来源	方差分量	总和的 %	标准差	
天	0.164	88.69	0.405	
误差	0.021	11.31	0.145	
合计	0.185		0.430	

我们要对此表进行仔细分析，搞懂每个输出结果。

首先看方差分析表，例 13.3 中只有一个因子 A "天"，其余是随机误差。方差分析显示的是因子 A "天" 相对于误差项的显著程度，无法直接分析方差分量的大小。MINITAB 基于方差分解的方法给出了各个方差分量的估计结果，显示在方差分析下面的 "方差分量" 表中。

我们看见因子 A "天" 和随机误差的方差分量分别为 0.164 及 0.021，因子 A "天" 的方差分量占总和高达 88.69%，而随机误差的方差分量只占总和的 11.31%。这就从数值上定量地给出了各项方差在总方差中所占比率。

将方差分量结果中的前两列粘贴入原始数据工作表 C4-T 列和 C5 列（图 13.8），然后绘制帕累托图。从统计→质量工具→Pareto 图入口［图 13.8（b）］，在"缺陷或属性数据在"中填写"来源"，在"频率位于"中填写"方差分量"［图 13.8（c）］。

↓	C1	C2	C3	C4-T	C5
	天	平面度		来源	方差分量
1	1	2.39		天	0.164
2	1	2.37		误差	0.021
3	1	2.24			
4	1	2.23			

（a）试验数据

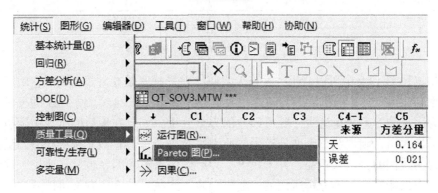

（b）MINITAB 软件操作 1

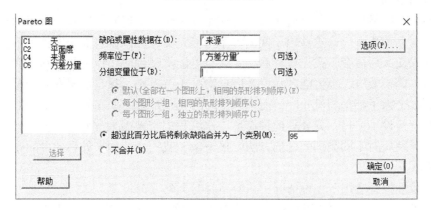

（c）MINITAB 软件操作 2

图 13.8　由方差分量画 Pareto 图的操作

结果就得到了瓷砖平面变异源的帕累托图（图 13.9）。

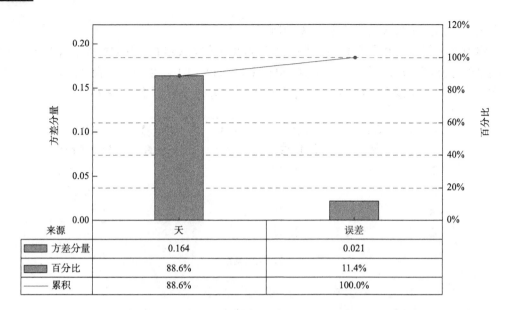

来源	天	误差
方差分量	0.164	0.021
百分比	88.6%	11.4%
累积	88.6%	100.0%

图 13.9 瓷砖平面度变异源的帕累托图

从帕累托图 13.9 中可以看出，天与天之间的差异确实是非常显著的，它对于总变异的贡献率高达 88.6%。随机误差项的方差分量只占总和的 11.4%。例 13.3 的分析是成功的，因为因子的方差分量远大于随机误差的方差分量。如果在最后的结果中随机误差的分量成了最大项，则说明整个变异产生的原因并未搞清楚，它被笼统的归纳为随机误差了，这说明我们的分析太粗糙，并未找出变异产生的真正原因，也无从改进。这时，下一步的工作只能是再仔细分析所谓的"随机误差"到底是什么，它又可以分成哪些组成部分，从而找到改进的方向。

上面介绍的是单因子的分析步骤，但在实际工作中所遇到的问题，因子的个数可能是 2 个、3 个或更多个。这些因子间的关系可能是交叉关系，可能是嵌套关系，多因子时更可能先交叉后嵌套，或先嵌套后交叉，也可能交叉到底，也可能嵌套到底；因子的效应可能是固定效应，也可能是随机效应；情况千差万别。只是由于在变异源分析中常常会遇到多个因子都是随机效应，而且因子间的关系是嵌套到底的，因此 MINITAB 软件对此专门开设了窗口，只处理此种模型，这给我们带来很大方便。但我们必须学会处理一般情况及应对不同类型问题的方法。接下来，我们介绍用来处理此种问题的一般线性模型方法。

一般线性模型适用于多种情况，在使用时有下列三个步骤。

第一步，要学会如何"建立模型"。其实很简单，基本规则是：如果因子 B 被因子 A 所嵌套，则除了考虑因子 A 的方差分量外，还要考虑因子 B 的方差分量，这项用 $B(A)$ 表示；如果因子 B 与因子 A 是交叉关系，则除了考虑两个因子 A 和因子 B 自身方差分量外，还要考虑二者交互效应的方差分量，此项用 $A*B$ 表示，举例如下。

考虑二因子交叉模型，则模型可写成：

$$Y = A + B + A*B + \text{error} \tag{13.2}$$

在实际填写时，error 是所有模型所公用的，故省略不写；另外，MINITAB 软件规定，用"空格"连接的并列两项被默认为相加。因此，上述模型实际上可以写为

$$Y = A\ B\ A*B \tag{13.3}$$

为了印刷上不被误解，本节中仍保留"+"号，即应该写成：

$$Y = A + B + A*B \tag{13.4}$$

为了简化输入格式，MINITAB 软件还规定，对于交叉因子模型可以简化为

$$Y = A|B \tag{13.5}$$

考虑二因子嵌套模型，B 被 A 嵌套，则模型可写成：

$$Y = A + B(A) \tag{13.6}$$

考虑三因子嵌套模型，B 被 A 嵌套，C 被 A 和 B 嵌套，则模型可写成：

$$Y = A + B(A) + C(A\ B) \tag{13.7}$$

考虑三因子全交叉模型，则模型可写成：

$$Y = A + B + C + A*B + A*C + B*C + A*B*C = A|B|C \tag{13.8}$$

考虑三因子模型，A、B 交叉，C 被 A 和 B 嵌套，则模型可写成：

$$Y = A + B + A*B + C(A\ B) = A|B + C(A\ B) \tag{13.9}$$

考虑三因子模型，B 被 A 嵌套，C 与 A 和 B 交叉，则模型可写成：

$$Y = A + B(A) + C + A*C + B*C \tag{13.10}$$

更多的因子情况类似，在此不再赘述。

第二步，选定随机效应项。由于在一般线性模型中，默认的是固定效应，因此如果某因子是随机效应则应该将此因子列入"随机效应因子"的表格中。要注意的是，在变异源中，除极个别情况外，所有的因子都是随机效应因子，计算中不要漏选此项。对于固定效应项，各因子效应是固定常数，根本没有方差分量可言。

第三步，增选输出"方差分量结果"。在一般线性模型中，默认的是固定效应，没必要计算方差分量，因此在进行变异源分析时，必须在操作中注意，在填写完"响应变量"名称、"模型"内容、"随机因子"名称后，打开"结果"窗，勾选"显示期望均值及方差分量"。具体操作见下文。

在一般线性模型的方差分量计算中，由于情况的不同导致具体方法与公式也很不相同。下面给出双因子交叉、双因子嵌套及三因子先交叉后嵌套三种常见类型的例题，其他情况就不再叙述了。

1）双因子交叉型方差分量计算

例 13.4： 考虑精密车工车间生产微型轴杆长度波动过大问题。我们从十几位工人中随机选取 3 名工人，让他们使用同一根钢条做原料，大家都使用固定的编好号的 4 台车床，按随机顺序各自分别加工出 3 根轴杆，然后分别测量其长度，共得到 36 个数据。其数据列于表 13.4，对其进行变异源分析。

表 13.4   轴杆长度数据

工人	轴杆	车床 1	车床 2	车床 3	车床 4
A	轴杆 1	12.52	12.01	12.43	12.18
	轴杆 2	12.48	12.05	12.29	12.25
	轴杆 3	12.38	12.04	12.58	12.27
B	轴杆 1	12.77	12.01	12.51	12.22
	轴杆 2	12.71	12.2	12.49	12.23
	轴杆 3	12.62	12.03	12.48	12.36
C	轴杆 1	12.9	12.04	12.62	12.39
	轴杆 2	12.84	12.1	12.72	12.56
	轴杆 3	12.99	12.21	12.7	12.43

由于因子 A（工人）中每个水平与因子 B（车床）的每个水平进行了全面搭配，显然 A 与 B 是交叉的。下面我们先画出多变异图，然后给出方差分量的计算结果。

由于有交叉关系的两个因子间可以交换顺序，哪个在上面都无所谓，可以把因子 B（车床）作为最高层，结果如图 13.10 所示。

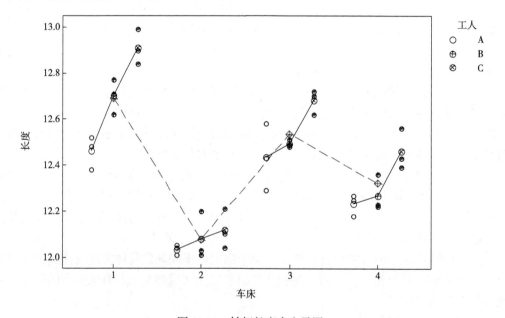

图 13.10   轴杆长度多变异图

从图 13.10 可以看出车床间有明显差异，工人间似乎也有差异，几根轴杆间也存在随机波动。究竟各项方差大小的顺序如何、各占多大比率等问题则要经过下面的数值计算。使用一般线性模型计算方差分量的操作如图 13.11 及图 13.12 所示。

从统计→方差分析→一般线性模型入口，在"响应"中填写"长度"；在"模型"中填写"车床工人车床*工人"；在"随机因子"内填写"'车床''工人'"；打开结果后，勾选"显示期望均方和方差分量"，则可以得到方差分量计算结果。

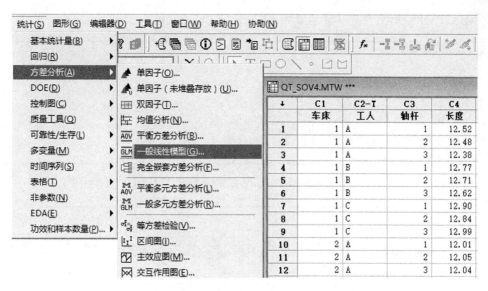

图 13.11　使用一般线性模型计算方差分量操作图（一）

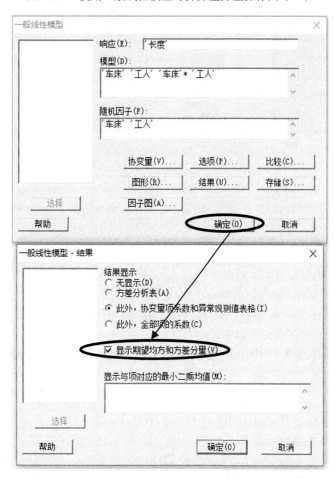

图 13.12　使用一般线性模型计算方差分量操作图（二）

MINITAB 输出的方差分量结果如下所示。

方差分量，使用调整的 SS
来源估计值
车床　　　0.068 90
工人　　　0.014 53
车床*工人　0.004 32
误差　　　0.006 31

与例 13.3 同样，可以画出轴杆生产过程方差分量帕累托图（图 13.13）。

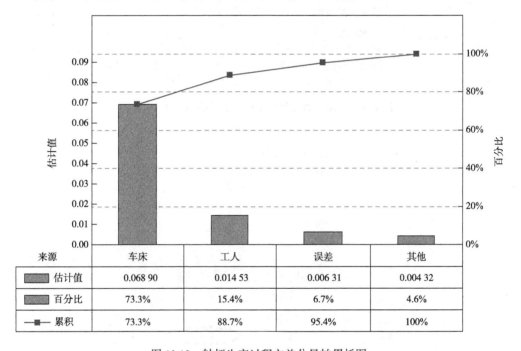

来源	车床	工人	误差	其他
估计值	0.068 90	0.014 53	0.006 31	0.004 32
百分比	73.3%	15.4%	6.7%	4.6%
累积	73.3%	88.7%	95.4%	100%

图 13.13　轴杆生产过程方差分量帕累托图

例 13.4 中，车床的方差分量所占比率高达 73.3%，工人间方差分量所占比率只有 15.4%。这样一来，为了解决轴杆长度的波动过大问题，必须先从车床间的差异为何这么大开始分析，然后设法将其尽可能地减小。获得这样的结论就是我们使用变异源分析的主要成果。

2）双因子嵌套型方差分量计算

我们先回顾一下例 13.1 中的双因子嵌套问题。考虑丝杠直径波动过大问题。随机选取 3 名工人（他们各自拥有自己固定的车床），让他们在自己的车床上按随机顺序各自分别加工出 5 根丝杠，测量丝杠两端及中部的直径，共得到 45 个数据。我们要分析丝杠直径间变异产生的原因。由于因子 B（丝杠）的各水平是由因子 A（工人）所决定的，因此，因子 B 是被因子 A 所嵌套的。下面对两个嵌套因子方差分量的计算进行分析。

先画出多变异图（图 13.4），接下来我们用两种方法给出方差分量的计算结果。

由于在 MINITAB 软件中，对于方差分析完全嵌套模型给出了专门的窗口，因此可以直接进入此窗口进行分析。从统计→方差分析→完全嵌套方差分析入口（图 13.14）。

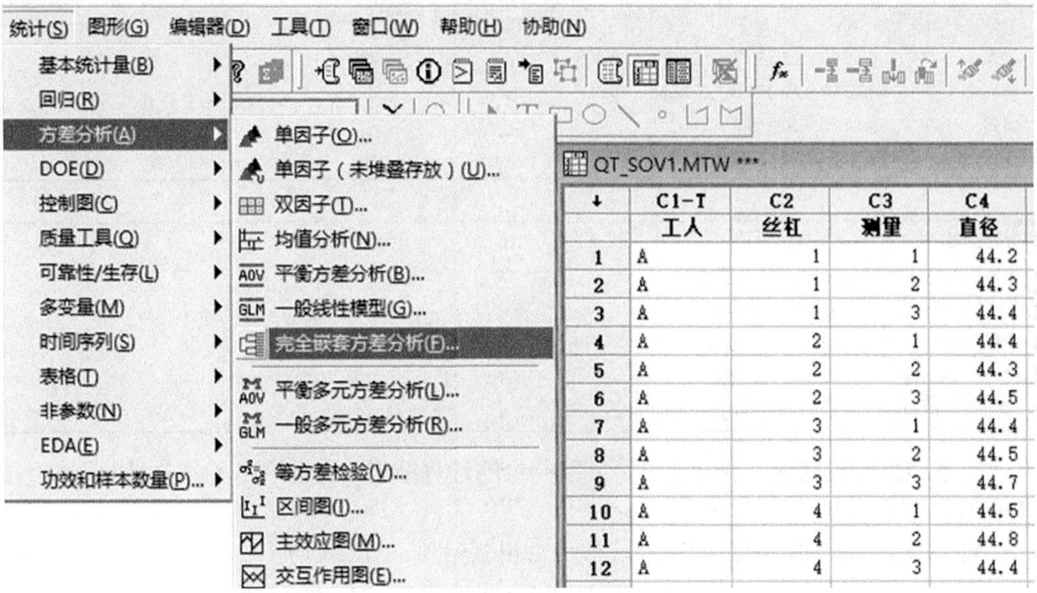

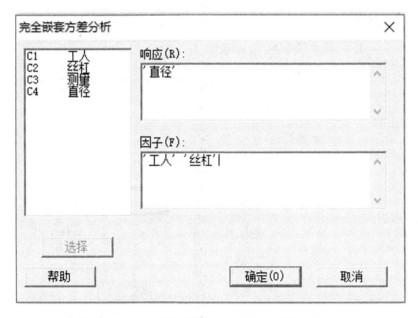

图 13.14 完全嵌套模型的方差分量计算操作（一）

　　打开窗口后，在"响应"中填写"直径"；在"因子"中依次填写"工人""丝杠"（图 13.15）。请注意：填写因子时要按照树状图的因子排列由上到下输入，例 13.1 一定要先写"工人"，再写"丝杠"。

图 13.15 完全嵌套模型的方差分量计算操作（二）

MINITAB 输出的计算结果如下所示。

嵌套方差分析：直径与工人，丝杠
直径的方差分析

来源	自由度	SS	MS	F	p
工人	2	6.666 13	3.330 7	59.952	0.000
丝杠	12	0.666 7	0.055 6	3.086	0.006
误差	30	0.540 0	0.018 0		
合计	44	7.868 0			

方差分量

来源	方差分量	总和的%	标准差
工人	0.218	87.74	0.467
丝杠	0.013	5.03	0.112
误差	0.018	7.23	0.134
合计	0.249		0.499

上述结果比较完整，不但给出了方差分量的计算结果，而且给出了各分量的贡献率，还给出标准差结果。

对于例 13.1，同样可以用一般线性模型得到结果。其模型为

$$Y = A + B(A)$$

在 MINITAB 软件中，从统计→方差分析→一般线性模型入口，在"响应"中填写"直径"；在"模型"中填写"工人丝杠（工人）"；在"随机因子"内填写"工人丝杠"（图 13.16）；打开结果后，勾选"显示期望均方和方差分量"，则可以得到方差分量计算结果。

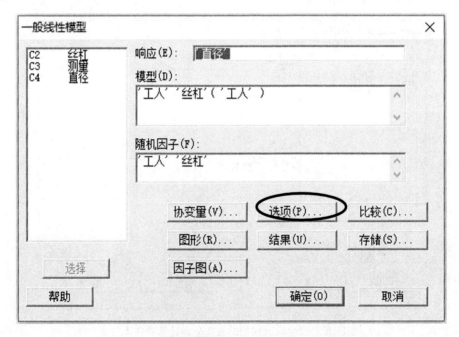

图 13.16   一般线性模型嵌套二因子方差分量计算操作

MINITAB 输出的计算结果如下。

方差分量，使用调整的 SS	
来源估计值	
工人	0.218 34
丝杠（工人）	0.012 52
误差	0.018 00

这里只有方差分量结果，嵌套二因子的方差分量帕累托图如图 13.17 所示。

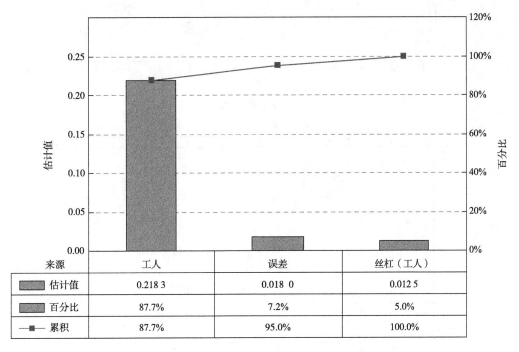

来源	工人	误差	丝杠（工人）
估计值	0.218 3	0.018 0	0.012 5
百分比	87.7%	7.2%	5.0%
累积	87.7%	95.0%	100.0%

图 13.17　嵌套二因子的方差分量帕累托图

从方差分量的计算结果可以看出，工人的方差分量所占比率最大（达 87.7%），为了减小丝杠直径的波动，可以重点分析"工人"这一因子。

3）三因子方差分量计算

以例 13.2 为例说明，3 名工人 P，Q，R，让他们使用已选好并编了号的固定的 4 台车床，各自分别加工出 3 根轴棒，然后在每根轴棒的根部测出两个相互垂直方向的直径。这里考虑了工人、车床及轴棒 3 个因子，计算各项方差分量。

首先画出多变异图（图 13.18）。

从图 13.18（a）可以看出，车床间差异明显，工人间差异有一些，轴棒间差异也有一点。将"车床"和"工人"两因子颠倒后画出的多变异图将更清楚地显示这一结果［图 13.18（b）］。具体每项各占多大比率，这要经过方差分量的计算。

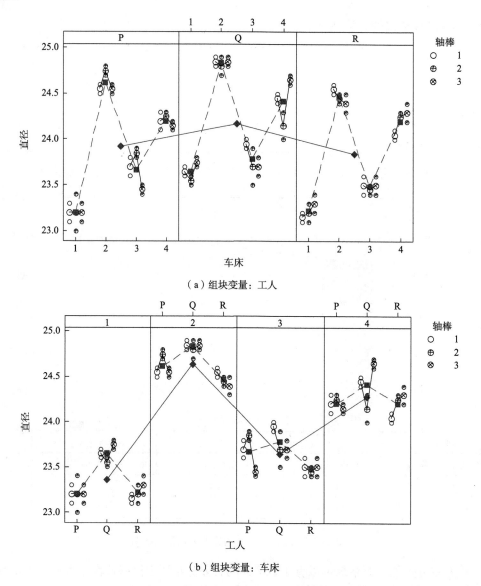

（a）组块变量：工人

（b）组块变量：车床

图 13.18　轴棒生产三因子多变异图

　　容易看出，工人与车床之间是交叉关系，而轴棒被二者所嵌套，所以模型应该表示为

$$Y = A + B + A * B + C(A\,B)$$

　　在 MINITAB 软件中，从统计→方差分析→一般线性模型入口，在"响应"中填写"直径"；在"模型"中依次填写"工人|车床轴棒（工人车床）"；在"随机因子"内填写"工人车床轴棒"（图 13.19）；打开结果后，勾选"显示期望均方和方差分量"，则可以得到方差分量计算结果。

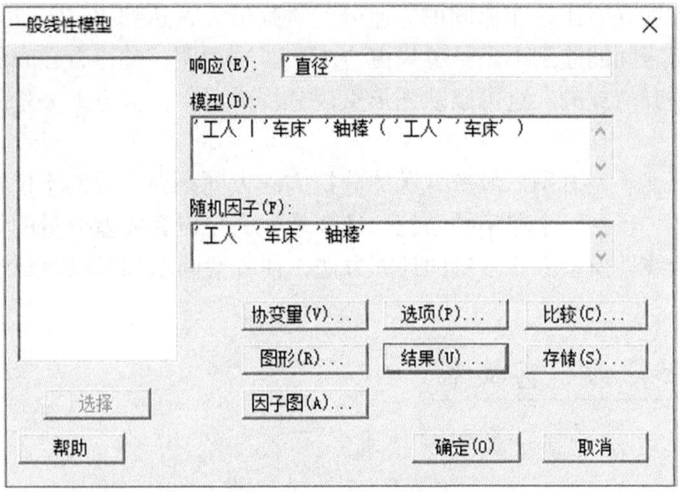

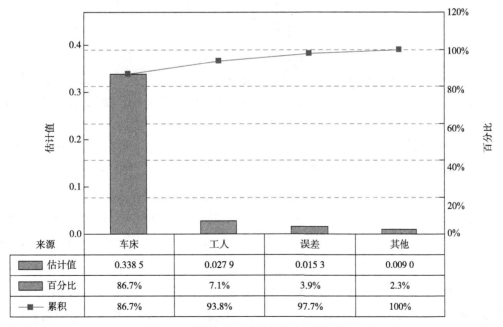

图 13.19　轴棒三因子方差分量计算操作图

MINITAB 输出的计算结果如下。

方差分量，使用调整的 SS	
来源估计值	
工人	0.027 89
车床	0.338 51
工人*车床	0.001 46
轴棒（工人车床）	0.007 50
误差	0.015 28

方差分量的帕累托图如图 13.20 所示。

来源	车床	工人	误差	其他
估计值	0.338 5	0.027 9	0.015 3	0.009 0
百分比	86.7%	7.1%	3.9%	2.3%
累积	86.7%	93.8%	97.7%	100%

图 13.20　轴棒三因子的方差分量帕累托图

从图 13.20 明显看出，车床间的方差分量贡献最大，达到 86.7%。工人之间也有差别，但相比于车床间的差别小多了（只占 7.1%）。这说明，轴棒直径间的差异主要是由不同的车床间差异造成的。这可以从图形直观分析中看出，但方差分量的计算给出了定量的分析结论。

实际问题可能千差万别，但变异源的分析方法大同小异。我们不仅要掌握多变异图的图形分析方法，得到一个粗略的结论，还要掌握完全嵌套方差分量的计算方法及有更广泛应用的一般线性模型方差分量的计算方法，使一般问题都可以得到解决。

13.2 波动源的分离技术

13.2.1 聚类分析方法和实现技术

当最终输出质量特性的观测值具有较大地波动时，我们很难确定制造系统中的波动源，换句话说，从整个相关过程中找出其真正的波动源是相当困难的。下面我们将利用聚类分析方法，从可能的波动源中筛选出几个关键的过程，以便利用残差分析，探测并分离出波动源。

用 $V_0, V_1, \cdots, V_n$ 分别代表最终产品质量特性 Y 和过程质量特性 $X_1, X_2, \cdots, X_n$，则 Y 与 X_i，X_i 与 $X_j (i \neq j)$ 之间的相关关系可以用其相关系数 r_{0i}，$r_{ij} (i, j = 1, 2, \cdots, n)$ 来表示。相关系数绝对值越大，则表明两者之间的关系越密切。因此，最终产品质量特性与过程、过程与过程之间的相互关系可由其相关系数矩阵表示：

$$
\begin{array}{c}
\begin{array}{cccc} V_0 & V_1 & \cdots & V_n \end{array} \\
\begin{array}{c} V_0 \\ V_1 \\ \vdots \\ V_n \end{array}
\begin{bmatrix}
r_{00} & r_{01} & \cdots & r_{0n} \\
r_0 & r_{11} & \cdots & r_{1n} \\
\vdots & \vdots & & \vdots \\
r_{n0} & r_{n1} & \cdots & r_{nn}
\end{bmatrix}
\end{array}
$$

同样，相关系数矩阵也可以用一个赋权网络来表示。为了聚类，我们可以找出该赋权网络的最大支撑树。此外，根据聚类数，确定阈值。一般来说，聚类数越大，选取的阈值也应越大。

若记聚类数为 m，每一类为 $C_i (i = 1, 2, \cdots, m)(m < n)$，那么整个分类可记为 $C = (C_1, C_2, \cdots, C_m)$，由于最大支撑树的解不是唯一的，那么分类也不是唯一的。例如，对于包含有最终产品 V_0 的 $C_{i_0} (i_0 < m)$ 类来说，不妨记 $C_{i_0} = \{V_0, V_j, V_{j+1}, \cdots, V_k\}$。若要单独地研究 V_0 与某个 $V_s (s = j, j+1, \cdots, k)$ 之间的关系，那是不够充分的。过程之间的相互关系应该全面考虑，而且这种关系应该由路径可以达到 V_0，因此，利用这种聚类技术可以全面地研究 V_0 与每个过程之间的关系。由于分枝 $C_{i_0} = \{V_0, V_j, V_{j+1}, \cdots, V_k\}$ 对应的质量特性分别为 $\{Y, X_j, X_{j+1}, \cdots, X_k\}$，因此，当最终产品质量特性 Y 发生较大波动时，我们可以有充分的理由指出：这种波动主要是由 $X_j, X_{j+1}, \cdots, X_k$ 的波动所引起的。据此，我们可以找出这

些过程波动 $X_j, X_{j+1}, \cdots, X_k$ 对最终产品波动 Y 的贡献，并且按照它们贡献的大小，确定对哪些过程减小波动，实施改进。

为了确定过程波动 $X_j, X_{j+1}, \cdots, X_k$ 对最终质量特性 Y 波动的贡献大小，确定真正的波动源，我们必须给出相应的可操作的实现技术。我们知道，如果消除 $X_j, X_{j+1}, \cdots, X_k$ 对 Y 的影响后，Y 自身的波动较小，那么，它将说明过程变量 $X_j, X_{j+1}, \cdots, X_k$ 是真正的波动源，需要对其减少波动。为方便起见，记 $X = (V_j, V_{j+1}, \cdots, V_k)$，则可以建立下面的残差分析模型：

$$Y_x = E(Y|X) + \varepsilon_x \tag{13.11}$$

其中，$E(Y|X)$ 是在 $X = x$ 条件下，Y 的条件数学期望；ε_x 是在 $X = x$ 的条件下，观测值 Y_x 的随机误差。方差 $D(\varepsilon_x)$ 代表消除了 $X = (V_j, V_{j+1}, \cdots, V_k)$ 对 Y 的影响后，Y 自身波动的大小。通常，假设随机误差 ε_x 对任意 X 都服从均值为零、方差为 σ_ε^2 的正态分布，即 $\varepsilon_x \sim N(0, \sigma_\varepsilon^2)$。因此，上述残差分析模型可以改写为

$$Y = E(Y|X) + \varepsilon \tag{13.12}$$

其中，$\varepsilon_x \sim N(0, \sigma_\varepsilon^2)$。

一般情况下，假设（尤其当 Y 与 X 具有联合正态分布时，可以证明）$E(Y|X)$ 与 X 具有线性关系，即

$$E(Y|X) = \beta_0 + \beta_1 X_j + \beta_2 X_{j+1} + \cdots + \beta_{k-j+1} X_k \tag{13.13}$$

因此，残差分析模型为

$$Y = \beta_0 + \beta_1 X_j + \beta_2 X_{j+1} + \cdots + \beta_{k-j+1} X_k + \varepsilon \tag{13.14}$$

若记观测值 Y 的方差为 $D(Y) = \sigma_Y^2$，如果 $\dfrac{\sigma_Y - \sigma_\varepsilon}{\sigma_Y}$ 接近于 1，这表明 $X = (V_j, V_{j+1}, \cdots, V_k)$ 对 Y 的波动的贡献是大的，即过程波动 $X = (V_j, V_{j+1}, \cdots, V_k)$ 是最终产品质量特性 Y 的主要波动源，而且需要减少这些过程的波动。

然而，在实际应用中，同时减少多个过程的波动是不现实的。由于同一分支 $X = (V_j, V_{j+1}, \cdots, V_k)$ 对 Y 波动贡献的大小是不同的，应该予以分别处理。由此，我们引入下面的模型：

$$Y = \alpha_s + \beta_s X_s + \varepsilon_s \quad (s = j, j+1, \cdots, k) \tag{13.15}$$

首先分别计算 $\dfrac{\sigma_Y - \sigma_{\varepsilon_s}}{\sigma_Y} \ (s = j, j+1, \cdots, k)$，并对该最大值所对应的过程进改进；其次依次进行。值得注意的是：没有必要对具有较小 $\dfrac{\sigma_Y - \sigma_{\varepsilon_s}}{\sigma_Y}$ 值所对应的过程进行改进，这是因为该过程 V_s 对 Y 的影响较小。如果所有的 $\dfrac{\sigma_Y - \sigma_{\varepsilon_s}}{\sigma_Y} \ (s = j, j+1, \cdots, k)$ 均接近 0，表明过程 $(V_j, V_{j+1}, \cdots, V_k)$ 对 Y 的影响是微不足道的，那么，对这些过程实施改进是无效的。在

这种情况下，应从初始网络中去掉节点 $V_j, V_{j+1}, \cdots, V_k$，重新获得新的相关矩阵，构造相对应的赋权网络，确定最大支撑树，并根据确定的阈值，对新的网络进行聚类，并依照上述步骤，找出新的波动源，以采取措施，减少波动。

13.2.2　串联生产系统中波动源的探测及应用

我们知道，如果每一加工过程的波动都较小，那么最终产品质量特性的波动也将是较小的，因此，最终产品的质量改进将转向上游相关制造过程的改进，包括最后过程，但又不仅仅是最后过程。当生产系统是由串联的 n 个阶段构成时，如图 13.21 所示，有些制造阶段（或过程）可能产生较大的波动，有些阶段（或过程）可能有效地吸收上阶段传递的波动。因此，为了有效地减小串联制造过程中的波动，了解波动在整个生产系统中是如何增加，以及在上、下过程之间是如何传递的，对于质量改进是至关重要的。

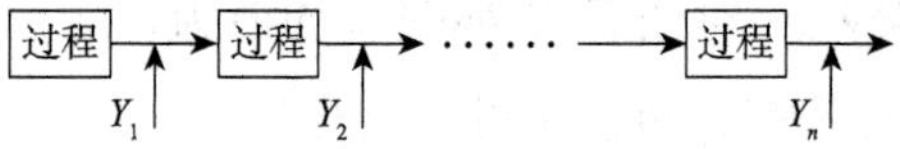

图 13.21　串联制造系统的一般模型

图 13.21 是串联生产系统的一种简单模式。对任意过程 $P_k(2 \leqslant k \leqslant n)$，它的输出质量特性 Y_k 不仅受当前过程 P_k 的影响，而且还与前序过程 P_{k-1} 有关，但与后序过程 $P_{k+1}, \cdots, P_n$ 无关。因此，假设在给定条件 $Y_{k-1}, \cdots, Y_1$ 下，Y_k 的分布仅依赖于 Y_{k-1}。

由于每一个过程的质量特性 $Y_k(k=1,2,\cdots,n)$ 是可测量的，不妨记 Y_k 服从均值 u_k，方差为 σ_k^2 的正态分布，即 $Y_k \sim \mathrm{N}(u_k, \sigma_k^2)$。我们可以发现 $Y_k(k=2,3,\cdots,n)$ 与 Y_{k-1} 关系是

$$Y_k = E(Y_k|Y_{k-1}) + \varepsilon_k \qquad (13.16)$$

其中，$E(Y_k|Y_{k-1})$ 是在 $Y_{k-1}=y_{k-1}$ 条件下的数学期望；ε_k 是在 $Y_{k-1}=y_{k-1}$ 条件下的随机误差，$\varepsilon_k \sim \mathrm{N}(0, \sigma_k^2)$。

Y_{k-1} 对 Y_k 的影响完全由 $E(Y_k|Y_{k-1})$ 确定，而且与 ε_k 相互独立。如果 Y_{k-1} 固定在其目标值上，那么，条件期望 $E(Y_k|Y_{k-1})$ 是一个常数。当过程处于统计控制状态时，方差是过程波动的最好度量。从式（13.16）很容易得到

$$D(Y_k) = D\big[E(Y_k|Y_{k-1})\big] + \sigma_k^2 \qquad (13.17)$$

很清楚，过程 P_k 的方差是由两部分构成的：一部分是由前一过程 P_{k-1} 传递而来的，即 $D\big[E(Y_k|Y_{k-1})\big]$；另一部分来自于过程 P_k 本身，也就是 σ_k^2。因此，我们称 ε_k 为过程 P_k 的固有波动，而且与前序过程无关。式（13.17）还说明，为了减小 Y_k 的波动，可能的策略是减少从过程 P_{k-1} 传递给 P_k 的波动，或者减小过程 P_k 本身的波动。

在大多数情况下，我们可以建立 Y_k 关于 Y_{k-1} 的线性回归模型，即

$$E(Y_k|Y_{k-1}) = \alpha_{k-1} + \beta_{k-1}Y_{k-1} \qquad (13.18)$$

从而，有

$$D(Y_k) = \beta_{k-1}^2 D(Y_{k-1}) + \sigma_k^2 \qquad (13.19)$$

如果 β_{k-1} 接近零，那么过程 P_k 与 P_{k-1} 之间的关系较弱，即可认为前一过程 P_{k-1} 对过程 P_k 无显著影响，否则 $\beta_{k-1}^2 D(Y_{k-1})$ 代表过程 P_{k-1} 传递给过程 P_k 的波动。

我们分析的目标是寻找影响最终质量特性的波动源。为了实现这一目标，首先我们需要发现每一个过程的固有波动，以及前序过程对后序过程的影响，其次检查哪些过程的固有波动对最终产品质量特性 Y_n 有较大的影响，以寻找质量改进的机会。

在实际中，不管 $E(Y_k|Y_{k-1})(k=2,3,\cdots,n)$ 与 Y_{k-1} 是否具有线性关系，它都可以精确地或近似地表示为线性函数：

$$
\begin{aligned}
Y_1 &= \beta_0 + \varepsilon_1 \\
Y_2 &= \alpha_1 + \beta_1 Y_1 + \varepsilon_2 \\
&\vdots \\
Y_n &= \alpha_{n-1} + \beta_{n-1} Y_{n-1} + \varepsilon_n
\end{aligned}
\tag{13.20}
$$

其中，$\alpha_i(i=1,2,\cdots,n-1)$，$\beta_j(j=0,1,\cdots,n-1)$ 是回归系数。

我们要寻找的是在 $P_k(i=1,2,\cdots,n)$ 中，哪些过程对最终质量特性 Y_n 的波动具有最大的影响。因为我们最关心的是：使最终产品的质量特性 Y_n 的波动尽可能小，即 $D(Y_n)$ 尽可能小。而 $D(Y_n)$ 既包括第 n 个过程的固有波动 σ_n^2，也包括第 $(n-1)$ 过程传递下去的波动 $\beta_{k-1}^2 D(Y_{k-1})$，见式（13.20）。同样地，对第 $(n-1)$ 个过程也是这样。因此，按照上述递推公式，可以得到

$$
\begin{aligned}
D(Y_n) &= \beta_{n-1}^2 D(Y_{n-1}) + \sigma_n^2 \\
&= \beta_{n-1}^2 \left[\beta_{n-1}^2 D(Y_{n-2}) + \sigma_{n-1}^2 \right] + \sigma_n^2 \\
&= \cdots \\
&= (\beta_{n-1}\beta_{n-2}\cdots\beta_1)^2 \sigma_1^2 + (\beta_{n-1}\beta_{n-2}\cdots\beta_2)^2 \sigma_2^2 + \cdots + \beta_{n-1}^2 \sigma_{n-1}^2 + \sigma_n^2
\end{aligned}
\tag{13.21}
$$

这种分解表明：最终质量特性 Y 的波动是各个过程共同作用的结果。为了改进最终产品的质量，一方面，需要了解上下过程间的传递关系；另一方面，需要找出真正的波动源。

$Y_1, Y_2, \cdots, Y_n$ 可能相关，又注意到 $\varepsilon_1, \varepsilon_2, \cdots, \varepsilon_n$ 是过程 $P_1, P_2, \cdots, P_n$ 的固有波动，而且它们彼此独立，因此，我们从这些固有波动中可以直接找出 $\varepsilon_1, \varepsilon_2, \cdots, \varepsilon_n$ 对最终质量特性的影响，它可以通过线性回归得到

$$
Y_n = L_0 + L_1\varepsilon_1 + L_2\varepsilon_2 + \cdots + L_{n-1}\varepsilon_{n-1} + \varepsilon_n
\tag{13.22}
$$

其中，$L_j(j=0,1,2,\cdots,n-1)$ 是回归系数。

通过简单的推导可以证明：式（13.22）的残差 ε_n 与式（13.22）中最后一个方程的残差是一样的，因此，式（13.22）中的残差也记为 ε_n。因为 $\varepsilon_1, \varepsilon_2, \cdots, \varepsilon_n$ 相互独立，从式（13.22）中可以得到：

$$
D(Y_n) = L_1^2\sigma_1^2 + L_2^2\sigma_2^2 + \cdots + L_{n-1}^2\sigma_{n-1}^2 + \sigma_n^2
\tag{13.23}
$$

其中，$\sigma_i^2(i=1,2,\cdots,n)$ 是 $\varepsilon_i(i=1,2,\cdots,n)$ 的方差。

式（13.23）说明了每一个过程的固有波动对最终产品质量特性 Y_n 方差的影响，即每一个过程的固有波动对 Y_n 波动的贡献大小。对最终过程 P_n 的方差 $D(Y_n)$ 来说，前序过程

$P_k(1 \leqslant k \leqslant n-1)$ 的贡献是 $L_k^2 \sigma_k^2$，而 P_n 本身的贡献是 σ_n^2。

把 $L_1^2 \sigma_1^2, L_2^2 \sigma_2^2, \cdots, L_{n-1}^2 \sigma_{n-1}^2, \sigma_n^2$ 按照由大到小的顺序排列，结果记为 $A_1, A_2, \cdots, A_n$。利用裴尔多分析，我们可以选择相应的 $A_1, A_2, \cdots, A_m (m < n)$ 作为关键过程，只要满足

$$\sum_{i=1}^{m} A_i / D(Y_n) \geqslant 80\%。$$

通过利用这种方法，我们可以发现对最终产品质量具有重要影响的几个关键过程。通过对这些关键过程的改进，将极大地减小最终过程的波动，也就实现了减少产品质量特性波动的目标。

例 13.5： 某种产品是经过 4 道工序 P_1，P_2，P_3，P_4 加工而成的。每个过程均处于统计控制状态，相应的输出结果分别记为 $Y_k (k = 1, 2, 3, 4)$，测量结果见表 13.5。

表 13.5   过程 $P_k (k = 1, 2, 3, 4)$ 的测量数据

No.	Y_1	Y_2	Y_3	Y_4	No.	Y_1	Y_2	Y_3	Y_4
1	5.807	5.352	6.568	9.026	26	1.760	2.817	3.030	2.050
2	5.063	5.677	6.191	8.714	27	2.066	1.368	−0.862	−5.764
3	4.201	5.297	6.350	9.569	28	4.047	4.913	6.382	8.241
4	4.262	3.692	3.711	3.161	29	5.270	5.257	5.678	6.758
5	3.523	5.067	6.378	8.698	30	0.243	2.126	1.826	0.697
6	4.578	3.973	5.167	6.184	31	5.501	5.079	5.809	7.783
7	5.986	5.941	8.734	14.321	32	5.023	4.453	4.850	6.081
8	3.811	2.405	1.823	−0.076	33	3.859	2.863	3.656	3.602
9	7.209	4.905	5.293	6.649	34	4.672	4.641	4.056	4.839
10	3.698	3.401	2.541	1.177	35	4.414	4.210	4..422	5.677
11	5.763	4.208	3.496	3.917	36	2.006	2.276	1.880	0.059
12	0.226	1.812	1.613	−0.599	37	2.078	1.673	0.168	−3.658
13	5.873	4.726	5.726	7.516	38	5.591	4.504	4.285	4.848
14	8.632	5.492	6.923	9.438	39	5.704	5.099	5.481	6.619
15	3.635	3.923	2.796	2.149	40	5.576	3.457	3.255	2.644
16	5.582	5.472	6.394	9.235	41	6.658	6.423	7.544	10.980
17	3.400	2.995	2.163	0.475	42	3.979	4.457	4.546	5.132
18	3.007	2.466	6.684	1.921	43	2.299	5.520	0.435	−2.907
19	3.380	2.472	1.806	0.145	44	3.749	4.789	4.614	4.829
20	4.403	2.266	0.493	−4.108	45	2.759	3.211	1.687	−1.057
21	2.339	3.773	2.418	1.284	46	4.498	3.585	3.121	1.216
22	1.809	1.801	0.729	−2.510	47	4.885	2.548	3.381	0.674
23	3.486	2.813	2.353	1.231	48	5.579	5.158	7.031	10.734
24	3.887	3.613	4.251	4.333	49	3.086	3.764	3.079	2.353
25	3.040	4.667	4.794	5.340	50	5.493	4.731	5.192	5.920

利用 χ^2 拟合优度检验和参数估计，我们发现 $Y_i (i = 1, 2, 3, 4)$ 服从正态分布，而且 $Y_1 = N(4.10, 1.68^2)$，$Y_2 = N(3.90, 1.33^2)$，$Y_3 = N(3.90, 2.17^2)$ 和 $Y_4 = N(3.90, 4.37^2)$。最终

过程 P_4 的上规格限 USL $= 6.00$，下规格限 LSL $= 2.00$，目标值 $T = 4.00$，通过计算过程能力指数知，$C_{pk} = 0.15$，$C_{pk} = 0.14$，因此，该过程不满足过程能力指数的基本要求，必须减小其波动。为此，我们首先得到了线性回归方程：

$$Y_2 = 1.33 + 0.62Y_1 + \varepsilon_2$$

其中，$\varepsilon_2 \sim \mathrm{N}(0.00, 0.81^2)$。利用相关系数检验，我们证实了回归方程 $\hat{Y}_2 = 1.33 + 0.62Y_1$ 是充分合适的。

类似地，我们得到

$$Y_3 = -2.16 + 1.56Y_2 + \varepsilon_3 \quad \varepsilon_3 \sim \mathrm{N}(0.00, 0.66^2)$$

$$Y_4 = -3.95 + 2.01Y_3 + \varepsilon_4 \quad \varepsilon_4 \sim \mathrm{N}(0.00, 0.44^2)$$

这些结果和相应的假设检验，利用 MATLAB 软件很容易得到。由此，得到的残差 $\varepsilon_i (i = 1, 2, 3, 4)$ 见表 13.6。

表 13.6　过程 $P_k (k = 1, 2, 3, 4)$ 的残差

No.	ε_1	ε_2	ε_3	ε_4	No.	ε_1	ε_2	ε_3	ε_4
1	−1.703	0.390	0.401	−0.214	26	2.344	0.383	0.809	−0.086
2	−0.959	1.179	−0.482	0.232	27	2.039	−1.256	−0.829	−0.085
3	−0.097	1.339	0.268	0.767	28	0.057	1.050	0.899	−0.624
4	−0.158	−0.305	0.128	−0.342	29	−1.166	0.700	−0.341	−0.694
5	0.581	1.538	0.655	−0.161	30	3.862	0.640	0.680	0.185
6	−0.474	−0.221	1.146	−0.243	31	−1.397	0.308	0.067	0.068
7	−0.882	0.867	1.651	0.732	32	−0.919	−0.019	0.082	0.291
8	0.293	−1.311	0.244	0.211	33	0.245	0.117	−0.193	0.210
9	−0.924	−0.821	−0.178	−0.031	34	−0.568	0.388	−1.003	0.643
10	0.406	−0.244	−0.589	0.023	35	−0.310	0.118	0.033	0.747
11	−1.066	−0.726	−0.891	0.846	36	2.098	−0.311	0.500	0.233
12	3.878	0.337	0.956	0.110	37	2.027	−0.059	−0.272	−0.048
13	−1.769	−0.278	0.534	−0.033	38	−1.487	−0.323	−0.563	0.189
14	−4.526	−0.809	−0.122	−0.515	39	−1.599	0.202	−0.292	−0.439
15	0.469	0.318	−1.147	0.482	40	−1.472	−1.361	0.038	−0.124
16	−1.477	0.651	0.040	0.345	41	−2.593	0.930	−0.290	−0.219
17	0.705	−0.463	−0.334	0.077	42	1.125	0.637	−0.227	−0.048
18	1.098	−0.747	1.009	0.480	43	1.805	1.250	0.232	0.169
19	0.724	−0.974	0.122	0.467	44	0.355	0.113	−0.677	−0.488
20	1.702	−0.569	−0.871	−1.149	45	1.345	0.153	−1.146	−0.497
21	1.765	0.978	−1.292	0.377	46	−0.394	−0.560	−0.296	−1.102
22	2.295	−0.663	0.090	−0.026	47	−0.781	−1.839	0.579	−0.160
23	0.618	−0.699	0.139	4.454	48	−1.475	0.698	0.877	0.022
24	0.217	−0.149	0.791	−0.255	49	1.018	0.502	−0.617	0.119
25	1.064	1.434	−0.307	−0.337	50	−1.388	−0.034	−0.009	−0.557

利用表 13.6 中的数据，我们得到回归表达式：

$$Y_4 = L_0 + L_1\varepsilon_1 + L_2\varepsilon_2 + L_3\varepsilon_3 + \varepsilon_4$$
$$= 3.8911 - 1.9375\varepsilon_1 + 3.1418\varepsilon_2 + 2.0635\varepsilon_3 + \varepsilon_4$$

由式（13.23）我们得到

$$D(Y_4) = L_1^2\sigma_1^2 + L_2^2\sigma_2^2 + L_3^2\sigma_3^2 + \sigma_4^2$$

而且

$$A_{P_1} = L_1^2\sigma_1^2 = 10.57$$
$$A_{P_2} = L_2^2\sigma_2^2 = 6.52$$
$$A_{P_3} = L_3^2\sigma_3^2 = 1.83$$
$$A_{P_4} = \sigma_4^2 = 0.20$$
$$D(Y_4) = 19.12$$

利用裴尔多分析（图 13.22），我们知道最终过程 P_4 的波动主要来自于第一个过程 P_1，其次是第二个过程 P_2。为了减小最终产品质量特性的波动，首先我们必须减小过程 P_1 和 P_2 的波动。

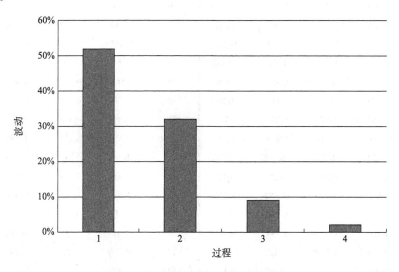

图 13.22　制造过程波动源分析的裴尔多分析

我们利用定量的方法分析了串联生产系统中每一个过程的固有波动，对最终产品质量的影响，而且确定了过程中波动是如何增加，以及波动如何传递的关系。

对大多数过程而言，可能有多个质量特性，有些过程也可能并行或交叉排列。在多变量输出情况下，不仅要研究先前过程的影响，而且还要研究输出特性之间的相互影响；当过程并行或交叉排列时，我们总可以按照制造时间的先后次序区分，因此，本书给出的方法也可以用于并联系统波动源的分析。应该注意的是，本书给出的方法是有先决条件的，一个条件是，过程必须处于统计控制状态，否则，将有异常数据，并可能导致回归模型失真；另一个条件是，过程是由离散的阶段构成，而且每一过程中质量特性可以测量。

13.2.3　识别生产系统中波动源的数据分类方法及其应用

减小产品实现过程中的波动有各种各样的途径，其中最简易的方法就是购进高新设备，高质量的原材料，等等，但这并不是质量工程所追求的目标。质量工程的主要观点就是在现有的条件下，尽量以不花钱或少花钱的方式，进行最大限度地挖掘，从而达到提高质量，降低成本之目的。

在现实的生产系统中，往往观测到过程的大量历史数据，这些数据就是过程改进中极有价值的信息，关键的问题是如何利用这些信息，本节将提出易于在生产过程中实施的数据分类方法，并给出它在分离波动源，实施过程改进中的应用。

过程输出质量特性为 Y，控制因素为矢量 $\boldsymbol{X} = \left(X_1, X_2, \cdots, X_m\right)^{\mathrm{T}}$，随机因素为 $\boldsymbol{U} = \left(U_1, U_2, \cdots, U_m\right)^{\mathrm{T}}$，假定 $\boldsymbol{X} = \left(X_1, X_2, \cdots, X_m\right)^{\mathrm{T}}$ 为分类型变量，且 $X_i, X_j \left(i \neq j, i, j = 1, 2, \cdots m\right)$ 之间不存在交互作用，它可以是不同的操作者，不同的工具或机器等。记 $y_1, y_2, \cdots, y_n$ 为质量特性 Y 获得的 n 个观测值，我们将根据这些数据，给出识别和区分重要控制因素的方法。过程概念的图示见图 13.23。

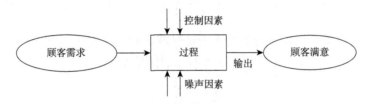

图 13.23　过程概念的图示

尽管质量特性 Y 与各种因素之间的关系不能精确表达，但仍可以形象的表示为

$$Y = f\left(\boldsymbol{X}, \boldsymbol{U}\right) = f\left(X_1, \cdots, X_{i-1}, X_{i+1}, \cdots, X_m; U_1, U_2, \cdots, U_m\right) \tag{13.24}$$

为了识别重要的控制因子，这种关系可以简化为

$$Y = g\left(X_i\right) + \varepsilon\left(X_1, \cdots, X_{i-1}, X_{i+1}, \cdots, X_m; U_1; U_2, \cdots, U_m\right) \tag{13.25}$$

其中，ε 表示由 $X_1, \cdots, X_{i-1}, X_{i+1}, \cdots, X_m; U_1, U_2, \cdots, U_m$ 的波动而引起的随机误差。

尽管控制因素的水平是事先确定的，但围绕其设置水平的波动是不可避免的。例如，在分类型控制因素中，假设控制因素是操作者，那么每一个操作者的工作水平是可以确定的，即具有一定的工作水平，但不同操作者之间的差异却是始终存在的，因此，不可避免的将会产生随机误差。当然，随机因素 $U_1, U_2, \cdots, U_m$ 是主要的随机误差。通常，总是假设 ε 服从某种分布，但在这里我们并不打算讨论其具体的分布。根据上述讨论，第 i 个控制因素 X_i 与质量特性 Y 之间的关系可以由图 13.24 予以说明。

为了不失一般性，设控制因素 $\boldsymbol{X}$ 为 m 个操作者，即 $\boldsymbol{X} = \{$操作者1, 操作者2, $\cdots$, 操作者$m\}$。下面我们将给出在分类型变量情况下，识别重要控制因素的实现过程。

第 1 步，对观测数据 $y_1, y_2, \cdots y_n$ 按照不同的操作者进行分类：

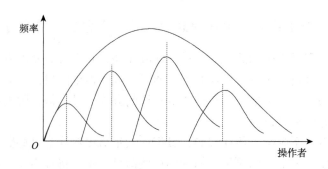

图 13.24　不同操作者之间的工作水平

$$操作者\,1(x_1):\quad y_{11},y_{12},\cdots,y_{1k_1}$$
$$操作者\,2(x_2):\quad y_{21},y_{22},\cdots,y_{2k_2}$$
$$\vdots$$
$$操作者\,m(x_m):\quad y_{m1},y_{m2},\cdots,y_{mk_m}$$

其中，$\displaystyle\sum_{i=1}^{m}k_i=n$。

第 2 步，计算每个操作者的平均水平 u_i 和波动的大小 $\sigma_i(i=1,2,\cdots,m)$，当每类数据的样本数较多时，可用样本均值和样本方差分别估计 u_i 和 σ_i，即

$$\hat{u}_i=\frac{1}{k_i}\sum_{j=1}^{k_i}y_{ij}\qquad(13.26)$$

$$\hat{\sigma}_i^2=\frac{1}{k_i-1}\sum_{j=1}^{k_i}\left(y_{ij}-\hat{u}_i\right)^2\qquad(13.27)$$

当每类数据的样本数目较少时，可用中位数和样本极差等方法，确定 u_i 和 σ_i 的估计值。

第 3 步，计算每个操作者对最终产品质量特性 Y 的总波动的贡献大小，确定主要的波动源，进而寻找质量改进的机会。

例 13.6： 汽车曲轴生产中的最后一道加工过程是研磨，该过程有两台不同型号的研磨机组成（如图 13.25 所示），产品的质量特性是曲轴直径 Y，其目标值是 2.5×10^{-5} 英寸，记为 2.5。

图 13.25　曲轴生产中的研磨过程

在该加工过程中，这两台不同型号的研磨机由同一班组操作，下面我们将通过对观测数据 Y 的分类，来评价不同研磨机的差异。

通过对质量特性 Y 测得的 50 个观测数据，按照研磨机进行分类（表 13.7）。表 13.7 中前 25 个观测值是从 1 号研磨机的加工过程中测量的，而后 25 个观测值则是从 2 号研

磨机的加工过程中测量的。

表 13.7 曲轴直径的测量数据

1 号研磨机				2 号研磨机			
序号	测量值 Y	序号	测量值 Y	序号	测量值 Y	序号	测量值 Y
1	2.38	14	2.83	26	2.26	39	2.20
2	2.68	15	2.14	27	2.15	40	2.52
3	2.37	16	2.22	28	2.10	41	2.16
4	2.47	17	2.91	29	2.50	42	2.04
5	2.62	18	2.37	30	2.77	43	2.98
6	2.99	19	2.46	31	2.37	44	2.73
7	2.47	20	2.52	32	2.61	45	2.16
8	2.04	21	2.76	33	2.31	46	2.86
9	2.39	22	2.17	34	2.10	47	2.41
10	2.71	23	2.01	35	2.34	48	2.67
11	2.25	24	2.70	36	2.79	49	2.25
12	2.68	25	2.06	37	2.82	50	2.46
13	2.39			38	2.03		

记这道加工过程的输出均值为 u，标准差为 σ；第 i 号（$i=1,2$）研磨机输出的均值和标准差分别为 $u_i, \sigma_i (i=1,2)$，则过程总的波动又可进一步分解为研磨机内部波动和研磨机之间的波动，即 $\sigma^2 = \sum_{i=1}^{2} \frac{1}{2}\sigma_i^2 + \sum_{i=1}^{2} \frac{1}{2}(u_i - u)^2$。

通过对观测数据的估计，我们得到

$$\hat{u} = 2.45 , \quad \hat{\sigma} = 0.28$$
$$\hat{u}_1 = 2.46 , \quad \hat{\sigma}_1 = 0.27$$
$$\hat{u}_2 = 2.44 , \quad \hat{\sigma}_2 = 0.28$$

从以上计算结果中可以看出：这两种型号的研磨机无论是过程输出的均值，还是过程输出的波动都没有显著的差异。因此，我们有理由推断，这两种不同型号的研磨机具有相同的性能。

13.3 基于神经网络的诊断技术

神经网络是人工智能领域的重要研究成果，使用神经网络技术处理和挖掘制造过程观测数据中包含的质量信息，可以达到监控过程异常的效果。本节针对使用神经网络诊断过程异常中遇到的神经网络结构设计困难、参数选择与优化等问题，提出使用基于概率神经网络（probabilistic neural network，PNN）的控制图模式识别方法，对制造过程进行质量诊断，在简化神经网络结构设计问题的同时，也获得了很高的模式识别率。该方法适用于批量生产条件下的制造过程质量诊断。

13.3.1　诊断制造过程的神经网络方法

1. SPC 诊断过程异常的问题

质量诊断技术的发展是同生产制造技术的发展密切相关的，必须与市场对于生产的要求相适应。随着数据采集技术、自动化技术、网络技术和人工智能技术的进步，原来在生产中需要人工来完成的许多工作可以甚至必须由机器来完成，以实现生产过程状态的自动监控与诊断。特别是 20 世纪 90 年代以来，计算机集成制造系统（computer integrated manufacturing system，CIMS）、敏捷制造（agile manufacturing，AM）、虚拟制造（ormual manufacturing，VM）等先进制造技术的出现，使得作为传统大批量生产产物的 SPC 质量诊断技术，在很多方面难以适应新的制造模式下过程控制与质量诊断的要求。例如，传统 SPC 技术明显的缺陷有：

（1）传统 SPC 技术依赖于过程分布的假设条件，SPC 技术一般都假定过程观测数据满足正态分布，但这一假设对很多过程并不成立，如连续性化工生产过程。

（2）控制图容纳的数据量有限，只反映了过程的当前状态的信息，忽略了过程以往的数据信息和以往的过程诊断与调整经验。

市场环境和技术环境的变化，使得在制造过程中采用新的技术方法势在必行。神经网络作为典型的人工智能技术，对于过程观测数据具有学习、记忆、归纳、推理等智能化处理功能，神经网络在信息处理方面具有突出的优点，如神经网络具有很强的复杂非线性关系逼近和跟踪预测能力；对数据可以进行并行分布处理、容错性强；对未知的或不确定的系统具有学习和自适应能力；神经网络可以在不依赖过程分布等精确数学描述的情况下，通过训练使其具有对过程状态进行分类和判断的能力。神经网络在模式识别与图像处理、控制和优化、预测预报与信息智能化处理、过程与设备的故障诊断等众多领域取得了成功应用，过程质量诊断是神经网络的一个重要的应用领域。

2. 神经网络诊断过程异常的问题

对 SPC 控制图进行模式识别是制造过程质量智能诊断的基础，大量的过程智能诊断研究工作都是针对这一问题展开的。ANN 应用于过程异常诊断的优势在于，ANN 技术不需要被处理的观测数据满足正态性，对于难于使用统计学描述的连续流程性工艺过程，同样可以使用经过训练的 ANN 进行分析处理；对于过程参数变化的过程，综合运用数据采集和计算机技术，可以通过在线的方式训练神经网络，对过程的状态信息进行学习、辨识和分类处理，ANN 具有的自组织、自适应能力有利于对过程的复杂异常状态做出合理判断，ANN 技术大大拓展了以往基于统计学 SPC 诊断技术的功能。

使用 ANN 技术诊断过程的异常状态在技术上存在一定问题，即 ANN 识别器的结构设计问题，包括如何合理确定神经网络隐层的数目及每个隐层中节点的数目。以往的研究对于这个问题的处理都是采用个人经验或者经过简单的试验设计的方法来解决的，不仅费时低效，而且识别效果不理想，模式识别率不高。例如，误差反向后传播（back propagation，BP）神经网络是在控制图模式识别的研究中广泛使用的网络，在现有研究中，使用 BP 神经网络对六类控制图模式进行识别，其 BP 网络结构依靠个人经验反复选择后，BP 网络对于每类模式的识别率很多在 90% 以下，显然需要进一步提高，否则在 ANN 技术实际应用于过程诊断时会造成较大的误判，导致较大的质量损失。

针对使用 ANN 进行控制图模式识别中存在的神经网络结构设计困难、控制图模式识别率不高的问题，本书使用 PNN 进行控制图的模式识别，利用 PNN 的优良性能，在简化神经网络结构设计的同时，不仅提高了神经网络的训练速度，而且提高了控制图模式识别率及过程异常诊断的效率。具体研究内容包括，设计 PNN 的结构，选择并优化其参数，通过仿真试验研究，从识别率和 ARL 两个方面评价提出的 PNN 方法对于控制图异常的诊断性能。

13.3.2　概率神经网络原理

PNN 在原理上利用样本的先验概率和 Bayes 决策理论对新的样本进行分类。PNN 具有统计分类的功能，但并不受正态分布等条件的限制，在其运算过程中可读出被分类的新的输入样本的后验概率，使得分类结果得到了一定概率方面的解释，这是 PNN 在应用于过程质量诊断时的一个优点。PNN 进行模式分类时使用了自监督的前馈网络分类方法，无须训练网络的连接权值，由给定的训练样本直接构成隐层单元就可以检验网络的性能。PNN 在分类功能上等同于最优 Bayes 分类器，其分类能力优于 BP 网络。PNN 不像其他前向网络那样需要使用 BP 算法进行误差反向传播计算，而是采用完全前向的计算过程，相比于 BP 算法网络，PNN 的训练时间短且不易收敛到局部最优点，易发展成为可以在线工作的神经网络。同时，PNN 的结构简单，使用时易于设计和实现，减少了神经网络的设计时间，在制造业过程诊断等实际应用中具有推广价值。

1. Bayes 分类器

PNN 利用 Bayes 分类器方法和非参数概率密度函数的 Parzen 窗估计方法，对模式识别问题给出了通用的解法。

Bayes 分类器的设计思想主要是源于 Bayes 决策理论。设有 ω_i $(i=1,2,\cdots,c)$ 个待匹配的类模式集合，每个类的先验概率为 $P(\omega_i)$，在没有先验知识的情况下 $P(\omega_i)$ 通常取相等的概率值。对于任意的一个随机的矢量样本 $X \in R^d$，d 是训练样本矢量的维数，每个类的类条件概率密度函数是 $P(X|\omega_i)$。设 L_{ji} 是 ω_i 被判断为 ω_j 所担负的风险因子（期望损失），L_{ji} 可以依据不同决策情况根据专家经验做出假设，在没有专家经验的情况下，$\forall j \neq 1,2,\cdots,c$，可以认为 $L_{ji}=L_{ij}$。

按照 Bayes 最小平均条件风险决策准则，$\forall j \neq 1,2,\cdots,c$，可以对未知模式的样本 X 使用如下的诊断规则进行判决：

$$X \in \omega_i，若有 r_i(X) < r_j(X)$$

其中，$r_j(X)$ 表示将样本 X 判决属于 ω_j 类模型所造成的风险损失。

$$r_j(X) = \sum_{i=1}^{c} L_{ji} P(X|\omega_i) P(\omega_i)$$

根据上式进行决策的关键在于类条件概率密度 $P(X|\omega_i)$ 如何求取，因为一般情况下它是未知的，可以使用 Parzen 窗法从已知随机样本中估计概率密度函数，只要样本数目充足，由该方法所获得的函数可以连续平滑地逼近复杂的原概率密度函数。

设属于模式 ω_i 的训练样本 $X^{(i)}$ 的数目为 N_i，其中 $i=1,2,\cdots,c$，X 是待匹配样本，$X^{(i)}$ 在 PNN 中作为权值。Parzen 窗函数取高斯核函数，由 Parzen 窗函数法可以得到模式 ω_i 的类条件概率密度估计为

$$\hat{P}(X|\omega_i)=\frac{1}{(2\pi)^{d/2}N_i}\sum_{i=1}^{N_i}\exp\left[-(X-X^{(i)})'(X-X^{(i)})/2\sigma^2\right]$$

其中，σ 是 Parzen 窗的窗宽度（平滑参数因子），其取值确定了以样本点为中心的钟状曲线的宽度，并且决定了模式样本点之间的影响程度，关系到概率密度分布函数的变化。显然，$\hat{P}(X|\omega_i)$ 是多元高斯分布在每个训练样本处的和。这里的核函数不仅仅限于高斯函数，还可以采用其他形式的核函数。

2. 概率神经网络的结构

PNN 属于径向基神经网络的一个拓展分支，采用前馈网络结构和有监督学习的方式。PNN 通过 Bayes 分类规则与 Parzen 窗方法来实现模式分类，其典型的神经网络模型结构共分为四层：输入层、模式层（又称为样本层）、求和层、输出层（又称为竞争输出层，决策输出层），如图 13.26 所示。

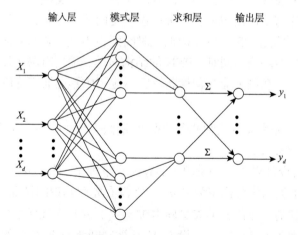

图 13.26　PNN 结构示意图

图 13.26 中，网络的输入矢量为 $X=[X_1,X_2,\cdots,X_d]'$，其输出为 $Y=[y_1,y_2,\cdots,y_d]'$。

（1）输入层。PNN 的输入层神经元的数目等于训练样本输入向量的维数 d。输入层各神经元不做任何计算工作，只是简单地直接将输入变量传递给模式层。

（2）模式层。模式层神经元的个数为各个类别的所有训练样本数之和，并被分为 c 类。

假设我们随机地从 c 个类别的样本中选取 n 个 d 维的训练样本 $X_k,k=1,2,\cdots,n$。PNN 学习过程为：首先，训练样本数据集中的每一个样本都被归一化为单位长度；其次，初始化从输入层到模式层的权值，$W_k=X_k$。其中，W_k 是所有输入层神经元至第 k 个模式

层神经元的连接权值向量。这样得到的 PNN 网络是，输入层各神经元与模式层各神经元之间是完全连通的，而模式层各神经元只与同它相对应的求和层神经元相连接。可见，PNN 实现训练的方式简单，只要将各类的训练样本作为输入层与模式层的权值即可。PNN 在进行分类时，对于一个经过归一化的测试样本 X，每一个模式层神经单元都通过计算内积得到"网络激励" A：

$$A = W_k^T \cdot X$$

在通过指数激活函数完成对 A 的非线性操作之后，将 A 输出到求和层。激活函数表达式为

$$f(A) = \exp\left[(A-1)/\sigma^2\right]$$

在基本型的 PNN 中，所有的模式类别一律采用同一光滑因子 σ。在改进型的 PNN 中，不同模式类别的训练样本采用不同的光滑因子，需要对训练样本采用优化方法来确定各个光滑因子 σ。在求和层中，每一个求和层神经元把与它相连接的模式层神经元的输出结果进行相加。

（3）求和层。求和层的神经元与待匹配的模式类别一一对应，求和层的神经元将对应的模式层的一组神经元输出求和，从而得到各个类别模式的类估计概率密度函数。不难看出，网络的模式层和求和层的作用就是为了实现 Bayes 决策方法。

（4）输出层。决策输出层节点数目等于待匹配的模式类别数目，采用 Bayes 分类规则和竞争算法，在各个模式的类估计概率密度中选择一个具有最大后验概率密度（即具有最小"风险"）的神经元作为整个系统的输出。

当训练样本的数量增加时，PNN 的模式层神经元数目将随之增加；而当数据的模式类别增加时，求和层和输出层神经元将增加，所以，随着过程先验知识的积累，PNN 可以不断横向扩展，其对过程状态异常和故障的诊断能力将不断提高。

3. 概率神经网络的特性

PNN 在应用于制造过程 SPC 控制图异常模式诊断时，与以往研究中使用较多的 BP 神经网络相比，具有很多优良特性，主要体现在以下几个方面。

1）设计简单、收敛速度快，易于工程实现

在进行网络设计时，BP 网络的输入/输出层和 PNN 相同，但 BP 网络隐层的数目和每一隐层神经元的数目的设计没有确定性法则，需要根据设计者的个人经验反复试验选取，这样可能导致不同的神经网络的设计者对于过程异常诊断的结果相差很大。而 PNN 需设计和调节的参数少，不需要设计隐层（模式层和求和层）的结构，比较容易掌握和使用。BP 网络使用反向误差传播学习算法，算法的收敛速度慢，而且易陷入局部极小值。PNN 的学习过程简单，将训练样本归一化为单位矢量后即可直接输入到网络中，训练网络所用时间仅仅略大于网络读取输入数据的时间，且不会陷于局部最优解。这一特点有利于在生产过程现场以实时的方式对 PNN 进行训练和对过程进行实时在线诊断。

2）PNN 在算法上依据 Bayes 准则收敛，诊断结果稳定性高

BP 网络的训练结果受连接权值的初始值设置影响较大，训练结果会随初始权值设置的不同而不同，这样可能导致分类结果存在比较大的差异，从质量诊断的角度来看，使

用 BP 网络对过程进行诊断，给出的是一个不确定、不便于解释的结果。而 PNN 对过程进行诊断时，不仅分类准则的概率意义明确，而且可以最大限度地利用制造过程的先验知识，在大样本条件下，总可以保证获得基于 Bayes 准则下的最优解，因此，使用 PNN 对不同过程进行异常诊断的结果，易于比较不同过程的质量水平。

3）样本的更新能力强，适用于构建在线实时检测系统

过程的观测数据需要不断更新才能反映变化了的过程状态。如果在过程质量诊断过程中需要加入新的训练样本或需要淘汰某些旧的训练样本，从 PNN 使用者的角度来看，PNN 的隐层的变化是不需要考虑的，不需要增加额外的训练工作，PNN 对于新样本的适应和学习的时间仅仅相当于或略大于 PNN 对新样本的读取时间，使得 PNN 易于在线工作。而对于 BP 网络，在训练样本发生变化后，则需要对 BP 网络的权值全部重新训练，增加了工作负荷和时间消耗。

13.4　基于 PNN 控制图模式识别的过程异常诊断

对于过程异常现象进行诊断，其实质是对过程的状态进行识别或者分类。PNN 就是一种适用于模式分类的径向基神经网络。PNN 算法等同于使用前馈并行算法、无局部最小化的 Bayes 最优分类器。PNN 的学习算法在概率上依据 Bayes 准则收敛，算法简单，PNN 的隐层不需要设计，不会因为不同的神经网络结构设计问题而影响到分类的效果，在应用于工业过程的质量诊断时，易于在不同的制造过程之间形成可以比较质量水平的工业质量技术规范。

对于过程质量异常现象，需要使用迅速、高效的技术手段加以分析、诊断和识别，以便对生产过程的质量问题进行分析处理和调整，使生产过程处于稳定受控的状态。控制图是质量监控和诊断的重要工具，本章这部分的研究内容使用 PNN 技术、以控制图模式识别的方式，达到诊断过程异常的目的。本章对使用 PNN 技术进行控制图模式识别的研究采用计算机仿真的方式进行，使用的仿真工具是 MATLAB 软件。仿真试验过程如下：首先，生成 PNN，生成训练样本数据和测试样本数据，并进行预处理；其次，使用训练数据对 PNN 进行训练；再次，使用测试数据对 PNN 进行测试并优化选择 PNN 的参数；最后，对设计好的 PNN 模式识别器进行性能评价。

13.4.1　PNN 设计

相对于 BP 等常用的神经网络，PNN 在进行模式分类时的优势之一就是其设计工作简单、高效，只需要合理确定训练样本矢量的维数和模式类别数即可完成 PNN 的结构设计。我们的研究对 PNN 进行了如下几个方面的设计。

1. 输入层设计

PNN 的输入层主要是设计输入层神经元的个数，需要根据具体的问题来确定。对于控制图模式识别问题，PNN 输入层神经元的数目，应当等同于一张 SPC 控制图中包含的数据点的数目（即 SPC 控制图窗口的宽度）。在控制图使用中，如果控制图中的数据点

数目少，检测过程异常的速度快，但对过程异常的误判率会增高，第一类错误增大；如果控制图中数据点的数目多，检测过程异常的速度慢，但对过程异常的漏判率会增高，第二类错误增大。本章研究中采用了美国汽车工业行动集团（Automotive Industry Action Group，AIAG）的 TS l6949 系列质量技术标准中 SPC 手册的控制图标准，将 PNN 的输入层神经元的数目设计为 25。

2. 模式层和求和层设计

PNN 的隐层（模式层和求和层）在原理上不需要由使用者设计，在仿真试验中可由仿真软件自动生成。

3. 输出层设计

PNN 输出层的神经元数目应当等于需要识别的样本数据类别的数目，研究中涉及六类控制图，将 PNN 输出层的神经元数目设计为 6。

4. 参数设计

研究中，典型的 PNN 需要设计和确定的参数只有高斯核函数的宽度 σ，该参数对应于 MATLAB 仿真软件的函数 "newpnn" 参数 "SPREAD"，函数 "newpnn" 在 MATLAB 仿真软件中用于生成 PNN。

根据上述设计思路和原则，使用 MATLAB 仿真软件进行了 PNN 的设计，得到的仿真试验中设计的 PNN 结构图如图 13.27 所示。

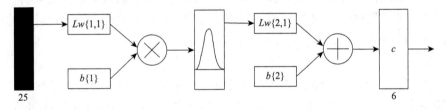

图 13.27　仿真试验中设计的 PNN 结构图

13.4.2　PNN 的训练和测试

与其他神经网络一样，在使用 PNN 对某个控制图的模式进行识别之前，必须使用训练样本数据对其进行训练，然后测试 PNN 的识别效果。

1. 训练 / 测试样本的生成

仿真试验中，使用蒙特卡罗仿真方法，为六类控制图模式生成了样本矢量数据，每个样本数据包含 25 个数据点，组成一个样本矢量。各类控制图包含的样本矢量的数量是相同的，共生成 $4\,000\times6$ 个样本矢量，其中 $3\,000\times6$ 个样本数据用于训练 PNN，$1\,000\times6$ 个样本数据用于测试 PNN 的识别率性能。同时，由于 PNN 采取的是有监督的学习方式，对应于六类控制图模式（依次是正常模式、向上趋势模式、向下趋势模式、向上平移模式、向下平移模式、循环模式），PNN 的输出矢量被分别定义为[1, 0, 0, 0, 0, 0], [0, 1, 0, 0, 0, 0], [0, 0, 1, 0, 0, 0], [0, 0, 0, 1, 0, 0], [0, 0, 0, 0, 1, 0], [0, 0, 0, 0, 0, 1]。生成的仿真样本数据经过数据预处理，并被归一化成为单位矢量。通过上述公式生成仿真样本数据时，公式中各个参数设置情况归纳于表 13.8 中。

表 13.8 仿真试验中样本数据的参数取值状况

参数	参数取值	参数取值说明
μ	0	稳态过程的均值，取为常数
σ	1	稳态过程的标准差，取为常数
k	[0.1, 0.3]	向上/下趋势控制图模式的斜率，是在[0.1, 0.3]按照均匀分布生成的随机数
t_0	12，13，14	向上/下平移控制图模式的平移发生的时刻，在仿真试验中使用了 25 个点的控制图，t_0 取值为随机整数，在 12，13，14 中随机取一个数
s	[1, 3]	向上/下平移控制图模式的平移幅度，是在[1, 3]按照均匀分布生成的随机数
A	[1, 3]	循环模式的幅度，是在[1, 3]按照均匀分布生成的随机数
T	8	循环模式的周期，取为常数

2. PNN 的训练过程

仿真试验中，PNN 的训练过程简单迅速，只是将训练样本集中的各类样本数据全部输入到 PNN 中，成为模式层各个神经元节点，即可完成训练。仿真试验采用的是离线训练、调整和测试的方式。对于实际的过程诊断问题，当 NN 完成训练和性能测试后，可以将神经网络以在线的方式应用于过程现场，对来自现场的控制图数据进行模式识别。

完成训练后，为了得到好的模式识别效果，需要调整和设计 PNN 的高斯核函数参数"SPREAD"的取值，该参数的取值对 PNN 控制图模式识别的效果有很大影响。当 PNN 得到较为理想的识别率后，才可以将其应用于过程的诊断，否则会造成比较大的质量损失，给过程改进造成困难。

3. 参数调整

仿真试验中，PNN 需要选择取值的只有"SPREAD"一个参数，因此本章的研究对此问题采用反复试验的"试凑"方法解决。如果需要提高 PNN 对于控制图的识别率，就需要以更小的增量来刻画"SPREAD"参数的取值，加大了设计的工作量。特别是，当遇到设计的模式识别器有多个参数需要组合起来加以选择的情况，使用"试凑"的方法选择和确定模式识别器的参数将更加困难，这种情况下可以考虑使用进化优化算法来确定识别器的参数，以便达到较为理想的模式识别效果。在核函数参数"SPREAD"进行选择时，将其从 0.5 到 16（以 0.25，0.5 或 1 为增量间隔）取值。最后，将参数"SPREAD"的取值选定为 9，获得了较高的识别率。试验中参数选择的详细信息归纳于表 13.9 中。

表 13.9 仿真试验中"SPREAD"参数的选择及对应的识别率结果

SPREAD 的取值	正常模式	向上趋势模式	向下趋势模式	向上平移模式	向下平移模式	循环模式
0.5	0.999	0.031	0.029	0.001	0.001	0.001
0.75	0.964	0.722	0.725	0.502	0.492	0.591
1	0.949	0.937	0.933	0.901	0.902	0.963
1.25	0.951	0.939	0.927	0.896	0.899	0.958
1.5	0.940	0.933	0.933	0.902	0.891	0.961

续表

SPREAD 的取值	正常模式	向上趋势模式	向下趋势模式	向上平移模式	向下平移模式	循环模式
2	0.946	0.931	0.931	0.898	0.897	0.961
3	0.945	0.937	0.935	0.897	0.894	0.961
4	0.955	0.936	0.935	0.909	0.900	0.965
5	0.958	0.936	0.938	0.905	0.911	0.967
6	0.976	0.935	0.938	0.924	0.923	0.966
7	0.981	0.944	0.943	0.934	0.933	0.965
8	0.989	0.940	0.939	0.942	0.941	0.969
8.5	0.993	0.937	0.943	0.946	0.945	0.967
9	0.995	0.940	0.936	0.946	0.951	0.967
9.5	0.995	0.932	0.932	0.946	0.949	0.964
10	0.996	0.932	0.930	0.946	0.943	0.957
11	0.997	0.922	0.921	0.947	0.943	0.960
12	0.999	0.919	0.912	0.943	0.942	0.954
13	0.998	0.899	0.906	0.938	0.934	0.952
14	0.999	0.900	0.900	0.937	0.934	0.950
15	0.998	0.889	0.890	0.929	0.934	0.947
16	0.999	0.877	0.879	0.929	0.930	0.948

13.4.3 PNN 控制图模式识别的性能评估

仿真试验从两个方面来评价所采用的 PNN 控制图模式识别技术对于过程诊断的效果：模式识别率和失控平均链长。

1. 模式识别率

模式识别率是评价模式识别技术的常用性能指标，模式识别率表示将某类模式正确识别的百分率，这个评价指标与统计学中的第一类错误率（误判率）相关。模式识别率越高，则对过程诊断的误判率就越小；模式识别率越低，则对过程诊断的误判率就越大。

仿真试验中，当参数"SPREAD"的值为 9 时，对于完成训练的 PNN，对每类控制图使用 1 000 个测试样本进行测试，得到了每类控制图模式的识别率，仿真试验的结果如表 13.10 所示。

表 13.10 六类控制图模式识别的识别率仿真试验结果

	正常模式	向上趋势模式	向下趋势模式	向上平移模式	向下平移模式	循环模式
仿真结果	99.5%	94.0%	93.6%	94.6%	95.1%	96.7%

从表 13.10 的仿真试验结果可以看出，使用 PNN 识别器对六类控制图模式的识别率全部高于 93%，该结果明显好于现有的研究结果。同时可以看到，使用相同的试验条件（对各类模式的控制图的训练样本数量相同，参数设置相同），PNN 模式识别器对各类控制图的识别性能并不相同，这种现象同各类控制图之间的特征是否有明显的区别密切相关。试验过程中通过进一步观察，发现一定数量的向上/下趋势模式被错误判断成向上/

下平移模式，而一定数量的向上/下平移模式被错误判断成向上/下趋势模式，影响了识别率的进一步提高。鉴于此，为了进一步提高控制图模式识别率，可以考虑使用其他智能技术（如小波 1133l 技术）来进一步展开研究，以提高对控制图的模式识别率。

2. ARL 的计算及结果

在使用传统控制图来诊断过程异常时，计算 ARL 使用的是统计学的方法。在使用 NN 等智能技术研究过程异常诊断问题时，需要根据 ARL 的定义通过计算得到 ARL 的值。本书仿真研究中使用"移动窗"法来计算失控 ARL，以此来评价 PNN 模式识别器对于过程异常的诊断性能。"移动窗"的窗口长度就是一张控制图中包含的数据点的个数，我们根据美国汽车工业行动集团 SPC 手册，取窗口长度为 25。该方法每次给窗口中添加一个新的数据（同时剔除窗口中最后一个旧的数据），然后将更新的控制图模式数据提供给 PNN 模式识别器进行模式分类，从而判断过程中是否存在异常因素（即判断控制图的异常模式是否出现）。使用移动窗法的计算 ARL 的基本过程和原理如图 13.28 所示。

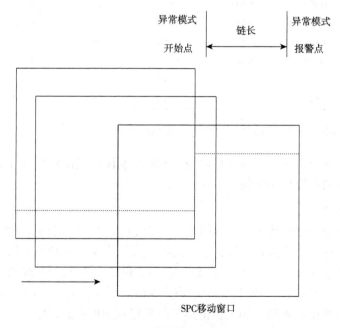

图 13.28　移动窗法计算 ARL

在计算 ARL 的开始时刻，提供给 PNN 模式识别器的是包含 25 个时间序列数据点的一张正常模式的控制图数据，然后，移动窗口开始向前移动。移动窗口每移动一步，就在移动窗口中加入一个新的属于某类异常模式的数据点（同时去除窗口中的最后一个旧的数据），组成一张新的控制图时间序列数据，提供给 PNN 模式识别器进行识别，直到 PNN 识别器发出模式异常报警信号。链长就是从有异常模式数据进入移动窗口的时刻算起，直到 PNN 识别器发出异常报警信号的时刻之间的时间间隔。

使用移动窗口法计算 PNN 识别器识别某类异常控制图模式的性能指标 ARL 的具体算法和步骤如下：

（1）设定需要反复进行的试验次数 M；

（2）为判断该类异常控制图模式是否出现设置一个阈值 ARL_0，将初始采样时刻设置为 25；

（3）取出该类异常控制图模式的最近时刻的 25 个仿真数据 X_j（$j = t-24, t-23, \cdots, t-1, t$），并将 X_j，进行预处理（标准化、编码）和单位长度处理，成为 $\bar{X}_j$；

（4）将 $\bar{X}_j$ 组成矢量 $V_t = \left(\bar{X}_{t-24}, \bar{X}_{t-23}, \cdots, \bar{X}_{t-1}, \bar{X}_t \right)$，并送入 PNN 识别器进行识别，得到识别输出的结果；

（5）如果 $ARL_0 > ARL_0$，得出已经检测到异常模式的结论，转入下一步；否则计数增量加 1，返回步骤（3）；

（6）记录该次试验得到的一个链长；

（7）判断 M 次试验是否完成，如果完成了 M 次试验，转入下一步；否则，返回步骤（3）；

（8）通过得到的 M 个链长计算得出 ARL 的值。

上面判断是否识别到控制图异常模式的阈值 ARL_0，是根据 PNN 对于某类异常控制图模式的输出值来设置的。仿真试验中，PNN 识别器对于正常模式、向上趋势模式、向下趋势模式、向上平移模式、向下平移模式、循环模式的输出矢量为[1, 0, 0, 0, 0, 0], [0, 1, 0, 0, 0, 0], [0, 0, 1, 0, 0, 0], [0, 0, 0, 1, 0, 0], [0, 0, 0, 0, 1, 0], [0, 0, 0, 0, 0, 1]，因此，使用十进制表示的向上趋势模式、向下趋势模式、向上平移模式、向下平移模式、循环模式的阈值 ARL_0 可以分别设定为 15.5，7.5，3.5，1.5，0.5。仿真试验分别对向上趋势模式、向下趋势模式、向上平移模式、向下平移模式、循环模式进行 1 000 次（$M = 1\,000$）试验，并记录每次试验的链长，最终得到各类异常模式的 ARL，仿真试验的结果总结在表 13.11 中。

表 13.11　PNN 识别器诊断异常模式的 ARL 性能

项目	向上趋势模式	向下趋势模式	向上平移模式	向下平移模式	循环模式
ARL	20.62	20.34	20.11	19.78	16.56
ARL 的标准差	3.27	3.30	3.84	2.82	7.29

从试验结果来看，PNN 模式识别器对于 5 类异常模式的进行识别的 ARL 小于 25，可以认为 PNN 识别器对于过程异常的识别性能好于美国汽车工业行动 SPC 手册中规定使用的 25 个数据点的 SPC 控制图。

通过使用 PNN 对控制图模式的仿真试验，可以看到 PNN 对于六类基本控制图模式有很好的模式识别性能，可以在 Bayes 最小风险准则下达到最优解。同时，PNN 结构设计简单，易于工程实现和在现场应用，在样本信息充足的情况下不会因为神经网络的结构设计问题而导致过程异常诊断结果的明显差异。仿真试验中对 PNN 采用的是离线训练的方式，但 PNN 的工作原理决定了其具有快速训练学习的能力，可以适应自动化生产和监控的实时性要求，潜在地能够以在线的方式在制造过程中现场构建在线过程质量诊断系统。PNN 技术不要求过程满足正态分布假设和线性系统假设，适用于对复杂过程进行异常分析和诊断，对过程现场有很大的适应能力。本书对于控制图的模式识别识别率是很高的，但可以考虑进一步采取其他更能够提取控制图模式特征的方法加以进一步提高，以便最大限度地减少进行过程质量诊断的成本。

神经网络是人工智能技术的重要内容之一，被成功地应用于工程技术、经济管理、金融等众多领域。本章通过仿真试验对该方法进行性能评价，试验结果表明，在过程质量诊断方面，PNN 模式识别技术具有独特的优势和优良的性能。PNN 模式识别技术为大批量生产条件下的过程异常诊断问题找到了一条简单高效的新的解决途径。

思考与练习

1. 考虑车工在生产标准螺钉时的直径波动过大问题。从十几名工人中随机选取 3 名工人，让他们使用同一根钢条做原料，每人都使用自己平时所用的车床，按随机顺序各自分别加工出 4 颗螺钉，然后在每颗螺钉的根部随机选取两个相互垂直的方向，分别测量其直径，共得到 24 个数据。其数据列于下表，分析螺钉直径间的变异产生的原因。

螺钉	工人 A		工人 B		工人 C	
	测量 1	测量 2	测量 1	测量 2	测量 1	测量 2
1	8.2	8.4	8.8	8.9	8.1	8.2
2	8.6	8.4	8.9	8.6	8.3	8.2
3	8.4	8.5	8.7	8.6	8.1	8.2
4	8.2	8.4	8.6	8.7	8.2	8.3

2. 为了研究焊锡膏涂抹机在涂抹焊锡膏过程中波动过大的原因，使用了 3 批焊锡膏，每批焊锡膏各随机挑选了 4 管焊锡膏，对每管焊锡膏都涂抹在 3 个不同的点上。烘烤后，将焊锡膏刮掉，测量其涂抹量（单位：毫克）。全部数据记录如下表，计算各项方差分量。

批次	管 1			管 2			管 3			管 4		
	点 1	点 2	点 3	点 1	点 2	点 3	点 1	点 2	点 3	点 1	点 2	点 3
1	40	37	37	40	43	42	38	40	39	41	43	44
2	41	36	36	39	42	41	37	39	36	40	42	43
3	38	43	36	35	37	38	38	34	40	41	39	38

3. 简述主要控制因素识别的基本原理。

4. 简述复杂生产系统有哪些类型。

5. 简述神经网络的基本原理及其如何实现制造过程的诊断。

6. 简述 PNN 设计的基本步骤及其在控制图模式识别的基本原理。

第14章

工程过程控制

在实际生产中，过程在运行的时候不是处于受控状态就是处于失控状态，SPC 就是区分这两种状态的工具之一，目的就是尽快探测出过程的异常波动。当生产过程出现异常波动时，如何实现有效地调整，确保过程输出接近目标值是工程过程控制的重要内容。因此，调整是 EPC 的核心。本章我们主要介绍 EPC 的背景和基本原理。

14.1　工程过程控制的简介

EPC 最早由 BOX 和 Kramer 提出，是从过程工业发展而来，主要应用于化工等连续生产过程，也称为自动过程控制。EPC 起源于连续的生产过程，利用反馈、前馈或二者相结合的控制方式，对偏离过程目标值的过程输出进行调整（或补偿），从而使过程目标值能够接近设定的期望目标值。EPC 就是在质量控制中充分利用系统本身的自相关性，在对过程输出特性值进行预报的基础上，根据系统的输入输出关系，恰当调整控制变量的值以确保将来过程的输出质量特性值更加接近目标值。

在连续生产过程中，由于系统性因素或随机因素的影响，过程输出会偏离目标值。为了使过程输出重新回归到目标值，需要消除系统性因素对过程的影响。然而系统性因素又包括可控因素和不可控因素，对于不可控因素（如周围环境的温度、湿度、原材料问题等），往往无法对其进行调整，因此就需要通过对可控因素进行调整，从而消除系统性因素对过程的影响，使过程输出尽量回归到目标值。可见，过程调整是 EPC 的核心思想。过程调整主要是指，在连续生产线上利用反馈、前馈及其二者结合的原理，针对偏离过程目标值的过程输出进行补偿或调整，使之达到期望的过程目标值。然而，有一种过程调整方法不属于的范畴，就是调和规则，主要解决由机器设置引起过程输出偏离目标值的问题，对过程进行必要的调整使输出均值返回目标值。

在质量控制实际中，调整行为本身也是一个重要的考虑因素。例如，调整是否存在误差；另外，很多的调整策略中，虽然通过调整使得过程的输出质量特性更为接近目标值，但是这种调整也是需要付出一定代价（成本）的，甚至对很多过程而言，过于频繁地对过程进行细微的调整是没有必要的。又如，有一些过程，从使过程输出质量特性接近目标值的角度可能需要大幅度地调整控制变量的值，如频繁大范围调整环境的温度，而实际上这往往是不可行的。因此，当调整成本很昂贵或者频繁地调整并不切实际时，只有当过程的输出质量特性值偏离目标值达到一定的程度才对过程进行调整是一种合理的策略。

14.2 工程过程控制的原理

过程调整主要是指的 EPC，主要在连续生产线上利用反馈、前馈及其二者结合的原理，针对偏离过程目标值的过程输出进行补偿（或调整），使之达到期望的过程目标值。在 EPC 领域最常使用的反馈调整控制器为 EWMA 控制器，这种控制器在半导体制造企业广为应用。

EPC 的示意图如图 14.1 所示。一般而言，我们可以将工程控制理论的理念归纳为以下三点：①在生产过程中，可以对下一时间点的观测值进行预测。②过程中存在可控制的变量且能影响过程输出。③为了在适当的时间点调整可控变量，必须先对过程的变化特点有很充分的了解，明白控制变量的影响性，以便于采取适当的调整行动，达到能够使得下一时间点的输出值相当接近目标值的目的。

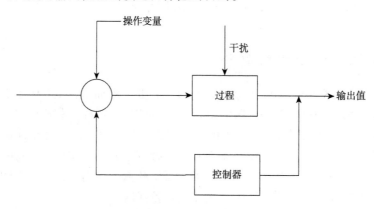

图 14.1　EPC 示意图

14.2.1　反馈控制原理

一般来说，前馈控制是在过程开始之前，基于对过程输入变量的测量，调整某种可控的过程变量，如原材料。而反馈控制是直接根据过程输出的测量值调整可控的过程变量，在 EPC 中，反馈控制更常用。图 14.2 是反馈控制系统示意图。系统包括两个部分，一部分是过程动态，可以表示为传递函数的形式 $y_t = r(B)B^{f+1}X$。其中，X_t 是可控的输入变量；f 是滞后时间，表示过程输入和输出之间的延迟；本章考虑响应过程，即在下一个时间期，输出对输入变化的响应可以完全实现，即 $y_t = X_{t-1}$。另一部分为过程干扰，干扰的影响可以由过程输出 Z_t 表示。过程动态和过程干扰都可以用时间序列模型 ARIMA 来表示。控制器就是控制算法，通过调整 X_t 得到需要的补偿量 y_t，使过程输出 $e_t = y_t + Z_t$ 更接近目标值。

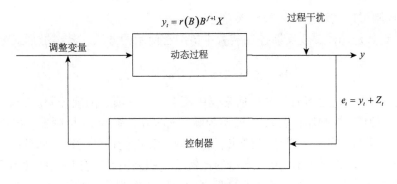

$$y_t = r(B)B^{f+1}X$$

过程干扰

调整变量　→　动态过程　→ y

$e_t = y_t + Z_t$

控制器

图 14.2　反馈控制系统示意图

EPC 的一个简单例子就是以开车为例，假设在汽车行驶的过程中，目标是期望车子顺着车道的中心线行驶，用方向盘进行调整控制，使车子偏离车道中心线的距离最小。在此例子中，道路中心线为过程目标值，道路两侧标线为控制界线，汽车方向盘为过程输入，车轮行进方向为过程输出，驾驶人通过不断地调整方向盘，使车子始终保持在正常驾驶状态。由上可知方向盘的调整为输入的可控制变量，汽车相对于车道中心线距离为输出变量，因此驾驶人在知道输入与输出变量间的关系时，便可以适时适当地调整方向盘的角度，使汽车的位置达到期望的结果。

EPC 以下列方式实现：①预测下一个过程观察值；②为了影响过程的输出结果，需要识别可控制的过程变量；③了解这些控制变量的作用，决定应采取的控制行动，当我们在时间 t 对可控变量做出调整时，那么在 $t+1$ 时间的输出值会接近于目标值。

这种类型的反馈是基于自相关，即 $t-1$ 时间的测量与 t 相关，基于 $t-1$ 的偏离可以减少 t 的偏离。图 14.3 给出了 EPC 如何保持过程在目标值上的过程调整。

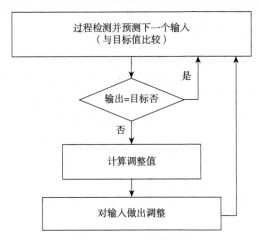

过程检测并预测下一个输入
（与目标值比较）

输出=目标否　——是——↗

否

计算调整值

对输入做出调整

图 14.3　EPC 调整过程

14.2.2　MMSE 调整与 PID 控制器

在 EPC 中，控制器的一个开发原则是使过程输出的均方误差达到最小，即 MMSE 控制。由图 14.2，反馈控制输出误差是 $e_t = y_t + Z_t$，$y_t = X_{t-1}$ 干扰 Z_t 是 ARIMA 过程，使用 MMSE 控制可以使调整后的输出误差是 e_t。

PID 控制器是过程工业反馈控制装置中最广泛使用的方法，其离散形式为

$$X_t = -k_\text{P} e_t - k_\text{D} \left(e_t - e_{t-1} \right) - k_1 \sum_{i=1}^{\infty} e_i$$

其中，k_1，k_P 和 k_D 是适当的常数，通常仅用模型中的一项或两项控制。若 $k_\text{P} = k_\text{D} = 0$，$k_1$ 不为零，则为 PI 控制器；若 k_1，k_P 不为零，$k_\text{D} = 0$，则为 PI 控制器。PI 控制器在工业系统中是非常有效的，一些学者给出了有关效应和稳健性的讨论，所谓的三项式反馈控制器的形式，为过程输出误差，本身的比例项、积分项和微分项的线性组合，利用此线性组合作为反馈控制器来控制过程的变化。由于 PI 控制器的结构简单并容易实现，在 EPC 和其他工业中应用相当的普遍。PID 和 MMSE 控制方法在某些特定的过程动态和干扰模型下是相通的。在工业实践中，EWMA 反馈控制方法已经成为质量工具的重要部分，尤其在半导体工业。

14.3　工程过程控制与统计过程控制的整合

14.3.1　SPC 与 EPC 的比较

SPC 和 EPC 作为两种减少波动的过程控制方法，分别在零件工业和过程工业得到了成功的应用。其中 SPC 主要利用控制图来探测和消除特殊原因的波动，EPC 基于反馈控制原理，通过调整过程可控变量，来补偿过程输出与过程目标值的误差。近年来，整合 SPC 与 EPC 对过程进行监测与调整，成为质量控制领域研究的重点内容之一。传统上，在零件工业，普遍使用 SPC 监测过程，而对如何应用过程调整来改进质量缺乏系统的研究。并且，当过程输出数据自相关时，会使传统的控制图变得毫无效果，而整合 EPC 与 SPC 为解决自相关过程监测问题提供了一种新的途径。

自 20 世纪 80 年代末 90 年代初以来，随着生产技术的发展和混合型工业的兴起，越来越多的产品在生产过程中存在着复杂的自相关现象，SPC 和 EPC 之间的障碍被逐渐打破，它们的联合使用被认为是一种非常有效的控制和提升产品质量的方法。自 1992 年 Box 和 Kramer 等发起整合 SPC 与 EPC 研究的系列讨论以来，整合 SPC 与 EPC 因其不可替代的质量改进方法论优势而受到广泛关注，并在深入的理论和应用探索过程中，从不同方面对整合 SPC 与 EPC 理论进行了完善和拓展。

SPC 与 EPC 虽然是两种不同的过程控制方法，但二者的目的都在于减少过程波动，改进产品质量，因此，许多学者开始探讨两者之间的异同，两者在理念、应用背景及传统发展等方面有所不同。Box 曾给出了两个领域的整体比较，SPC 主要用来监测并消除一些外在人为的干扰，而 EPC 则是通过自动调整技术，对一些无法避免的自然干扰进行必要的补偿性调整。整合 SPC 与 EPC 可以弥补二者独立使用的缺陷，提高过程改进的潜力。表 14.1 给出了 SPC 和 EPC 的比较。

表 14.1　SPC 和 EPC 的比较

项目	SPC	EPC
起源	零件工业-统计学家开发	过程工业-过程工程师开发
原理	过程控制检测和移除变异的原因	通过过程调整抵消变异原因带来的影响
目的	降低过程变异	降低过程变异
过程	独立	自相关
功能	过程监测	过程调整
工具	控制图	反馈/前馈调整
成本	高	低
优势	探测可指出原因	直接补偿
缺陷	仅具有探测和监控的功能，无法提供过程调整的依据	过程不断调整，可能产生过度控制

由此可见，SPC 与 EPC 起源于不同的工业背景，其基本原理也不相同，而各自也存在一些缺点。SPC 主要利用控制图报警，消除引起异常变动的外部干扰因素，减少过程变动；EPC 针对一些过程内部自然存在的、无法经济消除的干扰引起的过程变动进行补偿，不消除干扰过程的特殊原因。

14.3.2　SPC 与 EPC 整合的优势

SPC 的理论基础为统计上的假设检验理论，其目的是探测过程波动的特殊原因，并加以消除。EPC 的理论基础为控制理论，其目的是通过调整过程的控制变量，使过程输出更接近目标值。Box 在研究中提到 SPC 与 EPC 的整合应用在 20 世纪 60 年代过程改进方面就已经被提出，但由于 EPC 执行困难和数理计算上的复杂性没有受到应有的重视。尽管如此，近年来，质量管理学术界研究的重点方向已经朝向二者理念和优点进行整合，目前已有众多的研究成果提出二者整合获得的优势。

同时，也有不少学者提出的 SPC 与 EPC 整合的概念框架，如图 14.4 所示。该研究中认为在外部干扰介入的情况下，二者整合比单独使用 EPC，更能减少过程输出的波动。

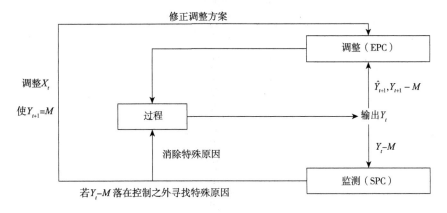

图 14.4　SPC 与 EPC 整合的概念框架

设 t 时刻的过程输出为 Y_t，依此预测 $t+1$ 时的输出值 Y_{t+1}，开发调整方程 X_t，使 $t+1$ 时输出值等于目标值 $Y_{t+1}=M$。同时利用 SPC 观察 Y_t-M 是否超出控制界限，若没有问题则继续，若超出界限，则寻找特殊原因并且剔除，重新修正调整方案。

从图 14.4 中可以得出过程输出值持续的受到 EPC 调整和 SPC 监测。不论过程受到正常原因还是特殊原因的影响，EPC 对于输出偏差都给予补偿性调整，但是一直做调整有可能会在实际过程受到特殊原因而发生变动时掩盖波动的信息，这时就要结合 SPC 的监测，将过程受到的特殊原因探测出来。这样，一方面能对于正常原因的影响进行补偿；另一方面也能消除特殊原因的影响，达到整合的效果和减少波动的目的。

思考与练习

1. 说明 EPC 的基本原理及其核心。
2. 说明反馈控制在 EPC 中的作用。
3. 说明 PID 控制在 EPC 中的作用。
4. 阐述 EPC 和 SPC 的异同。
5. 阐述整合 EPC 和 SPC 的必要性。

参 考 文 献

傅珏生，张健，王振羽. 2009. 实验设计与分析[M]. 第 6 版. 北京：人民邮电出版社.

何桢. 2011. 六西格玛管理绿带手册[M]. 北京：中国人民大学出版社.

康锐，何益海. 2012. 质量工程技术基础[M]. 北京：北京航空航天大学出版社.

全国六西格玛管理推进工作委员会，六西格玛管理评价准则课题组. 2007. 六西格玛管理评价准则[M]. 北京：中国标准出版社.

马林，何桢. 2007. 六西格玛管理[M]. 北京：中国人民大学出版社.

马逢时，吴诚鸥，蔡霞. 2009. 基于 MINITAB 的现代实用统计[M]. 北京：中国人民大学出版社.

马逢时，周暐，刘传冰. 2007. 六西格玛管理统计指南——MINITAB 使用指南[M]. 北京：人民大学出版社.

马义中，汪建均. 2012. 质量管理学[M]. 北京：机械工业出版社.

任露泉. 2003. 试验优化设计与分析[M]. 第二版. 北京：高等教育出版社.

孙静. 2011. 质量管理学[M]. 北京：高等教育出版社.

苏秦. 2005. 现代质量管理学[M]. 北京：清华大学出版社.

苏秦. 2006. 质量管理与可靠性[M]. 北京：机械工业出版社.

宋明顺. 2005. 质量管理学[M]. 北京：科学出版社.

汪建均. 2011. 基于广义线性模型的变量选择与稳健参数设计[D]. 南京理工大学博士学位论文.

张根保. 2007. 现代质量工程[M]. 北京：机械工业出版社.

张根保. 2015. 现代质量工程[M]. 第 2 版. 北京：机械工业出版社.

张根保，何桢，刘英. 2004. 质量管理与可靠性[M]. 北京：中国科学技术出版社.

张公绪，孙静. 2004.《新编质量管理学》辅导与案例[M]. 北京：高等教育出版社，

Ahmed S E. 2005. Assessing the process capability index for non-normal processes[J]. Journal of Statistical Planning & Inference, 129（1~2）: 195-206.

Anderson M, Whitcomb P. 2001. Design of experiments: statistical principles of research design and analysis[J]. Technometrics, 43（2）: 236-237.

Anonymous. 2010. Quality and reliability in the future: directions and training[J]. Quality & Reliability Engineering International, 10（3）: 173.

Box G E P, Draper, N R. 1987. Empirical Model Building and Response Surfaces[M]. New York: Wiley.

Box G E P, Paniagua-Quiñones C. 2007. Two charts: not one[J]. Quality Engineering, 19（2）: 93-100.

Box G E P, Woodall W. 2010. Innovation, quality engineering, and statistics[J]. Quality Engineering, 24(1): 20-29.

Box G E P, Kramer T. 1992. Statistical process monitoring and feedback adjustment: a discussion[J]. American Society for Quality Control and American Statistical Association, 34（3）: 251-267.

Brombacher A C. 2006. Quality control in the 21st century: what do we need after SPC?[J]. Quality & Reliability Engineering International, 22（7）: 731-732.

Feigenbaum A V. 1991. Total quality control[M]. New York: McGraw-Hill.

Hoerl R W, Palm A C. 1992. Discussion: integrating SPC and APC[J]. Technometrics, 34（3）: 268-272.

Jiang W, Farr J V. 2016. Integrating SPC and EPC methods for quality and improvement[J]. Quality

Technology & Quantitative Management，4（3）：345-363.

Jiang W，Tsui K L. 2008. A theoretical framework and efficiency study of multivariate statistical process control charts[J]. IIE Transactions，40（7）：650-663.

Khuri A I，Conlon M. 1981. Simultaneous optimization of multiple responses represented by polynomial regression functions[J]. Technometrics，23（4）：363-375.

Kotz S，Johnson N L. 2002. Process capability indices-A review，1992-2000[J]. Journal of Quality Technology，34（1）：2-19.

Montgomery D C. 1991. 3.Design and Analysis of Experiments[M]. New York：John Wily & Son.

Montgomery D C. 2007. SPC research-current trends[J]. Quality and Reliability Engineering International，23（5）：515-516

Nair V N，Abraham B，MacKay J，et al. 1992. Taguchi's parameter design：a panel discussion[J]. Technometrics，34（2）：127-161.

Nostrand R C V. 2002. Design of experiments using the Taguchi approach：16 steps to product and process improvement by Ranjit K.Roy[J]. Technometrics，44（3）：289.

Pignatiello J J. 1998. An overview of the strategy and tactics of Taguchi[J]. IIE Transactions，20（3）：247-254.

Pignatiello J J，Ramberg J S. 1985. Discussion of off-Line quality control，parameter design，and the Taguchi method[J]. Journal of Quality Technology，17（4）：198-206.

Quesada G M，Castillo E D. 2004. A dual-response approach to the multivariate robust parameter design problem[J]. Technometrics，46（2）：176-187.

Robinson T J，Borror C M，Myers R H. 2004. Robust parameter design：a review[J]. Quality & Reliability Engineering International，20（1）：81-101.

Suich R，Derringer G C. 1980. Is the regression equation adequate? —a further note[J].Technometrics,22（1）：125-126.

Wieringen W N V，Heuvel E R V D. 2005. A comparison of methods for the evaluation of binary measurement systems[J]. Quality Engineering，17（4）：495-507.

Woodall W H. 2000. Controversies and contradictions in statistical process control[J]. Journal of Quality Technology，1（32）：341-350.

Woodall W H，Montgomery D C. 1999. Research issues and ideas in statistical process control[J]. Journal of Quality Technology，31（4）：376-386.

Wu Jeff C F，Hamada M S. 2011. Experiments：Planning，Analysis，and Optimization[M]. New York：John Wiley & Sons.

附　　录

附表 1　标准正态分布函数下侧概率表

Z	0.00	0.01	0.02	0.03	0.04	0.05	0.06	0.07	0.08	0.09
0.0	0.500 0	0.504 0	0.508 0	0.512 0	0.516 0	0.519 9	0.523 9	0.527 9	0.531 9	0.535 9
0.1	0.539 8	0.543 8	0.547 8	0.551 7	0.555 7	0.559 6	0.563 6	0.567 5	0.571 4	0.575 3
0.2	0.579 3	0.583 2	0.587 1	0.591 0	0.594 8	0.598 7	0.602 6	0.606 4	0.610 3	0.614 1
0.3	0.617 9	0.621 7	0.625 5	0.629 3	0.633 1	0.636 8	0.640 6	0.644 3	0.648 0	0.651 7
0.4	0.655 4	0.659 1	0.662 8	0.666 4	0.670 0	0.673 6	0.677 2	0.680 8	0.684 4	0.687 9
0.5	0.691 5	0.695 0	0.698 5	0.701 9	0.705 4	0.708 8	0.712 3	0.715 7	0.719 0	0.722 4
0.6	0.725 7	0.729 1	0.732 4	0.735 7	0.738 9	0.742 2	0.745 4	0.748 6	0.751 7	0.754 9
0.7	0.758 0	0.761 1	0.764 2	0.767 3	0.770 3	0.773 4	0.776 4	0.779 4	0.782 3	0.785 2
0.8	0.788 1	0.791 0	0.793 9	0.796 7	0.799 5	0.802 3	0.805 1	0.807 8	0.810 6	0.813 3
0.9	0.815 9	0.818 6	0.821 2	0.823 8	0.826 4	0.828 9	0.831 5	0.834 0	0.836 5	0.838 9
1.0	0.841 3	0.843 8	0.846 1	0.848 5	0.850 8	0.853 1	0.855 4	0.857 7	0.859 9	0.862 1
1.1	0.864 3	0.866 5	0.868 6	0.870 8	0.872 9	0.874 9	0.877 0	0.879 0	0.881 0	0.883 0
1.2	0.884 9	0.886 9	0.888 8	0.890 7	0.892 5	0.894 4	0.896 2	0.898 0	0.899 7	0.901 5
1.3	0.903 2	0.904 9	0.906 6	0.908 2	0.909 9	0.911 5	0.913 1	0.914 7	0.916 2	0.917 7
1.4	0.919 2	0.920 7	0.922 2	0.923 6	0.925 1	0.926 5	0.927 8	0.929 2	0.930 6	0.931 9
1.5	0.933 2	0.934 5	0.935 7	0.937 0	0.938 2	0.939 4	0.940 6	0.941 8	0.943 0	0.944 1
1.6	0.945 2	0.946 3	0.947 4	0.948 4	0.949 5	0.950 5	0.951 5	0.952 5	0.953 5	0.954 5
1.7	0.955 4	0.956 4	0.957 3	0.958 2	0.959 1	0.959 9	0.960 8	0.961 6	0.962 5	0.963 3
1.8	0.964 1	0.964 8	0.965 6	0.966 4	0.967 1	0.967 8	0.968 6	0.969 3	0.970 0	0.970 6
1.9	0.971 3	0.971 9	0.972 6	0.973 2	0.973 8	0.974 4	0.975 0	0.975 6	0.976 2	0.976 7
2.0	0.977 2	0.977 8	0.978 3	0.978 8	0.979 3	0.979 8	0.980 3	0.980 8	0.981 2	0.981 7
2.1	0.982 1	0.982 6	0.983 0	0.983 4	0.983 8	0.984 2	0.984 6	0.985 0	0.985 4	0.985 7
2.2	0.986 1	0.986 4	0.986 8	0.987 1	0.987 4	0.987 8	0.988 1	0.988 4	0.988 7	0.989 0
2.3	0.989 3	0.989 6	0.989 8	0.990 1	0.990 4	0.990 6	0.990 9	0.991 1	0.991 3	0.991 6
2.4	0.991 8	0.992 0	0.992 2	0.992 5	0.992 7	0.992 9	0.993 1	0.993 2	0.993 4	0.993 6
2.5	0.993 8	0.994 0	0.994 1	0.994 3	0.994 5	0.994 6	0.994 8	0.994 9	0.995 1	0.995 2
2.6	0.995 3	0.995 5	0.995 6	0.995 7	0.995 9	0.996 0	0.996 1	0.996 2	0.996 3	0.996 4
2.7	0.996 5	0.996 6	0.996 7	0.996 8	0.996 9	0.997 0	0.997 1	0.997 2	0.997 3	0.997 4
2.8	0.997 4	0.997 5	0.997 6	0.997 7	0.997 7	0.997 8	0.997 9	0.997 9	0.998 0	0.998 1
2.9	0.998 1	0.998 2	0.998 2	0.998 3	0.998 4	0.998 4	0.998 5	0.998 5	0.998 6	0.998 6
3.0	0.998 7	0.999 0	0.999 3	0.999 5	0.999 7	0.999 8	0.999 8	0.999 9	0.999 9	1.000 0

附表 2 t 分布的 α 分位数表

df	0.50	0.20	0.10	0.05	0.02	0.01
1	1.000	3.078	6.314	12.706	31.821	63.657
2	0.816	1.886	2.920	4.303	6.965	9.925
3	0.765	1.638	2.353	3.182	4.541	5.841
4	0.741	1.533	2.132	2.776	3.747	4.604
5	0.727	1.476	2.015	2.571	3.365	4.032
6	0.718	1.440	1.943	2.447	3.143	3.707
7	0.711	1.415	1.895	2.365	2.998	3.499
8	0.706	1.397	1.860	2.306	2.896	3.355
9	0.703	1.383	1.833	2.262	2.821	3.250
10	0.700	1.372	1.812	2.228	2.764	3.169
11	0.697	1.363	1.796	2.201	2.718	3.106
12	0.695	1.356	1.782	2.179	2.681	3.055
13	0.694	1.350	1.771	2.160	2.650	3.012
14	0.692	1.345	1.761	2.145	2.624	2.977
15	0.691	1.341	1.753	2.131	2.602	2.947
16	0.690	1.337	1.746	2.120	2.583	2.921
17	0.689	1.333	1.740	2.110	2.567	2.898
18	0.688	1.330	1.734	2.101	2.552	2.878
19	0.688	1.328	1.729	2.093	2.539	2.861
20	0.687	1.325	1.725	2.086	2.528	2.845
21	0.686	1.323	1.721	2.080	2.518	2.831
22	0.686	1.321	1.717	2.074	2.508	2.819
23	0.685	1.319	1.714	2.069	2.500	2.807
24	0.685	1.318	1.711	2.064	2.492	2.797
25	0.684	1.316	1.708	2.060	2.485	2.787
26	0.684	1.315	1.706	2.056	2.479	2.779
27	0.684	1.314	1.703	2.052	2.473	2.771
28	0.683	1.313	1.701	2.048	2.467	2.763
29	0.683	1.311	1.699	2.045	2.462	2.756
30	0.683	1.310	1.697	2.042	2.457	2.750
40	0.681	1.303	1.684	2.021	2.423	2.704
60	0.679	1.296	1.671	2.000	2.390	2.660
120	0.677	1.289	1.658	1.980	2.358	2.617
∞	0.674	1.282	1.645	1.960	2.326	2.576

附表3　χ^2分布的 α 分位数表

$\dfrac{1-\alpha}{df}$	0.995	0.99	0.975	0.95	0.9	0.75	0.5	0.25	0.1	0.05	0.025	0.01	0.005
1	...	...	...	...	0.02	0.1	0.45	1.32	2.71	3.84	5.02	6.63	7.88
2	0.01	0.02	0.02	0.1	0.21	0.58	1.39	2.77	4.61	5.99	7.38	9.21	10.6
3	0.07	0.11	0.22	0.35	0.58	1.21	2.37	4.11	6.25	7.81	9.35	11.34	12.84
4	0.21	0.3	0.48	0.71	1.06	1.92	3.36	5.39	7.78	9.49	11.14	13.28	14.86
5	0.41	0.55	0.83	1.15	1.61	2.67	4.35	6.63	9.24	11.07	12.83	15.09	16.75
6	0.68	0.87	1.24	1.64	2.2	3.45	5.35	7.84	10.64	12.59	14.45	16.81	18.55
7	0.99	1.24	1.69	2.17	2.83	4.25	6.35	9.04	12.02	14.07	16.01	18.48	20.28
8	1.34	1.65	2.18	2.73	3.4	5.07	7.34	10.22	13.36	15.51	17.53	20.09	21.96
9	1.73	2.09	2.7	3.33	4.17	5.9	8.34	11.39	14.68	16.92	19.02	21.67	23.59
10	2.16	2.56	3.25	3.94	4.87	6.74	9.34	12.55	15.99	18.31	20.48	23.21	25.19
11	2.6	3.05	3.82	4.57	5.58	7.58	10.34	13.7	17.28	19.68	21.92	24.72	26.76
12	3.07	3.57	4.4	5.23	6.3	8.44	11.34	14.85	18.55	21.03	23.34	26.22	28.3
13	3.57	4.11	5.01	5.89	7.04	9.3	12.34	15.98	19.81	22.36	24.74	27.69	29.82
14	4.07	4.66	5.63	6.57	7.79	10.17	13.34	17.12	21.06	23.68	26.12	29.14	31.32
15	4.6	5.23	6.27	7.26	8.55	11.04	14.34	18.25	22.31	25	27.49	30.58	32.8
16	5.14	5.81	6.91	7.96	9.31	11.91	15.34	19.37	23.54	26.3	28.85	32	34.27
17	5.7	6.41	7.56	8.67	10.09	12.79	16.34	20.49	24.77	27.59	30.19	33.41	35.72
18	6.26	7.01	8.23	9.39	10.86	13.68	17.34	21.6	25.99	28.87	31.53	34.81	37.16
19	6.84	7.63	8.91	10.12	11.65	14.56	18.34	22.72	27.2	30.14	32.85	36.19	38.58
20	7.43	8.26	9.59	10.85	12.44	15.45	19.34	23.83	28.41	31.41	34.17	37.57	40
21	8.03	8.9	10.28	11.59	13.24	16.34	20.34	24.93	29.62	32.67	35.48	38.93	41.4
22	8.64	9.54	10.98	12.34	14.04	17.24	21.34	26.04	30.81	33.92	36.78	40.29	42.8
23	9.26	10.2	11.69	13.09	14.85	18.14	22.34	27.14	32.01	35.17	38.08	41.64	44.18
24	9.89	10.86	12.4	13.85	15.66	19.04	23.34	28.24	33.2	36.42	39.36	42.98	45.56
25	10.52	11.52	13.12	14.61	16.47	19.94	24.34	29.34	34.38	37.65	40.65	44.31	46.93
26	11.16	12.2	13.84	15.38	17.29	20.84	25.34	30.43	35.56	38.89	41.92	45.64	48.29
27	11.81	12.88	14.57	16.15	18.11	21.75	26.34	31.53	36.74	40.11	43.19	46.96	49.64
28	12.46	13.56	15.31	16.93	18.94	22.66	27.34	32.62	37.92	41.34	44.46	48.28	50.99
29	13.12	14.26	16.05	17.71	19.77	23.57	28.34	33.71	39.09	42.56	45.72	49.59	52.34
30	13.79	14.95	16.79	18.49	20.6	24.48	29.34	34.8	40.26	43.77	46.98	50.89	53.67
40	20.71	22.16	24.43	26.51	29.05	33.66	39.34	45.62	51.8	55.76	59.34	63.69	66.77
50	27.99	29.71	32.36	34.76	37.69	42.94	49.33	56.33	63.17	67.5	71.42	76.15	79.49
60	35.53	37.48	40.48	43.19	46.46	52.29	59.33	66.98	74.4	79.08	83.3	88.38	91.95
70	43.28	45.44	48.76	51.74	55.33	61.7	69.33	77.58	85.53	90.53	95.02	100.42	104.22
80	51.17	53.54	57.15	60.39	64.28	71.14	79.33	88.13	96.58	101.88	106.63	112.33	116.32
90	59.2	61.75	65.65	69.13	73.29	80.62	89.33	98.64	107.56	113.14	118.14	124.12	128.3
100	67.33	70.06	74.22	77.93	82.36	90.13	99.33	109.14	118.5	124.34	129.56	135.81	140.17

附表4　F分布上侧分位数表

$\alpha = 0.10$

n_1 / n_2	1	2	3	4	5	6	7	8	9	10	12	15	20	24	30	40	60	120	∞
1	39.86	49.50	53.59	55.83	57.24	58.20	58.91	59.44	59.86	60.19	60.71	61.22	61.74	62.00	62.26	62.53	62.79	63.06	63.33
2	8.53	9.00	9.16	9.24	9.29	9.33	9.35	9.37	9.38	9.39	9.41	9.42	9.44	9.45	9.46	9.47	9.47	9.48	9.49
3	5.54	5.46	5.39	5.34	5.31	5.28	5.27	5.25	5.24	5.23	5.22	5.20	5.18	5.18	5.17	5.16	5.15	5.14	5.13
4	4.54	4.32	4.19	4.11	4.05	4.01	3.98	3.95	3.94	3.92	3.90	3.87	3.84	3.83	3.82	3.80	3.79	3.78	4.76
5	4.06	3.78	3.62	3.52	3.45	3.40	3.37	3.34	3.32	3.30	3.27	3.24	3.21	3.19	3.17	3.16	3.14	3.12	3.10
6	3.78	3.46	3.29	3.18	3.11	3.05	3.01	2.98	2.96	2.94	2.90	2.87	2.84	2.82	2.80	2.78	2.76	2.74	2.72
7	3.59	3.26	3.07	2.96	2.88	2.83	2.78	2.75	2.72	2.70	2.67	2.63	2.59	2.58	2.56	2.54	2.51	2.49	2.47
8	3.46	3.11	2.92	2.81	2.73	2.67	2.62	2.59	2.56	2.54	2.50	2.46	2.42	2.40	2.38	2.36	2.34	2.32	2.29
9	3.36	3.01	2.81	2.69	2.61	2.55	2.51	2.47	2.44	2.42	2.38	2.34	2.30	2.28	2.25	2.23	2.21	2.18	2.16
10	3.29	2.92	2.73	2.61	2.52	2.46	2.41	2.38	2.35	2.32	2.28	2.24	2.20	2.18	2.16	2.13	2.11	2.08	2.06
11	3.23	2.86	2.66	2.54	2.45	2.39	2.34	2.30	2.27	2.25	2.21	2.17	2.12	2.10	2.08	2.05	2.03	2.00	1.97
12	3.18	2.81	2.61	2.48	2.39	2.33	2.28	2.24	2.21	2.19	2.15	2.10	2.06	2.04	2.01	1.99	1.96	1.93	1.90
13	3.14	2.76	2.56	2.43	2.35	2.28	2.23	2.20	2.16	2.14	2.10	2.05	2.01	1.98	1.96	1.93	1.90	1.88	1.85
14	3.10	2.73	2.52	2.39	2.31	2.24	2.19	2.15	2.12	2.10	2.05	2.01	1.96	1.94	1.91	1.89	1.86	1.83	1.80
15	3.07	2.70	2.49	2.36	2.27	2.21	2.16	2.12	2.09	2.06	2.02	1.97	1.92	1.90	1.87	1.85	1.82	1.79	1.76
16	3.05	2.67	2.46	2.33	2.24	2.18	2.13	2.09	2.06	2.03	1.99	1.94	1.89	1.87	1.84	1.81	1.78	1.75	1.72
17	3.03	2.64	2.44	2.31	2.22	2.15	2.10	2.06	2.03	2.00	1.96	1.91	1.86	1.84	1.81	1.78	1.75	1.72	1.69
18	3.01	2.62	2.42	2.29	2.20	2.13	2.08	2.04	2.00	1.98	1.93	1.89	1.84	1.81	1.78	1.75	1.72	1.69	1.66
19	2.99	2.61	2.40	2.27	2.18	2.11	2.06	2.02	1.98	1.96	1.91	1.86	1.81	1.79	1.76	1.73	1.70	1.67	1.63
20	2.97	2.59	2.38	2.25	2.16	2.09	2.04	2.00	1.96	1.94	1.89	1.84	1.79	1.77	1.74	1.71	1.68	1.64	1.61
21	2.96	2.57	2.36	2.23	2.14	2.08	2.02	1.98	1.95	1.92	1.87	1.83	1.78	1.75	1.72	1.69	1.66	1.62	1.59
22	2.95	2.56	2.35	2.22	2.13	2.06	2.01	1.97	1.93	1.90	1.86	1.81	1.76	1.73	1.70	1.67	1.64	1.60	1.57
23	2.94	2.55	2.34	2.21	2.11	2.05	1.99	1.95	1.92	1.89	1.84	1.80	1.74	1.72	1.69	1.66	1.62	1.59	1.55
24	2.93	2.54	2.33	2.19	2.10	2.04	1.98	1.94	1.91	1.88	1.83	1.78	1.73	1.70	1.67	1.64	1.61	1.57	1.53
25	2.92	2.53	2.32	2.18	2.09	2.02	1.97	1.93	1.89	1.87	1.82	1.77	1.72	1.69	1.66	1.63	1.59	1.56	1.52
26	2.91	2.52	2.31	2.17	2.08	2.01	1.96	1.92	1.88	1.86	1.81	1.76	1.71	1.68	1.65	1.61	1.58	1.54	1.50
27	2.90	2.51	2.30	2.17	2.07	2.00	1.95	1.91	1.87	1.85	1.80	1.75	1.70	1.67	1.64	1.60	1.57	1.53	1.49
28	2.89	2.50	2.29	2.16	2.06	2.00	1.94	1.90	1.87	1.84	1.79	1.74	1.69	1.66	1.63	1.59	1.56	1.52	1.48
29	2.89	2.50	2.28	2.15	2.06	1.99	1.93	1.89	1.86	1.83	1.78	1.73	1.68	1.65	1.62	1.58	1.55	1.51	1.47
30	2.88	2.49	2.28	2.14	2.05	1.98	1.93	1.88	1.85	1.82	1.77	1.72	1.67	1.64	1.61	1.57	1.54	1.50	1.46
40	2.84	2.44	2.23	2.09	2.00	1.93	1.87	1.83	1.79	1.76	1.71	1.66	1.61	1.57	1.54	1.51	1.47	1.42	1.38
60	2.79	2.39	2.18	2.04	1.95	1.87	1.82	1.77	1.74	1.71	1.66	1.60	1.54	1.51	1.48	1.44	1.40	1.35	1.29
120	2.75	2.35	2.13	1.99	1.90	1.82	1.77	1.72	1.68	1.65	1.60	1.55	1.48	1.45	1.41	1.37	1.32	1.26	1.19
∞	2.71	2.30	2.08	1.94	1.85	1.77	1.72	1.67	1.63	1.60	1.55	1.49	1.42	1.38	1.34	1.30	1.24	1.17	1.00

续表

$$\alpha = 0.05$$

n_1 / n_2	1	2	3	4	5	6	7	8	9	10	12	15	20	24	30	40	60	120	∞
1	161.4	199.5	215.7	224.6	230.2	234.0	236.8	238.9	240.5	241.9	243.9	245.9	248.0	249.1	250.1	251.1	252.2	253.3	254.3
2	18.51	19.00	19.16	19.25	19.30	19.33	19.35	19.37	19.38	19.40	19.41	19.43	19.45	19.45	19.46	19.47	19.48	19.49	19.50
3	10.13	9.55	9.28	9.12	9.01	8.94	8.89	8.85	8.81	8.79	8.74	8.70	8.66	8.64	8.62	8.59	8.57	8.55	8.53
4	7.71	6.94	6.59	6.39	6.26	6.16	6.09	6.04	6.00	5.96	5.91	5.86	5.80	5.77	5.75	5.72	5.69	5.66	5.63
5	6.61	5.79	5.41	5.19	5.05	4.95	4.88	4.82	4.77	4.74	4.68	4.62	4.56	4.53	4.50	4.46	4.43	4.40	4.36
6	5.99	5.14	4.76	4.53	4.39	4.28	4.21	4.15	4.10	4.06	4.00	3.94	3.87	3.84	3.81	3.77	3.74	3.70	3.67
7	5.59	4.74	4.35	4.12	3.97	3.87	3.79	3.73	3.68	3.64	3.57	3.51	3.44	3.41	3.38	3.34	3.30	3.27	3.23
8	5.32	4.46	4.07	3.84	3.69	3.58	3.50	3.44	3.39	3.35	3.28	3.22	3.15	3.12	3.08	3.04	3.01	2.97	2.93
9	5.12	4.26	3.86	3.63	3.48	3.37	3.29	3.23	3.18	3.14	3.07	3.01	2.94	2.90	2.86	2.83	2.79	2.75	2.71
10	4.96	4.10	3.71	3.48	3.33	3.22	3.14	3.07	3.02	2.98	2.91	2.85	2.77	2.74	2.70	2.66	2.62	2.58	2.54
11	4.84	3.98	3.59	3.36	3.20	3.09	3.01	2.95	2.90	2.85	2.79	2.72	2.65	2.61	2.57	2.53	2.49	2.45	2.40
12	4.75	3.89	3.49	3.26	3.11	3.00	2.91	2.85	2.80	2.75	2.69	2.62	2.54	2.51	2.47	2.43	2.38	2.34	2.30
13	4.67	3.81	3.41	3.18	3.03	2.92	2.83	2.77	2.71	2.67	2.60	2.53	2.46	2.42	2.38	2.34	2.30	2.25	2.21
14	4.60	3.74	3.34	3.11	2.96	2.85	2.76	2.70	2.65	2.60	2.53	2.46	2.39	2.35	2.31	2.27	2.22	2.18	2.13
15	4.54	3.68	3.29	3.06	2.90	2.79	2.71	2.64	2.59	2.54	2.48	2.40	2.33	2.29	2.25	2.20	2.16	2.11	2.07
16	4.49	3.63	3.24	3.01	2.85	2.74	2.66	2.59	2.54	2.49	2.42	2.35	2.28	2.24	2.19	2.15	2.11	2.06	2.01
17	4.45	3.59	3.20	2.96	2.81	2.70	2.61	2.55	2.49	2.45	2.38	2.31	2.23	2.19	2.15	2.10	2.06	2.01	1.96
18	4.41	3.55	3.16	2.93	2.77	2.66	2.58	2.51	2.46	2.41	2.34	2.27	2.19	2.15	2.11	2.06	2.02	1.97	1.92
19	4.38	3.52	3.13	2.90	2.74	2.63	2.54	2.48	2.42	2.38	2.31	2.23	2.16	2.11	2.07	2.03	1.98	1.93	1.88
20	4.35	3.49	3.10	2.87	2.71	2.60	2.51	2.45	2.39	2.35	2.28	2.20	2.12	2.08	2.04	1.99	1.95	1.90	1.84
21	4.32	3.47	3.07	2.84	2.68	2.57	2.49	2.42	2.37	2.32	2.25	2.18	2.10	2.05	2.01	1.96	1.92	1.87	1.81
22	4.30	3.44	3.05	2.82	2.66	2.55	2.46	2.40	2.34	2.30	2.23	2.15	2.07	2.03	1.98	1.94	1.89	1.84	1.78
23	4.28	3.42	3.03	2.80	2.64	2.53	2.44	2.37	2.32	2.27	2.20	2.13	2.05	2.01	1.96	1.91	1.86	1.81	1.76
24	4.26	3.40	3.01	2.78	2.62	2.51	2.42	2.36	2.30	2.25	2.18	2.11	2.03	1.98	1.94	1.89	1.84	1.79	1.73
25	4.24	3.39	2.99	2.76	2.60	2.49	2.40	2.34	2.28	2.24	2.16	2.09	2.01	1.96	1.92	1.87	1.82	1.77	1.71
26	4.23	3.37	2.98	2.74	2.59	2.47	2.39	2.32	2.27	2.22	2.15	2.07	1.99	1.95	1.90	1.85	1.80	1.75	1.69
27	4.21	3.35	2.96	2.73	2.57	2.46	2.37	2.31	2.25	2.20	2.13	2.06	1.97	1.93	1.88	1.84	1.79	1.73	1.67
28	4.20	3.34	2.95	2.71	2.56	2.45	2.36	2.29	2.24	2.19	2.12	2.04	1.96	1.91	1.87	1.82	1.77	1.71	1.65
29	4.18	3.33	2.93	2.70	2.55	2.43	2.35	2.28	2.22	2.18	2.10	2.03	1.94	1.90	1.85	1.81	1.75	1.70	1.64
30	4.17	3.32	2.92	2.69	2.53	2.42	2.33	2.27	2.21	2.16	2.09	2.01	1.93	1.89	1.84	1.79	1.74	1.68	1.62
40	4.08	3.23	2.84	2.61	2.45	2.34	2.25	2.18	2.12	2.08	2.00	1.92	1.84	1.79	1.74	1.69	1.64	1.58	1.51
60	4.00	3.15	2.76	2.53	2.37	2.25	2.17	2.10	2.04	1.99	1.92	1.84	1.75	1.70	1.65	1.59	1.53	1.47	1.39
120	3.92	3.07	2.68	2.45	2.29	2.18	2.09	2.02	1.96	1.91	1.83	1.75	1.66	1.61	1.55	1.50	1.43	1.35	1.25
∞	3.84	3.00	2.60	2.37	2.21	2.10	2.01	1.94	1.88	1.83	1.75	1.67	1.57	1.52	1.46	1.39	1.32	1.22	1.00

续表

$\alpha = 0.025$

n_2 \ n_1	1	2	3	4	5	6	7	8	9	10	12	15	20	24	30	40	60	120	∞
1	647.8	799.5	864.2	899.6	921.8	937.1	948.2	956.7	963.3	968.6	976.7	984.9	993.1	997.2	1001	1 006	1 010	1 014	1 018
2	38.51	39.00	39.17	39.25	39.30	39.33	39.36	39.37	39.39	39.40	39.41	39.43	39.45	39.46	39.46	39.47	39.48	39.49	39.50
3	17.44	16.04	15.44	15.10	14.88	14.73	14.62	14.54	14.47	14.42	14.34	14.25	14.17	14.12	14.08	14.04	13.99	13.95	13.90
4	12.22	10.65	9.98	9.60	9.36	9.20	9.07	8.98	8.90	8.84	8.75	8.66	8.56	8.51	8.46	8.41	8.36	8.31	8.26
5	10.01	8.43	7.76	7.39	7.15	6.98	6.85	6.76	6.68	6.62	6.52	6.43	6.33	6.28	6.23	6.18	6.12	6.07	6.02
6	8.81	7.26	6.60	6.23	5.99	5.82	5.70	5.60	5.52	5.46	5.37	5.27	5.17	5.12	5.07	5.01	4.96	4.90	4.85
7	8.07	6.54	5.89	5.52	5.29	5.12	4.99	4.90	4.82	4.76	4.67	4.57	4.47	4.41	4.36	4.31	4.25	4.20	4.14
8	7.57	6.06	5.42	5.05	4.82	4.65	4.53	4.43	4.36	4.30	4.20	4.10	4.00	3.95	3.89	3.84	3.78	3.73	3.67
9	7.21	5.71	5.08	4.72	4.48	4.32	4.20	4.10	4.03	3.96	3.87	3.77	3.67	3.61	3.56	3.51	3.45	3.39	3.33
10	6.94	5.46	4.83	4.47	4.24	4.07	3.95	3.85	3.78	3.72	3.62	3.52	3.42	3.37	3.31	3.26	3.20	3.14	3.08
11	6.72	5.26	4.63	4.28	4.04	3.88	3.76	3.66	3.59	3.53	3.43	3.33	3.23	3.17	3.12	3.06	3.00	2.94	2.88
12	6.55	5.10	4.47	4.12	3.89	3.73	3.61	3.51	3.44	3.37	3.28	3.18	3.07	3.02	2.96	2.91	2.85	2.79	2.72
13	6.41	4.97	4.35	4.00	3.77	3.60	3.48	3.39	3.31	3.25	3.15	3.05	2.95	2.89	2.84	2.78	2.72	2.66	2.60
14	6.30	4.86	4.24	3.89	3.66	3.50	3.38	3.29	3.21	3.15	3.05	2.95	2.84	2.79	2.73	2.67	2.61	2.55	2.49
15	6.20	4.77	4.15	3.80	3.58	3.41	3.29	3.20	3.12	3.06	2.96	2.86	2.76	2.70	2.64	2.59	2.52	2.46	2.40
16	6.12	4.69	4.08	3.73	3.50	3.34	3.22	3.12	3.05	2.99	2.89	2.79	2.68	2.63	2.57	2.51	2.45	2.38	2.32
17	6.04	4.62	4.01	3.66	3.44	3.28	3.16	3.06	2.98	2.92	2.82	2.72	2.62	2.56	2.50	2.44	2.38	2.32	2.25
18	5.98	4.56	3.95	3.61	3.38	3.22	3.10	3.01	2.93	2.87	2.77	2.67	2.56	2.50	2.44	2.38	2.32	2.26	2.19
19	5.92	4.51	3.90	3.56	3.33	3.17	3.05	2.96	2.88	2.82	2.72	2.62	2.51	2.45	2.39	2.33	2.27	2.20	2.13
20	5.87	4.46	3.86	3.51	3.29	3.13	3.01	2.91	2.84	2.77	2.68	2.57	2.46	2.41	2.35	2.29	2.22	2.16	2.09
21	5.83	4.42	3.82	3.48	3.25	3.09	2.97	2.87	2.80	2.73	2.64	2.53	2.42	2.37	2.31	2.25	2.18	2.11	2.04
22	5.79	4.38	3.78	3.44	3.22	3.05	2.93	2.84	2.76	2.70	2.60	2.50	2.39	2.33	2.27	2.21	2.14	2.08	2.00
23	5.75	4.35	3.75	3.41	3.18	3.02	2.90	2.81	2.73	2.67	2.57	2.47	2.36	2.30	2.24	2.18	2.11	2.04	1.97
24	5.72	4.32	3.72	3.38	3.15	2.99	2.87	2.78	2.70	2.64	2.54	2.44	2.33	2.27	2.21	2.15	2.08	2.01	1.94
25	5.69	4.29	3.69	3.35	3.13	2.97	2.85	2.75	2.68	2.61	2.51	2.41	2.30	2.24	2.18	2.12	2.05	1.98	1.91
26	5.66	4.27	3.67	3.33	3.10	2.94	2.82	2.73	2.65	2.59	2.49	2.39	2.28	2.22	2.16	2.09	2.03	1.95	1.88
27	5.63	4.24	3.65	3.31	3.08	2.92	2.80	2.71	2.63	2.57	2.47	2.36	2.25	2.19	2.13	2.07	2.00	1.93	1.85
28	5.61	4.22	3.63	3.29	3.06	2.90	2.78	2.69	2.61	2.55	2.45	2.34	2.23	2.17	2.11	2.05	1.98	1.91	1.83
29	5.59	4.20	3.61	3.27	3.04	2.88	2.76	2.67	2.59	2.53	2.43	2.32	2.21	2.15	2.09	2.03	1.96	1.89	1.81
30	5.57	4.18	3.59	3.25	3.03	2.87	2.75	2.65	2.57	2.51	2.41	2.31	2.20	2.14	2.07	2.01	1.94	1.87	1.79
40	5.42	4.05	3.46	3.13	2.90	2.74	2.62	2.53	2.45	2.39	2.29	2.18	2.07	2.01	1.94	1.88	1.80	1.72	1.64
60	5.29	3.93	3.34	3.01	2.79	2.63	2.51	2.41	2.33	2.27	2.17	2.06	1.94	1.88	1.82	1.74	1.67	1.58	1.48
120	5.15	3.80	3.23	2.89	2.67	2.52	2.39	2.30	2.22	2.16	2.05	1.94	1.82	1.76	1.69	1.61	1.53	1.43	1.31
∞	5.02	3.69	3.12	2.79	2.57	2.41	2.29	2.19	2.11	2.05	1.94	1.83	1.71	1.64	1.57	1.48	1.39	1.27	1.00

续表

$\alpha = 0.01$

n_1 n_2	1	2	3	4	5	6	7	8	9	10	12	15	20	24	30	40	60	120	∞
1	4 052	4 999	5 403	5 625	5 764	5 859	5 928	5 981	6 022	6 056	6 106	6 157	6 209	6 235	6 261	6 287	6 313	6 339	6 366
2	98.50	99.00	99.17	99.25	99.30	99.33	99.36	99.37	99.39	99.40	99.42	99.43	99.45	99.46	99.47	99.47	99.48	99.49	99.50
3	34.12	30.82	29.46	28.71	28.24	27.91	27.67	27.49	27.35	27.23	27.05	26.87	26.69	26.60	26.50	26.41	26.32	26.22	26.13
4	21.20	18.00	16.69	15.98	15.52	15.21	14.98	14.80	14.66	14.55	14.37	14.20	14.02	13.93	13.84	13.75	13.65	13.56	13.46
5	16.26	13.27	12.06	11.39	10.97	10.67	10.46	10.29	10.16	10.05	9.89	9.72	9.55	9.47	9.38	9.29	9.20	9.11	9.02
6	13.75	10.92	9.78	9.15	8.75	8.47	8.26	8.10	7.98	7.87	7.72	7.56	7.40	7.31	7.23	7.14	7.06	6.97	6.88
7	12.25	9.55	8.45	7.85	7.46	7.19	6.99	6.84	6.72	6.62	6.47	6.31	6.16	6.07	5.99	5.91	5.82	5.74	5.65
8	11.26	8.65	7.59	7.01	6.63	6.37	6.18	6.03	5.91	5.81	5.67	5.52	5.36	5.28	5.20	5.12	5.03	4.95	4.86
9	10.56	8.02	6.99	6.42	6.06	5.80	5.61	5.47	5.35	5.26	5.11	4.96	4.81	4.73	4.65	4.57	4.48	4.40	4.31
10	10.04	7.56	6.55	5.99	5.64	5.39	5.20	5.06	4.94	4.85	4.71	4.56	4.41	4.33	4.25	4.17	4.08	4.00	3.91
11	9.65	7.21	6.22	5.67	5.32	5.07	4.89	4.74	4.63	4.54	4.40	4.25	4.10	4.02	3.94	3.86	3.78	3.69	3.60
12	9.33	6.93	5.95	5.41	5.06	4.82	4.64	4.50	4.39	4.30	4.16	4.01	3.86	3.78	3.70	3.62	3.54	3.45	3.36
13	9.07	6.70	5.74	5.21	4.86	4.62	4.44	4.30	4.19	4.10	3.96	3.82	3.66	3.59	3.51	3.43	3.34	3.25	3.17
14	8.86	6.51	5.56	5.04	4.69	4.46	4.28	4.14	4.03	3.94	3.80	3.66	3.51	3.43	3.35	3.27	3.18	3.09	3.00
15	8.68	6.36	5.42	4.89	4.56	4.32	4.14	4.00	3.89	3.80	3.67	3.52	3.37	3.29	3.21	3.13	3.05	2.96	2.87
16	8.53	6.23	5.29	4.77	4.44	4.20	4.03	3.89	3.78	3.69	3.55	3.41	3.26	3.18	3.10	3.02	2.93	2.84	2.75
17	8.40	6.11	5.18	4.67	4.34	4.10	3.93	3.79	3.68	3.59	3.46	3.31	3.16	3.08	3.00	2.92	2.83	2.75	2.65
18	8.29	6.01	5.09	4.58	4.25	4.01	3.84	3.71	3.60	3.51	3.37	3.23	3.08	3.00	2.92	2.84	2.75	2.66	2.57
19	8.18	5.93	5.01	4.50	4.17	3.94	3.77	3.63	3.52	3.43	3.30	3.15	3.00	2.92	2.84	2.76	2.67	2.58	2.49
20	8.10	5.85	4.94	4.43	4.10	3.87	3.70	3.56	3.46	3.37	3.23	3.09	2.94	2.86	2.78	2.69	2.61	2.52	2.42
21	8.02	5.78	4.87	4.37	4.04	3.81	3.64	3.51	3.40	3.31	3.17	3.03	2.88	2.80	2.72	2.64	2.55	2.46	2.36
22	7.95	5.72	4.82	4.31	3.99	3.76	3.59	3.45	3.35	3.26	3.12	2.98	2.83	2.75	2.67	2.58	2.50	2.40	2.31
23	7.88	5.66	4.76	4.26	3.94	3.71	3.54	3.41	3.30	3.21	3.07	2.93	2.78	2.70	2.62	2.54	2.45	2.35	2.26
24	7.82	5.61	4.72	4.22	3.90	3.67	3.50	3.36	3.26	3.17	3.03	2.89	2.74	2.66	2.58	2.49	2.40	2.31	2.21
25	7.77	5.57	4.68	4.18	3.85	3.63	3.46	3.32	3.22	3.13	2.99	2.85	2.70	2.62	2.54	2.45	2.36	2.27	2.17
26	7.72	5.53	4.64	4.14	3.82	3.59	3.42	3.29	3.18	3.09	2.96	2.81	2.66	2.58	2.50	2.42	2.33	2.23	2.13
27	7.68	5.49	4.60	4.11	3.78	3.56	3.39	3.26	3.15	3.06	2.93	2.78	2.63	2.55	2.47	2.38	2.29	2.20	2.10
28	7.64	5.45	4.57	4.07	3.75	3.53	3.36	3.23	3.12	3.03	2.90	2.75	2.60	2.52	2.44	2.35	2.26	2.17	2.06
29	7.60	5.42	4.54	4.04	3.73	3.50	3.33	3.20	3.09	3.00	2.87	2.73	2.57	2.49	2.41	2.33	2.23	2.14	2.03
30	7.56	5.39	4.51	4.02	3.70	3.47	3.30	3.17	3.07	2.98	2.84	2.70	2.55	2.47	2.39	2.30	2.21	2.11	2.01
40	7.31	5.18	4.31	3.83	3.51	3.29	3.12	2.99	2.89	2.80	2.66	2.52	2.37	2.29	2.20	2.11	2.02	1.92	1.80
60	7.08	4.98	4.13	3.65	3.34	3.12	2.95	2.82	2.72	2.63	2.50	2.35	2.20	2.12	2.03	1.94	1.84	1.73	1.60
120	6.85	4.79	3.95	3.48	3.17	2.96	2.79	2.66	2.56	2.47	2.34	2.19	2.03	1.95	1.86	1.76	1.66	1.53	1.38
∞	6.63	4.61	3.78	3.32	3.02	2.80	2.64	2.51	2.41	2.32	2.18	2.04	1.88	1.79	1.70	1.59	1.47	1.32	1.00

续表

$\alpha = 0.005$

n_2 \ n_1	1	2	3	4	5	6	7	8	9	10	12	15	20	24	30	40	60	120	∞
1	16 211	20 000	21 615	22 500	23 056	23 437	23 715	23 925	24 091	24 224	24 426	24 630	24 836	24 940	25 044	25 148	25 253	25 359	25 463
2	198.5	199.0	199.2	199.2	199.3	199.3	199.4	199.4	199.4	199.4	199.4	199.4	199.4	199.5	199.5	199.5	199.5	199.5	199.5
3	55.55	49.80	47.47	46.19	45.39	44.84	44.43	44.13	43.88	43.69	43.39	43.08	42.78	42.62	42.47	42.31	42.15	41.99	41.83
4	31.33	26.28	24.26	23.15	22.46	21.97	21.62	21.35	21.14	20.97	20.70	20.44	20.17	20.03	19.89	19.75	19.61	19.47	19.32
5	22.78	18.31	16.53	15.56	14.94	14.51	14.20	13.96	13.77	13.62	13.38	13.15	12.90	12.78	12.66	12.53	12.40	12.27	12.14
6	18.63	14.54	12.92	12.03	11.46	11.07	10.79	10.57	10.39	10.25	10.03	9.81	9.59	9.47	9.36	9.24	9.12	9.00	8.88
7	16.24	12.40	10.88	10.05	9.52	9.16	8.89	8.68	8.51	8.38	8.18	7.97	7.75	7.64	7.53	7.42	7.31	7.19	7.08
8	14.69	11.04	9.60	8.81	8.30	7.95	7.69	7.50	7.34	7.21	7.01	6.81	6.61	6.50	6.40	6.29	6.18	6.06	5.95
9	13.61	10.11	8.72	7.96	7.47	7.13	6.88	6.69	6.54	6.42	6.23	6.03	5.83	5.73	5.62	5.52	5.41	5.30	5.19
10	12.83	9.43	8.08	7.34	6.87	6.54	6.30	6.12	5.97	5.85	5.66	5.47	5.27	5.17	5.07	4.97	4.86	4.75	4.64
11	12.23	8.91	7.60	6.88	6.42	6.10	5.86	5.68	5.54	5.42	5.24	5.05	4.86	4.76	4.65	4.55	4.45	4.34	4.23
12	11.75	8.51	7.23	6.52	6.07	5.76	5.52	5.35	5.20	5.09	4.91	4.72	4.53	4.43	4.33	4.23	4.12	4.01	3.90
13	11.37	8.19	6.93	6.23	5.79	5.48	5.25	5.08	4.94	4.82	4.64	4.46	4.27	4.17	4.07	3.97	3.87	3.76	3.65
14	11.06	7.92	6.68	6.00	5.56	5.26	5.03	4.86	4.72	4.60	4.43	4.25	4.06	3.96	3.86	3.76	3.66	3.55	3.44
15	10.80	7.70	6.48	5.80	5.37	5.07	4.85	4.67	4.54	4.42	4.25	4.07	3.88	3.79	3.69	3.58	3.48	3.37	3.26
16	10.58	7.51	6.30	5.64	5.21	4.91	4.69	4.52	4.38	4.27	4.10	3.92	3.73	3.64	3.54	3.44	3.33	3.22	3.11
17	10.38	7.35	6.16	5.50	5.07	4.78	4.56	4.39	4.25	4.14	3.97	3.79	3.61	3.51	3.41	3.31	3.21	3.10	2.98
18	10.22	7.21	6.03	5.37	4.96	4.66	4.44	4.28	4.14	4.03	3.86	3.68	3.50	3.40	3.30	3.20	3.10	2.99	2.87
19	10.07	7.09	5.92	5.27	4.85	4.56	4.34	4.18	4.04	3.93	3.76	3.59	3.40	3.31	3.21	3.11	3.00	2.89	2.78
20	9.94	6.99	5.82	5.17	4.76	4.47	4.26	4.09	3.96	3.85	3.68	3.50	3.32	3.22	3.12	3.02	2.92	2.81	2.69
21	9.83	6.89	5.73	5.09	4.68	4.39	4.18	4.01	3.88	3.77	3.60	3.43	3.24	3.15	3.05	2.95	2.84	2.73	2.61
22	9.73	6.81	5.65	5.02	4.61	4.32	4.11	3.94	3.81	3.70	3.54	3.36	3.18	3.08	2.98	2.88	2.77	2.66	2.55
23	9.63	6.73	5.58	4.95	4.54	4.26	4.05	3.88	3.75	3.64	3.47	3.30	3.12	3.02	2.92	2.82	2.71	2.60	2.48
24	9.55	6.66	5.52	4.89	4.49	4.20	3.99	3.83	3.69	3.59	3.42	3.25	3.06	2.97	2.87	2.77	2.66	2.55	2.43
25	9.48	6.60	5.46	4.84	4.43	4.15	3.94	3.78	3.64	3.54	3.37	3.20	3.01	2.92	2.82	2.72	2.61	2.50	2.38
26	9.41	6.54	5.41	4.79	4.38	4.10	3.89	3.73	3.60	3.49	3.33	3.15	2.97	2.87	2.77	2.67	2.56	2.45	2.33
27	9.34	6.49	5.36	4.74	4.34	4.06	3.85	3.69	3.56	3.45	3.28	3.11	2.93	2.83	2.73	2.63	2.52	2.41	2.29
28	9.28	6.44	5.32	4.70	4.30	4.02	3.81	3.65	3.52	3.41	3.25	3.07	2.89	2.79	2.69	2.59	2.48	2.37	2.25
29	9.23	6.40	5.28	4.66	4.26	3.98	3.77	3.61	3.48	3.38	3.21	3.04	2.86	2.76	2.66	2.56	2.45	2.33	2.21
30	9.18	6.35	5.24	4.62	4.23	3.95	3.74	3.58	3.45	3.34	3.18	3.01	2.82	2.73	2.63	2.52	2.42	2.30	2.18
40	8.83	6.07	4.98	4.37	3.99	3.71	3.51	3.35	3.22	3.12	2.95	2.78	2.60	2.50	2.40	2.30	2.18	2.06	1.93
60	8.49	5.79	4.73	4.14	3.76	3.49	3.29	3.13	3.01	2.90	2.74	2.57	2.39	2.29	2.19	2.08	1.96	1.83	1.69
120	8.18	5.54	4.50	3.92	3.55	3.28	3.09	2.93	2.81	2.71	2.54	2.37	2.19	2.09	1.98	1.87	1.75	1.61	1.43
∞	7.88	5.30	4.28	3.72	3.35	3.09	2.90	2.74	2.62	2.52	2.36	2.19	2.00	1.90	1.79	1.67	1.53	1.36	1.00

附表 5　计量控制图系数表

子组中观测值个数 n	控制限系数											中心线系数			
	A	A_2	A_3	B_3	B_4	B_5	B_6	D_1	D_2	D_3	D_4	c_4	$1/c_4$	d_2	$1/d_2$
2	2.121	1.880	2.659	0.000	3.267	0.000	2.606	0.000	3.686	0.000	3.267	0.7979	1.2533	1.128	0.8865
3	1.732	1.023	1.954	0.000	2.568	0.000	2.276	0.000	4.358	0.000	2.574	0.8862	1.1284	1.693	0.5907
4	1.500	0.729	1.628	0.000	2.266	0.000	2.088	0.000	4.698	0.000	2.282	0.9213	1.0854	2.059	0.4857
5	1.342	0.577	1.427	0.000	2.089	0.000	1.964	0.000	4.918	0.000	2.114	0.9400	1.0638	2.326	0.4299
6	1.225	0.483	1.287	0.030	1.970	0.029	1.874	0.000	5.078	0.000	2.004	0.9515	1.0510	2.534	0.3946
7	1.134	0.419	1.182	0.118	1.882	0.113	1.806	0.204	5.204	0.076	1.924	0.9594	1.0423	2.704	0.3698
8	1.061	0.373	1.099	0.185	1.815	0.179	1.751	0.388	5.306	0.136	1.864	0.9650	1.0363	2.847	0.3512
9	1.000	0.337	1.032	0.239	1.761	0.232	1.707	0.547	5.393	0.184	1.816	0.9693	1.0317	2.970	0.3367
10	0.949	0.308	0.970	0.284	1.716	0.276	1.669	0.687	5.469	0.223	1.777	0.9727	1.0281	3.078	0.3249
11	0.905	0.285	0.927	0.321	1.679	0.313	1.637	0.811	5.535	0.256	1.744	0.9754	1.0252	3.173	0.3152
12	0.866	0.266	0.886	0.354	1.646	0.346	1.610	0.922	5.594	0.283	1.717	0.9776	1.0229	3.258	0.3069
13	0.832	0.249	0.850	0.382	1.618	0.374	1.585	1.025	5.647	0.307	1.693	0.9794	1.0210	3.336	0.2998
14	0.802	0.235	0.817	0.406	1.594	0.399	1.563	1.118	5.696	0.328	1.672	0.9810	1.0194	3.407	0.2935
15	0.775	0.223	0.789	0.428	1.572	0.421	1.544	1.203	5.741	0.347	1.653	0.9823	1.0180	3.472	0.2880
16	0.750	0.212	0.763	0.448	1.552	0.440	1.526	1.282	5.782	0.363	1.637	0.9835	1.0168	3.532	0.2831
17	0.728	0.203	0.739	0.466	1.534	0.458	1.511	1.356	5.820	0.378	1.622	0.9845	1.0157	3.588	0.2787
18	0.707	0.194	0.718	0.482	1.518	0.475	1.496	1.424	5.856	0.391	1.608	0.9854	1.0148	3.640	0.2747
19	0.688	0.187	0.698	0.497	1.503	0.490	1.483	1.487	5.891	0.403	1.597	0.9862	1.0140	3.689	0.2711
20	0.671	0.180	0.680	0.510	1.490	0.504	1.470	1.549	5.921	0.415	1.585	0.9869	1.0133	3.735	0.2677
21	0.655	0.173	0.663	0.523	1.477	0.516	1.459	1.605	5.951	0.425	1.575	0.9876	1.0126	3.778	0.2647
22	0.640	0.167	0.647	0.534	1.466	0.528	1.448	1.659	5.979	0.434	1.566	0.9882	1.0119	3.819	0.2618
23	0.626	0.162	0.633	0.545	1.455	0.539	1.438	1.710	6.006	0.443	1.557	0.9887	1.0114	3.858	0.2592
24	0.612	0.157	0.619	0.555	1.445	0.549	1.429	1.759	6.031	0.451	1.548	0.9892	1.0109	3.895	0.2567
25	0.600	0.153	0.606	0.565	1.435	0.559	1.420	1.806	6.056	0.459	1.541	0.9896	1.0105	3.931	0.2544

附表 6　符号检验表

双边	5%		2%		1%		双边	5%		2%		1%	
n=5	0	5	0	5	0	5	n=18	5	13	4	14	4	14
6	1	5	0	6	0	6	19	5	14	5	14	4	15
7	1	6	1	6	0	7	20	6	14	5	15	4	16
8	1	7	1	7	1	7	21	6	15	5	16	5	16
9	2	7	1	8	1	8	22	6	16	6	16	5	17
10	2	8	1	9	1	9	23	7	16	6	17	5	18
11	2	9	2	9	1	10	24	7	17	6	18	6	18
12	3	9	2	10	2	10	25	8	17	7	18	6	19
13	3	10	2	11	2	11	26	8	18	7	19	7	19
14	3	11	3	11	2	12	27	8	19	8	19	7	20
15	4	11	3	12	3	12	28	9	19	8	20	7	21
16	4	12	3	13	3	13	29	9	20	8	21	8	21
17	5	12	4	13	4	13	30	10	20	9	21	8	22

续表

双边	5%		2%		1%		双边	5%		2%		1%	
n=31	10	21	9	22	8	23	n=51	19	32	17	34	16	35
32	10	22	9	23	9	23	52	19	33	18	34	17	35
33	11	22	10	23	9	24	53	19	34	18	35	17	36
34	11	23	10	24	10	24	54	20	34	19	35	18	36
35	12	23	11	24	10	25	55	20	35	19	36	18	37
36	12	24	11	25	10	26	56	21	35	19	37	18	38
37	13	24	11	26	10	26	57	21	36	20	37	19	38
38	13	25	12	26	11	27	58	22	36	20	38	19	39
39	13	26	12	27	12	27	59	22	37	21	38	20	39
40	14	26	13	27	12	28	60	22	38	21	39	20	40
41	14	27	13	28	12	29	61	23	38	21	40	21	40
42	15	27	14	28	13	29	62	23	39	22	40	21	41
43	15	28	14	29	13	30	63	24	39	22	41	21	42
44	16	28	14	30	14	30	64	24	40	23	41	22	42
45	16	29	15	30	14	31	65	25	40	23	42	22	43
46	16	30	15	31	14	32	66	25	41	24	42	23	43
47	17	30	16	31	15	32	67	26	41	24	43	23	44
48	17	31	16	32	15	33	68	26	42	24	44	23	45
49	18	31	16	33	16	33	69	26	43	25	44	24	45
50	18	32	17	33	16	34	70	27	43	25	45	24	46

附表 7　威尔科克森带符号的秩和检验表

$$P(T \leqslant t/n) \leqslant \alpha$$

N	0.15 0.075	0.10 0.05	0.05 0.025	0.04 0.02	0.03 0.015	0.02 0.01	0.01（双尾） 0.005（单尾）
4	0						
5	1	0					
6	2	2	0				
7	4	3	2	1	0		
8	7	5	3	3	2	1	0
9	9	8	5	5	4	3	1
10	12	10	8	7	6	5	3
11	16	13	10	9	8	7	5
12	19	17	13	12	11	9	7
13	24	21	17	16	14	12	9
14	28	25	21	19	18	15	12
15	33	30	25	23	21	19	15
16	39	35	29	28	26	23	19
17	45	41	34	33	30	27	23
18	51	47	40	38	35	32	27
19	58	53	46	43	41	37	32
20	65	60	52	50	47	43	37
21	73	67	58	56	53	49	42
22	81	75	65	63	59	55	48
23	89	83	73	70	66	62	54

N	0.15 0.075	0.10 0.05	0.05 0.025	0.04 0.02	0.03 0.015	0.02 0.01	0.01（双尾） 0.005（单尾）
24	98	91	814	78	74	69	61
25	108	100	89	86	82	76	68
26	118	110	98	94	90	84	75
27	128	119	107	103	99	92	83
28	138	130	116	112	108	101	91
29	150	140	126	122	117	110	100
30	160	151	137	132	127	120	109
31	173	163	147	143	137	130	118
32	186	175	159	154	148	140	128
33	199	187	170	165	159	151	138
34	212	200	185	177	171	162	148
35	226	213	195	189	182	173	159
40	302	286	264	257	249	238	220
50	487	466	434	425	413	397	373
60	718	690	648	636	620	600	567
70	995	960	907	891	872	846	805
80	1 318	1 276	1 211	1 192	1 168	1 136	1 086
90	1 688	1 638	1 560	1 537	1 509	1 471	1 410
100	2 105	2 045	1 955	1 928	1 894	1 850	1 779

附表8　游程检验表
r 下表 $(\alpha/2 = 0.025)$

n_1 \ n_2	2	3	4	5	6	7	8	9	10	11	12	13	14	15	16	17	18	19	20
2											2	2	2	2	2	2	2	2	2
3					2	2	2	2	2	2	2	2	2	3	3	3	3	3	3
4				2	2	2	2	3	3	3	3	3	3	3	4	4	4	4	4
5			2	2	3	3	3	3	4	4	4	4	4	4	4	5	5	5	5
6		2	2	3	3	3	4	4	4	4	5	5	5	5	5	5	6	6	6
7		2	2	3	3	3	4	4	5	5	5	5	5	6	6	6	6	6	6
8		2	3	3	3	4	4	5	5	5	6	6	6	6	6	7	7	7	7
9		2	3	3	4	4	5	5	5	6	6	6	7	7	7	7	8	8	8
10		2	3	3	4	5	5	5	6	6	7	7	7	7	8	8	8	8	9
11		2	3	4	4	5	5	6	6	7	7	7	8	8	8	9	9	9	9
12	2	2	3	4	4	5	6	6	7	7	7	8	8	8	9	9	9	10	10
13	2	2	3	4	5	5	6	6	7	7	8	8	9	9	9	10	10	10	10
14	2	2	3	4	5	5	6	7	7	8	8	9	9	9	10	10	10	11	11
15	2	3	3	4	5	5	6	7	7	8	8	9	9	10	10	11	11	11	12
16	2	3	4	4	6	6	6	7	8	8	9	9	10	10	11	11	11	12	12
17	2	3	4	4	6	6	7	7	8	9	9	10	10	11	11	11	12	12	13
18	2	3	4	5	6	6	7	8	8	9	9	10	10	11	11	12	12	13	13
19	2	3	4	5	6	6	7	8	9	9	10	10	11	11	12	12	13	13	13
20	2	3	4	5	6	6	7	8	9	9	10	10	11	12	12	13	13	13	14

$$r \text{ 上表} (\alpha/2 = 0.025)$$

$n_2 \backslash n_1$	4	5	6	7	8	9	10	11	12	13	14	15	16	17	18	19	20
4		9	9														
5	9	10	10	11	11												
6	9	10	11	12	12	13	13	13	13								
7			11	12	13	13	14	14	14	14	15	15	15				
8			11	12	13	14	14	15	15	16	16	16	16	17	17	17	17
9				13	14	14	15	16	16	16	17	17	18	18	18	18	18
10				13	14	15	16	16	17	17	18	18	18	19	19	20	20
11				13	14	15	16	17	17	18	19	19	19	20	20	21	21
12				13	14	15	16	17	18	19	19	20	20	21	21	21	22
13				15	16	17	18	19	19	20	21	21	22	22	22	23	23
14				15	16	17	18	19	20	20	21	22	22	23	23	23	24
15				15	16	18	18	19	20	21	22	22	23	23	24	24	25
16					17	18	19	20	21	21	22	23	23	24	25	25	25
17					17	18	19	20	21	22	23	23	24	25	25	26	26
18					17	18	19	20	21	22	23	24	25	25	26	26	27
19					17	18	20	21	22	23	23	24	25	26	26	27	27
20					17	18	20	21	22	23	24	25	25	26	27	27	28

附表 9　关于最长游程检验的临界值表

当 n_1, $n_2 \leq 25$ 时，W_a 的值 $P(W \geq W_a) \leq a$

$$\alpha = 0.01$$

$n_2 \backslash n_1$	7	8	9	10	11	12	13	14	15	16	17	18	19	20	21	22	23	24	25
2																	23	24	25
3						12	13	14	15	16	17	18	19	19	20	21	22	23	24
4			9	10	11	12	13	13	14	15	16	17	17	18	19	20	20	21	22
5	7	8	9	10	10	11	12	13	13	14	15	15	16	17	18	18	19	20	21
6	7	8	8	9	10	11	11	12	13	13	14	15	15	16	17	17	18	19	19
7	7	8	8	9	9	10	11	11	13	13	13	14	14	15	16	16	17	18	18
8		8	8	9	9	10	10	11	11	12	13	13	14	14	15	15	16	17	17
9			8	8	9	9	10	10	11	11	12	13	13	14	14	15	15	16	16
10				8	9	9	9	10	1	11	12	12	13	13	14	14	15	15	16
11					9	9	9	10	10	11	11	12	12	13	13	14	14	15	15
12						9	9	9	10	10	11	11	12	12	13	13	14	14	14
13							9	9	10	10	10	11	11	12	12	13	13	13	14
14								9	10	10	10	11	11	11	12	12	13	13	13
15									10	10	10	10	11	11	12	12	12	13	13
16										10	10	10	10	11	11	12	12	12	13
17											10	10	10	10	11	11	12	12	12
18												10	10	10	11	11	11	12	12
19													10	10	11	11	11	11	12
20														10	10	11	11	11	11
21															10	11	11	11	11

续表

n_2 \ n_1	7	8	9	10	11	12	13	14	15	16	17	18	19	20	21	22	23	24	25
22																11	11	11	11
23																	11	11	11
24																		11	11
25																			11

$\alpha = 0.05$

n_2 \ n_1	5	6	7	8	9	10	11	12	13	14	15	16	17	18	19	20	21	22	23	24	25
2						10	11	12	13	14	15	16	17	17	18	19	20	21	22	23	24
3		6	7	8	9	10	10	11	12	13	13	14	15	16	17	17	18	19	20	20	21
4	5	6	7	8	8	9	10	10	11	12	12	13	14	14	15	16	16	17	18	19	19
5	5	6	6	7	8	8	9	10	10	11	11	12	13	13	14	15	15	16	16	17	17
6		6	6	7	7	8	8	9	10	10	11	11	12	12	13	14	14	15	15	16	17
7			6	7	7	7	8	9	9	10	10	11	11	12	12	13	13	14	14	15	15
8				7	7	7	8	8	9	9	10	10	11	11	12	12	13	13	13	14	14
9					7	7	7	8	8	9	9	10	10	11	11	11	12	12	13	14	14
10						7	7	8	8	8	9	9	10	10	11	11	11	12	12	13	13
11							7	8	8	8	9	9	9	10	10	10	11	11	12	12	12
12								8	8	8	8	9	9	9	10	10	10	10	11	12	12
13									8	8	8	9	9	9	9	10	10	10	11	11	12
14										8	8	8	9	9	9	9	10	10	10	11	11
15											8	8	9	9	9	9	10	10	10	10	11
16												8	9	9	9	9	9	10	10	10	10
17													9	9	9	9	9	9	10	10	10
18														9	9	9	9	9	9	10	10
19															9	9	9	9	9	9	10
20																9	9	9	9	9	9
21																	9	9	9	9	9
22																		9	9	9	9
23																			9	9	9
24																				9	9
25																					9

附表 10　相关系数显著性检验表

df=$n-2$	P（2）:	0.50	0.20	0.10	0.05	0.02	0.01	0.005	0.002	0.001
	P（1）:	0.25	0.10	0.05	0.025	0.01	0.005	0.002 5	0.001	0.000 5
1		0.707	0.951	0.988	0.997	1.000	1.000	1.000	1.000	1.000
2		0.500	0.800	0.900	0.950	0.980	0.990	0.995	0.998	0.999
3		0.404	0.687	0.805	0.878	0.934	0.959	0.974	0.986	0.991
4		0.347	0.603	0.729	0.811	0.882	0.917	0.942	0.963	0.974
5		0.309	0.551	0.669	0.755	0.833	0.875	0.906	0.935	0.951
6		0.281	0.507	0.621	0.707	0.789	0.834	0.870	0.905	0.925
7		0.260	0.472	0.582	0.666	0.750	0.798	0.836	0.875	0.898
8		0.242	0.443	0.549	0.632	0.715	0.765	0.805	0.847	0.872

df=$n-2$	P（2）:	0.50	0.20	0.10	0.05	0.02	0.01	0.005	0.002	0.001
	P（1）:	0.25	0.10	0.05	0.025	0.01	0.005	0.002 5	0.001	0.000 5
9		0.228	0.419	0.521	0.602	0.685	0.735	0.776	0.820	0.847
10		0.216	0.398	0.497	0.576	0.658	0.708	0.750	0.795	0.823
11		0.206	0.380	0.476	0.553	0.634	0.684	0.726	0.772	0.801
12		0.197	0.365	0.457	0.532	0.612	0.661	0.703	0.750	0.780
13		0.189	0.351	0.441	0.514	0.592	0.641	0.683	0.730	0.760
14		0.182	0.338	0.426	0.497	0.574	0.623	0.664	0.711	0.742
15		0.176	0.327	0.412	0.482	0.558	0.606	0.647	0.694	0.725
16		0.170	0.317	0.400	0.468	0.542	0.590	0.631	0.678	0.708
17		0.165	0.308	0.389	0.456	0.529	0.575	0.616	0.622	0.693
18		0.160	0.299	0.378	0.444	0.515	0.561	0.602	0.648	0.679
19		0.156	0.291	0.369	0.433	0.503	0.549	0.589	0.635	0.665
20		0.152	0.284	0.360	0.423	0.492	0.537	0.576	0.622	0.652
21		0.148	0.277	0.352	0.413	0.482	0.526	0.565	0.610	0.640
22		0.145	0.271	0.344	0.404	0.472	0.515	0.554	0.599	0.629
23		0.141	0.265	0.337	0.396	0.462	0.505	0.543	0.588	0.618
24		0.138	0.260	0.330	0.388	0.453	0.496	0.534	0.578	0.607
25		0.136	0.255	0.323	0.381	0.445	0.487	0.524	0.568	0.597
26		0.133	0.250	0.317	0.374	0.437	0.479	0.515	0.559	0.588
27		0.131	0.245	0.311	0.367	0.430	0.471	0.507	0.550	0.579
28		0.128	0.241	0.306	0.361	0.423	0.463	0.499	0.541	0.570
29		0.126	0.237	0.301	0.355	0.416	0.456	0.491	0.533	0.562
30		0.124	0.233	0.296	0.349	0.409	0.449	0.484	0.526	0.554
31		0.122	0.229	0.291	0.344	0.403	0.442	0.477	0.518	0.546
32		0.120	0.226	0.287	0.339	0.397	0.436	0.470	0.511	0.539
33		0.118	0.222	0.283	0.334	0.392	0.430	0.464	0.504	0.532
34		0.116	0.219	0.279	0.329	0.386	0.424	0.458	0.498	0.525
35		0.115	0.216	0.275	0.325	0.381	0.418	0.452	0.492	0.519
36		0.113	0.213	0.271	0.320	0.376	0.413	0.446	0.486	0.513
37		0.111	0.210	0.267	0.316	0.371	0.408	0.441	0.480	0.507
38		0.110	0.207	0.264	0.312	0.367	0.403	0.435	0.474	0.501
39		0.108	0.204	0.261	0.308	0.362	0.398	0.430	0.469	0.495
40		0.107	0.202	0.257	0.304	0.358	0.393	0.425	0.463	0.490
41		0.106	0.199	0.254	0.301	0.354	0.389	0.420	0.458	0.484
42		0.104	0.197	0.251	0.297	0.350	0.384	0.416	0.453	0.479
43		0.103	0.195	0.248	0.294	0.346	0.380	0.411	0.449	0.474
44		0.102	0.192	0.246	0.291	0.342	0.376	0.407	0.444	0.469
45		0.101	0.190	0.243	0.288	0.338	0.372	0.403	0.439	0.465
46		0.100	0.188	0.240	0.285	0.335	0.368	0.399	0.435	0.460
47		0.099	0.186	0.238	0.282	0.331	0.365	0.395	0.431	0.456
48		0.098	0.184	0.235	0.270	0.328	0.361	0.391	0.427	0.451
49		0.097	0.182	0.233	0.276	0.325	0.358	0.387	0.423	0.447
50		0.096	0.181	0.231	0.273	0.322	0.354	0.384	0.419	0.443

附表 11　西格玛水平换算表

合格率	DPMO	西格玛水平	合格率	DPMO	西格玛水平
6.68%	933 200	0	94.79%	52 100	3.125
8.455%	915 450	0.125	95.99%	40 100	3.25
10.56%	894 400	0.25	96.96%	30 400	3.375
13.03%	869 700	0.375	97.73%	22 700	3.5
15.87%	841 300	0.5	98.32%	16 800	3.625
19.08%	809 200	0.625	98.78%	12 200	3.75
22.66%	773 400	0.75	99.12%	8 800	3.875
26.595%	734 050	0.875	99.38%	6 200	4
30.85%	691 500	1	99.565%	4 350	4.125
34.435%	645 650	1.125	99.70%	3 000	4.25
40.13%	598 700	1.25	99.795%	2 050	4.375
45.025%	549 750	1.375	99.87%	1 300	4.5
50%	500 000	1.5	99.91%	900	4.625
54.975%	450 250	1.625	99.94%	600	4.75
59.87%	401 300	1.75	99.96%	400	4.875
64.565%	354 350	1.875	99.977%	230	5
69.15%	308 500	2	99.982%	180	5.125
73.405%	265 950	2.125	99.987%	130	5.25
77.34%	226 600	2.25	99.992%	80	5.375
80.92%	190 800	2.375	99.997%	30	5.5
84.13%	158 700	2.5	99.997 67%	23.35	5.625
86.97%	130 300	2.625	99.998 33%	16.7	5.75
89.44%	105 600	2.75	99.999%	10	5.875
91.545%	84 550	2.875	99.999 66%	3.4	6
93.32%	66 800	3			

附表12　正交多项式回归系数表

水平数

系数	$k=2$	$k=3$		$k=4$			$k=5$				$k=6$					$k=7$				
	b_1	b_1	b_2	b_1	b_2	b_3	b_1	b_2	b_3	b_4	b_1	b_2	b_3	b_4	b_5	b_1	b_2	b_3	b_4	b_5
W_1	-1	-1	1	-3	1	-1	-2	2	-1	1	-5	5	-5	1	-1	-3	5	-1	3	-1
W_2	1	0	-2	-1	-1	3	-1	-1	2	-4	-3	-1	7	-3	5	-2	0	1	-7	4
W_3		1	1	1	-1	-3	0	-2	0	6	-1	-4	4	2	-10	-1	-3	1	1	-5
W_4				3	1	1	1	-1	-2	-4	1	-4	-4	2	10	0	-4	0	6	0
W_5							2	2	1	1	3	-1	-7	-3	-5	1	-3	-1	1	5
W_6											5	5	5	1	1	2	0	-1	-7	-4
W_7																3	5	1	3	1
S	1/2	2	2/3	5	4	9/5	10	14	72/5	288/35	35/2	112/3	324/5	576/7	400/7	28	84	216	3168/7	4800/7
λ	2	1	3	2	1	10/3	1	1	5/6	35/12	2	3/2	5/3	7/12	21/10	1	1	1/6	7/12	7/20

水平数

系数	$k=6$					$k=7$					$k=8$				
	b_1	b_2	b_3	b_4	b_5	b_1	b_2	b_3	b_4	b_5	b_1	b_2	b_3	b_4	b_5
W_1	-5	5	-5	1	-1	-3	5	-1	3	-1	-7	7	-7	7	-7
W_2	-3	-1	7	-3	5	-2	0	1	-7	4	-5	1	5	-13	23
W_3	-1	-4	4	2	-10	-1	-3	1	1	-5	-3	-3	7	-3	-17
W_4	1	-4	-4	2	10	0	-4	0	6	0	-1	-5	3	9	-15
W_5	3	-1	-7	-3	-5	1	-3	-1	1	5	1	-5	-3	9	15
W_6	5	5	5	1	1	2	0	-1	-7	-4	3	-3	-7	-3	17
W_7						3	5	1	3	1	5	1	-5	-13	-23
W_8											7	7	7	7	7

续表

水平数

系数	k=6 b1	b2	b3	b4	b5	k=7 b1	b2	b3	b4	b5	k=8 b1	b2	b3	b4	b5
W_8											7	7	7	7	7
W_9															
W_{10}															
W_{11}															
S	35/2	112/3	342/5	576/7	400/7	28	84	216	3168/7	4800/7	42	168	524	12672/7	31200/7
λ	2	3/2	5/3	7/12	21/10	1	1	1/6	7/12	7/20	2	1	2/3	7/12	7/10

水平数

系数	k=9 b1	b2	b3	b4	b5	k=10 b1	b2	b3	b4	b5	k=11 b1	b2	b3	b4	b5
W_1	-4	28	-14	14	-4	-9	6	-42	18	-6	-5	15	-30	6	-3
W_2	-3	7	7	-21	11	-7	2	14	-22	14	-4	6	6	-6	6
W_3	-2	-8	13	-11	-4	-5	-1	35	-17	-1	-3	-1	22	-6	1
W_4	-1	-17	9	9	-9	-3	-3	31	3	-11	-2	-6	23	-1	-4
W_5	0	-20	0	18	0	-1	-4	12	18	-6	-1	-9	14	4	-4
W_6	1	-17	-9	9	9	1	-4	-12	18	6	0	-10	0	6	0
W_7	2	-8	-13	-11	4	3	-3	-31	3	11	1	-9	-14	4	4
W_8	3	7	-7	-21	-11	5	-1	-35	-17	1	2	-6	-23	-1	4
W_9	4	28	14	14	4	7	2	-14	-22	-14	3	-1	-22	-6	-1
W_{10}						9	6	42	18	6	4	6	-6	-6	-6
W_{11}											5	15	30	6	3
S	60	308	7128/5	41184/7	20800	165/2	528	15444/5	82468/5	78000	110	858	30888/5	41184	24960
λ	1	3	5/6	7/12	3/20	2	1/2	5/3	5/12	1/10	1	1	5/6	1/12	1/40